关务水平测试报名

从2018年起，中国报关协会组织开展关务水平测试，本书系关务水平测试辅导教材。关务水平测试报名时间敬请留意中国报关协会相关通告。测试报名通道开放后，读者可扫描以下二维码进入考试报名系统。

增值服务说明

◎ PPT 课件

本书配有免费课件资源，读者可发送邮件至 haiguanjiaoyu@163.com，或拨打版权页编辑部电话进行咨询。

◎ 视频课件

本书部分知识点配有视频，以满足读者对相关关务知识的储备及拓展需求。

1. 购买本书的读者可刮开图书封底防伪涂层，打开手机微信，扫描二维码，即可开通观看权限。

注：每个二维码只能被扫描一次并开通权限，不能重复扫描。

2. 获取权限后，扫描书中部分知识点对应的二维码，即可观看相关内容。

注：部分知识点的视频内容仅为参考、延展、阅读所用，关务水平测试中所有知识点仍以书中讲解内容为准，特此说明。

关务水平测试教材

关务基本技能

2022年版

中国报关协会◎编

GUANWU JIBEN JINENG

中国海关出版社有限公司
中国·北京

图书在版编目（CIP）数据

关务基本技能：2022年版/中国报关协会编.
—北京：中国海关出版社有限公司，2022.7
ISBN 978-7-5175-0589-1
Ⅰ.①关… Ⅱ.①中… Ⅲ.①海关—业务—中国—教材 Ⅳ.①F752.5

中国版本图书馆CIP数据核字（2022）第119706号

关务基本技能（2022年版）
GUANWU JIBEN JINENG（2022 NIAN BAN）

编　　者：中国报关协会
责任编辑：景小卫　刘白雪　叶　芳
出版发行：中国海关出版社有限公司
社　　址：北京市朝阳区东四环南路甲1号　　　邮政编码：100023
网　　址：www.hgcbs.com.cn
编 辑 部：01065194242-7527（电话）
发 行 部：01065194238/4246/4254/5127（电话）
社办书店：01065195616（电话）
https：//weidian.com/？userid=319526934
印　　刷：北京铭成印刷有限公司　　　经　　销：新华书店
开　　本：889mm×1194mm　1/16
印　　张：35　　　字　　数：916千字
版　　次：2022年7月第1版
印　　次：2022年7月第1次印刷
书　　号：ISBN 978-7-5175-0589-1
定　　价：58.00元

序

在跨境贸易中，向海关依法合规办理通关事务对进出口收发货人及其他利益相关者至关重要。近年来，随着我国“双循环”新格局的形成和跨境贸易营商环境的迅速改善，报关及相关行业再一次迎来了新的机遇与挑战。党的十九大召开后，我国海关勇于担当，锐意进取，成功推进了全国海关通关一体化、国际贸易“单一窗口”全面覆盖等重大改革措施，关检全面融合使我国海关走入了中国特色社会主义“新海关”建设的新时代。新时代推动着“新关务”行业的转型升级，也对国际化关务人才提出了更高的需求。

整体上看，跨境贸易流程中的专业性服务已经呈现横向业务整合与纵向业务深化并进的特点。一方面，报关行业与货代、物流、贸易、财会、法律、信息科技乃至跨境电商、供应链金融等新兴行业不断融合，以合规、便利、安全为理念的横向整合型跨境供应链综合服务成为相关企业的急迫需求和新的价值增长点；另一方面，报关行业中的归类、估价、原产地、贸易管制、AEO、保税等涉及的“单、证、税、货”特色专业知识与技能，融合出入境检验检疫的业务，逐步得到企业的高度认可，成为企业实施合规管理的关键环节，为企业进出口业务的健康运行提供有力的保障。

在广大会员单位和各界人士的呼吁下，为了培养“新关务”人才，搭建由操作型人才向管理型人才发展的职业阶梯，中国报关协会根据国家政策开始在行业内建立关务水平评价机制。关务水平评价是依据有关法律法规和行业标准，结合行业发展需求，科学设置评价要素、方式和标准，对自愿参评人员职业技能和专业知识进行的综合性多维量化职业能力评价。中国报关协会秉承公平、公正、公开的原则，委托国际权威专业评测机构独立进行评价，对自愿参加关务水平评价者出具成绩报告，对达标者颁发“关务水平证书”。关务水平评价自开展以来，其专业性、权威性和公信力已经得到了社会的广泛认可。

为顺利进行关务水平评价，中国报关协会精心组织专家、学者编写了本套辅导教材。这套教材紧跟政策和业务发展变化，力求及时、准确、全面地反映关务人员应具备的基础知识和基本技能，尽可能体现海关业务改革和“新关务”行业发展的最新进展。因此，本书可作为关务水平评价参考用书，也适合企业作为招聘人员岗前和岗位培训用书，还适合高职院校作为教学用书。

中国报关协会将继承光荣历史、秉承服务理念，一如既往地致力于行业人才的培养，服务于我国全面对外开放、贸易高质量发展等国家战略的实施。

中国报关协会副会长

2022 年 5 月 20 日

关务水平测试系列教材编审委员会

《关务基本技能（2022 年版）》编写组

（排名不分先后）

主　编：

徐　晨

编写成员：

田书军　王静松　任　娟　佟妍妍　徐　炜　李　莹　纪　红

程光远　徐　婷　彭旭桂　潘英麟　宋可群

前　言

《关务基本技能》以培养学习者适应关务职业工作为目标，以关务行业职业能力培养为出发点进行编写。

本书借鉴了"以工作过程为导向"的课程开发和建设方法，确定关务职业岗位的典型工作任务，并将其归纳为若干作业管理单元；根据关务职业活动所需的知识和技能，将作业管理领域转换为学习单元，最终设计成"以关务工作任务及过程为导向"的学习模块和学习单元，打破了职前教育培训以专业为中心的传统模式，将知识学习、案例分析、作业实施相结合，突出入职能力的培养，以充分体现教材的职业性。

本书在内容选取与结构安排上，强调实用性，以相关知识"够用""适度"，技能培养"常用""实用"为标准，将关务工作过程的作业技能作为核心，把典型工作任务作为作业技能描述的载体，充分兼顾关务工作过程中所要求的知识与能力和未来发展的需要，明确重点和难点。

本书强调对关务职业（入职）能力的培养，突出的是对关务知识和关务技能的有效学习和合理运用。因此，在内容上精简了理论知识，强化了关务作业操作技能的训练培养。通过培训学习，能够基本实现与关务职业岗位的"零距离"，不仅有利于企业选聘合适的专业人才，也会缩短企业新入职员工适应工作岗位的周期。

关务是紧随进出口贸易及其方式的发展而发展的，且技术含量与难度也在不断增加。编者在写作过程中，特别注意将与关务相关的新知识、新规范、新标准、新方法融入其中，使内容更加新颖，更符合关务管理改革发展的现状。本书的编写人员以行业专家为主，由此，与传统的关务入职教育或培训教材相比较，初步形成了以“关务”，而非“海关管理”或“通关”为本位的编写体例与风格，可用于高职院校相关专业教学和关务咨询单位培训及员工自学等。

由于在不同的情况下关务业务的流程与工作重点存在差异，本书各单元的体例也略有不同，敬请读者注意。

编者

2022 年 6 月

目　录

第一篇　进出境通关

第二篇　出入境检验检疫

第三篇　保税实务

第四篇　商品归类

第五篇　稅费核算

第六篇　数据申报

1

第一篇

进出境通关

导　读

全国海关通关一体化是中国海关在进出境货物管理领域的一次革命性改革，是打造最具国际竞争力海关管理机制、模式的有力探索，是促进贸易安全的重要途径，是促进外贸稳增长、调结构的重要举措，同时对于逐步推动国际化、便利化、法治化营商环境的建设具有举足轻重的作用。

"一次申报、分步处置"提高了通关效率。企业进行一次申报，海关通过安全准入风险排查，对于税收要素事项分步进行后续审核，缩短了企业的通关时间；海关税收征管方式改革推动企业纳税自报自缴，海关实行全过程抽查审核，重点进行后续的审查和处理。上述变化，离不开进出境申报、查验、征税、放行的基本操作环节，但是传统上单线链条式的进出境通关操作，即"单开关串联"，如今已变为"多开关并联"。

改革之后，在传统现场作业的基础上，进出境通关作业的申报前作业环节与后续作业环节都出现了明显的变化，关务人员应当在精心审慎选择适当的通关制度和程序之后，做好充分且合规的申报前准备工作。比如申报前的检验检疫监管、传输舱单信息、办理海关事务担保等，都是重要的申报前可能需要完成的工作。申报现场作业完成，海关放行货物并不意味着整个通关作业的结束，企业关务人员还需要完成多项配合海关后续处置的工作任务。工作重心"前推后移"的变化使得流程的筹划设计和关务工作的灵活性越来越强，也对关务人员的知识和技能提出了更多、更高的要求。

本篇课时安排见下表。

第一篇　总课时 （16 课时，不含练习）	第一单元	4 课时
	第二单元	4 课时
	第三单元	6 课时
	第四单元	2 课时

第一单元　业务概述

【学习目标】

本单元旨在使读者掌握进出境通关作业的基本思路和工作要求，能够依据海关有关法律法规的规定和货物通关的境内外用途要求选择合适的通关制度和程序，根据相应制度和程序的要求完成通关作业操作。

完成本单元学习，学习者应获得以下成果：

1. 掌握进出境通关的含义和工作步骤及其内容；
2. 掌握全国海关通关一体化改革后的进出境通关的作业机制与作业模式；
3. 掌握通关“分步处置”的作业程序和关务要求；
4. 掌握进出境通关的基本作业规范；
5. 掌握“提前申报”作业机制与作业规范；
6. 掌握“两步申报”作业机制与作业规范；
7. 掌握“两（分）段准入”监管模式与作业规范；
8. 掌握“先放后税”申报模式的含义与作业规范。

【基本概念】

进出境通关、舱单传输、税款担保备案、货物放行、实际进出口货物、临时进出口货物、通过关境货物、特殊进出境货物

【建议学习时间】

4 课时

【案例导入】

2020 年，新冠肺炎疫情暴发，各地的白衣天使冲上前线救死扶伤，但正值春节期间，国内医疗物资生产工厂此时已经放假，医疗物资的供给问题成了一个难题。“武汉加油”“中国加油”的口号响彻国内外媒体，许许多多国外生产医疗物资的企业、留学生、社会各界人士纷纷伸出援助之手，在海外生产、采购医用护理口罩、防护服、防护镜等物资运往国内的医疗机构。

海外捐赠的医疗援助物资，其进口时的通关、国内的配送是分秒必争的，时间就是生命，这些紧急的医疗物资必须在第一时间送到医生和病患的手中。我国各级政府，包括财政部、商务部、海关总署、国家药品监督管理局等先后公布关于疫情期间进口的医疗物资简化审批手续的通知，例如，海关总署于 2020 年 1 月 26 日公布《关于用于新型冠状病毒感染的肺炎疫情进口捐赠物资办理通关手续的公告》（海关总署公告 2020 年第 17 号），明确了作为捐赠物资进口的医疗物资海关可凭医药主管部门的证明先予放行，

后补办特定减免税审批手续。国家药品监督管理局医疗器械监督管理司于 2020 年 1 月 27 日对外发布《关于紧急进口未在中国注册医疗器械的意见》，其中明确："为满足疫情防控需要，从国外紧急进口符合美国、欧盟和日本相关标准的医疗器械，企业能够提供境外医疗器械上市证明文件和检验报告，并作出产品质量安全承诺的，可以应急使用。如在省级联防联控机制下认为确需进口的，请省药品监督管理局配合工信、卫健、海关等部门做好进口通关工作，视情况可出具该批物资进口证明。"按照上述意见，我国多个省、市药品监督管理局纷纷响应并制定《关于紧急进口未在中国注册医疗器械的公告》，确保符合国外相关标准的医疗器械能够快速、顺利地进口至我国投入使用。我国政府在紧急关头，出台各项救急物资进口的临时保障做法，极大程度地为前线医护人员和病患送去了关爱。

本案例中进口的医疗物资就其用途、属性而言与一般企业进口并在国内销售的医疗器械是完全不同的。作为"捐赠物资"进口的医疗物资会受对捐赠人、受赠人以及使用人的限定，满足条件的才可以减免进口关税、进口环节增值税及消费税；而一般企业进口供上市销售的医疗器械还必须符合《进口医疗器械检验监督管理办法》，具备必要的医疗器械注册备案证明方可进入我国关境。由此可见，进出境报关需要进出口企业根据进出境货物的经营目标及所具备的通关条件，选择某一适用的海关制度来办理进出境手续；进出境货物所涉及的贸易管制，通常也与货物的经济用途及跨境流向息息相关。总之，在筹划某个进出境货物通关流程的过程中，首先需要把握的是该进出境货物的进出境意图、货物的最终流向，在此基础上，才能理解海关采取的相应的程序性管理制度、快速申报作业模式，以及配合海关提交进口环节交验相关贸易管制许可证件和履行缴纳税费的义务。

【学习内容】

一、进出境通关

"进出境通关"，即通常所说的"报关"，是指进出口货物的收发货人或其代理人在货物实际进出境时，向海关办理申报、配合查验、缴纳税费等手续，以使货物获得海关放行及办结通关手续的过程。

当前，全国海关通关一体化改革以"两中心、三制度"为结构支撑，实现海关监管体制改革。其中"两中心"是指海关风险防控中心和税收征管中心。[①]"三制度"是指"一次申报、分步处置"、海关税收征管方式改革、全国隶属海关功能化建设。"三制度"中的"一次申报、分步处置"和海关税收征管方式改革对进出境通关作业的影响尤为深刻。

"一次申报、分步处置"是指改变海关现行接受申报、审单、查验、征税、放行的"串联式"作业流程，基于舱单提前传输，通过风险防控中心、税收征管中心对舱单和报关单风险甄

① 风险防控中心和税收征管中心现在已经分别改名为风险防控局和税收征管局。为表述方便，对应"两中心"这一改革特征，本书仍沿用风险防控中心和税收征管中心的称谓。

别和业务现场处置作业环节的前推后移，在企业完成报关和税款自报自缴手续后，安全准入风险主要在口岸通关现场处置，税收风险主要在货物放行后处置的新型通关管理模式。

海关在“分步处置”模式下，第一步，由风险防控中心分析货物是否存在禁限管制、侵权、品名规格数量伪瞒报等安全准入风险并下达布控指令，由现场查验人员实施查验。对于存在重大税收风险且放行后难以有效稽（核）查或追补税的，由税收征管中心实施货物放行前的税收征管要素风险排查处置；需要在放行前验核有关单证，留存相关单证、图像等资料的，由现场验估岗进行放行前处置；需要实施实货验估的，由现场查验人员根据实货验估指令实施放行前实货验估处置。货物经风险处置后符合放行条件的可予放行。第二步，由税收征管中心在货物放行后对报关单税收征管要素实施批量审核，筛选风险目标，统筹实施放行后验估、稽（核）查等作业。

海关通关制度设计的第一步处置是在口岸解决货物“能不能放”的问题，对报关单位而言，货物申报前就要解决“能不能报”和“怎样报关”的问题。第二步处置是在更大的管理时空，由更专业的海关业务管理力量解决“缴多少税”的问题，从而避免货物因涉税问题滞留口岸，加快货物通关速度。

二、通关制度适用原理

每一次进出境报关都需要进出口企业根据进出境货物的经营目标及所具备的通关条件，选择某一适用的海关制度来办理进出境手续。各项海关制度在实体与程序管理上存在的差异，皆因关税征管政策的差别所致，而关税征管政策的制定又受货物在进出境活动中的经济或贸易的目的（经济用途）左右。也就是说，货物进出境的经济用途及跨境流向直接影响了关税差别政策的制定及贸易管制制度的实施，这也是海关制定程序性管理制度内在的经济和行政的主要因素。在前期作业的接单环节，为准确适用海关程序性管理制度及正确填报与海关税收征管、贸易管制相关的进出口报关单栏目，可以使用下列方法先确认报关货物的进出境属性，然后以此为基础对应税收征管的状态，以关税为核心要素选择确定本次报关货物适用的海关程序性管理制度。

（一）确定进出境经济用途属性

以经济用途作为确认货物进出境属性的标准，在获取与申报货物相关的信息后，大致可将进出境货物划分为以下四类。

1. 实际进出口货物

实际进出口货物即商品成交后由境外输入境内或由境内输往境外，其流转呈现单向状态，进口或出口后即投入消费使用，不再复出口或复进口的货物，即狭义的“进出口货物”。这类货物通常以一般贸易方式（单边逐笔售定的现汇贸易方式）及各种对等贸易方式（易货、补偿、回购等）对外成交。

2. 临时进出口货物

这类货物有以下三种状态。

（1）暂时进出口加工的货物

暂时进出口加工的货物，即因加工业务需要，在暂时进口或暂时出口后，经加工成成品或半成品复运出口或复运进口的货物，又称加工贸易货物。衡量此类货物的性质，可以按国际通行的实质性加工原则来确定。对外成交的方式主要有来料加工、进料加工、出料加工。

（2）暂时进出口储存的货物

暂时进出口储存的货物，即因转口贸易、加工贸易备料及进口缓税的需要，进口后暂存于保税仓库或特殊区域，或在保税状态下展示、交易等，待按贸易经营需要复运出口或用于加工贸易或正式进口的货物，又称保税暂存货物或保税物流货物。

（3）暂时进出口使用的货物

暂时进出口使用的货物，即因贸易或科技文化交流的需要，暂时进口或暂时出口使用，并须按原状（允许正常损耗）复运出口或复运进口的货物，又称暂准进出口货物。

3. 通过关境货物

通过关境货物即因地理位置或航线的原因，必须经过我国关境才能运达境外目的地的由甲国（地区）向乙国（地区）运送的货物，包括过境、转运、通运三种具体货物。这类货物，并非由我国经营单位对外成交，在通过我国关境时也不为商业目的储存或使用。

4. 特殊进出境货物

特殊进出境货物即溢卸、误卸、退运、无代价抵偿及服务贸易项下进出境的货物，在这类货物中，一些货物在进出境时会按其最终的经济或贸易的目的（经济用途），重新归属上述与实际进出口或临时进出口货物相关的类别。

（二）确定税费适用状态

货物的进出境属性对应着税收征管的基本形态，赋予报关货物选择确定海关程序性管理制度的条件。货物进出境的海关通关手续在一定程度上取决于进出口关税的征收状况，或者按照国际通行的说法，货物进出境的海关程序性管理制度基本上是从所谓“关税轴心”派生出来的。从我国现行的进出境货物海关手续看，除还需受制于进出境贸易管制外，也基本如此。目前，我国海关对进出境货物的关税征收状况，大致包括以下几种，并分别适用前述按进出境经济用途分类的不同性质的货物。

1. 法定减免税

适用于享受《中华人民共和国海关法》（以下简称《海关法》）、《中华人民共和国进出口关税条例》（以下简称《关税条例》）和《中华人民共和国进出口税则》（以下简称《税则》）中所规定的给予减免税的进出口货物。

2. 特定减免税

适用于按国务院特别规定可享受减免税的进口货物。

3. 暂予免税（亦称暂缓办理纳税手续）

适用于暂时进出口加工、储存或使用的货物。其中，暂时进口储存的货物在国际制度中亦称保税，我国同样也将暂时进出口加工归入保税范畴。而暂准进出口使用的货物虽未被列入保税范畴，但在关税征管的实质意义上，两种提法并无二致。

4. 不予征税

适用于通过我国关境的过境、转运、通运货物。

5. 法定征税

适用于不享受法定减免税、不享受特定减免税优惠的进口或出口货物。

（三）确定海关程序性管理制度

站在简化归并的角度，以“关税”为核心要素判断，海关制度可以根据进出口货物的经济用途属性和税费适用状态来最终确定海关程序性管理制度。

1. 实际进出口货物

此类货物由于不再复出口或复进口，自然应成为海关进出口关税的征收对象，并应按税则规定的税号归类，按税率计征税款。但对其中由国务院特别法规订明，为鼓励教育、科技和文化的发展或促进友好的国际关系及与现阶段某些经济因素相关而特别进口的货物，应给予有条件的免征或减征关税的优惠。

这样，虽然都是“进出口货物”，但因关税征收情况不同，特别是对享受特定减免税优惠而进口的货物，海关还负有严格审查减免税条件和监督其进口后按限制条件合法正常使用的责任，势必造成进出境海关手续在适用程序和运用手段等方面的较多差异。海关办理进出口货物通关手续时，实际上采用两种不同的程序性管理制度，一种为一般进出口海关制度，另一种为特定减免税进口海关制度。

2. 临时进出口货物

此类货物大多是以复出口或复进口作为最终去向，部分货物可能转为正式进出口货物。因而，在关税的征管上，采取由经营者在提供某种形式的担保后，可以有条件暂予免纳进出口关税的办法。然而，由于这类货物的经济用途尚有加工、储存和使用之别，海关实施后续监管的严密程度和可能条件差异较大。

因此，在简化归并通关制度时，仍需从国情出发，对暂时进出口加工和暂时进口储存的货物以及自贸区和特殊监管区用于跨境服务贸易的货物，考虑其进出口较为频繁，加工、储存或用于跨境服务贸易的地点相对集中，适宜实行海关严密监控措施，故可明确为保税货物，适用相应的保税进出口海关制度。而暂时进出口使用的货物，虽也具有类似保税的性质，但进出口后使用地点相对分散，使用期间海关较难实施严密监控措施，因此安全准入和税收风险相对较高，海关需采用更为严格的担保措施来弥补监控条件的不足。因此，对该类暂时进出口使用的货物，按国际惯例，称其为暂准进出口（原状复出进口）货物，并适用相应的暂准进出口海关制度。

3. 通过关境货物

因此类货物并不实际进入境内，故在关税征管上不视其为征税对象。但若进入境内流通领域或将其加工、储存，则该类货物的性质也随之发生变化。为保证通过关境货物如数、原状运离关境，海关仍需对其实施严密监管，并采用相对独特的海关监管制度。

4. 特殊进出境货物

在无法适用上述通关制度的情况下，货物可采用各自独特的海关制度。这些独特的海关制度合并划归为其他方式进出境海关制度。

（四）确定贸易管制要求

用货物的进出境属性对应贸易管制的主要措施，需为报关货物办妥安全准入必备的贸易管制证件、证书。对外贸易管制属于国家的行政管理范畴，需要在国家各行政管理部门之间合理分工的基础上，通过各尽其责的通力合作来达到管理目标。由商务主管部门及其他政府职能主管部门依据国家贸易管制政策发放各类许可证件或批准文件，最终由海关依据许可证件或批准文件对实际进出口货物的合法性实施监督管理。

我国对外贸易管制制度是一种综合制度，主要由关税制度、对外贸易经营资格管理制度、进出口许可制度、出入境检验检疫制度、外汇管理制度及贸易救济制度等构成。其中，进出口许可制度、出入境检验检疫制度、进出口货物收付汇管理制度、对外贸易救济措施等涉及的管制，需要通过报关活动的申报环节向海关递交相关许可证件或批准文件，通过收发货人或其代理人配合海关查验货物，以确认“单”“证”“货”是否相符。在实践中，通过上述贸易管制措施不难看出，贸易管制的适用货物范围与货物的进出境属性、海关税收征管状态及海关程序性管理制度等都有着规律性的联系，其起源依然来自进出境货物的经济用途及跨境流向。

因此，在货物申报前，进出口企业应准确识别货物的进出境属性，用货物的进出境属性对应税收征管的基本形态，以及选择确定适用的海关程序性管理制度来确认本批次货物涉及贸易管制措施的状况。

从进出境通关角度看，实际进出口的货物因对境内经济秩序、经济循环将产生直接影响，所以在向海关申报进出口时应交验各类相关的进出境贸易管制证件；而临时进出口的货物，因对境内经济秩序、经济循环尚未产生直接影响，除与公共道德、公共安全、公共卫生相关的进出境管制外，在向海关申报进出口时，原则上可免予交验相关的进出口贸易管制许可证件。因此，也可以将贸易管制的实施状态按照货物实际进出口与临时进出口的进出境属性划分为原则上适用全部贸易管制措施与仅需实施涉及公共道德、公共安全、公共卫生等的贸易管制措施两大类。这种分类可以使贸易管制状态与适用的海关税收征管和海关程序性管理很自然地连接在一起，形成又一个通关事务的规律，从而为企业认识并排查进出境货物安全准入风险提供帮助。

上述涉及货物进出境属性、海关税收征管、海关程序性管理制度及贸易管制措施的逻辑状态，可以用图示方式更直观地加以描述，如图 1-1-1 所示。

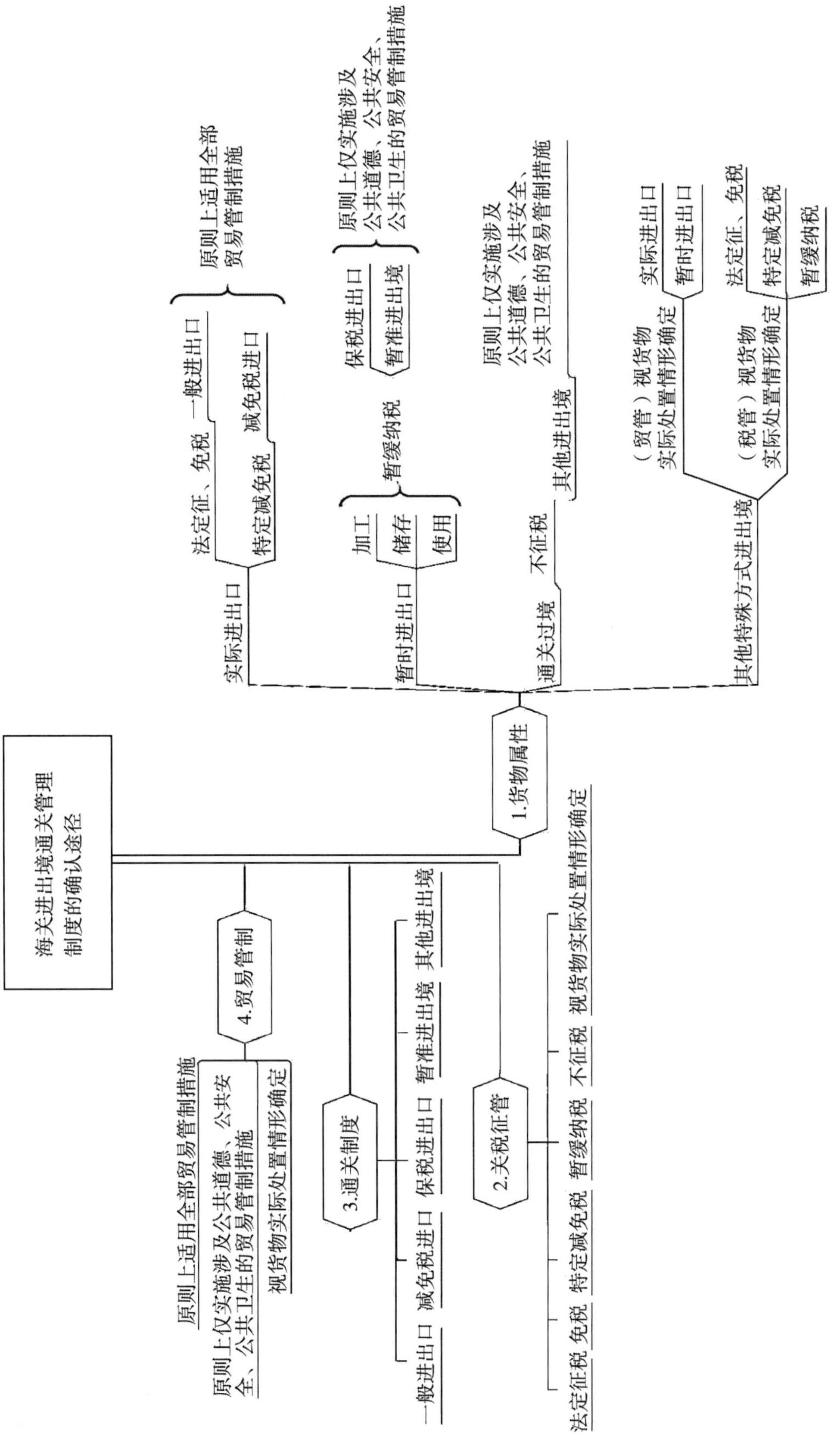

图1-1-1 海关进出境通关管理制度的基本方法示意图

（五）确定通关合规要素

在进出口货物申报前，正确、合理地选择本批货物适用的海关程序性管理制度，有助于进出口企业实现既定的贸易经营目标，有助于提前筹划获取国家的进出口贸易许可和商品检验检疫的品质认同，核算应缴进出口税费，并为准确填报报关单上监管方式、征免性质等涉及海关管理程序与管理方式的关键栏目提供依据。

选择本批货物适用的海关程序性管理制度后，可以按下列顺序进行税、证的申报准备和报关单相关栏目的填报。

1. 核实确认拟申报货物适用的海关程序性管理制度

（1）确认货物的属性。

（2）以货物属性确认税收征管状况。

（3）视税收征管状况确认适用的海关程序性管理制度。

（4）确定监管方式、征免方式、备案号等报关单栏目的填制内容。

2. 核实确认拟申报货物的商品编码

（1）核实确认货物的申报状态。

（2）确认待申报货物的商品编码。

（3）确定与商品申报要素有关的报关单栏目的填制内容。

3. 核实确认拟申报货物的贸易管制状况

（1）按商品编码确定进出口货物是否涉及监管证件和检验检疫类别管理。

（2）按监管方式确定进出口货物是否涉及监管证件管理。

（3）按货物启运或运抵国家（地区）确定进出口货物是否涉及监管证件。

（4）确定与贸易管制有关的报关单栏目的填制内容。

4. 核实确认拟申报货物的价格

（1）核定成交价格。

（2）核定完税价格中应当包含或扣除的费用。

（3）有疑问时要求委托报关人提供相关资料或价格证明。

（4）必要时依次使用估价方法核定申报价格。

（5）确定与商品价格有关的报关单栏目的填制内容。

三、通关一体化作业流程

（一）货物申报前

1. 运输工具舱单申报前的作业

（1）加工提炼准入风险参数和指令

风险防控中心收集、整合能够获取的海关内、外部信息资源，重点收集运输工具舱单等物流信息和运输企业及供应链等其他相关信息，结合运输企业信用等级认定，构建风险分析模型，下达布控查验指令，加工加载H0安全准入风险参数。

（2）加工提炼税收风险参数和指令

税收征管中心收集商品和行业相关信息情报，结合企业纳税资信状况，分析研判商品信息、历史申报、关联信息等数据，加工提炼形成税收风险参数（即H1重大税收风险参数、H2单证验核风险参数、H3一般税收风险参数）和实货验估指令。

（3）统一加载风险参数、下达布控指令

按照“一次申报、分步处置”模式要求，通关前加载上述4个风险参数，即：安全准入风险参数（H0参数）、重大税收风险参数（H1参数）、单证验核风险参数（H2参数）、一般税收风险参数（H3参数）。布控指令包括舱单布控查验指令、报关单布控查验指令（安全准入）和实货验估指令。

两中心按照分工，加工提炼风险参数和指令后，由风险防控中心统一加载风险参数，下达布控指令。

2. 运输工具舱单申报后至报关单申报前的作业

（1）运输工具舱单申报

进出境运输工具负责人、无船承运业务经营人、货运代理企业、船舶代理企业、邮政企业以及快件经营人等舱单电子数据传输义务人按照海关规定时限和填制规范向海关传输舱单及相关电子数据。舱单管理系统对传输的舱单数据实施逻辑检控和审核，对于不符合舱单填制规范的，系统退回舱单传输义务人予以修改。对于通过逻辑检控和审核的舱单数据，进入物流（舱单、运输工具）风险待甄别环节。

（2）物流风险甄别与处置

根据已加载的安全准入风险参数、风险判别规则（即风险模型）以及已下达布控查验指令，甄别高风险舱单和运输工具并实施分流处置。在必要情况下，风险防控中心舱单分析岗可要求口岸海关运输工具检查岗、货物查验岗在舱单确报后分别依职责实施运输工具登临检查和货物查验，处置排查安全准入风险。

3. 税款担保备案

对于需要缴纳税款的货物，企业可自主选择缴税放行或税款担保放行两种方式。对于采用税款担保放行的，企业应在通关前根据相关规定向海关提供担保并备案，其中，符合规定免除担保条件的企业可向海关申请免除担保，并按照海关规定办理有关手续。

（二）货物现场通关时

1. 企业报关纳税

企业向海关申报报关单及随附单证电子数据，并自行核算应缴的税款。海关通关作业管理系统进行规范性、逻辑性检查，对舱单、许可证件、电子备案信息等进行核注。对于符合条件的，海关接受申报，向企业发送接受申报回执；对于不符合条件的，系统自动退单，发送退单回执。

企业收到接受申报回执的，如选择缴纳税款放行则可自行向银行缴纳税款，如选择担保放行则海关办理担保核扣手续；收到退单回执的，企业需重新办理有关申报手续。

2. 海关报关单风险甄别与处置

海关对已接受申报的报关单进行安全准入风险和税收风险综合甄别，同时结合安全准入风险参数和布控查验指令，确定业务现场如何处置。

（1）未被任何参数或指令捕中且不涉及许可证件的报关单，通关管理系统自动放行；涉及许可证件且已实现联网监管的，通关管理系统直接核扣电子数据后自动放行；涉及许可证件但未实现联网监管的，由现场海关综合业务岗人工核扣。

（2）被安全准入风险参数（H0 参数）捕中的报关单，优先流转至现场综合业务岗。现场综合业务岗根据处置参数要求进行处置，发现涉及安全准入风险的，将相关信息推送至风险防控中心的风险处置岗。风险处置岗作出具体处置决定并将相关信息推送至现场综合业务岗，由现场综合业务岗执行。根据处置需要，风险处置岗可对需查验的报关单下达布控查验指令。

（3）被重大税收风险参数（H1 参数）捕中的报关单，由税管中心进行放行前的税收征管要素风险排查处置，并根据审核结果或审核需要下达报关单修撤、退补税或单证验核、实货验估等指令，现场综合业务岗、验估岗、查验岗根据指令要求进行相关处置，按规定向税管中心反馈处置结果。

（4）被单证验核风险参数（H2 参数）捕中的报关单，由现场验估岗在货物放行前进行单证验核，留存有关单证、图像等资料后放行。

税收征管中心或现场验估岗处置过程中决定调整商品归类的，通关管理系统自动判断是否涉证。涉及许可证件验核且涉及安全准入风险的，相关报关单转风险处置岗进行处置。涉嫌违规的，移交缉私部门处置。对于已实现联网监管的，系统直接核扣电子数据；未实现联网监管的，转现场海关综合业务岗人工核扣。

（5）被一般税收风险参数（H3 参数）捕中的报关单，通关管理系统设置放行后批量审核标志，放行后分流至税收征管中心专家岗研判处置。

（6）被风险防控中心布控查验指令或/和税收征管中心实货验估指令捕中的报关单，由口岸海关现场查验人员实施准入查验或/和验估查验操作。两中心通过远程视频、网上答疑等形式向查验人员提供技术支持或操作指导。查验人员实施准入查验或/和验估查验，完成操作（含取样、留像等存证操作）后，按指令来源分别向两中心反馈查验结果。两中心依据反馈的结果进行相关后续处置。

查验异常的，按查验异常处置流程处置。

3. 货物放行

经风险处置后的报关单，由系统自动研判放行条件。对符合放行条件的，海关放行信息自动发送至卡口，企业根据海关的放行信息，办理实货提离手续；对不符合放行条件的，企业根据海关要求办理相关手续。

（三）货物放行后

1. 税收风险数据筛选与研判

运用风险模型对放行后的所有报关单数据进行智能筛选，形成风险参数为 H4 的报关单，同时随机抽取一定比例的已放行报关单数据形成风险参数为 H5 的报关单，连同通关中被一般税收风险参数（H3 参数）捕中的报关单，以及放行前实货验估、单证验核后存证放行的报关单，按商品分类由系统分派至税收征管中心专家岗实施研判。

2. 税收风险处置

税收征管中心专家岗根据系统风险提示和甄别结果，结合企业信用情况，对系统分派的报关单数据实施放行后批量审核。

（1）对确定存在涉税要素申报差错的，下达报关单修撤、退补税指令，现场综合业务岗办理有关手续。

（2）对需要通过收集并验核有关单证资料、样品，开展质疑、磋商等方式确定税收征管要素的，下达验估指令，现场验估岗按照指令要求进行处置，并反馈结果。

（3）对风险存疑，需要对与进出口货物直接有关的企业（单位）的账簿、单证等有关资料和有关进出口货物进行核查的，下达稽（核）查指令，稽查部门按照指令要求开展稽（核）查作业，并反馈处置结果。

（4）对发现涉嫌违法违规风险线索的，移交缉私部门处置；对发现可能存在安全准入风险的，将有关情况告知风险防控中心。

现场海关综合业务岗、验估岗、稽查部门、缉私部门根据税收征管中心指令和线索完成作业及处置后，向税收征管中心反馈处置结果。

3. 放行后综合风险评估与处置

两中心各自对本部门加工的风险参数和下达的指令实施运行状况及绩效评估，优化完善风险分析模型和规则。

在出入境检验检疫管理职责和队伍划入海关总署后，按照全国海关通关一体化改革，“一次申报、分步处置”通关流程的要求全面梳理现场综合业务和检务职责，以流程整合优化为主线，理顺职责关系，优化现场作业流程，将原检验检疫现场检务部门作业并入现场海关综合业务部门，实现统一现场执法、优化通关流程、提高通关效率的目标。

四、提前申报作业

提前申报是指在舱单数据提前传输的前提下，进口货物的收货人、受委托的报关企业提前向海关申报，海关提前办理单证审核及税费征收。提前申报出口货物应于货物运抵海关监管场所前3日内向海关申报。对于采用无纸化方式申报，电子支付税款，且不涉及查验的货物，企业在货物运输阶段就可完成申报前准备和申报手续，实现货物到港即提离。与传统的“货物到港，申报进口”模式相比，进口提前申报模式下海关通关作业前置，货物整体通关时间大幅缩短。

提前申报海关管理要求：进出口货物的收发货人、受委托的报关企业提前申报的，应当先取得提（运）单或载货清单（舱单）数据。其中，提前申报进口货物应于装载货物的进境运输工具启运后、运抵海关监管场所前向海关申报；提前申报出口货物应于货物运抵海关监管场所前3日内向海关申报。进口提前申报货物因故未到或者所到货物与提前申报内容不一致的，出口提前申报货物因故未在海关规定的期限内运抵海关监管场所或者与提前申报内容不一致的，进出口货物的收发货人或其代理人需向海关提交说明材料，按照《中华人民共和国海关进出口货物报关单修改和撤销管理办法》向海关申请删改单。

1. 对于采用进口提前申报模式向海关申报的，进境运输工具载有货物、物品的，舱单传输人应当在下列时限向海关传输原始舱单主要数据：

（1）集装箱船舶装船的24小时之前，非集装箱船舶抵达境内第一目的港的24小时之前。

（2）航程4小时以下的，航空器起飞前；航程超过4小时的，航空器抵达境内第一目的港的4小时之前。

（3）铁路列车抵达境内第一目的站的2小时之前。

（4）公路车辆抵达境内第一目的站的1小时之前。

舱单传输人应当在进境货物、物品运抵目的港以前向海关传输原始舱单其他数据。

2. 对于采用出口提前申报模式向海关申报的，出境运输工具预计载有货物、物品的，舱单传输人应当在办理货物、物品申报手续之前向海关传输预配舱单主要数据。海关接受预配舱单主要数据传输后，舱单传输人应当在下列时限向海关传输预配舱单其他数据：

（1）集装箱船舶装船的24小时之前，非集装箱船舶开始装载货物、物品的2小时之前。

（2）航空器装载货物、物品的4小时之前。

（3）铁路列车装载货物、物品的2小时之前。

（4）公路车辆装载货物、物品的1小时之前。

进口提前申报的货物运抵后，船名航次、件数、重量等已向海关申报的电子数据自动与舱单数据比对，信息比对一致，且未被布控查验的，提前申报报关单将自动触发放行。出境货物、物品运抵海关监管场所时，海关监管场所经营人应当以电子数据方式向海关提交运抵报告。运抵报告提交后，海关即可办理货物、物品的查验、放行手续。

在货物提前申报之后、实际进出口之前，国家贸易管制政策发生调整的，适用货物实际进出口之日的贸易管制政策。提前申报的进出口货物，应当适用装载该货物的运输工具申报进出境之日实施的税率和汇率；提前申报的进出口转关货物，应当适用装载该货物的运输工具抵达指运地之日实施的税率。

五、两步申报作业

为贯彻落实国务院“放管服”改革要求，进一步优化营商环境，促进贸易便利化，在不改变报关单申报项目填制要求的前提下，海关总署于2019年8月试点“两步申报”，于2020年1月1日全国范围内推广“两步申报”模式。该模式将原先的一次申报分为两步进行：第一步称为“概要申报”，第二步称为“完整申报”。

对于采用“两步申报”模式且进口应税货物的，企业需在进行概要申报前向注册地直属海关关税职能部门提交税收担保备案申请，担保额度可根据企业税款缴纳情况循环使用。进入概要申报环节，企业向海关申报进口货物是否属于禁限管制、是否依法需要检验或检疫（是否属法检目录内商品及法律法规规定的需检验或检疫的商品）、是否需要缴纳税款。不属于禁限管制且不属于依法需检验或检疫的，仅需申报“境内收发货人”“运输方式/运输工具名称及航次号”“提运单号”“监管方式”“商品编号（6位）”“商品名称”“数量及单位”“总价”“原产国（地区）”9个项目，并确认涉及物流的“毛重”以及“集装箱号”2个项目，应税的需选择符合要求的担保备案编号；属于禁限管制的需增加申报“许可证号/随附证件代码及随附证件编号”以及“集装箱商品项号关系”2个项目；依法需检验或检疫的需增加申报“产品资质（产品许可/审批/备案）”“商品编号（10位）+检验检疫名称”“货物属性”“用途”“集装箱商品项号关系”5个项目。

企业自运输工具申报进境之日起14日内完成完整申报，办理缴纳税款等其他通关手续。税款缴库后，企业担保额度自动恢复。如概要申报时选择不需要缴纳税款，完整申报时经确认为需要缴纳税款的，企业应当按照进出口货物报关单撤销的相关规定办理。

加工贸易和海关特殊监管区域内企业以及保税监管场所的货物申报在使用金关二期系统开展“两步申报”时，第一步概要申报环节不使用保税核注清单，第二步完整申报环节报关单按原有模式，由保税核注清单生成。

进口收货人或其代理人可通过中国国际贸易单一窗口（以下简称“单一窗口”，网址为 https://www.singlewindow.cn，下同）或全国海关“互联网+海关”一体化网上办事平台（网址为 http://online.customs.gov.cn，下同），开展进口货物“两步申报”，也可通过“掌上海关”App 开展非涉证、非涉检、非涉税情况下的概要申报。除“失信企业”以外的境内收发货人、进口货物涉及的监管证件已实现联网核查的，且实际进境的货物均可采用“两步申报”。

六、两（分）段准入作业

为进一步优化营商环境，促进贸易便利化，提升通关整体效能，海关总署决定对进口货物分段实施准入监管，加快口岸验放。

（一）货物准予提离

进口货物属于下列情形之一的，凭海关通知准予提离进境地口岸海关监管区：无海关检查[①]要求的；仅有海关口岸检查要求且已完成口岸检查的。其中，进境地口岸海关监管区内不具备检查条件的，收货人可向海关申请在监管区外具备检查条件的特定场所或场地实施转场检查；仅有海关目的地检查要求的；既有海关口岸检查又有目的地检查要求，已完成口岸检查，或经进口货物收货人或其代理人（以下简称“收货人”）申请在进境地口岸合并实施且已完成相关检查的。

（二）货物准予销售或使用

进口货物准予提离后，由企业自行运输和存放，凭海关放行通知准予销售或使用。其中，属于下列情形的，需办结海关相关手续方可放行：有海关目的地检查要求的，海关已完成检查；属于监管证件管理的，海关已核销相关监管证件；需进行合格评定的，海关已完成合格评定程序。

收货人销售或使用进口货物依法应当办理其他手续的，按照相关规定办理。

七、先放后税作业

（一）汇总征税申报方式

汇总征税是海关对进出口税收进行征缴的一种作业模式，其支付方式本质上也属于电子支付，是海关对符合条件的进出口纳税义务人于某一段时期内多次进出口产生的税款集中进行汇总计征，这与电子支付/电子支付银行担保缴税及柜台支付逐票征税、缴税方式明显不同。

目前，除海关企业信用管理中的“失信企业”外，所有在海关注册登记的进出口货物收发货人均可申请适用汇总征税模式。有汇总征税需求的企业需要在进出口货物通关前向注册地海关对应的直属海关关税职能部门提交总担保，总担保应当依法采用担保机构提交的保函等海关认可的形式，通过后即可在申请的多个直属海关范围内通用。

---

① 检查是指海关在进境环节对进口货物依法实施的检疫、查验或商品检验作业，其中，口岸检查由进境地主管海关在进境地口岸实施，目的地检查由目的地主管海关在目的地实施。

应税企业采用有纸申报或无纸化申报时选择汇总征税模式的，对于无布控查验等海关要求事项的汇总征税报关单，担保额度自动扣减成功后，海关即放行。有纸申报企业应在货物放行之日起 10 日内递交纸质报关单证，至当月底不足 10 日的，应在当月底前递交。

所有应税企业应于每月第 5 个工作日结束前完成上月应纳税款的汇总电子支付，支付成功后企业即可自行打印税单。汇总征税作业系统可实现担保额度的智能化管理，根据企业税款缴纳情况循环使用，税款缴库后，企业担保额度自动恢复。企业未按规定缴纳税款的，海关径行打印纸质的海关税款缴款书，交付或通知企业履行纳税义务，企业在规定期限内仍未缴税的，海关办理保证金转税手续或通知担保机构履行担保纳税义务。企业出现欠税风险的，进出口地直属海关暂停企业适用汇总征税；风险解除后，经注册地直属海关确认，恢复企业适用汇总征税。

目前，海关总署在创新税收担保方式、完善汇总征税制度方面还有许多有益尝试，以进一步适应现代金融与担保体制机制改革趋势。主要措施有结合企业信用管理制度改革，建立差别化担保制度，根据《中华人民共和国海关事务担保条例》（以下简称《海关事务担保条例》）的相关规定，结合企业信用管理，对符合条件的企业实施免除担保制度；加快实施除银行或非银行金融机构保函外的第三方担保形式，对资信良好、供应链信息对海关透明的企业，尤其是生产型企业，考虑引入第三方信用担保模式。已经在部分直属海关成功试点采用企业财务公司、保险公司参与总担保备案；增加可用于担保的财产和权利种类，允许企业以汇票、本票、支票、债券、存单等海关认可的财产、权利提供担保。

（二）关税保证保险申报方式

为优化口岸营商环境，提升跨境贸易便利化水平，海关总署、中国银行保险监督管理委员会（以下简称“银保监会”）决定在全国海关范围内开展以关税保证保险单作为税款类担保的关税保证保险改革试点，包括期限纳税担保与涉税要素担保。《关于开展关税保证保险通关业务试点的公告》（海关总署　银保监会公告 2018 年第 155 号）中，对试点事项进行了详细的说明：2019 年 1 月 1 日起，对于关税保证保险单的适用扩大业务试点范围，从原先试点的十个直属海关扩大到全国海关；并且由原先的逐票签保的模式优化为关税保证保险单汇总缴纳税费及在保险期间内循环担保、循环使用的模式，减少企业办理逐票保险业务和缴纳税费所耗用的时间，进一步提升通关时效。

目前，参与试点的保险公司有中国人民财产保险股份有限公司、中国太平洋财产保险股份有限公司、中银保险有限公司、中国平安财产保险股份有限公司、中国大地财产保险股份有限公司、中国人寿财产保险股份有限公司、阳光财产保险股份有限公司和太平财产保险有限公司。除“失信企业”外的进出口货物收发货人，可适用关税保证保险通关业务模式。根据《海关事务担保条例》第四条，企业凭关税保证保险单办理纳税期限担保，应在申报时选择“关税保证保险”模式，并选取相应关税保证保险单电子数据。

对接受申报且满足全部放行条件的，海关即可实施现场卡口放行。有布控查验等其他海关要求事项的，按有关规定办理。企业应于每月第 5 个工作日结束前，完成上月应纳税款的汇总电子支付。税款缴库后，企业担保额度自动恢复，可循环用于下一次关税担保业务。企业凭关税保证保险单办理征税要素担保，仍需逐票进行担保流程办理，申报时向海关提交关税保证保险单正本；逾期未缴纳税款的，海关可以停止其办理关税保证保险通关业务。

为进一步优化口岸营商环境，提升跨境贸易便利化水平，海关总署决定扩大关税保证保险通关业务试点范围，企业可凭关税保证保险单办理汇总征税。对于《关于开展关税保证保险通关业务试点的公告》（海关总署 银保监会公告2018年第155号）规定的纳税期限担保，保险金额可根据企业税款缴纳情况在保险期间内循环使用。进口收货人或其代理人可通过“单一窗口”的“金融服务”模块办理上述两种“先放后税”的担保申请以及办理进度查询。境内收发货人除“失信企业”外均可线上申请。

【知识链接】

1.《中华人民共和国海关进出境运输工具舱单管理办法》（海关总署令第172号）。

2.《关于推进全国海关通关一体化改革的公告》（海关总署公告2017年第25号）。

3.《关于优化汇总征税制度的公告》（海关总署公告2017年第45号）。

4.《关于推广新一代海关税费电子支付系统的公告》（海关总署公告2018年第74号）。

5.《关于扩大新一代海关税费电子支付系统适用范围的公告》（海关总署公告2018年第122号）。

6.《关于开展关税保证保险通关业务试点的公告》（海关总署 银保监会公告2018年第155号）。

7.《关于扩大汇总征税担保数据电子传输银行范围的公告》（海关总署公告2018年第176号）。

8.《关于深化海关税款担保改革的公告》（海关总署公告2021年第100号）。

9.《关于开展“两步申报”改革试点的公告》（海关总署公告2019年第127号）。

10.《关于分段实施准入监管 加快口岸验放的公告》（海关总署公告2019年第160号）。

11.《关于全面推广“两步申报”改革的公告》（海关总署公告2019年第216号）。

【复习思考题】

1. 通关制度适用工作步骤是怎样的？

2. 实际进出口货物与其他进出口或进出境货物的通关制度有什么不同？

3. 提前申报对舱单传输的时间要求是什么？

4. “两步申报”分别是指哪两个步骤？申报的时间要求有哪些？

5. “两（分）段准入”作业监管，进口货物准予放行的情形有哪些？准予销售或使用的情形有哪些？

6. 汇总征税如何办理？在通过汇总征税的模式向海关申报时，需要注意什么？

7. 关税保证保险如何办理？在使用关税保证保险模式向海关申报时，需要注意什么？

第二单元　前期作业

【学习目标】

本单元旨在让学习者掌握申报前期的各项业务工作内容及其顺序，理解报关准备工作对正确申报及快速通关的基础作用，初步掌握不同海关通关制度的区别并准确选用。

完成本单元学习，学习者应获得以下成果：

1. 能参与虚拟的接单、理单等工作环节的作业实施；

2. 能在应对报关准备相关案例时，正确运用所学知识与技能，完成案例的分析判断与实际处理；

3. 能按照从货物属性到税收状况再到通关制度的规律，准确识别报关事项所适用的海关通关制度。

【基本概念】

相关业务事项办理、接单、理单、制单、复核、出口申报前检验检疫、传输舱单信息、海关事务担保、申报前看货取样、配合海关登临检查

【建议学习时间】

4 课时

【学习内容】

前期作业的主要内容包括接单、理单、制单、复核四个必备环节以及若干可能需要的作业环节，报关准备工作充分、完备是避免报关差错的重要前提。

一、进口申报的前期作业

（一）相关业务事项办理：设立、报备、注册、核准及申请确认手续

1. 加工贸易货物。进口前，当事人需办理加工贸易手册、设立账册等，具体内容详见本书第三篇。

2. 特定减免税货物。进口前，当事人需办理货物的减免税审核确认手续。

3. 装运前检验检疫事项办理。进口货物装运前检验、境外预检、检疫准入、检疫审批等，具体内容详见本书第二篇。

4. 法定检验检疫货物和特殊物品的报备，具体内容详见本书第二篇。

5. 进口食品境外生产企业的注册，具体内容详见本书第二篇。

6. 进口许可证件的办理，具体内容详见《关务基础知识》。

7. 办理海关预裁定手续。在货物实际进口前，进口货物收货人可就下列海关事务申请预裁定：进口货物的商品归类，原产地或者原产资格，进口货物完税价格相关要素、估价方法。“完

税价格相关要素”，包括特许权使用费、佣金、运保费、特殊关系，以及其他与审定完税价格有关的要素。申请人应当在货物拟进口3个月前向其注册地直属海关提出预裁定申请。通过“单一窗口”或“互联网+海关”提交中华人民共和国海关预裁定申请书。具体内容详见本书第四、第五篇。

（二）接单

接受进口货物向海关申报的任务，行业内俗称接单。在接单环节，要尽可能地获取与进口申报货物有关的全部报关随附单证及相关的信息。

1. 获取与申报货物相关信息

进口货物的商品归类直接关系到整个报关过程，接单人员应首先询问并要求提交与货物归类有关的单证材料。

如仅凭合同、发票等单据无法最终确定申报货物商品编码，还需获得产品说明书、照片资料、加工流程、加工工艺等。对于某些可能涉及知识产权海关保护的进口货物，还需要获得知识产权授权使用书等材料。

对于某些特殊货物，如果仅凭文字资料无法确定归类或对货物的品名、规格、数量有疑义的，可通过向海关申请申报前看货取样进一步了解货物信息。向海关提出申报前查看货物或者提取货样时，应持正本提单及复印件和其他必要单证向现场海关提出书面申请，海关批准后，由海关、仓储公司、报关公司三方共同对货物进行开拆包装、看货、取样和记录的工作。

进口食品境外生产企业应当获得海关总署注册，海关总署自行或者委托有关机构组织评审组评估审查，通过后对符合要求的进口食品境外生产企业予以注册并给予在华注册编号，书面通知所在国家（地区）主管当局或进口食品境外生产企业；对不符合要求的进口食品境外生产企业不予注册，书面通知所在国家（地区）主管当局或进口食品境外生产企业。（具体内容详见本书第二篇）

进口动植物、动植物产品及其他需要法定检疫的货物及产品的，除确认进口准入条件外，还需提供检疫合格证明或者书面批准证明。（具体内容详见本书第二篇）

2. 检查报关随附单证

在报关企业代理报关的情况下，与申报货物相关的进口贸易单证、运输管理单证和海关特殊单证等单证资料一般由报关委托人随报关委托协议一起提供给报关人员，但基于委托人对国家贸易管理规定和海关监管要求不够了解等原因，提供的单证资料可能不够完备，这就需要报关人员能够根据拟进口申报货物归类及其他相关情况，把握海关对与申报货物相关的报关随附单证的要求，与委托人进行有效的沟通，尽可能做到全面、完整地获取报关随附单证。

进口货物收发货人在自理报关时，合同、发票、装箱单等基本贸易单证一般由公司内部相关部门提供，与申报货物相关的运输管理单证、海关特殊单证的申领等事项一般会由报关人员负责，需对报关随附单证是否齐全进行检查，以免疏漏。

3. 接单处置

在代理报关中，接收委托方提供的各类单证及相关资料时，需签署接收人姓名和接收时间，并做好登记处理，有信息系统条件许可的报关企业需将资料录入公司的报关业务管理系统。签收单证时，应注意记录内容要与实际收取的单证一致。进口货物的提单、运单等资料如与进境运输工具原始舱单信息不相匹配，海关将不予放行货物。

进口货物收发货人在自理报关时，交接及签收内部流转单证的注意事项及申报前各项数据核实工作同上。

4. 换取提货凭证

在海洋运输方式下，由于海运提单正本具有物权凭证性质，一般不会直接作为报关随附单证提交给海关。在申报前，报关人员需要将提单正本换成能够从港区或仓库提取货物的提货单(也称小提单)。

换单的基本程序和要求如下：

(1) 确认提单的有效性

报关人员在换单前要对提单“收货人”栏进行检查确认。如为记名提单，则看记名收货人是否加盖公章；如为指示提单，则看提单持有人是否背书。如果是在正本提单未到的情况下，发货人同意收货人凭电报先提货，则不仅要检查收货人是否在提单上背书，还要请收货人提供加盖公章的电报放货换单的保函。

(2) 确认换单时间

确认过提单有效性后，报关人员一般需要通过电话查询或网络查询的方式向船公司或货运代理公司确认提单上的船名、航次号和提单号，船舶到港时间，何时可以换单，换单费用等事项。

(3) 领取正本提货单

在规定的时间，到船公司或货运代理公司指定地点支付换单费用及其他相关费用，领取正本提货单。

在其他运输方式下，由于运输单据不具有物权凭证性质，一般可凭运单直接向海关报关，不需要换单作业。报关企业代理收货人换单时，一般应要求收货人出具授权委托书。

(三) 理单

理单环节的主要工作任务是对报关随附单证的有效性、一致性进行审核，为填制报关单草单和现场报关做好准备。

1. 工作要求

理单工作的基本要求是通过对报关随附单证的审核，保证其“齐全”“有效”“一致”。

“齐全”是指按照进口货物的申报目的和要求，根据不同进口货物的状态和海关监管规定，判定审核报关随附单证是否提供齐全，是否足以证实进口货物报关单上填制的内容。报关人员应当首先审核报关委托协议/报关委托书、进口贸易单证、运输管理单证、海关特殊单证和其他单证是否齐全，尤其要注意审核进境贸易管理单证是否齐全。

“有效”是指报关随附单证的获取途径合法、符合规定程序，相关的内容信息真实体现该批货物进口的合法性。

报关随附单证种类繁多，格式各异，审核人员应注意各单证上显示的抬头、商品名称、规格、唛头、金额、数量等相关内容是否相互“一致”，避免矛盾，确保单证与单证之间相符。例如，加工贸易手册中显示商品的名称和规格为“纯涤纶布，幅宽 110cm”，而发票中显示商品的名称和规格为“纯涤纶布，幅宽 130cm”，这两份单证中商品的规格不相符，需要根据货物进口的实际情况办理其中一份单证的更改手续。

2. 理单方法

报关随附单证的审核，是报关过程中的一个重要环节，也是准确填制进（出）口货物报关单草单的重要基础工作。不论何种审核方法，都离不开对单证基本点的审核。

（1）报关随附单证完备性审核

报关所要求提交的单证是否齐全。审核时须注意所提交的随附单证是否符合海关对货物的监管要求。

（2）报关随附单证有效性审核

报关随附单证有效性审核的重点是证明、证书。证明、证书包括：国家主管部门批准进出口的许可证件，进出境检验或检疫的证明、证书，阐明货物、物品性质的证明、证书，由海关签发的备案、注册、审批的证明、证书等。审核要点主要包括：证明或证书的抬头是否与其他报关随附单证的抬头一致，证明或证书是否在有效期限内，证明或证书的商品名称、数量、金额等内容是否与其他报关随附单证的相关内容一致，证明或证书的签发机构是否符合相关法律法规的规定。

（3）报关随附单证一致性审核

审核商业发票中商品的单价、总价、币制是否与证明或证书中商品的价格、币制一致。

审核商业发票中商品的数量与包装单据中商品的数量是否一致，商业发票中商品的数量与运输单据、保险单据及证明、证书中商品的数量是否一致。

审核商业发票中商品的有关描述与包装单据、运输单据、保险单据、合同、证明、证书中商品的有关描述是否一致。

审核报关随附单证中各单证的抬头名称是否一致。应避免商业单证显示为母公司的抬头，而证明、证书中显示为子公司的抬头，或者其他方面不相符的情况。

（四）制单

在进境报关业务中，制单主要是指填制进口报关单草单。

1. 工作要求

制单前，应根据报关随附单证及其他有关信息确定商品编码、贸易方式、征免性质等报关单关键项目。

在制单过程中发现问题，要做好记录，并将问题及时反馈或返给接单、理单岗位与客户确认。

填制完成报关单草单或打印报关底单（报关复核表）后，需连同整套报关资料交复核岗位，做完一份交复核岗位一份，切忌不及时移交。

报关单填制的步骤及方法详见本书第六篇。

2. 提高制单效率

熟记报关单各栏目的各种代码，包括监管方式代码表、征免性质代码表、征减免方式代码表、运输方式代码表、关区代码表、国内地区代码表、监管证件代码表、结汇方式代码表、用途代码表、货币代码表、计量单位代码表、成交方式代码表、国别（地区）代码表等，有助于提高制单效率。

对特殊贸易方式的报关单，应复印纸质报关单留存或制作成电子文档留存，以便填制特殊贸易方式的报关单时查看留存的报关单，提高制单的准确性。

输入法设置常用词组，以提高工作效率。

3. 智能化制单校验

使用智能化制单系统的制单逻辑校验功能，可以有效提升制单的质量，降低低级差错率。对于容易忽略的核对项，或者人工核对需要很长时间的核对项，例如多品名各项金额的校验审核，可以使用智能化制单校验功能与原始单据进行逻辑比对；对于多个申报栏目之间有连带关系的项目，可以在辅助校验功能中设定关联或者比对关系，例如，某一监管方式对应的征免不可能填报的项如果制单时填报了，通过智能校验功能可以对此进行校验报错。

（五）复核

在进出境报关业务中，复核主要是指对填制完毕的报关单草单进行再次核对。

1. 复核内容

（1）根据原始资料（合同、发票、装箱单、进口许可证、出口许可证、提运单等）对报关单草单或报关单复核表各栏目填报内容进行核对，原始资料没有的内容，要与接单岗位、理单岗位、制单岗位进一步确认；

（2）数量、金额、币制的正确性；

（3）经营单位性质、贸易方式、备案号与征免性质的逻辑关系；

（4）成交方式、运费、保费间的逻辑关系；

（5）报关单表头与表体相关项目的逻辑关系；

（6）经营单位的加工贸易手册是否超期、超量；

（7）报关单申报内容的逻辑性及准确性，例如，审核商品品名、重量与对应的数量是否符合逻辑，商品数量、重量、价值是否符合逻辑等；

（8）报关单上申报的品牌是否有侵权嫌疑；

（9）报关单的舱单数据与装运单据数据是否相符；

（10）报关单申报的商品是否规范、完整；

（11）确定商品归类是否准确。

报关单复核及错误排查的具体方法详见本书第六篇。

2. 复核的其他注意事项

（1）特别注意数量关系

例如，报关单表体部分的各项净重应用计算器或其他计算方法累加起来，检查得出的合计数与报关单表头部分的总净重是否相符，相符表示表体部分的净重正确，不符需找原因；报关单表体部分的各项数量应累加合计，检查得出的结果与客户提供的发票或装箱单上的数量合计数是否相符；报关单表体部分的各项价值应累加合计，检查得出的结果与客户提供的发票合计数是否相符。

（2）掌握外贸与运输常识

例如，在复核报关集装箱量时，如客户在装箱单上提供了体积数，需与各种集装箱的标准体积数进行对比。比如，一个20尺柜：长×宽×高＝5.899米×2.352米×2.386米＝33.1立方米，一个40尺柜：长×宽×高＝12.02米×2.352米×2.386米＝67.5立方米。如果装箱单上显示的体积数是45立方米，客户提供的是一个20尺集装箱号，从逻辑判断有可能是客户漏提供了一个20尺集装箱号，或者是客户的装箱单显示的体积数有误。

3. 智能化复核

使用智能化制单系统的复核功能，可以有效提升审单复核的质量，降低低级差错率。对于上述复核事项，可以在系统后台设定需二次复核的栏目，只有通过对此栏目的二次复核并由系统通过后才可以进行保存申报。例如，可以将金额、币制设为需二次复核项，二次录入比对通过后才可以进行申报，如果第二次录入的信息与第一次不符，信息系统就会报错。

二、出口申报的前期作业

接单、理单、制单以及复核的流程、注意事项比照上述“一、进口申报的前期作业”操作；出口报关前在接单环节还需注意：对于某些可能涉及知识产权海关保护的货物，还需要获得知识产权使用授权书等材料；出口货物的装货单、运单等资料如与出境运输工具预配舱单信息不相匹配，则接单岗位人员需要向负责运输的企业进行确认，避免海关不予放行的情形发生。

除上述提到的注意事项外，出口申报的前期作业还包括以下内容。

（一）相关业务事项办理：报备、申请手续

1. 出口法定检验检疫货物和特殊物品的报备，具体内容详见本书第二篇。

2. 出口危险货物运输包装容器的性能检验、鉴定，出口前监管服务事项电子底账设立，政府协议装运前检验等，具体内容详见本书第二篇。

3. 出口食品生产企业申请境外注册，具体内容详见本书第二篇。

4. 出口许可证件的办理，具体内容详见《关务基础知识》。

5. 办理海关预裁定手续。在货物实际出口前，出口货物发货人可以就下列海关事务申请预裁定：出口货物的商品归类、原产地或者原产资格。申请人应当在货物拟出口3个月前向其注册地直属海关提出预裁定申请。通过“国际贸易单一窗口”或“互联网+海关”提交中华人民共和国海关预裁定申请书，具体内容详见本书第四、第五篇。

（二）货物准备

提前将出口货物准备好是顺利通关的必要条件。出口托运人需将待出口货物送入承运人指定的集装箱装货站，由站点负责将货物依次装入集装箱。在出口货物装箱过程中，出口托运人可以针对出口货物的体积、数量等信息选择大小、结构合适的集装箱托运，也可以委托承运人选择合适的箱型装运；出口委托人要到现场查看装货情况，并要求集装箱装货站按出口委托方的装箱方式装货。这样在一定基础上，能防止短装或装错，从而为顺利通关奠定基础。

（三）订舱作业

1. 海运订舱作业

租船订舱是租船和订舱的合成词。货主委托货运代理人承运货物，在货物交付和运输过程中，如果货物的数量较大，如大宗散杂货物等，可以洽租整条船甚至多条船来运输到指定港口，这就是“租船”。如果货物量不大，则可以租赁部分舱位来装运，这就是“订舱”。订舱作业即

货运代理托运人向承运人或其代理人申请舱位，承运人对这种申请给予承诺的行为。

海运租船订舱的作业程序如下：

（1）委托代理

货物出口公司填写托运单，作为订舱依据。托运单是指托运人（发货人）根据买卖合同和信用证内容填写的向承运人或其代理人办理货物托运的单证。承运人或其代理人根据托运单的内容，结合船舶的航线挂靠港、船期和舱位等条件综合考虑，认为合适即可接受托运。

在海运集装箱货物运输过程中，一般是货主作为委托人提出委托，由货运代理公司作为代理人接受委托，从而构成双方的委托代理关系。在双方长期货运代理委托的基础上，有时也会以货物明细表、场站收据联单、简易提单，甚至传真或者电子邮件的方式来代替委托书。

延展阅读

（2）安排订舱

一般情况下，货运代理公司收到客户的订舱委托书，根据货主提供的国际货物托运委托书，首先向承运人或其代理人申报出运计划，随后以托运单纸质形式或电子报文形式正式向承运人订舱托运。货运代理公司接受货主委托后，根据货主提出的发运日期，结合船公司的船期表，填制订舱单，向作为承运人的船公司或其代理人申请订舱。

订舱单是承运人或其代理人在接受货主或者货物托运人订舱时，根据发货人口头或者书面申请货物托运的情况，据以安排集装箱货物运输而制定的单据。该单证一经承运人确认，便作为托运与承运双方订舱的凭证。

（3）接受订舱

承运人、船公司或其代理人收到托运单后，根据货物件数、重量、尺寸等相关信息，会考虑货主对航线、船舶、运输、港口条件、运输时间等方面的要求，决定是否能满足这些要求。经审核确定接受承运，即将托运单的配舱回单退回，并向托运人签发装货单。与此同时，船公司还需制作订舱清单，分送集装箱码头、堆场等有关部门，并据此安排空箱及货运交接等工作。

（4）调箱提箱

船公司接受订舱后，出调箱单，提取集装箱空箱或者送货到指定堆场，并告知货主集装箱号。

2. 空运订舱作业

空运的订舱业务是与海运业务相对而言的，空运货物的承装装置为集装器。集装器是航空集装运输所使用的各种类型的集装箱、集装板和辅助器材的总称，是宽体飞机的组成部分，通过与飞机装卸、限动装置配合，实现集装化运输。装运集装器的飞机，机舱内应有固定集装器的设施，把集装器固定于飞机上，这时集装器就成为飞机的一部分，所以飞机的集装器的尺寸有严格的规定。

飞机的集装器可划分为：集装板和网套、结构与非结构集装棚、集装箱。

空运的订舱作业程序如下：

（1）委托运输

在国际航空运输中，货主一般委托货运代理公司为其代理货运业务，由货主作为委托人提出空运货物委托，货运代理公司接受委托，通常会签订一份国际货物托运书。货主在发货前，需要填写国际货物托运书，并加盖公章，作为货主委托货运代理公司承办航空货物出口运输的依据。

国际货物托运书上注明货物的全部信息，是货运代理公司开展工作的依据。

货运代理公司操作人员主要审核托运书中的航空价格和航班日期。审核合格后，须在托运书上签名并注明日期以示确认。

（2）预配舱和预订舱

货运代理公司对所接受的委托信息进行汇总，依据各个客户的预报数据，计算出各航线的总件数、重量、体积，按照客户出运要求和货物情况，结合航班时刻，以及不同机型对货物重量和高度的要求，选择航空承运人并制订预配舱方案，同时为货物匹配运单号。货运代理公司根据预配舱方案，按照航班号、航班日期打印运单号、件数、重量、体积等信息，向航空公司进行预订舱。所谓预订舱，是指货物还没有进入航空公司的仓库，预报货物件数、重量和体积。这些和实际交货时可能有差别，待配舱时再做调整。

（3）配舱

需要空运出口的货物进入航空公司指定的仓库后，货运代理公司需要核对货物的实际件数、重量、体积。考虑对预订舱位、板箱的有效利用、合理搭配，按照航班的机型、板箱型号、高度、数量进行配载。

（4）订舱

货运代理公司将所接收的空运货物向航空公司申请并预订舱位，领取并填写订舱单，同时提供相应信息，如货物的名称、件数、重量、体积、目的地、出运时间、运输要求等。按照规定，货运代理公司应在实际收到委托人单证和货物后，才能向航空公司订舱，办理订舱手续。而在实际操作中，可先行预订舱位，待收到实货后，再确认订舱信息，完成订舱。

（四）单证备齐

出口前缮制全套报关单据。全套报关单据包括电子报关委托协议书、箱单、发票、合同、出口货物报关单以及海关监管条件所涉及的各类证件。出口委托方应根据出口货物品名，查阅海关税则，确定该出口货物的监管条件。若出口货物为法检商品，则应提前向有关检验机构申请报验，为以后顺利通关、出货创造条件。

三、货物申报前可实施的通关作业

（一）出口申报前检验检疫监管

详见本书第二篇。

（二）传输舱单信息

舱单传输人（进出境运输工具负责人、无船承运业务经营人、货运代理企业、船舶代理企业、邮政企业以及快件经营人等舱单电子数据传输义务人）按照规定向海关传输舱单及相关电子数据。海关舱单管理系统对舱单实施逻辑检控和审核，对不符合舱单填制规范的，退回舱单传输人予以修改；对通过逻辑检控和审核的，海关进行风险甄别。海关风险防控局根据预先设定的甄别条件，对筛选出的舱单进行分析，自动或人工下达布控查验、货物禁卸等指令。

从海关管理的角度，在进出口货物申报前，海关会进行舱单安全准入风险处置，具体方式是分析甄别舱单风险、登临检查运输工具以及检查验证舱单所对应的货物。从企业的角度，舱单传输人按照规定向海关传输舱单及相关电子数据。

当海关接收原始舱单及相关数据后，海关以电子数据方式向舱单传输人反馈审核结果。反馈结果包括：接受；不接受及原因；不准予装载；不准予卸载；待海关人工审核等审核结果。

在通过海关对舱单传输及高风险舱单货物查验验证等安全准入审查后或配合海关对相应安全准入问题作出处置后，进出口货物收发货人即可正常向海关申报报关数据。

（三）办理海关事务担保

进出境报关过程中海关事务担保主要包括以下两类：一是进出口货物收发货人或其代理人在办结商品归类、估价和提供有效报关单证等海关手续前，向海关提供与应纳税款相适应的担保，申请海关提前放行货物；二是进出口货物收发货人或其代理人申请办理特定海关业务的，应按照海关要求提供担保。

国家对进出境货物、物品有限定性规定，应当提供许可证而不能提供的，以及法律、行政法规规定不得担保的其他情形，海关不予办理担保放行。

1. 申请提前放行货物的担保

在货物进出境通关过程中，海关对报关人的申报提出质疑或确认报关人申报需要补充相关单证，报关人无法在短期内满足海关要求但需要海关先行放行货物时，可向海关提出担保申请。主要包括以下情形：进出口货物的商品归类、完税价格、原产地尚未确定的；有效报关单证尚未提供的；在纳税期限内税款尚未缴纳的；滞报金尚未缴纳的；其他海关手续尚未办结的。

2. 申请办理特定海关业务的担保

适用某些海关监管方式通关时，海关通关流程要求报关人先行办理担保手续。常见的情形主要包括：货物、物品暂时进出境；货物进境修理和出境加工；租赁货物进口；将海关监管货物暂时存放在海关监管区外等。

3. 办理汇总征税总担保

参考本篇第一单元。

4. 办理关税保证保险

参考本篇第一单元。

（四）申报前看货取样

进口货物的收货人向海关申报前，因确定货物的品名、规格、型号、归类等原因，可以向海关提出查看货物或者提取货样的书面申请。海关审核同意的，派员到场实际监管。查看货物或提取货样时，海关开具取样记录和取样清单；提取货样的货物涉及动植物及其产品，以及其他需依法提供检疫证明的，应当按照国家的有关法律规定，在取得主管部门签发的书面批准证明后提取。提取货样后，到场监管的海关关员与报关人员在取样记录和取样清单上签字确认。

申报前经海关同意可查看货物或者提取货样，这是进口货物收货人的权利。但对于法律赋予的“权利”，收货人也可以不予行使或放弃行使。收货人自己放弃行使权利的情况下所产生的法律后果，由收货人自己承担。

收货人申报前向海关提出查看货物、提取货样的申请应具备一定的条件，如果货物进境已有走私违法嫌疑并被海关发现，海关将不予同意。同时，只有在通过外观无法确定货物的归类等情况时，海关才会同意收货人提取货样。对收货人借查看货物或提取货物之机进行违法活动的行为，法律上也有相应规定，将严厉查处。

（五）配合海关登临检查

对海关确定需登临运输工具检查与实施查验的，由口岸海关运输工具检查岗按指令要求对运输工具进行登临检查，记录检查情况，并将检查结果反馈风险防控中心。风险防控中心舱单分析岗根据检查结果提出后续处置要求。

海关检查运输工具时，运输工具负责人应当到场，并按照海关的要求指派人员开启运输工具的舱室、房间、储存处所；有走私嫌疑的，应开拆可能藏匿走私货物、物品的部位，搬移货物、物料等。必要时，海关有权集中运输工具人员和暂时加封房间或其他部位。海关检查完毕，运输工具负责人应当在海关检查记录上签注。

【知识链接】

1.《国务院关于修改〈中华人民共和国知识产权海关保护条例〉的决定》（国务院令第572号）。

2.《中华人民共和国海关事务担保条例》（国务院令第581号）。

3.《中华人民共和国海关预裁定管理暂行办法》（海关总署令第236号）。

4.《中华人民共和国海关加工贸易货物监管办法》（海关总署令第243号附件17）。

5.《中华人民共和国海关进出口货物减免税管理办法》（海关总署令第245号）。

6.《中华人民共和国进口食品境外生产企业注册管理规定》（海关总署令第248号）。

7.《关于发布〈出口食品生产企业申请境外注册管理办法〉的公告》（海关总署公告2021年第87号）。

【复习思考题】

1. 有哪些海关相关业务事项在货物进出口前需办理设立、报备、注册、核准及申请确认手续？

2. 什么是接单、理单、制单、复核？

3. 进口必备作业环节有哪些？各工作环节有怎样的作业规范？

4. 出口必备作业环节有哪些？各工作环节有怎样的作业规范？

5. 在何种条件下，报关人员需要办理货物申报前可实施的通关作业？

第三单元　申报作业

【学习目标】

本单元旨在让学习者熟悉全国海关通关一体化下的通关作业阶段的业务工作内容及其顺序，初步掌握在报关现场对进出境货物正确适用通关制度、依法交证纳税等作业规范及各环节的作业方法，并以此达到降低贸易成本、快速通关的目的。

完成本单元学习，学习者应获得以下成果：

1. 正确进行报关单电子数据预录入、发送及申报结果查询；
2. 根据企业各自的实际情况选择适合的税款缴纳方式；
3. 了解通关改革后海关各岗位基本职责及单据流转程序；
4. 了解掌握配合查验准备、配合查验实施及确认查验记录等事务；
5. 了解掌握查询放行信息、提装货物等事务；
6. 能在应对报关现场作业相关案例时，正确运用所学知识与技能，完成案例的分析判断与实际处理。

【基本概念】

电子数据申报、特殊申报方式、自报自缴、汇总征税、海关事务担保、放行前修撤单、货物准入查验、现场验估查验、查验时间和地点、查验的方式、查验作业环节、复验与径行查验、协助海关取样、确认查验记录、配合海关化验、银行柜台缴纳、电子支付系统缴纳、进口提货作业、出口装货作业、进出口结关

【建议学习时间】

6 课时

【学习内容】

一、申报电子数据

申报是指进出口货物收发货人、受委托的报关企业，依照《海关法》及有关法律、行政法规和规章的要求，在规定的期限、地点，采用电子数据报关单或纸质报关单形式，向海关报告实际进出口货物的情况，并且接受海关审核的行为。

《海关法》规定，进口货物的收货人、出口货物的发货人应当向海关如实申报，交验进出口许可证件等有关单证。国家限制进出口的货物，没有进出口许可证件的，不予放行。为进出口货物收发货人、受委托的报关企业办理申报手续的人员，应当是在海关备案的报关人员。

（一）一般申报要求

1. 申报地点

全国海关通关一体化全面启动后，进出口企业可在任一海关进行申报，即企业可根据实际需要，自主选择在货物进出口岸、企业属地或其他任一海关报关，除必须进行转关操作的进出口货物以外，均可实现一体化作业模式申报。

按照申报地点分类，可以分为以下4种报关方式：

（1）口岸海关报关

口岸海关报关即报关企业在货物实际进出境地海关办理报关手续。如货物涉及查验，由货物进出境地海关实施查验。

（2）属地海关报关

属地海关报关即报关企业在企业主管地海关办理报关手续，货物在口岸海关实际进出境。如货物涉及查验，由货物实际进出境的口岸海关实施查验。

（3）在除口岸及属地海关外的其他海关报关

采用该种报关方式进出口的企业较少，适用于有特殊需要的进出口企业，比如某些集团有很多子公司，为便于集中管理，可以选择集团所在地或其他方便申报的海关报关。

（4）货物所在地的主管海关报关

以保税货物、特定减免税货物和暂准进境货物申报进境的货物，因故改变使用目的从而改变性质，转为一般进口时，进口货物的收货人或其代理人应当在货物所在地的主管海关申报。

2. 申报期限

进口货物的收货人、受委托的报关企业应当自运输工具申报进境之日起14日内，向海关申报。

进口转关运输货物的收货人、受委托的报关企业应当自运输工具申报进境之日起14日内，向进境地海关办理转关运输手续，有关货物应当自运抵指运地之日起14日内向指运地海关申报。

进口货物的收货人超过规定期限向海关申报的，由海关征收滞报金。

进口货物自装载货物的运输工具申报进境之日起超过3个月仍未向海关申报的，货物由海关提取并依法变卖。对不宜长期保存的货物，海关可以根据实际情况提前处理。

出口货物发货人、受委托的报关企业应当在货物运抵海关监管场所后、装货的24小时之前向海关申报。

经电缆、管道或其他特殊方式进出境的货物，进出口货物收发货人或其代理人按照海关规定定期申报。

3. 申报日期

进出口货物收发货人或其代理人的申报数据自被海关接受之日起，其申报的数据就产生法律效力，即进出口货物收发货人或其代理人应当承担“如实申报”“如期申报”的法律责任。因此，海关接受申报数据的日期非常重要。

申报日期是指申报数据被海关接受的日期。不论是以电子数据报关单方式申报，还是以纸质报关单方式申报，海关以接受申报数据的日期为申报日期。

采用先电子数据报关单申报，后提交纸质报关单，或者仅以电子数据报关单方式申报的，申报日期为海关计算机系统接受申报数据时记录的日期，该日期将反馈给数据发送单位，或公布于海关业务现场，或通过公共信息系统发布。

电子数据报关单经过海关计算机检查被退回的，视为海关不接受申报，进出口货物收发货人或其代理人应当按照要求修改，重新申报，申报日期为海关接受重新申报的日期。

海关已接受申报的报关单电子数据，人工审核确认需要退回修改的，进出口货物收发货人、受委托的报关企业应当在10日内完成修改并且重新发送报关单电子数据，申报日期仍为海关接受原报关单电子数据的日期；超过10日的，原报关单无效，进出口货物收发货人、受委托的报关企业应当另行向海关申报，申报日期为海关再次接受申报的日期。

4. 申报方式

申报采用电子数据报关单证申报形式或纸质报关单证申报形式。电子数据报关单证和纸质报关单证均具有法律效力。

电子数据报关单证申报形式是指进出口货物的收发货人、受委托的报关企业通过计算机系统按照《中华人民共和国海关进出口货物报关单填制规范》的要求向海关传送报关单电子数据及随附单证电子数据。

纸质报关单证申报形式是指进出口货物的收发货人、受委托的报关企业，按照海关的规定填制纸质报关单，备齐随附单证，向海关当面递交上述材料。

目前，全国海关的全部通关业务现场已全面施行通关作业无纸化申报。所谓“通关作业无纸化”，是指海关以企业分类管理和风险分析为基础，按照风险等级对进出口货物实施分类，运用信息化技术改变海关核验进出口企业递交纸质报关单及随附单证办理通关手续的做法，直接对企业通过“单一窗口”录入申报的报关单及随附单证的电子数据进行无纸审核、验放处理的通关作业方式。

根据《关于修改进出口货物报关单和进出境货物备案清单格式的公告》（海关总署公告2018年第61号）的规定，从2018年8月1日起，报关单从原来的竖版改为横版，同一时间开始，全国使用“单一窗口”进行报关申报。“单一窗口”申报具体操作，详见本书第六篇。

海关总署于2019年8月试点“两步申报”，具体内容详见本篇第一单元。

5. 申报单证

申报的单证可以分为报关单和随附单证两大类，其中随附单证包括基本单证和特殊单证。

报关单是由报关人员按照海关规定格式填制的申报单，是指进（出）口货物报关单或者带有进（出）口货物报关单性质的单证，比如特殊监管区域进出境备案清单、进出口货物集中申报清单、ATA单证册、过境货物报关单、快件报关单，等等。一般来说，任何货物的申报，都必须有报关单。

基本单证是指进出口货物的货运单据和贸易单据，主要包括进口提货单据、出口装货单据、商业发票、装箱单、进出口合同等。一般来说，任何货物的申报，都必须有基本单证。

特殊单证主要包括进出口许可证件、保税核注清单、中华人民共和国海关进出口货物征免税确认通知书（以下简称“征免税确认通知书”）、原产地证明、原产地声明等。某些货物的申报，必须有特殊单证，如货物进口申报须有进口许可证。

货物实际进出口前，海关已对该货物的商品归类、原产地、完税价格作出预裁定决定书的，进出口货物的收发货人、受委托的报关企业在货物实际进出口申报时应当向海关提交预裁定决定书。

进出口货物收发货人或其代理人应向报关人员提供基本单证、特殊单证，报关人员审核这些单证后据以填制进（出）口货物报关单。

目前，按照海关通关作业无纸化申报要求，进出口报关单位需要在申报环节将纸质的报关随附单证扫描，保存为海关规定的电子数据格式的文件。

无纸化申报模式下，进出口报关企业以电子文件方式保存或向海关上传的报关单随附单证包括合同、发票、装箱清单、载货清单（舱单）、提（运）单、代理报关授权委托协议、进出口许可证件等。

根据《关于深入推进通关作业无纸化改革工作有关事项的公告》（海关总署公告 2014 年第 25 号）的相关规定，海关在申报环节试点简化上传单据种类，具体规定如下：

（1）进口货物

加工贸易及保税报关单必备单证为发票、进口许可证件、代理报关授权委托协议等。对于合同、装箱清单、提（运）单等随附单证，企业在申报时可不向海关提交，海关审核时如需要再提交。

非加工贸易及保税类报关单必备单证为合同、发票、进口许可证件、代理报关授权委托协议等。对于装箱清单、提（运）单等随附单证，企业在申报时可不向海关提交，海关审核时如需要再提交。

（2）出口货物

企业向海关申报出口货物报关单时，需提交出口许可证件、代理报关授权委托协议等。对于合同、发票、装箱清单、载货清单（舱单）等随附单证，企业在申报时可不提交，海关审核时如需要再提交。

6. 数据审核

报关人员在报关单数据录入后应认真核查所申报的内容是否规范、准确，随附的单据、资料是否与所申报的内容相符，交验的各种单据是否正确、齐全、有效。报关单电子数据发送后，除接到海关不接受申报的信息外，申报单位原则上不能再对已发送的电子数据作出修改。在报关电子数据发送前，需特别注意因电子数据申报不实而可能引起的有关法律责任。

审核步骤如下：

（1）进入报关单申报系统后，按照报关单号码查找拟审核的报关单，打印报关单校对稿，进行审核。

（2）报关单校对稿审核完成后，按照上述步骤进入报关单申报系统，查找拟审核报关单，并对审核出的错误内容进行修改，确认无误后保存数据。

（3）报关单数据修改并保存后，点击审核申报按钮（或申报确认按钮），完成报关单审核申报（或确认填报）操作。

在现场申报环节，极偶然情况下可能会出现因 H2018 系统及相关信息化系统异常、网络发生故障和突发事件而导致正常通关业务中断的情况，进出口货物报关单位遇到无法通过电子系统进行申报的情况时，应及时咨询并按照各地海关启动的通关应急预案操作，避免耽误进出口货物通关。

7. 不接受申报

电子数据报关单申报后，H2018 系统对电子数据报关单及随附单证电子数据进行规范性、逻辑性审核。审核结果分为：

（1）未通过规范性、逻辑性审核

未通过规范性、逻辑性审核的，H2018 系统自动退单，通过申报录入系统向企业发送退单回执，进出口企业按照回执提示信息，在系统中修改原申报电子数据后重新办理申报手续。进出口货物报关单在电子系统申报过程中，可能会因以下情形被退单。

①系统提示进出口商品要验核监管证件且根据相关规定免予验核的情况。如暂时进出口货物除另有规定外，免予提交许可证件，在申报此类货物时系统逻辑检控可能会因缺少相关证件而退单。

②涉及法检商品的报关单结关后撤销，重新申报的。

③报关单撤销后重新申报，原联网监管证件已超期或被使用且无法恢复的。如报关单撤销后，原随附的进口许可证件已结案，导致系统自动退单。

④在指运地海关办结放行手续之前获准直接退运，以“其他（监管代码为 9900）”监管方式申报后系统提示验证的。

出现上述情况时，报关单位则需要通过特殊通道进行报关单的申报，在报关单数据录入暂存后向现场海关申请适用特殊通道完成申报作业。由海关代替进出口货物申报人，对不符合 H2018 系统报关单逻辑检控要求但因情况特殊而允许接受申报的非常规报关单数据执行电子申报作业。

经海关审核属于特殊通道申报范围的，通关现场海关工作人员将使用 H2018 系统“特殊申报”功能，完成特殊通道申报作业。进行特殊通道申报时，海关操作人员会在 H2018 系统中准确、详细填写通过特殊通道申报原因用以备查。

（2）通过规范性、逻辑性审核

通过规范性、逻辑性审核的，海关接受申报，通过申报录入系统向企业发送“报关单已受理/通关无纸化审结”回执。电子数据报关单被接受申报后，涉及税费的，申报企业即可进入缴税环节，进行相应操作。不涉及税费、未被风险参数及指令捕中的，报关单将自动进入放行程序。

8. 申报修撤

海关接受进出口货物申报后，符合规定情形的，报关单证及其内容可以修改或者撤销。进出口货物报关单的修改或者撤销，应当遵循修改优先原则；确实不能修改的，予以撤销。

（1）有以下情形之一的，进出口货物收发货人或其代理人可以通过“单一窗口”向原接受申报的海关办理进（出）口货物报关单修改或者撤销手续：

①出口货物放行后，由于装运、配载等原因造成原申报货物部分或者全部退关、变更运输工具的。

②进出口货物在装载、运输、储存过程中发生溢短装，或者由于不可抗力因素造成灭失、短损等，导致原申报数据与实际货物不符的。

③由于办理退补税、海关事务担保等其他海关手续而需要修改或者撤销报关单数据的。

④根据贸易惯例先行采用暂时价格成交，实际结算时按商检品质认定或者国际市场实际价格付款需要修改申报内容的。

⑤已申报进口货物办理直接退运手续，需要修改或者撤销原进口货物报关单的。

⑥由于计算机、网络系统等技术原因导致电子数据申报错误的。

发生上述情形及由于报关人员操作或者书写失误造成申报内容需要修改或者撤销的，进出口货物收发货人或其代理人应当向海关提交进出口货物报关单修改/撤销表及相应的证明材料。

（2）海关发现进出口货物报关单需要修改或者撤销的，可以采取以下方式主动要求进出口货物收发货人或其代理人修改或者撤销：

①将电子数据报关单退回，并详细说明修改的原因和要求，进出口货物收发货人或其代理人应当按照海关要求进行修改后重新提交，不得对报关单其他内容进行变更。

②向进出口货物收发货人或其代理人制发进出口货物报关单修改/撤销确认书，通知其要求修改或者撤销的内容，进出口货物收发货人或其代理人应当在5日内对进出口货物报关单修改或者撤销的内容进行确认，确认后海关完成对报关单的修改或者撤销。

（3）除不可抗力因素外，进出口货物收发货人或其代理人有以下情形之一的，海关可以直接撤销相应的电子数据报关单：

①海关将电子数据报关单退回修改，进出口货物收发货人或其代理人未在10日内重新发送的。

②海关审结电子数据报关单后，进出口货物收发货人或其代理人未在10日内递交纸质报关单的。

③出口货物申报后未在规定期限内运抵海关监管场所的。

④海关总署规定的其他情形。

需要注意的是，海关已经决定布控、查验及涉嫌走私或者违反海关监管规定的进出口货物，在办结相关手续前不得修改或者撤销报关单及其电子数据；已签发报关单证明联的进出口货物，当事人办理报关单修改或者撤销手续时，应当向海关交回报关单证明联；由于修改或者撤销进（出）口货物报关单导致需要变更、补办进出口许可证件的，进出口货物收发货人或其代理人应当向海关提交相应的进出口许可证件。

进出口货物报关单修改/撤销确认书与无纸化形式提交的信息效力一致。

（二）特殊申报要求

1. 转关手续

目前，仅有邮件、快件、暂时进出口货物（含ATA单证册项下货物）、过境货物、中欧班列载运货物、市场采购方式出口货物、跨境电子商务零售进出口商品、免税品，以及外交、常驻机构和人员公自用物品，收发货人可按照海关要求正常申请办理转关手续，开展转关运输。通过转关形式申报进出口的货物，应在办妥转关手续后，再办理货物进出口申报手续。

除上述可以正常进行转关作业的货物之外，自2018年起仅以下范围内的货物可办理转关手续：

（1）多式联运及具有全程提（运）单货物

多式联运货物，以及具有全程提（运）单需要在境内换装运输工具的进出口货物，其收发货人可以向海关申请办理多式联运手续，有关手续按照联程转关模式办理。

（2）不宜在口岸海关查验的货物

易受温度、静电、粉尘等自然因素影响或者因其他特殊原因，不宜在口岸海关监管区实施查验的进出口货物，满足以下条件的，经主管地海关（进口为指运地海关，出口为启运地海关）批准后，其收发货人可按照提前报关方式办理转关手续：收发货人为高级认证企业；转关运输企业最近一年内没有因走私违法行为被海关处罚；转关启运地或指运地与货物实际进出境地不在同一直属关区内；货物实际进境地已安装非侵入式查验设备。

进口转关货物应当直接运输至收货人所在地，出口转关货物应当直接在发货人所在地启运。按照规定办妥转关手续后，进出口货物收发货人再按照报关单填制规范及申报管理向海关申报进出口。

2. 补充申报

补充申报是指进出口货物的收发货人、受委托的报关企业依照海关有关行政法规和规章的要求，在进（出）口货物报关单之外采用补充申报单的形式，为确定货物完税价格、商品归类、原产地等所需信息向海关进一步申报的行为。

有下列情形的，进出口货物收发货人、报关企业应当向海关进行补充申报：

（1）海关对申报的货物的价格、商品编码等内容进行审核时，为确定申报内容的完整性和准确性，要求补充申报的。

（2）海关对申报货物的原产地进行审核时，为确定货物原产地的准确性，要求收发货人提交原产地证书，并进行补充申报的。

（3）海关对已放行货物的价格、商品编码和原产地等内容进行进一步核实时，要求进行补充申报的。

进出口货物收发货人或报关企业可以主动向海关进行补充申报，并在递交报关单时一并提交补充申报单。

进出口货物收发货人、报关企业应当在收到海关补充申报电子指令之日起5个工作日内，通过系统向海关提交电子数据补充申报单。

电子数据补充申报单经海关审核通过后，进出口货物收发货人、报关企业应当打印纸质补充申报单（一式两份）签名盖章后递交现场海关。适用通关作业无纸化通关方式申报的补充申报单，无须递交纸质补充申报单。

进出口货物收发货人、报关企业在规定时限内未能按要求进行补充申报的，海关可根据已掌握的信息，按照有关规定确定进口货物的完税价格、商品编码和原产地。

3. 集中申报

集中申报是指经海关备案，进出口货物收发货人在同一口岸多批次进出口规定范围内的货物，可以先以集中申报清单形式申报货物进出口，再以报关单形式集中办理海关手续的特殊通关方式。

适用集中申报时，进出口货物收发货人应具备一定的资质，并在货物所在地海关办理集中申报备案手续，加工贸易企业应当在主管地海关办理集中申报备案手续。进口货物应在载运进口货物的运输工具申报进境之日起14日内办理清单形式申报手续，出口货物申报时限为货物运抵海关监管区后、装货的24小时之前。收发货人应当对1个月内以集中申报清单申报的数据进行归并，填制进出口货物报关单，一般贸易货物在次月10日之前、保税货物在次月底之前到海关办理集中申报手续。一般贸易货物集中申报手续不得跨年度办理。

4. 定期申报

经电缆、管道、输送带或者其他特殊运输方式输送进出口的货物，经海关同意，可以定期向指定海关申报。

5. 限定口岸申报

以一般贸易方式进出口钻石的（品目 71.02、71.04、71.05 项下，工业用钻石及加工贸易方式项下除外），应当在上海钻石交易所办理进出口报关手续。加工贸易项下钻石转内销的，也应当参照一般贸易方式在上海钻石交易所海关办理报关手续。

汽车整车限定在大连、天津、上海、广州、深圳、青岛、福州、满洲里、阿拉山口等口岸申报。

进口药品和进口麻醉药品、精神药品、蛋白同化制剂、肽类激素指定在北京、天津、上海、大连、青岛、成都、武汉、重庆、厦门、南京、杭州、宁波、福州、广州、深圳、珠海、海口、西安、南宁 19 个城市直属海关所辖的所有口岸、济南航空口岸及苏州工业园区申报。

国家药品监督管理局规定的生物制品及首次在中国境内销售的药品和国务院规定的其他进口药品指定在北京、上海和广州 3 个口岸海关申报。

出口麻黄素类产品指定在北京、天津、上海、深圳 4 个口岸海关申报。

二、进口法定检验检疫

进口法定检验检疫方面由于内容较多，详见本书第二篇。

三、缴纳税款与自报自缴申报

（一）自报自缴申报

申报时，企业可以选择常规申报，也可以选择自报自缴申报。自报自缴包括“报关单电子数据申报与自主报税”与“自缴税款、自打税单”两部分内容。

自报自缴是指进出口企业、单位自主向海关申报报关单及随附单证、税费电子数据，并自行缴纳税费的行为。涉及公式定价、特案报关单等特殊种类货物及以有纸形式申报的，暂不适用自报自缴模式。

在税收征管方式改革前，海关接受进出口企业申报数据后，由海关对企业申报的应税货物报关单的归类、价格、原产地信息依法审核确定，在确定上述关键涉税要素后开具税款专用缴款书，纳税义务人凭海关确定的税款进行缴税作业。

税收征管方式改革后，海关在货物放行前不再逐票审定进出口企业申报的涉税要素是否准确，而是将更多精力投入货物安全准入甄别中。进出口企业办理海关预录入环节自行填报报关单各项目，利用预录入系统的海关计税（费）服务工具计算应缴纳的相关税费，并对系统显示的税费计算结果进行确认，连同报关单预录入内容一并提交海关。进出口企业、单位在收到海关受理回执后，自行办理相关税费缴纳手续。同时，海关受理企业申报后，不再开具税单进行缴款告知，由企业缴税后自行选择在海关现场打印税单或自行打印税单。自报自缴形式的完税凭证，不再具有海关行政决定的属性。

申报后，如果企业在申报时勾选了“汇总征税”，税费自动核扣；对于未勾选“汇总征税”的，企业前往“单一窗口”税费支付模块进行支付。

对于申报时勾选“自报自缴”的，按照全国海关通关一体化改革方案，改革后进出口货物收发货人或其代理人办理海关预录入时，可利用预录入系统的海关计税（费）服务工具计算应缴纳的相关税费，并对系统显示的税费计算结果进行确认，连同报关单预录入内容一并提交海关。进出口货物收发货人或其代理人在收到海关受理回执后，自行办理相关税费缴纳手续。同时，海关受理企业申报后不再开具税单进行缴款告知，由企业缴税后选择在海关现场打印税单或自行打印完税凭证。自主缴税模式报关单，税款缴款书上将注明“自报自缴”字样，该税款缴款书仅为缴税凭证，不再具有海关行政决定属性。

对公式定价、特案报关等特殊种类货物及以有纸形式申报的报关单，目前仍沿用以往的缴税模式。进出口货物收发货人或其代理人收到海关对货物应缴纳关税、进口环节增值税、进口环节消费税、滞报金、滞纳金等开具的关税和代征税缴款书或收费专用票据后，在规定的时间内在网上通过电子支付方式或到指定银行柜台办理缴纳税费手续。

（二）电子支付

为进一步提升进出口货物海关税款支付的便捷性，提高税款入库效率，海关总署决定自2018年10月1日起停止使用原海关税费电子支付系统，并切换到新一代海关税费电子支付系统；海关不再向第三方支付平台传输税单及保证金数据。企业可选择柜台支付方式或登录“单一窗口”“互联网+海关”平台使用新一代电子支付系统缴纳海关税费。

新一代电子支付系统通过财关库银横向联网实现海关税费信息在海关、国库、商业银行等部门之间电子流转、税款电子入库。

该系统目前可支付的税费种类有：进出口关税、反倾销税、反补贴税、进口环节代征税、废弃电器电子产品处理基金、缓税利息、滞纳金、船舶吨税、税款类保证金、滞报金。

进出口企业必须是“单一窗口”的入网用户，取得企业法人卡及操作员卡，具备联网办理业务条件并且与海关和商业银行签订电子支付三方合作协议，才可以使用新一代电子支付系统。参与新一代电子支付业务的企业应在海关审结报关单生成电子税款信息之日起10日内发送税（费）扣税指令并完成税款支付。未在规定期限内发送税（费）扣税指令并完成税款支付的，海关填发税款缴款书，转为柜台支付。电子支付缴纳税费作业流程如图1-3-1所示。

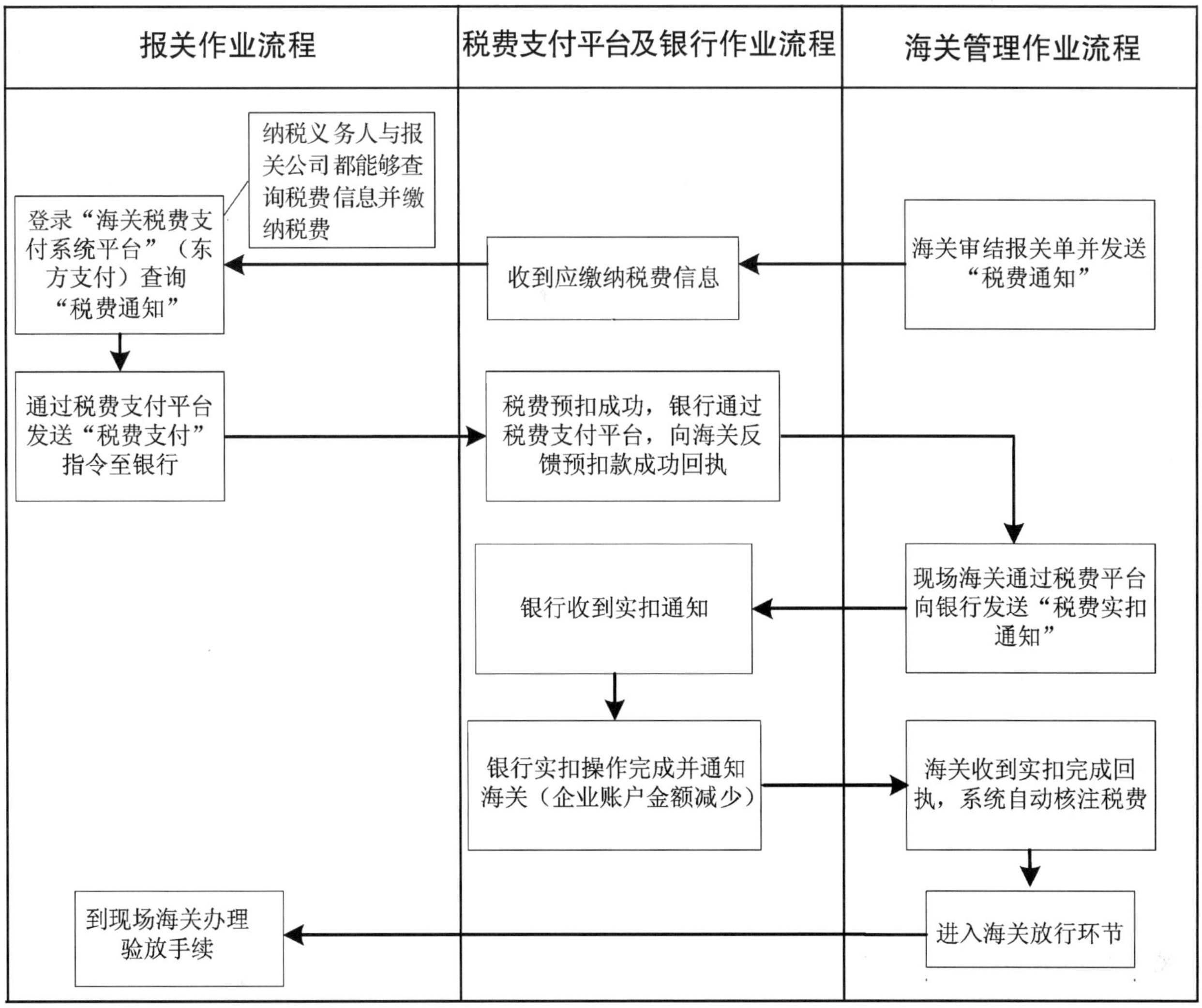

图 1-3-1　电子支付缴纳税费作业流程图

（三）柜台支付

海关税款传统的缴纳方式为柜台支付。

海关作出征税决定后，海关填发税款缴款书，纳税义务人或其代理报关人员办理签收手续。海关税款缴款书一式六联。第一联为收据联，由银行收款签章后交缴款单位或者纳税义务人；第二联为付款凭证联，由缴款单位开户银行作为付出凭证；第三联为收款凭证联，由收款国库作为收入凭证；第四联为回执联，由国库盖章后退回海关财务部门；第五联为报查联，由国库收款后，关税专用缴款书退回海关，海关代征税专用缴款书送当地税务机关；第六联为存根联，由填发单位存查。

签收后，纳税义务人或其代理报关人应在规定的时限内前往指定银行，在指定银行缴纳税款后，相关人员应当及时将盖有证明银行已收讫税款的业务印章的税款缴款书第一联原件送交填发海关验核，海关据此办理核注及货物放行等后续手续。

四、必要时配合海关查验

延展阅读

在现场通关作业时，海关会通过系统或人工下达布控查验和实货验估指令，海关查验关员会在区别查验指令属性后，按照细化的查验要求实施查验。

海关查验是法律赋予海关的一项重要的执法权力，海关行使权力需要收发货人或其代理人履行义务作为保障。另外，收发货人或其代理人在进出口货物之前，经过了与境外卖方或买方的协商、签订合同的过程，对货物的有关情况最为了解，收发货人或其代理人配合海关实施查验有利于提高查验效率，防止因查验发生不必要的争议。

海关对存在禁限管制、侵权、品名规格数量伪瞒报等风险，以及情报反映存在走私违规嫌疑的货物依法进行准入查验；海关对存在归类、价格、原产地等税收风险的货物依法进行验估查验。

为深入贯彻国务院“双随机、一公开”的监管工作要求，防止执法腐败和杜绝监管风险，部分海关开始试行“双随机、全隔离”的创新查验方式，其具有随机查验、随机派员、移动屏幕对照查验、高清全方位监控、专业仪器执法记录、人员隔离等特点。上述查验方式将于试点后普及全国海关，为企业创造一个更为公平公正、廉洁高效的营商与进出境通关环境。

（一）货物准入查验

准入查验是指海关对存在禁限管制、侵权、品名规格数量伪瞒报等风险，以及情报反映存在走私违规嫌疑的货物依法进行实际核查的执法行为。

在进出口货物报关单申报后放行前，海关对有布控查验指令的报关单实施准入查验，具体查验事宜由现场海关查验岗实施。接到海关查验通知后，进出口货物报关单位应提前做好查验准备并按时到场接受货物查验。

货物准入查验结果异常的，现场海关查验岗将如实进行记录，转交现场海关综合业务岗运用查验异常处置系统进行查验结果异常处理。综合业务岗将对照查验岗记录的具体异常情形按照规定办理案件处置移交工作，其中符合一般案件处置规定的，移送缉私部门；属于简单案件或简易程序规定情形的案件移至现场“两简案件”岗位处置；对违反知识产权规定的案件移至法规部门；对符合报关单修改与撤销等情况的查验结果异常，留在本岗位进行报关单修改与撤销处理。在此过程中，报关单位应随时与相关岗位保持联系，提供必要的手续以便尽早完成案件处置或报关单修改、撤销工作。

（二）现场验估查验

现场验估是指在海关税收征管作业过程中，现场海关根据税收征管中心预设验估类风险参数及指令，为确定商品归类、完税价格、原产地等税收征管要素，而实施的验核进出口货物单证资料或报验状态，对涉税要素申报的完整性和规范性进行评估的行为。验估是一项复杂的通关事务，也是非常重要的一个环节，它适用于一般情况下难以确定归类和价格、原产地等涉税报关单，其比例在实际通关过程中较低。

现场验估是海关与货主或其代理人的单证流、信息流的当面交流与沟通，有时这种交流与沟通还需要对货物进行实际查验后进行。因此，这是一种复杂的通关事务，也是非常重要的作业环节，它一般适用于难以确定归类和价格的报关货物，在实际通关作业过程中发生现场验估的比例较低。

海关现场验估岗位具体执行验估类参数及指令，实施验估作业并进行相应处置及反馈，包括验核有关单证资料、样品；验核进出口货物报验状态，做好取样、留像等存证工作或在取样后送检化验；开展质疑、磋商、收集和补充单证资料等工作；录入验估作业记录及结果，按要求反馈处置结果等。

货物放行前海关对由系统或人工下达实货验估指令的，与查验统筹安排，按照细化的查验要求，由取得验估上岗资质的查验人员实施查验，验估人员提供必要协助。企业须配合海关实施实货验核。

税收征管中心要求实施放行前验估（不含实货验估）的报关单以及对被单证验核风险参数捕中的报关单，由申报地海关验估岗根据参数要求，验核有关单证资料的完整性和规范性，留存有关单证、图像、样品等资料后予以放行。

货主或其代理人首先应认真准备相关的单证材料并尽快到通关现场验估岗位递交有关书面材料，出示有关工作证件、委托书等。如接到验估员现场验货通知，应到查验现场配合海关查验，及时签收海关发出的质疑通知书，并及时对海关提出的质疑进行书面答复，逾期视为自动放弃有关权利。海关要求就有关价格资料进行磋商时，应准备好资料，及时到验估岗位进行价格磋商。

（三）查验的时间与地点

报关人员收到查验通知后，应首先到查验场地办理查验货物进场手续，在确认货物抵达查验场地后，向海关预约查验时间。海关查验一般在海关监管区内的指定场地进行。报关人员在接受海关查验前应确认待查验货物的准确位置及堆放地点，当海关通知查验时，报关人员应及时到达指定的查验作业区配合海关查验。如果超过规定时间又无合理理由的，海关将径行查验。对易受温度、静电、粉尘等因素影响及其他特殊原因不宜在口岸海关监管区实施查验的进出口货物，企业可向主管地海关（进口为指运地海关，出口为启运地海关）申请，经批准后可异地查验。

（四）查验的方式

延展阅读

海关可根据货物情况以及实际执法需要，确定具体的查验方式。

海关实施查验，可以采取按一定比例有选择地对一票货物中的部分货物验核实际状况的抽查方式，也可以采取逐件开拆包装验核货物实际状况的彻底查验方式。

按照操作方式，查验可以分为人工查验和机检查验。人工查验包括外形查验、开箱查验等方式；外形查验是指对外部特征直观、易于判断基本属性的货物的包装、唛头和外观等状况进行验核的查验方式；开箱查验是指将货物从集装箱、货柜车箱等箱体中取出并拆除外包装后，对货物实际状况进行验核的查验方式。机检查验是指以 H986 等技术检查设备为主，对货物实际状况进行验核的查验方式。海关可以根据货物情况及实际执法需要，确定具体的查验方式，优先使用 H986 等技术检查设备进行非侵入式查验。对于机检查验正常放行货物，在机检查验结束后，可由海关监管作业场所经营人或运输工具负责人在“海关货物查验记录单”上签字。

（五）查验作业环节

查验作业环节分为前置作业、现场查验作业和处置作业 3 个方面，分别承担安全准入拦截、实货验核、查验后处理等工作。

1. 前置作业

对涉及安全准入等需进行拦截处置的进境货物（含公路口岸承运货物的运输工具，下同），海关在其抵达进境口岸后实施前置预防性检疫处理（含检疫处理监管）、前置辐射探测、先期机检等顺势及非侵入的探测和处置。

2. 现场查验作业

现场查验是指在口岸内实施的外勤查验作业，包括：单货、货证核对；卫生检疫、动植物检疫、商品检验；抽样送检；现场即决式鉴定（含现场实验室初筛鉴定）；H986 过机检查；现场技术整改，合格评定、拟证。

3. 处置作业

处置作业是指现场查验发现异常或查验后需进一步处置的作业，包括：

单证处置——报关单修撤、补证补税、签证；

货物处置——退运、销毁、罚没、口岸隔离检疫、技术整改（不具备现场整改条件的）；

移交处置——移送通关、法规、缉私等处置部门办理；

案件处置——两简案件办理。

（六）复验与径行开验

复验是指海关对进出口货物进行再次查验。适用于海关对经初次查验未能查明货物的真实属性，需要对已查验货物的某些性状做进一步确认的；或货物涉嫌走私违规，需要重新查验的；或进出口货物收发货人对海关查验结论有异议，提出复验要求并经海关同意而再次进行查验的。已经参加过查验的查验人员不参加对同一票货物的复验。

径行开验是指当海关认为必要时，即使收发货人或其代理人没有在场，海关也可以对进出口货物进行查验、复验或者提取货样。

（七）配合海关查验

配合查验是进出口货物收发货人或其代理人的义务，查验货物时，进出口货物收发货人或其代理人应当到场，配合海关的查验。

配合海关现场查验时，关务人员应做到：

1. 进出口货物收发货人或其代理人应负责按照海关要求搬移货物，开拆和重封货物的包装；因进出口货物所具有的特殊属性，容易因开启、搬运不当等原因导致货物损毁，需要查验人员在查验过程中予以特别注意的，进出口货物收发货人或其代理人应当在海关实施查验前声明。

2. 如实回答查验人员的询问及提供必要的资料；报关人员在配合海关实施查验前应与收发货人确认货物相关信息、装箱明细等内容，如拆箱或开拆包装，是否需要安排特殊机力设备或人力；货物包装或标签，是否印刷有货物成分含量组成、原产地信息等；机械设备上是否有铭牌标识或技术参数；装箱清单与实际货物对应的方式等。因进出口货物所具有的特殊属性，容易因开启、搬运不当等原因导致货物损毁的，报关人员需要与收发货人在查验实施前详细确认。为确保查验过程中及时回答海关提出的询问，报关人员需要详细了解申报货物的结构组成、成分含量、工作原理等，并准备相关资料，如产品说明书、品牌授权书、预归类建议书等。

3. 协助海关提取需要做进一步检验、化验或鉴定的货样，收取海关出具的取样清单。

4. 查验结束后，海关查验人员应当如实填写查验记录并签名，查验记录应当由在场的进出口货物收发货人或其代理人签名确认。进出口货物收发货人或其代理人拒不签名的，查验人员应当在查验记录中予以注明，并由货物所在监管场所的经营人签名证明。

进出口货物收发货人对海关查验结论有异议，经海关同意可提出货物复验要求。

货样的化验一般由海关化验中心或委托化验机构负责。海关取样时，收发货人或其代理人应当到场协助并在取样记录单上签字确认。收发货人或其代理人拒不到场或者海关认为必要时，可以径行取样，存放货物的海关监管场所经营人、运输工具负责人应当到场协助，并在取样记录单上签字确认。样品一式两份，一份送到海关化验中心或者委托化验机构，另一份留存海关备查。

海关对进出口货物取样化验的，收发货人或其代理人应当按照海关要求及时提供样品的相关单证和技术资料，并对其真实性和有效性负责。因货物取样送检而提供的技术资料涉及商业秘密的，报关人员应事先声明，要求海关保守其商业秘密。为了不延误取样送检货物的通关效率，报关人员应按照海关取样送检的有关规定，准备好有关产品的成分说明书等资料，以及符合取样准备的取样瓶、袋子、相应取样工具等并及时通知收发货人；如遇有危险品或不具备现场取样条件的，应及时向海关提出申请。

海关对进出口货物的属性、成分、含量、结构、品质、规格等进行测试化验后作出鉴定结论，除特殊情况外，海关化验中心或委托化验机构应当自收到送验样品之日起 15 日内作出鉴定结论，并出具中华人民共和国海关进出口货物化验鉴定书（以下简称“化验鉴定书”）。除特殊情况外，海关化验中心会在化验鉴定书签发次日，将化验鉴定书相关信息通过海关门户网站等途径对外公布。报关人员亦可要求海关提供纸质化验鉴定书。

收发货人或其代理人对鉴定结论有异议的，可以自鉴定结论公布之日起 15 日内向送验海关提出复验申请，并说明理由。送验海关将复验申请转送海关化验中心。海关化验中心应当在收到复验申请之日起 15 日内对送验样品重新化验，出具中华人民共和国海关进出口货物鉴定书（复验），并按规定公布鉴定结论。收发货人或其代理人对同一样品只能提出一次复验申请。

对于已取样待送验的货物，若急于放行，可视情况向海关申请先期放行货物，由海关决定是否同意办理担保放行手续。如海关同意，一般应采取保证金或保证函方式担保验放。

对于查验实货与申报相符的货物，查验记录经海关关员和陪同人员签字后，已缴纳税费的货物可直接由海关查验部门放行，或将查验记录及报关单证转至现场通关部门放行。

配合海关查验作业流程如图 1-3-2 所示。

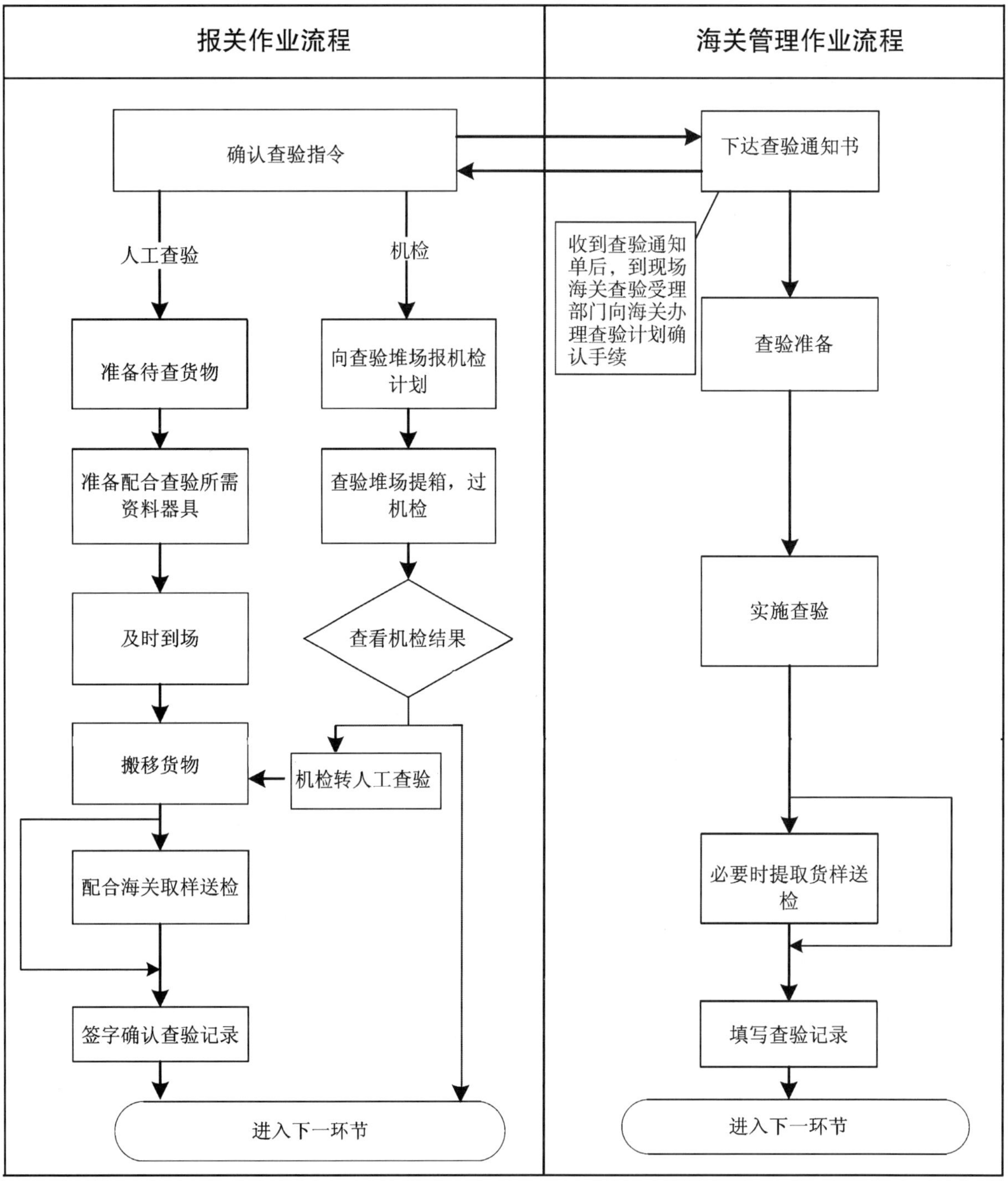

图 1-3-2　配合海关查验作业流程图

（八）配合海关化验

海关化验指海关对进出口货物的属性、成分、含量、结构、品质、规格等进行检测分析，并根据《税则》、《进出口税则商品及品目注释》（以下简称《品目注释》）和《中华人民共和国进出口税则本国子目注释》（以下简称《本国子目注释》）等有关规定作出鉴定结论的活动。海关化验为商品归类、原产地确定、审价、案件查处等海关业务提供技术支持和执法依据。

1. 海关提取货物样品

所取样品应具有代表性，取样方法、取样量应与送验目的相适应。对取样有特定要求的，当事人应给予专业技术协助。当事人应当按照海关要求及时提供样品的相关单证和技术资料，并对其真实性和有效性负责。

2. 样品鉴定结论

除特殊情况外，海关化验中心和委托化验机构自收到送验样品之日起15日内出具鉴定结论，化验鉴定书通过海关门户网站对外公布。

海关化验中心和委托化验机构的鉴定结论是海关执法的依据。其他化验机构作出的化验结果和鉴定结论与海关化验鉴定书不一致的，以海关化验结果和鉴定结论为准。

3. 当事人申请复验

当事人对鉴定结论有异议的，可以自鉴定结论公布之日起15日内向送验海关提出复验申请，并说明理由。海关化验中心自收到复验申请之日起15日内对送验样品重新化验，出具中华人民共和国海关进出口货物鉴定书（复验）。

当事人、送验海关对同一样品只能提出一次复验申请。

（九）损坏货物索赔

对于查验过程中由于海关工作人员失误而造成的货物损失，报关人员可以要求海关就货物损坏的实际情况进行赔偿。根据规定，海关赔偿的范围为进出口货物直接的经济损失，间接的经济损失不包括在海关赔偿的范围之内。

以下情况不属于海关赔偿的范围：报关人员搬移、开拆、重封包装或保管不善等自身原因造成的损失，易腐、易失效货物在海关正常的工作时间内造成的变质或失效，海关正常查验所造成的不可避免的磨损，不可抗力因素造成的损失，在海关查验之前或之后发生的损失或损坏。

五、海关放行与提取、装运货物

（一）海关放行

货物获得放行是指海关接受进出口货物的申报，审核报关单及随附单证，查验货物，征收税费或接受担保后，对进出口货物作出结束海关进出境现场监管决定，允许进出口货物被提离海关监管现场或装运出境的工作环节。

除转入申报地海关综合业务、验估及税收征管中心、风险防控中心进行风险处置的报关单外，未被任何风险参数捕中的报关单按照全国海关通关一体化改革方案自动通过风险分流环节后，进入报关单放行环节。应税报关单缴纳税费或者提供汇总征税等担保后予以放行；非应税报关单直接放行。

货物获得放行一般是由海关在进口货物提货凭证或者出口货物装货凭证上加盖海关放行章。进出口货物收发货人或其代理人签收进口提货凭证或者出口装货凭证，凭以提取进口货物或将出口货物装上运输工具离境。目前，海关放行指令通常为电子数据放行模式。海关完成报关单放行后，将向相应海关监管作业场所经营企业发送货物电子放行信息。

海关放行货物必须以对报关单数据的风险甄别完毕，根据相关信息能够直接排除安全准入和重大税收风险，或者风险处置操作已完成，并且企业缴纳了进出口税费或提供担保作为前提条件。

有下列情况之一的进出口货物，海关将不予放行：

1. 违反海关和其他进出境管理的法律、法规，非法进出境的。

2. 单证不齐或应税货物未办理纳税手续，且又未提供担保的。

3. 包装不良，继续运输足以造成海关监管货物丢失的。

4. 尚有其他未了手续尚待处理的（如违规罚款未交的）等。

新通关模式下，海关将涉税要素的风险排查与处置置于货物放行之后，报关单放行后进行批量复核、风险排查。由此，海关在货物放行后实施后续核查将成为常态，事后核查是货物通关作业的重要组成部分。就此而言，进出口企业需要构筑更长的合规业务流程。海关事后风险排查采取的主要形式包括单证验核及实地核查两种，内容详见本篇第四单元。

（二）提取、装运货物

报关单放行后，会触发舱单放行，继而向码头或场站自动发送放行信息，以便货主或其代理人办理后续进口提取或出口装运货物工作。

1. 进口提货作业

（1）确认船舶到港信息。确认船舶到港信息后，货主或其代理人方可持提货单交场站办理相应手续。

（2）码头交费。提取货物前，需按照要求缴纳相应费用，并办妥场站所有手续。同时，按照车辆情况和码头提货计划表，预约提货时间。

（3）持出卡口证明，将进口货物运离海关卡口。

在一体化通关方式下，凭海关电子放行信息办理货物出场（库、区）手续，实现卡口自动核放。纸质放行模式下报关人员凭盖有海关放行章的提货凭证，换发场站签发的出卡口证明，凭出卡口证明，将进口货物运离海关监管卡口。

在办理上述手续过程中，如发现海关放行信息有误，应立即与验放海关联系，妥善解决。

进口货物提取作业流程如图 1-3-3 所示。

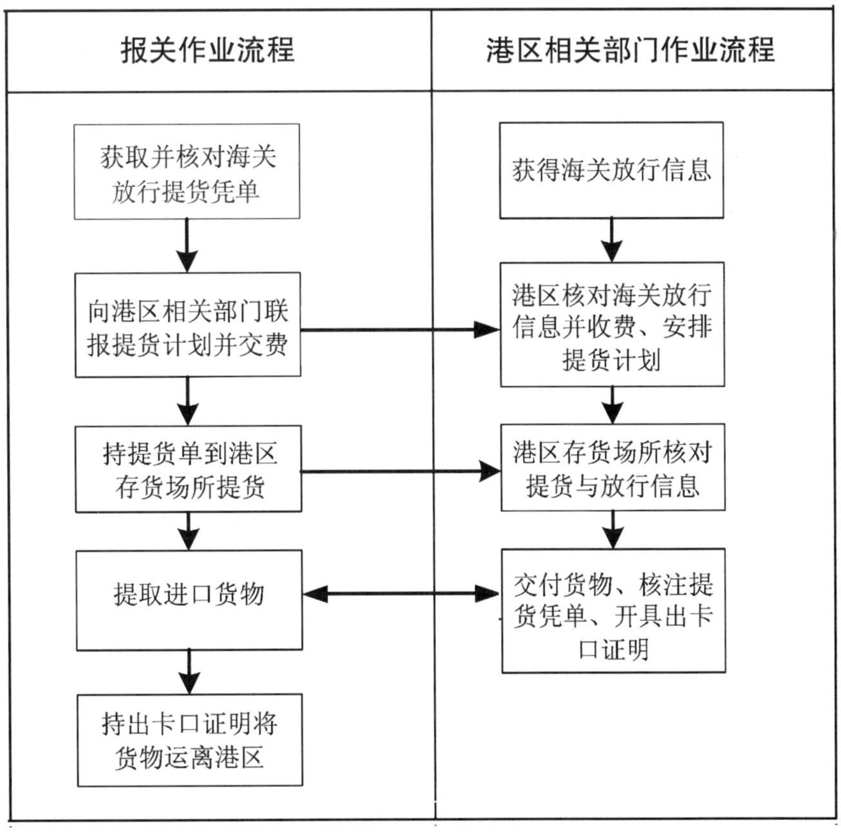

图 1-3-3 进口货物提取作业流程图

2. 出口装货作业

（1）获取海运出口货物运抵管理信息。根据海关规定，海关对申报出口货物实行运抵报告管理，否则不得办理货物放行手续。出口单位应向监管场所确认货物运抵报告已发送。

（2）场站实际装运货物。出口货物放行后，报关人员凭海关电子放行指令运送货物到场站，由场站安排出口货物装运。

（3）海关放行后，因故未实际全部装运或部分装运，需到海关办理退关或报关单修改手续。

出口货物运抵、装货作业流程如图 1-3-4 所示。

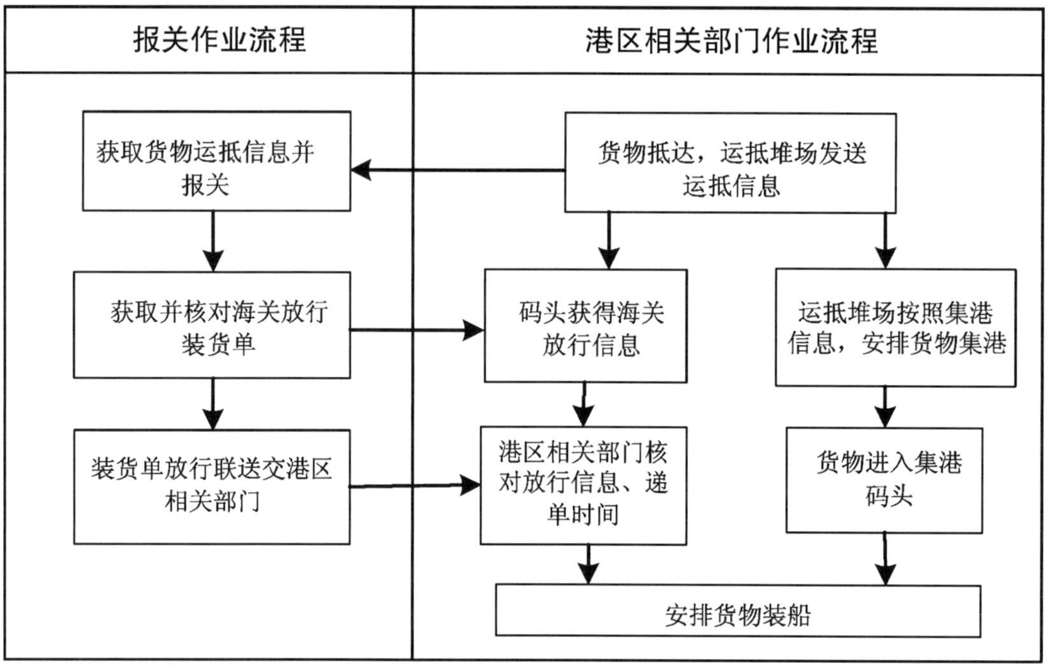

图 1-3-4　出口货物运抵、装货作业流程图

六、进出口结关

进口货物申报后，如果不涉及税费或者税费已经实际支付的，货物放行后系统会立刻触发报关单结关；税费尚未支付的，如汇总征税货物，放行后货物尚未实际交税，在税费实际支付后系统立刻触发报关单结关。

出口货物申报后，一线出口货物（实际进出境）需要等待货物实际离开关境后，由承运人向海关发送舱单“理货正常”状态后，报关单方可结关。二线出口货物（无实际进出境），放行后报关单即可结关。

结关后，根据海关总署和外汇管理局、国家税务总局的电子信息交换规则，海关总署会将报关单证明联电子信息发给中国电子口岸，再由中国电子口岸转发给外汇管理局、国家税务总局（具体操作见第一篇第四单元）。

【知识链接】

1.《中华人民共和国海关进出口货物申报管理规定》（海关总署令第 243 号附件 2）。

2.《中华人民共和国海关进出口货物集中申报管理规定》（海关总署令第 243 号附件 13）。

3.《中华人民共和国海关进出口货物报关单修改和撤销管理办法》（海关总署令第 243 号附件 18）。

4.《关于深入推进通关作业无纸化改革工作有关事项的公告》（海关总署公告 2014 年第 25 号）。

5.《中华人民共和国海关进出口货物查验管理办法》（海关总署令第 138 号）。

6.《关于全面禁止进口固体废物有关事项的公告》（生态环境部　商务部　国家发展和改革委员会　海关总署公告 2020 年第 53 号）。

【复习思考题】

1. 如何进行报关单电子数据申报？

2. 采用特殊申报的情形有哪些？

3. 缴税方式有哪些？进出口税费电子支付系统缴纳方式的作业流程及作业方法是怎样的？汇总征税如何办理？

4. 进出境报关过程中的海关事务担保主要有哪两类？办理两类担保的作业流程各是怎样的？

5. 报关单放行前修撤适用哪些情形？如何办理各自的相关手续？

6. 进出境报关过程中应如何做好配合海关查验的准备？如何配合海关查验的实施？

第四单元　后续作业

【学习目标】

本单元旨在让学习者熟悉进出境报关后续作业阶段的业务工作内容及其顺序，初步掌握在报关后续作业阶段各项工作的作业规范及各环节的作业方法。

完成本单元学习，学习者应获得以下成果：

1. 了解获取报关单证明联的作业实施；
2. 了解获取货物进口证明书的作业实施；
3. 熟悉货物放行后的报关单修改或撤销的作业实施；
4. 熟悉担保销案的作业实施；
5. 能在应对报关后续作业相关案例时，正确运用所学知识与技能，完成案例的分析判断与实际处理。

【基本概念】

报关单证明联、货物进口证明书、货物放行后报关单修改或撤销、担保销案

【建议学习时间】

2 课时

【学习内容】

一、申请签发报关单证明联

报关单证明联是进出口货物收发货人向海关、税务、外汇管理等部门办理加工贸易手册核销、出口退税、进出口货物收付汇手续的重要凭证。进出口货物收发货人或其代理人在办理结关手续后，按照不同的海关监管方式，可以向海关申请签发以下报关单证明联。

（一）报关单出口退税证明联

为进一步深化海关通关作业无纸化改革，减少纸质单证流转，对 2015 年 5 月 1 日（含）以后出口的货物，海关不再签发纸质出口货物报关单证明联（出口退税专用），改由海关总署向国家税务总局传输出口报关单结关信息电子数据。

需要退税的报关单，结关后，海关总署系统会自动向中国电子口岸发送出口退税报关单证明联电子信息，再由中国电子口岸在结关日期的次日凌晨自动转发给国家税务总局。

如果国家税务总局查询不到证明联电子信息，可以按照如下流程进行排查：

1. 先在“单一窗口”查询报关单是否已经结关。如果已经结关，进入如下第 2 步排查；如果未结关，应当联系申报地海关或口岸海关做结关异常处理，触发结关状态出现。

2. 登录中国电子口岸“出口退税联网稽查”子模块，查询出口退税证明联电子信息。如果

中国电子口岸没有出口退税证明联电子信息，企业或其代理人需要联系申报地海关重新发送证明联电子信息；如果中国电子口岸有电子信息，只是国家税务总局没有收到信息，企业可以自行在中国电子口岸查询界面选择“重发”，重发后一般次日国家税务总局就会收到证明联电子信息。

（二）报关单收付汇证明联

根据《关于取消报关单收、付汇证明联和海关核销联的公告》（海关总署、国家外汇管理局公告 2019 年第 93 号），为深化通关作业无纸化改革，完善货物贸易外汇服务和管理，进一步减少纸质单证流转，优化营商环境，海关总署、国家外汇管理局决定，全面取消报关单收、付汇证明联和办理加工贸易核销的海关核销联。

需要收付汇的报关单，结关后，海关总署系统会自动向中国电子口岸发送进口付汇报关单、出口收汇报关单证明联电子信息，然后由中国电子口岸在结关日期的次日凌晨自动转发给外汇管理局。

如果外汇管理局查询不到证明联电子信息，可以按照如下流程进行排查：

1. 先在“单一窗口”查询报关单是否已经结关。如果已经结关，进入如下第 2 步排查；如果未结关，应当联系申报地海关或口岸海关做结关异常处理，触发结关状态出现。

2. 登录中国电子口岸“海关与国家外汇管理局数据交换系统”子模块，查询进口付汇报关单、出口收汇报关单证明联电子信息。如果中国电子口岸没有进口付汇报关单、出口收汇报关单证明联电子信息，企业或其代理人需要联系申报地海关重新发送证明联电子信息；如果中国电子口岸有电子信息，只是外汇管理局没有收到信息，企业可以自行在中国电子口岸查询界面选择“重发”，重发后一般次日外汇管理局就会收到证明联电子信息。

企业办理货物贸易外汇收付和加工贸易核销业务，按规定须提交纸质报关单的，可通过中国电子口岸自行以普通 A4 纸打印报关单并加盖企业公章。

（三）报关单结关异常情况处理

1. 出口异常情况处理

有时海关已经放行出口货物，但报关单查询结果显示“未结关”，导致证明联的申领手续无法办理。造成此种情况的原因比较复杂，归结起来主要包括舱单数据异常、无核销标志、大船舱单数据错误、加工贸易手册超量等。

解决舱单数据异常、无核销标志、大船舱单数据错误等的处理方法主要是与代理公司及驳船代理公司确定具体原因，由其处理相关数据信息，接收对方反馈后查询相关网站确定已结关后，办理证明联申领手续。

因加工贸易手册超量造成无法结关的情况，通知客户作手册数量变更，变更后再与代理公司及驳船代理公司联系，由其处理相关数据信息，接收对方反馈后查询相关网站确定已结关后，办理证明联申领手续。

2. 进口异常情况处理

进口货物已放行提货，但查询海关相关网站，显示“未放行”，而非“已结关”。造成这种情况的原因一般是报关单在放行时因网络故障而出错。对于此种情况，企业可书面向海关申请重新放行，海关重新放行后即可结关，企业即可办理证明联申领手续。

二、申请签发货物进口证明书

货物进口证明书是指依据国家有关法律、行政法规、规章和国际公约的要求，海关在办结进口货物放行手续后，应进口货物收货人的申请签发的证明文书。目前，需签发货物进口证明书的货物主要是进口车辆。为加强对进口车辆的管理，海关对贸易性渠道进口的车辆在办结验放手续后签发货物进口证明书，作为货主办理上牌手续的重要依据之一。

下列情况，收货人可在办结进口货物放行手续后向海关申请签发证明书：

（1）货物为进口汽车和摩托车整车。

（2）有特殊管理规定明确需签发证明书的。

（3）我国加入或缔结的国际公约要求签发证明书的。

（4）海关同意签发证明书的。

进口汽车、摩托车整车证明书实行“一车一证”管理，即一辆汽车或摩托车仅签发一份证明书，证明书签注内容获取自进口货物报关单和收货人向海关提交的补充数据。

其他进口货物证明书实行“一批一证”管理，即一份进口报关单仅签发一份证明书，因报关单申报商品项较多而无法打印在一份证明书上的，实行分页签发。

收货人应自进口货物放行之日起3年内向海关提出签发证明书申请。

进口汽车、摩托车整车证明书因故遗失的，车辆合法所有人应当自证明书签发之日起3年内向原签发地海关提出补发申请，其他货物证明书一律不予补发。

因报关单申报或补传数据错误造成证明书数据错误的，收货人应当自证明书签发之日起3年内向原签发地海关提出换发申请。

下列情况，海关不予签发证明书：

（1）暂时进境、修理物品、加工贸易、租赁贸易等将复运出境的（包括进口汽车和摩托车整车，下同）。

（2）复运进境的原出口货物。

（3）自境外进入海关特殊监管区域或保税监管场所的保税货物。

（4）海关特殊监管区域或保税监管场所之间进出的保税货物。

办结货物进口放行手续后，对符合签发条件的进口货物，海关可应收货人申请签发货物进口证明书。

三、货物放行后报关单修改或撤销

货物放行后报关单修改或撤销的情形主要包括：

（1）出口货物放行后，由于装运、配载等因素造成原申报货物部分或者全部退关、变更运输工具的。

（2）由于办理退补税、海关事务担保等其他海关手续而需要修改或者撤销报关单数据的。

（3）根据贸易惯例先行采用暂定价格成交、实际结算时按商检品质认定或者国际市场实际价格付款需要修改申报内容的。

（4）现场海关统计监督、后续稽查、归类、估价等工作中发现涉及品名、商品编码、数量、价格、原产国（地区）等数据方面的问题，需要修改申报内容的。

其中，前三种情形应由当事人向海关提出修改或撤销报关单的申请，最后一种情形由海关向报关人提出修改或撤销报关单的要求。

当事人应填写进（出）口货物报关单修改/撤销表向海关提出申请，同时还需要根据不同的情况提交相应资料。上述情形1应当提交退关、变更运输工具证明材料；情形2应当提交签注海关意见的相关材料；情形3应当提交全面反映贸易实际状况的发票、合同、提单、装箱单等单证，并如实提供与货物买卖有关的支付凭证及证明申报价格真实、准确的其他商业单证、书面资料和电子数据等。

情形4由海关向经营单位或相关报关企业出具进（出）口货物报关单修改/撤销确认书，通知要求修改或者撤销的内容；报关企业协同经营单位在5日内对进（出）口货物报关单修改或者撤销的内容进行确认或不予确认，对经过当事人确认的内容，由海关完成对报关单的修改或撤销。当事人不同意修改或者撤销，经海关核实确实无须修改或者撤销的，由海关撤回相关作业；经海关复核认为仍需要修改或者撤销的，海关将对当事人再次发起确认程序。

四、办理海关事务担保销案

进出境报关中的担保主要涉及海关手续未办结前，因进出口货物的商品归类、完税价格、原产地等尚未确定或报关资料不齐全而申请担保放行货物、取得相关证明文件，以及因适用暂时进出口、修理物品等海关监管方式通关而申请担保放行等情形。

报关人员在限期内履行有关义务或者海关依法收取担保的情形不再存在的，海关将即时书面通知报关人办理财产、权利凭证退还手续，报关人须于规定的担保期限届满前，凭海关保证金收据，或者留存的保证函或其他担保凭证向海关办理销案手续。因此，担保人履行了向海关承诺的义务或者海关依法收取担保的情形不再存在，是担保销案的前提。

由于进出口货物的商品归类、完税价格、原产地尚未确定，海关实施担保放行的，此类担保在货物进出口后须向海关提交可以证明申报货物的商品归类、完税价格，以及原产地信息正确、真实、符合规定的相关资料，在海关确认其资料符合要求后方可办理销案手续。

例如，海关在办理某票新西兰进口货物业务时，进口方在申报环节因故未提交适用协定税率的原产地证书，经海关同意，进口方按最惠国税率缴纳税款保证金后，海关放行货物，进口方保证3个月内提交符合海关要求的原产地证书。在规定期限内，进口方提交原产地证书并申请原担保销案。经海关审核原产地证书无误，所收保证金按照协定税款转税，退还差额保证金，原担保核销结案。

对于暂时进出口及修理物品等特定海关事务担保放行的，此类货物担保进口后，应在规定期限内复运出境或办理转实际进口，在此基础上可以办理相关销案手续。

例如，进境修理物品修理完毕复运出境的，待海关办结出运手续后，经营单位应凭原修理物品进口货物报关单及现修理物品出口报关单及相关随附单证办理担保销案手续。修理物品因故留在境内的，经营单位应凭原进口修理物品报关单及情况说明向海关申请办理留用手续，经海关同意，补办相应证件（如需）并办理所收保证金转税手续。

担保销案后，有些情况下还需要办理报关单修改手续，例如，进境修理物品无法修理而经批准留在境内，以及进出口货物因商品归类、完税价格、原产地尚未确定等情况收取保证金先放行的，报关人在取得相关证明材料并办理完销案手续后，应通过“单一窗口”的“修撤单办理/确认”功能向海关办理进口货物报关单修改手续。

五、须办理的其他海关后续作业

1. 加工贸易货物，当事人应在规定期限内办理报核手续。（具体内容详见本书第四篇）

2. 特定减免税货物，当事人应在海关监管期满，或者在海关监管期内经海关批准出（转）让、退运、放弃并办结有关手续后，向海关申请办理解除监管手续。

3. 法定检验检疫货物出具证书及后续监管事项。（具体内容详见本书第二篇）

六、配合海关放行后稽（核）查

在全国海关通关一体化模式下，海关针对货物放行后的通关事项实施稽（核）查成为常态，稽查主体从口岸海关向属地海关转移，税收风险的审核将成为海关稽查的主要目标。特别是海关对货物价格稽查的内容越来越广泛，只要是审价办法规定需要调整完税价格的项目，都可能成为稽查对象。就此而言，企业需要构筑更长的合规防线。

货物放行后，海关税收征管中心若发现税收风险，且所涉货物已经放行，需开展后续稽（核）查处置的，将向直属海关稽查部门下达稽（核）查指令，对企业的账册、单证、资金、货物流向、经营状况以及有关进出口货物等进行实地稽（核）查。海关稽查人员查阅、复制进出口货物有关的合同、发票、账册等反映买卖双方关系及交易活动的商业单证、书面资料和电子数据；向进出口货物的纳税义务人等调查进出口货物归类、价格、原产地等关键涉税问题；提取货样进行检验或者化验；进入纳税义务人的生产经营场所、货物存放场所，检查与进出口活动有关的货物和生产经营情况等。

企业在配合与应对海关稽（核）查时，如果确实有事实和法理支持企业的合规性，就应该据理力争，向海关说明有关情况，使海关不至于轻易启动稽查程序。如果企业确实存在价格上的问题或者税收遗漏，最好在核查环节主动披露有关情况。根据海关规定，主动披露可以减轻企业的相关法律责任。

实地核查一般需进入被核查人的生产经营场所、货物存放场所，检查与进出口活动有关的生产经营和货物情况，由现场海关稽查部门实施。

七、配合海关单证核查与事后验估

进出口货物报关单，在海关接受申报后除正常放行的单据以外，还有部分报关单在通过系统风险甄别时被系统预设参数捕中并设置了放行后批量审核标志，带有该标志的报关单及其他税收征管中心按照相应作业程序规定确定抽核的报关单和放行前实货验估、单证验核后存证放行的报关单，海关在放行后将进行批量复核。

税收征管中心复核结果主要为通过涉税风险排查消除疑问；需修撤、退补税的报关单转现场综合岗；需单证验核的，转现场海关验估岗；需实地核查的，转现场海关稽查部门实施；对发现涉嫌违法违规风险线索的，移交缉私部门处置；对发现可能存在安全准入风险的，将有关情况告知风险防控中心。

在现场海关综合业务岗、验估岗、稽查部门、缉私部门进行处置时，进出口企业应积极予以配合并妥善维护自身权益。在此过程中，报关单位需要及时按照海关要求提供相关材料、说明，做好解释工作。现场综合业务处置环节涉及事项较多，且报关单修撤、海关事务担保、退补税等事务对进出口企业影响较大，并且有些关键业务，如报关单修改与撤销可能会导致海关认为进出口企业在报关过程中存在违法违规嫌疑，根据《中华人民共和国海关行政处罚实施条例》（以下简称《海关行政处罚实施条例》）等规定，现场海关将按照相关规定进行案件移交、处罚。对转入综合业务岗位的单据，但海关相关岗位人员未及时与报关单位取得联系的，应主动询问原因并做好配合工作。

单证验核是指由现场海关在货物放行前，根据单证验核风险参数要求或税收征管中心指令要求，对有关单证进行验核，留存有关单证、图像等资料并在货物放行后，根据税收征管中心指令要求，验核有关单证资料、样品，协助开展质疑、磋商等工作，录入验估作业记录及结果，按要求反馈处置结果。

事后验估是指报关单放行后，税收征管中心实施批量审核、专项审核，对未发现税收风险的报关单数据予以办结，对存在税收风险的，根据审核结果或审核需要下达相关指令，转业务现场验估处置。其中，认为可能存在涉税要素申报差错的，现场验估关员需要对进出口单位提供的相关说明材料进行审核确认，并据核实结果下达报关单修撤、退补税指令，由现场海关综合业务部门办理有关手续；需要通过收集并验核有关单证资料、样品，开展质疑、磋商等方式确定税收征管要素的，税收征管中心下达验估指令，由现场海关验估部门按照指令要求进行处置，并反馈结果。

在此过程中，进出口企业要做好配合工作，及时提供海关需要的单证及说明材料。在货物放行后的海关验估过程中，进出口企业存在的常见问题是配合海关工作不及时，提供的资料不齐全、不完整。货物放行后，因为已经没有了货物通关时效方面的压力，以及随之而来的其他更为需要人手的工作要完成，进出口报关单位往往有意或无意忽视海关事后验估的要求，提供的货物说明资料偏简略、粗糙，无法准确印证原申报货物的归类、价格、原产地等涉税要素情况，导致海关不能及时完成验估作业，经常超出时效要求。对不予积极配合事后验估的进出口企业，海关有权在系统中设置标志，取消该企业的通关便利。

八、配合海关放行后立案调查

对于已放行的货物，海关在税收风险排查过程中，若发现违法嫌疑，会根据企业存在问题的不同性质，采取两种处置措施。企业属于过错但不违法的，海关一般定性为申报错误，给予企业纠正改过的机会，不作为案件处理。海关认定企业行为违法，如果情节严重构成犯罪的，一般交由缉私部门立案侦查，走刑事诉讼程序；如果违法行为不构成刑事犯罪，则进行行政立案调查，走行政处罚程序。

在行政处罚程序中，如果企业存在违法的主观故意，偷逃国家税款或逃避外贸管制的，则构成走私行为，将面临较为严厉的行政处罚；如果企业出于过失，不存在偷逃国家税款或逃避外贸管制的主观故意，海关将以违规案件立案调查，作出较为轻微的处罚。

企业涉嫌违法案件的情形很多，如无证到货，加工贸易备案货物短少不能提供正当理由，擅自处置监管货物等，而申报不实是其中最为主要的一类。在海关立案调查并作出处理的行政处罚案件中，超过90%是申报不实案件。可以说，申报不实是进出口企业无法回避的一个问题。一方面频率高，牵涉企业大量的时间和精力去处理；另一方面累计数量过大会给企业的信用等级认定带来直接影响。与其相关的两个处置措施是，海关不认定违法，由企业自行纠正即可；构成走私行为，面临处罚。

涉嫌申报不实行为的企业在应对配合海关缉私部门立案调查时，一是应积极查找原因，做好解释的准备。每一个申报不实行为的背后定会有其客观原因，或是因为货主信息传递失误，或是由于报关部门操作失误，不管何种原因都应及时查找，全面收集证据，做好解释的准备。二是对行为性质须准确定位。对被海关立案调查涉嫌申报不实的案件属于何种性质作出准确的判断，收集相关证据。企业无须回避，而是要积极配合调查，并积极争取从轻、减轻处罚。对海关的处罚定性或适用幅度有异议的，要依法申辩，申请听证、复议，甚至诉讼，采取必要的救济手段，维护自身利益。

九、企业主动披露

《〈中华人民共和国海关稽查条例〉实施办法》（海关总署令第230号）第二十五条中确立了企业主动披露制度。进出口企业、单位主动向海关如实报告海关尚未掌握的其违反海关监管规定的行为并接受海关处理的，海关可以认定有关企业、单位主动披露。主动披露制度的主要目的是引导和鼓励企业加强自我管理和自我检查，形成企业自律、主动报告、主动纠错的诚信驱动机制，将海关与企业由过去单纯的管理与被管理的关系转变为合作共赢关系，促进企业守法经营，提升海关执法效能。

主动披露制度有很多好处。一是企业实现有效的自我纠错。主动披露制度框架下，海关引导鼓励企业通过自查主动发现并报告问题，这为出现问题的企业提供了一个主动纠错的机会，将有效提升企业自律管理能力，促进企业规范管理，提高企业竞争力。二是从轻、减轻或不予行政处罚。对主动披露的进出口企业、单位，违反海关监管规定的，海关应当从轻或减轻行政处罚；违法行为轻微并及时纠正，没有造成危害后果的，不予行政处罚。三是减免税款滞纳金。对主动披露并补缴税款的进出口企业、单位，海关可以减免滞纳金。

十、报关单证归档

需归档的报关单证主要包括报关单、合同、发票及其他与进出口业务直接有关的资料。

报关单证归档的质量及期限要求有：

1. 所有留存的单证应真实、详细；

2. 应进行分类、汇总、存储，形成档案；

3. 报关单（证）、进出口单证、合同及与进出口业务直接有关的其他资料，应自进出口货物放行之日起保管3年，并自觉接受海关及相关机构的日常监督和检查。

进出口货物放行后，代理报关公司与客户交接报关单证，将已放行的报关单证明联扫描或复印留档。一票货物的报关单证按照客户名称、业务种类或公司编号等方式分类后，按日期顺序排列进行归档。此票货物的档案中应保留通关过程中各个环节的操作日期、所发生的问题，以及与客户进行的各种单证交接的记录。

根据海关的相应规定，报关单证应自进出口货物解除监管之日起保存3年。从公司的长期发展来看，某些典型案例的报关单证适宜长期保存，作为日后工作的参考。

报关单证存档管理的目的之一就是可以利用完整的记录信息为日后的报关工作提供参考数

据。如类似商品的归类，各种监管方式所需的报关单证，各种报关许可证件的样式，通关中类似问题的解决方式等。此外，代理报关企业将报关单证存档后，当客户在某些方面有需要时，可以根据检索信息方便、快捷地查询到相关内容，从而为客户提供更好的服务。

因此，完整的报关单证存档管理，不仅是公司日常文件的记录和工作经验的总结，也是培训公司员工的教材，更是为客户提供更优质服务的保障。

十一、财务结算

结算范围应根据双方签订的报关服务合同/协议的条款内容结算相应的费用，其中包括：代垫费用，每票报关业务所产生的各项代垫费用，如换单费、THC 费（码头装卸费）、检验检疫费、查验场地费、进出口税费、仓储费等；服务费用，委托代理双方合同条款内容确定的服务费用，如报关服务费、换单服务费、检验检疫服务费、查验服务费、预归类服务费等。

除上述结算范围外，还应包括补充合同/协议及报关服务过程中产生的其他经委托方确认的变更费用、代缴费用等。

报关企业收取委托方费用后应开具全国统一样式的税务机打发票，不得虚拟费用，伪造费用凭证，否则由此带来的法律责任由报关企业承担。

【知识链接】

1.《关于取消报关单收、付汇证明联和海关核销联的公告》（海关总署　国家外汇管理局公告 2019 年第 93 号）。

2.《〈中华人民共和国海关稽查条例〉实施办法》（海关总署令第 230 号）。

3.《海关总署关于处理主动披露涉税违规行为有关事项的公告》（海关总署公告 2019 年第 161 号）。

【复习思考题】

1. 什么是报关单证明联？有哪些形式？怎样申领？出现异常情况应如何处理？

2. 什么是货物进口证明书？怎样申领？

3. 货物放行后报关单修改或撤销主要有哪些情形？如何办理货物放行后报关单修改或撤销的手续？

4. 进出境报关中的担保主要涉及哪些情形？担保销案应具备怎样的条件？其手续应如何办理？

5. 哪些报关单证应作归档处理？有怎样的质量及期限要求？已归档的报关单证可作怎样的利用？

6. 委托代理报关服务需结算哪些费用？结算依据是什么？收取委托方费用后须作怎样的处置？

第二篇

出入境检验检疫

导 读

2018年国家机构改革后，按照《深化党和国家机构改革方案》的部署，出入境检验检疫管理职责和队伍划入海关总署，这也就意味着，海关在承担原有职责的基础上，也要承担出入境检验检疫的各项管理职责。因此，出入境检验检疫有关业务的办理也成为关务技能必备的组成部分之一。

出入境检验检疫，是指检验检疫管理机构依照法律、行政法规和国际惯例等要求，对出入境货物、交通运输工具、人员等进行检验检疫及签发官方检验检疫证明等监督管理工作。出入境检验检疫的目的是保护国家经济的顺利发展，保护人民的生命和生活环境的安全与健康。本篇主要对国家机构改革后，新海关出入境检验检疫的法律体系、职责、作用等进行概要介绍，对涉及检验检疫作业的申报要求及对进出口商品和进出口企业的检验检疫监督管理工作要求等出入境检验检疫基础知识进行较为全面的介绍，使学习者能够初步掌握出入境检验检疫的基本业务技能。

本篇课时安排见下表。

第二篇　总课时 （13课时，不含练习）	第一单元	2课时
	第二单元	4课时
	第三单元	1课时
	第四单元	2课时
	第五单元	4课时

第一单元　业务概述

【学习目标】

本单元旨在让学习者了解新海关出入境检验检疫的法律体系。

通过本单元的学习，学习者应获得以下技能：

1. 了解出入境检验检疫主要法律、法规的主要内容；

2. 掌握新海关出入境检验检疫的法律体系。

【基本概念】

《中华人民共和国进出口商品检验法》《中华人民共和国进出境动植物检疫法》《中华人民共和国国境卫生检疫法》《中华人民共和国食品安全法》

【建议学习时间】

2 课时

【案例导入】

全国口岸首次截获三齿双棘长蠹

自然界中的生物物种总是处在不断迁移、扩散的动态中，而人类活动的频繁又进一步加剧了生物物种的迁移扩散，使得许多生物物种得以突破地理隔绝，拓展到其他环境中。对于此类原来在当地没有自然分布，因为迁移扩散、人为活动等原因出现在其自然分布范围之外的物种，统称为外来种。在外来种中，一部分物种是因为其用途，被人类有意地从一个地方引进到另外一个地方，这些物种被称为引入种，如加州蜜李、美国樱桃、野生大豆等。这些物种大多需要在人为照管下才能存活，对环境并没有危害。然而，在外来种中，也有一些在移入后逸散到环境中成为野生状态的，若新环境中没有天敌的控制，加上外来种旺盛的繁殖力和强大的竞争力，外来种就会变成入侵者，排挤环境中的原生种，破坏当地生态平衡，甚至对人类经济产生危害性的影响。此类外来种则通称为入侵种，如红火蚁、福寿螺、布袋莲、非洲大蜗牛、巴西龟、松材线虫等。出入境检验检疫部门就是把守在国门一线上，防止外来生物入侵的一道屏障。

1. 案例背景

随着国际贸易的不断扩大，全世界与中国的进出口货物吞吐量与日俱增。在这一过程中，一些动植物产品及承载货物的运输工具，如集装箱、木包装往往无形中成了外来生物入侵的载体。

2. 案例内容

2013 年 11 月 19 日，出入境检验检疫机构在对一批来自赞比亚，载有奥氏黄檀原木和特氏古夷苏木板材的集装箱实施现场检疫时，发现大量木质碎屑并截获数头活体小蠹虫。经鉴定，生物被认定为检疫性有害生物三齿双棘长蠹。这是全国口岸首次截获此种检疫性有害生物。

3. 案例评析

三齿双棘长蠹是重要的蛀木害虫，会危害原木、板材、木方等，可随进口木材及木质包装做远距离传播扩散，主要分布在非洲热带及南部地区，在我国尚未发现。这一有害生物的截获，将对保护我国农林业生产和森林生态资源具有重要的意义。依据《中华人民共和国进出境动植物检疫法》及其实施条例，出入境检验检疫机构已要求企业对该批原木进行检疫除害处理，并加强对来自赞比亚进境木材的入境检疫工作。

【学习内容】

一、出入境检验检疫法律体系

（一）检验检疫法律

1.《中华人民共和国进出口商品检验法》（以下简称《商检法》）

1989 年 2 月 21 日第七届全国人民代表大会常务委员会第六次会议通过，1989 年 8 月 1 日起施行。根据 2002 年 4 月 28 日第九届全国人民代表大会常务委员会第二十七次会议《关于修改〈中华人民共和国进出口商品检验法〉的决定》进行第一次修正；根据 2013 年 6 月 29 日第十二届全国人民代表大会常务委员会第三次会议《关于修改〈中华人民共和国文物保护法〉等十二部法律的决定》进行第二次修正；根据 2018 年 4 月 27 日第十三届全国人民代表大会常务委员会第二次会议《关于修改〈中华人民共和国国境卫生检疫法〉等六部法律的决定》进行第三次修正；根据 2018 年 12 月 29 日第十三届全国人民代表大会常务委员会第七次会议《关于修改〈中华人民共和国产品质量法〉等五部法律的决定》进行第四次修正；根据 2021 年 4 月 29 日第十三届全国人民代表大会常务委员会第二十八次会议《关于修改〈中华人民共和国道路交通安全法〉等八部法律的决定》进行第五次修正。

2.《中华人民共和国进出境动植物检疫法》（以下简称《动植物检疫法》）

1991 年 10 月 30 日第七届全国人民代表大会常务委员会第二十二次会议通过，主席令第 53 号发布，1992 年 4 月 1 日起施行。根据 2009 年 8 月 27 日第十一届全国人民代表大会常务委员会第十次会议《关于修改部分法律的决定》进行第一次修正。

3.《中华人民共和国国境卫生检疫法》（以下简称《卫生检疫法》）

1986 年 12 月 2 日第六届全国人民代表大会常务委员会第十八次会议通过。根据 2007 年 12 月 29 日第十届全国人民代表大会常务委员会第三十一次会议《关于修改〈中华人民共和国国境卫生检疫法〉的决定》进行第一次修正，2007 年 12 月 29 日公布，自公布之日起施行；根据 2009 年 8 月 27 日第十一届全国人民代表大会常务委员会第十次会议《关于修改部分法律的决定》进行第二次修正；根据 2018 年 4 月 27 日第十三届全国人民代表大会常务委员会第二次会议

《关于修改〈中华人民共和国国境卫生检疫法〉等六部法律的决定》进行第三次修正。

4.《中华人民共和国食品安全法》（以下简称《食品安全法》）

2009年2月28日第十一届全国人民代表大会常务委员会第七次会议通过，2009年2月28日公布，2009年6月1日起施行。根据2015年4月24日第十二届全国人民代表大会常务委员会第十四次会议进行第一次修订；根据2018年12月29日第十三届全国人民代表大会常务委员会第七次会议《关于修改〈中华人民共和国产品质量法〉等五部法律的决定》进行第二次修正；根据2021年4月29日第十三届全国人民代表大会常务委员会第二十八次会议《关于修改〈中华人民共和国道路交通安全法〉等八部法律的决定》进行第三次修正。

（二）检验检疫行政法规

1.《中华人民共和国进出口商品检验法实施条例》（以下简称《商检法实施条例》）

2005年8月10日国务院第101次常务会议通过，2005年8月31日国务院令第447号公布，2005年12月1日起施行。根据2013年7月18日《国务院关于废止和修改部分行政法规的决定》进行第一次修订；根据2016年2月6日《国务院关于修改部分行政法规的决定》进行第二次修订；根据2017年3月1日《国务院关于修改和废止部分行政法规的决定》进行第三次修订；根据2019年3月2日《国务院关于修改部分行政法规的决定》进行第四次修订；根据2022年3月29日《国务院关于修改和废止部分行政法规的决定》进行第五次修订。

2.《中华人民共和国进出境动植物检疫法实施条例》（以下简称《动植物检疫法实施条例》）

1996年12月2日国务院令第206号发布，1997年1月1日起施行。

3.《中华人民共和国国境卫生检疫法实施细则》（以下简称《卫生检疫法实施细则》）

1989年2月10日国务院批准，1989年3月6日由原卫生部以2号部令发布。根据2010年4月19日国务院第108次常务会议通过《国务院关于修改〈中华人民共和国国境卫生检疫法实施细则〉的决定》进行第一次修订；2010年4月24日国务院令第574号公布，自公布之日起施行；根据2016年2月6日《国务院关于修改部分行政法规的决定》进行第二次修订；根据2019年3月2日《国务院关于修改部分行政法规的决定》进行第三次修订。

4.《中华人民共和国食品安全法实施条例》（以下简称《食品安全法实施条例》）

2009年7月8日国务院第73次常务会议通过，2009年7月20日国务院令第557号公布，自公布之日起施行。根据2016年2月6日《国务院关于修改部分行政法规的决定》进行第一次修订；根据2019年3月26日国务院第42次常务会议进行第二次修订，由国务院于2019年10月11日修订发布，自2019年12月1日起施行。

（三）检验检疫行政规章及规范性文件

国家机构改革后，随着行政主管部门的调整，检验检疫行政规章主要由海关总署单独或会同有关部门制定，是检验检疫日常工作中引用数量最多、内容最广、操作性最强的法律依据，其效力等级低于法律和行政法规。检验检疫行政规章以海关总署令的形式对外公布。

规范性文件是指海关总署及海关按照规定程序制定的涉及行政管理相对人权利、义务，具有普遍约束力的文件。海关总署制定的规范性文件要求行政管理相对人遵守或执行的，应当以海关总署公告形式对外发布，但不得设定对行政管理相对人的行政处罚。直属海关在限定范围内制定的关于本辖区某一方面行政管理关系的、涉及行政管理相对人权利义务的规范，应当以公告形式对外发布。

（四）国家机构改革所涉及检验检疫法律、法规的修改

在国家机构改革期间，为了解决机构合法性和执法合法性问题，《卫生检疫法》等七部法律的修改决定经全国人民代表大会常务委员会审议通过，15 部行政法规已被司法部确定为国家机构改革行政法规修法项目。2019 年 3 月 2 日，国务院令第 709 号公布《国务院关于修改部分行政法规的决定》，对部分涉及海关的行政法规进行了修改，以下择要说明。

1. 对《卫生检疫法实施细则》的修改

删去《卫生检疫法实施细则》第十条第三款、第十二条第二款。

第十一条修改为："入境、出境的微生物、人体组织、生物制品、血液及其制品等特殊物品的携带人、托运人或者邮递人，必须向卫生检疫机关申报并接受卫生检疫，凭卫生检疫机关签发的特殊物品审批单办理通关手续。未经卫生检疫机关许可，不准入境、出境。"

第十四条、第二十一条第二款、第一百零二条第三款、第一百一十二条中的"国务院卫生行政部门"修改为"海关总署"。

第十八条中的"由国务院卫生行政部门决定"修改为"按照有关规定执行"。

第十九条第八项修改为："（八）执行海关总署、国务院卫生行政部门指定的其他工作。"

第二十二条第二款修改为："检疫锚地由港务监督机关和卫生检疫机关会商确定，报国务院交通运输主管部门和海关总署备案。"

删去第一百一十三条。

2. 对《商检法实施条例》的修改

将《商检法实施条例》第二条第一款中的"中华人民共和国国家质量监督检验检疫总局（以下简称国家质检总局）"修改为"海关总署"，第二款中的"国家质检总局"修改为"海关总署"、"出入境检验检疫局"修改为"出入境检验检疫机构"。

第三条第一款、第六条、第十条第二款、第十四条、第十八条第三款、第二十二条第一款、第二十四条、第三十二条、第三十三条、第三十五条、第三十六条、第三十七条、第三十八条、第四十条第一款、第四十九条第二款、第五十四条、第五十五条中的"国家质检总局"修改为"海关总署"。

第三条第三款修改为："海关总署制定、调整目录时，应当征求国务院对外贸易主管部门等有关方面的意见。"

第七条第二款修改为："海关总署根据进出口商品检验工作的实际需要和国际标准，可以制定进出口商品检验方法的技术规范和行业标准。"

第十六条修改为："法定检验的进口商品的收货人应当持合同、发票、装箱单、提单等必要的凭证和相关批准文件，向报关地的出入境检验检疫机构报检；通关放行后 20 日内，收货人应当依照本条例第十八条的规定，向出入境检验检疫机构申请检验。法定检验的进口商品未经检验的，不准销售，不准使用。

"进口实行验证管理的商品，收货人应当向报关地的出入境检验检疫机构申请验证。出入境检验检疫机构按照海关总署的规定实施验证。"

第十七条修改为："法定检验的进口商品、实行验证管理的进口商品，海关按照规定办理海关通关手续。"

第十九条第一款中的"或者出具退货处理通知单并书面告知海关，海关凭退货处理通知单办理退运手续"修改为"或者出具退货处理通知单，办理退运手续"。

第二十六条修改为："法定检验的出口商品、实行验证管理的出口商品，海关按照规定办理海关通关手续。"

第三十八条修改为："海关总署、出入境检验检疫机构实施监督管理或者对涉嫌违反进出口商品检验法律、行政法规的行为进行调查，有权查阅、复制当事人的有关合同、发票、账簿以及其他有关资料。出入境检验检疫机构对有根据认为涉及人身财产安全、健康、环境保护项目不合格的进出口商品，经本机构负责人批准，可以查封或者扣押。"

第四十一条中的"由国家质检总局商海关总署另行制定办法"修改为"由海关总署另行制定办法"。

第五十七条第一款修改为："当事人对出入境检验检疫机构、海关总署作出的复验结论、处罚决定不服的，可以依法申请行政复议，也可以依法向人民法院提起诉讼。"

3. 对检验检疫业务规章的修改

在国家机构改革过程中，针对一系列涉及检验检疫业务的规章也进行了修改。2018 年，海关总署先后公布《海关总署关于修改部分规章的决定》的令，即海关总署令第 238 号、240 号、243 号，在这些修改的规章中，将"国家质检总局"修改为"海关总署"，"检验检疫机构"修改为"海关"。

二、出入境检验检疫的工作职责

我国出入境检验检疫的职责由宪法、法律和最高国家行政机关的行政法规等赋予。实施出入境检验检疫为世界各国（地区）的通行做法，各国（地区）法律及国际规约（包括条约、公约、合约、协定、规则、声明）都赋予出入境检验检疫公认的法律职责。海关总署作为国家依法设立的行政管理机构，具有社会公共职能和行政管理职责，随着出入境检验检疫管理职责和队伍划入海关总署，其又被赋予了海关行政管理上更加丰富的管理职责。

（一）明确法律职责

基于出入境检验检疫在国家涉外贸易中的重要地位，全国人民代表大会常务委员会先后制定了《商检法》《动植物检疫法》《卫生检疫法》《食品安全法》等法律，明确规定了出入境检验检疫的宗旨、调整对象，机构设置及其职权、职责，出入境检验检疫范围、程序、内容，执法监督和法律责任等重要内容，从根本上确定了出入境检验检疫工作的法律职责。

《商检法》第四条规定："进出口商品检验应当根据保护人类健康和安全、保护动物或者植物的生命和健康、保护环境、防止欺诈行为、维护国家安全的原则，由国家商检部门制定、调整必须实施检验的进出口商品目录（以下简称目录）并公布实施。"第五条规定："列入目录的进出口商品，由商检机构实施检验。前款规定的进口商品未经检验的，不准销售、使用；前款规定的出口商品未经检验合格的，不准出口。"

《动植物检疫法》第二条规定："进出境的动植物、动植物产品和其他检疫物，装载动植物、动植物产品和其他检疫物的装载容器、包装物，以及来自动植物疫区的运输工具，依照本法规定实施检疫。”

《卫生检疫法》第二条规定：“在中华人民共和国国际通航的港口、机场以及陆地边境和国界江河的口岸（以下简称国境口岸），设立国境卫生检疫机关，依照本法规定实施传染病检疫、监测和卫生监督。”第四条规定：“入境、出境人员、交通工具、运输设备以及可能传播检疫传染病的行李、货物、邮包等物品，都应当接受检疫，经国境卫生检疫机关许可，方准入境或者出境。”

《食品安全法》第九十二条规定：“进口的食品、食品添加剂应当经出入境检验检疫机构依照进出口商品检验相关法律、行政法规的规定检验合格。”第九十六条规定：“向我国境内出口食品的境外出口商或者代理商、进口食品的进口商应当向国家出入境检验检疫部门备案。向我国境内出口食品的境外食品生产企业应当经国家出入境检验检疫部门注册。”

（二）明确行政管理职责

《商检法》第二条规定：“国务院设立进出口商品检验部门（以下简称国家商检部门），主管全国进出口商品检验工作。国家商检部门设在各地的进出口商品检验机构（以下简称商检机构）管理所辖地区的进出口商品检验工作。”

《动植物检疫法》第三条规定：“国务院设立动植物检疫机关（以下简称国家动植物检疫机关），统一管理全国进出境动植物检疫工作。国家动植物检疫机关在对外开放的口岸和进出境动植物检疫业务集中的地点设立的口岸动植物检疫机关，依照本法规定实施进出境动植物检疫。”

《卫生检疫法》第二条的规定从法律上明确了国家最高行政机关——国务院设立进出口商品检验部门、进出境动植物检疫机关和出入境卫生检疫机关，作为授权执行有关法律和主管各该方面工作的主管机关。

《食品安全法》第九十一条规定：“国家出入境检验检疫部门对进出口食品安全实施监督管理。”

2018 年按照《深化党和国家机构改革方案》的部署，出入境检验检疫管理职责和队伍划入海关总署，原出入境检验检疫机构的职权、职责、检验检疫技术规范、程序，由海关总署统一承担，并成为上述法律的授权执法部门。

根据上述职责，海关承担原检验检疫机构的职责对出入境的运输工具、货物、物品、人员等进行监督管理，并对违法行为依法实施行政处罚。海关依照有关法律、行政法规并通过法律赋予的权力，制定具体的出入境检验检疫行政规章和行政措施，对特定区域的活动开展监督管理，以保证相关社会经济活动有序、规范进行。本篇中所涉及检验检疫机构及其职责均纳入海关管理。

三、出入境检验检疫的作用

随着改革开放和经济的不断发展，以及对外贸易的不断扩大，出入境检验检疫对保证经济的顺利发展、保证进出口货物的质量、保证农林牧渔业的生产安全和人民健康、维护对外贸易有关各方的合法权益和正常的国际经济贸易秩序、促进对外贸易的发展都起到了积极作用。我国出入境检验检疫的作用主要体现在以下几个方面。

（一）国家主权的体现

海关作为执法机构，按照国家法律规定，对出入境货物、运输工具、人员等法定检验检疫对象进行检验、检疫、鉴定、认证及监督管理。不符合我国强制性要求的入境货物，一律不得销售、使用；对涉及安全卫生及检疫产品的国外生产企业进行注册登记；对不符合安全卫生条件的商品、物品、包装和运输工具，有权禁止进口，或视情况在进行消毒、灭菌、杀虫或其他排除安全隐患的措施等无害化处理合格后，方准进口；对于应经海关实施注册登记的、向我国输出有关产品的外国生产加工企业，必须取得注册登记证后方准向中国出口其产品。

（二）国家管理职能的体现

海关作为执法机构，依照法律授权，按照我国、进口国（地区）或国际性技术法规规定，对出入境人员、货物、运输工具实施检验检疫；对涉及安全、卫生和环保要求的出口产品生产加工企业、包装企业实施生产许可加工安全或卫生保证体系注册登记；经检验检疫发现质量与安全卫生条件不合格的出口商品，有权阻止出境；不符合安全条件的危险品包装容器，不准装运危险货物；不符合卫生条件或冷冻要求的船舱和集装箱，不准装载易腐、易变质的粮油食品或冷冻品；对属于需注册登记的生产企业，未经许可不得生产加工有关出口产品；对涉及人类健康和安全，动植物生命和健康，以及环境保护和公共安全的入境产品实行强制性认证制度；对成套设备和废旧物品进行装船前检验。

（三）国家经济建设和社会发展的保障

1. 保护农林牧渔业生产安全

保护农林牧渔业生产安全，使其免受国际上重大疫情灾害影响，是我国海关担负的重要使命。对动植物及其产品和其他检疫物品，以及装载动植物及其产品和其他检疫物品的容器、包装物和来自动植物疫区的运输工具（含集装箱）实施强制性检疫，对防止动物传染病、寄生虫和植物危险性病、虫、杂草及其他有害生物等检疫对象和危险疫情的传入、传出，保护国家农林牧渔业生产安全和人民身体健康具有重要作用。

2. 保护我国人民健康

我国边境线长，对外开放的海、陆、空口岸逐年增加，截至 2020 年 12 月 31 日，从 1978 年的 51 个增加至 313 个，是开放口岸最多的国家之一。近年来，各种检疫传染病和监测传染病仍在一些国家（地区）发生和流行，甚至出现了一批新的传染病，特别是随着国际贸易、旅游和交通运输的发展，以及出入境人员的增加，鼠疫、霍乱、黄热病等一些烈性传染病及其传播媒介随时都有传入的危险，给我国人民的身体健康造成严重威胁。因此，对出入境人员、交通工具、运输设备及可能传播传染病的行李、货物、邮包等物品实施强制性检疫，对防止检疫传染病的传入、传出，保护人民身体健康具有重要作用。

3. 有效提高我国出口企业的管理水平和产品质量，不断开拓国际市场

世界各国为保护国民身体健康、保障国民经济发展和消费者权益，相继制定了食品、药品、化妆品和医疗器械的卫生法规，机电与电子设备、交通运输工具和涉及消费品安全的安全法规，动植物及其产品的检疫法规，检疫传染病的卫生检疫法规。我国海关依法履行检验检疫职能，能

有效提高我国出口企业的管理水平和产品质量，不断开拓国际市场。

（四）对外贸易顺利进行的保障

1. 对进出口商品的检验检疫监管为对外贸易各方提供了公正、权威的凭证

在对外贸易中，贸易、运输、保险各方往往要求由官方或权威的非当事人对进出口商品的质量、重量、包装、装运技术条件等提供检验合格证明，为出口商品交货、结算、计费、计税和进口商品质量、残短索赔等提供有效凭证。我国海关对进出口商品实施检验并出具各种检验检疫证明，为对外贸易有关各方履行贸易、运输、保险契约和处理索赔争议提供了公正、权威的凭证。

2. 对进出口商品的检验检疫监管是建立国家技术保护屏障的重要手段

我国海关加强对进口产品的检验检疫和对相关的国外生产企业的注册登记与监督管理，通过合理的技术规范和措施保护国内产业和国民经济的健康发展，保护消费者、生产者的合法权益，履行我国与国外签订的检疫协议义务，突破进口国（地区）在动植物检疫中设置的技术贸易壁垒。

【复习思考题】

1. 2018 年国家机构改革后，按照《深化党和国家机构改革方案》的部署，出入境检验检疫管理职责和队伍被划入了哪个部门？

2. 体现检验检疫主要职责的“四法、三条例、一细则”是指哪些法律法规？

第二单元　出入境货物检验检疫申报要求

【学习目标】

本单元主要根据国家法律、行政法规的规定和目前我国对外贸易的实际情况，讲解出入境检验检疫申报的含义、申报的范围、申报当事人从事申报行为应当具备的资格、申报方式、申报程序和如何更改、撤销及重新报检，出入境货物申报的要求等。

完成本单元学习，学习者应获得以下技能：

1. 掌握出入境检验检疫的含义、申报范围；
2. 掌握检验检疫申报当事人从事申报行为应当具备的资格、申报方式、申报程序；
3. 掌握如何更改、撤销和重新申报；
4. 熟练掌握出入境货物检验检疫申报要求。

【基本概念】

检验检疫申报、法检目录、检验检疫申报范围、检验检疫申报方式

【建议学习时间】

4 课时

【案例导入】

擅自销售、使用法检进口商品案

法检进口商品，未经检验合格不得销售、使用。现实中，这种违法现象屡屡发生，花样不断翻新。违法者还企图运用民法关于委托的法律规定规避责任，但法网恢恢，疏而不漏，本案就是检验检疫部门成功运用《商检法》及其实施条例对本类案件进行处罚的一个典型案例。

1. 案例背景

H 口岸是我国进口成品油的主要口岸之一，近年来，连续检出多次以使用过的润滑油或掺有大量使用过的润滑油等国家禁止进口的固体废物冒充燃料油闯关的案例。据此，原国家质检总局发布《关于通报 H 口岸连续检出 16 批以燃料油名义进口固体废物有关情况的警示通报》。

2. 案例内容

2012 年 10 月，A 公司在原 H 检验检疫局报检进口两批燃料油，报检时提供的外贸合同显示买方分别为东营 B 贸易公司和舟山市 C 石化公司，进口代理商均为 A 公司；其余材料如提单、自动进口许可证等均显示收货人为 A 公司。2012 年 11 月，海关放行后，原

H检验检疫局工作人员对上述货物分别进行现场检验并取制样送检。经实验室检验鉴别，该货物属于固体废物。2013年2月18日，原H检验检疫局出具检验检疫处理通知书，告知A公司该批货物属于禁止进口的固体废物，须做退运处理。后经核查发现，涉案两批货物均未依法退运，且分别于检验结果出具之前被运输出库。调查过程中，A公司提出，其仅是代理商，非《商检法实施条例》规定的“进口商品收货人”，不应承担进口商品收货人的责任，不是适合的被处罚方。原H检验检疫局综合整个案件情节，认定A公司存在擅自销售未经检验的属于法定检验的进口商品的行为，事实清楚，证据确凿，依照《商检法实施条例》第四十三条的规定对其作出罚款317211.73元的行政处罚决定。

3. 案例评析

本案办理有两个焦点需要厘清，一是责任主体认定；二是违法行为认定。

（1）关于责任主体的认定问题

正如当事人调查过程中所述，当事人向原H检验检疫局报检时提交的外贸合同明示买方另有他人，当事人仅作为进口代理商身份出现在合同中。依照对收货人定义的文义解释，当事人的确不是外贸合同中的进口商品收货人。当事人虽然在外贸合同中明示其代理进口商身份，在提单、装箱单、发票、报检单、自动进口许可证、委托书等众多证据材料中均为唯一的进口商品收货人，从外贸合同约定内容及实际情况来看，当事人负责办理货物的检验检疫、报关等进口手续，从货物出入库记录、指令来看，其一直实际掌握货物的控制权，外贸合同上的买方既未实际参与进口事宜，也未办理货物出入库事宜。因此，本案责任主体应当为A公司。

经在行政处罚事后回访中了解，当事人采取外贸合同格式进口商品，是公司法律顾问针对当前外贸代理制度下外贸企业承担了与收益不相符的责任这一弊端，专门提出的规避风险的举措。在民事法律关系中，明示代理身份后，第三方应直接追究委托人即买方责任。但本案中，系行政法律关系，当事人是行政义务主体，行政义务和责任具有不可转让性，无论当事人与外贸合同买方如何约定，均不能以其相互间的民事约定转移行政义务的履行和责任的承担。

（2）关于违法行为的认定问题

因涉案货物经法定检验为禁止进口的固体废物，系不合格进口商品。审理过程中，就当事人违法行为应认定为擅自销售未经检验的属于法定检验的进口商品还是销售经法定检验不合格的进口商品有分歧。本案中，当事人销售涉案货物行为发生在检验过程中、检验结果出具之前，销售时检验检疫机构并未判定货物为不合格商品，通读《商检法实施条例》的立法本意，销售经法定检验不合格的进口商品行为的一个构成要件应当是当事人明知或应当知道销售的是不合格进口商品，但本案中，检验结果未出具，不能认定当事人明知或应当知道这一主观形态。因此，认定当事人行为属于擅自销售未经检验的属于法定检验的进口商品更为妥当。

【学习内容】

一、出入境检验检疫申报规定

（一）检验检疫申报的含义

检验检疫申报是指有关当事人根据法律、行政法规的规定，对外贸易合同的约定或证明履约的需要，向海关申请检验、检疫、鉴定，以获准出入境或取得销售使用的合法凭证及某种公证证明所必须履行的法定程序和手续。

《商检法实施条例》第十六条规定："法定检验的进口商品的收货人应当持合同、发票、装箱单、提单等必要的凭证和相关批准文件，向报关地的出入境检验检疫机构报检；通关放行后20日内，收货人应当依照本条例第十八条的规定，向出入境检验检疫机构申请检验。法定检验的进口商品未经检验的，不准销售，不准使用。"第二十四条规定："法定检验的出口商品的发货人应当在海关总署统一规定的地点和期限内，持合同等必要的凭证和相关批准文件向出入境检验检疫机构报检。法定检验的出口商品未经检验或者经检验不合格的，不准出口。"

《动植物检疫法实施条例》第十八条规定："输入动植物、动植物产品和其他检疫物的，货主或者其代理人应当在进境前或者进境时向进境口岸动植物检疫机关报检。属于调离海关监管区检疫的，运达指定地点时，货主或者其代理人应当通知有关口岸动植物检疫机关。属于转关货物的，货主或者其代理人应当在进境时向进境口岸动植物检疫机关申报；到达指运地时，应当向指运地口岸动植物检疫机关报检。输入种畜禽及其精液、胚胎的，应当在进境前30日报检；输入其他动物的，应当在进境前15日报检；输入植物种子、种苗及其他繁殖材料的，应当在进境前7日报检。动植物性包装物、铺垫材料进境时，货主或者其代理人应当及时向口岸动植物检疫机关申报；动植物检疫机关可以根据具体情况对申报物实施检疫。前款所称动植物性包装物、铺垫材料，是指直接用作包装物、铺垫材料的动物产品和植物、植物产品。"

《卫生检疫法实施细则》第十一条规定："入境、出境的微生物、人体组织、生物制品、血液及其制品等特殊物品的携带人、托运人或者邮递人，必须向卫生检疫机关申报并接受卫生检疫，凭卫生检疫机关签发的特殊物品审批单办理通关手续。未经卫生检疫机关许可，不准入境、出境。"

（二）出入境检验检疫申报范围

根据国家法律、行政法规的规定和目前我国对外贸易的实际情况，出入境检验检疫的申报范围主要包括以下4个方面。

1. 法律、行政法规规定必须由海关实施检验检疫的

根据《商检法》及其实施条例、《动植物检疫法》及其实施条例、《卫生检疫法》及其实施细则、《食品安全法》及其实施条例等有关法律、行政法规的规定，以下对象在出入境时必须向海关申报，由海关实施检验检疫或鉴定工作。

（1）列入《出入境检验检疫机构实施检验检疫的进出境商品目录》的货物。

（2）进口旧机电产品。

（3）出口危险货物包装容器的性能检验和使用鉴定。

（4）进出境集装箱。

（5）进境、出境、过境的动植物，动植物产品及其他检疫物。

（6）装载动植物、动植物产品和其他检疫物的装载容器、包装物、铺垫材料，进境动植物性包装物、铺垫材料。

（7）来自动植物疫区的运输工具，装载进境、出境、过境的动植物、动植物产品及其他检疫物的运输工具。

（8）进境拆解的废旧船舶。

（9）出入境人员、交通工具、运输设备及可能传播检疫传染病的行李、货物和邮包等物品。

（10）旅客携带物（包括微生物、人体组织、生物制品、血液及其制品、骸骨、骨灰、废旧物品和可能传播传染病的物品，以及动植物、动植物产品和其他检疫物）和携带伴侣动物。

（11）国际邮寄物（包括动植物、动植物产品和其他检疫物、微生物、人体组织、生物制品、血液及其制品，以及其他需要实施检疫的国际邮寄物）。

（12）其他法律、行政法规规定需经海关实施检验检疫的其他应检对象。

2. 输入国家（地区）规定必须凭海关出具的证书方准入境的

有的国家（地区）发布的法令或行政规定要求，对某些来自我国的入境货物须凭海关签发的证书方可入境。如一些国家（地区）规定，对来自我国的动植物、动植物产品，凭我国海关签发的动植物检疫证书及有关证书方可入境。因此，凡出口货物输入国家（地区）有此类要求的，申报人须报经海关实施检验检疫或进行除害处理，取得相关证书或标识。

3. 有关国际条约或与我国有协议（协定）必须经检验检疫并取得有关证书（明）方准入境的

随着加入世界贸易组织和其他一些区域性经济组织，我国已成为一些国际条约、公约和协定的成员。此外，我国还与世界几十个国家缔结了有关商品检验或动植物检疫的双边协定、协议，认真履行国际条约、公约、协议（协定）中的检验检疫条款是我们的义务。例如，根据双边协定，输往塞拉利昂、埃塞俄比亚、埃及等国家的商品，都必须向海关进行检验检疫申报，并取得装运前检验证书后才允许出口。因此，凡国际条约、公约或协议（协定）规定须经我国海关实施检验检疫的出入境货物，申报人必须向海关进行检验检疫申报，由海关实施检验检疫。

4. 对外贸易合同约定须凭海关签发的证书进行交接、结算的

对外贸易合同是买卖双方通过协商，确定双方权利和义务的书面协议，一经签署即发生法律效力。在对外贸易中，买卖双方相距遥远，难以做到当面点交货物，为了保证对外贸易的顺利进行，保障买卖双方的合法权益，通常需要委托第三方对货物进行检验检疫或鉴定并出具检验检疫鉴定证书，以证明卖方已经履行合同，买卖双方凭证书进行交接、结算。此外，对某些以成分计价的商品，由第三方出具检验证书更是计算货款的直接依据。因此，凡对外贸易合同、协议中规定以我国海关签发的检验检疫证书为交接、结算依据的进出境货物，申报人必须向海关进行检验检疫申报，由海关按照合同、协议的要求实施检验检疫或鉴定并签发检验检疫证书。

（三）检验检疫申报当事人的资格

1. 申报单位办理业务应当向海关备案，并由该企业在海关备案的申报人员办理检验检疫申报手续。

2. 非贸易性质的报检行为，申报人凭有效证件可直接办理检验检疫申报手续。

(四) 检验检疫申报方式

1. 整合申报

根据有关方案的安排，全国海关于 2018 年 8 月 1 日起正式实施进出口货物整合申报。通过“单一窗口”（如图 2-2-1 所示）预录入系统进行检验检疫申报。

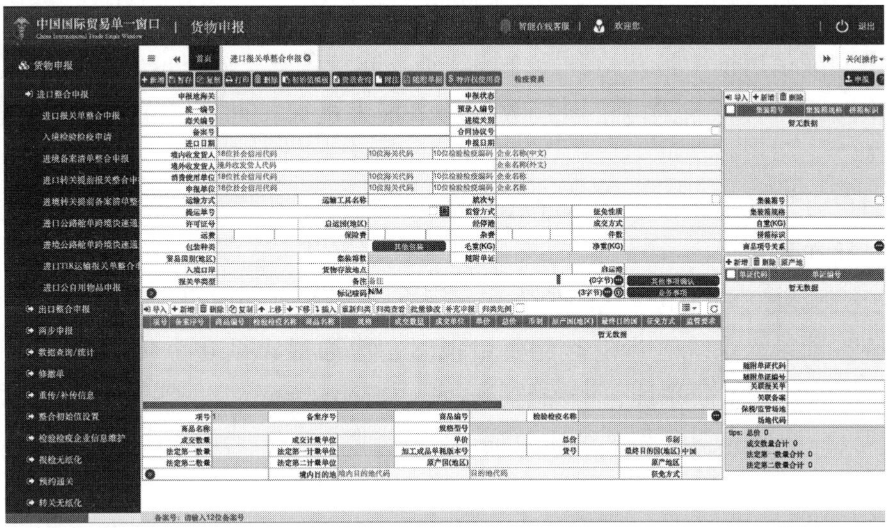

图 2-2-1　“单一窗口”货物申报界面

2. 两步申报

为落实《海关全面深化业务改革 2020 框架方案》，统筹做好全国海关“两步申报”改革，总署研究制定《海关“两步申报”改革实施方案》，全国海关于 2020 年 1 月 1 日起，全面推广“两步申报”改革，即在保留原有申报模式的基础上，实施以概要申报、完整申报为主要内容的进口货物“两步申报”模式。

（1）概要申报

企业须向海关申报进口货物依法是否需要监管证件、是否需要检验检疫、是否需要缴纳税款，并填制 9 个项目、确认 2 个项目；对于依法需要监管证件的，增加 2 个填制项目；对于依法需要检验检疫的，增加 4 个填制项目、完善 1 个填制项目［商品信息：产品资质（产品许可/审批/备案）、商品编号（13 位）、货物属性、用途；集装箱信息：集装箱商品项号关系］。

（2）完整申报

企业需自运输工具申报进境之日起 14 日内按照报关单填制规范完成完整申报，办理缴纳税款等其他通关手续。完整申报是针对概要申报报关单的补充申报。企业在规定时间内，向接受概要申报的海关补充申报报关单完整信息及随附单证电子数据。

(五) 检验检疫申报程序

出入境检验检疫申报程序一般包括准备申报单证、电子申报数据录入、上传无纸化单据、联系配合现场查验、签领单证等几个环节。

1. 准备申报单证

申报人员了解出入境货物基本情况后，应按照货物的性质，根据海关有关规定和要求，准备好申报单证，并确认提供的数据和各种单证正确、齐全、真实、有效。需办理检疫审批、强制性认证、卫生注册等有关批准文件的，还应在申报前办妥相关手续。

2. 电子申报数据录入

（1）申报人员通过“单一窗口”预录入系统录入报关数据时，对需要实施检验检疫的货物勾选“涉检”选项，如实录入检验检疫所需数据项，并进行申报。

（2）须在规定的申报时限内将相关出入境货物的申报数据发送至申报地海关。

（3）对于合同或信用证中涉及检验检疫特殊条款和特殊要求的，应在电子申报中同时提出。

（4）对经审核不符合要求的电子申报数据，申报人员可按照海关的有关要求对申报数据修改后，再次申报。

（5）需要对已发送的电子申报数据进行更改或撤销时，申报人员应发送更改或撤销申请。

3. 上传无纸化单据

根据《关于检验检疫单证电子化的公告》（海关总署公告 2018 年第 90 号）要求，申报人员通过“单一窗口”预录入系统进行检验检疫申报时，应通过无纸化上传系统将随附单据电子版上传，无须在申报时提交纸质单证，海关监管过程中按照风险布控、签注作业等要求需要验核纸质单证的，申请人应当补充提交相关纸质单证。

4. 联系配合现场查验

申报人员应根据海关风险布控指令要求对需要现场查验的货物，主动联系配合海关对出入境货物实施检验检疫；向海关提供进行抽样、检验、检疫和鉴定等必要的工作条件，配合海关为实施检验检疫而进行的现场验（查）货、抽（采）样及检验检疫处理等事宜；落实海关提出的检验检疫监管措施和其他有关要求。

对经检验检疫合格放行的出境货物加强批次管理，不错发、错运、漏发。法定检验检疫的出口货物未经申报前监管的检验检疫或者经检验检疫不合格的，不准出口。未经检验检疫合格或未经海关许可的入境法检货物，不准销售、使用或拆卸、运递。

5. 签领单证

对出入境货物检验检疫完毕后，海关根据评定结果签发相应的单证，申报人在领取海关出具的有关检验检疫单证时应如实签署姓名和领证时间。各类单证应按其特定的范围使用。

根据《综合司关于推进〈入境货物检验检疫证明〉电子化的通知》（综合函〔2020〕98 号）的要求，自 2020 年 8 月 1 日起，企业进口报关时选择申领入境货物检验检疫证明的，可在线查询入境货物检验检疫证明电子信息。同时，企业仍可根据需要按相关规定申领纸质入境货物检验检疫证明。

（六）更改、撤销及重新申报

1. 更改

（1）有以下两种情形的，经海关审核批准后进行更改：

①已申报的出入境货物，海关尚未实施检验检疫或虽已实施检验检疫但尚未出具单证的，由于某种原因申报人需要更改检验检疫申报信息的，可以向受理报检的海关申请，经审核批准后按规定进行更改。

②检验检疫单证发出后，申报人提出更改或补充内容的，应填写更改申请单，经海关有关部

门审核批准后，予以办理。

（2）以下两种情形不予更改：

①品名、数（重）量、包装、发货人、收货人等重要项目更改后与合同、信用证不符的，或者更改后与输入国（地区）法律法规规定不符的，均不能更改。

②超过检验检疫单证有效期的，不予更改、补充或重发。

（3）办理更改应提供以下单据：

①填写更改申请单，说明更改的事项和理由。

②提供有关函电等证明文件，交原发检验检疫单证机构。

③变更合同或信用证的，须提供新的合同或信用证。

④更改检验检疫单证的，应交还原单证（含正副本）。确有特殊情况不能交还的，申请人应书面说明理由，经法定代表人签字、加盖公章，在指定的报纸上声明作废，并经海关审批后，方可重新签发。

2. 撤销

申报人申请撤销检验检疫申报时，应书面说明原因，经批准后方可办理撤销手续。申报后30天内未联系检验检疫事宜的，做自动撤销申报处理。

3. 重新申报

有下列情况之一的应重新申报：

（1）超过检验检疫有效期限的。

（2）变更输入国家（地区），并有不同检验检疫要求的。

（3）改换包装或重新拼装的。

（4）已撤销申报的。

二、《法检目录》

《出入境检验检疫机构实施检验检疫的进出境商品目录》通常被简称为《检验检疫目录》或《法检目录》。所谓“法检”，是进出口商品必须依照法律进行检验检疫，即“法定检验检疫”的简化称谓。《法检目录》的作用是明确列入目录的进出口商品应当符合国家技术规范的强制性要求，这也是“法定检验检疫”的根本目的。

（一）《法检目录》的产生

1999年，原国家出入境检验检疫局根据国家出入境检验检疫局、海关总署联合下发的《关于印发〈进出口商品检验种类表〉、〈进出境动植物检疫商品与HS目录对照表〉、〈进口卫生监督检验食品与HS目录对照表〉的通知》，对实施进出境检验检疫的货物以目录形式进行了明确，共涉及商品编码5249个。

2000年，原国家出入境检验检疫局、海关总署发布关于《法检目录》调整的公告，将《进出口商品检验种类表》《进出境动植物检疫商品与HS目录对照表》《进口卫生监督检验食品与HS目录对照表》合并，调整为《法检目录》。《法检目录》自2000年2月1日起施行，调整后的《法检目录》涉及商品编码4113个。原国家出入境检验检疫局、海关总署《关于印发〈进出口商品检验种类表〉、〈进出境动植物检疫商品与HS目录对照表〉、〈进口卫生监督检验食品与

HS 目录对照表〉的通知》同时废止。当时，根据有关法律规定，列入《法检目录》内的进出境商品，出入境时必须向检验检疫机构申报，由检验检疫机构实施检验检疫和监管，海关凭出入境检验检疫机构签发的入境货物通关单或出境货物通关单办理验放手续。

（二）《法检目录》的基本结构

《法检目录》的基本结构由商品编码、商品名称及备注、计量单位、海关监管条件和检验检疫类别 5 项组成。

商品编码在原 8 位商品编码的基础上以末位补零的方式补足 10 位码，所有商品编码第 9 位前的小数点，一律取消。

商品名称及备注结合《税则》的货品名称与子目注释，与《商品名称及编码协调制度》（以下简称《协调制度》）对应。

计量单位为《协调制度》第一标准计量单位。

海关监管条件为“A”，表示须实施入境检验检疫；海关监管条件为“B”，表示须实施出境检验检疫；海关监管条件为“D”，表示须实施毛坯钻石进出境检验。

检验检疫类别字母的含义：“M”表示进口商品检验；“P”表示进境动植物、动植物产品检疫；“R”表示进口食品卫生监督检验；“N”表示出口商品检验；“Q”表示出境动植物、动植物产品检疫；“S”表示出口食品卫生监督检验；“L”表示民用商品入境验证［对检验检疫类别设置为“L”的商品编码，具体认证适用范围按照国家市场监督管理总局（以下简称“市场监管总局”）的有关公告执行］；“V”表示进境卫生检疫；“W”表示出境卫生检疫。

（三）《法检目录》的制定、调整

根据 2019 年 3 月 2 日，国务院令第 709 号公布的《国务院关于修改部分行政法规的决定》对于《商检法实施条例》第三条规定修改的内容中明确了海关总署应当依照《商检法》第四条规定，制定、调整必须实施检验的进出口商品目录并公布实施。

《法检目录》的调整是根据有关法律法规的规定，对外贸易发展和国际动植物疫情的变化情况，由海关总署结合《协调制度》调整的情况，对《法检目录》实施动态的调整。调整包括：将部分编码调入或调出《法检目录》；对部分编码的海关监管条件或检验检疫类别进行调整等。另外，《法检目录》与《协调制度》的调整保持同步。调整内容由海关总署于次年初发布公告执行。

《法检目录》中实施进出境检验检疫和监管的商品编码，包括实施进境检验检疫和监管的商品编码，实施出境检验检疫和监管的商品编码和海关与检验检疫联合监管的商品编码。

《法检目录》中，部分商品编码的检验检疫和监管的特别解释，主要包括：海关监管条件为“A/B”，实施卫生检疫监管，暂不设检验检疫类别的商品编码；海关监管条件为“D”，实施毛坯钻石进出境检验，暂不设检验检疫类别的商品编码；部分商品编码（海关监管条件为“A”，检验检疫类别为“M”）项下的商品仅实施现场放射性检测，不实施品质检验；部分商品编码（海关监管条件为“A/B”，检验检疫类别为“L. M/”或检验检疫类别为空）项下的商品出口时，海关仅对进出口单位提供的非氯氟烃制冷剂、发泡剂证明（产品说明书、技术文件及供货商的证明）进行符合性确认；部分商品编码（海关监管条件为“A/B”，检验检疫类别为“R/”

或海关监管条件为“/B”，检验检疫类别为空）项下的出口商品，海关实施强制性出口检验管理，但属临时强制措施，解除时另行公告。

对新增纳入《法检目录》商品编码的海关监管条件对应的检验检疫类别，需要实施检验检疫监管项目的说明。

部分商品列入禁止出口（进口、进出口）范畴，该商品编码的海关监管条件由“A/B”调整为“A/”（或“/B”或为空），但《法检目录》中的海关监管条件仍分别保持不变，在海关总署发布解除禁止进（出）口公告前，各海关停止接受上述商品的进（出）口检验检疫申报。

《法检目录》中，检验检疫类别设置为“L”的商品编码，具体认证适用范围按照海关总署、国家市场监管总局的有关公告执行。

根据当时商品编码的合并、拆分、调整情况，对《法检目录》进行对应的调整。

对未列入《法检目录》，但国家法律、法规、规章规定应当实施出入境检验检疫的进出境商品（包括成套设备），海关应依法实施出入境检验检疫。

海关依据法律、法规的相关规定公布并调整《法检目录》，设定检验检疫类别，开展出入境检验检疫监管工作。《法检目录》所列商品称为法定检验商品，即国家规定实施强制性检验检疫的进出境商品。

随着关检全面融合，海关总署不再对外发布《法检目录》，而是以对外公告的形式发布关于调整必须实施检验的进出口商品目录，如《海关总署关于调整必须实施检验的进出口商品目录的公告》（海关总署公告 2021 年第 81 号）。

三、入境检验检疫货物的一般申报要求

（一）入境检验检疫申报

入境检验检疫申报是指法定检验检疫入境货物的货主或其代理人，持有关单证向报关地海关申请对入境货物进行检验检疫以获得入境通关放行凭证，并取得入境货物销售、使用合法凭证的申报。对入境一般检验检疫申报业务而言，签发放行指令由报关地海关完成，对货物的检验检疫由入境口岸海关和（或）目的地海关完成，货主或其代理人在办理完通关手续后，应主动与海关联系落实检验检疫工作。

（二）申报时限和地点

对入境货物，应在入境前或入境时向入境口岸、指定的或到达站的海关办理检验检疫申报手续；入境的运输工具及人员应在入境前或入境时申报。

入境货物需对外索赔出证的，应在索赔有效期前不少于 20 天内向到货口岸或货物到达地的海关进行检验检疫申报。

输入微生物、人体组织、生物制品、血液及其制品或种畜、禽及其精液、胚胎、受精卵的，应当在入境前 30 天申报。

输入其他动物的，应当在入境前 15 天申报。

输入植物、种子、种苗及其他繁殖材料的，应当在入境前 7 天申报。

（三）申报时应提供的单据（含电子单据）

入境货物检验检疫时，应以电子形式提供外贸合同、发票、提（运）单、装箱单等必要的凭证及其他海关要求提供的特殊单证，并根据海关需要提供相关纸质单证。

下列情况申报时还应按要求提供有关文件。

1. 国家实施许可制度管理的货物，应提供有关证明。

2. 品质检验的还应提供国外品质证书或质量保证书、产品使用说明书及有关标准和技术资料；凭样成交的，须加附成交样品；以品级或公量计价结算的，应同时申请重量鉴定。

3. 申请残损鉴定的还应提供“理货残损单”“铁路商务记录”“空运事故记录”或“海事报告”等证明货损情况的有关单证。

4. 申请重（数）量鉴定的还应提供重量明细单、理货清单等。

5. 货物验收、用货部门验收或其他单位检测的，应随附验收报告或检测结果及重量明细单等。

6. 入境的国际旅行者，国内外发生重大传染病疫情时，应当填写出“入境检疫健康申明卡”。

7. 入境的动植物及其产品，在提供贸易合同、发票、产地证书的同时，还必须提供输出国家（地区）官方的检疫证书；需办理入境检疫审批手续的，还应提供“中华人民共和国进境动植物检疫许可”（以下简称“进境动植物检疫许可”）。

8. 过境动植物及其产品申报时，应持货运单和输出国家（地区）官方出具的检疫证书；运输动物过境时，还应提交海关总署签发的“进境动植物检疫许可”。

9. 申报入境运输工具、集装箱时，应提供检疫证明，并申报有关人员健康状况。

10. 入境旅客、交通运输工具上的员工携带伴侣动物的，应提供“入境动物检疫证书”及“预防接种证明”。

11. 因科研等特殊需要，输入禁止入境物的，必须提供海关总署签发的“特许审批证明”。

12. 入境特殊物品的，应提供有关的批件或规定的文件。

四、出境检验检疫货物的一般申报要求

为贯彻落实国务院机构改革要求，进一步深化全国海关通关一体化改革，优化出口货物检验检疫监管，促进贸易便利化，海关总署印发了《出口申报前监管实施方案》（署通发〔2018〕43号）的通知，并发布《关于优化出口货物检验检疫监管的公告》（海关总署公告 2018 年第 89 号）。主要内容是从 2018 年 8 月 1 日起，实施出口检验检疫的货物，企业应在报关前向产地、组货地海关申请；海关实施检验检疫监管后建立电子底账，向企业反馈电子底账数据号，符合要求的按规定签发检验检疫证书；企业报关时应填写电子底账数据号，办理出口通关手续。按照《出口申报前监管实施方案》的要求，将原出口货物的申报、检验检疫、签证等作业转化为出口申报前监管，并形成电子底账；同时将出口货物检验检疫的申报要素纳入报关申报内容，报关时可调用电子底账数据，企业无须二次录入；将法定检验检疫出口货物的口岸查验纳入通关作业流程，实现一次查验、一次放行。

（一）出口检验检疫监管的申报

出口检验检疫监管的申报是指法定检验检疫出境货物的货主或其代理人，办理出口货物通关手续前，持有关单证向产地海关申请检验检疫以取得出境电子底账数据号及其他单证的申报。对于出境需要实施检验检疫的货物，产地海关检验检疫合格后，在口岸海关报关时，货主或其代理人凭产地海关签发出境电子底账信息方可向口岸海关报关。

（二）申报时限和地点

出境货物最迟应于报关或装运前7天申报，对于个别检验检疫周期较长的货物，应留有相应的检验检疫时间。

出境的运输工具和人员应在出境前向口岸海关申报。

需隔离检疫的出境动物在出境前60天预报，隔离前7天申报。

法定检验检疫货物，原则上应向产地海关申报并由产地海关实施检验检疫。

（三）申报时应提供的单据

出境货物申报时，应以电子形式提供合同、信用证（以信用证方式结汇时提供）、发票、装运箱单等必要的凭证及其他海关要求提供的特殊单证，并根据海关需要提供相关纸质单证。

下列情况申报时还应按要求提供有关文件。

1. 国家实施许可制度管理的货物，应提供有关证明。

2. 出境货物须经生产者或经营者检验合格并加附检验合格证或检测报告；申请重量鉴定的，应加附重量明细单或磅码单。

3. 凭样成交的货物，应提供经买卖双方确认的样品。

4. 出境人员应向海关申请办理国际旅行健康证明书及国际预防接种证书。

5. 申报出境运输工具、集装箱时，还应提供检疫证明，并申报有关人员健康状况。

6. 生产出境危险货物包装容器的企业，必须向海关申请包装容器的性能鉴定；生产出境危险货物的企业，必须向海关申请危险货物包装容器的使用鉴定。

7. 申报出境危险货物时，必须提供危险货物包装容器性能鉴定结果单和使用鉴定结果单。

8. 申请原产地证明书和普惠制原产地证明书的，应提供商业发票等资料。

9. 出境特殊物品的，根据法律法规规定应提供有关的审批文件。

五、入境货物申报特殊要求

为保护人类健康和安全、保护动植物的生命和健康、保护环境、防止欺诈行为、维护国家安全，海关对一些涉及安全、卫生、环保的入境货物制定了一些特殊规定。这些特殊规定主要体现在针对不同的入境货物，海关在申报时限、地点、应提供的随附单据及检验检疫监督管理等方面存在着不同的要求。这里主要介绍了入境动物及动物产品、植物及植物产品、食品、乳品、化妆品、玩具、机动车辆、旧机电产品、涂料、危险化学品、可用作原料的废物、展览物品等敏感、高风险货物申报的特殊规定。

入境货物检验检疫申报时，应以电子形式提供合同、发票、装运箱单、提（运）单等必要的凭证及其他海关要求提供的特殊单证，并根据海关需要提供相关纸质单证。

（一）入境动物及动物产品

1. 申报范围

入境动物及动物产品检验检疫申报范围包括入境的动物、动物产品及其他检疫物。动物是指饲养、野生的活动物，如畜、禽、兽、蛇、龟、鱼、虾、蟹、贝、蚕、蜂等；动物产品是指来源于动物未经加工或者虽经加工但仍有可能传播疫病的产品，如生皮张、毛类、肉类、脏器、油脂、动物水产品、奶制品、蛋类、血液、精液、胚胎、骨、蹄、角等；其他检疫物是指动物疫苗、血清、诊断液、动植物性废弃物等。

2. 入境动物及动物遗传物质

动物是指饲养、野生的活动物，如畜、禽、兽、水生动物、蛇、蚕、蜂等。

动物遗传物质是指哺乳动物精液、胚胎和卵细胞。

（1）申报时限和地点

输入种畜、禽及其精液、胚胎的，货主或其代理人应在入境30日前申报；输入其他动物的，则应在入境15日前申报。

输入动物及动物遗传物质，应当按照指定的口岸入境。

输入动物及动物遗传物质，货主或其代理人应向入境口岸海关申报，由口岸海关实施检疫；入境后需调离入境口岸办理转关手续的，除活动物和来自动植物疫情流行国家或地区的检疫物由入境口岸检疫外，其他均应分别向入境口岸海关申报和指运地海关申报，货主或其代理人向指运地海关申报检疫时，应提供相关单证的复印件和进境口岸海关签发的审结通知书，指运地一般为转关货物运输目的地和最终报关地。

（2）申报时应提供的单证

货主或其代理人在办理入境申报手续时，除按申报的一般要求录入申报数据并上传贸易合同、发票、装箱单、海运提单（或铁路运单、航空运单、海运单），还应上传原产地证书、输出国家（地区）官方出具的检疫证书正本、进境动植物检疫许可证正本（分批入境的，还需提供许可证复印件进行核销）、隔离场使用证（输入种用/观赏用水生动物、畜、禽等活动物的应提供）、备案证明书（输入动物遗传物质的，应提供经所在地海关批准并出具的使用单位备案证明书）。

无输出国家（地区）官方机构出具有效检疫证书的，或者未依法办理检疫审批手续的，海关根据具体情况，做退回或销毁处理。

3. 入境肉类产品及水产品

肉类产品是指动物屠体的任何可供人类食用的部分，包括胴体、脏器、副产品及以上述产品为原料的制品（熟制肉类产品，如熟制香肠、火腿、肉类罐头、高温炼制食用油脂除外）。

水产品是指供人类食用的水生动物产品及其制品，包括水母类、软体类、甲壳类、棘皮类、头索类、鱼类、两栖类、爬行类、水生哺乳类等其他水生动物产品及藻类等海洋植物产品及其制品，不包括活水生动物及水生动植物繁殖材料。

海关对进口肉类产品、进口水产品实施准入制度。列入《符合评估审查要求及有传统贸易的国家或地区输华食品目录》的国家或地区对应的产品，方可进口。

（1）申报时限和地点

货主或其代理人应在货物入境前或入境时向口岸海关申报，约定检疫时间。

入境后需调离入境口岸办理转关手续的，货主或其代理人应向口岸海关申报，到达指运地时，应当向指运地海关申报并实施检疫。

肉类产品及水产品只能从海关总署指定的口岸入境。

（2）申报时应提供的单证

肉类产品及水产品入境前或者入境时，货主或者其代理人应当上传进境动植物检疫许可证正本、输出国家（地区）官方签发的检验检疫证书正本、原产地证书（水产品免于提交）、贸易合同、提单、装箱单、发票等单证向入境口岸海关申报。

经港澳地区中转入境的肉类产品，必须加验港澳中检公司签发的检验证书正本。没有港澳中检公司的检验证书正本，不得受理申报。

入境水产品随附的输出国家（地区）官方的检验检疫证书，应当符合海关总署对该证书的要求。证书中应注明入境水产品的养殖或野生属性。对列入《实施企业注册的进口食品目录》的水产品，申报时还应当提供注册编号。

4. 入境动物源性饲料及饲料添加剂

动物源性饲料及饲料添加剂是指源于动物或产自动物的产品经工业化加工、制作的供动物食用的产品及其原料。主要包括饵料用活动物、饲料用（含饵料用）冰鲜冷冻动物产品及水产品、加工动物蛋白及油脂、宠物食品及咬胶、配合饲料及含有动物源性成分的添加剂预混合饲料及饲料添加剂。

其中，加工动物蛋白及油脂包括肉粉（畜禽）、肉骨粉（畜禽）、鱼粉、鱼油、鱼膏、虾粉、鱿鱼肝粉、鱿鱼粉、乌贼膏、乌贼粉、鱼精粉、干贝精粉、血粉、血浆粉、血球粉、血细胞粉、血清粉、发酵血粉、动物下脚料粉、羽毛粉、水解羽毛粉、水解毛发蛋白粉、皮革蛋白粉、蹄粉、角粉、鸡杂粉、肠膜蛋白粉、明胶、乳清粉、乳粉、蛋粉、干蚕蛹及其粉、骨粉、骨灰、骨炭、骨制磷酸氢钙、虾壳粉、蛋壳粉、骨胶、动物油渣、动物脂肪、饲料级混合油、干虫及其粉等。

海关总署对饲料和饲料添加剂实施检疫准入制度。

货主或者其代理人应当在饲料入境前或者入境时向海关申报，申报时应当提供原产地证书、贸易合同、提单、发票等，并根据对产品的不同要求提供进境动植物检疫许可证、输出国家（地区）检验检疫证书、进口饲料和饲料添加剂产品登记证复印件。

需要办理并取得进口饲料和饲料添加剂产品登记证的产品种类见本单元附件 2-1。

5. 入境其他动物产品及其他检疫物

这里的入境其他动物产品特指上述未列名的源于动物未经加工或者虽经加工但仍有可能传播疫病的产品，如皮张类、毛类、蜂产品、蛋制品、奶制品、肠衣等。

其他检疫物是指动物疫苗、血清、诊断液、动植物性废弃物等。

货主或其代理人应在货物入境前或入境时向口岸海关申报，约定检疫时间。

申报时应当提供原产地证书、输出国家（地区）检验检疫证书、贸易合同、提单、发票等，并根据产品的不同要求提供进境动植物检疫许可证。

6. 依据

（1）《进境动植物检疫审批管理办法》（海关总署令第 240 号附件 50）。

（2）《中华人民共和国进出口食品安全管理办法》（海关总署令第 249 号）。

（3）《进出境非食用动物产品检验检疫监督管理办法》（海关总署令第 240 号附件 72）。

（4）《进出口饲料和饲料添加剂检验检疫监督管理办法》（海关总署令第 243 号附件 30）。

（二）入境植物及植物产品

1. 申报范围

入境植物及植物产品检验检疫申报范围包括入境植物、植物产品及其他检疫物。植物是指栽培植物、野生植物及其种子、种苗及其他繁殖材料等；植物产品是指源于植物未经加工或者虽经加工但仍有可能传播病虫害的产品，如粮食、豆、棉花、油、麻、烟草、籽仁、干果、鲜果、蔬菜、生药材、木材、饲料等；其他检疫物包括植物废弃物：垫舱木、芦苇、草帘、竹篓、麻袋、纸等废旧植物性包装物、有机肥料等。

2. 入境种子、苗木等植物繁殖材料

植物繁殖材料是植物种子、种苗及其他繁殖材料的统称，指栽培、野生的可供繁殖的植物全株或者部分，如植株、苗木（含试管苗）、果实、种子、砧木、接穗、插条、叶片、芽体、块根、块茎、鳞茎、球茎、花粉、细胞培养材料（含转基因植物）等。

（1）申报时限和地点

输入植物、种子、种苗及其他繁殖材料的，货主或其代理人应在入境前 7 天持有关资料向海关申报，预约检疫时间。

（2）申报应提供的单据

货主或其代理人申报时，除按申报的一般要求录入申报数据外，还需上传合同、发票、提单、进境动植物检疫许可证（适用于需海关总署审批的种子、苗木）或引进种子、苗木检疫审批单或引进林木种子、苗木和其他繁殖材料检疫审批单及输出国家（地区）官方植物检疫证书、原产地证等有关文件。

3. 入境水果、烟叶和茄科蔬菜

海关总署对新鲜水果、冷冻水果实施准入制度。输出国家或者地区与我国签订双边协议、议定书的种类，才可入境。

（1）申报时限和地点

货主或其代理人应在入境前持有关资料向海关申报，预约检疫时间。

（2）申报应提供的单据

货主或其代理人申报时除按申报的一般要求录入申报数据外，还需上传合同、发票、提单、进境动植物检疫许可证及输出国家（地区）官方植物检疫证书、原产地证等有关文件。

4. 入境粮食和植物源性饲料

粮食是指禾谷类（如小麦、玉米、稻谷、大麦、黑麦、燕麦、高粱等）、豆类（如大豆、绿豆、豌豆、赤豆、蚕豆、鹰嘴豆等）、薯类（如马铃薯、木薯、甘薯等）等粮食作物的籽实（非繁殖用）及其加工产品（如大米、麦芽、面粉等）；植物源性饲料是指源于植物或产自植物的产品经工业化加工、制作的供动物食用的产品及其原料，包括饲料粮谷类、饲料用草籽、饲草类、麦麸类、糠麸饼粕渣类（麦麸除外）、青贮料、加工植物蛋白及植物粉类、配合饲料等。

货主或其代理人应当在入境前向入境口岸海关申报。申报时除按申报的一般要求录入申报数据外，还需上传合同、发票、提单、约定的检验方法标准或成交样品、原产地证及按规定应当提供的其他有关单证，并根据产品的不同要求提供进境动植物检疫许可证、输出国家（地区）官方植物检疫证书。

需要办理并取得农业农村部进口饲料和饲料添加剂产品登记证的产品还应提供进口饲料和饲料添加剂产品登记证复印件。

对入境转基因产品，还应当取得《农业转基因生物安全证书》。海关对《农业转基因生物安全证书》电子数据进行系统自动比对验核。

5. 其他入境植物产品

入境原木须附有输出国家（地区）官方检疫部门出具的植物检疫证书，证明不带有中国关注的检疫性有害生物或双边植物检疫协定中规定的有害生物和土壤。入境原木带有树皮的应当在输出国家（地区）进行有效的除害处理，并在植物检疫证书中注明除害处理方法、使用药剂、剂量、处理时间和温度；入境原木不带树皮的，应在植物检疫证书中作出声明。原木应当从进境原木指定监管场地所在口岸进境。

入境干果、干菜、原糖、天然树脂、土产类、植物性油类产品等，货主或其代理人应当根据这些货物的不同种类进行不同的申报准备。需要办理检疫审批的，如干辣椒等，在货物入境前事先提出申请，办理检疫审批手续，取得许可证。

在输入上述货物前应当持合同、输出国家（地区）官方出具的植物检疫证书向海关申报，约定检疫时间。经海关实施现场检疫、实验室检疫合格或经检疫处理合格的，签发入境货物检验检疫证明，准予入境销售或使用。

6. 入境转基因产品

转基因产品是指《农业转基因生物安全管理条例》规定的农业转基因生物及其他法律法规规定的转基因生物与产品，包括通过各种方式（如贸易、来料加工、邮寄、携带、生产、代繁、科研、交换、展览、援助、赠送及其他方式）进出境的转基因产品。

海关总署对入境转基因动植物及其产品、微生物及其产品和食品实行申报制度。

（1）入境转基因产品的申报

货主或其代理人在办理入境申报手续时，应当在申报信息的货物名称栏中注明是否为转基因产品。申报为转基因产品的，除按规定提供有关单证外，还应当提供法律法规规定的主管部门签发的农业转基因生物安全证书和农业转基因生物标识审查认可批准文件。

国家对农业转基因生物实行标识制度。输入国务院农业行政主管部门制定并公布的第一批实施标识管理的农业转基因生物目录（见本单元附件 2-2）内的产品，海关核查标识，符合农业转基因生物标识审查认可批准文件的，准予进境；不按规定标识的，重新标识后方可进境；未标识的，不得进境。

对列入第一批实施标识管理的农业转基因生物目录的入境转基因产品，如申报为转基因的，海关实施转基因项目的符合性检测；如申报是非转基因的，海关进行转基因项目抽查检测；对《实施标识管理的农业转基因生物目录》以外的入境动植物及其产品、微生物及其产品和食品，海关可根据情况实施转基因项目抽查检测。

海关按照国家认可的检测方法和标准进行转基因项目检测。经转基因检测合格的，准予入境。如有下列情况之一的，海关通知货主或其代理人做退货或者销毁处理：

①申报为转基因产品，但经检测其转基因成分与批准文件不符的。

②申报为非转基因产品，但经检测其含有转基因成分的。

入境供展览用的转基因产品，须获得法律法规规定的主管部门签发的有关批准文件后方可入境，展览期间应当接受海关的监管。展览结束后，所有转基因产品必须做退回或者销毁处理。如因特殊原因，要改变用途的，需按有关规定补办入境检验检疫手续。

（2）过境转基因产品的申报

过境转基因产品，货主或其代理人应当事先向海关总署提出过境许可申请，并提交以下资料：

①转基因产品过境转移许可证申请表。

②输出国家（地区）有关部门出具的国（境）外已进行相应研究的证明文件或者已允许作为相应用途并投放市场的证明文件。

③转基因产品的用途说明和拟采取的安全防范措施。

④其他相关资料。

海关总署自收到申请之日起20日内作出答复，对符合要求的，签发转基因产品过境转移许可证并通知入境口岸海关；对不符合要求的，签发不予过境转移许可证，并说明理由。

过境转基因产品进境时，货主或其代理人须持规定的单证和转基因产品过境转移许可证向入境口岸海关申报，经海关审查合格的，准予过境，并由出境口岸海关监督其出境。对改换原包装及变更过境线路的过境转基因产品，应当按照规定重新办理过境手续。

7. 依据

（1）《进境植物繁殖材料检疫管理办法》（海关总署令第240号附件42）。

（2）《进出境转基因产品检验检疫管理办法》（海关总署令第243号附件24）。

（3）《进境水果检验检疫监督管理办法》（海关总署令第243号附件25）。

（4）《进出口饲料和饲料添加剂检验检疫监督管理办法》（海关总署令第243号附件30）。

（5）《进出境粮食检验检疫监督管理办法》（海关总署令第243号附件42）。

（三）进口食品

1. 申报范围

进口食品的检验检疫申报范围包括食品、食品添加剂和食品相关产品。

食品指各种供人食用或者饮用的成品和原料及按照传统既是食品又是药品的物品，但是不包括以治疗为目的的物品。

食品添加剂指为改善食品品质和色、香、味及为防腐、保鲜和加工工艺需要而加入食品中的人工合成或者天然物质。

食品相关产品指用于食品的包装材料、容器、洗涤剂、消毒剂和用于食品生产经营的工具、设备。

预包装食品指经预先定量包装，或装入（灌入）容器中，向消费者直接提供的食品。

2. 申报要求

进口食品、食品添加剂和食品相关产品，应当经海关检验合格后放行。在此之前，货主或其代理人应当持合同、发票、装箱单、提单等必要的凭证和相关批准证明文件，向报关地海关申报。

（1）入境动植物源性食品的货主或其代理人在申报时应根据产品的不同提供相应的动植物检疫许可证、输出国家（地区）出具的检验检疫证书及原产地证书。

（2）入境食用植物油的货主或其代理人在申报时除提供产品符合我国现行食品安全国家标准的证明文件等材料外，还应在申报信息的“合同订立的特殊条款以及其他要求”栏中注明其产品境外生产企业的名称。

（3）食品添加剂进口企业申报时应当提供如下资料：注明产品用途（食品加工用）的贸易合同，或者贸易合同中买卖双方出具的用途声明（食品加工用）；食品添加剂完整的成分说明；进口企业是经营企业的，应提供加盖进口企业公章的工商营业执照或经营许可证复印件；进口企业是食品生产企业的，应提供加盖进口企业公章的食品生产许可证复印件；需办理检验检疫审批的，还应提供进境动植物检疫许可证。

（4）进口预包装食品被抽中现场查验或实验室检验的，进口商应当向海关人员提交其合格证明材料、进口预包装食品的标签原件和翻译件、中文标签样张及其他证明材料。食品标签，是印制在食品包装容器上或附于食品包装容器上的一切附签、吊牌、文字、图形、符号说明物。

3. 依据

《中华人民共和国进出口食品安全管理办法》（海关总署令第249号）。

（四）进口乳品

1. 申报范围

进口乳品包括初乳、生乳和乳制品。

初乳是指奶畜产犊后7天内的乳。

生乳是指从符合中国有关要求的健康奶畜乳房中挤出的无任何成分改变的常乳。奶畜初乳、应用抗生素期间和休药期间的乳汁、变质乳不得用作生乳。

乳制品是指以乳为主要原料加工而成的食品，例如，巴氏杀菌乳、灭菌乳、调制乳、发酵乳、干酪及再制干酪、稀奶油、奶油、无水奶油、炼乳、乳粉、乳清粉、乳清蛋白粉和乳基婴幼儿配方食品等。其中，由生乳加工而成、加工工艺中无热处理杀菌过程的产品为生乳制品。

2. 申报要求

（1）提交合同、发票、装箱单、提单等必要凭证。

（2）提交出口国家（地区）政府主管部门出具的卫生证书。证书应当有出口国家（地区）政府主管部门印章和其授权人签字，目的地应当标明为中华人民共和国。卫生证书样本应当经海关总署确认。

（3）境外生产企业应当熟悉并保证其向中国出口的乳品符合中国食品安全国家标准和相关要求。

① 首次进口的乳品，应当提供相应食品安全国家标准中列明项目的检测报告。首次进口，指境外生产企业、产品名称、配方、境外出口商、境内进口商等信息完全相同的乳品从同一口岸

第一次进口。

② 非首次进口的乳品，应当提供首次进口检测报告的复印件及海关总署要求项目的检测报告。非首次进口检测报告项目由海关总署根据乳品风险监测等有关情况确定并在海关总署网站公布。

③ 检测报告应与进口乳品的生产日期或生产批号对应。

④ 对进口乳品检测报告实行证明事项告知承诺制。

（4）进口需要检疫审批的乳品，应当取得进境动植物检疫许可证。进口生乳、生乳制品、巴氏杀菌乳、巴氏杀菌工艺生产加工的调制乳，需要办理进境检疫审批手续。

（5）涉及有保健功能的，应当取得有关部门出具的许可证明文件。海关对有关许可证明文件电子数据进行系统自动比对验核。

3. 依据

《中华人民共和国进出口食品安全管理办法》（海关总署令第 249 号）。

《关于明确进口乳品检验检疫有关要求的公告》（海关总署公告 2021 年第 114 号）。

（五）进口化妆品

国家对化妆品实行注册和备案管理。特殊化妆品经国家药品监督管理局注册后方可进口。普通化妆品应当在进口前向国家药品监督管理局备案。

根据海关总署《关于取消进口肉类收货人、进口化妆品境内收货人备案的公告》（海关总署公告 2021 年第 108 号）以及《企业管理和稽查司关于取消进口肉类收货人、进口化妆品境内收货人备案事项有关工作的通知》（企管函〔2021〕45 号）的有关精神，海关总署决定自 2022 年 1 月 1 日起取消进口化妆品境内收货人备案事项。

1. 申报范围

化妆品指以涂、擦散布于人体表面任何部位（如皮肤、毛发、指甲、口唇等）或口腔黏膜，以达到清洁、护肤、美容和修饰目的的产品。

2. 申报要求

进口化妆品的收货人或者其代理人应当按照海关总署相关规定申报。

其中首次进口的化妆品应当符合下列要求：

（1）国家没有实施卫生许可或者备案的化妆品，应当提供在生产国家（地区）允许生产、销售的证明文件或者原产地证明。

（2）销售包装化妆品成品，还应当提交中文标签样张和外文标签及翻译件。

（3）非销售包装的化妆品成品，还应当提供包括产品的名称、数（重）量、规格、产地、生产批号和限期使用日期（生产日期和保质期）、加施包装的目的地名称、加施包装的工厂名称、地址、联系方式等信息。

3. 依据

《进出口化妆品检验检疫监督管理办法》（海关总署令第 243 号附件 34）。

（六）进口玩具

1. 申报范围

进口玩具检验检疫申报范围包括列入《法检目录》及法律、行政法规规定必须经海关检验的进口玩具。海关对《法检目录》外的入境玩具按照海关总署的规定实施抽查检验。

2. 申报要求

进口玩具的收货人或者其代理人应在入境前或入境时向报关地海关报检。除按申报的一般要求录入申报数据外，还需提供电子版外贸合同、发票、装箱单、提（运）单等有关单证。对列入强制性产品认证目录的进口玩具还应当取得强制性产品认证证书。海关对强制性产品认证证书电子数据进行系统自动比对验核。

3. 依据

《进出口玩具检验监督管理办法》（海关总署令第 243 号附件 29）。

（七）进口机动车辆

所谓机动车辆是指由动力装置驱动或牵引、在道路上行驶的、供乘用或运送物品或进行专项作业的轮式车辆，包括汽车及汽车列车、摩托车及轻便摩托车、拖拉机运输机组、轮式专用机械车和挂车等，但不包括任何在轨道上运行的车辆。

1. 申报范围

进口机动车辆检验检疫申报范围包括列入《法检目录》的进口机动车辆，以及虽未列入但国家有关法律法规明确由海关负责检验的入境机动车辆。

进口汽车的销售单位凭海关签发的进口机动车辆随车检验单等有关单证到当地工商行政管理部门办理进口汽车国内销售备案手续。

用户在国内购买进口汽车时必须取得海关签发的进口机动车辆随车检验单和购车发票。在办理正式牌证前，到所在地海关登检、换发进口机动车辆检验证明，作为到车辆管理机关办理正式牌证的依据。

2. 申报要求

进口机动车辆运抵入境口岸后，收货人或其代理人应持有关单证向口岸海关办理申报手续。申报时，应提供合同、发票、提（运）单、装箱单（列明车架号）等单证及有关技术资料。

进口汽车入境口岸海关负责进口汽车入境检验工作，经登记的进口汽车，在质量保证期内，如用户发现质量问题，应向所在地海关申请检验出证。

3. 依据

《进口汽车检验管理办法》（海关总署令第 240 号附件 39）。

（八）进口旧机电产品

1. 申报范围

所谓旧机电产品，是指具有下列情形之一的机电产品：

（1）已经使用（不含使用前测试、调试的设备），仍具备基本功能和一定使用价值的。

（2）未经使用，但超过质量保证期（非保修期）的。

（3）未经使用，但存放时间过长，部件产生明显有形损耗的。

（4）新旧部件混装的。

（5）经过翻新的，如旧压力容器类、旧工程机械类、旧电器类、旧车船类、旧印刷机械类、旧食品机械类、旧农业机械类等。

进口旧机电产品，进口单位需向海关总署或其授权的检验机构申请办理入境检验。

2. 申报要求

收货人或者其代理人应当凭合同、发票、装箱单、提单等资料向海关办理申报手续。需实施装运前检验的，申报前还应当取得装运前检验证书。

3. 依据

《进口旧机电产品检验监督管理办法》（海关总署令第 243 号附件 41）。

（九）进口危险化学品

1. 申报范围

进口危险化学品检验检疫申报范围指列入国家《危险化学品目录》（最新版）的危险化学品。

2. 申报要求

进口危险化学品的收货人或者其代理人应按照《出入境检验检疫报检规定》填报如下信息：危险类别、包装类别（散装除外）、联合国危险货物编号（UN 编号）、联合国危险货物包装标记（包装 UN 标记）（散装除外），并向报关地海关申报，申报时按照《危险化学品目录》（最新版）中的名称申报。

3. 申报时应提供的单据

（1）进口危险化学品经营企业符合性声明；

（2）对需要添加抑制剂或稳定剂的产品，应提供实际添加抑制剂或稳定剂的名称、数量等情况说明；

（3）中文危险公示标签（散装产品除外）、中文安全数据单的样本。

4. 依据

国务院《危险化学品安全管理条例》（国务院令第 591 号）、海关总署《关于进出口危险化学品及其包装检验监管有关问题的公告》（海关总署公告 2020 年第 129 号）。

（十）进口可用作原料的废物

根据生态环境部、商务部、国家发展和改革委员会、海关总署联合公告（2020 年第 53 号）的有关精神，2021 年 1 月 1 日起禁止以任何方式进口固体废物。禁止我国境外的固体废物进境倾倒、堆放、处置。

（十一）入境展览物品

1. 申报范围

入境展览物品检验检疫申报范围包括参加国际展览的入境展览物品及其包装材料、运输工具等。

2. 申报要求及其他检验检疫规定

展览物品入境前或入境时，货主或其代理人应持有关单证向报关地海关申报。申报时，应如实申报并提供外贸合同（或参展函电）、发票、提（运）单等有关单证的电子信息。

需进行检疫审批的动植物及其产品，应提供相应的检疫审批手续。入境展览物为旧机电产品的应按旧机电产品备案手续办理相关证明。如属于 ATA 单证册项下的展览品，可以持 ATA 单证册作为证明文件申报。

入境展品不必进行品质检验，并免于 3C 认证。

六、出境货物申报特殊要求

在出境货物检验检疫工作中，由于货物的属性不同，检验检疫标准和监督管理的要求也不尽相同。海关根据检验检疫工作的需要，针对不同的出境货物在申报环节提出了不同的要求。这里主要介绍出境动物及其产品、植物及其产品、食品、化妆品、危险货物等在出境申报时的特殊要求。另外，还对出口塞拉利昂、埃塞俄比亚、伊朗和也门货物的装运前检验特殊要求进行简要介绍。

（一）出境动物及动物产品

海关依照《动植物检疫法》的规定，对出境动物及动物产品实施检疫。

动物是指饲养、野生的活动物，如畜、禽、兽、蛇、龟、鱼、虾、蟹、贝、蚕、蜂等。

动物产品是指源于动物未经加工或者虽经加工但仍有可能传播疫病的产品，如生皮张、毛类、肉类、脏器、油脂、动物水产品、奶制品、蛋类、血液、精液、胚胎、骨、蹄、角等。

1. 出境动物

（1）申报时间和地点

需隔离检疫的出境动物，货主或其代理人应在出境前 60 天向启运地海关预申报，隔离前 7 天向启运地海关正式申报；出境观赏动物（观赏鱼除外，下同），应在出境前 30 天到出境口岸海关申报；出境野生捕捞水生动物的货主或者其代理人应当在水生动物出境 3 天前向出境口岸海关申报；出境养殖水生动物（包括观赏鱼，下同）的货主或者其代理人应当在水生动物出境 7 天前向注册登记养殖场、中转场所在地海关申报。

（2）申报应提供的单证

除按规定申报提供合同、信用证（以信用证方式结汇时提供）、发票、装箱单等有关外贸单证电子信息外，申报以下出境动物还应提供其他相应的单证。

①观赏动物：应提供贸易合同或展出合约、产地检疫证书。

②非供屠宰用的畜禽：应有农牧部门出具的品种审批单。

③实验动物：应有中华人民共和国濒危物种进出口管理办公室出具的允许进出口证明书。

④实行检疫监督的动物：须出示生产企业的输出动物检疫许可证。

⑤野生捕捞水生动物：应提供下列单证。

A. 所在地县级以上渔业主管部门出具的捕捞船舶登记证和捕捞许可证。

B. 捕捞渔船与出口企业的供货协议（应有捕捞船只负责人签字）。

C. 海关规定的其他单证。

进境国家（地区）对捕捞海域有特定要求的，申报时应当申明捕捞海域。

⑥养殖水生动物：应当提供出境水生动物养殖场/中转场检验检疫注册登记证复印件，并交验原件。

（3）依据

①《出境水生动物检验检疫监督管理办法》（海关总署令第243号附件28）。

②《进出境非食用动物产品检验检疫监督管理办法》（海关总署令第240号附件72）。

2. 纳入《进出口野生动植物种商品目录》管理范围的出境野生动物及其制品

（1）申报范围

申报范围包括：珍贵、濒危的陆生、水生野生动物和有益的或者有重要经济、科学研究价值的陆生野生动物；列入《国家重点保护野生动物名录》的国家一级、二级保护野生动物和列入《华盛顿公约》（又称《濒危野生动植物种国际贸易公约》）附录一、附录二的野生动物，以及驯养繁殖的上述物种；含有《进出口野生动植物种商品目录》所列野生动物成分的中成药；国家重点保护的和我国参加的国际公约限制出口的野生动物产品，包括其皮张、羽毛、掌骨、器官等；列入《进出口野生动植物种商品目录》的动物及其产品，既包括野外来源的，也包括通过人工驯养或人工繁殖获得的。

（2）申报应提供的单证

申报时除按规定申报提供合同、信用证（以信用证方式结汇时提供）、发票、装箱单等有关外贸单证电子信息外，还需提供中华人民共和国濒危物种进出口管理办公室或其授权的办事处核发的濒危物种允许出口证明书或物种证明。

3. 出口肉类产品

（1）申报范围

肉类产品是指动物身体的任何可供人类食用部分，包括胴体、脏器、副产品及以上述产品为原料的制品，不包括罐头产品。

（2）申报时间和地点

发货人或者其代理人应当在出口肉类产品启运前，向出口肉类产品生产企业所在地海关申报。出口肉类产品运抵中转冷库时应当向其所在地海关申报。中转冷库所在地海关凭生产企业所在地海关签发的检验检疫单证监督出口肉类产品入库。

（3）依据

《中华人民共和国进出口食品安全管理办法》（海关总署令第249号）。

4. 出境水产品

（1）申报范围

水产品包括供人类食用的水生动物产品及其制品，包括水母类、软体类、甲壳类、棘皮类、头索类、鱼类、两栖类、爬行类、水生哺乳类动物等其他水生动物产品及藻类等海洋植物产品及其制品，不包括活水生动物及水生动植物繁殖材料。

（2）申报地点

出口水产品生产企业或者其代理人应当向产地海关申报。

（3）申报应提供的单证

除按规定申报提供合同、信用证（以信用证方式结汇时提供）、发票、装箱单等有关外贸单证电子信息外，申报水产品还应提供以下相应的单证：

①生产企业检验报告（出厂合格证明）。

②出货清单。

③所用原料中药物残留、重金属、微生物等有毒、有害物质含量符合输入国家（地区）及我国要求的书面证明。

（4）依据

《中华人民共和国进出口食品安全管理办法》（海关总署令第249号）。

（二）出境植物及植物产品

海关依照《动植物检疫法》的规定，对出境植物及植物产品实施检疫。

申报范围包括：出境植物、植物产品和其他检疫物；装载植物、植物产品和其他检疫物的装载容器、包装物、铺垫材料；有关法律、行政法规、国际条约规定或者贸易合同约定应当实施出境植物检疫的其他货物、物品。

植物是指栽培植物、野生植物及其种子、种苗及其他繁殖材料等。

植物产品是指来源于植物未经加工或者虽经加工但仍有可能传播病虫害的产品，如粮食、豆、棉花、油、麻、烟草、籽仁、干果、鲜果、蔬菜、生药材、木材、饲料等。

其他检疫物包括植物废弃物，如垫舱木、芦苇、草帘、竹篓、麻袋、纸等废旧植物性包装物、有机肥料等。

1. 出境水果

（1）申报范围

新鲜水果，含冷冻水果。其中，冷冻水果是指加工和在-18°C以下储存、运输的水果。

（2）申报地点

出境水果应在包装厂所在地海关申报，按申报规定提供有关单证及产地供货证明。出境水果来源不清楚的，不予受理申报。

（3）申报应提供的单证

出境水果来自注册登记果园、包装厂的，应当提供注册登记证书复印件；来自本辖区以外其他注册果园的，由注册果园所在地海关出具水果产地供货证明。

（4）依据

《出境水果检验检疫监督管理办法》（海关总署令第243号附件27）。

2. 出境粮食

（1）申报范围

粮食是指用于加工、非繁殖用途的和谷类、豆类、油料类等作物的籽实以及薯类的块根或者块茎等。

（2）申报地点

货主或者其代理人应当在粮食出境前向储存或者加工企业所在地海关申报。

（3）申报应提供的单证

提供贸易合同、发票、自检合格证明等材料，贸易方式为凭样成交的，还应当提供成交样品。

（4）依据

《进出境粮食检验检疫监督管理办法》（海关总署令第243号附件42）。

3. 出境竹木草制品

（1）申报范围

出境竹木草制品检验检疫申报范围包括出境的竹、木、藤、柳、草、芒等制品。

（2）申报应提供的单证

除按规定申报并提供合同、信用证（以信用证方式结汇时提供）、发票、装箱单等有关外贸单证电子信息外，出境竹木草制品一类、二类企业申报时应当同时提供出境竹木草制品厂检记录单。

（3）依据

《出境竹木草制品检疫管理办法》（海关总署令第240号附件53）。

4. 出境转基因产品

（1）申报范围

转基因产品是指《农业转基因生物安全管理条例》规定的农业转基因生物及其他法律法规规定的转基因生物与产品。

（2）申报应提供的单证

对出境产品需要进行转基因检测或者出具非转基因证明的，货主或者其代理人应当提前向所在地海关提出申请，并提供输入国家（地区）官方发布的转基因产品进境要求。

（3）依据

《进出境转基因产品检验检疫管理办法》（海关总署令第243号附件24）。

（三）出口食品

1. 申报范围

出口食品检验检疫申报范围包括各种供人食用、饮用的成品和原料，按照传统习惯加入药物的食品，以及用于出口食品的食品添加剂等。食品添加剂是指为改善食品品质和色、香、味，以及为防腐和加工工艺的需要而加入食品中的化学合成或者天然物质。

出口列入《人类食品和动物饲料添加剂及原料产品目录》的124种产品见本单元附件2-3。

2. 申报应提供的单证

出口食品的出口商或者其代理人应当按照规定，凭合同、发票、装箱单、出厂合格证明、出口食品加工原料供货证明文件等必要的凭证和相关批准文件向出口食品生产企业所在地海关申报。申报时，应当将所出口的食品按照品名、规格、数（重）量、生产日期逐一申报。

除按规定申报并提供合同、信用证（以信用证方式结汇时提供）、发票、装箱单等有关外贸单证电子信息外，还应提供以下相应的单证。

（1）生产企业（包括加工厂、冷库、仓库）的出口食品生产企业备案证明。

（2）海关出具的出入境食品包装及材料检验检疫结果单。

3. 依据

《中华人民共和国进出口食品安全管理办法》（海关总署令第249号）。

（四）出口化妆品

1. 申报范围

出口化妆品的检验检疫申报范围是列入《法检目录》及有关国际条约、相关法律、行政法规规定由海关检验检疫的化妆品（包括成品和半成品）。

具体申报范围包括：商品编码为 33030000.00 的香水及花露水，33041000.10 的含濒危植物成分唇用化妆品，33041000.90 的其他唇用化妆品，33042000.10 的含濒危植物成分眼用化妆品，33042000.90 的其他眼用化妆品，33043000 的指（趾）甲化妆品，33049100.01 的痱子粉、爽身粉，33049100.90 的粉（不论是否压紧），33049900.10 的护肤品（包括防晒油或晒黑油，但药品除外），33049900.91 的其他含濒危植物成分美容品或化妆品，33049900.99 的其他美容品或化妆品，33051000.10 的含濒危植物成分的洗发剂，33051000.90 的其他洗发剂（香波），33052000.00 的烫发剂，33053000.00 的定型剂，33059000.00 的其他护发品等。

2. 申报应提供的单证

除按规定申报并提供合同、信用证（以信用证方式结汇时提供）、发票、装箱单等有关外贸单证电子信息外，首次出口的化妆品必须提供以下相应的文件：

（1）自我声明。声明企业已经取得化妆品生产许可证，且化妆品符合进口国家（地区）相关法规和标准的要求，正常使用不会对人体健康产生危害等内容。

（2）销售包装化妆品成品应当提交外文标签样张和中文翻译件。

3. 依据

《进出口化妆品检验检疫监督管理办法》（海关总署令第 243 号附件 34）、《关于调整部分进出境货物监管要求的公告》（海关总署公告 2020 年第 99 号）。

（五）出境危险货物

危险货物是指具有爆炸、易燃、毒害、感染、腐蚀、放射性等危险特性，在运输、储存、生产、经营、使用和处置中，容易造成人身伤亡、财产损毁或环境污染而需要特别防护的物质和物品。危险货物在为我们提供高质量生活的同时，对人类的安全、健康及赖以生存的资源和环境也有可能造成危害。国际社会相继出台一系列法规标准，对危险货物实施严格的管理。例如，联合国《关于危险货物运输的建议书·规章范本》（俗称“大橘皮书”）、《国际海运危险货物规则》（IMDG Code）、《危险物品航空安全运输技术细则》（Doc 9284-AN/905）、《国际铁路运输危险货物规则》（RID）、《全球化学品统一分类和标签制度》（俗称“紫皮书”）、联合国《关于危险货物运输的建议书·试验和标准手册》（俗称“小橘皮书”）等。

目前，国家对出境危险货物，包括烟花爆竹、打火机和点火枪类商品等，实施法定检验。

1. 出口烟花爆竹

烟花爆竹是我国传统的出口商品，同时烟花爆竹又属易燃、易爆的危险品，在生产、储存、装卸、运输各环节极易发生安全事故。为保证其安全运输出口，我国对出口烟花爆竹的生产企业实施登记管理制度，出口烟花爆竹的检验和监管采取产地检验和口岸查验相结合的办法。

（1）申报范围

商品编码为 36041000.00 的烟花爆竹产品。

（2）申报应提供的单证

除按规定申请并提供合同、信用证（以信用证方式结汇时提供）、发票、装箱单等有关外贸单证电子信息外，还应提供如下相应单证：

①出境货物运输包装性能检验结果单。

②出境危险货物运输包装使用鉴定结果单。

③生产企业对出口烟花爆竹的质量和安全作出承诺的声明。

（3）依据

《出口烟花爆竹检验管理办法》（海关总署令第238号附件11）。

2. 出口打火机、点火枪类商品

（1）申报范围

出口打火机、点火枪类商品检验检疫申报范围包括商品编码为96131000.00的一次性袖珍气体打火机、96132000.00的可充气袖珍气体打火机、96138000.00其他类型打火机（包括点火枪）等。

（2）申报应提供的单证

除按规定填写出境货物报关单，并提供合同、信用证（以信用证方式结汇时提供）、发票、装箱单等有关外贸单证外，还应提供如下相应单证：

①出口打火机、点火枪类商品生产企业自我声明。

②出口打火机、点火枪类商品生产企业登记证。

③出口打火机、点火枪类商品的型式试验报告。

④出境货物运输包装性能检验结果单。

⑤出境危险货物运输包装使用鉴定结果单。

（3）依据

①原国家出入境检验检疫局、原对外贸易经济合作部、海关总署联合发布的《关于对出口打火机、点火枪类商品实施法定检验的通知》（国检验联〔2001〕52号）。

②《关于对出口打火机、点火枪类商品实施法定检验有关问题的补充通知》（国检验函〔2001〕213号）。

③《关于加强出口打火机、点火枪类商品检验监管的紧急通知》（国质检检函〔2007〕756号）。

（六）出口至塞拉利昂、埃塞俄比亚货物的装运前检验

为保证出口商品质量、数量和价格的真实性，制止欺诈行为，打击假冒伪劣产品出口，方便进出口贸易，促进中非贸易的顺利发展，原国家质检总局分别与塞拉利昂贸易工业和国有企业部、埃塞俄比亚贸易工业部签署了质检合作协议，与埃及贸易工业部签署了质检谅解备忘录，于2004年2月1日、2006年10月1日、2009年5月1日分别对中华人民共和国出口至塞拉利昂、埃塞俄比亚的出口产品实施装运前检验。

1. 申报范围

申报范围包括出口至塞拉利昂和埃塞俄比亚的、每批次价值在2 000美元以上的所有贸易性出口产品。

2. 申报时间和地点

买卖双方签订出口合同后，在规定的时间内，出口商或其代理人到当地海关申报。

3. 申报应提供的单据

根据《出入境检验检疫报检规定》的要求，出口商或其代理人在申报时应提供合同、信用证及相应的文件和商业单证的电子信息。

4. 依据

（1）《关于开展对塞拉利昂出口商品装运前检验工作的通知》（国质检检函〔2004〕33号）。

（2）《中国向塞拉利昂出口的商品实施装运前检验的有关要求通知》（国家质检总局公告2004年第7号）。

（3）《关于对出口埃塞俄比亚产品实施装运前检验的公告》（国家质检总局公告2006年第102号）。

（七）出口至伊朗工业产品的装运前检验

为保证出口伊朗工业产品的质量，防止欺诈行为发生和假冒伪劣产品出口，维护我国出口产品的质量信誉，避免产品质量纠纷，影响中伊经贸关系，2011年7月9日，原国家质检总局与伊朗标准与工业研究院签署了《关于落实伊朗标准与工业研究院与中国国家质量监督检验检疫总局谅解备忘录的行动计划》，自2011年12月1日起对中国出口伊朗列入《法检目录》内的工业产品实施装运前检验。

1. 申报范围

申报范围包括列入《法检目录》第25~29章、第31~97章、海关监管条件为B，检验检疫类别为N的所有产品。

2. 申报应提供的单证

申报人应根据《出入境检验检疫报检规定》的要求提供合同、信用证及相关单据的电子信息。

3. 依据

《关于出口伊朗工业产品实施装运前检验的公告》（国家质检总局公告2011年第161号）。

（八）出口也门工业产品的装运前检验

为打击进出口假冒伪劣商品行为，保证出口产品质量，促进中国和也门之间贸易的健康发展，原国家质检总局与也门共和国标准计量与质量控制组织于2013年9月13日签署了《中华人民共和国国家质量监督检验检疫总局与也门共和国标准计量与质量控制组织关于进出口商品监管合作谅解备忘录》，自2014年3月1日起，对中国出口也门工业产品实施装运前检验。

1. 申报范围

申报范围包括《协调制度》第25~29章、第31~97章的产品。

2. 申报应提供的单证

申报人应根据《出入境检验检疫报检规定》的要求提供合同、信用证及相关单据的电子信息。

3. 依据

《关于出口也门工业产品实施装运前检验的公告》(国家质检总局公告 2014 年第 11 号)。

七、其他检验检疫对象申报要求

(一) 进出境集装箱检验检疫申报

进出境集装箱是指国际标准化组织所规定的集装箱，包括出境、进境和过境集装箱。集装箱根据是否装载货物又分为重箱和空箱。根据《商检法》《动植物检疫法》《卫生检疫法》等有关法律法规的规定，海关总署修订了《进出境集装箱检验检疫管理办法》(海关总署令第 238 号附件 16)，依法对出入境集装箱实施检验检疫。

1. 申报范围

(1) 进境集装箱检验检疫申报范围

①所有进境集装箱应实施卫生检疫。

②来自动植物疫区的，装载动植物、动植物产品和其他检验检疫物的，以及箱内带有植物性包装物或铺垫材料的集装箱，应实施动植物检疫。

③法律、行政法规、国际条约规定或者贸易合同约定的其他应当实施检验检疫的入境集装箱，按照有关规定、约定实施检验检疫。

(2) 出境集装箱检验检疫申报范围

①所有出境集装箱应实施卫生检疫。

②装载动植物、动植物产品和其他检验检疫物的集装箱，应实施动植物检疫。

③装运出口易腐烂变质食品、冷冻品的集装箱，应实施清洁、卫生、冷藏、密固等适载检验。

④输入国 (地区) 要求实施检验检疫的集装箱，按要求实施检验检疫。

⑤法律、行政法规、国际条约规定或贸易合同约定的其他应当检验检疫的出境集装箱，按有关规定、约定实施检验检疫。

(3) 过境集装箱检验检疫范围

过境应检集装箱，由进境口岸海关实施查验，离境口岸海关不再检验检疫。

2. 申报要求

(1) 进境集装箱的申报要求

进境集装箱承运人、货主或其代理人应当向进境口岸海关申报，未经海关许可，不得提运或拆箱。

进境集装箱申报时，应提供集装箱数量、规格、号码，到达或离开口岸的时间，装箱地点和目的地，货物的种类、数量和包装材料等单证或情况的电子信息。

(2) 出境集装箱的申报要求

出境集装箱申报人应该在装货前向所在地海关申报。未经海关许可，不准装运。

3. 依据

《进出境集装箱检验检疫管理办法》(海关总署令第 238 号附件 16)。

（二）出入境交通运输工具检验检疫申报

出入境交通运输工具是指出入境船舶、飞机、车辆（包括火车、汽车及其他车辆）等交通运输工具。根据《卫生检疫法》及其实施细则、《动植物检疫法》及其实施条例的规定，海关依法对出入境交通运输工具实施检验检疫。

1. 申报范围

根据《卫生检疫法》及其实施细则、《动植物检疫法》及其实施条例的规定，出入境交通运输工具的申报范围为：

（1）所有出入境交通运输工具，包括船舶、飞机、火车和车辆等，都应当向海关申报，并实施卫生检疫。

（2）来自动植物疫区的入境交通运输工具，装载入境或过境动物的运输工具，包括船舶（含供拆船用的废旧船舶）、飞机、火车和车辆等，都须实施动植物检疫。

来自动植物疫区的交通运输工具，是指本航次或本车次的始发或途经地是动植物疫区的交通运输工具。

2. 申报要求

（1）出入境船舶的申报要求

海关根据《国际航行船舶出入境检验检疫管理办法》（海关总署令第240号附件51），对出入境船舶实施检验检疫。

①入境船舶的申报要求

入境船舶申报时，船方或其代理人应当在船舶预计抵达口岸24小时前（航程不足24小时的，在驶离上一口岸时）向入境口岸海关申报，填报有关入境检疫申报信息，并将船舶在航行中发现检疫传染病、疑似检疫传染病，或者有人非因意外伤害而死亡且死因不明的情况，立即向入境口岸海关报告。

办理入境检验检疫手续时，船方或者其代理人应当向海关提交航海健康申报书、总申报单、货物申报单、船员名单、旅客名单、船用物品申报单、压舱水报告单及载货清单，并应检验检疫人员的要求提交除鼠/免予除鼠证书、交通工具卫生证书、预防接种证书、健康证书，以及航海日志等有关资料。

申报后船舶动态或申报内容有变化的，船方或其代理人应当及时向海关更正。

根据《卫生检疫法》及其实施细则的规定，接受入境检疫的船舶，必须按照规定悬挂检疫信号等候查验，在海关发给入境检疫证前，不得降下检疫信号。白天入境时，在船舶的明显处悬挂国际通语。检疫信号旗说明如下："Q"字旗，表示本船没有染疫，请发放入境检疫证；"QQ"字旗，表示本船有染疫或有染疫嫌疑，请即刻实施检疫。夜间入境时，在船舶的明显处垂直悬挂下列灯号：红灯3盏，表示本船没有染疫，请发放入境检疫证；红、红、白、红灯4盏，表示本船有染疫或染疫嫌疑，请即刻实施检疫。

入境船舶抵港前或在港期间，船上发现疑似传染病人、啮齿动物反常死亡或其他有碍公共卫生的情况，船方或其代理人应当以最快的方式向当地口岸海关报告。

②出境船舶的申报要求

出境的船舶在离境口岸接受检验检疫，办理出境检验检疫手续。出境的船舶，船方或者其代理人应当在船舶离境前4小时内向海关申报，办理出境检验检疫手续，同时提供下列资料：航海健康申报书、总申报单、货物申报单、船员名单、旅客名单及载货清单等有关资料（入境时已提交且无变动的可免于提供）。

已办理手续但出现人员、货物的变化或者因其他特殊情况24小时内不能离境的，须重新办理手续。

船舶在口岸停留时间不足24小时的，经海关同意，船方或者其代理人在办理入境手续时，可以同时办理出境手续。

（2）出入境航空器的申报要求

①入境飞机的申报要求

A. 来自非检疫传染病疫区并且在飞行中未发现检疫传染病、疑似检疫传染病，或者有人非因意外伤害而死亡并死因不明的飞机，经海关同意，可通过地面航空站向海关采用电讯方式进行申报，其申报内容有：飞机的国籍、航班号、机型、机号、识别标志、预定到达时间、出发站、经停站、机组及旅客人数，以及飞机上是否载有病人或在飞行途中是否发现病人或死亡人员，若有应提供病名或者主要症状、患病人数、死亡人数等信息。飞机到达后，向海关提交总申报单、旅客名单及货物舱单。

B. 来自检疫传染病疫区的飞机，在飞行中发现检疫传染病、疑似检疫传染病，或者有人非因意外伤害而死亡并死因不明时，机长应当立即通知到达机场的航空站向海关申报，并在最先到达的国境口岸指定地点接受检疫。向海关申报的内容包括：飞机的国籍、航班号、机型、机号、识别标志、预定到达时间、出发站、经停站、机组及旅客人数，以及飞机上是否载有病人或在飞行途中是否发现病人或死亡人员，若有应提供病名或者主要症状、患病人数、死亡人数等信息。

②出境飞机的申报要求

实施卫生检疫机场的航空站，应当在出境检疫的飞机起飞前向海关提交飞机总申报单、货物舱单和其他有关检疫证件，并向海关通知飞机的国籍、航班号、机型、机号、识别标志、预定起飞时间、经停站、目的站、机组及旅客人数。

（3）出入境列车及其他车辆的申报要求

①出入境列车的申报要求

出入境列车在到达或者出站前，车站有关人员应向海关提前通报列车预定到达时间或预定发车时间、始发站或终点站、车次、列车编组情况、行车路线、停靠站台、旅客人数、司乘人员人数、车上有无疾病发生等信息。

②出入境汽车及其他车辆的申报要求

边境口岸出入境车辆指汽车、摩托车、手推车、自行车、牲畜车等。

固定时间客运汽车在出入境前由有关部门提前通报预计到达时间、旅客人数等信息；装载的货物应按规定提前向海关申报货物种类、数量及重量、到达地等信息。

（三）出入境快件检验检疫申报

出入境快件是指依法经营出入境快件的企业（以下简称“快件运营人”）在特定时间内以快速的商业运输方式承运的出入境货物和物品。

《商检法》及其实施条例、《动植物检疫法》及其实施条例、《卫生检疫法》及其实施细则、

《食品安全法》及其实施条例、《出入境快件检验检疫管理办法》等有关法律、法规和部门规章规定，海关依法对出入境快件实施检验检疫。

1. 出入境快件检验检疫申报范围

应当实施检验检疫的出入境快件包括：

（1）根据《动植物检疫法》及其实施条例和《卫生检疫法》及其实施细则，以及有关国际条约、双边协议规定应当实施动植物检疫和卫生检疫的。

（2）列入海关实施检验检疫的《法检目录》内的。

（3）其他有关法律、法规规定应当实施检验检疫的。

2. 出入境快件的申报要求

（1）申报的时间与地点

快件运营人应在入境快件到达海关监管区时，及时向所在地海关办理申报手续。

快件运营人应在出境快件的运输工具离境 4 小时前，向离境口岸海关办理申报手续。

快件运营人可以通过电子数据交换（EDI）的方式申请办理申报，海关对符合条件的，予以受理。

（2）申报应提供的单证

快件运营人在申请办理出入境快件申报时，应提供申报单、总运单、每一快件的分运单、发票等有关单证，并应当符合下列要求：

①输入动物、动物产品、植物种子、种苗及其他繁殖材料的，应当取得相应的检疫审批许可证和检疫证明。

②因科研等特殊需要，输入禁止进境物的，应当取得海关总署签发的特许审批证明。

③属于微生物、人体组织、生物制品、血液及其制品等特殊物品的，应当取得相关审批。

④属于实施进口安全质量许可制度、出口质量许可制度和卫生注册登记制度管理的，应提供有关证明。

（3）依据

《出入境快件检验检疫管理办法》（海关总署令第 243 号附件 22）。

（四）出入境邮寄物检验检疫申报

1. 邮寄物检验检疫申报范围

邮寄物检验检疫是指对通过国际邮政渠道（包括邮政部门、国际邮件快递公司和其他经营国际邮件的单位）出入境的动植物、动植物产品和其他检疫物实施检验检疫。

邮寄物检验检疫申报范围包括通过邮政寄递的下列物品：

（1）进境的动植物、动植物产品及其他检疫物。

（2）进出境的微生物、人体组织、生物制品、血液及其制品等特殊物品。

（3）来自疫区的、被检疫传染病污染的或者可能成为检疫传染病传播媒介的邮包。

（4）进境邮寄物所使用或携带的植物性包装物、铺垫材料。

（5）含属许可证制度管理或须加贴检验检疫标志方可入境的物品。

（6）其他法律法规、国际条约规定需要实施检疫的进出境邮寄物。

（7）可能引起生物恐怖的可疑进出境邮寄物。

2. 入境检疫申报

邮寄物入境后，邮政部门应及时通知海关实施现场检疫，并向海关提供入境邮寄物清单。

由国际邮件互换局直分到邮局营业厅的邮寄物，由邮局通知收件人在规定期限内到海关办理检疫手续。对须检疫审批的物品，收件人应向海关提供检疫审批的有关单证。

快递邮寄物，由快递公司、收件人或其代理人在规定期限内到海关办理检疫手续。

3. 出境检疫申报

出境邮寄物有下列情况之一的，寄件人须向所在地海关申报，由海关按照有关国家（地区）的检验检疫要求实施现场和实验室检疫：

（1）寄往与我国签订双边植物检疫协定等的国家（地区），或输入国（地区）有检疫要求的。

（2）出境邮寄物中含有微生物、人体组织、生物制品、血液及其制品等特殊物品的。

（3）寄件人有检疫需要的。

（五）出入境特殊物品检验检疫申报

1. 申报范围

出入境特殊物品指微生物、人体组织、人类遗传资源、生物制品、血液及其制品等。

微生物是指病毒、细菌、真菌、放线菌、立克次氏体、螺旋体、衣原体、支原体等医学微生物菌（毒）种及样本，以及寄生虫、环保微生物菌剂。

人体组织是指人体细胞、细胞系、胚胎、器官、组织、骨髓、分泌物、排泄物等。

人类遗传资源是指含有人体基因组，基因及其产物的器官、组织、细胞、血液、制备物、重组脱氧核糖核酸（DNA）构建体等遗传材料及相关的信息资料。

生物制品是指用于人类医学、生命科学相关领域的疫苗、抗毒素、诊断用试剂、细胞因子、酶及其制剂，以及毒素、抗原、变态反应原、抗体、抗原-抗体复合物、核酸、免疫调节剂、微生态制剂等生物活性制剂。

血液是指人类的全血、血浆成分和特殊血液成分。

血液制品是指各种人类血浆蛋白制品。

出入境特殊物品单位是指从事特殊物品生产、使用、销售、科研、医疗、检验、医药研发外包的法人或者其他组织。

2. 申报要求

入境特殊物品到达口岸后，货主或者其代理人应当凭特殊物品审批单及其他材料向入境口岸海关申报。

出境特殊物品的货主或者其代理人应当在出境前凭特殊物品审批单及其他材料向其所在地海关申报。

申报材料不齐全或者不符合法定形式的，海关不予入境或者出境。

3. 依据

《出入境特殊物品卫生检疫管理规定》（海关总署令第243号附件39）。

（六）出境货物运输包装容器检验检疫申报

出境货物运输包装根据所装货物的类别不同，在运输过程中的检验要求也不一样。一般来讲，根据检验的性质和要求，出境货物运输包装容器主要分为一般货物运输包装容器、危险货物运输包装容器、食品包装 3 大类。

1. 出境一般货物运输包装容器

（1）申报范围

出境一般货物运输包装容器的检验是指列入《法检目录》及其他法律、行政法规规定须经海关检验检疫的出口货物运输包装容器。

目前海关实施性能鉴定的出境货物运输包装容器包括：钢桶、铝桶、镀锌桶、钢塑复合桶、纸板桶、塑料桶（罐）、纸箱、集装袋、塑料编织袋、麻袋、纸塑复合袋、钙塑瓦楞箱、木箱、胶合板箱（桶）、纤维板箱（桶）等。

（2）一般货物运输包装容器申报时应提供的单证

①出境货物运输包装检验申请单。

②生产单位出具的包装容器检验结果单。

③包装容器规格清单。

④客户订单及对包装容器的有关要求。

⑤包装容器的设计工艺、材料检验标准等技术资料。

2. 出境危险货物运输包装容器

对于出口危险货物，如果包装不良、不适载或不适于正常的运输、装卸和储存，造成危险货物泄漏，甚至引起爆炸等，会危及人员、运输工具、港口码头、仓库的安全。国际上对运输危险货物有一套比较完整的规则，如《国际海运危险货物规则》《国际铁路运输危险货物规则》《国际公路运输危险货物规则》《国际空运危险货物规则》等。各国（地区）出口危险货物，必须符合国际运输规则的要求。海关对出口危险货物运输包装容器实施检验，是按照上述有关国际危险品管理规则进行的。

盛装危险货物的包装容器称为危险货物包装容器，均被列入法定检验范围。对出口危险货物运输包装容器的检验分为性能检验和使用鉴定两种。

（1）出境危险货物运输包装容器的性能检验

①申报义务人

按照《商检法》的规定，为出口危险货物生产运输包装容器的企业，必须向海关申请运输包装容器性能检验。

②出境危险货物包装容器申报时应提供以下单证。

A. 出境货物运输包装检验申请单。

B. 运输包装容器生产厂出具的出口危险货物运输包装容器质量许可证。

C. 运输包装容器的生产标准。

D. 企业符合性声明。

E. 运输包装容器的设计工艺、材料检验标准等技术资料。

（2）出境危险货物运输包装容器的使用鉴定

性能检验良好的运输包装容器，如果使用不当，仍达不到保障运输安全及保护商品的目的。为保证危险货物运输安全，危险货物运输包装容器经性能检验合格后，还必须进行使用鉴定。危险货物运输包装容器经海关鉴定合格并取得出境危险货物运输包装使用鉴定结果单后，方可包装危险货物出境。

根据联合国《关于危险货物运输的建议书·规章范本》的分类，气体发生器类产品（包括汽车安全气囊、气囊充气器、安全带卷收器、安全带预紧器等）分为3类：第1类危险品（1.4G，联合国编号为UN0503）；第2类危险品（2.2，联合国编号为UN3353）；第3类危险品（联合国编号为UN3268）。只有按照联合国《关于危险货物运输的建议书·试验与标准手册》的要求，通过6（c）篝火试验，才能确定气体发生器类产品的危险类别。因此，出口气体发生器类产品的企业，必须申请危险品包装容器的使用鉴定。

①申报义务人

按照《商检法》的规定，生产出口危险货物的企业，必须向海关申请包装容器的使用鉴定。

②申报应提供的单证

A. 出境货物运输包装检验申请单。

B. 出境货物运输包装性能检验结果单正本。

C. 危险货物说明。包括提供危险货物的危险特性分类鉴别报告、安全数据表和危险信息公示标签样本，首次使用塑料容器、塑料复合容器及有涂（镀）层的容器，应提供相容性试验报告。

D. 出口气体发生器类产品的包装申报时，须提供经中国合格评定国家认可委员会认可的检测机构出具的6（c）篝火试验检测报告。

E. 出口危险货物生产企业声明。

F. 其他法律、法规规定的有关资料。

3. 出境食品包装

为加强对出口食品包装容器、包装材料的安全卫生检验检疫和监督管理，保证出口食品安全，保护消费者身体健康，海关总署对出口食品包装生产企业实施备案管理，对出口食品包装产品实施检验。

（1）申报范围

包括出口食品的包装容器和包装材料。出口食品包装容器、包装材料（以下简称“食品包装”）是指已经与食品接触或预期会与食品接触的出口食品内包装、销售包装、运输包装及包装材料。

（2）申报应提供的单证

除需提供生产企业厂检合格单、销售合同外，还需提供以下单证：

①出入境货物运输包装检验申请单。

②食品包装的周期检测报告及原辅料检测报告。

食品包装生产企业在提供出口食品包装给出口食品生产企业前应到所在地海关申请对该出口食品包装的检验。出口食品报检时需提供海关出具的出境货物运输包装性能检验结果单，并注明出口国（地区）名称。

八、检验检疫复验管理

申报人对海关作出的检验结果有异议的，可以向作出检验结果的主管海关或其上一级海关申请复验，也可以向海关总署申请复验。受理复验的海关或海关总署负责组织实施复验。申报人应予以配合。

申报人对同一检验结果只能向同一海关申请一次复验。

申报人对受理复验的海关或海关总署作出的复验结论不服的，可以依法申请行政复议，也可以向人民法院提起行政诉讼。

（一）工作程序和时限

1. 工作程序

（1）申报人提出复验申请。

（2）受理复验的海关或海关总署对申请材料进行审核，对符合规定的予以受理。

（3）受理复验的海关或海关总署组织实施复验。

（4）实施复验的海关或海关总署作出复验结论。

2. 工作时限

受理复验的海关或海关总署应当自收到复验申请之日起 60 日内作出复验结论；技术复杂，不能在规定期限内作出复验结论的，经本机关负责人批准，可以适当延长，但延长期限最多不超过 30 日。

（二）申请时限和条件

申报人申请复验，应当自收到海关作出的检验结果之日起 15 日内提出；因不可抗力或者其他正当理由不能申请复验的，申请期限中止。从中止的原因消除之日起，申请期限继续计算。

申报人申请复验，应当保证（持）原申报商品的质量、重量、数量符合原检验时的状态，并保留其包装、封识、标志。

（三）申请时应提供的单据

1. 申请复验时，报检人应当按照规定如实填写复验申请表。
2. 申报人原申报时所提供的单证和资料。
3. 海关出具的原检验证书。

（四）申请的受理

1. 受理复验的海关或海关总署自收到复验申请之日起 15 日内，对复验申请进行审查并作出处理。

2. 复验申请符合有关规定的，予以受理，向申报人出具复验申请受理通知书。

3. 复验申请内容或随附单证资料不全的，向申报人出具复验申请材料补正告知书，限期补正。逾期未补正的，视为撤销申请。

4. 复验申请不符合有关规定，不予受理的，出具复验申请不予受理通知书，书面通知申请人并告之理由。

（五）复验的费用

1. 申请复验的申报人应当按照规定缴纳复验费用。
2. 复验结论认定属原检验的海关责任的，复验费用由原海关负担。

附件 2-1

需要办理并取得进口饲料和饲料添加剂产品登记证的产品种类

根据《进口饲料和饲料添加剂登记管理办法》（农业部令 2014 年第 2 号）需要办理并取得进口饲料和饲料添加剂产品登记证的产品种类包括以下几种。

1. 配合饲料：宠物饲料包括干粮和湿粮（罐头）。
2. 浓缩饲料。
3. 添加剂预混合饲料。
4. 精料补充料。
5. 饲料添加剂：《饲料添加剂品种目录（2013）》（农业部公告第 2045 号）以及中华人民共和国农业农村部公告第 459 号，未列入目录但生产国已批准生产和使用的饲料添加剂产品为需要评审登记的产品。
6. 动物源性饲料。
7. 单一饲料：脂肪粉（植物来源）、饲料用灭活酿酒酵母粉、酶解大豆蛋白、发酵黄豆粉、马铃薯蛋白粉及其发酵制品、膨化豆粕、DDGS 和 DDG 等及经特殊加工工艺处理的单一饲料产品。
8. 其他蛋白饲料、能量饲料及其混合物（不含大宗饲料原料，如豆粕、棕榈粕等）。

附件 2-2

第一批实施标识管理的农业转基因生物目录

（2017 年 11 月 30 日修订）

1. 大豆种子、大豆、大豆粉、大豆油、豆粕
2. 玉米种子、玉米、玉米油、玉米粉（含税号为 11022000、11031300、11042300 的玉米粉）
3. 油菜种子、油菜籽、油菜籽油、油菜籽粕
4. 棉花种子
5. 番茄种子、鲜番茄、番茄酱

附件 2-3

人类食品和动物饲料添加剂及原料产品目录

（国家质检总局、商务部、海关总署联合公告 2007 年第 70 号）

序号	商品编号	商品名称（海关商品名称）	原监管条件		调整后监管条件	
			海关监管	检验检疫类别	海关监管	检验检疫类别
1	1702200000	槭糖及槭糖浆	A	R	A/B	R/S
2	1702500000	化学纯果糖	A	R	A/B	R/S
3	1703100000	甘蔗糖蜜	A	R	A/B	R/S
4	1703900000	其他糖蜜	A	R	A/B	R/S
5	1905100000	黑麦脆面包片	A	R	A/B	R/S
6	1905200000	姜饼及类似品	A	R	A/B	R/S

续表1

序号	商品编号	商品名称（海关商品名称）	原监管条件		调整后监管条件	
			海关监管	检验检疫类别	海关监管	检验检疫类别
7	2201909000	其他水、冰及雪			A/B	R/S
8	2204300000	其他酿酒葡萄汁	A	R	A/B	R/S
9	2307000000	葡萄酒渣、粗酒石			A/B	R/S
10	2712100000	凡士林			A/B	R/S
11	2712200000	石蜡，不论是否着色			A/B	R/S
12	2712901000	微晶石蜡			A/B	R/S
13	2809201000	磷酸及偏磷酸、焦磷酸	B	N	A/B	R/N
14	2811199090	其他无机酸			A/B	R/S
15	2811210000	二氧化碳			A/B	R/S
16	2811220000	二氧化硅			A/B	R/S
17	2815200000	氢氧化钾（苛性钾）			A/B	R/S
18	2825909000	其他金属的氧化物及氢氧化物			A/B	R/S
19	2826192010	氟化钠			A/B	R/S
20	2827200000	氯化钙			A/B	R/S
21	2827310000	氯化镁			A/B	R/S
22	2827399000	其他氯化物			A/B	R/S
23	2827600000	碘化物及碘氧化物			A/B	R/S
24	2828900000	次溴酸盐、亚氯酸盐、其他次氯酸盐			A/B	R/S
25	2832200000	其他亚硫酸盐			A/B	R/S
26	2833210000	硫酸镁			A/B	R/S
27	2833291000	硫酸亚铁			A/B	R/S
28	2833293000	硫酸锌			A/B	R/S
29	2833299000	其他硫酸盐			A/B	R/S
30	2834100000	亚硝酸盐			A/B	R/S
31	2835291000	磷酸三钠			A/B	R/S
32	2836300000	碳酸氢钠（小苏打）			A/B	R/S
33	2836500000	碳酸钙			A/B	R/S
34	2836991000	碳酸镁			A/B	R/S
35	2836999000	其他碳酸盐及过碳酸盐			A/B	R/S
36	2841610000	高锰酸钾			A/B	R/S
37	2842100000	硅酸复盐及硅酸络盐			A/B	R/S
38	2842909090	其他无机酸盐及过氧酸盐			A/B	R/S
39	2847000000	过氧化氢			A/B	R/S

续表2

序号	商品编号	商品名称（海关商品名称）	原监管条件		调整后监管条件	
			海关监管	检验检疫类别	海关监管	检验检疫类别
40	2903150000	1,2-二氯乙烷（ISO）			A/B	R/S
41	2905399090	其他二元醇			A/B	R/S
42	2905450000	丙三醇（甘油）			A/B	R/S
43	2906132000	肌醇			A/B	R/S
44	2907121900	其他甲酚			A/B	R/S
45	2907159000	其他萘酚及萘酚盐			A/B	R/S
46	2915219000	其他乙酸			A/B	R/S
47	2915291000	乙酸钠			A/B	R/S
48	2915299090	其他乙酸盐			A/B	R/S
49	2915310000	乙酸乙酯			A/B	R/S
50	2915390090	其他乙酸酯			A/B	R/S
51	2915509000	丙酸盐和酯			A/B	R/S
52	2915701000	硬脂酸			A/B	R/S
53	2915900090	其他饱和无环一元羧酸及其酸酐			A/B	R/S
54	2916209090	其他（环烷、环烯、环萜烯）一元羧酸			A/B	R/S
55	2916310090	其他苯甲酸及其盐和酯			A/B	R/S
56	2916320000	过氧化苯甲酰及苯甲酰氯			A/B	R/S
57	2917120000	己二酸及其盐和酯			A/B	R/S
58	2917209090	其他（环烷、环烯、环萜烯）多元羧酸			A/B	R/S
59	2918110000	乳酸及其盐和酯			A/B	R/S
60	2918120000	酒石酸			A/B	R/S
61	2918130000	酒石酸盐及酒石酸酯			A/B	R/S
62	2918140000	柠檬酸	B	N	A/B	R/N
63	2918150000	柠檬酸盐及柠檬酸酯	B	N	A/B	R/N
64	2919900090	其他磷酸酯及其盐（包括乳磷酸盐）			A/B	R/S
65	2922110001	单乙醇胺			A/B	R/S
66	2922131000	三乙醇胺			A/B	R/S
67	2922499990	其他氨基酸及其酯及它们的盐	A/B	M. P/Q	A/B	M. P/Q
68	2923100000	胆碱及其盐			A/B	R/S
69	2923200000	卵磷脂及其他磷氨基类脂			A/B	R/S
70	2925110000	糖精及其盐			A/B	R/S
71	2929901000	环已基氨基磺酸钠（甜蜜素）			A/B	R/S
72	2933692910	二氯异氰尿酸钠			A/B	R/S

续表3

序号	商品编号	商品名称（海关商品名称）	原监管条件		调整后监管条件	
			海关监管	检验检疫类别	海关监管	检验检疫类别
73	2934999001	核苷酸类食品添加剂			A/B	R/S
74	2936210000	未混合的维生素 A 及其衍生物			A/B	R/S
75	2936220000	未混合的维生素 B_1 及其衍生物			A/B	R/S
76	2936230000	未混合的维生素 B_2 及其衍生物			A/B	R/S
77	2936240000	未混合的维生素 D 或 DL-泛酸及其衍生物			A/B	R/S
78	2936250000	未混合的维生素 B_6 及其衍生物			A/B	R/S
79	2936260000	未混合的维生素 B_{12}及其衍生物			A/B	R/S
80	2936270000	未混合的维生素 C 及其衍生物			A/B	R/S
81	2936280000	未混合的维生素 E 及其衍生物			A/B	R/S
82	2936290000	其他未混合的维生素及其衍生物			A/B	R/S
83	2936900000	维生素原，混合维生素原、维生素及其衍生物			A/B	R/S
84	2937400000	氨基酸衍生物			A/B	R/S
85	2938900020	甘草酸盐类			A/B	R/S
86	2939300010	咖啡因			A/B	R/S
87	2939300090	咖啡因的盐			A/B	R/S
88	2939999000	其他生物碱及其衍生物			A/B	R/S
89	2940000000	化学纯糖，糖醚、糖酯及其盐			A/B	R/S
90	3102210000	硫酸铵	A	M	A/B	M/S
91	3102500000	硝酸钠	A	M	A/B	M/S
92	3104209000	其他氯化钾	A	M	A/B	M/S
93	3105300001	磷酸氢二铵（配额内）	A	M	A/B	M/S
94	3105300090	磷酸氢二铵（配额外）	A	M	A/B	M/S
95	3203001100	天然靛蓝及以其为基本成分的制品			A/B	R/S
96	3203001910	濒危植物质着色料及制品			A/B	R/S
97	3203001990	其他植物质着色料及制品			A/B	R/S
98	3203002000	动物质着色料及制品			A/B	R/S
99	3204110000	分散染料及以其为基本成分的制品，不论是否有化学定义			A/B	R/S
100	3204120000	酸性染料及制品、媒染染料及制品			A/B	R/S
101	3204130000	碱性染料及以其为基本成分的制品			A/B	R/S
102	3204140000	直接染料及以其为基本成分的制品			A/B	R/S
103	3204151000	合成靛蓝（还原靛蓝）			A/B	R/S
104	3204199000	其他着色料组成的混合物			A/B	R/S
105	3205000000	色淀及以色淀为基本成分的制品			A/B	R/S

续表4

序号	商品编号	商品名称（海关商品名称）	原监管条件		调整后监管条件	
			海关监管	检验检疫类别	海关监管	检验检疫类别
106	3501100000	酪蛋白			A/B	R/S
107	3501900000	酪蛋白酸盐及其衍生物，酪蛋白胶			A/B	R/S
108	3502200000	乳白蛋白			A/B	R/S
109	3502900000	其他白蛋白及白蛋白盐			A/B	R/S
110	3504001000	蛋白胨			A/B	R/S
111	3504009000	其他编号未列名蛋白质及其衍生物			A/B	R/S
112	3505100000	糊精及其他改性淀粉			A/B	R/S
113	3505200000	以淀粉糊精等为基本成分的胶			A/B	R/S
114	3507100000	粗制凝乳酶及其浓缩物			A/B	R/S
115	3507901000	碱性蛋白酶			A/B	R/S
116	3507902000	碱性脂肪酶			A/B	R/S
117	3507909000	其他编号未列名的酶制品			A/B	R/S
118	3823120000	油酸	B	N	A/B	R/N
119	3825900010	浓缩糖蜜发酵液			A/B	R/S
120	3902200000	初级形状的聚异丁烯			A/B	R/S
121	3905300000	初级形状的聚乙烯醇			A/B	R/S
122	3906901000	聚丙烯酰胺			A/B	R/S
123	3907999000	初级形状的其他聚酯			A/B	R/S
124	3913100000	初级形状的藻酸及盐和酯			A/B	R/S

【复习思考题】

1. 法律、行政法规规定必须由海关实施检验检疫的申报范围是什么？
2. 《法检目录》的基本结构由哪些部分组成？
3. 申报人对海关作出的检验结果有异议的，申请复验时需要提交哪些单据？

第三单元　出入境检验检疫签证管理

【学习目标】

出入境检验检疫单证在对外贸易活动中用途广泛。出入境检验检疫单证记载着受检对象的品质、数量、状态、结论或处理意见，是判定受检对象是否符合进出口国（地区）法律法规要求和有关技术标准的法律文书。

完成本单元学习，学习者应获得以下技能：

1. 熟悉检验检疫单证的种类及用途；
2. 了解检验检疫单证的法律作用及相关规定。

【基本概念】

检验检疫单证种类、检验检疫单证用途

【建议学习时间】

1 课时

【案例导入】

非法携带、邮寄濒危禁止进境动植物案

随着经济全球化和对外开放不断深入，物品国际间交流日益频繁，出境游、网购、代购等入境旅客携带物和邮寄物数量也不断增多，随之而来的各种疫病、疫情和外来生物入侵的风险与日俱增，私自邮寄的奇花异草、另类宠物更是五花八门，给我国环境及生态带来巨大的安全隐患。

1. 案例背景

《动植物检疫法》第五条规定："国家禁止下列各物进境：（一）动植物病原体（包括菌种、毒种等）、害虫及其他有害生物；（二）动植物疫情流行的国家和地区的有关动植物、动植物产品和其他检疫物；（三）动物尸体；（四）土壤。口岸动植物检疫机关发现有前款规定的禁止进境物的，作退回或者销毁处理。"第二十九条规定："禁止携带、邮寄进境的动植物、动植物产品和其他检疫物的名录，由国务院农业行政主管部门制定并公布。携带、邮寄前款规定的名录所列的动植物、动植物产品和其他检疫物进境的，作退回或者销毁处理。"《动植物检疫法实施条例》第四十三条规定："禁止携带、邮寄进出境动植物检疫法第二十九条规定的名录所列动植物、动植物产品和其他检疫物进境。"原农业部和原国家质量监督检验检疫总局于 2012 年联合发布第 1712 号公告《禁止携带、邮寄进境的动植物及其产品名录》，明确规定了 3 大类 16 小类禁止携带、邮寄进境的动植物及其产品名录。

2. 案例内容

自2015年10月起，原J检验检疫局邮检办事处在对入境邮包进行过机查验过程中先后查处了7起违法邮寄禁止进境濒危动植物案例，包括一批从美国邮寄进境的龟甲牡丹，两批从日本邮寄进境的独角鲸牙，一批从智利邮寄进境的辛顿花笼和娇丽球属两种多肉植物，一批从伯利兹邮寄进境的干海马，一批从马来西亚邮寄进境的藏有6种濒危蝴蝶的邮包，一批濒危野生动植物产品（含有马来熊股骨、蛇皮带、鳄鱼鞭、鳄鱼皮、蛇皮钱包等15类产品）。原J检验检疫局依据《动植物检疫法》第五条、第二十九条、《动植物检疫法实施条例》第四十三条和《禁止携带、邮寄进境的动植物及其产品名录》的规定，依法对截获物进行了退运或销毁处理，并依法进行了行政处罚。

3. 案例评析

依法截获处置禁止进境濒危动植物产品，保障国门生物安全。为防止动植物疫病及有害生物传入，保护我国农、林、牧、渔业生产和公共卫生安全，根据《动植物检疫法》《中华人民共和国动物防疫法》和《中华人民共和国种子法》的规定，原农业部和原国家质量监督检验检疫总局于2012年联合发布第1712号公告，修订了《禁止携带、邮寄进境的动植物及其产品名录》。我国引进植物种苗有十分严格的生物安全评估程序和进境检疫要求，按照《动植物检疫法》第五条规定“因科学研究等特殊需要引进本条第一款规定的禁止进境物的，必须事先提出申请，经国家动植物检疫机关批准”，只有经过生物安全风险评估对我国生态安全无重大危害，生物安全风险可控，办理了进境动植物检疫审批手续，并经过输出国（地区）依照我国规定或双边协议检疫的植物苗木，才允许进口入境，而且植物种苗入境时还必须经检验检疫部门按程序检疫合格才能进到国内。邮寄《动植物检疫法》第二十九条规定的名录所列动植物、动植物产品和其他检疫物进境的行为，违反了《动植物检疫法实施条例》第四十三条的相关规定。原检验检疫机构依据《动植物检疫法》第二十九条的规定，对通过邮寄渠道截获的濒危动植物产品依法进行退运或销毁处置，消除可能的生物安全隐患，防止疫病疫情通过邮寄渠道传入我国，有效保障国门生物安全。根据《动植物检疫法》及其实施条例的规定，对未申报或者申报的动植物、动植物产品和其他检疫物与实际不符的，应当根据案情处以不同金额的罚款。

【学习内容】

一、检验检疫单证种类及用途

（一）检验检疫单证种类

1. 广义的出入境检验检疫单证

广义的出入境检验检疫单证泛指海关总署公开发布的、具有固定格式和填制要求的各种单证，包括证书类、凭单类、监督管理证明类和专用单证类等（本书提及的检验检疫单证，除特别说明外，均指广义的出入境检验检疫单证）。

（1）证书类所证明的内容较为详尽、专业，主要作为第三方公证证明供国内外有关方面了解受检对象的质量状况、采取相关处理措施和举证、采信的依据。例如，海关对经检验不合格的进口货物签发品质检验证书，作为贸易相关方理赔的依据。证书类单证共 36 种。

（2）凭单类所证明的内容较为简略、概括，主要包括出入境关系人为受检对象申请有关检验检疫事项而向海关提交的法律文件、供海关内部使用或用于中国境内（不含港澳台）其他有关方面了解受检对象的质量状况、对受检对象采取相应处理措施和举证、采信的凭据等。个别单证也可供在国外使用，例如，某些国家（地区）要求提供的国际旅行人员健康检查记录等。凭单类单证共 32 种。

（3）监督管理证明类是海关实施某种行政许可或行政授权的凭证。监管类单证共 13 种。

（4）专用单证类目前主要有海峡两岸直航专用单证等。海峡两岸直航检验检疫专用单证共 22 种。

2. 狭义的出入境检验检疫单证

狭义的出入境检验检疫单证专指上面提及的专用单证类检验检疫单证。

（二）检验检疫单证用途

1. 检验检疫单证是出入境货物通关的重要凭证。
2. 检验检疫单证是海关征收和减免、退税的有效凭证。
3. 检验检疫单证是履行交接、结算及进口国（地区）准入的有效证件。
4. 检验检疫单证是议付货款的有效证件。
5. 检验检疫单证是明确责任的有效证件。
6. 检验检疫单证是办理索赔、仲裁及诉讼的有效证件。

二、检验检疫单证的法律效用

检验检疫单证是海关依法对涉及安全、卫生、健康、环境保护和反欺诈的出入境货物、包装、运输工具和进出境人员等受检对象进行检验检疫或监督管理后签发的证明文书。海关签发的检验检疫单证的法律效力由海关的法律地位决定。海关根据中国法律规定行使出入境检验检疫行政职能，按照有关国际贸易各方签订的契约规定或国家的有关法规及国际惯例、条约的规定从事检验检疫工作，并签发检验检疫单证。海关签发的检验检疫单证对有关当事各方都具有约束力，其效用主要体现在以下几个方面。

（一）检验检疫单证是海关代表国家履行国际义务的凭证

当今国际社会在检验检疫方面已形成许多法则、公约和惯例，如世界动物卫生组织（OIE）制定的《国际动物卫生法典》、国际植物保护公约组织（IPPC）制定的《国际植物保护公约》《濒危野生动植物种国际贸易公约》《国际卫生条例》等。这些法则、公约和惯例已被世界各国（地区）广泛接受和遵守。海关签发的许多检验检疫单证，如兽医卫生证书、卫生证书、动物卫生证书、植物检疫证书、运输工具检疫证书、国际旅行健康检查证明书、疫苗接种或预防措施国际证书等，正是海关履行职责、代表国家履行国际义务的凭证。

（二）检验检疫单证是出入境货物通关放行的重要凭证

在国际经济活动中，各国（地区）为维护本国（地区）的政治、经济利益，针对某些进出境货物的品质、数量、包装、卫生、安全、环保等项目，制定了一系列法律或行政法规，并规定了一些检验检疫限定性的标准与管理办法，同时要求当事人交验符合规定的检验检疫单证方准进出境。有些出境货物，尤其是涉及社会公共利益、安全、卫生、检疫、环保等方面的，入境国家（地区）海关根据其国家（地区）法律或政府有关规定，凭海关签发的单证（包括品质证书、兽医卫生证书、健康证书、熏蒸消毒证书等）作为通关验放的重要凭证。例如，根据中国与塞拉利昂、阿尔及利亚、埃塞俄比亚、埃及、伊朗等签订的双边协定，或者根据中国与一些国家（地区）签订的经贸合作协定，或者根据某些国家（地区）单方面的要求，对于中国出口至这些国家（地区）的商品，进口国（地区）凭中国海关签发的检验证书或者原产地证书办理验证放行手续。

（三）检验检疫单证是对受检对象实施监管的有效凭证

海关签发的一些单证是海关或相关部门依法对受检对象采取进一步监督管理措施的依据。例如，检疫处理单位凭检验检疫处理通知书对进口货物或者装载进口货物的木质包装、集装箱等采取检疫处理措施；车辆管理部门凭进口机动车辆检验证明换发行车牌证；卫生监管部门凭国际旅行人员留验/隔离证明对染疫人或疑似染疫人采取留验/隔离措施等。

（四）检验检疫单证是海关征收和减免关税的有效凭证

有些国家（地区）海关不仅凭商业发票所列数（重）量征收进出境货物的关税，还以检验检疫单证上的检验检疫结果作为征税的凭据；有些国家（地区）的海关委托我国海关对货物的品种、质量、成分、货值等进行鉴定，以检验检疫单证作为计收关税的凭证。到货后因发货人责任造成数量短少或品质残损等问题的入境货物在发生换货、退货或索赔等情况时，往往涉及免征关税或退税。海关签发的证书可作为通关免税或者退税的重要凭证。海关签发的原产地证书是进口国（地区）海关征收或减免关税的有效凭证。例如，某一世界贸易组织成员的出口产品可凭一般产地证书享受其他世界贸易组织成员给予的最惠国进口税率，某一受惠国的出口产品可凭普惠制原产地证书在给惠国享受普惠制优惠税率，自由贸易区成员的出口可凭自由贸易区优惠原产地证书享受其他成员给予的自由贸易区优惠税率。

（五）检验检疫单证是履行交接、结算及进口准入的有效证件

在对外贸易中，大多数情况下都是凭单证进行交易的，海关所签发的各种检验检疫证书是确保所交易的货物符合合约规定，顺利完成交接的凭证。凡对外贸易合同、协议中规定以检验检疫证书作为结算货款依据的进出境货物，检验检疫证书就成为双方结算货款的凭证。检验检疫证书中所列的货物品质、规格、成分、公量等检验检疫结果都是买卖双方计算货款的依据。有的国家（地区）法令或行政规定要求，某些入境货物需凭海关签发的证书，如品质证书、植物检疫证书、兽医卫生证书、农药残留证书、纺织品偶氮证书等方准进境；对于运输工具，凭海关出具的交通工具卫生证书或运输工具检疫证书方准进境。

（六）检验检疫单证是议付货款的有效证件

在对外贸易中，买方往往在合同和信用证中规定，以检验检疫证书作为交货付款的依据之一。议付银行受开户银行的委托，审核信用证规定需要提供的单证及其内容，符合条件的方予结汇。

（七）检验检疫单证是证明履约、明确责任的有效证件

在进出口业务活动中，买卖双方对商品的品质、数量、短溢装、残损等经常会发生争议，这不仅涉及买卖双方，有时还涉及运输、保险等利益相关方的履约责任。判明责任归属往往需要当事人提供相关的、具有约束力的证明。承运人或其他贸易关系人申请海关鉴定出入境货物的积载情况，验舱，舱口检视，水尺计重，测定液态商品的温度和密度，签封样品，鉴定集装箱的密固性能，检测冷藏舱、冷藏集装箱、冷冻货物的温度等，并出具书面证明文件界定各方责任。在发生贸易纠纷或争议时，海关签发的证书成为证明事实状态、明确履约情况和界定责任归属的重要凭证。

（八）检验检疫单证是办理索赔、仲裁及诉讼的有效证件

对入境货物，经海关检验检疫发现残损、短少，或者货物的品质、规格型号与合同、标准不符的，买方在合同规定的索赔有效期限内，可凭海关签发的检验证书向卖方提出索赔或换货、退货、维修等要求；属保险人、承运人责任的，也可以凭海关签发的检验证书提出索赔要求。有关方面也可以依据海关签发的证书进行仲裁。诉讼时，检验检疫证书是向法庭举证和法庭采信的有效证明文件。

三、检验检疫单证的一般规定和有效期

检验检疫单证的签发应符合国家有关法律法规和有关规定，以及国际惯例的有关要求。申报人在申请签发检验检疫单证时应了解海关签证的有关规定。

（一）检验检疫单证的一般规定

1. 关于单证正副本

检验检疫证书一般由一正三副组成，其中正本对外签发，可同时向申报人提供两份副本，海关留存一份副本。

目前海关签发的单证则有一正一副、一正两副和一正三副等多种情况。

证书一般只签发一份正本。申报人要求两份或两份以上正本的，须经综合部门负责人审批同意，并在证书备注栏内声明“本证书是＊＊＊号证书正本的重本”。

2. 关于签证时限

综合部门签发单证，出境应在收到证稿后两个工作日、入境应在收到证稿后 3 个工作日内完成，特殊情况除外。

3. 关于单证文字和文本

检验检疫单证必须严格按照海关总署制定或批准的格式，分别使用英文、中文、中英文合璧

签发。进口国（地区）政府要求单证文字使用本国官方语言的，或有特定内容要求的，应视情况予以办理。使用中英文合璧签发单证的，两种文字视为具有同等法律效力。

索赔证书一般使用中英文合璧签发，根据申报人需要也可使用中文签发。

单证的数量、重量栏目中数字前应加限制符“＊＊”，单证的证明内容编制结束后，应在下一行中间位置打上结束符“＊＊＊＊＊＊＊＊”（8个以上的“＊”号）。

限制符之前和结束符以下不能再添加证明内容。需要加注证明内容以外有关项目的，应加注在单证结束符号上面。

（二）检验检疫单证的有效期

检验检疫单证一般应以检讫日期作为签发日期。

检验检疫单证的有效期不得超过检验检疫有效期。检验检疫有效期由施检部门根据国家有关规定，结合对货物的检验检疫监管情况确定。

出境货物的出运期限及检验检疫单证的有效期一般货物为60天；植物和植物产品为21天，北方冬季可适当延长至35天；鲜活类货物为14天。

电讯卫生检疫的交通工具卫生证书的有效期，用于船舶的为12个月，用于飞机、列车的为6个月。

船舶免予卫生控制措施证书/船舶卫生控制措施证书的有效期为6个月。

国际旅行健康检查证明书的有效期为12个月；疫苗接种或预防措施国际证书的有效期根据疫苗的有效保护期确定。

海关总署对检验检疫单证有效期另有规定的从其规定。例如，供港澳活猪的动物卫生证书有效期为14天。

四、检验检疫单证的更改、补充和重发

任何单位或个人不得擅自更改检验检疫单证内容，伪造或变造检验检疫单证均属于违法行为。检验检疫单证签发后，申报人提出更改或补充内容的，应填写更改申请单，向原签发单证的海关提出申请，经海关综合部门审核批准后予以办理。更改、补充涉及检验检疫内容的，还须由施检部门核准。超过检验检疫单证有效期的，不予更改、补充或重发。

（一）更改单证

申报人申请更改单证时，应填写更改申请单，并退回原发单证（含副本），书面说明更改原因及要求，并交附有关函电等证明单据。因特殊情况不能退回原发证书正/副本的，申请人应书面说明理由，经法定代表人签字、加盖公章，并在指定的报纸上声明作废，经有关部门审批后，方可重新签发。

检验检疫单证发出后，申请人提出更改或补充内容的，综合部门应审核申请人提交的更改申请单，经审核批准后，予以办理。更改、补充涉及检验检疫内容的，经各海关施检部门核准后，综合部门给予办理。

品名、数（重）量、检验检疫结果、包装、发货人、收货人等重要项目更改后与合同、信用证不符的，或者更改后与输入国家（地区）法律法规规定不符的，均不能更改。

对更改单证（Revision），能够退回原单证的，签发日期为原证签发日期；不能退回原单证的，签发日期为更改单证的实际签发日期，同时，根据所签发证书的语种在单证上加注“本证书/单系×××日签发的×××号×××证书/单的更正，原发×××号×××证书/单作废”（This certificate is the revision of the ××× certificate No. ××× issued on（date month year）. the original ××× certificate No. ××× is declared to be invalid）的中文（英文）。更改后的单证在原证编号基础上顺延编号，如原证编号为 010202210004567890 01，则更改后的单证号为编号后 3 位流水号 001 向后依次顺延。

（二）补充单证

海关签发单证后，因交接、索赔、结汇等各种需要，或申报人要求补充检验检疫项目，或发现该批货物的其他缺陷或产生缺陷的原因等，为了进一步说明这些情况，海关可在原单证的基础上酌情签发补充单证，对原单证的不充分或遗漏部分做进一步说明或评定。需要补充证书内容时，申请人应填写更改申请单，书面说明要求补充的理由，并出具证明材料，经海关核准后据实签发补充单证。补充单证应与原单证同时使用。

签发补充单证（Supplement），在原编号基础上顺延编号，视情况使用 CE-1/CE-2 填制，并根据所签发证书的语种在单证上加注“本证书/单系×××日签发的×××号××× 证书/单的补充”［This certificate is the supplement of the ××× certificate No. ××× issued on（date month year）.］的中文（英文），签发日期为补充单证的实际签发日期。

（三）重发单证

检验检疫单证因故遗失或损坏，可以申请重发检验检疫单证。申请人应填写更改申请单，提供经法人代表签字、加盖公章的书面说明，遗失单证的还应在指定的报纸上声明作废，经原发证的海关审核批准后，方能重新签发单证。

签发重发单证（Duplicate），单证编号与原证书编号一致。能够退回原单证的，签发日期为原证签发日期；不能退回原单证的，根据所签发证书的语种在单证上加注“本证书/单系×××日签发的×××号 ××× 证书/单的重本，原发×××号 ××× 证书/单作废”［This certificate is the duplicate of the ××× certificate No. ××× issued on（date month year）. The original ××× certificate No. ××× is declared to be invalid.］的中文（英文），签发日期为重发单证的实际签发日期。

五、检验检疫单证用例

（一）出口单证用例

1. 检验证书：输埃塞俄比亚装运前检验证书

《关于开展对埃塞俄比亚出口产品装运前检验工作的通知》（国质检检〔2006〕416 号）规定：检验检疫机构受理申报后，应当按照《出口埃塞俄比亚商品装运前检验工作指南（试行）》（见该文件附件 1）的具体要求实施产品检验、价格核实和监督装载并在 5 个工作日内签发检验证书。该证书为专门的装运前检验证书，采用格式 e-1 缮制，文本为中英文合璧本，证书内容包括的基本项目详见该文件。证书样本如图 2-3-1 所示。

装运前检验证书

Certificate for Pre-shipment Inspection

<table>
<tr><td colspan="2">申报价值　Declared Value</td></tr>
<tr><td colspan="2">出口商名称和地址 Name and Address of Exporter:</td></tr>
<tr><td colspan="2">进口商名称和地址 Name and Address of Importer:</td></tr>
<tr><td>检验地点 Site of Inspection:</td><td>运输工具 Means of conveyance:</td></tr>
<tr><td>产品标准依据 Product standard:</td><td>检验方法标准 Inspection method standard:</td></tr>
<tr><td>检验结论意见 Result of Inspection:</td><td>估价意见 Result of Price Verification:</td></tr>
<tr><td colspan="2">数/重量检验结果和外包装检验结果 FINDINGS on quantity/weight and package inspection:</td></tr>
<tr><td colspan="2">质量检验结果 Findings on quality inspection:</td></tr>
<tr><td colspan="2">所附单证情况 Documents attached:</td></tr>
<tr><td colspan="2">备注 Remarks:</td></tr>
<tr><td>出证机构 The Seal of Inspection Body</td><td>检验员签字 The Signature of Inspector</td></tr>
</table>

图 2-3-1　装运前检验证书样本

2. 卫生证书：输波黑罐装宠物食品

《关于印发中国输波黑有关产品卫生证书格式的通知》（质检通函〔2014〕423 号）规定：波黑官方已启用新的卫生证书格式。证书样本如图 2-3-2 所示。

ZDRAVSTVENI CERTIFIKAT ZA UVOZ KONZERVIRANE HRANE ZA KUĆNE LJUBIMCE U BOSNU I HERCEGOVINU/
HEALTH CERTIFICATE FOR IMPORT OF CANNED PETFOOD INTO BOSNIA AND HERZEGOVINA/

Naziv države izvoznice/ Name of the exporting Country : **Veterinarski certifikat za BiH/Veterinary certificate for BiH**

Dio I: Detalji o pošiljci/ Part I: details of dispatched consignment

I.1. Pošiljatelj / Consignor Ime / Name Adresa / Address Tel. br. / Tel No.	I.2. Referentni broj svjedodžbe / Certificate reference number — I.2.b. I.3. Centralno nadležno tijelo/ Central Competent Authority I.4. Lokalno nadležno tijelo/ Local Competent Authority
I.5. Primatelj/ Consignee Ime / Name Adresa / Address Poštanski broj/ Postal code Tel. br./Tel No	I.6
I.7. Država podrijetla / Country of origin — ISO code I.8. Regija podrijetla / Region of origin — ISO code	I.9. Država odredišta / Country of destination — ISO code I.10. Regija odredišta/ Region of destination — Code
I.11. Mjesto podrijetla / Place of origin Ime / Name — Odobreni broj / Approval number Adresa / Address	I.12
I.13. Mjesto utovara/ Place of loading Adresa/Address	I.14. Datum otpreme/ Date of departure
I.15. Prijevozno sredstvo/ Means of transport Avion/ Aeroplane / ☐ Brod / Ship ☐ Željeznički vagon/ Railway ☐ Cestovno vozilo/ Road vehicle ☐ Drugo/ Other ☐ Identifikacija / Identification: Referentni dokument/ Documentation references:	I.16. Ulazno GVIM u BiH / Entry BIP in BiH Naziv/Name: I.17.
I.18. Opis pošiljke/ Description of commodity	I.19. Kod pošiljke (CT broj) / Commodity code (HS code) I.20. Količina/ Quantity :
I.21. Temperatura proizvoda/Temperature of product Sobna temperatura/Ambient ☐ Ohlađeno/ Chilled ☐ Smrznuto/ Frozen ☐	I.22. Broj pakovanja / Number of packages
I.23. Broj plombe/kontejnera/ Seal/Container No	I.24. Način pakiranja / Type of packaging
I.25. Pošiljka je namijenjena / Commodities certified for : Tehnička upotreba/ Technical use ☐ Hrana za životinje/ Animal feedingstuff ☐	
I.26.	I.27. Za uvoz ili ulaz u BiH/ For import or admission into BiH ☐

I.28. Identifikacija pošiljke/ Identification of the commodities

Vrsta(znanstveni naziv)/ Species(scientific name)	Proizvodni pogon/ Manufacturing plant	Neto težina/ Net weight	Broj šarže/ Batch number	Vrsta pakiranja/ Type of packaging	Broj pakiranja/ Number of packeges

图 2-3-2 卫生证书样本

**KONZERVIRANA HRANE ZA KUĆNE LJUBIMCE/
CANNED PETFOOD**

Naziv države izvoznice/ Name of the exporting Country :

II. Podaci o zdravlju/ Health information	II.a. Referentni broj certifikata / Certificate reference number	II.b.

Dio II: Certifikacija/ Part II:certification

Ja, dolje potpisani službeni veterinar, izjavljujem da sam pročitao i razumio Odluku o nusproizvodima životinjskog podrijetla i njihovim proizvodima koji nisu namijenjeni ishrani ljudi („Službeni glasnik BIH"broj 19/11) a posebno njezine članke 10 i 12. ili Uredbu (EZ) br. 1069/2009 Europskog parlamenta i Vijeća, a posebno njezine članke 8. i 10., i Pravilnik o utvrđivanju veterinarsko-zdravstvenih uvjeta za odlaganje, korištenje, sakupljanje, prijevoz, identifikaciju i sljedivost, registraciju i odobravanje pogona, stavljanje na tržište, uvoz, tranzit i izvoz nusproizvoda životinjskog podrijetla i njihovih proizvoda koji nisu namijenjeni ishrani ljudi („Službeni glasnik BIH"broj 30/12), a posebno njezin Prilog XIII. poglavlje II. i Prilog XIV. poglavlje II., ili Uredbu Komisije (EU) br. 142/2011, a posebno njezin Prilog XIII. poglavlje II. i Prilog XIV. poglavlje II., te za gore opisanu hranu za kućne ljubimce potvrđujem sljedeće:/ **I, the undersigned official veterinarian, declare that I have read and understood Decision on animal by-products and derived products not intended for human consumption ("Official Gazette BiH" No. 19/11) and in particular Articles 10 and 12 thereof or Regulation (EC) No 1069/2009 of the European Parliament and of the Council(1a) and in particular Articles 8 and 10 thereof, and Rulebook on establishing animal health conditions for storage, use, collection, transportation, identification and traceability, registration and approval of the facility, marketing, import, transit and export of animal by-products and derived products not intended for human consumption ("Official Gazette BiH" No. 30/12) and in particular Annex XIII , Chapter II and Annex XIV, Chapter II thereof or Commission Regulation (EU) No 142/2011, and in particular Annex XIII , Chapter II and Annex XIV, Chapter II thereof and certify that the petfood described above:**

II.1. pripremljena je i uskladištena u pogonu koji je odobrilo i koji nadzire nadležno tijelo u skladu s člankom 25. Odluke o nusproizvodima životinjskog podrijetla i njihovim proizvodima koji nisu namijenjeni ishrani ljudi („Službeni glasnik BIH"broj 19/11) ili člankom 24. Uredbe (EZ) br. 1069/2009;/ **has been prepared and stored in a plant approved and supervised by the competent authority in accordance with Article 25 of Decision on animal by-products and derived products not intended for human consumption ("Official Gazette BiH" No. 19/11) or Article 24 of Regulation (EC) No 1069/2009;**

II.2. pripremljena je isključivo od sljedećih nusproizvoda životinjskog podrijetla:/**has been prepared exclusively with the following animal by-products:**

(3) bilo/either [- trupova i dijelova trupova zaklanih životinja ili, u slučaju divljači, trupova ili dijelova trupova ubijenih životinja, a koji su prikladni za prehranu ljudi u skladu sa zakonodavstvom BiH, ali nisu namijenjeni za prehranu ljudi iz komercijalnih razloga/ **carcases and parts of animals slaughtered or, in the case of game, bodies or parts of animals killed, and which are fit for human consumption in accordance with BiH legislation, but are not intended for human consumption for commercial reasons;]**

(3) i/ili/ and/or [- trupova i sljedećih dijelova koji potječu od životinja koje su zaklane u klaonici i na temelju *ante-mortem* pregleda ocijenjene su prikladnima za klanje za prehranu ljudi, ili trupova i sljedećih dijelova divljači ubijene za prehranu ljudi u skladu sa zakonodavstvom BiH:/ **carcases and the following parts originating either from animals that have been slaughtered in a slaughterhouse and were considered fit for slaughter for human consumption following an ante-mortem inspection or bodies and the following parts of animals from game killed for human consumption in accordance with BiH legislation:**

- (i) trupova ili dijelova životinja koji su ocijenjeni kao neprikladni za prehranu ljudi u skladu sa zakonodavstvom BiH, ali koji nisu pokazivali nikakve znakove bolesti koje se mogu prenijeti na ljude ili životinje/ **carcases or bodies and parts of animals which are rejected as unfit for human consumption in accordance with BiH legislation, but which did not show any signs of disease communicable to humans or animals;**
- (ii) glava peradi;/ **heads of poultry;**
- (iii) koža, uključujući obreske i slične otpatke, rogova, papaka i kopita, uključujući članke prstiju, karpalne i metakarpalne kosti, kosti tarzusa i metatarzusa, životinja koje nisu preživači;/ **hides and skins, including trimmings and splitting thereof, horns and feet, including the phalanges and the carpus and metacarpus bones, tarsus and metatarsus bones;**
- (iv) svinjskih čekinja / **pig bristles;**
- (v) perja / **feathers;]**

(3) i/ili/ and/or [- krvi životinja koje nisu pokazivale nikakve znakove bolesti koje se putem krvi mogu prenijeti na ljude ili životinje, dobivene od životinja koje nisu preživači, a koje su zaklane u klaonici nakon što su na temelju ante-mortem pregleda ocijenjene prikladnima za klanje za prehranu ljudi u skladu sa zakonodavstvom BiH/ **blood of animals which did not show any signs of disease communicable through blood to humans or animals, obtained from animals other than ruminants that have been slaughtered in a slaughterhouse after having been considered fit for slaughter for human consumption following an ante-mortem inspection in accordance with BiH legislation;]**

(3) i/ili/ and/or [- nusproizvoda životinjskog podrijetla dobivenih proizvodnjom proizvoda namijenjenih za prehranu ljudi, uključujući odmašćene kosti, čvarke i talog iz centrifuge ili separatora od prerade mlijeka / **animal by-products arising from the production of products intended for human consumption, including degreased bone, greaves and centrifuge or separator sludge from milk processing;]**

(3) i/ili/ and/or [- proizvoda životinjskog podrijetla ili hrane koja sadrži proizvode životinjskog podrijetla, koji više nisu namijenjeni za prehranu ljudi iz komercijalnih razloga ili zbog poteškoća tijekom proizvodnje ili greške na ambalaži, ili zbog prisutnosti drugih nedostataka koji ne predstavljaju rizik za javno zdravlje ili zdravlje životinja/ **products of animal origin, or foodstuffs containing products of animal origin, which are no longer intended for human consumption for commercial reasons or due to problems of manufacturing or packaging defects or other defects from which no risk to public or animal health arise;]**

(3) i/ili/ and/or [- hrane za kućne ljubimce i hrane za životinje životinjskog podrijetla, ili hrane za životinje koja sadrži nusproizvode životinjskog podrijetla ili od njih dobivene proizvode, koja više nije namijenjena za hranidbu životinja iz komercijalnih razloga ili zbog poteškoća tijekom proizvodnje ili greške na ambalaži, ili zbog prisutnosti drugih nedostataka koji ne predstavljaju rizik za javno zdravlje ili zdravlje životinja/ **petfood and feedingstuffs of animal origin, or feedingstuffs containing animal by-products or derived products, which are no longer intended for feeding for commercial reasons or due to problems of manufacturing or packaging defects or other defects from which no risk to public or animal health arises;]**

(3) i/ili/ and/or [- krvi, placente, vune, perja, dlake, rogova, obreska papaka i kopita i sirovoga mlijeka koji potječu od živih životinja koje nisu pokazivale nikakve znakove bolesti koje se putem tih proizvoda mogu prenijeti na ljude ili životinje;/ **blood, placenta, wool, feathers, hair, horns, hoof cuts and raw milk originating from live animals that did not show signs of any disease communicable through that product to humans or animals;]**

(3) i/ili/ and/or [- akvatičnih životinja i dijelova tih životinja, osim morskih sisavaca, koje nisu pokazivale ikoje znakove bolesti koje se mogu prenijeti na ljude ili životinje;/ **aquatic animals, and parts of such animals, except sea mammals, which did not show any signs of diseases communicable to humans or animals;]**

(3) i/ili/ and/or [- nusproizvoda životinjskog podrijetla dobivenih od akvatičnih životinja, koji potječu iz objekata ili pogona koji proizvode proizvode za prehranu ljudi;/ **animal by-products from aquatic animals originating from plants or establishments manufacturing products for human consumption;]**

(3) i/ili/ and/or [- sljedećeg materijala dobivenog od životinja koje nisu pokazivale ikoje znakove bolesti koje se mogu prenijeti putem toga materijala na ljude ili životinje:/ **the following material originating from animals which did not show any signs of disease communicable through that material to humans or animals:**

- (i) ljuštura školjkaša s mekim tkivom ili mesom;/ **shells from shellfish with soft tissue or flesh;**
- (ii) sljedećeg materijala dobivenog od kopnenih životinja:/ **the following originating from terrestrial animals:**
  - nusproizvoda iz valionica,/**hatchery by-products,**
  - jaja,/ **eggs,**
  - nusproizvoda jaja, uključujući ljuske /**egg by-products, including egg shells,**
- (iii) jednodnevnih pilića ubijenih iz komercijalnih razloga / **day-old chicks killed for commercial reasons;]**

图 2-3-2　卫生证书样本（续 1）

KONZERVIRANA HRANE ZA KUĆNE LJUBIMCE/
CANNED PETFOOD

Naziv države izvoznice/ Name of the exporting Country :

II. Podaci o zdravlju/ Health information	II.a. Referentni broj certifikata / Certificate reference number	II.b.

Dio II: Certifikacija/ Part II:certification

(1) i/ili/ and/or [- nusproizvoda životinjskog podrijetla dobivenih od akvatičnih ili kopnenih beskralježnjaka, osim vrsta patogenih za ljude ili životinje;/**animal by-products from aquatic or terrestrial invertebrates other than species pathogenic to humans or animals;]**

(1) i/ili/ and/or [- materijala od životinja na kojima su upotrijebljene određene tvari koje su zabranjene u skladu s Odlukom o zabrani primjene na životinjama određenih beta agonista, te tvari hormonskog i tirostatskog djelovanja („Sl. glasnik BiH", 74/10) ili Direktivom 96/22/EZ, pri čemu je uvoz materijala dopušten u skladu s člankom 36. stav (1) točkom a.) podtačkom 2. Odluke o nusproizvodima životinjskog podrijetla i njihovim proizvodima koji nisu namijenjeni ishrani ljudi („Službeni glasnik BiH"broj 19/11) ili člankom 35. točkom (a) podtočkom ii. Uredbe (EZ) br. 1069/2009,/ **material from animals which have been treated with certain substances which are prohibited pursuant to Decision prohibiting the use on animals of certain beta agonists and substances having a hormonal action and thyrostatic activity ("Official Gazette ", 74/10) or Directive 96/22/EC, the import of the material being permitted in accordance with Article 36(1)(a)2) Decision on animal by-products and derived products not intended for human consumption ("Official Gazette BIH" No. 19/11) or Article 35(a)(ii) of Regulation (EC) No 1069/2009;]**

II.3. podvrgnuta je toplinskoj obradi do najmanje vrijednosti Fo 3 u hermetički zatvorenim posudama;/ **has been subjected to heat treatment to a minimum Fc value of 3 in hermetically sealed containers;**

II.4. analizirana je nasumičnim uzorkovanjem barem pet konzervi iz svake prerađene šarže sukladno laboratorijskim dijagnostičkim metodama kako bi e osigurala odgovarajuća toplinska obrada čitave pošiljke, kako je predviđeno u točki II.3.:/ **was analysed by a random sampling of at least five containers from each processed batch by laboratory diagnostic methods to ensure adequate heat treatment of the whole consignment as foreseen under point II.3;**

II.5. provedene su sve zaštitne mjere kako bi se spriječila kontaminacija proizvoda patogenim organizmima nakon obrade;/ **has undergone all precautions to avoid contamination with pathogenic agents after treatment**

II.6.

(1) bilo /either [- proizvodi ne sadrže i nisu dobiveni od specificiranog rizičnog materijala, kako je utvrđen u Prilogu V. Pravilnika kojim se utvrđuju mjere za sprječavanje, kontrolu i iskorjenjivanje transmisivnih spongiformnih encefalopatija („Službeni glasnik BIH", br.25/11 i 20/13) ili Prilogu V. Uredbe (EZ) br. 999/2001 Europskog parlamenta i Vijeća, ili od strojno otkoštenog mesa dobivenog s kostiju goveda, ovaca ili koza; i životinje od kojih su proizvodi dobiveni nisu zaklane nakon omamljivanja ubrizgavanjem plina u lubanjsku šupljinu, niti su usmrćene tom metodom, ili zaklane laceracijom središnjeg živčanog tkiva uvođenjem dugačkog instrumenta u obliku palice u lubanjsku šupljinu/**the product does not contain and is not derived from specified risk material as defined in Annex V to Rulebook laying down measures for the prevention, control and eradication of transmissible spongiform encephalopathy („Official gazette BiH" No. 25/11 and 20/13) or Annex V to Regulation (EC) No 999/2001 of the European Parliament and of the Council or mechanically separated meat obtained from bones of bovine, ovine or caprine animals; and the animals from which this product is derived have not been slaughtered after stunning by means of gas injected into the cranial cavity or killed by the same method or slaughtered by laceration of central nervous tissue by means of an elongated rod-shaped instrument introduced into the cranial cavity;**

(1) ili /or [- proizvodi ne sadrže i nisu dobiveni od goveđih, ovčjih ili kozjih materijala, osim onih dobivenih od životinja koje su rođene, koje su neprekidno boravile i koje su zaklane u državi ili regiji koja u skladu s člankom 6. stavkom 2. Pravilnika kojim se utvrđuju mjere za sprječavanje, kontrolu i iskorjenjivanje transmisivnih spongiformnih encefalopatija („Službeni glasnik BIH", br.25/11 i 20/13) ili člankom 5. stavkom 2.Uredbe (EZ) br. 999/2001 predstavlja zanemarivi rizik od GSE-a.]/**the products does not contains and are not derived from bovine, ovine or caprine materials other than those derived from animals born, continuously reared and slaughtered in a country or region classified as posing a negligible BSE risk by a decision in accordance with Article 6(2) of Rulebook laying down measures for the prevention, control and eradication of transmissible spongiform encephalopathy („Official gazette BiH" No. 25/11 and 20/13) or Article 5(2) of Regulation (EC) No 999/2001.]**

II.7. pored toga, a u vezi s TSE-om:/ **in addition as regards TSE:**

(1) bilo /either [- **u slučaju nusproizvoda životinjskog podrijetla koji su namijenjeni za hranidbu preživača i koji sadrže mlijeko ili mliječne proizvode od ovaca ili koza,** ovce i koze od kojih su ti proizvodi dobiveni boravile su neprekidno od rođenja ili u posljednje tri godine na gospodarstvu na koje se nije primjenjivalo službeno ograničenje kretanja zbog sumnje na TSE i koje je u posljednje tri godine ispunjavalo sljedeće zahtjeve:/**in case of animal by-products intended for feeding ruminants and containing milk or milk products of ovine or caprine origin, the ovine and caprine animals from which these products are derived have been kept continuously since birth or for the last three years on a holding where no official movement restriction is imposed due to a suspicion of TSE and which has satisfied the following requirements for the last three years:**

(i) na gospodarstvu se provode redoviti službeni veterinarski pregledi;/ **it has been subject to regular official veterinary checks;**

(ii) na gospodarstvu nije dijagnosticiran klasični grebež, kako je utvrđen u stavku 2. točki (h) Priloga I. Pravilnika kojim se utvrđuju mjere za sprječavanje, kontrolu i iskorjenjivanje transmisivnih spongiformnih encefalopatija („Službeni glasnik BiH", br.25/11 i 20/13) ili stavku 2. točki (g) Priloga I. Uredbi (EZ) br. 999/2001, ili su nakon potvrde slučaja klasičnoga grebeža:/ **no classical scrapie case, as defined in point 2(h) of Annex I to Rulebook laying down measures for the prevention, control and eradication of transmissible spongiform encephalopathy („Official gazette BiH" No. 25/11 and 20/13) or point 2(g) Annex I to Regulation (EC) No 999/2001, has been diagnosed or, following the confirmation of a classical scrapie case:**

- usmrćene i uništene sve životinje kod kojih je potvrđen klasični grebež, i / **all animals in which classical scrapie was confirmed have been killed and destroyed, and**
- usmrćene i uništene sve koze i ovce na gospodarstvu, osim ovnova za rasplod genotipa ARR/ARR i ovaca za rasplod s barem jednim alelom ARR i bez alela VRQ;/**all goats and sheep on the holding have been killed and destroyed, except for breeding rams of the ARR/ARR genotype and breeding ewes carrying at least one ARR allele and no VRQ allele;**

(iii) ovce i koze, osim ovaca prion-proteinskoga genotipa ARR/ARR, uvode se na gospodarstvo samo ako potječu s gospodarstva koje ispunjava zahtjeve iz točaka i. i ii./**ovine and caprine animals, with the exception of sheep of the ARR/ARR prion genotype, are introduced into the holding only if they come from a holding which complies with the requirements set out in points (i) and (ii).]**

(1) ili/or [- **u slučaju nusproizvoda životinjskog podrijetla koji su namijenjeni za hranidbu preživača i koji sadrže mlijeko ili mliječne proizvode od ovaca ili koza, te** koji su namijenjeni BiH, ovce i koze od kojih su ti proizvodi dobiveni boravile su neprekidno od rođenja ili u posljednjih sedam godina na gospodarstvu na koje se nije primjenjivalo službeno ograničenje kretanja zbog sumnje na TSE i koje je u posljednjih sedam godina ispunjavalo sljedeće zahtjeve:/ **in case of animal by-products intended for feeding ruminants and containing milk or milk products of ovine or caprine origin, and destined to BiH, the ovine and caprine animals from which these products are derived have been kept continuously since birth or for the last seven years on a holding where no official movement restriction is imposed due to a suspicion of TSE and which has satisfied the following requirements for the last seven years:**

(i) na gospodarstvu se provode redoviti službeni veterinarski pregledi;/ **it has been subject to regular official veterinary checks;**

图 2-3-2 卫生证书样本（续 2）

KONZERVIRANA HRANE ZA KUĆNE LJUBIMCE/
CANNED PETFOOD

Naziv države izvoznice/ Name of the exporting Country :

II. Podaci o zdravlju/ Health information	II.a. Referentni broj certifikata / Certificate reference number	II.b.

Dio II: Certifikacija/ Part II:certification

(ii) na gospodarstvu nije dijagnosticiran klasični grebež, kako je utvrđen u stavku 2. točki (h) Priloga I. Pravilnika kojim se utvrđuju mjere za sprječavanje, kontrolu i iskorjenjivanje transmisivnih spongiformnih encefalopatija („Službeni glasnik BIH", br.25/11 i 20/13) ili stavku 2. točki (g) Priloga I. Uredbi (EZ) br. 999/2001, ili su nakon potvrde slučaja klasičnoga grebeža:/no classical scrapie case, as defined in point 2(h) of Annex I to Rulebook laying down measures for the prevention, control and eradication of transmissible spongiform encephalopathy („Official gazette BIH" No. 25/11 and 20/13) or point 2(g) of Annex I to Regulation (EC) No 999/2001, has been diagnosed or, following the confirmation of a classical scrapie case:

- usmrćene i uništene sve životinje kod kojih je potvrđen klasični grebež, i /all animals in which classical scrapie was confirmed have been killed and destroyed, and
- usmrćene i uništene sve koze i ovce na gospodarstvu, osim ovnova za rasplod genotipa ARR/ARR i ovaca za rasplod s barem jednim alelom ARR i bez alela VRQ;/all goats and sheep on the holding have been killed and destroyed, except for breeding rams of the ARR/ARR genotype and breeding ewes carrying at least one ARR allele and no VRQ allele;

(iii) ovce i koze, osim ovaca prion-proteinskoga genotipa ARR/ARR, uvode se na gospodarstvo samo ako potječu s gospodarstva koje ispunjava zahtjeve iz točaka I. i II./ovine and caprine animals, with the exception of sheep of the ARR/ARR prion genotype, are introduced into the holding only if they come from a holding which complies with the requirements set out in points (i) and (ii).]

Napomene/ Notes
Dio I.:/Part I:

Rubrika/
Box reference I.6: osoba odgovorna za pošiljku u BiH: ovo se polje popunjava samo ako se radi o certifikatu za robu u provozu; može se popuniti ako se radi o certifikatu za uvoznu robu./Person responsible for the consignment in the BiH: this box is to be filled in only if it is a certificate for transit commodity; it may be filled in if the certificate is for import commodity.

Rubrika/
Box reference I.12: mjesto odredišta: ovo se polje popunjava samo ako se radi o certifikatu za robu u provozu. Proizvodi u provozu mogu se skladištiti samo u slobodnim zonama, slobodnim skladištima i carinskim skladištima./ Place of destination: this box is to be filled in only if it is a certificate for transit commodity. The products in transit can only be stored in free zones, free warehouses and custom warehouses.

Rubrika/
Box reference I.15: broj registracije (željezničkog vagona ili spremnika i kamiona), broj leta (zrakoplova) ili ime (broda); podatke je potrebno pružiti GVI u slučaju istovara i ponovnog utovara./ Registration number (railway wagons or container and lorries), flight number (aircraft) or name (ship) is to be provided. In case of unloading and reloading, the consignor must inform the BIP.

Rubrika/
Box reference I.23: za kontejnere za rasuti teret upisati broj kontejnera i broj plombe (prema potrebi)./for bulk containers, the container number and the seal number (if applicable) should be given.

Rubrika/
Box reference I.25: tehnička uporaba: svaka uporaba osim hranidbe životinja./ technical use: any use other than for animal consumption.

Dio II:/Part II:
(1) Nepotrebno precrtati./ Keep as appropriate.

- Potpis i pečat moraju biti drukčije boje od boje tiska./ The signature and the stamp must be in a different colour to that of the printing.
- Napomena za osobu odgovornu za pošiljku u BiH: ovaj certifikat služi samo u veterinarske svrhe i mora pratiti pošiljku do granične inspekcijske postaje./ Note for the person responsible for the consignment in BiH: This certificate is only for veterinary purposes and has to accompany the consignment until it reaches the border inspection post.

Službeni veterinar / Official veterinarian /

Ime (velikim tiskanim slovima): / Name (in capital letters): Kvalifikacija i titula: / Qualification and title:

Datum: / Date: Potpis: / Signature:

Pečat: / Stamp/Žig:

图 2-3-2 卫生证书样本（续 3）

3. 兽医卫生证书：输新加坡宠物食品

《关于启用向新加坡出口宠物食品新兽医卫生证书的通知》（国质检动函〔2007〕526 号）规定：根据新加坡对进口宠物食品兽医卫生证书新要求，经原国家质检总局与新加坡农业食品兽医局（AVA）协商，已就中国对新加坡出口宠物食品的兽医卫生证书达成一致意见。自本通知发布之日起，请严格按照该证书的要求对向新加坡出口的宠物食品实施检验检疫并出具证书。

证书样本如图 2-3-3 所示。

发货人名称及地址
Name and Address of Consignor ______

收货人名称及地址
Name and Address of Consignee ______

品名
Description of Goods ______

报检重量 Weight Declared ______	产地 Place of Origin ______	标记及号码 Mark & No.
包装种类及数量 Number and Type of Packages ______		
集装箱号 Container No. ***		
铅封号 Seal No. ***		

加工厂名称、地址及编号(如果适用)
Name, Address and approval No.of the approved Establishment(if applicable) ***

启运地 Place of Despatch ***	到达国家及地点 Country and Place of Destination ***
运输工具 Means of Conveyance ***	发货日期 Date of Despatch ***
产品用于饲喂动物的种类 Product is produced for □狗 Dog □猫 Cat	产品类型 Type of product □干粮 Dry □湿粮 Wet
生产日期 Production date ***	储存期 Storage life

****

印章 Official Stamp	签证地点Place of Issue ______	签证日期Date of Issue ______
	官方兽医Official Veterinarian ______	签 名Signature ______

图 2–3–3 兽医卫生证书样本

4. 动物卫生证书：输日鲤科鱼类

《关于印发向日本出口鲤科鱼类卫生证书样本的通知》（国质检动函〔2005〕872 号）规定：向日本出口的鲤科鱼类［包括鲤鱼、锦鲤、鲫鱼（包括金鱼）、鲢鱼、鳙鱼、草鱼、青鱼］无论做何用途均需出口国官方机构出具动物卫生证书，其他鲤科鱼类不要求出具卫生证书。出口国官方机构向每批出口的鲤科鱼颁发包含以下内容的卫生证书：

（1）出口鱼基本情况：包括品种、总重量或数量、包装数量、渔场名称和地址、发货人姓名和地址、收货人姓名和地址、航班号等。

（2）最后一次检查的日期、方法和结果。

（3）消毒日期和方法。

（4）颁发卫生证书的兽医官的姓名、地址和结果。

（5）卫生证书颁发日期。

该卫生证书用 C4-1 格式缮制，证书样本如图 2-3-4 所示。

动 物 卫 生 证 书

ANIMAL HEALTH CERTIFICATE

(出口日本鲤科鱼类 FOR EXPORTED CARPS TO JAPAN)

发货人名称及地址
Name and Address of Consignor________________

收货人名称及地址
Name and Address of Consignee________________

动物种类
Species of Animals________________ 动物学名
Scientific Name of Animals________________

动物品种
Breed of Animal________________ 产地
Place of Origin________________

报检数量
Quantity Declared________________ 检验日期
Date of Inspection________________

启运地
Place of Dispatch ________________ 发货日期
Date of Dispatch ________________

到达国家/地区
Country/Region of Destination________________ 运输工具
Means of Conveyancer________________

本签字兽医官证明
I, the undersigned official veterinarian, certify that:

1、输出的动物来自中国出入境检验检疫机构认可的无 SVC 和 KHV 的渔场。
Farm or facility of the exported carps are recognized to be free from SVC and KHV by CIQ in P.R.China.
渔场名称、注册号和地址
The name，register number and address of the farm or facility is________________

____

2、中国出入境检验检疫机构采用 OIE 推荐的方法对该渔场进行 SVC 和 KHV 的监测，渔场在动物出口前两年内没有发生 SVC 和 KHV。
CIQ conducted supervision on the farm or facility according to the OIE Manual and the farm or facility has been found SVC and KHV in the past two years before shipment.

3、输出动物的运输工具、承载容器或其他装置均为新的或经过了消毒处理。
The vehicles, containers and all equipments uesed for transportation of above animals have been either new or disinfected.

消毒日期 Date of disinfection	消毒方法 Methods of the disinfection

签发地点 Place of Issue ____________ 签证日期 Date of Issue __________

印章
Official Stamp

官方兽医 Official Veterinarian ____________ 签 名 Signature ____________

图 2-3-4 动物卫生证书样本

5. 健康证书：输韩国蛋制品

《关于印发输韩国蛋制品证书格式通知》（质检通函〔2018〕113号）规定：原国家质检总局与韩国相关主管部门协商修订了中国输韩国蛋制品证书格式和用语。自2018年3月1日起启用。

证书样本如图2-3-5所示。

健 康 证 书 编号No.：

HEALTH CERTIFICATE

发货人名称及地址
Name and Address of Consignor ________

收货人名称及地址
Name and Address of Consignee ________

品名
Description of Goods ________

报检重量
Weight Declared ________

产地
Place of Origin ________

标记及号码
Mark & No.

包装种类及数量
Number and Type of Packages ________

集装箱号
Container No. ________

铅封号
Seal No. ________

加工厂名称、地址及编号（如果适用）
Name, Address and approval No. of the approved Establishment (if applicable) ________

启运地
Place of Despatch ________

目的地
Destination ________

运输工具
Means of Conveyance ________

发货日期
Date of Despatch ________

I, the undersigned Official Veterinarian, certify that:

1. This lot of products are subject to veterinary inspection and fit for human consumption.
2. The egg used for the above product was originated from safety and non-epizootic regions.
3. The product item went through one of the following heat treatment methods at the core or heat treatment at higher temperature or another equivalent method.

☐ Liquid whole egg: treatment at 64℃ for 150 seconds.
☐ Liquid egg white: treatment at 55.6℃ for 870 seconds or at 56.7℃ for 232 seconds.
☐ Liquid egg yolk: treatment at 62.2℃ for 138 seconds.
☐ Whole egg powder: treatment at 60℃ for 188 seconds.
☐ Egg white powder: treatment at 67℃ for 20 hours or at 54.4℃ for 513 hours.
☐ Egg yolk powder: treatment at 63.5℃ for 3.5 minutes.
☐ heat-formed products & salted eggs: treatment at 90℃ for 20 minutes.
☐ Others: treated at __° C for __minutes/seconds.

4. Manufacture, processing, packing, distribution, handling, storage, and sale of the exported livestock products have been performed in compliance with sanitary regulations on egg products enforced in the Republic of Korea and the People's Republic of China, respectively.

5. The exported egg products are free of chemical residues (antimicrobial agents, agricultural chemicals, hormones, heavy metals and radioactive materials) and pathogenic microorganisms (Salmonella, Staphylococcus aureus, Clostridium perfringens, Listeria monocytogenes, Enterohemorrhagic Escherichia coli and others) that cause public health risks and comply with standards and specifications related to food processing in the Republic of Korea and the People's Republic of China respectively.

6. Date of manufacturing: DD.MM.YYYY, Shelf life: ________

Lot No.: ________

****

****

印章
Official Stamp

签证地点 Place of Issue ________ 签证日期 Date of Issue ________

官方兽医 Official Veterinarian ________ 签 名 Signature ________

图2-3-5 健康证书样本

（二）进口证书用例

1. 南非绵羊皮卫生证书

南非绵羊皮卫生证书样本如图 2-3-6 所示。

Certificate Number: No. 28107 C

DEPARTMENT OF AGRICULTURE
Senior Manager, Directorate Animal Health
P/Bag X 138, Pretoria, 0001

REPUBLIC OF SOUTH AFRICA

VETERINARY CERTIFICATE

EXPORT CERTIFICATE FOR RAW SHEEP SKINS FROM THE REPUBLIC OF SOUTH AFRICA TO THE PEOPLE'S REPUBLIC OF CHINA

1. IDENTIFICATION OF THE RAW SHEEP SKINS		
Hides of:		(animal species)
Description:		
Shipping marks:		
Nature of packaging:		
Number of packages:		
Net Weight:		
Container and Seal Number(s):		

2. ORIGIN OF THE RAW SHEEP SKINS	
Method of processing:	
Name, address and veterinary registration number of the exporting establishment:	

SAMPLE

3. DESTINATION OF THE RAW SHEEP SKINS		
The hides will be sent from		(place of shipment)
To:		(place of destination)
By the following means of transport:		
Name and address of consignor:		
Name and address of consignee:		

4. HEALTH ATTESTATION

I certify that, to the best of my knowledge and belief, the raw sheep skins described above:

1.) Come from animals that were free from disease at the time of slaughter.
2.) Originate in and are exported from the O.I.E. recognised Foot and Mouth Disease-free zone of the Republic of South Africa.
3.) Originate in and are exported from an area that has been free from Vesicular Stomatitis, Rinderpest, Peste Des Petits Ruminants, Rift Valley Fever and Sheep / Goat Pox for the preceding 12 months.
4.) Originate in and are exported from an area where Anthrax has not been prevalent for the preceding 6 months.
5.) The raw sheep skins have been: dried for 42 days ([2]) **OR** dry-salted or wet-salted for at least 14 days prior to dispatch ([2])
6.) Curing is performed using either marine salt, rock salt or panned salt.
7.) The raw sheep skins were loaded into containers that were previously disinfected under official veterinary supervision.

(State Veterinarian) ([1])

(Official date stamp) ([1])

(Name in print)

([1]) The signature and stamp must be in a colour different to that of the printing.
([2]) Delete as appropriate

Export of raw sheep skins to the Peoples Republic of China - 2005 / rev. 2014/11

图 2-3-6　南非绵羊皮卫生证书样本

2. 新西兰输华乳制品证书

为落实国务院关于优化口岸营商环境促进跨境贸易便利化，推进官方证书国际联网核查，海关总署与新西兰初级产业部合作安排，自 2020 年 6 月 1 日起，新西兰初级产业部对输华乳制品直接签发卫生证书电子版，不再签发纸质卫生证书。海关工作人员通过业务系统验核新西兰输华乳制品卫生证书电子信息，企业无须提交纸质乳品证书和电子版证书。

3. 爱尔兰输华植物源性马饲料植物检疫证书

爱尔兰输华植物源性马饲料植物检疫证书样本如图 2-3-7 所示。

1 Name and address of exporter 1出口商姓名及地址

2 PHYTOSANITARY CERTIFICATE 植物检疫证书
No EC / IRL /
0001

3 Declared name and address of consignee 3申报收货人姓名及地址

4 Plant Protection Organisation of Ireland
4 爱尔兰植物保护组织
to Plant Protection Organisation(s) of
致 植物保护组织

5 Place of origin 5 原产地：

6 Declared means of conveyance 6 申报运输方式

PLANT PROTECTION SERVICE IRELAND
爱尔兰植物保护署 公章

7 Declared point of entry 7 申报入境地点

8 Distinguishing marks; number and description of packages; name of produce; botanical name of plants
8 标记、数量及包装描述、产品名称
植物的植物学名称

9 Quantity declared
9 申报数量

10 This is to certify that the plants or plant products described above
- have been inspected according to appropriate procedures, and
- are considered to be free from quarantine pests, and practically free from other injurious pests, and
- are considered to conform with the current phytosanitary regulations of the importing country.

10 就此证明，以上所述植物或植物产品
- 已经通过适当检验程序，且
- 确认不含需检疫隔离的害虫，而且确实不含有其他有害害虫，并
- 认为符合进口国家的现行植物检疫规定。

11 Additional declaration 11 附加声明

DISINFESTATION AND/OR DISINFECTION TREATMENT 灭虫及/或消毒措施

12 Treatment 12 处理措施

13 Chemical (active ingredient)
13 化学药物（有效成分）。

14 Duration and temperature
14 处理时间及温度

15 Concentration
15 浓度

16 Date
16 日期

17 Additional information
17 附加信息

Place of issue
证明出具地点：

Date
日期：

Name and signature of authorised officer
授权官员姓名及签字

Stamp of Organisation
组织机构公章

DEPT. AGRICULTURE, FOOD AND THE MARINE
PPS IRELAND
MAY 2012

图 2-3-7 爱尔兰输华植物源性马饲料植物检疫证书样本

4. 荷兰输华卫生证书

荷兰输华卫生证书样本如图 2-3-8 所示。

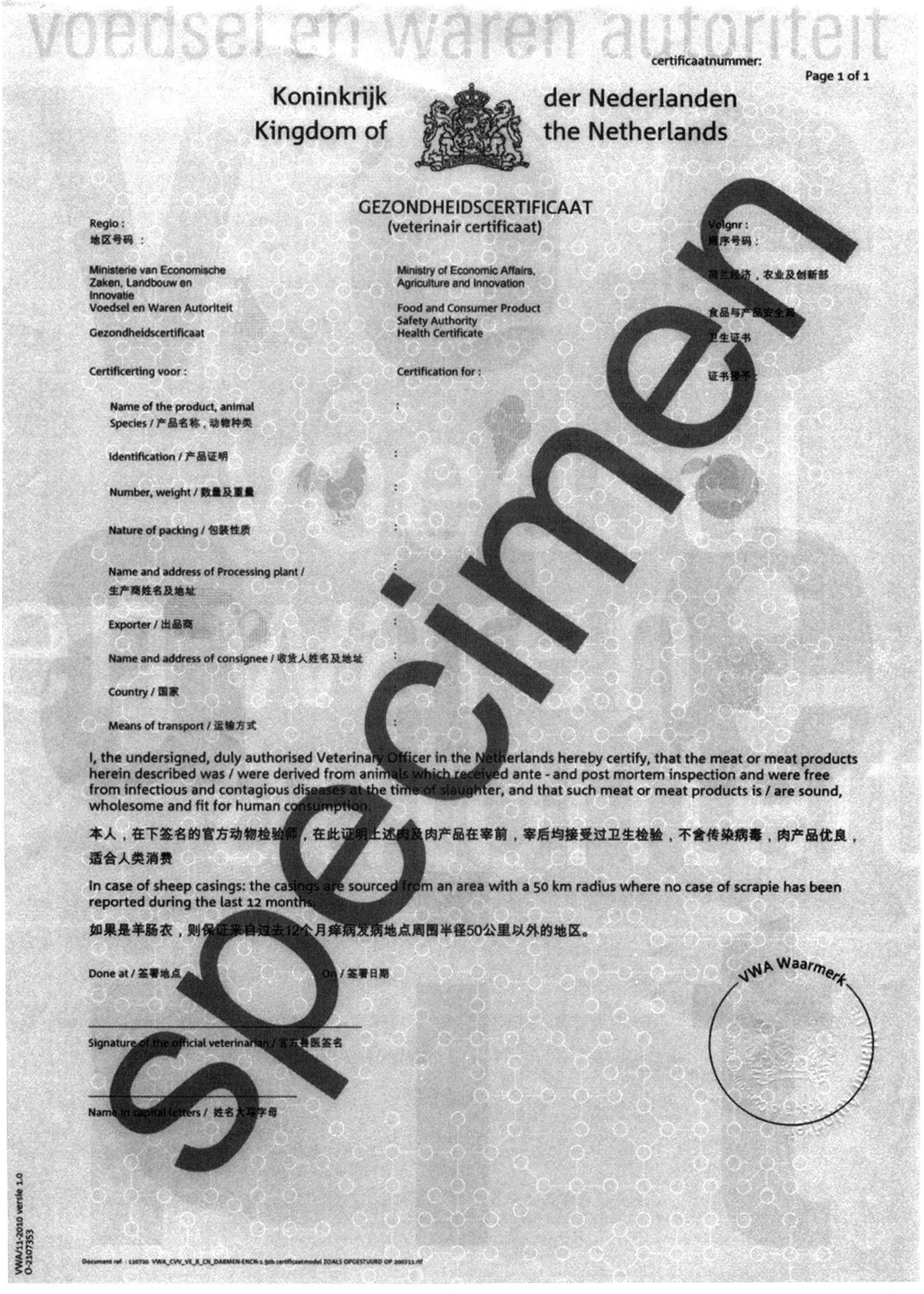

voedsel en waren autoriteit

certificaatnummer:

Page 1 of 1

Koninkrijk der Nederlanden
Kingdom of the Netherlands

GEZONDHEIDSCERTIFICAAT
(veterinair certificaat)

Regio :
地区号码 ：

Volgnr :
顺序号码：

Ministerie van Economische Zaken, Landbouw en Innovatie	Ministry of Economic Affairs, Agriculture and Innovation	荷兰经济，农业及创新部
Voedsel en Waren Autoriteit	Food and Consumer Product Safety Authority	食品与产品安全局
Gezondheidscertificaat	Health Certificate	卫生证书
Certificerting voor :	Certification for :	证书授予：

Name of the product, animal Species / 产品名称，动物种类 :

Identification / 产品证明 :

Number, weight / 数量及重量 :

Nature of packing / 包装性质 :

Name and address of Processing plant / 生产商姓名及地址 :

Exporter / 出品商 :

Name and address of consignee / 收货人姓名及地址 :

Country / 国家 :

Means of transport / 运输方式 :

I, the undersigned, duly authorised Veterinary Officer in the Netherlands hereby certify, that the meat or meat products herein described was / were derived from animals which received ante - and post mortem inspection and were free from infectious and contagious diseases at the time of slaughter, and that such meat or meat products is / are sound, wholesome and fit for human consumption.

本人，在下签名的官方动物检验师，在此证明上述肉及肉产品在宰前，宰后均接受过卫生检验，不含传染病毒，肉产品优良，适合人类消费

In case of sheep casings: the casings are sourced from an area with a 50 km radius where no case of scrapie has been reported during the last 12 months.

如果是羊肠衣，则保证来自过去12个月痒病发病地点周围半径50公里以外的地区。

Done at / 签署地点　　On / 签署日期

Signature of the official veterinarian / 官方兽医签名

Name in capital letters / 姓名大写字母

VWA Waarmerk

specimen

VWA/11-2010 versie 1.0
O-2107353

图 2-3-8　荷兰输华卫生证书样本

5. 入境货物检验检疫证明

入境货物检验检疫证明样本如图 2-3-9 所示。

中华人民共和国出入境检验检疫

入境货物检验检疫证明

编号____________

收货人			
发货人			
品　名		报检数/重量	
包装种类及数量		输出国家或地区	
合同号		标记及号码	
提/运单号			
入境口岸			
入境日期			
证明 签字：　　　　日期：　　　年　　月　　日			
备注			

[5-1(2018.4.20)•2]　　① 货主收执　　BA0130401

图 2-3-9　入境货物检验检疫证明样本

【复习思考题】

1. 检验检疫单证分为哪几大类？
2. 检验检疫单证的用途是什么？
3. 什么情况下可以重发单证？

第四单元　检验检疫特定货物的资质管理

【学习目标】

本单元通过对特定货物的检验检疫资质管理要求的学习，让学习者了解办理相关货物进口、出口前需要提前获取的资质要求。

完成本单元学习，学习者应获得以下技能：

了解办理相关货物进出口前需要提前获取的资质要求。

【基本概念】

审批、检疫许可证

【建议学习时间】

2 课时

【案例导入】

不如实申报进境动物产品案

“甲地出证、乙地配货”，如何甄别伪造、变造检验检疫单证行为？出现法条竞合，如何依法处罚？本案从法理学和实务的角度对这两个问题进行了探讨，提出了法律意见，法律效果较好，原国家质检总局专门修改了进境动植物检疫许可证的检疫要求，对所有来自澳大利亚的盐渍皮进行了重新评估。

1. 案例背景

盐渍皮又称生皮，是由屠宰后剥下鲜皮及时用盐腌制而成，主要利用工业盐盐渍形成高渗环境，排出皮中水分，抑制细菌病毒繁殖，从而达到防腐的目的。我国是世界最大的盐渍皮（生牛皮、生羊皮等）进口国，进口量占全球 20% 以上。鉴于原皮携带口蹄疫、炭疽等疫病疫情的风险较高，我国对进口原皮制定了严格的检验检疫程序。2014 年原国家质检总局出台的《进出境非食用动物产品检验检疫监督管理办法》及其配套文件将盐渍皮列为Ⅰ级风险，须根据不同国家动物疫病疫情的发生和流行情况不定期发布禁止从动物疫病流行国家（地区）输入的动物及其产品一览表和允许进境非食用动物产品国家或地区及产品种类名单。因此，货物的来源地是一项非常重要的信息，对于原国家质检总局没有认可的国家（地区），或者国际 OIE 公布为某种动物传染病疫区的国家（地区），中国禁止进口。例如，厄瓜多尔、约旦等国家因属于口蹄疫疫区就被列入了禁止从动物疫病流行国家（地区）输入的动物及其产品一览表中；澳大利亚以其天然的地理环境、发达的养殖业和疫病疫情的良好控制被列入了允许进境非食用动物产品国家或地区及产品种类名单中，每年都向我国输出大量的盐渍皮。

2. 案例内容

2015 年 6 月和 7 月，A 公司先后在原 H 检验检疫局申报进口一批盐渍牛皮和一批盐渍羊皮，两批货物申报时随附的兽医证书、原产地证书等均为澳大利亚官方出具的有效证书，显示货物原产地为澳大利亚，启运地为澳大利亚的墨尔本；申报时随附的提单复印件也显示启运地为澳大利亚的墨尔本。原 H 检验检疫局查询航运公司的运输信息发现，盐渍牛皮的实际启运地为墨西哥的曼萨尼罗，盐渍羊皮的实际启运地为厄瓜多尔的瓜亚基尔。其中，厄瓜多尔为口蹄疫疫区，我国禁止该国家的绵羊皮等偶蹄动物产品入境。经查，A 公司称，就涉案货物，澳大利亚客户除提供澳大利亚官方出具的兽医证书、原产地证书等单证外，还提供两份提单，标注一份用于报关申报，一份用于提货。经调取船公司存档提单，当事人用于提货的提单信息与涉案货物真实航线信息一致，用于申报的提单信息与涉案货物真实航线信息不一致。对于双方交易的细节及往来资料等事宜，当事人均以案发后再无法联系澳大利亚发货人等理由不予提供。由于进境盐渍皮检验检疫监管条件为 M. P，涉及检验和检疫，A 公司不如实申报货物启运地的行为同时违反了《商检法实施条例》和《动植物检疫法》及其实施条例的规定，原 H 检验检疫局依照《出入境检验检疫行政处罚程序规定》第二十九条和第三十条规定，选择适用罚款数额较大条款《商检法实施条例》第四十六条第一款，对其不如实申报行为进行了罚款的行政处罚。

3. 案例评析

（1）当事人违法行为具有高度隐蔽性

本案案情类似于检验检疫机构在出口行为当中查获的“甲地出证、乙地配货”案件，当事人进口申报时所用证书均系澳大利亚官方机构出具的真实证书，但货物却与证书所载内容不匹配，来自澳大利亚以外地区，甚至来自禁止进境的疫区。正常情况下，检验检疫人员仅须审核官方证书与提单复印件的一致性，无须再额外查询货物航线信息，而当事人利用申报仅须提供提单复印件、且便于更改这一特点，通过更改提单中货物启运地等不法手段，不如实申报，达到进口禁止进境的动物产品的目的，行为具有隐蔽性，需要执法人员具有高度的执法敏锐性，凭借丰富的经验判断各地皮张的细微差别，主动查询航线信息才可能发现。

（2）法条竞合时法律法规的适用

本案中，当事人不如实申报的行为既符合《商检法实施条例》不如实提供进出口商品真实情况，取得出入境检验检疫机构有关单证的构成要件，也符合《动植物检疫法》及其实施条例中申报的动物产品与实际不符的构成要件，涉及法条竞合，此种情况下，检验检疫机构应注意选择合适的法律条款进行处罚。对此，《出入境检验检疫行政处罚程序规定》第二十九条规定：“当事人的违法行为同时违反两个以上检验检疫法律、行政法规或者规章，该两个以上检验检疫法律、行政法规或者规章的法律责任有重合规定的，应合并处罚种类追究当事人法律责任。”第三十条规定：“合并处罚种类追究法律责任的，对于违法行为严重的，合并全部处罚种类；对于违法行为轻微的，选择部分或较轻的处罚种类。合并处罚种类，两个以上检验检疫法律、行政法规或者规章都有罚款规定的，不累加罚款数额，应当选择使用罚款数额较大的条款。合并处罚时，如果涉及的出入境检验检疫法律、行政法规对当事人提起复议和诉讼的期限规定不同的，应当选择较长的期限。”

（3）案件办理影响较大

本案查办后，原国家质检总局专门修改了进境动植物检疫许可证的检疫要求，要求对所有来自澳大利亚的盐渍皮逐批查询航线，并有计划地对澳大利亚的盐渍皮监管体系及兽医证书的出证体系进行重新考核和评估。

【学习内容】

一、进境（过境）动植物及其产品检疫审批

《动植物检疫法》第十条规定：“输入动物、动物产品、植物种子、种苗等其他繁殖材料的，必须事先提出申请，办理检疫审批手续。”检疫审批，是指海关总署及其设在各地的直属海关（或其他审批机构）根据货主或其代理人的申请，依据国家有关法律法规的规定，对申请人从国外引进动植物、动植物产品或在中国境内运输过境动物的要求进行审批。之所以规定检疫审批必须提前申请，事先由检验检疫机关或其他审批机构进行审查，主要是审批机构根据已掌握的输出国家（地区）的疫情决定是否批准相关产品入境或过境，以防止动物传染病、寄生虫病和植物危险性病、虫、杂草及其他有害生物传入我国，同时也避免货主的经济损失。进口单位或个人对于世界各国（地区）的动植物疫情了解不全面，也不完全掌握我国有关动植物检疫法律法规具体规定，很可能盲目进口属于禁止进境或过境的检疫物，当货物抵达口岸时因不符合相关法律法规要求而被退回或销毁，就会造成经济损失。另外，进口单位事先申请办理检疫审批手续，了解法定的检疫要求，可将我国的有关检疫要求订入合同或协议中。当进境的检疫物到达口岸，口岸检验检疫机构检出检疫对象时，进口人可依据合同要求提出索赔，以避免或减少经济损失。因此，检疫审批制度既是法律法规中规定的强制性措施，同时也是具有服务性的一项行政措施。

（一）审批范围

申请办理检疫审批的货物范围包括进境活动物（含动物，胚胎、精液、受精卵、种蛋及其他动物遗传物质）、生物材料、非食用动物产品、饲料及饲料添加剂、果蔬类、烟草类、粮谷类、豆类、薯类等；过境动物。特许审批范围包括动植物病原体（包括菌种、毒种等）、害虫及其他有害生物，动植物疫情流行国家和地区的有关动植物、动植物产品和其他检疫物，动物尸体，土壤。

（二）主管部门

海关总署根据法律法规的有关规定及国务院有关部门发布的禁止进境物名录，制定、调整并发布需要检疫审批的动植物及其产品名录。

海关总署统一管理进境动植物检疫审批工作。海关总署或者海关总署授权的其他审批机构负

责签发进境动植物检疫许可证和中华人民共和国进境动植物检疫许可证申请未获批准通知单。

各直属海关负责所辖地区进境动植物检疫审批申请的初审工作以及经海关总署授权的产品审批工作。

（三）申请条件

1. 输出和途经国家（地区）无相关的动植物疫情。

2. 符合中国有关动植物检疫法律法规和部门规章的规定。

3. 符合中国与输出国家（地区）签订的双边检疫协定（包括检疫协议、议定书、备忘录等）。

4. 饲料及饲料添加剂、进境动物遗传物质、非食用动物产品、活动物、肉类及其产品、蛋类、燕窝、乳品、可食用骨蹄角及其产品、动物源性中药材、水产品、水果、烟草、粮食、杂豆、杂粮、茄科类蔬菜、植物源性中药材的输出国家（地区）和生产企业应在海关总署公布的相关检验检疫准入名单内。

5. 可以核销的进境动植物产品，应当按照有关规定审核其上一次审批的进境动植物检疫许可证的使用、核销情况。

（四）申请需提交的材料

在线填写申请表，并根据随附单证要求上传扫描件。

1. 进境活动物

（1）除食用水生动物外，需提供“中华人民共和国进出境动物指定隔离检疫场使用证”。

（2）进境水生动物自输出国家（地区）出境后中转第三方国家（地区）进境的，收货人或者其代理人办理进境动植物检疫许可证时应当提供运输路线及在第三方国家（地区）中转的处理情况，包括是否离开海关监管区、更换运输工具、拆换包装及进入第三方国家（地区）水体环境等。

2. 进境动物遗传物质

代理进口的，提供与货主签订的代理进口合同或者协议复印件。

3. 进境非食用动物产品

Ⅰ级风险非食用动物产品需提供生产、加工、存放单位证明材料（申请单位与生产、加工、存放单位不一致的，需提供申请单位与指定企业签订的生产、加工、存放合同）。

4. 进境生物材料

进口Ⅰ级和Ⅱ级风险产品须提供说明数量、用途、引进方式、进境后防疫措施的书面申请；科学研究的立项报告及相关主管部门的批准立项证明文件。

5. 进境粮食

生产加工存放单位考核报告。

6. 进境水果

指定冷库证明文件（申请单位与存放单位不一致的，还须提交与备案冷库签订的仓储协议）。

7. 进境烟叶

生产加工存放单位考核报告。

8. 进境饲料

Ⅰ级风险的饲料和饲料添加剂须提供生产、加工、存放单位证明材料（申请单位与生产、加工、存放单位不一致的，须提供申请单位与指定企业签订的生产、加工、存放合同）。

9. 过境动物

（1）说明过境路线。

（2）提供输出国家（地区）官方检疫部门出具的动物卫生证书复印件。

（3）提供输入国家（地区）官方检疫部门出具的准许动物进境的证明文件。

10. 特许审批

因科学研究等特殊需要，引进《动植物检疫法》第五条第一款所列禁止进境物的，应提交以下材料：

（1）书面申请，说明其数量、用途、引进方式、进境后的防疫措施。

（2）科学研究的立项报告及相关主管部门的批准立项证明文件。

（五）办理流程

1. 材料受理。申请人登录海关行政审批网上办理平台在线填写申请表，向直属海关提交申请材料，并根据随附单证要求上传扫描件。

2. 直属海关受理申请后进行审核，在规定时限提出审核意见。需海关总署审核的，直属海关在规定时限内将初审意见提交海关总署，海关总署在规定时限内提出审核意见。

3. 海关总署或直属海关向申请人制发批准文件。

（六）办理时限

1. 法定时限：自受理申请之日起 20 个工作日内作出准予许可或不予许可的决定。20 个工作日内不能作出决定的，经本行政机关负责人批准，延长 10 个工作日。

2. 承诺时限：进境生物材料检疫审批自受理之日起 7 个工作日内完成。

（七）办理方式

通过海关行政审批“一个窗口”现场办理或海关行政审批网上平台办理（网址为 http://pre.chinaport.gov.cn/car，下同）。

（八）依据

1.《进境动植物检疫审批管理办法》（海关总署令第 240 号附件 50）。

2.《中华人民共和国海关实施〈中华人民共和国行政许可法〉办法》（海关总署令第 117 号公布，根据海关总署令第 218 号修改）。

3.《进境栽培介质检疫管理办法》（海关总署令第 243 号附件 20）。

4.《进境水果检验检疫监督管理办法》（海关总署令第 243 号附件 25）。

5.《进境植物繁殖材料检疫管理办法》（海关总署令第 240 号附件 42）。

6.《进出境粮食检验检疫监督管理办法》(海关总署令第 243 号附件 42)。

7.《出入境人员携带物检疫管理办法》(海关总署令第 243 号附件 37)。

8.《进出境非食用动物产品检验检疫监督管理办法》(海关总署令第 240 号附件 72)。

9.《进境水生动物检验检疫监督管理办法》(海关总署令第 243 号附件 43)。

10.《进境动物遗传物质检疫管理办法》(海关总署令第 240 号附件 54)。

11.《进出口饲料和饲料添加剂检验检疫监督管理办法》(海关总署令第 243 号附件 30)。

12.《质检总局关于推广京津冀沪进境生物材料监管试点经验及开展新一轮试点的公告》(国家质检总局令 2017 年第 94 号)。

13.《政策法规司关于做好清理证明事项有关工作的通知》(政法函〔2019〕137 号)。

(九)事项类型

行政许可。

进境(过境)动植物及其产品检疫审批业务流程如图 2-4-1 所示。

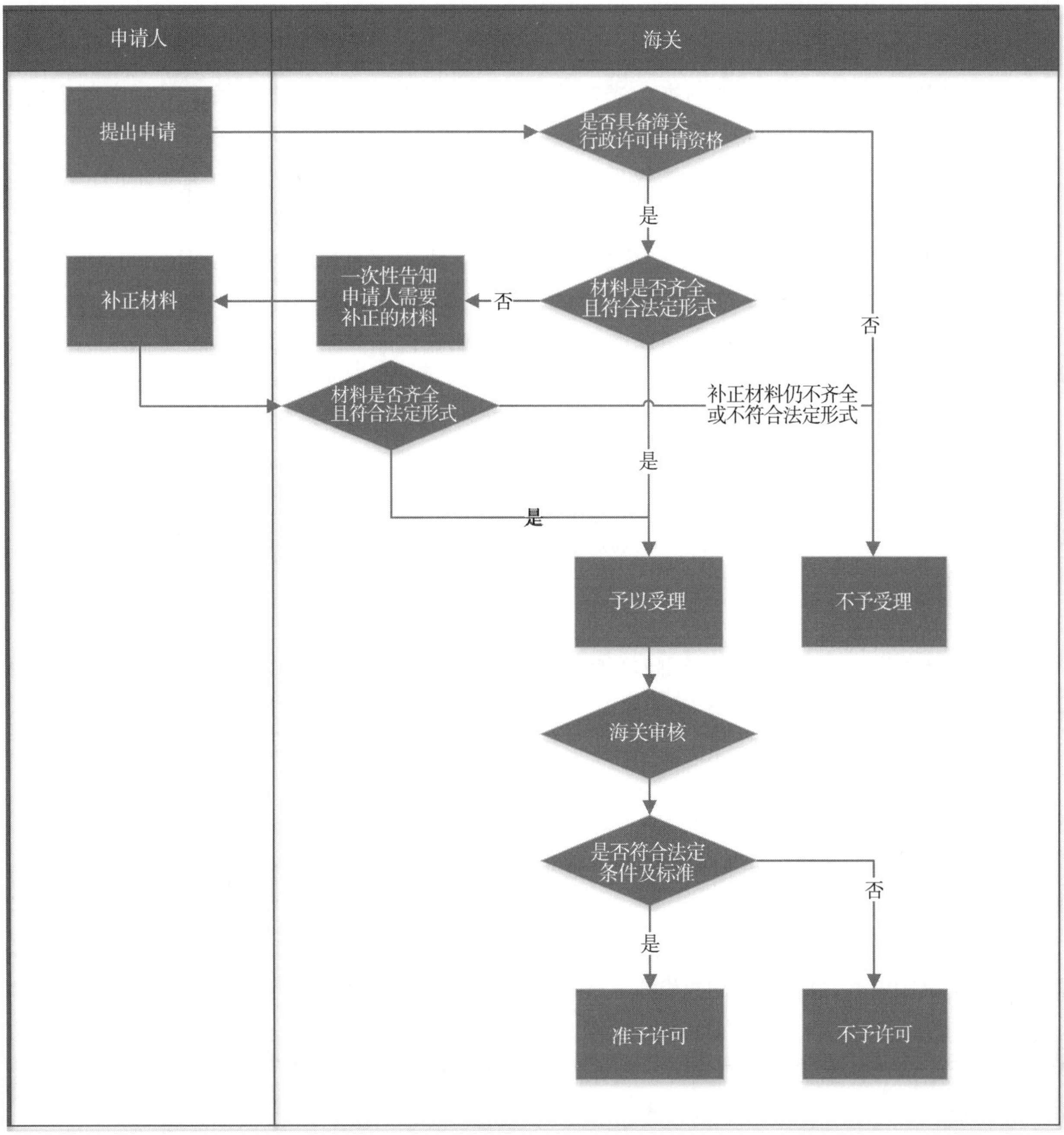

图 2-4-1 进境（过境）动植物及其产品检疫审批业务流程图

二、进出口预包装食品标签

根据《关于进出口预包装食品标签检验监督管理有关事宜的公告》（海关总署公告 2019 年第 70 号）的有关精神，为贯彻落实国务院深化“放管服”改革要求，进一步提高口岸通关效率，依据《食品安全法》及其实施条例、《商检法》及其实施条例等法律法规规定，对进出口预包装食品标签检验监督管理采取如下措施：

1. 自 2019 年 10 月 1 日起，取消首次进口预包装食品标签备案要求。进口预包装食品标签作为食品检验项目之一，由海关依照食品安全和进出口商品检验相关法律、行政法规的规定检验。

2. 进口商应当负责审核其进口预包装食品的中文标签是否符合我国相关法律、行政法规规定和食品安全国家标准要求。审核不合格的，不得进口。

3. 进口预包装食品被抽中现场查验或实验室检验的，进口商应当向海关人员提交其合格证明材料、进口预包装食品的标签原件和翻译件、中文标签样张及其他证明材料。

4. 海关收到有关部门通报、消费者举报进口预包装食品标签涉嫌违反有关规定的，应当进行核实，一经确认，依法进行处置。

5. 入境展示、样品、免税经营（离岛免税除外）、使领馆自用、旅客携带及通过邮寄、快件、跨境电子商务等形式入境的预包装食品标签监管，按有关规定执行。

6. 出口预包装食品生产企业应当保证其出口的预包装食品标签符合进口国（地区）的标准或者合同要求。

7.《关于调整进出口食品、化妆品标签审核制度的公告》（国家质检总局公告2006年第44号）、《关于运行进口预包装食品标签管理系统的公告》（国家质检总局公告2011年第59号）、《关于实施〈进出口预包装食品标签检验监督管理规定〉的公告》（国家质检总局公告2012年第27号）自2019年10月1日起废止，此前已备案的进口预包装食品标签信息同时作废。

三、强制性产品认证

为规范强制性产品认证工作，提高认证有效性，维护国家、社会和公共利益，《强制性产品认证管理规定》（国家质检总局令2009年第117号）自2009年9月1日起施行。

（一）强制性产品认证适用范围

1. 强制性产品认证涵盖的商品范围

我国对涉及人类健康和安全、动植物生命和健康，以及环境保护和公共安全的产品实行强制性认证制度。

国家对强制性产品认证公布统一的《强制性产品认证目录》，列入认证目录的产品，进口时应获得《中国国家强制性产品认证证书》（以下简称“强制性产品认证证书”）。2018年，为深化强制性产品认证制度改革，强化市场主体责任，进一步降低制度性交易成本，根据《国务院关于加强质量认证体系建设促进全面质量管理的意见》（国发〔2018〕3号），国家认证认可监督管理委员发布了2018年第11号公告，对强制性产品认证目录及实施方式作出改革调整。自2018年10月1日起，对《强制性产品认证目录》中的部分产品增加自我声明评价方式，依据《强制性产品认证自我声明实施规则》，在“自我声明符合性信息报送系统”生成“强制性认证产品符合性自我声明”后，视同获得强制性产品认证证书。列入认证目录的产品，标注认证标志后，方可出厂销售、进口和在其他经营性活动中使用。

2. 无须办理和免予办理强制性产品认证的有关规定

（1）符合以下条件的，无须办理强制性产品认证：

①外国驻华使馆、领事馆和国际组织驻华机构及其外交人员自用的物品。

②香港、澳门特别行政区政府驻内地官方机构及其工作人员自用的物品。

③入境人员随身从境外带入境内的自用物品。

④外国政府援助、赠送的物品。

⑤其他依法无须办理强制性产品认证的情形。

符合以上条件的《强制性产品认证目录》中的产品，无须申请强制性产品认证证书，也无须加施中国强制性产品认证标志。

（2）符合以下条件的，可免予办理强制性产品认证：

①为科研、测试和认证检测所需的产品和样品。

②直接为最终用户维修目的所需的零部件产品。

③工厂生产线、成套生产线配套所需的设备、部件（不包含办公用品）。

④仅用于商业展示，但不销售的产品。

⑤以整机全数出口为目的进口的零部件。

⑥其他因特殊用途免予办理强制性产品认证的情形。

（二）管理职能调整

根据市场监管总局和海关总署职能配置的相关规定发布《市场监管总局　海关总署关于免予办理强制性产品认证工作有关安排的公告》（2019 年第 13 号），对免予办理强制性产品认证工作的相关安排做如下规定：

1. 市场监管总局负责强制性产品认证制度的组织实施和监督管理工作。海关总署负责涉及强制性产品认证进口产品的验证工作。市场监管总局和海关总署建立强制性产品认证证书或证明性文件等信息的联网核查、通报和协作机制。

2. 在 2019 年 3 月 31 日前，继续由各地海关依据国家机构改革前的工作职能核发免予办理强制性产品认证证明。

3. 自 2019 年 4 月 1 日起，由市场监管部门承接免予办理强制性产品认证的相关工作。

4. 相关申报单位继续使用“CCC 免办及特殊用途进口产品检测处理管理系统”（网址为 http：//cccmb. cnca. cn）提交有关资料，相关申报和管理要求不变。

5. 对属于强制性产品认证监管范围且符合免予办理强制性产品认证有关条件的进口货物，申报单位应在办理报关前取得免予办理强制性产品认证证明。

6. 海关在验证工作中发现实际进口货物与强制性产品认证证书或证明性文件不一致，或存在其他违法违规情况，按照《海关法》和《商检法》等相关法律法规的规定进行处置。

（三）《强制性产品认证目录》调整情况

自 2014 年 12 月强制性产品认证目录描述与界定表发布以来，《强制性产品认证目录》一直在调整变化。目前，实施强制性产品认证的产品目录由《市场监管总局关于优化强制性产品认证目录的公告》（国家市场监管总局公告 2020 年第 18 号）发布。该目录共涉及 17 个产品大类、103 种产品。

2020 年 4 月 22 日，《市场监管总局海关总署关于发布强制性产品认证目录产品与 2020 年商品编号对应参考表的公告》（市场监管总局　海关总署公告 2020 年第 21 号）正式发布，有关强制性产品认证目录产品的具体描述与界定，以市场监管总局（认监委）发布的相关产品实施强制性产品认证的公告为准。强制性产品认证目录产品与 2020 年商品编号对应参考表（如表 2-4-1 所示）中的商品编号仅供参考，办理进口报关手续时，相关产品的商品编号应以有关的法律法规及规定为准。

表 2-4-1　强制性产品认证目录产品与 2020 年商品编号对应参考表

序号	强制性产品认证目录产品名称	商品编号	商品编号对应的商品名称	备注
1	电线组件	8536909000	其他电压≤1 000V 的电路连接器等电气装置	第三方认证方式
		8544422100	80V<额定电压≤1 000V 的有接头电缆	
		8544422900	80V<额定电压≤1 000V 的有接头电导体	
2	额定电压 450/750V 及以下的聚氯乙烯绝缘电线电缆	8544492100	80V<额定电压≤1 000V 的其他电缆	第三方认证方式
3	额定电压 450/750V 及以下的橡皮绝缘电线电缆	8544492100	80V<额定电压≤1 000V 的其他电缆	第三方认证方式
4	插头插座（家用和类似用途）	8536690000	电压≤1 000V 的插头及插座	第三方认证方式
5	家用和类似用途固定式电气装置的开关	8536500000	电压≤1 000V 的其他开关	第三方认证方式
6	器具耦合器（家用和类似用途）	8536909000	其他电压≤1 000V 电路连接器等电气装置	第三方认证方式
		8536901900	36V<电压≤1 000V 的接插件	
7	热熔断体	8536100000	熔断器（电压不超过 1 000V）	自我声明评价方式
8	家用和类似用途固定式电气装置电器附件外壳	8538900000	品目 85.35、85.36、85.37 装置的零件（专用于或主要用于）	第三方认证方式
		8547200000	塑料制绝缘零件	
		8547909000	其他材料制绝缘配件	
9	小型熔断器的管状熔断体	8536100000	熔断器（电压≤1 000V）	自我声明评价方式
10	漏电保护器	8536300000	电压≤1 000V 的其他电路保护装置	自我声明评价方式
		8536419000	36V<电压≤60V 的继电器	
		8536490000	电压>60V 的继电器（用于电压≤1 000V 的线路）	
11	断路器	8535210000	电压<72.5kV 的自动断路器（用于电压>1 000V 的线路）	自我声明评价方式
		8536200000	电压≤1 000V 自动断路器	
12	熔断器	8535100000	电路熔断器（电压>1 000V）	自我声明评价方式
		8536100000	熔断器（电压≤1 000V）	
13	低压开关（隔离器、隔离开关、熔断器组合电器）	8535309000	其他隔离开关及断续开关（用于电压>1 000V 的线路）	自我声明评价方式
		8536500000	电压≤1 000V 的其他开关	

表2-4-1 续1

序号	强制性产品认证目录产品名称	商品编号	商品编号对应的商品名称	备注
14	其他电路保护装置	8536300000	电压≤1 000V 的其他电路保护装置	自我声明评价方式
		8535900090	其他电压>1 000V 的电路开关等电气装置	
		8536419000	36V<电压≤60V 的继电器	
		8536490000	电压>60 伏的继电器（用于电压≤1 000V 的线路）	
15	继电器	8536419000	36V<电压≤60V 的继电器	自我声明评价方式
		8536490000	电压>60V 的继电器（用于电压≤1 000V 的线路）	
16	其他开关	8536500000	电压≤1 000V 的其他开关	自我声明评价方式
17	其他装置	8536300000	电压≤1 000V 的其他电路保护装置	自我声明评价方式
18	低压成套开关设备	8537109090	其他电力控制或分配的装置（电压≤1 000V 的线路）	自我声明评价方式
19	小功率电动机	8501520000	750W<输出功率≤75kW 的多相交流电动机	自我声明评价方式
		8501320000	750W<输出功率≤75kW 的直流电动机、发电机	
		8501510090	其他输出功率≤750W 的多相交流电动机	
		8501200000	输出功率>37. 5W 的交直流两用电动机	
		8501310000	其他输出功率≤750W 的直流电动机、发电机	
		8501400000	单相交流电动机	
20	电钻	8467210000	手提式电动钻	自我声明评价方式
21	电动砂轮机	8467291000	手提式电动砂磨工具	自我声明评价方式
22	电锤	8467299000	其他手提式电动工具	自我声明评价方式
23	直流弧焊机	8515319900	其他电弧（包括等离子弧）焊接机器及装置（全自动或半自动的）	自我声明评价方式
		8515390000	其他电弧（等离子弧）焊接机器及装置（非全自动或半自动的）	
		8515319100	螺旋焊管机［电弧（包括等离子弧）焊接式，全自动或半自动的］	
		8515809090	其他焊接机器及装置	
		8515312000	电弧（包括等离子弧）焊接机器人	
24	TIG 弧焊机	8515319900	其他电弧（包括等离子弧）焊接机器及装置（全自动或半自动的）	自我声明评价方式
		8515390000	其他电弧（等离子弧）焊接机器及装置（非全自动或半自动的）	
		8515319100	螺旋焊管机［电弧（包括等离子弧）焊接式，全自动或半自动的］	
		8515809090	其他焊接机器及装置	
		8515312000	电弧（包括等离子弧）焊接机器人	

表2-4-1 续2

序号	强制性产品认证目录产品名称	商品编号	商品编号对应的商品名称	备注
25	MIG/MAG 弧焊机	8515319900	其他电弧（包括等离子弧）焊接机器及装置（全自动或半自动的）	自我声明评价方式
		8515390000	其他电弧（等离子弧）焊接机器及装置（非全自动或半自动的）	
		8515319100	螺旋焊管机［电弧（包括等离子弧）焊接式，全自动或半自动的］	
		8515809090	其他焊接机器及装置	
		8515312000	电弧（包括等离子弧）焊接机器人	
26	等离子弧切割机	8456401000	等离子切割机	自我声明评价方式
27	家用电冰箱和食品冷冻箱	8418101000	容积>500L 冷藏—冷冻组合机	第三方认证方式（自 2020 年 10 月 1 日起，对于标定容积 500L 以上的家用电冰箱和食品冷冻箱产品，应当经过强制性产品认证并标注认证标志后，方可出厂、销售、进口或者在其他经营活动中使用）
		8418102000	200L<容积≤500L 冷藏—冷冻组合机（各自装有单独外门的）	
		8418103000	容积≤200L 冷藏—冷冻组合机（各自装有单独外门的）	
		8418211000	容积>150L 压缩式家用型冷藏箱	
		8418212000	压缩式家用型冷藏箱（50L<容积≤150L）	
		8418213000	容积≤50L 压缩式家用型冷藏箱	
		8418291000	半导体制冷式家用型冷藏箱	
		8418292000	电气吸收式家用型冷藏箱	
		8418299000	其他家用型冷藏箱	
		8418301000	制冷温度≤-40℃的柜式冷冻箱	
		8418302100	制冷温度>-40℃的大的其他柜式冷冻箱	
		8418302900	制冷温度>-40℃的小的其他柜式冷冻箱（小的指容积≤500L）	
		8418401000	制冷温度≤-40℃的立式冷冻箱	
		8418402100	制冷温度>-40℃的大的立式冷冻箱	
		8418402900	制冷温度>-40℃的小的立式冷冻箱（小的指容积≤500L）	
		8418500000	装有冷藏或冷冻装置的其他设备，用于存储及展示（包括柜、箱、展示台、陈列箱及类似品）	
28	电风扇	8414511000	功率≤125W 的吊扇（本身装有一个输出功率≤125W 的电动机）	第三方认证方式
		8414512000	其他功率≤125W 的换气扇（装有一个输出功率≤125W 电动机）	
		8414513000	功率≤125W 有旋转导风轮的风扇（本身装有一个输出功率≤125W 的电动机）	
		8414519100	功率≤125W 的台扇（本身装有一个输出功率≤125W 的电动机）	
		8414519200	功率≤125W 的落地扇（本身装有一个输出功率≤125W 的电动机）	
		8414519300	功率≤125W 的壁扇（本身装有一个输出功率≤125W 的电动机）	
		8414519900	其他功率≤125W 的其他风机、风扇（本身装有一个输出功率≤125W 的电动机）	
		8414591000	其他吊扇（电动机输出功率>125W 的）	
		8414592000	其他换气扇（电动机输出功率>125W 的）	
		8414599091	其他台扇、落地扇、壁扇（电动机输出功率>125W 的）	

表2-4-1 续3

序号	强制性产品认证目录产品名称	商品编号	商品编号对应的商品名称	备注
29	空调器	8415101000	独立式空气调节器，窗式、壁式、置于天花板或地板上的（装有电扇及调温、调湿装置，包括不能单独调湿的空调器）	第三方认证方式
		8415102100	制冷量≤4 000大卡/时的分体式空调，窗式、壁式、置于天花板或地板上的（装有电扇及调温、调湿装置，包括不能单独调湿的空调器）	
		8415102210	4 000大卡/时<制冷量≤12 046大卡/时（14 000W）的分体式空调，窗式、壁式、置于天花板或地板上的（装有电扇及调温、调湿装置，包括不能单独调湿的空调器）	
		8415102290	其他制冷量>12 046大卡/时（14 000W）的分体式空调，窗式、壁式、置于天花板或地板上的（装有电扇及调温、调湿装置，包括不能单独调湿的空调器）	
		8415811000	制冷量≤4 000大卡/时的热泵式空调器（装有制冷装置及一个冷热循环换向阀的）	
		8415812001	4 000大卡/时<制冷量≤12 046大卡/时（14 000W）的热泵式空调器（装有制冷装置及一个冷热循环换向阀的）	
		8415812090	其他制冷量>12 046大卡/时（14 000W）的热泵式空调器（装有制冷装置及一个冷热循环换向阀的）	
		8415821000	制冷量≤4 000大卡/时的其他空调器（仅装有制冷装置，而无冷热循环装置的）	
		8415822001	4 000大卡/时<制冷量≤12 046大卡/时（14 000W）的其他空调（仅装有制冷装置，而无冷热循环装置的）	
		8415822090	其他制冷量>12 046大卡/时（14 000W）的其他空调（仅装有制冷装置，而无冷热循环装置的）	
		8479892000	空气增湿器及减湿器	
30	电动机—压缩机	8414301100	电动机额定功率≤0.4kW的冷藏或冷冻箱用压缩机	自我声明评价方式
		8414301200	其他电驱动冷藏或冷冻箱用压缩机（0.4kW<电动机额定功率≤5kW）	
		8414301300	电动机额定功率>0.4kW，但≤5kW的空调器用压缩机	
		8414301900	电动机驱动的其他用于制冷设备的压缩机	
31	家用电动洗衣机	8450111000	干衣量≤10kg的全自动波轮式洗衣机	第三方认证方式
		8450112000	干衣量≤10kg的全自动滚筒式洗衣机	
		8450119000	其他干衣量≤10kg的全自动洗衣机	
		8450120000	装有离心甩干机的非全自动洗衣机（干衣量≤10kg）	
		8450190000	干衣量≤10kg的其他洗衣机	
		8421121000	干衣量≤10kg的离心干衣机	
		8421191000	脱水机	

表2-4-1 续4

序号	强制性产品认证目录产品名称	商品编号	商品编号对应的商品名称	备注
32	电热水器	8516101000	储存式电热水器	第三方认证方式
		8516102000	即热式电热水器	
		8516109000	其他电热水器	
33	室内加热器	8516299000	电气空间加热器	第三方认证方式
		8516292000	辐射式空间加热器	
		8516293900	其他对流式空间加热器	
		8516293100	风扇式对流空间加热器	
		8516293200	充液式对流空间加热器	
34	真空吸尘器	8508110000	电动的真空吸尘器（功率≤1 500W，且带有容积≤20L的集尘袋或其他集尘容器）	第三方认证方式
		8508190000	其他电动的真空吸尘器	
35	皮肤和毛发护理器具	8516310000	电吹风机	第三方认证方式
		8516320000	其他电热理发器具	
		8516330000	电热干手器	
36	电熨斗	8516400000	电熨斗	第三方认证方式
37	电磁灶	8516601000	电磁炉	第三方认证方式
38	电烤箱（便携式烤架、面包片烘烤器及类似烹调器具）	8516605000	电烤箱	第三方认证方式
		8516609000	其他电热炉（包括电热板、加热环、烧烤炉及烘烤器）	
		8516721000	家用自动面包机	
		8516722000	片式烤面包机（多士炉）	
		8516729000	其他电热烤面包器	
39	电动食品加工器具	8509401000	水果或蔬菜的榨汁机	第三方认证方式
		8509409000	食品研磨机、搅拌器	
		8509809000	其他家用电动器具	
40	微波炉	8516500000	微波炉	第三方认证方式
41	电灶、灶台、烤炉和类似器具（驻立式电烤箱、固定式烤架及类似烹调器具）	8516799000	其他电热器具	第三方认证方式
		8516609000	其他电热炉（包括电热板、加热环、烧烤炉及烘烤器）	
42	吸油烟机	8414601000	抽油烟机（指罩的平面最大边长≤120cm，装有风扇的）	第三方认证方式

表2-4-1 续5

序号	强制性产品认证目录产品名称	商品编号	商品编号对应的商品名称	备注
43	液体加热器和冷热饮水机	8516711000	滴液式咖啡机	第三方认证方式
		8516712000	蒸馏渗滤式咖啡机	
		8516713000	泵压式咖啡机	
		8516719000	其他电热咖啡机和茶壶	
		8419810000	加工热饮料，烹调、加热食品的机器	
		8516791000	电热饮水机	
44	电饭锅	8516603000	电饭锅	第三方认证方式
45	电热毯、电热垫及柔性发热器具	6301100000	电暖毯	第三方认证方式
46	总输出功率在500W（有效值）以下的单扬声器和多扬声器有源音箱	8518210000	单喇叭音箱	第三方认证方式/自我声明评价方式*
		8518220000	多喇叭音箱	
47	音频功率放大器	8518400090	其他音频扩大器	第三方认证方式/自我声明评价方式*
		8518500000	电气扩音机组	
48	各类载体形式的音视频录制播放及处理设备（包括各类光盘、磁带、硬盘等载体形式）	8517629900	其他接收、转换并发送或再生音像或其他数据用的设备	第三方认证方式/自我声明评价方式*
		8519200010	以特定支付方式使其工作的激光唱机（用硬币、钞票、银行卡、代币或其他支付方式使其工作）	
		8519200090	其他以特定支付方式使其工作的声音录制或重放设备（用硬币、钞票、银行卡、代币或其他支付方式使其工作）	
		8519811100	未装有声音录制装置的盒式磁带型声音重放装置（编辑节目用放声机除外）	
		8519811200	装有声音重放装置的盒式磁带型录音机	
		8519811900	其他使用磁性媒体的声音录制或重放设备	
		8519812100	激光唱机，未装有声音录制装置	
		8519812910	具有录音功能的激光唱机	
		8519812990	其他使用光学媒体的声音录制或重放设备	
		8519813100	装有声音重放装置的闪速存储器型声音录制设备	
		8519813900	其他使用半导体媒体的声音录制或重放设备	
		8519891000	不带录制装置的其他唱机，不论是否带有扬声器（使用磁性、光学或半导体媒体的除外）	
		8519899000	其他声音录制或重放设备（使用磁性、光学或半导体媒体的除外）	

表2-4-1 续6

序号	强制性产品认证目录产品名称	商品编号	商品编号对应的商品名称	备注
48	各类载体形式的音视频录制播放及处理设备（包括各类光盘、磁带、硬盘等载体形式）	8521901110	具有录制功能的视频高密光盘（VCD）播放机（不论是否装有高频调谐放大器）	第三方认证方式/自我声明评价方式*
		8521901190	其他视频高密光盘（VCD）播放机（不论是否装有高频调谐放大器）	
		8521901290	其他数字化视频光盘（DVD）播放机（不论是否装有高频调谐放大器）	
		8521901910	具有录制功能的其他激光视盘播放机（不论是否装有高频调谐放大器）	
		8521901990	其他激光视盘播放机（不论是否装有高频调谐放大器）	
		8521909090	其他视频信号录制或重放设备（不论是否装有高频调谐放大器）	
49	以上四种设备的组合	8527910000	其他收录（放）音组合机	第三方认证方式/自我声明评价方式
50	音视频设备配套的电源适配器（含充/放电器）	8504401990	其他稳压电源	第三方认证方式/自我声明评价方式*
		8504401400	功率<1kW 的直流稳压电源（稳压系数低于万分之一，品目84.71所列机器用除外）	
51	各种成像方式的彩色电视接收机	8528711000	彩色的卫星电视接收机（在设计上不带有视频显示器或屏幕的）	第三方认证方式/自我声明评价方式*
		8528718000	其他彩色的电视接收装置（在设计上不带有视频显示器或屏幕的）	
		8528721100	其他彩色的模拟电视接收机，带阴极射线显像管的	
		8528721200	其他彩色的数字电视接收机，带阴极射线显像管的	
		8528721900	其他彩色的电视接收机，带阴极射线显像管的	
		8528722100	彩色的液晶显示器的模拟电视接收机	
		8528722200	彩色的液晶显示器的数字电视接收机	
		8528722900	其他彩色的液晶显示器的电视接收机	
		8528723100	彩色的等离子显示器的模拟电视接收机	
		8528723200	彩色的等离子显示器的数字电视接收机	
		8528723900	其他彩色的等离子显示器的电视接收机	
		8528729100	其他彩色的模拟电视接收机	
		8528729200	其他彩色的数字电视接收机	
		8528729900	其他彩色的电视接收机	
		8529901011	卫星电视接收用解码器	
		8528691000	其他彩色的投影机	
		8528699000	其他单色的投影机	

表2-4-1 续7

序号	强制性产品认证目录产品名称	商品编号	商品编号对应的商品名称	备注
52	录像机	8521101900	其他磁带型录像机（不论是否装有高频调谐放大器）	第三方认证方式/自我声明评价方式＊
		8521102000	磁带放像机（不论是否装有高频调谐放大器）	
		8521901210	具有录制功能的数字化视频光盘（DVD）播放机（不论是否装有高频调谐放大器）	
53	电子琴	9207100000	通过电产生或扩大声音的键盘乐器（手风琴除外）	第三方认证方式/自我声明评价方式＊
54	微型计算机	8471414000	微型机	第三方认证方式/自我声明评价方式＊
		8471412000	小型自动数据处理设备	
		8471419000	其他数据处理设备（同一机壳内至少有一个CPU和一个输入输出部件；包括组合式）	
		8471492000	以系统形式报验的小型计算机（计算机指自动数据处理设备）	
		8471494000	以系统形式报验的微型机	
		8471499900	以系统形式报验的其他计算机	
		8471900090	未列名的磁性或光学阅读器（包括将数据以代码形式转录的机器及处理这些数据的机器）	
		8472901000	自动柜员机	
		8471504001	含显示器和主机的微型机（不论是否在同一机壳内有一个或两个存储，输入或输出部件）	
		8470501000	销售点终端出纳机	
		8470509000	其他现金出纳机	
55	便携式计算机	8471301000	平板电脑（重量≤10kg，至少由一个中央处理器、键盘和显示器组成）	第三方认证方式/自我声明评价方式＊
		8471309000	其他便携式自动数据处理设备（重量≤10kg，至少由一个中央处理器、键盘和显示器组成）	
56	与计算机连用的显示设备	8528420000	可直接连接且设计用于品目84.71的自动数据处理设备的阴极射线管监视器	第三方认证方式/自我声明评价方式＊
		8528521100	专用或主要用于品目84.71商品的液晶监视器	
		8528521200	其他可直接连接且设计用于品目84.71的自动数据处理设备的彩色液晶监视器	
		8528521900	其他可直接连接且设计用于品目84.71的自动数据处理设备的单色液晶监视器	
		8528529100	专用或主要用于品目84.71商品的其他彩色监视器	
		8528529200	其他可直接连接且设计用于品目84.71的自动数据处理设备的其他彩色监视器	

表2-4-1　续8

序号	强制性产品认证目录产品名称	商品编号	商品编号对应的商品名称	备注
56	与计算机连用的显示设备	8528529900	其他可直接连接且设计用于品目84.71的自动数据处理设备的其他单色监视器	第三方认证方式/自我声明评价方式*
		8528621010	专用或主要用于品目84.71商品的彩色投影机	
		8528621090	其他专用或主要用于品目84.71商品的投影机	
		8528691000	其他彩色的投影机	
		8528622000	其他可直接连接且设计用于品目84.71的自动数据处理设备的彩色投影机	
		8528629000	其他可直接连接且设计用于品目84.71的自动数据处理设备的单色投影机	
		8528699000	其他单色的投影机	
57	与计算机相连的打印设备	8443321100	专用于品目84.71所列设备的针式打印机（可与自动数据处理设备或网络连接）	第三方认证方式/自我声明评价方式*
		8443321200	专用于品目84.71所列设备的激光打印机（可与自动数据处理设备或网络连接）	
		8443321300	专用于品目84.71所列设备的喷墨打印机（可与自动数据处理设备或网络连接）	
		8443321400	专用于品目84.71所列设备的热敏打印机（可与自动数据处理设备或网络连接）	
		8443321900	专用于品目84.71所列设备的其他打印机（可与自动数据处理设备或网络连接）	
		8472100000	胶版复印机、油印机	
		8443329090	其他印刷（打印）机、复印机、传真机和电传打字机（可与自动数据处理设备或网络连接）	
58	多用途打印复印机	8443311090	其他静电感光式多功能一体机（可与自动数据处理设备或网络连接）	第三方认证方式/自我声明评价方式*
		8443311010	静电感光式多功能一体加密传真机（可与自动数据处理设备或网络连接）	
		8443319010	其他具有打印和复印两种功能的机器（可与自动数据处理设备或网络连接）	
		8443319090	其他具有打印、复印或传真中两种及以上功能的机器（具有打印和复印两种功能的机器除外，可与自动数据处理设备或网络连接）	
59	扫描仪	8471605000	自动数据处理设备的扫描器	第三方认证方式/自我声明评价方式*

表2-4-1 续9

序号	强制性产品认证目录产品名称	商品编号	商品编号对应的商品名称	备注
60	计算机内置电源及电源适配器充电器	8504401300	品目 84.71 所列机器用的稳压电源	第三方认证方式/自我声明评价方式 *
		8504401990	其他稳压电源	
61	服务器	8471414000	微型机	第三方认证方式/自我声明评价方式 *
62	灯具	9405100000	枝形吊灯（包括天花板或墙壁上的照明装置，但露天或街道上的除外）	第三方认证方式
		9405200010	含濒危物种成分的电气台灯、床头灯、落地灯	
		9405200090	其他电气台灯、床头灯、落地灯	
63	镇流器	8504101000	电子镇流器	第三方认证方式
		8504109000	其他放电灯或放电管用镇流器	
64	汽车	8702109100	30 座及以上仅装有压燃式活塞内燃发动机（柴油或半柴油发动机）的大型客车	第三方认证方式
		8702109210	20≤座位数≤23 仅装有压燃式活塞内燃发动机（柴油或半柴油发动机）的客车	
		8702109290	24≤座位数≤29 仅装有压燃式活塞内燃发动机（柴油或半柴油发动机）的客车	
		8702109300	10≤座位数≤19 仅装有压燃式活塞内燃发动机（柴油或半柴油发动机）的客车	
		8702209100	30 座及以上同时装有压燃式活塞内燃发动机（柴油或半柴油发动机）及驱动电动机的大型客车（指装有柴油或半柴油发动机的 30 座及以上的客运车）	
		8702209210	20≤座位数≤23 同时装有压燃式活塞内燃发动机（柴油或半柴油发动机）及驱动电动机的客车	
		8702209290	24≤座位数≤29 同时装有压燃式活塞内燃发动机（柴油或半柴油发动机）及驱动电动机的客车	
		8702209300	10≤座位数≤19 同时装有压燃式活塞内燃发动机（柴油或半柴油发动机）及驱动电动机的客车	
		8702301000	30 座及以上同时装有点燃往复式活塞内燃发动机及驱动电动机的大型客车	
		8702302010	20≤座位数≤23 同时装有点燃往复式活塞内燃发动机及驱动电动机的客车	
		8702302090	24≤座位数≤29 同时装有点燃往复式活塞内燃发动机及驱动电动机的客车	

表2-4-1　续10

序号	强制性产品认证目录产品名称	商品编号	商品编号对应的商品名称	备注
64	汽车	8702303000	10≤座位数≤19 同时装有点燃往复式活塞内燃发动机及驱动电动机的客车	第三方认证方式
		8702401000	30 座及以上仅装有驱动电动机的大型客车	
		8702402010	20≤座位数≤23 仅装有驱动电动机的客车	
		8702402090	24≤座位数≤29 仅装有驱动电动机的客车	
		8702403000	10≤座位数≤19 仅装有驱动电动机的客车	
		8702901000	30 座及以上大型客车（其他型）（指装有其他发动机的 30 座及以上的客运车）	
		8702902001	20≤座位数≤23 装有非压燃式活塞内燃发动机的客车	
		8702902090	24≤座位数≤29 装有非压燃式活塞内燃发动机的客车	
		8702903000	10≤座位数≤19 装有非压燃式活塞内燃发动机的客车	
		8703213010	仅装有排量≤1L 的点燃往复式活塞内燃发动机的小轿车	
		8703214010	仅装有排量≤1L 的点燃往复式活塞内燃发动机的越野车（4 轮驱动）	
		8703215010	仅装有排量≤1L 的点燃往复式活塞内燃发动机的小客车（9 座及以下的）	
		8703219010	仅装有排量≤1L 的点燃往复式活塞内燃发动机的其他载人车辆	
		8703223010	仅装有 1L<排量≤1. 5L 的点燃往复式活塞内燃发动机小轿车	
		8703224010	仅装有 1L<排量≤1. 5L 的点燃往复式活塞内燃发动机四轮驱动越野车	
		8703225010	仅装有 1L<排量≤1. 5L 的点燃往复式活塞内燃发动机小客车（9 座及以下的）	
		8703229010	仅装有 1L<排量≤1. 5L 的点燃往复式活塞内燃发动机其他载人车辆	
		8703234110	仅装有 1. 5L<排量≤2L 的点燃往复式活塞内燃发动机小轿车	
		8703234210	仅装有 1. 5L<排量≤2L 的点燃往复式活塞内燃发动机越野车（4 轮驱动）	
		8703234310	仅装有 1. 5L<排量≤2L 的点燃往复式活塞内燃发动机小客车（9 座及以下的）	
		8703234910	仅装有 1. 5L<排量≤2L 的点燃往复式活塞内燃发动机的其他载人车辆	
		8703235110	仅装有 2L<排量≤2. 5L 的点燃往复式活塞内燃发动机小轿车	
		8703235210	仅装有 2L<排量≤2. 5L 的点燃往复式活塞内燃发动机越野车（4 轮驱动）	
		8703235310	仅装有 2L<排量≤2. 5L 的点燃往复式活塞内燃发动机小客车（9 座及以下的）	
		8703235910	仅装有 2L<排量≤2. 5L 的点燃往复式活塞内燃发动机的其他载人车辆	

表2-4-1 续11

序号	强制性产品认证目录产品名称	商品编号	商品编号对应的商品名称	备注
64	汽车	8703236110	仅装有 2. 5L<排量≤3L 的点燃往复式活塞内燃发动机小轿车	第三方认证方式
		8703236210	仅装有 2. 5L<排量≤3L 的点燃往复式活塞内燃发动机越野车（4轮驱动）	
		8703236310	仅装有 2. 5L<排量≤3L 的点燃往复式活塞内燃发动机小客车（9座及以下的）	
		8703236910	仅装有 2. 5L<排量≤3L 的点燃往复式活塞内燃发动机的其他载人车辆	
		8703241110	仅装有 3L<排量≤4L 的点燃往复式活塞内燃发动机小轿车	
		8703241210	仅装有 3L<排量≤4L 的点燃往复式活塞内燃发动机越野车（4 轮驱动）	
		8703241310	仅装有 3L<排量≤4L 的点燃往复式活塞内燃发动机的小客车（9座及以下的）	
		8703241910	仅装有 3L<排量≤4L 的点燃往复式活塞内燃发动机的其他载人车辆	
		8703242110	仅装有排量>4L 的点燃往复式活塞内燃发动机小轿车	
		8703242210	仅装有排量>4L 的点燃往复式活塞内燃发动机越野车（4 轮驱动）	
		8703242310	仅装有排量>4L 的点燃往复式活塞内燃发动机的小客车（9 座及以下的）	
		8703242910	仅装有排量>4L 的点燃往复式活塞内燃发动机的其他载人车辆	
		8703311110	仅装有排量≤1L 的压燃式活塞内燃发动机小轿车	
		8703311910	仅装有排量≤1L 的压燃式活塞内燃发动机的其他载人车辆	
		8703312110	仅装有 1L<排量≤1. 5L 的压燃式活塞内燃发动机小轿车	
		8703312210	仅装有 1L<排量≤1. 5L 的压燃式活塞内燃发动机越野车（4 轮驱动）	
		8703312310	仅装有 1L<排量≤1. 5L 的压燃式活塞内燃发动机小客车（9 座及以下的）	
		8703312910	仅装有 1L<排量≤1. 5L 的压燃式活塞内燃发动机的其他载人车辆	
		8703321110	仅装有 1. 5L<排量≤2L 的压燃式活塞内燃发动机小轿车	
		8703321210	仅装有 1. 5L<排量≤2L 的压燃式活塞内燃发动机越野车（4 轮驱动）	
		8703321310	仅装有 1. 5L<排量≤2L 的压燃式活塞内燃发动机小客车（9 座及以下的）	
		8703321910	仅装有 1. 5L<排量≤2L 的压燃式活塞内燃发动机的其他载人车辆	
		8703322110	仅装有 2L<排量≤2. 5L 的压燃式活塞内燃发动机小轿车	
		8703322210	仅装有 2L<排量≤2. 5L 的压燃式活塞内燃发动机越野车（4 轮驱动）	

表2-4-1　续12

序号	强制性产品认证目录产品名称	商品编号	商品编号对应的商品名称	备注
64	汽车	8703322310	仅装有 2L<排量≤2. 5L 的压燃式活塞内燃发动机小客车（9 座及以下的）	第三方认证方式
		8703322910	仅装有 2L<排量≤2. 5L 的压燃式活塞内燃发动机的其他载人车辆	
		8703331110	仅装有 2. 5L<排量≤3L 的压燃式活塞内燃发动机小轿车	
		8703331210	仅装有 2. 5L<排量≤3L 的压燃式活塞内燃发动机越野车（4 轮驱动）	
		8703331310	仅装有 2. 5L<排量≤3L 的压燃式活塞内燃发动机小客车（9 座及以下的）	
		8703331910	仅装有 2. 5L<排量≤3L 的压燃式活塞内燃发动机的其他载人车辆	
		8703332110	仅装有 3L<排量≤4L 的压燃式活塞内燃发动机小轿车	
		8703332210	仅装有 3L<排量≤4L 的压燃式活塞内燃发动机越野车（4 轮驱动）	
		8703332310	仅装有 3L<排量≤4L 的压燃式活塞内燃发动机小客车（9 座及以下的）	
		8703332910	仅装有 3L<排量≤4L 的压燃式活塞内燃发动机的其他载人车辆	
		8703336110	仅装有排量>4L 的压燃式活塞内燃发动机小轿车	
		8703336210	仅装有排量>4L 的压燃式活塞内燃发动机越野车（4 轮驱动）	
		8703336310	仅装有排量>4L 的压燃式活塞内燃发动机小客车（9 座及以下的）	
		8703336910	仅装有排量>4L 的压燃式活塞内燃发动机其他载人车辆	
		8703401110	同时装有点燃往复式活塞内燃发动机（排量≤1L）及驱动电动机的小轿车（可通过接插外部电源进行充电的除外）	
		8703401210	同时装有点燃往复式活塞内燃发动机（排量≤1L）及驱动电动机的越野车（4 轮驱动）（可通过接插外部电源进行充电的除外）	
		8703401310	同时装有点燃往复式活塞内燃发动机（排量≤1L）及驱动电动机的小客车（9 座及以下，可通过接插外部电源进行充电的除外）	
		8703402110	同时装有点燃往复式活塞内燃发动机（1L<排量≤1. 5L）及驱动电动机的小轿车（可通过接插外部电源进行充电的除外）	
		8703402210	同时装有点燃往复式活塞内燃发动机（1L<排量≤1. 5L）及驱动电动机的四轮驱动越野车（可通过接插外部电源进行充电的除外）	
		8703402310	同时装有点燃往复式活塞内燃发动机（1L<排量≤1. 5L）及驱动电动机的小客车（9 座及以下，可通过接插外部电源进行充电的除外）	
		8703402910	同时装有点燃往复式活塞内燃发动机（1L<排量≤1. 5L）及驱动电动机的其他载人车辆（可通过接插外部电源进行充电的除外）	
		8703403110	同时装有点燃往复式活塞内燃发动机（1. 5L<排量≤2L）及驱动电动机的小轿车（可通过接插外部电源进行充电的除外）	
		8703403210	同时装有点燃往复式活塞内燃发动机（1. 5L<排量≤2L）及驱动电动机的四轮驱动越野车（可通过接插外部电源进行充电的除外）	

表2-4-1 续13

序号	强制性产品认证目录产品名称	商品编号	商品编号对应的商品名称	备注
64	汽车	8703403310	同时装有点燃往复式活塞内燃发动机（1.5L<排量≤2L）及驱动电动机的小客车（9座及以下，可通过接插外部电源进行充电的除外）	第三方认证方式
		8703403910	同时装有点燃往复式活塞内燃发动机（1.5L<排量≤2L）及驱动电动机的其他载人车辆（可通过接插外部电源进行充电的除外）	
		8703404110	同时装有点燃往复式活塞内燃发动机（2L<排量≤2.5L）及驱动电动机的小轿车（可通过接插外部电源进行充电的除外）	
		8703404210	同时装有点燃往复式活塞内燃发动机（2L<排量≤2.5L）及驱动电动机的四轮驱动越野车（可通过接插外部电源进行充电的除外）	
		8703404310	同时装有点燃往复式活塞内燃发动机（2L<排量≤2.5L）及驱动电动机的小客车（9座及以下，可通过接插外部电源进行充电的除外）	
		8703404910	同时装有点燃往复式活塞内燃发动机（2L<排量≤2.5L）及驱动电动机的其他载人车辆（可通过接插外部电源进行充电的除外）	
		8703405110	同时装有点燃往复式活塞内燃发动机（2.5L<排量≤3L）及驱动电动机的小轿车（可通过接插外部电源进行充电的除外）	
		8703405210	同时装有点燃往复式活塞内燃发动机（2.5L<排量≤3L）及驱动电动机的四轮驱动越野车（可通过接插外部电源进行充电的除外）	
		8703405310	同时装有点燃往复式活塞内燃发动机（2.5L<排量≤3L）及驱动电动机的小客车（9座及以下，可通过接插外部电源进行充电的除外）	
		8703405910	同时装有点燃往复式活塞内燃发动机（2.5L<排量≤3L）及驱动电动机的其他载人车辆（可通过接插外部电源进行充电的除外）	
		8703406110	同时装有点燃往复式活塞内燃发动机（3L<排量≤4L）及驱动电动机的小轿车（可通过接插外部电源进行充电的除外）	
		8703406210	同时装有点燃往复式活塞内燃发动机（3L<排量≤4L）及驱动电动机的四轮驱动越野车（可通过接插外部电源进行充电的除外）	
		8703406310	同时装有点燃往复式活塞内燃发动机（3L<排量≤4L）及驱动电动机的小客车（9座及以下，可通过接插外部电源进行充电的除外）	
		8703406910	同时装有点燃往复式活塞内燃发动机（3L<排量≤4L）及驱动电动机的其他载人车辆（可通过接插外部电源进行充电的除外）	
		8703407110	同时装有点燃往复式活塞内燃发动机（排量>4L）及驱动电动机的小轿车（可通过接插外部电源进行充电的除外）	
		8703407210	同时装有点燃往复式活塞内燃发动机（排量>4L）及驱动电动机的四轮驱动越野车（可通过接插外部电源进行充电的除外）	
		8703407310	同时装有点燃往复式活塞内燃发动机（排量>4L）及驱动电动机的小客车（9座及以下，可通过接插外部电源进行充电的除外）	
		8703407910	同时装有点燃往复式活塞内燃发动机（排量>4L）及驱动电动机的其他载人车辆（可通过接插外部电源进行充电的除外）	

表2-4-1 续14

序号	强制性产品认证目录产品名称	商品编号	商品编号对应的商品名称	备注
64	汽车	8703409010	其他同时装有点燃往复式活塞内燃发动机及驱动电动机的载人车辆（可通过接插外部电源进行充电的除外）	第三方认证方式
		8703501110	同时装有压燃式活塞内燃发动机（柴油或半柴油发动机，排量≤1L）及驱动电动机的小轿车（可通过接插外部电源进行充电的除外）	
		8703501910	同时装有压燃式活塞内燃发动机（柴油或半柴油发动机，排量≤1L）及驱动电动机的其他载人车辆（可通过接插外部电源进行充电的除外）	
		8703502110	同时装有压燃式活塞内燃发动机（柴油或半柴油发动机，1L<排量≤1.5L）及驱动电动机的小轿车（可通过接插外部电源进行充电的除外）	
		8703502210	同时装有压燃式活塞内燃发动机（柴油或半柴油发动机，1L<排量≤1.5L）及驱动电动机的四轮驱动越野车（可通过接插外部电源进行充电的除外）	
		8703502310	同时装有压燃式活塞内燃发动机（柴油或半柴油发动机，1L<排量≤1.5L）及驱动电动机的小客车（9座及以下，可通过接插外部电源进行充电的除外）	
		8703502910	同时装有压燃式活塞内燃发动机（柴油或半柴油发动机，1L<排量≤1.5L）及驱动电动机的其他载人车辆（可通过接插外部电源进行充电的除外）	
		8703503110	同时装有压燃式活塞内燃发动机（柴油或半柴油发动机，1.5L<排量≤2L）及驱动电动机的小轿车（可通过接插外部电源进行充电的除外）	
		8703503210	同时装有压燃式活塞内燃发动机（柴油或半柴油发动机，1.5L<排量≤2L）及驱动电动机的四轮驱动越野车（可通过接插外部电源进行充电的除外）	
		8703503310	同时装有压燃式活塞内燃发动机（柴油或半柴油发动机，1.5L<排量≤2L）及驱动电动机的小客车（9座及以下，可通过接插外部电源进行充电的除外）	
		8703503910	同时装有压燃式活塞内燃发动机（柴油或半柴油发动机，1.5L<排量≤2L）及驱动电动机的其他载人车辆（可通过接插外部电源进行充电的除外）	
		8703504110	同时装有压燃式活塞内燃发动机（柴油或半柴油发动机，2L<排量≤2.5L）及驱动电动机的小轿车（可通过接插外部电源进行充电的除外）	
		8703504210	同时装有压燃式活塞内燃发动机（柴油或半柴油发动机，2L<排量≤2.5L）及驱动电动机的四轮驱动越野车（可通过接插外部电源进行充电的除外）	
		8703504310	同时装有压燃式活塞内燃发动机（柴油或半柴油发动机，2L<排量≤2.5L）及驱动电动机的小客车（9座及以下，可通过接插外部电源进行充电的除外）	

表2-4-1 续15

序号	强制性产品认证目录产品名称	商品编号	商品编号对应的商品名称	备注
64	汽车	8703504910	同时装有压燃式活塞内燃发动机（柴油或半柴油发动机，2L<排量≤2.5L）及驱动电动机的其他载人车辆（可通过接插外部电源进行充电的除外）	第三方认证方式
		8703505110	同时装有压燃式活塞内燃发动机（柴油或半柴油发动机，2.5L<排量≤3L）及驱动电动机的小轿车（可通过接插外部电源进行充电的除外）	
		8703505210	同时装有压燃式活塞内燃发动机（柴油或半柴油发动机，2.5L<排量≤3L）及驱动电动机的四轮驱动越野车（可通过接插外部电源进行充电的除外）	
		8703505310	同时装有压燃式活塞内燃发动机（柴油或半柴油发动机，2.5L<排量≤3L）及驱动电动机的小客车（9座及以下，可通过接插外部电源进行充电的除外）	
		8703505910	同时装有压燃式活塞内燃发动机（柴油或半柴油发动机，2.5L<排量≤3L）及驱动电动机的其他载人车辆（可通过接插外部电源进行充电的除外）	
		8703506110	同时装有压燃式活塞内燃发动机（柴油或半柴油发动机，3L<排量≤4L）及驱动电动机的小轿车（可通过接插外部电源进行充电的除外）	
		8703506210	同时装有压燃式活塞内燃发动机（柴油或半柴油发动机，3L<排量≤4L）及驱动电动机的四轮驱动越野车（可通过接插外部电源进行充电的除外）	
		8703506310	同时装有压燃式活塞内燃发动机（柴油或半柴油发动机，3L<排量≤4L）及驱动电动机的小客车（9座及以下，可通过接插外部电源进行充电的除外）	
		8703506910	同时装有压燃式活塞内燃发动机（柴油或半柴油发动机，3L<排量≤4L）及驱动电动机的其他载人车辆（可通过接插外部电源进行充电的除外）	
		8703507110	同时装有压燃式活塞内燃发动机（柴油或半柴油发动机，排量>4L）及驱动电动机的小轿车（可通过接插外部电源进行充电的除外）	
		8703507210	同时装有压燃式活塞内燃发动机（柴油或半柴油发动机，排量>4L）及驱动电动机的四轮驱动越野车（可通过接插外部电源进行充电的除外）	
		8703507310	同时装有压燃式活塞内燃发动机（柴油或半柴油发动机，排量>4L）及驱动电动机的小客车（9座及以下，可通过接插外部电源进行充电的除外）	
		8703507910	同时装有压燃式活塞内燃发动机（柴油或半柴油发动机，排量>4L）及驱动电动机的其他载人车辆（可通过接插外部电源进行充电的除外）	
		8703509010	其他同时装有压燃式活塞内燃发动机（柴油或半柴油发动机）及驱动电动机的载人车辆（可通过接插外部电源进行充电的除外）	

表2-4-1　续16

序号	强制性产品认证目录产品名称	商品编号	商品编号对应的商品名称	备注
64	汽车	8703600000	同时装有点燃往复式活塞内燃发动机及驱动电动机、可通过接插外部电源进行充电的其他载人车辆	第三方认证方式
		8703700000	同时装有压燃活塞内燃发动机（柴油或半柴油发动机）及驱动电动机、可通过接插外部电源进行充电的其他载人车辆	
		8703800090	仅装有驱动电动机的其他载人车辆	
		8703900021	其他型排量≤1L 的其他载人车辆	
		8703900022	其他型 1L<排量≤1. 5L 的其他载人车辆	
		8703900023	其他型 1. 5L<排量≤2L 的其他载人车辆	
		8703900024	其他型 2L<排量≤2. 5L 的其他载人车辆	
		8703900025	其他型 2. 5L<排量≤3L 的其他载人车辆	
		8703900026	其他型 3L<排量≤4L 的其他载人车辆	
		8703900027	其他型排量>4L 的其他载人车辆	
		8703900029	其他无法区分排量的载人车辆	
		8703401910	同时装有点燃往复式活塞内燃发动机（排量≤1L）及驱动电动机的其他载人车辆（可通过接插外部电源进行充电的除外）	
		8701200000	半挂车用的公路牵引车	
		8701919000	其他发动机功率≤18kW 的牵引车（不包括品目 87. 09 的牵引车）	
		8701929000	其他发动机 18kW<功率≤37kW 的牵引车（不包括品目 87. 09 的牵引车）	
		8701939000	其他发动机 37kW<功率≤75kW 的牵引车（不包括品目 87. 09 的牵引车）	
		8701949000	其他发动机 75kW<功率≤130kW 的牵引车（不包括品目 87. 09 的牵引车）	
		8701959000	其他发动机功率>130kW 的牵引车（不包括品目 87. 09 的牵引车）	
		8704210000	柴油型其他小型货车（装有压燃式活塞内燃发动机，小型指车辆总重量≤5t）	
		8704223000	柴油型其他中型货车（装有压燃式活塞内燃发动机，中型指 5t<车辆总重量<14t）	
		8704224000	柴油型其他重型货车（装有压燃式活塞内燃发动机，重型指 14t≤车辆总重量≤20t）	
		8704230010	固井水泥车、压裂车、混砂车、连续油管车、液氮泵车用底盘（车辆总重量>35t，装驾驶室）	
		8704230020	起重≥55t 汽车起重机用底盘（装有压燃式活塞内燃发动机）	
		8704230030	车辆总重量≥31t 清障车专用底盘	
		8704230090	柴油型的其他超重型货车（装有压燃式活塞内燃发动机，超重型指车辆总重量>20t）	

表2-4-1 续17

序号	强制性产品认证目录产品名称	商品编号	商品编号对应的商品名称	备注
64	汽车	8704310000	总重量≤5t 的其他货车（汽油型，装有点燃式活塞内燃发动机）	第三方认证方式
		8704323000	5t<总重量≤8t 的其他货车（汽油型，装有点燃式活塞内燃发动机）	
		8704324000	总重量>8t 的其他货车（汽油型，装有点燃式活塞内燃发动机）	
		8704900000	装有其他发动机的货车	
		8705102100	起重重量≤50t 全路面起重车	
		8705102200	50t<起重重量≤100t 全路面起重车	
		8705102300	起重重量>100t 全路面起重车	
		8705109100	起重重量≤50t 其他机动起重车	
		8705109200	50t<起重重量≤100t 其他起重车	
		8705109300	起重重量>100t 其他机动起重车	
		8705200000	机动钻探车	
		8705400000	机动混凝土搅拌车	
		8705901000	无线电通信车	
		8705902000	机动放射线检查车	
		8705903000	机动环境监测车	
		8705904000	机动医疗车	
		8705905900	其他机动电源车（频率为 400Hz 航空电源车除外）	
		8705907000	道路（包括跑道）扫雪车	
		8705908000	石油测井、压裂车、混砂车	
		8705909100	混凝土泵车	
		8705909990	其他特殊用途的机动车辆（主要用于载人或运货的车辆除外）	
		8706002100	车辆总重量≥14t 的货车底盘（装有发动机的）	
		8706002200	车辆总重量<14t 的货车底盘（装有发动机的）	
		8706004000	汽车起重机底盘（装有发动机的）	
		8706009000	其他机动车辆底盘（装有发动机的，品目 87.01、87.03 和 87.05 所列车辆用）	
		8716100000	供居住或野营用厢式挂车及半挂车	
		8716311000	油罐挂车及半挂车	
		8716319000	其他罐式挂车及半挂车	
		8716391000	货柜挂车及半挂车	
		8716399000	其他货运挂车及半挂车	
		8716400000	其他未列名挂车及半挂车	
		8426411000	轮胎式起重机	

表2-4-1　续18

序号	强制性产品认证目录产品名称	商品编号	商品编号对应的商品名称	备注
65	摩托车	8711100010	微马力摩托车及脚踏两用车（装有往复式活塞发动机，微马力指排量=50mL）	第三方认证方式
		8711100090	微马力摩托车及脚踏两用车（装有往复式活塞发动机，微马力指排量<50mL）	
		8711201000	50mL<排量≤100mL 装往复式活塞内燃发动机摩托车及脚踏两用车	
		8711202000	100mL<排量≤125mL 装往复式活塞内燃发动机摩托车及脚踏两用车	
		8711203000	125mL<排量≤150mL 装往复式活塞内燃发动机摩托车及脚踏两用车	
		8711204000	150mL<排量≤200mL 装往复式活塞内燃发动机摩托车及脚踏两用车	
		8711205010	200mL<排量<250mL 装往复式活塞内燃发动机摩托车及脚踏两用车	
		8711205090	排量=250mL 装往复式活塞内燃发动机摩托车及脚踏两用车	
		8711301000	250mL<排量≤400mL 装往复式活塞内燃发动机摩托车及脚踏两用车	
		8711302000	400mL<排量≤500mL 装往复式活塞内燃发动机摩托车及脚踏两用车	
		8711400000	500mL<排量≤800mL 装往复式活塞内燃发动机摩托车及脚踏两用车	
		8711500000	800mL<排量装往复式活塞内燃发动机摩托车及脚踏两用车	
		8711600090	其他装有电驱动电动机的摩托车	
		8711900010	其他排量≤250mL 摩托车及脚踏两用车	
		8711900020	其他排量>250mL 摩托车及脚踏两用车	
		8711900030	其他无法区分排量的摩托车及脚踏两用车	
		8711900090	装有其他辅助发动机的脚踏车、边车	
66	汽车安全带	8708210000	座椅安全带（品目 87. 01 至 87. 05 的车辆用）	自我声明评价方式
67	摩托车乘员头盔	6506100090	其他安全帽（不论有无衬里或饰物）	第三方认证方式
68	机动车外部照明及光信号装置（汽车用灯具、摩托车用灯具）	8512201000	机动车辆用照明装置	自我声明评价方式
69	机动车后视镜（汽车后视镜、摩托车后视镜）	7009100000	车辆后视镜（不论是否镶框）	自我声明评价方式

表2-4-1 续19

序号	强制性产品认证目录产品名称	商品编号	商品编号对应的商品名称	备注
70	汽车座椅及座椅头枕	9401201000	皮革或再生皮革面的机动车辆用坐具	自我声明评价方式
		9401209000	其他机动车辆用坐具	
		9401901900	机动车辆用其他坐具零件	
		8708995900	总重量≥14t 柴油货车用其他零部件（指税号 8704.2240，品目 23.00，品目 32.40 所列车辆用，含总重量>8t 汽油货车）	
71	车身反光标识	8512209000	其他照明或视觉信号装置（包括机动车辆用视觉装置）	自我声明评价方式
72	汽车行驶记录仪	8525803990	非特种用途的其他类型视屏摄录一体机（非广播级、非多用途）	自我声明评价方式
73	电动自行车	8711600010	电动自行车（包括机器脚踏两用车；脚踏车）	第三方认证方式
		8711600090	其他装有电驱动电动机的摩托车	
		8711900090	装有其他辅助发动机的脚踏车、边车	
74	轿车轮胎	4011100000	机动小客车用新的充气轮胎（橡胶轮胎，包括旅行小客车及赛车用）	第三方认证方式
		4011200090	其他客或货车用新充气橡胶轮胎（指机动车辆用橡胶轮胎）	
		4011909090	其他新的充气橡胶轮胎（其他用途，新充气橡胶轮胎，非人字形胎面）	
75	载重汽车轮胎	4011100000	机动小客车用新的充气轮胎（橡胶轮胎，包括旅行小客车及赛车用）	第三方认证方式
		4011200090	其他客或货车用新充气橡胶轮胎（指机动车辆用橡胶轮胎）	
		4011909090	其他新的充气橡胶轮胎（其他用途，新充气橡胶轮胎，非人字形胎面）	
76	摩托车轮胎	4011400000	摩托车用新的充气橡胶轮胎	第三方认证方式
		4011909090	其他新的充气橡胶轮胎（其他用途，新充气橡胶轮胎，非人字形胎面）	
77	汽车安全玻璃	7007219000	车辆用层压安全玻璃（规格及形状适于安装在车辆上的）	自我声明评价方式
		7007119000	车辆用钢化安全玻璃（规格及形状适于安装在车辆上的）	
		7008001000	中空或真空隔温、隔音玻璃组件	
		8708294100	汽车电动天窗	
		8708294200	汽车手动天窗	
78	建筑安全玻璃	7007290000	其他层压安全玻璃	第三方认证方式
		7007190000	其他钢化安全玻璃	
		7008001000	中空或真空隔温、隔音玻璃组件	
79	植物保护机械	8424410000	农业或园艺用便携式喷雾器	第三方认证方式
		8424490000	农业或园艺用非便携式喷雾器	
		8424820000	农业或园艺用其他喷射器具（喷雾器除外）	

表2-4-1　续20

序号	强制性产品认证目录产品名称	商品编号	商品编号对应的商品名称	备注
80	轮式拖拉机	8701911000	其他发动机功率不超过 18kW 的拖拉机	第三方认证方式
		8701921000	其他发动机功率超过 18kW 但不超过 37kW 的拖拉机	
81	传真机	8443319090	其他具有打印、复印或传真中两种及以上功能的机器（具有打印和复印两种功能的机器除外，可与自动数据处理设备或网络连接）	第三方认证方式
		8443329010	其他加密传真机（可与自动数据处理设备或网络连接）	
		8443319020	其他多功能一体加密传真机（兼有打印、复印中一种及以上功能的机器）	
82	无绳电话终端	8517110010	无绳加密电话机	第三方认证方式
		8517110090	其他无绳电话机	
83	移动用户终端	8517121019	其他 GSM 数字式手持无线电话机	第三方认证方式
		8517121029	其他 CDMA 数字式手持无线电话机	
		8517121090	其他手持式无线电话机（包括车载式无线电话机）	
		8517129000	其他用于蜂窝网络或其他无线网络的电话机	
		8517629200	无线网络接口卡	
		8517629300	无线接入固定台	
		8517691099	其他无线通信设备	
84	数据终端（含卡）	8517622100	光端机及脉冲编码调制设备（PCM）	第三方认证方式
		8517622200	波分复用光传输设备	
		8517622990	其他光通信设备	
		8517623100	非光通信网络时钟同步设备	
		8517623210	非光通信加密以太网络交换机	
		8517623290	其他非光通信以太网络交换机	
		8517623500	集线器	
		8517623690	其他路由器	
		8517623610	非光通信加密路由器	
		8517623790	其他有线网络接口卡	
		8517622910	光通信加密路由器	
		8517699000	其他有线通信设备	
85	多媒体终端	8517623990	其他有线数字通信设备	第三方认证方式
		8517629900	其他接收、转换并发送或再生音像或其他数据用的设备	
		8517699000	其他有线通信设备	
86	火灾报警产品	8531100000	防盗或防火报警器及类似装置	第三方认证方式
87	灭火器	8424100000	灭火器（不论是否装药）	第三方认证方式

表2-4-1 续21

序号	强制性产品认证目录产品名称	商品编号	商品编号对应的商品名称	备注
88	避难逃生产品	8512209000	其他照明或视觉信号装置（包括机动车辆用视觉装置）	第三方认证方式
		9405600000	发光标志、发光铭牌及类似品	
		9020000000	其他呼吸器具及防毒面具（但不包括既无机械零件又无可互换过滤器的防护面具）	
89	入侵探测器	8531100000	防盗或防火报警器及类似装置	第三方认证方式
90	防盗报警控制器	8531100000	防盗或防火报警器及类似装置	第三方认证方式
91	溶剂型木器涂料	3208901091	其他聚胺酯油漆、清漆等，施工状态下挥发性有机物含量大于420g/L（溶于非水介质以聚胺酯类化合物为基本成分，含瓷漆、大漆）	第三方认证方式
		3208901099	其他聚胺酯油漆、清漆等；以聚氨酯类化合物为基本成分的本章注释四所述溶液（分散于或溶于非水介质以聚胺酯类化合物为基本成分，含瓷漆、大漆）	
		3208909010	分散于或溶于非水介质其他油漆、清漆溶液，施工状态下挥发性有机物含量大于420g/L（包括以聚合物为基本成分的漆，本章注释四所述溶液）	
		3208909090	分散于或溶于非水介质其他油漆、清漆溶液；其他本章注释四所述溶液（包括以聚合物为基本成分的漆，本章注释四所述溶液）	
		3210000091	其他油漆及清漆，皮革用水性颜料，施工状态下挥发性有机物含量大于420g/L（包括非聚合物为基料的瓷漆、大漆及水浆涂料 ）	
		3210000099	其他油漆及清漆，皮革用水性颜料，施工状态下挥发性有机物含量不大于420g/L（包括非聚合物为基料的瓷漆、大漆及水浆涂料）	
92	瓷质砖	6904100000	陶瓷制建筑用砖	第三方认证方式
		6904900000	陶瓷制铺地砖、支撑或填充用砖（包括类似品）	
		6905900000	其他建筑用陶瓷制品（包括烟囱罩通风帽、烟囱衬壁、建筑装饰物）	
		6907211000	不论是否矩形，其最大表面积以可置入边长小于7cm的方格的贴面砖、铺面砖，包括炉面砖及墙面砖，但子目6907.30和子目6907.40所列商品除外（按重量计吸水率不超过0.5%）	
		6907219000	其他贴面砖、铺面砖，包括炉面砖及墙面砖，但子目6907.30和子目6907.40所列商品除外（按重量计吸水率不超过0.5%）	
		6907301000	不论是否矩形，其最大表面积以可置入边长小于7cm的方格的镶嵌砖（马赛克）及其类似品，但子目6907.40的货品除外	
		6907309000	其他镶嵌砖（马赛克）及其类似品，但子目6907.40的货品除外	
		6907401000	不论是否矩形，其最大表面积以可置入边长小于7cm的方格的饰面陶瓷	
		6907409000	其他饰面陶瓷	

表2-4-1 续22

序号	强制性产品认证目录产品名称	商品编号	商品编号对应的商品名称	备注
93	童车类产品	8712008110	12~16in 的未列名自行车	第三方认证方式
		8712008190	11in 及以下的未列名自行车	
		8712008900	其他未列名自行车	
		9503001000	三轮车、踏板车、踏板汽车和类似的带轮玩具；玩偶车	
		8712009000	其他非机动脚踏车	
		8715000010	婴孩车	
		8715000090	婴孩车零件	
		9503008900	其他未列名玩具	
94	电玩具类产品	9503006000	智力玩具	第三方认证方式
		9503001000	三轮车、踏板车、踏板汽车和类似的带轮玩具；玩偶车	
		9503002100	动物玩偶，不论是否着装	
		9503002900	其他玩偶，不论是否着装	
		9503008390	带动力装置的玩具及模型	
		9503008310	玩具无人机	
		9503008900	其他未列名玩具	
		9503009000	玩具、模型零件	
95	塑胶玩具类产品	9503001000	三轮车、踏板车、踏板汽车和类似的带轮玩具；玩偶车	第三方认证方式
		9503002100	动物玩偶，不论是否着装	
		9503002900	其他玩偶，不论是否着装	
		9503006000	智力玩具	
		9503008900	其他未列名玩具	
		9503009000	玩具、模型零件	
96	金属玩具类产品	9503001000	三轮车、踏板车、踏板汽车和类似的带轮玩具；玩偶车	第三方认证方式
		9503002100	动物玩偶，不论是否着装	
		9503002900	其他玩偶，不论是否着装	
		9503006000	智力玩具	
		9503008900	其他未列名玩具	
		9503009000	玩具、模型零件	
97	弹射玩具类产品	9503002100	动物玩偶，不论是否着装	第三方认证方式
		9503002900	其他玩偶，不论是否着装	
		9503008900	其他未列名玩具	
		9503009000	玩具、模型零件	

表2-4-1 续23

序号	强制性产品认证目录产品名称	商品编号	商品编号对应的商品名称	备注
98	娃娃玩具类产品	9503002900	其他玩偶，不论是否着装	第三方认证方式
		9503008900	其他未列名玩具	
		9503009000	玩具、模型零件	
99	机动车儿童乘员用约束系统	8708210000	座椅安全带（品目87.01至品目87.05的车辆用）	第三方认证方式
		9401201000	皮革或再生皮革面的机动车辆用坐具	
		9401209000	其他机动车辆用坐具	
		9401401000	皮革或再生皮革面的能作床用的两用椅（但庭园坐具或野营设备除外）	
		9401409000	其他能作床用的两用椅（但庭园坐具或野营设备除外）	
		9401809091	儿童用汽车安全座椅	
		9401809099	其他坐具	
		9401901900	机动车辆用其他坐具零件	
100	家用燃气灶具	7321110000	可使用气体燃料的家用炉灶	第三方认证方式（自2020年10月1日起，此类产品应当经过强制性产品认证并标注认证标志后，方可出厂、销售、进口或者在其他经营活动中使用）
101	家用燃气快速热水器	8419110000	非电热燃气快速热水器	
102	燃气采暖热水炉	8419110000	非电热燃气快速热水器	
		8403101000	家用型热水锅炉	
103	防爆电气产品	此类产品包括防爆电机、防爆配电装置、防爆监控产品、防爆通信装置、防爆电加热产品、防爆传感器等多种电气类产品，需根据商品的自然属性、功能、用途等进行归类判定		

注：“＊”代表对于信息技术设备、音视频设备中的部分产品［标称额定电压小于等于5VDC，标称额定消耗功率小于15W（或15VA），且无可充电电池的设备（Ⅲ类设备）］，采用自我声明评价方式。

四、特殊物品卫生检疫审批

（一）适用范围

适用于出入境特殊物品卫生检疫审批事项的申请和办理，包括入境、出境的微生物、人体组织、生物制品、血液及其制品等特殊物品的卫生检疫监督管理。

（二）主管机构

海关总署统一管理全国出入境特殊物品的卫生检疫监督管理工作；主管海关负责所辖地区的

出入境特殊物品卫生检疫监督管理工作。

（三）办理要求

1. 申请特殊物品审批的，货主或者其代理人应当按照以下规定提供相应材料。

（1）入/出境特殊物品卫生检疫审批申请表。

（2）出入境特殊物品描述性材料，包括特殊物品中英文名称、类别、成分、来源、用途、主要销售渠道、输出输入国（地区）、生产商等。

（3）入境用于预防、诊断、治疗人类疾病的生物制品、人体血液制品，应当提供国务院药品监督管理部门发给的进口药品注册证书。

（4）入境、出境特殊物品含有或者可能含有病原微生物的，应当提供病原微生物的学名（中文和拉丁文）、生物学特性的说明性文件（中英文对照件）及生产经营者或者使用者具备相应生物安全防控水平的证明文件。

（5）出境用于预防、诊断、治疗人类疾病的生物制品、人体血液制品，应当提供药品监督管理部门出具的销售证明。

（6）出境特殊物品涉及人类遗传资源管理范畴的，应当提供人类遗传资源管理部门出具的批准文件。

（7）使用含有或者可能含有病原微生物的出入境特殊物品的单位，应当提供与生物安全风险等级相适应的生物安全实验室资质证明，BSL-3 级以上实验室必须获得国家认可机构的认可。

（8）出入境高致病性病原微生物菌（毒）种或者样本的，应当提供省级以上人民政府卫生主管部门的批准文件。

2. 首次申请特殊物品审批时，还应当提供下列材料。

（1）申请人为单位的，须提供单位基本情况，如单位管理体系认证情况、单位地址、生产场所、实验室设置、仓储设施设备、产品加工情况、生产过程或者工艺流程、平面图等，以及实验室生物安全资质证明文件。

（2）申请人为自然人的，还应当提供身份证复印件。

（3）出入境病原微生物或者可能含有病原微生物的特殊物品，其申请人不得为自然人。

（四）办理流程

1. 申请

入境特殊物品的货主或者其代理人应当在特殊物品交运前向目的地直属海关申请特殊物品审批。

出境特殊物品的货主或者其代理人应当在特殊物品交运前向其所在地直属海关申请特殊物品审批。

2. 受理

直属海关收到申请人提出的特殊物品审批申请后，根据下列情况分别作出处理。

（1）申请事项依法不需要取得特殊物品审批的，即时告知申请人不予受理。

（2）申请事项依法不属于本单位职权范围的，即时作出不予受理的决定，并告知申请人向有关行政机关或者其他直属海关申请。

(3) 申请材料存在可以当场更正的错误的，允许申请人当场更正。

(4) 申请材料不齐全或者不符合法定形式的，当场或者自收到申请材料之日起 5 日内一次性告知申请人需要补正的全部内容。逾期不告知的，自收到申请材料之日起即为受理。

(5) 申请事项属于本单位职权范围，申请材料齐全、符合法定形式，或者申请人按照本单位的要求提交全部补正申请材料的，予以受理行政许可申请。

3. 审查

直属海关对申请材料及时进行书面审查，并根据情况采取专家资料审查、现场评估、实验室检测等方式对申请材料的实质内容进行核实。

4. 决定

申请人的申请符合法定条件、标准的，签发入/出境特殊物品卫生检疫审批单；申请人的申请不符合法定条件、标准的，作出不予审批的书面决定并说明理由，告知申请人享有依法申请行政复议或者提起行政诉讼的权利。

(五) 办理时限

直属海关应当自受理申请之日起 20 个工作日内作出是否许可的决定。20 个工作日内不能作出决定的，经本行政机关负责人批准，可以延长 10 个工作日。

(六) 办理方式

通过海关行政审批“一个窗口”现场办理或海关行政审批网上平台办理。

(七) 特殊物品审批单有效期

含有或者可能含有高致病性病原微生物的特殊物品，有效期为 3 个月；有或者可能含有其他病原微生物的特殊物品，有效期为 6 个月；除上述规定以外的其他特殊物品，有效期为 12 个月。

特殊物品审批单在有效期内可以分批核销使用。超过有效期的，应当重新申请。

(八) 依据

1. 《卫生检疫法实施细则》第十一条。
2. 《出入境特殊物品卫生检疫管理规定》(海关总署令第 243 号附件 39)。

(九) 事项类型

行政许可。

特殊物品卫生检疫审批办理流程如图 2-4-2 所示。

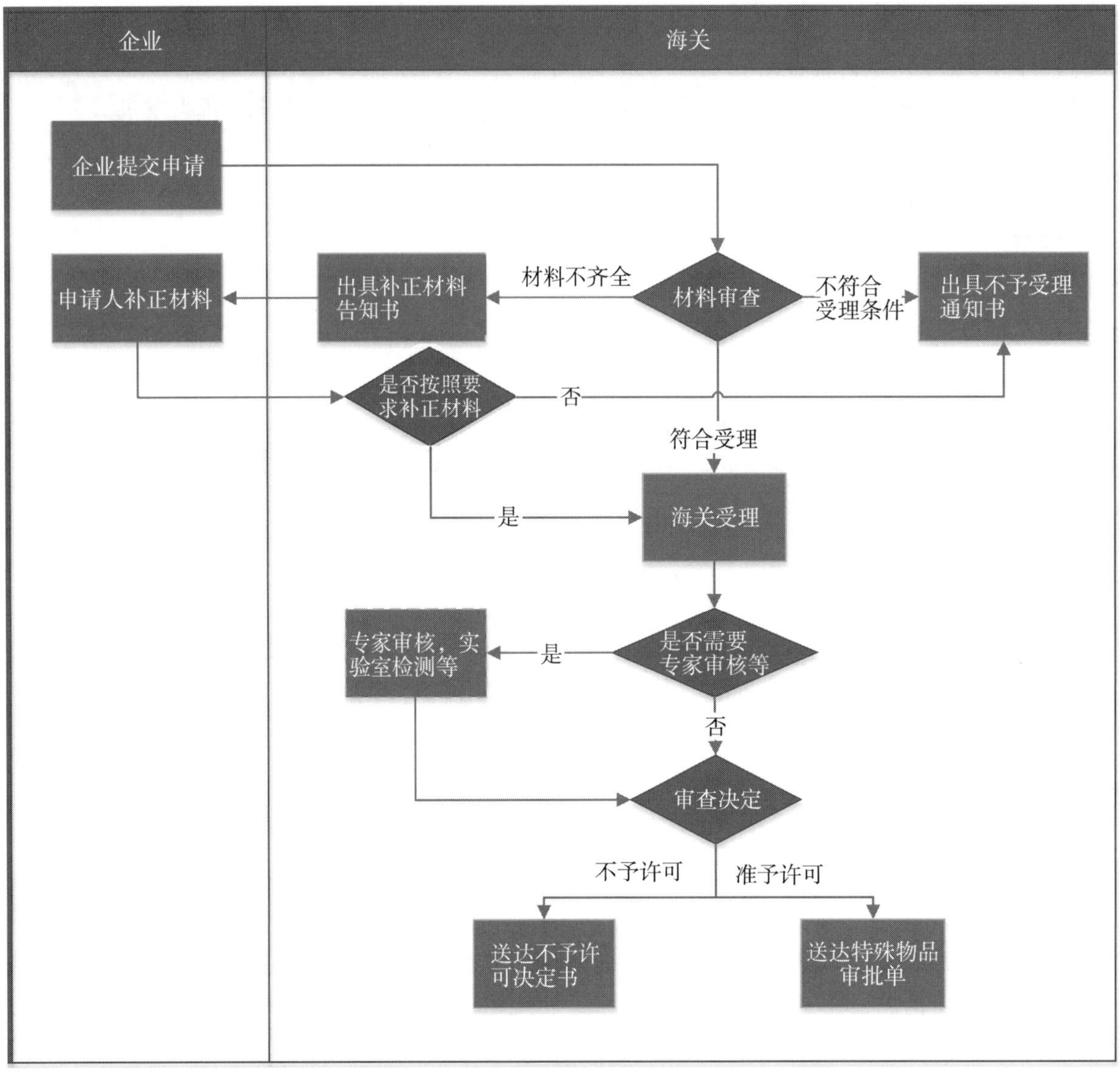

图 2-4-2　特殊物品卫生检疫审批办理流程图

【复习思考题】

1. 哪些进境（过境）动植物需要提前办理检疫审批？
2. 特许审批的范围包括哪些？
3. 特殊物品审批单的有效期包括几种情况？

第五单元　检验检疫特定货物贸易关系人的资质管理

【学习目标】

本单元通过对特定货物贸易关系人的检验检疫资质要求的学习，让学习者了解海关对进出口企业、生产、加工、存放单位等的资质管理的要求。

完成本单元学习，学习者应获得以下技能：

掌握海关对特定进出口企业生产、加工、存放单位等资质管理的要求。

【基本概念】

注册登记、核准、备案

【建议学习时间】

4 课时

【案例导入】

销毁不合格进口蜂蜜案

近年来，洋蜂蜜等进口食品大受青睐，但进口食品安全事件也屡有发生。如何加大执法把关力度，防止不合格进口食品流入市场是检验检疫机构面临的一大课题。检验检疫机构按照法定程序和标准对进口食品施检，对符合我国标准要求的准予进口，对不符合我国标准要求的采取整改、退运或销毁等措施，维护进口食品安全。本案中，检验检疫机构成功销毁 9 吨来自欧洲的不合格蜂蜜，保障了人民身体健康，具有一定的典型意义。

1. 案例背景

近年来，进口蜂蜜大幅增长。《食品安全国家标准　蜂蜜》（GB 14963—2011）中菌落总数限量小于等于 1 000CFU/g，而欧盟法规并没有相应条款对蜂蜜中菌落总数设置限量要求，中欧蜂蜜标准之间的巨大差异，往往会给蜂蜜进口贸易带来一定的风险。

2. 案例内容

2015 年 8 月，原 L 检验检疫局受理 A 公司申报一批重 9 吨、货值 5.69 万欧元的西班牙进口蜂蜜。考虑到蜂蜜安全风险较高，原 L 检验检疫局按照规定抽取样品进行菌落总数、大肠菌群、霉菌计数、沙门氏菌、志贺氏菌、金黄色葡萄球菌等项目的检测。经检测，菌落总数检测结果的最高值超过我国《食品安全国家标准　蜂蜜》（GB 14963—2011）中菌落总数限量的 11 倍。原 L 检验检疫局依据《商检法》及其实施条例、《进出口食品安全管理办法》第十八条第二款等相关规定，出具检验检疫处理通知书，通知 A

公司对该批蜂蜜及时进行退运或销毁处理。收到通知后，西班牙出口商对检测结果提出质疑，并委托中国某第三方检测公司对问题蜂蜜进行抽样检测，检测结果菌落总数不合格。

2016 年 5 月，A 公司向原 L 检验检疫局提出对该批货物采用倾倒、掩埋方式进行销毁的申请，原 L 检验检疫局执法人员对此批不合格蜂蜜的销毁工作进行了全程现场监督。

3. 案例评析

近年来，进口食品逐渐增多，不安全因素随之加大，检验检疫部门如何加大执法把关力度，防止不合格食品流入市场是一大课题。执法把关首先要加强责任感，高度重视进口食品安全工作，严格进口食品检验检疫监管，严格按照法定程序和标准对进口食品施检，对符合我国标准要求的准予进口，对不符合的采取整改、退运或销毁等措施，确保了进口食品安全，保障了国内广大消费者的健康。

【学习内容】

一、出境植物及其产品、其他检疫物的生产、加工、存放单位注册登记

（一）适用范围

根据《国务院关于在自由贸易试验区开展“证照分离”改革全覆盖试点的通知》（国发〔2019〕25 号）以及《海关总署关于开展“证照分离”改革全覆盖试点的公告》（海关总署公告 2019 年第 182 号，附件 13“出境动物及其产品、其他检疫物的生产、加工、存放单位注册登记”），对出境植物及其产品、其他检疫物的生产、加工、存放单位注册登记实施优化审批服务改革，实现申请、审批全程网上办理。

（二）主管机构

海关总署负责统一组织实施全国出境植物及其产品、其他检疫物的生产、加工、存放单位注册登记管理工作。

主管海关具体实施所辖区域内出境植物及其产品、其他检疫物的生产、加工、存放单位注册登记和监督检查工作。

（三）许可条件

1. 出境粮食加工、仓储企业

（1）具有法人资格，在工商行政管理部门注册，持有企业法人营业执照，并具有粮食仓储经营的资格。

（2）仓储区域布局合理，不得建在有碍粮食卫生和易受有害生物侵染的区域，仓储区内不得兼营、生产、存放有毒有害物质。具有足够的粮食储存库房和场地，库场地面平整、无积水，货场应硬化，无裸露土地面。

（3）在装卸、验收、储存、出口等全过程建立仓储管理制度和质量管理体系，并运行有效。仓储企业的各台账记录应清晰完整，能准确反映出入库粮食物流信息及在储粮食信息，具备追溯

性。台账在粮食出库后保存期限为至少 2 年。

（4）建立完善的有害生物监控体系，制订有害生物监测计划及储存库场防疫措施（如垛位间隔距离、场地卫生、防虫计划、防虫设施等），保留监测记录；制订有效的防鼠计划，储存库场及周围应当具备防鼠、灭鼠设施，保留防鼠记录；具有必要的防鸟设施。

（5）制订仓储粮食检疫处理计划，出现疫情时应及时上报海关，在海关的监管下由海关认可的检疫处理部门进行除害处理，并做好除害处理记录。

（6）建立质量安全事件快速反应机制，对储存期间及出入库时发现的撒漏、水湿、发霉、污染、掺伪、虫害等情况，能及时通知货主、妥善处理、做好记录并向海关报告，未经海关允许不得将有问题的货物码入垛内或出库。

（7）仓储粮食应集中分类存放，离地，离墙，堆垛之间应保留适当的间距，并以标牌示明货物的名称、规格、发站、发货人、收货人、车号、批号、垛位号及入库日期等。不同货物不得混杂堆放。

（8）应具备与业务量相适应的粮食检验检疫实验室，实验室具备品质、安全卫生常规项目检验能力及常见仓储害虫检疫鉴定能力。

（9）配备满足需要的仓库保管员和实验室检验员。经过海关培训并考核合格，能熟练完成仓储管理、疫情监控、实验室检测及检疫鉴定工作。

出口粮食中转、暂存库房、场地、货运堆场等设施的所属企业，应符合以上（2）、（4）、（5）、（6）、（7）条要求。

2. 出境种苗花卉生产企业

（1）种植基地要求

①应符合我国和输入国家（地区）规定的植物卫生防疫要求。

②近两年未发生重大植物疫情，未出现重大质量安全事故。

③应建立完善的质量管理体系。质量管理体系文件包括组织机构、人员培训、有害生物监测与控制、农用化学品使用管理、良好农业操作规范、溯源体系等有关资料。

④建立种植档案，对种苗花卉来源流向、种植收获时间，有害生物监测防治措施等日常管理情况进行详细记录。

⑤应配备专职或者兼职植保专业技术人员，负责基地有害生物监测、报告、防治等工作。

⑥符合其他相关规定。

（2）加工包装厂及储存库要求

①厂区整洁卫生，有满足种苗花卉储存要求的原料场、成品库。

②存放、加工、处理、储藏等功能区相对独立、布局合理，且与生活区采取隔离措施并有适当的距离。

③具有符合检疫要求的清洗、加工、防虫防病及必要的除害处理设施。

④加工种苗花卉所使用的水源及使用的农用化学品均须符合我国和输入国家（地区）有关卫生环保的要求。

⑤建立完善的质量管理体系，包括对种苗花卉加工、包装、储运等相关环节疫情防控措施、应急处置措施、人员培训等内容。

⑥建立产品进货和销售台账，种苗花卉各个环节溯源信息要有详细记录。

⑦出境种苗花卉包装材料应干净卫生，不得二次使用，在包装箱上标明货物名称、数量、生产经营企业注册登记号、生产批号等信息。

⑧配备专职或者兼职植保专业技术人员，负责原料种苗花卉验收、加工、包装、存放等环节防疫措施的落实、质量安全控制、成品自检等工作。

⑨有与其加工能力相适应的提供种苗花卉货源的种植基地，或与经注册登记的种植基地建有固定的供货关系。

⑩符合其他相关规定。

3. 出境新鲜水果（含冷冻水果）果园和包装厂

（1）果园申请条件

①连片种植，面积在100亩[①]以上。

②周围无影响水果生产的污染源。

③有专职或者兼职植保专业技术人员，负责果园有害生物监测防治等工作。

④建立完善的质量管理体系，包括组织机构、人员培训情况、有害生物监测与控制、农用化学品使用管理、良好农业操作规范等有关资料。

⑤近两年未发生重大植物疫情。

⑥双边协议、议定书或输入国家（地区）法律法规对注册登记有特别规定的，还须符合其规定。

（2）包装厂申请条件

①厂区整洁卫生，有满足水果储存要求的原料场、成品库。

②水果存放、加工、处理、储藏等功能区相对独立、布局合理，且与生活区采取隔离措施并有适当的距离。

③具有符合检疫要求的清洗、加工、防虫防病及除害处理设施。

④加工水果所使用的水源及使用的农用化学品均须符合有关食品卫生要求及输入国家（地区）的要求。

⑤有完善的卫生质量管理体系，包括对水果供货、加工、包装、储运等环节的管理；对水果溯源信息、防疫监控措施、有害生物及有毒有害物质检测等信息有详细记录。

⑥配备专职或者兼职植保专业技术人员，负责原料水果验收、加工、包装、存放等环节防疫措施的落实、有毒有害物质的控制、弃果处理和成品水果自检等工作。

⑦有与其加工能力相适应的提供水果货源的果园，或与供货果园建有固定的供货关系。

⑧双边协议、议定书或输入国家（地区）法律法规对注册登记有特别规定的，还须符合其规定。

4. 出境烟叶加工、仓储企业

（1）出境烟叶加工企业申请条件

①具有法人资格，在工商行政管理部门注册，持有企业法人营业执照，并具有烟叶及其副产品经营的资格。

②具有健全的质量管理体系，有完整的生产加工过程产品质量控制记录，获得质量体系认证

---

① 1亩≈666.67平方米，下同。

或者具备相应的质量保证能力，且运行有效。

③了解原料烟叶产地、种植期间的质量和安全状况，对原料烟种植安全卫生管理提出要求，并提供技术指导和协助。

④具有完善的厂区及周边有害生物监测体系，监测人员应经过海关培训，监测设施齐备，具有监测计划、监测记录及检疫处理预案等。

⑤产品所使用的原料、辅料、添加剂应符合进口国家（地区）法律、行政法规的规定和强制性标准。

⑥产品形成一定的规模，产品质量稳定，信誉良好，企业诚信度高。

⑦具有原料进货和产品销售台账，且至少保存至成品出口后 2 年。进货台账包括货物名称、规格、等级、数（重）量、批次号、来源地区、供货商及其联系方式、进货时间、除害处理时间、药剂及浓度等信息，销售台账包括货物名称、规格、等级、数量、批次号、进口国家（地区）、收货人及其联系方式、加工时间、出口时间、除害处理时间、药剂及浓度等信息。在出口烟叶及其副产品的外包装和厂检合格单上标明检验检疫批次编号，完善溯源记录。

⑧符合其他相关规定。

（2）出境烟叶仓储企业申请条件

①具有法人资格，在工商行政管理部门注册，持有企业法人营业执照，并具有烟叶及其副产品经营的资格。

②仓储场地应保持整洁、仓库密闭情况良好，检疫处理场所和设施等应符合安全防护措施要求。

③国内销售烟草、出口烟草应分区、分仓存放，出口烟草按种类堆垛整齐，并注明检验检疫批次号、数（重）量、生产厂、等级、生产年份，对已加工的烟草和未加工的烟草应分仓仓储。

④建立烟草仓储害虫监控体系，监测人员应经过海关培训，监测设施齐备，具有监测计划、监测记录及检疫处理预案等，定期将本单位仓储的虫情发生情况及所采取的防疫处理措施上报当地海关。

⑤仓库能够进行温湿度监测与控制，仓库温湿度数据能够记录，确保适应烟叶及其副产品储存安全的温度和湿度，必要时可采取降温、排湿措施。

⑥符合其他相关规定。

（3）出口烟叶中转、暂存场所申请条件

①仓储场地应保持整洁，具有防雨、防潮、防虫设施。

②出口烟草应按种类、检验检疫批次号分别堆码、堆垛整齐。

③具有有效的烟草仓储害虫监测措施、监测记录和检疫处理预案。

④符合其他相关规定。

5. 出境竹木草制品生产加工企业

（1）厂区整洁卫生、道路及场地地面硬化、无积水。

（2）厂区布局合理，原料存放区、生产加工区、包装及成品存放区划分明显，相对隔离。

（3）有相对独立的成品存放场所，成品库（区）干净卫生，产品堆垛整齐，标识清晰。

（4）具备相应的防疫除害处理措施，防疫除害处理能力与出口数量相适应。

（5）配备经海关培训合格的厂检员，熟悉生产工艺，并能按要求做好相关防疫和自检工作。

（6）建立质量管理体系或制度，包括卫生防疫制度、原辅料合格供方评价制度、溯源管理制度、厂检员管理制度、自检自控制度等。

6. 出境饲料生产、加工、存放企业

（1）厂房、工艺、设备和设施具备以下条件。

①厂址应当避开工业污染源，与养殖场、屠宰场、居民点保持适当距离。

②厂房、车间布局合理，生产区与生活区、办公区分开。

③工艺设计合理，符合安全卫生要求。

④具备与生产能力相适应的厂房、设备及仓储设施。

⑤具备有害生物（啮齿动物、苍蝇、仓储害虫、鸟类等）防控设施。

（2）具有与其所生产产品相适应的质量管理机构和专业技术人员。

（3）具有与安全卫生控制相适应的检测能力。

（4）管理制度健全。

①岗位责任制度健全。

②人员培训制度健全。

③从业人员健康检查制度健全。

④按照危害分析与关键控制点（HACCP）原理建立质量管理体系，在风险分析的基础上开展自检自控。

⑤标准卫生操作规范（SSOP）。

⑥原辅料、包装材料合格供应商评价和验收制度健全。

⑦饲料标签管理制度和产品追溯制度健全。

⑧废弃物、废水处理制度健全。

⑨客户投诉处理制度健全。

⑩质量安全突发事件应急管理制度健全。

（5）海关总署按照饲料产品种类分别制定出口检验检疫要求。审查合格，准予注册登记；审查不合格，不予注册登记。

（6）根据《海关总署关于调整部分进出境货物监管要求的公告》（海关总署公告2020年第99号）的要求，出境饲料及饲料添加剂生产企业，输入国家（地区）无注册登记要求的，免于向海关注册登记。

7. 出境货物木质包装除害处理标识加施企业

（1）热处理条件及设施

①热处理库应保温、密闭性能良好，具备供热、调湿、强制循环设备，如采用非湿热装置提供热源的，需安装加湿设备。

②配备木材中心温度检测仪或耐高温的干湿球温度检测仪，且具备自动打印、不可人为修改或数据实时传输的功能。

③供热装置的选址与建造应符合环保、劳动、消防、技术监督等部门的要求。

④热处理库外具备一定面积的水泥地面周转场地。

⑤设备运行能达到热处理技术指标要求。

（2）熏蒸处理条件及设施

①具备经海关考核合格的熏蒸队伍或签约委托的经海关考核合格的熏蒸队伍。

②熏蒸库应符合《植物检疫　简易熏蒸库熏蒸操作规程》（SN/T 1143—2013）的要求，密闭性能良好，具备低温下的加热设施，并配备相关熏蒸气体检测设备。

③具备相应的水泥硬化地面周转场地。

④配备足够的消防设施及安全防护用具。

（3）厂区环境与布局

①厂区道路及场地应平整、硬化，热处理库、熏蒸库、成品库及周围应为水泥地面。厂区内无杂草、积水，树皮等下脚料集中存放处理。

②热处理库、熏蒸库和成品库与原料存放场所、加工车间及办公区、生活区域有效隔离。成品库应配备必要的防疫设施，防止有害生物再次侵染。

③配备相应的灭虫药械，定期进行灭虫防疫并做好记录。

（4）组织机构及人员管理

①建立职责明确的防疫管理小组，成员由企业负责人、相关部门负责人、除害处理技术人员等组成。防疫小组成员应熟悉有关检验检疫法律法规。

②配备经海关考核合格的协管员，应掌握木质包装检疫要求及除害处理效果验收标准，协助海关做好监管工作。协管员应为防疫管理小组成员。

③主要管理和操作人员应经海关培训并考核合格。除害处理技术及操作人员应掌握除害处理操作规程。

（5）质量、防疫管理体系

①明确生产质量方针和目标，将除害处理质量纳入质量管理目标。

②制定原料采购质量控制要求，建立原料采购台账，注明来源、材种、数量等。

③制定木质包装检疫与除害处理操作流程及质量控制要求，进行自检和除害处理效果检查，并做好记录。

④制定标识加施管理及成品库防疫管理要求，并做好进出库、销售记录，保证有效追溯产品流向。

⑤制定环境防疫控制要求，定期做好下脚料处理、环境防疫并做好记录。

⑥建立异常情况的处置和报告程序。

（四）材料要求

1. 首次申请

（1）出境粮食加工、仓储企业

①出境粮食生产、加工、存放企业注册登记申请表。

②企业厂区平面图及简要说明。

③涉及本企业粮食业务的全流程管理制度、质量安全控制措施和溯源管理体系说明。

④有害生物监测与控制措施（包括配备满足防疫需求的人员，具有对虫、鼠、鸟等的防疫措施及能力）。

（2）出境种苗花卉生产企业

①出境种苗花卉生产经营企业注册登记申请表。

②种植基地及加工包装厂布局示意图、检测实验室平面图，以及主要生产加工区域、除害处理设施的照片。

③植保专业技术人员、质量监督员及企业实验室检测人员培训证明及相应资质、资格证件。

（3）出境新鲜水果（含冷冻水果）果园和包装厂

①出境水果果园须提交出境水果果园注册登记申请表，以及果园示意图、平面图。

②出境水果包装厂须提交出境水果包装厂注册登记申请表，以及包装厂厂区平面图、包装厂工艺流程及简要说明；提供水果货源的果园名单、包装厂与果园签订的有关水果生产、收购合约复印件。

（4）出境烟叶加工、仓储企业

①出境烟叶产品生产、加工、存放企业注册登记申请表。

②企业厂区平面图及简要说明。

③生产加工情况的说明材料。

（5）出境竹木草制品生产加工企业

①出境竹木草制品生产企业注册登记及分类管理申请表。

②企业厂区平面图及简要说明。

③生产工艺流程图，包括各环节的技术指标及相关说明。

④生产加工过程中所使用主要原辅料清单、自检自控计划。

（6）出境饲料生产、加工、存放企业

①出境饲料生产、加工、存放企业检验检疫注册登记申请表（随附申请注册登记的产品及原料清单）。

②国家饲料主管部门有审查生产许可、产品批准文号等要求的，须提供获得批准的相关证明文件。

③生产工艺流程图，并标明必要的工艺参数（涉及商业秘密的除外）。

④厂区平面图，并提供重点区域的照片或者视频资料。

（7）出境货物木质包装除害处理标识加施企业

①出境货物木质包装除害处理标识加施企业申请考核表。

②企业厂区平面图及简要说明。

③热处理或者熏蒸处理等除害设施及相关技术、管理人员的资料。

2. 变更申请

（1）出境植物产品生产、加工、存放企业注册登记变更申请。

（2）与变更内容相关的资料（变更项目的生产工艺说明、产业政策证明材料）。

3. 延续申请

须提供企业延续申请书。

4. 注销申请

须提供注销申请书。企业取得准予注销许可后应当一并交回原注册登记证书。

（五）办理流程

1. 申请人向海关递交材料，海关向申请人出具受理单或不予受理通知书。

2. 所在地海关受理申请后，应当根据法定条件和程序进行全面审查，自受理之日起 20 个工作日内作出决定。

3. 经审查符合许可条件的，依法作出准予注册登记许可的书面决定，并送达申请人，同时核发注册登记证书。经审查不符合许可条件的，出具不予许可决定书。

首次、变更、延续、注销申请均按上述流程办理。

（六）办理方式

通过海关行政审批“一个窗口”现场办理或海关行政审批网上平台办理。

（七）监管措施

1. 对获证主体开展“双随机、一公开”监管，根据不同风险程度、信用水平，合理确定抽查比例，依法查处违法违规行为。

2. 加强信息收集，发现被境外通报的质量安全问题和违法违规行为的要依法查处。

3. 加强信用监管，完善黑名单制度，对失信主体开展联合惩戒。

（八）依据

1.《动植物检疫法实施条例》。

2.《国务院关于在自由贸易试验区开展“证照分离”改革全覆盖试点的通知》（国发〔2019〕25 号）。

3.《出境植物及其产品、其他检疫物的生产、加工、存放单位注册登记》（海关总署公告 2019 年第 182 号附件 14）。

4.《进出境粮食检验检疫监督管理办法》（海关总署令第 243 号附件 42）。

5.《关于加强进出境种苗花卉检验检疫工作的通知》（国质检动函〔2007〕831 号）。

6.《进境水果检验检疫监督管理办法》（海关总署令第 243 号附件 25）。

7.《出境竹木草制品检疫管理办法》（海关总署令第 240 号附件 53）。

8.《进出口饲料和饲料添加剂检验检疫监督管理办法》（海关总署令第 243 号附件 30）。

9.《出境货物木质包装检疫处理管理办法》（海关总署令第 240 号附件 56）。

（九）事项类型

行政许可。

出境植物及其产品、其他检疫物的生产、加工、存放单位注册登记业务流程如图 2-5-1 所示。

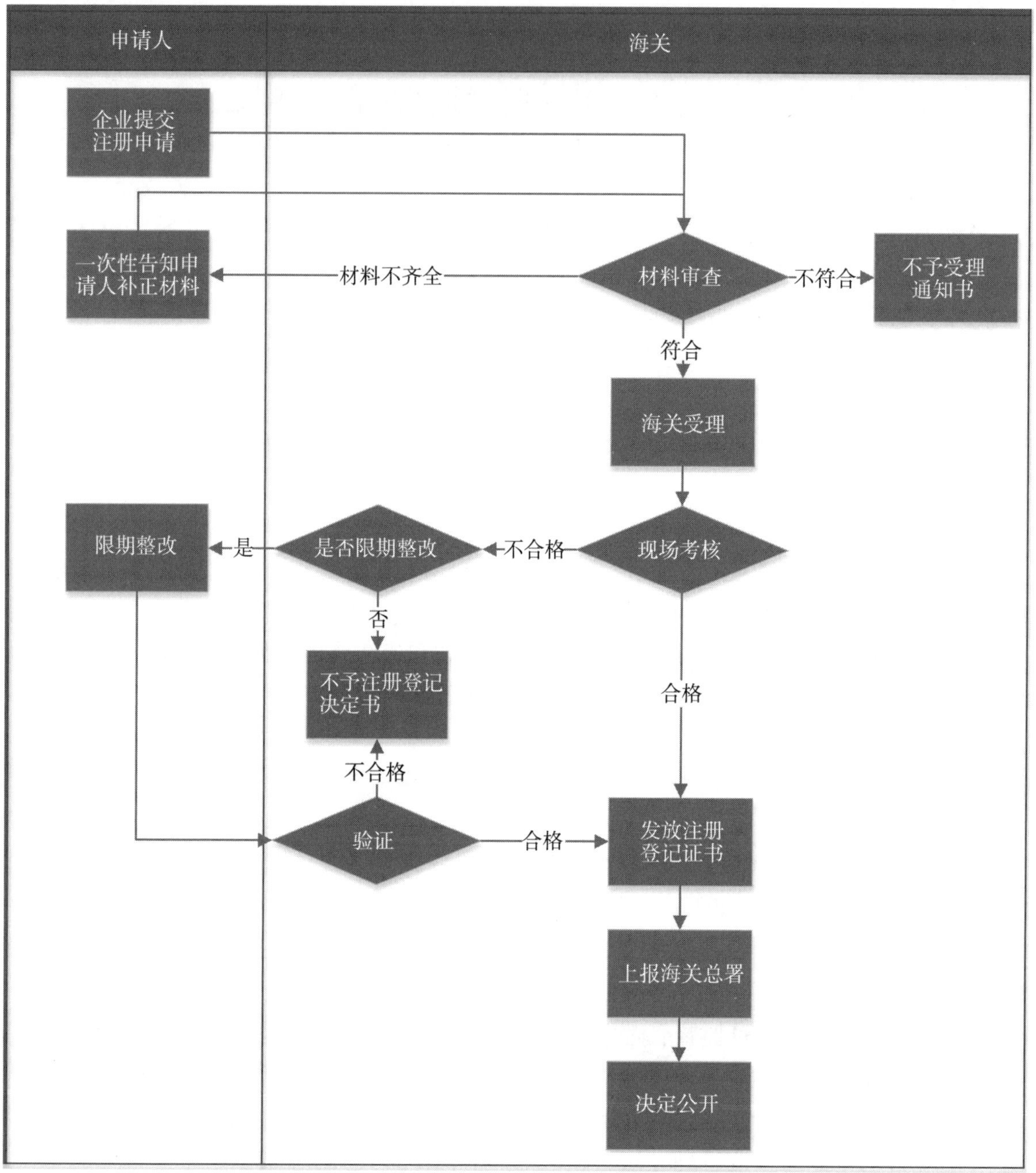

图 2-5-1　出境植物及其产品、其他检疫物的生产、加工、存放单位注册登记业务流程图

二、出境动物及其产品、其他检疫物的生产、加工、存放单位注册登记

（一）适用范围

根据《国务院关于在自由贸易试验区开展“证照分离”改革全覆盖试点的通知》（国发〔2019〕25 号），对出境动物及其产品、其他检疫物的生产、加工、存放单位注册登记实施优化审批服务改革。改革后，实现申请、审批全程网上办理；办理出境水生动物养殖场、中转场注册登记的，不再要求申请人提供养殖许可证、海域使用证、水质检测报告等材料；办理出口饲料生产企业注册登记的，不再要求申请人提供生产许可证明、产品审查批准文件等材料；办理饲养场

注册登记的，不再要求申请人提供重点区域照片或视频资料等材料。

（二）主管机构

海关总署负责统一组织实施全国出境动物及其产品、其他检疫物的生产、加工、存放单位注册登记管理工作。

主管海关具体实施所辖区域内出境动物及其产品、其他检疫物的生产、加工、存放单位注册登记和监督检查工作。

（三）许可条件

1. 供港澳活羊中转场

（1）具有独立企业法人资格。不具备独立企业法人资格者，由其具有独立企业法人资格的上级主管部门提出申请。

（2）具有稳定的货源供应，与活羊养殖单位或供应单位签订有长期供货合同或协议。

（3）中转场设计存栏数量不得少于 200 只。

（4）中转场内具有正常照明设施和稳定电源供应。

（5）建立动物卫生防疫制度、饲养管理制度，并符合下列供港澳活羊中转场动物卫生防疫要求。

①中转场周围 500 米范围内无其他动物饲养场、医院、牲畜交易市场、屠宰厂。

②设有以中转场负责人为组长的动物卫生防疫领导小组；至少有一名经海关培训、考核、认可的兽医。

③在过去 21 天内，中转场未发生过一类传染病和炭疽。

④中转场工作人员无结核病、布氏杆菌病等人畜共患病。

⑤具有健全的动物卫生防疫制度（包括疫情报告制度、防疫消毒制度、用药制度）和饲养管理制度（包括活羊入出场登记制度、饲料草及添加剂使用登记制度）。

⑥中转场周围设有围墙；场内分设健康羊圈舍和与其远离的病羊隔离舍。

⑦中转场内清洁卫生，大门口设置有车辆消毒池及喷雾消毒设施，人行通道入口设有消毒池或消毒垫。

⑧中转场内水源充足，水质符合国家规定的饮用水卫生标准。

⑨中转场内不得有除羊和守卫犬以外的其他动物，用于守卫的犬只应拴养。

⑩所用饲料及饲料添加剂不含违禁药品。

2. 供港澳活牛育肥场

（1）具有独立企业法人资格。

（2）在过去 6 个月内育肥场及其周围 10 千米范围内未发生过口蹄疫，场内未发生过炭疽、结核病和布氏杆菌病。

（3）育肥场设计存栏数量及实际存栏量均不得少于 200 头。

（4）建立动物卫生防疫制度、饲养管理制度，并符合下列供港澳活牛育肥场动物卫生防疫要求：

①育肥场周围 500 米范围内无其他动物饲养场、医院、牲畜交易市场、屠宰场。

②设有以育肥场负责人为组长的动物卫生防疫领导小组及相应职责。

③须配备有经海关培训、考核、认可的兽医。

④具有健全的动物卫生防疫制度（包括日常卫生管理制度、疫病防治制度、用药管理制度）和饲养管理制度（包括活牛入出场管理制度、饲料及添加剂使用管理制度）及相应的记录表册。

⑤场区设置有兽医室和日常防疫消毒及诊疗用器械。

⑥育肥场周围设有围墙（围栏或铁丝网），并设有专人看守的大门。

⑦场区整洁，生产区与人员生活区严格分开，生产区内设置有饲料加工及存放区、进出场隔离检疫区、育肥区、兽医室、病畜隔离区等，不同功能区分开，布局合理。

⑧设有入场架子牛和出场育肥牛隔离检疫区。入场隔离检疫区为专用或兼用检疫圈舍，距离育肥区至少50米。

⑨生产区出入口须设置：

A. 与门同宽、长2~3米、深10~15厘米的车辆消毒池及喷雾消毒设施。

B. 淋浴室或更衣室。

C. 人行通道设有消毒池或消毒垫。

⑩场区工作人员无结核病、布氏杆菌病等人畜共患病。

⑪育肥场内水源充足，水质符合国家规定的饮用水卫生标准。

⑫场区内具有粪便、污水处理设施。

⑬生产区内不得有除牛及守卫犬以外的其他动物，用于守卫的犬必须拴养。

⑭所有饲料及饲料添加剂不含违禁药品。

3. 供港澳活牛中转仓

（1）具有独立企业法人资格。不具备独立企业法人资格者，由其具有独立法人资格的主管部门提出申请。

（2）中转仓过去21天内未发生过一类传染病。

（3）中转仓设计存栏数量不得少于20头。

（4）建立动物卫生防疫制度、饲养管理制度，并符合下列供港澳活牛中转仓动物卫生防疫要求：

①中转场周围500米范围内无其他动物饲养场、医院、牲畜交易市场、屠宰场。

②中转仓周围设有围墙，内设用实心墙相互隔离并编有顺序号（1号圈、2号圈等）的圈舍，用于隔离来自不同注册育肥场的牛。

③设有以中转仓负责人为组长的动物卫生防疫领导小组，至少配备一名经海关培训、考核、认可的兽医。

④中转仓工作人员无结核病、布氏杆菌病等人畜共患病。

⑤具有健全的动物卫生防疫制度（包括疫情报告制度、防疫消毒制度、用药制度）和饲养管理制度（包括活牛出入仓登记制度、饲料及饲料添加剂使用登记制度）。

⑥中转仓内卫生整洁。中转仓大门设置有车辆消毒池及喷雾消毒设施；人行通道入口设有消毒池或消毒垫。

⑦中转仓内水源充足，水质符合国家规定的饮用水卫生标准。

⑧具有符合无害化处理要求的死畜、粪便和污水处理设施。

⑨中转仓内不得饲养除牛及守卫犬以外的其他动物，用于守卫的犬必须拴养。

⑩所有饲料及饲料添加剂不含违禁药品。

4. 供港澳活禽饲养场

（1）存栏3万只以上。

（2）建立饲养场动物防疫制度、饲养管理制度或者全面质量保证（管理）体系，并符合下列供港澳活禽饲养场动物卫生基本要求：

①设有以饲养场负责人为组长的动物卫生防疫领导小组。

②配备有经海关培训、考核、认可的兽医。

③场区工作人员无结核病等人畜共患病。

④具有健全的动物卫生防疫制度、饲养管理制度及管理手册。

⑤饲养场周围1千米范围内无其他禽类饲养场、动物医院、畜禽交易市场、屠宰场。

⑥在过去6个月内，饲养场及其半径10千米范围内未暴发禽流感、新城疫。

⑦饲养场周围设有围墙或围栏。

⑧场内除圈养禽类外，没有饲养飞禽。在同一饲养场内没有同时饲养水禽、其他禽类和猪。

⑨场区整洁，生产区与生活区严格分开，生产区内设置有饲料加工及存放区、活禽出场隔离检疫区、育雏区、兽医室、病死禽隔离处理区和独立的种禽引进隔离区等，不同功能区分开，布局合理。

⑩饲养场及其生产区出入口设置与门同宽、长3~5米、深10~15厘米的车辆消毒池及喷雾消毒设施。生产区入口设有更衣室。每栋禽舍门口设有消毒池或消毒垫。人行通道设有消毒池或消毒垫。

⑪兽医室内药物放置规范，记录详细，无禁用药物、疫苗、兴奋剂和激素等，且配备有必要的诊疗设施。

⑫生产区内水源充足，水质符合国家规定的饮用水卫生标准。

⑬所用饲料及饲料添加剂不含违禁药物。

⑭场区具有与生产相配套的粪便、污水处理设施。

⑮水禽饲养场，可根据实际情况，参照本要求执行。

5. 供港澳活猪饲养场

建立饲养场饲养管理制度及动物卫生防疫制度，并符合下列供港澳活猪注册饲养场的条件和动物卫生基本要求：

（1）年出栏1万头以上，并实行自繁自养。

（2）设有以饲养场负责人为组长的动物卫生防疫领导小组。

（3）配备有经海关培训、考核、认可的兽医。

（4）具有健全的动物卫生防疫制度（包括日常卫生管理制度、疫病防制制度、用药管理制度）和饲养管理制度（包括种猪引进管理制度、饲料及添加剂使用管理制度）及相关的记录表册。

（5）饲养场周围1千米范围内无动物饲养场、医院、牲畜交易市场、屠宰场。

（6）饲养场周围设有围墙，并设有专人看守的大门。

（7）场区整洁，布局合理，生产区与生活区严格分开，生产区内设置有饲料加工及存放区、活猪出场隔离区、饲养区、兽医室、病死畜隔离处理区、粪便处理区和独立的种猪引进隔离区等，不同功能区分开。

（8）饲养场与其生产区出入口处，以及生产区中饲料加工和存放区、病死畜隔离处理区、粪便处理区与饲养区之间均有隔离屏障，且须设置：

①各出入口设置与门同宽、长3~5米、深10~15厘米的车辆消毒池及喷雾消毒设施。

②生产区入口具有淋浴室和更衣室。

③出入口人行通道设有消毒池或消毒垫。

（9）兽医室内药物放置规范，记录详细，无禁用药品，配备有必要的诊疗设施。

（10）每栋猪舍门口设有消毒池或消毒垫。

（11）生产区内运料通道和粪道分布合理，不互相交叉。

（12）场区工作人员健康，无结核病、布氏杆菌病等人畜共患病。

（13）生产区内水源充足，水质符合国家规定的饮用水卫生标准。

（14）具有与生产相配套的粪便、污水处理设施。

（15）生产区内没有饲养其他动物。

（16）所用饲料及饲料添加剂不含违禁药品。

6. 出境水生动物养殖场、中转场

（1）周边和场内卫生环境良好，无工业、生活垃圾等污染源和水产品加工厂，场区布局合理，分区科学，有明确的标识。

（2）具有符合检验检疫要求的养殖、包装、防疫、饲料和药物存放等设施、设备和材料。

（3）具有符合检验检疫要求的养殖、包装、防疫、疫情报告、饲料和药物存放及使用、废弃物和废水处理、人员管理、引进水生动物等专项管理制度。

（4）中转场的场区面积、中转能力应当与出口数量相适应。

7. 出境食用水生动物非开放性水域养殖场、中转场

（1）周边和场内卫生环境良好，无工业、生活垃圾等污染源和水产品加工厂，场区布局合理，分区科学，有明确的标识。

（2）具有符合检验检疫要求的养殖、包装、防疫、饲料和药物存放等设施、设备和材料。

（3）具有符合检验检疫要求的养殖、包装、防疫、疫情报告、饲料和药物存放及使用、废弃物和废水处理、人员管理、引进水生动物等专项管理制度。

（4）中转场的场区面积、中转能力应当与出口数量相适应。

（5）具有与外部环境隔离或者限制无关人员和动物自由进出的设施，如隔离墙、网、栅栏等。

（6）养殖场养殖水面应当具备一定规模，一般水泥池养殖面积不少于20亩，土池养殖面积不少于100亩。

（7）养殖场具有独立的引进水生动物的隔离池；各养殖池具有独立的进水和排水渠道。

8. 出境食用水生动物开放性水域养殖场、中转场

（1）周边和场内卫生环境良好，无工业、生活垃圾等污染源和水产品加工厂，场区布局合理，分区科学，有明确的标识。

（2）具有符合检验检疫要求的养殖、包装、防疫、饲料和药物存放等设施、设备和材料。

（3）具有符合检验检疫要求的养殖、包装、防疫、疫情报告、饲料和药物存放及使用、废弃物和废水处理、人员管理、引进水生动物等专项管理制度。

（4）中转场的场区面积、中转能力应当与出口数量相适应。

（5）养殖、中转、包装区域无规定的水生动物疫病。

（6）养殖场养殖水域面积不少于500亩，网箱养殖的网箱数一般不少于20个。

9. 出境观赏用和种用水生动物养殖场、中转场

（1）周边和场内卫生环境良好，无工业、生活垃圾等污染源和水产品加工厂，场区布局合理，分区科学，有明确的标识。

（2）具有符合检验检疫要求的养殖、包装、防疫、饲料和药物存放等设施、设备和材料。

（3）具有符合检验检疫要求的养殖、包装、防疫、疫情报告、饲料和药物存放及使用、废弃物和废水处理、人员管理、引进水生动物等专项管理制度。

（4）中转场的场区面积、中转能力应当与出口数量相适应。

（5）场区位于水生动物疫病的非疫区，过去2年内没有发生国际动物卫生组织（OIE）规定应当通报和农业农村部规定应当上报的水生动物疾病。

（6）养殖场具有独立的引进水生动物的隔离池和水生动物出口前的隔离养殖池，各养殖池具有独立的进水和排水渠道。养殖场具有独立的进水和排水渠道。

（7）具有与外部环境隔离或者限制无关人员和动物自由进出的设施，如隔离墙、网、栅栏等。

（8）养殖场水泥池养殖面积不少于20亩，土池养殖面积不少于100亩。

（9）出口淡水水生动物的包装用水必须符合饮用水标准；出口海水水生动物的包装用水必须清洁、透明并经有效消毒处理。

（10）养殖场有自繁自养能力，并有与养殖规模相适应的种用水生动物。

（11）不得养殖食用水生动物。

10. 出境非食用动物产品生产加工企业

应当符合进境国家（地区）的法律法规有关规定，并遵守下列要求：

（1）建立并维持进境国家（地区）有关法律法规规定的注册登记要求。

（2）按照建立的兽医卫生防疫制度组织生产。

（3）按照建立的合格原料供应商评价制度组织生产。

（4）建立并维护企业档案，确保原料、产品可追溯。

（5）如实填写出境非食用动物产品生产、加工、存放注册登记企业监管手册。

（6）符合中国其他法律法规规定的要求：

①具有独立法人资格：不具备独立法人资格者，由其具有独立法人资格的上级主管部门提出申请；

②申请单位符合中国动植物检验检疫要求并符合输入国家或地区的检验检疫要求。

（四）材料要求

1. 首次申请

（1）供港澳活羊中转场，活牛育肥场、中转仓，活禽、活猪饲养场

①注册登记申请表。

②企业厂区平面图及简要说明。

③育肥场、中转仓的动物卫生防疫制度、饲养管理制度。

（2）出境水生动物养殖场、中转场

①出境水生动物养殖场、中转场注册登记申请表。

②企业厂区平面示意图及彩色照片。

③养殖许可证或者海域使用证；水生动物卫生防疫和疫情报告制度；从场外引进水生动物的管理制度；养殖、药物使用、饲料使用、包装物料管理制度；废弃物、废水处理程序。

④进口国家（地区）对水生动物疾病有明确检测要求的，需提供有关检测报告。

⑤专业人员资质证明。

（3）出境非食用动物产品生产、加工、存放企业

①出境非食用动物产品生产、加工、存放企业检验检疫注册登记申请表。

②企业厂区平面图及简要说明。

③涉及环保要求的，须提供县级或者县级以上环保部门出具的环保合格证明。

④兽医卫生防疫制度。

⑤工艺流程图，包括生产、加工的温度、使用化学试剂的种类、浓度和pH值、处理的时间和使用的有关设备等情况。

（4）出境饲料生产、加工、存放企业

①出境饲料生产、加工、存放企业检验检疫注册登记申请表（随附申请注册登记的产品及原料清单）。

②国家饲料主管部门有审查生产许可、产品批准文号等要求的，须提供获得批准的相关证明文件。

③生产工艺流程图，并标明必要的工艺参数（涉及商业秘密的除外）。

④厂区平面图，并提供重点区域的照片或者视频资料。

2. 变更申请

（1）企业注册登记变更申请。

（2）与变更内容相关的资料（变更项目的生产工艺说明、产业政策证明材料）。

3. 延续申请

须提供企业延期申请书。

4. 注销申请

须提供注销申请书。企业取得准予注销许可后应当一并交回原注册登记证书。

（五）办理流程

1. 申请人向海关递交材料。海关向申请人出具受理单或不予受理通知书。

2. 所在地海关受理申请后，应当根据法定条件和程序进行全面审查，自受理之日起20个工作日内作出决定。

3. 经审查符合许可条件的，依法作出准予注册登记许可的书面决定，并送达申请人，同时核发注册登记证书。经审查不符合许可条件的，出具不予许可决定书。

首次、变更、延续、注销申请均按上述流程办理。

（六）办理方式

通过海关行政审批“一个窗口”现场办理或海关行政审批网上平台办理。

（七）监管措施

1. 对获证主体开展“双随机、一公开”监管，根据不同风险程度、信用水平，合理确定抽查比例，依法查处违法违规行为。

2. 加强信息收集，发现被境外通报的质量安全问题和违法违规行为的要依法查处。

3. 加强信用监管，完善黑名单制度，对失信主体开展联合惩戒。

（八）依据

1. 《动植物检疫法实施条例》。

2. 《国务院关于在自由贸易试验区开展“证照分离”改革全覆盖试点的通知》（国发〔2019〕25号）。

3. 《出境动物及其产品、其他检疫物的生产、加工、存放单位注册登记》（海关总署公告2019年第182号附件13）。

4. 《供港澳活羊检验检疫管理办法》（海关总署令第240号附件40）。

5. 《供港澳活牛检验检疫管理办法》（海关总署令第240号附件41）。

6. 《供港澳活禽检验检疫管理办法》（海关总署令第240号附件45）。

7. 《供港澳活猪检验检疫管理办法》（海关总署令第240号附件46）。

8. 《出境水生动物检验检疫监督管理办法》（海关总署令第243号附件28）。

（九）事项类型

行政许可。

出境动物及其产品、其他检疫物的生产、加工、存放单位注册登记业务流程如图2-5-2所示。

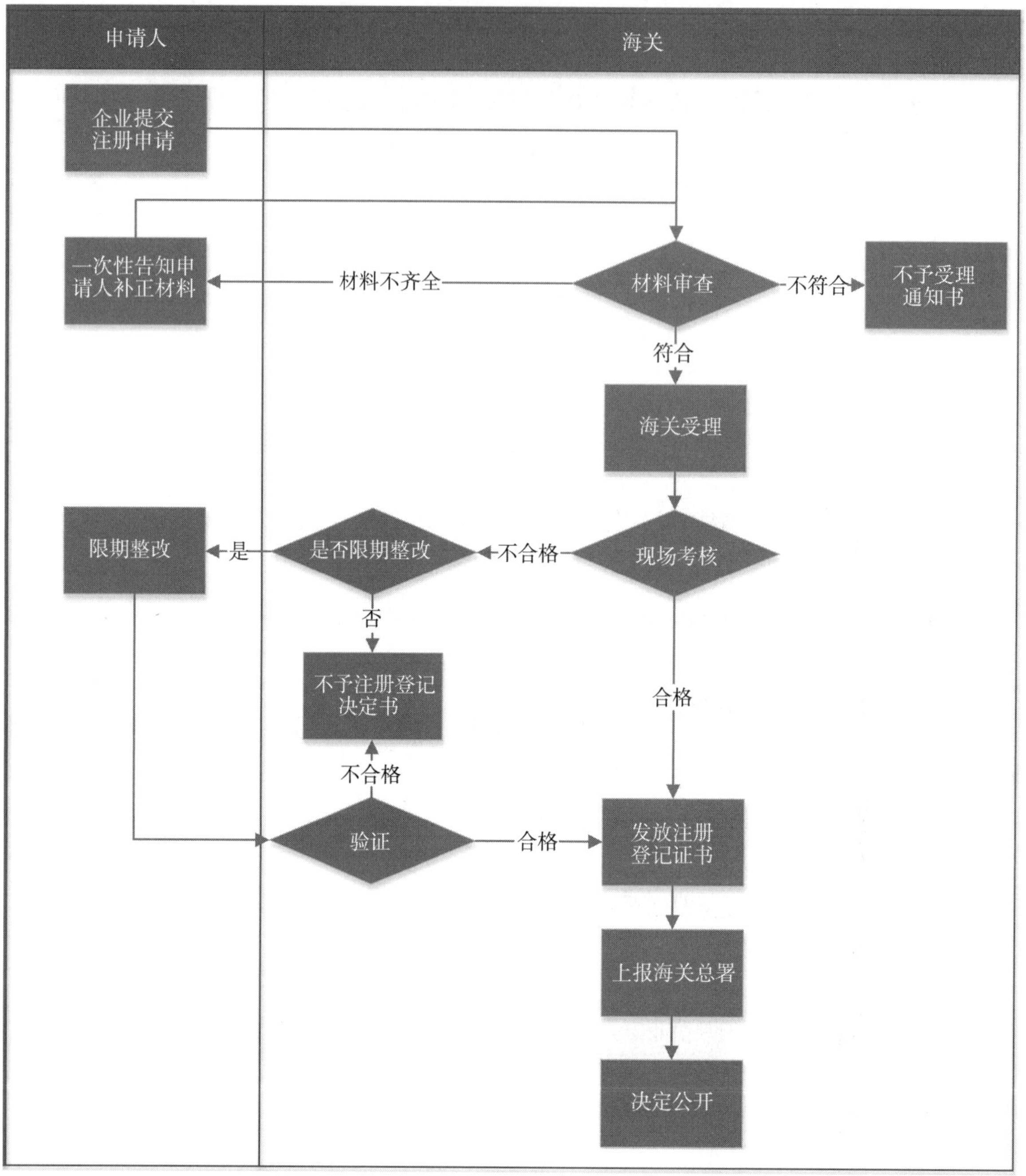

图 2-5-2　出境动物及其产品、其他检疫物的生产、加工、存放单位注册登记业务流程图

三、进境植物产品国外生产、加工、存放单位的注册登记

（一）适用范围

向我国输出植物产品的境外生产、加工、存放单位。

（二）主管机构

海关总署。海关总署动植物检疫司负责进境植物产品国外生产、加工、存放单位的注册审查，所有关键环节包括申请受理、文件审查、组建专家组、专家评审（包括文件审查及境外现场评审）、审核、结果反馈。

（三）基本要求

1. 向我国输出植物产品的国外生产、加工、存放单位的首次注册登记、延续、变更和注销申请。

2. 进境的植物产品已获准入资质。

（四）申请材料

1. 首次申请

（1）所在国（地区）相关的动植物疫情、兽医卫生、植物保护、农药兽药残留、生产企业注册管理和卫生要求等方面的法律法规和标准规范文件。

（2）所在国（地区）主管当局机构设置和人员情况。

（3）企业信息：企业名称、地址、官方批准编号。

（4）注册产品信息：注册产品名称、主要原料、用途等。

（5）所在国家（地区）主管当局对其推荐企业的检验检疫、卫生控制实际情况的评估答卷。

2. 延续申请

材料同注册登记。

3. 变更申请

提交出口国（地区）官方出具的更改证明性材料。

4. 注销申请

出口国（地区）官方出具的注销申请。

（五）办理流程

1. 推荐

实施注册登记管理的植物产品境外生产、加工、存放企业，经输出国家（地区）主管部门审查合格后向海关总署推荐。

2. 审查

（1）审查环节

海关总署动植物检疫司对推荐材料进行审查，必要时经与输出国家（地区）主管部门协商，派出专家到输出国家（地区）对申请注册登记的企业进行检查评估。

（2）审查内容

①文件审查

海关总署动植物检疫司相关业务处室收到国（境）外生产、加工、存放单位通过国（境）外官方主管部门提交的进境动物产品生产、加工、存放单位注册书面申请后，对申请材料进行审核，重点审核提交材料是否齐全。如有问题，及时告知驻华使馆相关问题，并要求补正。

②申请受理

申请事项属于本单位职权范围，申请材料齐全、符合法定形式，或者申请人按照本单位的要求提交全部补正申请材料的，予以受理。

③组建专家组

海关总署动植物检疫司相关业务处室针对提交申请情况，综合考虑专家的专业背景、此前执行注册任务情况等，从各地方海关选择熟悉业务的专家组成文件审核专家组和现场评审专家组，两组人员可以不同。

④专家评审

海关总署动植物检疫司相关业务处室在收到申请材料并完成形式审核后，视申请情况集中安排专家对申请文件进行审核，重点是对照议定书和我国法律法规要求，审核材料中是否存在不符合中方要求的内容，由文件审核专家组形成现场评审方案。海关总署动植物检疫司相关业务处室与国（境）外官方主管部门商定现场评审时间、路线、评审企业名单等情况，现场评审前确定现场评审专家组人员组成、检查方案等。

⑤审查

专家组将评审报告初稿转交海关总署动植物检疫司进行审查。

⑥结果反馈

审查结束后，海关总署动植物检疫司相关业务处室起草外函后向国（境）外官方主管部门反馈，将符合要求的企业进行注册登记并函告国（境）外官方主管部门，需整改后批准的和不予注册的企业情况一并告知。获准注册登记的企业名单在海关总署网上公布。

3. 注册登记

符合要求的国家（地区）的境外生产、加工、存放企业，经检查合格的予以注册登记。不符合要求的国家（地区）的境外生产、加工、存放企业，不予注册登记。

（六）办理方式

通过“互联网+海关”办事平台办理或输出国家（地区）主管部门直接/通过输出国家（地区）驻华使馆以函件、邮件等方式向海关总署推荐办理。

（七）依据

1.《动植物检疫法实施条例》第十七条规定：国家对向中国输出动植物产品的国外生产、加工、存放单位，实行注册登记制度。

2.《进境水果检验检疫监督管理办法》（海关总署令第240号附件25）。

3.《进出口饲料和饲料添加剂检验检疫监督管理办法》（海关总署令第240号附件30）。

4.《进出境粮食检验检疫监督管理办法》（海关总署令第240号附件42）。

5.《中华人民共和国海关实施〈中华人民共和国行政许可法〉办法》（海关总署令第218号）。

（八）事项类型

行政许可。

四、进境动物产品国外生产、加工、存放单位的注册登记

（一）适用范围

向我国输出动物产品的境外生产、加工、存放单位。

（二）主管机构

海关总署。海关总署动植物检疫司负责进境动物产品国外生产、加工、存放单位的注册审查，所有关键环节包括申请受理、文件审查、组建专家组、专家评审（包括文件审查及境外现场评审）、审核、结果反馈。

（三）基本要求

向我国输出动物产品的境外生产加工企业应当符合输出国家（地区）相关法律法规和标准要求，并达到我国有关法律法规和强制性标准的要求。

（四）申请材料

1. 注册登记及延续

（1）输出国家（地区）相关动物疫情防控、兽医卫生管理、兽药残留控制、生产企业注册管理等方面的法律法规和标准规范。

（2）输出国家（地区）主管部门机构设置、实验室检测体系，以及管理和技术人员配置情况。

（3）输出国家（地区）主管部门对其推荐企业的检验检疫、兽医卫生控制情况的评估。

（4）生产、加工、存放企业信息（企业名称、地址、官方批准编号）、注册产品信息（产品名称、主要原料、用途等）、企业产品允许在输出国家（地区）自由销售的官方证明。

2. 变更

输出国家（地区）主管部门对已注册登记企业信息变更的证明性材料。

3. 注销

注册登记的境外生产、加工、存放企业不再向我国输出动物产品的，输出国家（地区）主管部门书面通报海关总署。

（五）办理流程

1. 推荐

实施注册登记管理的动物产品境外生产、加工、存放企业，经输出国家（地区）主管部门审查合格后向海关总署推荐。

2. 审查

（1）审查环节

海关总署对推荐材料进行审查，必要时经与输出国家（地区）主管部门协商，派出专家到输出国家（地区）对申请注册登记的企业进行检查评估。

(2) 审查内容

①文件审查

海关总署动植物检疫司相关业务处室收到国（境）外生产、加工、存放单位通过国（境）外官方主管部门提交的进境动物产品生产、加工、存放单位注册书面申请后，对申请材料进行审核，重点审核提交材料是否齐全。如有问题，及时告知驻华使馆相关问题，并要求补正。

②申请受理

申请事项属于本单位职权范围，申请材料齐全、符合法定形式，或者申请人按照本单位的要求提交全部补正申请材料的，予以受理行政许可申请。

③组建专家组

海关总署动植物检疫司相关业务处室针对提交申请情况，综合考虑专家的专业背景、此前执行注册任务情况等，从各地方海关选择熟悉业务的专家组成文件审核专家组和现场评审专家组，两组人员可以不同。

④专家评审

海关总署动植物检疫司相关业务处室在收到申请材料并完成形式审核后，视申请情况集中安排专家对申请文件进行审核，重点是对照议定书和我国法律法规要求，审核材料中是否存在不符合中方要求的内容，由文件审核专家组形成现场评审方案。海关总署动植物检疫司相关业务处室与国（境）外官方主管部门商定现场评审时间、路线、评审企业名单等情况，现场评审前确定现场评审专家组人员组成、检查方案等。

⑤审查

专家组将评审报告初稿转交海关总署动植物检疫司进行审查。

⑥结果反馈

审查结束后，海关总署动植物检疫司相关业务处室起草外函后向国（境）外官方主管部门反馈，将符合要求的企业进行注册登记并函告国（境）外官方主管部门，需整改后批准的和不予注册的企业情况一并告知。获准注册登记的企业名单在海关总署网上公布。

3. 注册登记

符合要求的国家（地区）的境外生产、加工、存放企业，经检查合格的予以注册登记。不符合要求的国家（地区）的境外生产、加工、存放企业，不予注册登记。

（六）办理方式

通过“互联网+海关”办事平台办理或输出国家（地区）主管部门直接/通过输出国家（地区）驻华使馆以函件、邮件等方式向海关总署推荐办理。

（七）依据

1.《动植物检疫法实施条例》第十七条规定：国家对向中国输出动植物产品的国外生产、加工、存放单位，实行注册登记制度。

2.《进出口饲料和饲料添加剂检验检疫监督管理办法》（海关总署令第243号附件30）。

3.《进出境非食用动物产品检验检疫监督管理办法》（海关总署令第240号附件72）。

4.《进境水生动物检验检疫监督管理办法》（海关总署令第243号附件43）。

5.《中华人民共和国海关实施〈中华人民共和国行政许可法〉办法》（海关总署令第218号）。

（八）事项类型

行政许可。

进境动植物产品国外生产、加工、存放单位的注册登记办理业务流程如图2-5-3所示。

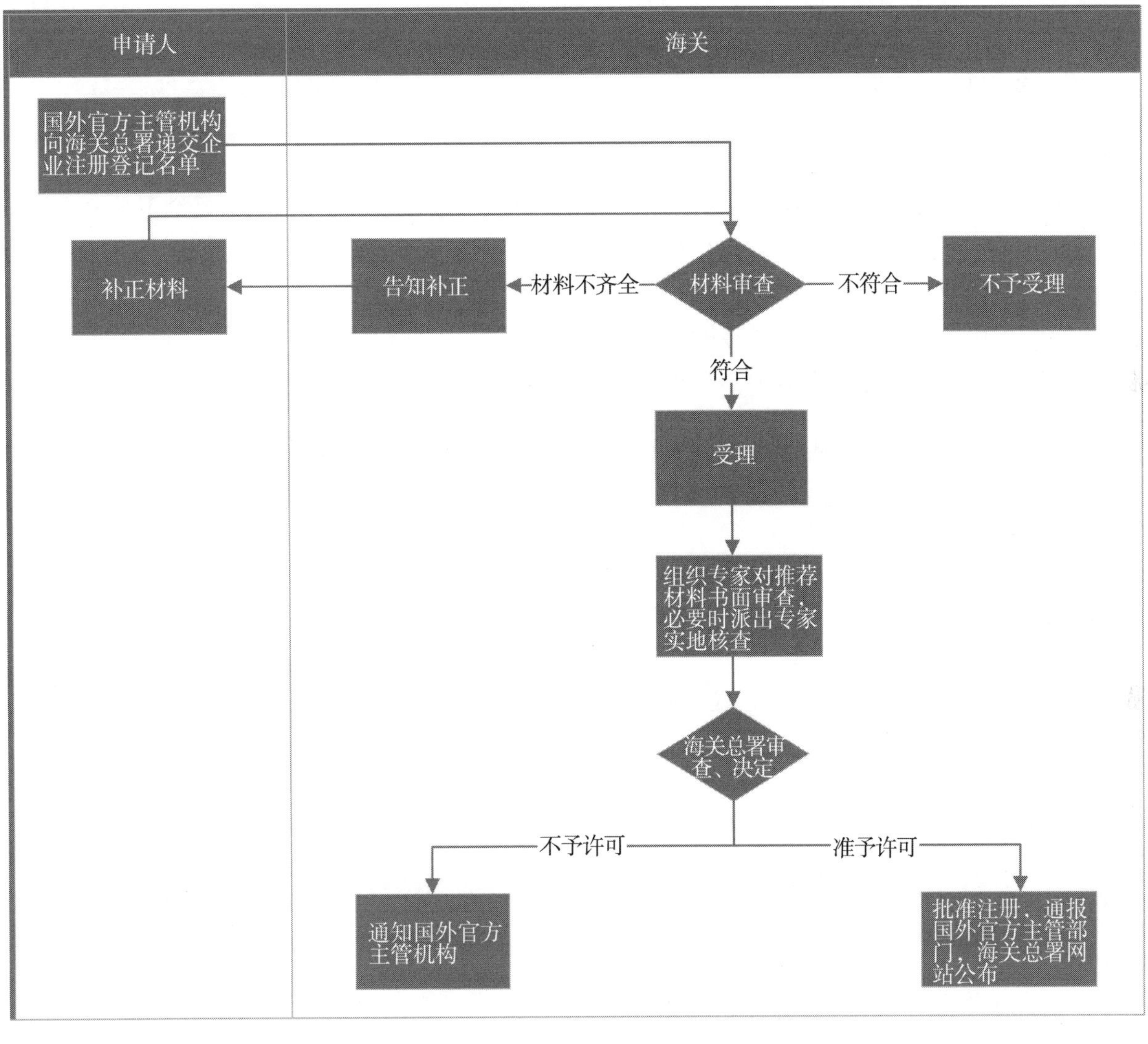

图2-5-3 进境动植物产品国外生产、加工、存放单位的注册登记办理业务流程图

五、出口食品生产企业备案核准

根据《国务院关于在自由贸易试验区开展“证照分离”改革全覆盖试点的通知》（国发〔2019〕25号），对“出口食品生产企业备案核准”实施“审批改为备案”改革。改革后，企业开展生产出口食品经营活动应持有营业执照并按要求进行备案，取消许可证有效期，改为长期有效。

（一）适用范围

适用于出口食品生产企业的监督管理。

（二）主管机构

海关总署负责统一组织实施全国出口食品生产企业备案管理工作。主管海关具体实施所辖区域内出口食品生产企业备案和监督检查工作。

（三）备案基本要求

1. 备案主体：中华人民共和国境内拟从事出口的食品生产企业。
2. 基本要求：已建立和实施以危害分析和预防控制措施为核心的食品安全卫生控制体系，该体系还应当包括食品防护计划。出口食品生产企业应当保证食品安全卫生控制体系有效运行，确保出口食品生产、加工、储存过程持续符合我国相关法律法规和出口食品生产企业安全卫生要求，以及进口国（地区）相关法律法规要求。

出口食品生产企业备案申请表，如表 2-5-1 所示。

表 2-5-1　出口食品生产企业备案申请表

<table>
<tr><td>社会统一信用代码</td><td colspan="6"></td></tr>
<tr><td>行政区划</td><td colspan="2"></td><td colspan="2">主管海关</td><td colspan="2"></td></tr>
<tr><td>生产企业名称</td><td colspan="6"></td></tr>
<tr><td>生产企业地址</td><td colspan="6"></td></tr>
<tr><td>法定代表人
（负责人）</td><td></td><td>法定代表人
（负责人）
移动电话</td><td></td><td colspan="2">法定代表人
（负责人）
固定电话</td><td></td></tr>
<tr><td>法定代表人
（负责人）
身份证件类型</td><td></td><td>身份证件号码</td><td></td><td colspan="2">法定代表人
（负责人）
电子邮箱</td><td></td></tr>
<tr><td>海关业务联系人</td><td colspan="2"></td><td colspan="2">海关业务联系人
移动电话</td><td colspan="2"></td></tr>
<tr><td>海关业务联系人
固定电话</td><td colspan="2"></td><td colspan="2">邮政编码</td><td colspan="2"></td></tr>
<tr><td>厂区面积</td><td colspan="2">平方米</td><td colspan="2">车间面积</td><td colspan="2">平方米</td></tr>
<tr><td>企业总人数</td><td colspan="2"></td><td colspan="2">管理者人数</td><td colspan="2"></td></tr>
</table>

表2-5-1 续

<table>
<tr><td rowspan="6">申请备案产品</td><td>产品名称</td><td>设计生产能力</td><td colspan="2">主要出口国家（地区）</td></tr>
<tr><td></td><td></td><td colspan="2"></td></tr>
<tr><td></td><td></td><td colspan="2"></td></tr>
<tr><td></td><td></td><td colspan="2"></td></tr>
<tr><td></td><td></td><td colspan="2"></td></tr>
<tr><td></td><td></td><td colspan="2"></td></tr>
<tr><td rowspan="4">生产企业通过认证情况</td><td>认证种类</td><td>认证机构</td><td>证书编号</td><td>有效期限</td></tr>
<tr><td></td><td></td><td></td><td></td></tr>
<tr><td></td><td></td><td></td><td></td></tr>
<tr><td></td><td></td><td></td><td></td></tr>
<tr><td colspan="5">我单位承诺已依法取得食品生产许可，且符合出口食品生产企业备案条件；已建立和实施以危害分析和预防控制措施为核心的食品安全卫生控制体系，体系包括食品防护计划；保证食品安全卫生控制体系有效运行，确保出口食品生产、加工、储存过程持续符合我国相关法律法规和出口食品生产企业安全卫生要求，以及进口国（地区）相关法律法规要求，现向海关申请办理出口食品生产企业备案，备案申请表填报内容真实有效。
法定代表人（或授权负责人）签名：
（企业公章）
年　月　日</td></tr>
</table>

（四）办理流程

1. 申请备案

（1）申请人向所在地主管海关提出申请并递交材料。

（2）主管海关对申请人提出的申请进行审核，对材料齐全、符合法定条件的，核发出口食品生产企业备案证明（以下简称“备案证明”）。

2. 备案变更

出口食品生产企业的名称、法定代表人、生产企业地址发生变化的，申请人应当自发生变更之日起15日内，向原发证海关递交申请材料，原发证海关对申请变更内容进行审核。变更申请材料齐全、证明材料真实有效的，准予变更。

3. 备案注销

申请人需要注销备案证明的，向主管海关提出书面申请，经主管海关审核后，办理注销手续。

（五）办理方式

通过海关行政审批窗口现场办理或线上通过“互联网+海关”一体化平台办理。

（六）依据

1.《中华人民共和国进出口食品安全管理办法》（海关总署令第249号）。

2.《出口食品生产企业备案核准》(海关总署公告 2019 年第 182 号附件 2)。

3.《国务院关于在自由贸易试验区开展“证照分离”改革全覆盖试点的通知》(国发〔2019〕25 号)。

4.《海关总署办公厅关于取消出口食品生产企业备案核准许可有关事项的通知》(署办企函〔2020〕10 号)。

(七)事项类型

根据 2020 年 10 月 15 日《海关总署办公厅关于取消出口食品生产企业备案核准许可有关事项的通知》(署办企函〔2020〕10 号)的有关精神,本行政许可事项改为备案。

出口食品生产企业备案核准办理业务流程如图 2-5-4 所示。

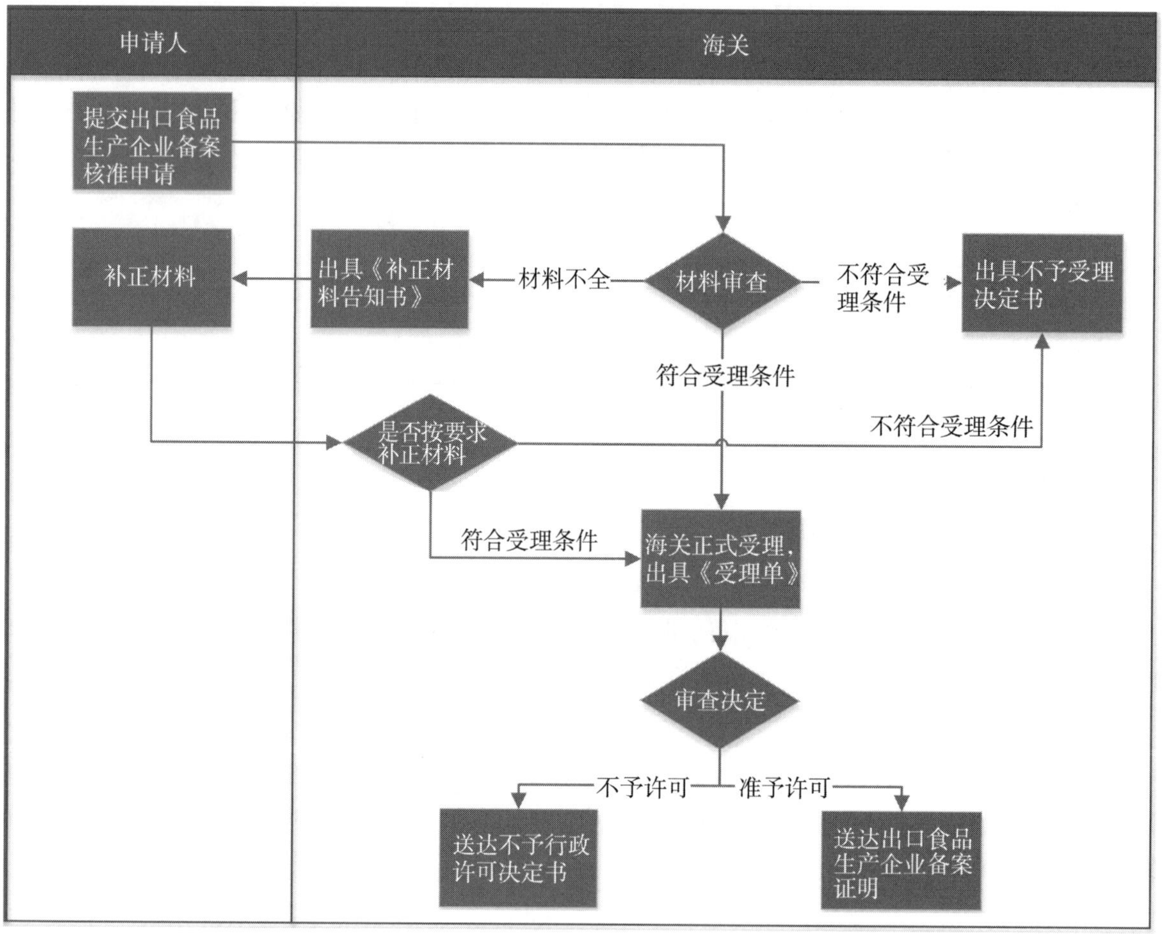

图 2-5-4 出口食品生产企业备案核准办理业务流程图

六、进口食品境外生产企业注册

(一)适用范围

适用于向我国输出食品的境外生产、加工、储存企业。

（二）主管机构

海关总署统一负责进口食品境外生产企业的注册及其监督管理工作。

（三）基本要求

1. 所有向中国境内出口食品的境外生产、加工、储存企业都应当申请并获得海关总署的注册；食品添加剂、食品相关产品的企业不在注册范围之内；根据《食品安全法》，食品相关产品是指用于食品的包装材料、容器、洗涤剂、消毒剂和用于食品生产经营的工具、设备。

（1）所在国家（地区）的食品安全管理体系通过海关总署等效性评估、审查；

（2）经所在国家（地区）主管当局批准设立并在其有效监管下；

（3）建立有效的食品安全卫生管理和防护体系，在所在国家（地区）合法生产和出口，保证向中国境内出口的食品符合中国相关法律法规和食品安全国家标准；

（4）符合海关总署与所在国家（地区）主管当局商定的相关检验检疫要求。

2. 进口食品境外生产企业注册方式包括所在国家（地区）主管当局推荐注册和企业申请注册。

海关总署根据对食品的原料来源、生产加工工艺、食品安全历史数据、消费人群、食用方式等因素的分析，并结合国际惯例确定进口食品境外生产企业注册方式和申请材料。

经风险分析或者有证据表明某类食品的风险发生变化的，海关总署可以对相应食品的境外生产企业注册方式和申请材料进行调整。

（1）国外官方推荐注册。下列食品的境外生产企业由所在国家（地区）主管当局向海关总署推荐注册：肉与肉制品、肠衣、水产品、乳品、燕窝与燕窝制品、蜂产品、蛋与蛋制品、食用油脂和油料、包馅面食、食用谷物、谷物制粉工业产品和麦芽、保鲜和脱水蔬菜以及干豆、调味料、坚果与籽类、干果、未烘焙的咖啡豆与可可豆、特殊膳食食品、保健食品（共18类）。

（2）企业申请注册。除上述18种以外的其他食品种类，包括：蔬菜及其制品（保鲜和脱水蔬菜除外）、粮食制品以及其他产品、茶叶类、坚果及籽类制品、酒类、饮料及冷冻饮品、饼干糕点面包、糖类（包括原糖、食糖、乳糖、糖浆等）、糖果巧克力（包括巧克力、代可可脂巧克力及其制品）、调味品（不包括食糖）、经烘焙的咖啡豆、可可豆及其制品（不包括巧克力）、水果制品、其他杂项食品、中药材等。

（四）申请材料

1. 首次申请

（1）所在国家（地区）主管当局应当对其推荐注册的企业进行审核检查，确认符合注册要求后，向海关总署推荐注册并提交以下申请材料：

①所在国家（地区）主管当局推荐函；

②企业名单与企业注册申请书；

③企业身份证明文件，如所在国家（地区）主管当局颁发的营业执照等；

④所在国家（地区）主管当局推荐企业符合本规定要求的声明；

⑤所在国家（地区）主管当局对相关企业进行审核检查的审查报告。

必要时，海关总署可以要求提供企业食品安全卫生和防护体系文件，如企业厂区、车间、冷库的平面图，以及工艺流程图等。

（2）除国外官方推荐注册所列食品以外的其他食品境外生产企业，应当自行或者委托代理人向海关总署提出注册申请并提交以下申请材料：

①企业注册申请书；

②企业身份证明文件，如所在国家（地区）主管当局颁发的营业执照等；

③企业承诺符合本规定要求的声明。

（3）企业注册申请书内容应当包括企业名称、所在国家（地区）、生产场所地址、法定代表人、联系人、联系方式、所在国家（地区）主管当局批准的注册编号、申请注册食品种类、生产类型、生产能力等信息。

（4）注册申请材料应当用中文或者英文提交，相关国家（地区）与中国就注册方式和申请材料另有约定的，按照双方约定执行。

（5）所在国家（地区）主管当局或进口食品境外生产企业应当对提交材料的真实性、完整性、合法性负责。

2. 变更申请

（1）在注册有效期内，进口食品境外生产企业注册信息发生变化的，应当通过注册申请途径，向海关总署提交变更申请，并提交以下材料：

①注册事项变更信息对照表；

②与变更信息有关的证明材料。

（2）海关总署评估后认为可以变更的，予以变更。

（3）生产场所迁址、法定代表人变更或者所在国家（地区）授予的注册编号改变的应当重新申请注册，在华注册编号自动失效。

3. 延续申请

（1）进口食品境外生产企业需要延续注册的，应当在注册有效期届满前3~6个月内，通过注册申请途径，向海关总署提出延续注册申请。

（2）延续注册申请材料包括：

①延续注册申请书；

②承诺持续符合注册要求的声明。

（3）海关总署对符合注册要求的企业予以延续注册，注册有效期延长5年。

4. 注销申请

已注册进口食品境外生产企业有下列情形之一的，海关总署注销其注册，通知所在国家（地区）主管当局或进口食品境外生产企业，并予以公布：

（1）未按规定申请延续注册的；

（2）所在国家（地区）主管当局或进口食品境外生产企业主动申请注销的；

（3）不再符合申请条件第2项要求的。

5. 整改

（1）进口食品境外生产企业所在国家（地区）主管当局应当对已注册企业实施有效监管，督促已注册企业持续符合注册要求，发现不符合注册要求的，应当立即采取控制措施，暂停相关企业向中国出口食品，直至整改符合注册要求。

（2）进口食品境外生产企业自行发现不符合注册要求时，应当主动暂停向中国出口食品，立即采取整改措施，直至整改符合注册要求。

（3）海关总署发现已注册进口食品境外生产企业不再符合注册要求的，应当责令其在规定期限内进行整改，整改期间暂停相关企业食品进口。

所在国家（地区）主管当局推荐注册的企业被暂停进口的，主管当局应当监督相关企业在规定期限内完成整改，并向海关总署提交书面整改报告和符合注册要求的书面声明。

自行或者委托代理人申请注册的企业被暂停进口的，应当在规定期限内完成整改，并向海关总署提交书面整改报告和符合注册要求的书面声明。

海关总署应当对企业整改情况进行审查，审查合格的，恢复相关企业食品进口。

6. 撤销

已注册的进口食品境外生产企业有下列情形之一的，海关总署撤销其注册并予以公告：

（1）因企业自身原因致使进口食品发生重大食品安全事故的；

（2）向中国境内出口的食品在进境检验检疫中被发现食品安全问题，情节严重的；

（3）企业食品安全卫生管理存在重大问题，不能保证其向中国境内出口食品符合安全卫生要求的；

（4）经整改后仍不符合注册要求的；

（5）提供虚假材料、隐瞒有关情况的；

（6）拒不配合海关总署开展复查与事故调查的；

（7）出租、出借、转让、倒卖、冒用注册编号的。

（五）办理流程

1. 许可的注册、申请、受理、核查、决定

（1）注册

登录“单一窗口”（网址为 https：//www. singlewindow. cn），选择“标准版应用”，未注册企业注册后登录，依次点击“应用列表>境外企业>进口食品境外生产企业注册管理系统”。

（2）提交申请

进入“进口食品境外生产企业注册管理系统”，点击注册申请，根据推荐注册、企业申请注册方式选择注册产品类别，同时上传相关文件，向海关总署发送信息。

（3）总署受理

海关总署食品局收到申请材料后，根据下列情况分别作出处理：

①材料符合要求的，予以受理；

②材料不符合法定形式或者不齐全的，自收到申请材料之日起 20 个工作日内，一次性告知所在国家（地区）主管当局或进口食品境外生产企业需补正的全部内容；

③不属于《中华人民共和国进口食品境外生产企业注册管理规定》要求实施注册管理的，不予受理并告知所在国家（地区）主管当局或进口食品境外生产企业；

④发现境外生产企业申请注册提供虚假材料的，不予受理并告知所在国家（地区）主管当局或进口食品境外生产企业；发现已注册境外企业提供虚假材料的，按《中华人民共和国进口

食品境外生产企业注册管理规定》（海关总署令第248号）第二十四条相关要求办理。

海关总署食品局可通过书面函件、传真文书、电子邮件或信息化系统等形式，向所在国家（地区）主管当局或进口食品境外生产企业反馈受理情况。

（4）总署评估审查

海关总署自行或者委托有关机构组织评审组，通过书面检查、视频检查、现场检查等形式及其组合，对申请注册的进口食品境外生产企业实施评估审查。评审组由2名以上评估审查人员组成。

①书面检查：海关总署组织评审组，通过对所递交申请文件材料的审阅，对所在国家（地区）主管当局或境外生产企业提交申请文件材料实施检查。根据申请文件材料情况，海关总署可以要求申请国家（地区）的主管当局或境外生产企业补充缺少的信息或者材料。

②视频检查：海关总署组织评审组，通过互联网视频连线的方式，对企业食品安全卫生管理体系及其食品安全卫生状况等实施检查。接受视频检查的企业及所在国家（地区）主管当局，应当为视频检查提供必要的协助。对于视频检查中发现的相关问题，海关总署可以要求接受视频检查的企业及所在国家（地区）主管当局进行整改并提交相应整改情况。

③现场检查：海关总署组织评审组，赴境外到申请注册的境外生产企业实地现场，对企业食品安全卫生管理体系及其食品安全卫生状况等实施检查验证。接受现场检查的企业及所在国家（地区）主管当局，应当为现场检查提供必要的协助。对于现场检查中发现的相关问题，海关总署可要求被现场检查的企业及所在国家（地区）主管当局进行整改并提交相应整改情况。

评估审查的内容和标准，将根据世界贸易组织（WTO）、三大标准化组织（OIE、IPPC、CAC）相关指南，海关总署与所在国家（地区）主管当局商定的相关检验检疫要求，中国相关法律法规和食品安全国家标准执行。

海关总署食品局组织评审组开展视频检查、现场检查，将根据风险分析及国际惯例，并与企业所在国家（地区）主管当局提前沟通协商。

进口食品境外生产企业和所在国家（地区）主管当局应当协助开展上述评估审查工作。

（5）审核

海关总署食品局对评审组工作报告进行审核。

（6）准予许可注册

海关总署根据评估审查情况，对符合要求的进口食品境外生产企业予以注册并给予在华注册编号，通知所在国家（地区）主管当局或进口食品境外生产企业；对不符合要求的进口食品境外生产企业不予注册，通知所在国家（地区）主管当局或进口食品境外生产企业。

海关总署食品局可通过书面函件、传真文书、电子邮件或信息化系统等形式，通知所在国家（地区）主管当局或进口食品境外生产企业。已获得注册的企业向中国境内出口食品时，应当在食品的内、外包装上标注在华注册编号或者所在国家（地区）主管当局批准的注册编号。

2. 许可的变更

已注册境外企业的注册事项发生变更时，应当由所在国家（地区）主管当局或进口食品境外生产企业，按照申请途径根据要求，递交相应的变更申请材料。

经评估审查，如认为变更事项不涉及境外企业食品安全卫生管理控制（例如企业名称改变等），确认符合变更要求的，予以变更；经评估审查，如认为相关变更调整可能影响境外企业食品安全卫生管理控制的，不予变更并通知所在国家（地区）主管当局或进口食品境外生产企业按照申请途径，提交新的注册申请。新的注册申请通过后，原有在华注册编号将自动失效，注册资格被注销。

企业生产场所迁址、法定代表人变更或是所在国家（地区）授予的注册编号改变等，应提交新的注册申请。新的注册申请通过后，原有在华注册编号将自动失效，注册资格被注销。

生产场所迁址，指向中国出口食品的实际生产场所（厂区）实施搬迁。管理人员办公场所变化不属于生产场所迁址。法定代表人变更，指境外企业的实际拥有者发生变化。如果境外企业实际拥有者不变，但代表实际拥有者执行企业生产场所（厂区）管理的人员发生变化的，生产企业可先申请变更，海关总署评估相应变更对企业食品安全卫生管理控制的实际影响，决定是否予以变更。

3. 许可的延续

已注册境外企业，应在其注册有效期届满前3至6个月，由所在国家（地区）主管当局或进口食品境外生产企业，按照申请途径根据要求，递交相应的延续注册申请材料。

经评估审查，确认符合延续注册要求的，予以延续注册；不符合要求的，不予延续并书面通知所在国家（地区）主管当局或进口食品境外生产企业，原有在华注册编号将到期自动失效，注册资格被注销。

海关总署食品局可通过书面函件、传真文书、电子邮件或信息化系统等形式，通知所在国家（地区）主管当局或进口食品境外生产企业。

4. 许可的注销

已注册进口食品境外生产企业申请注销其资格时，应当由所在国家（地区）主管当局或进口食品境外生产企业，按照申请途径根据要求，递交相应的注销申请材料。

海关总署食品局对符合注销要求的予以注销，通知所在国家（地区）主管当局或进口食品境外生产企业，并予以公布。

（六）办理方式

通过外交途径递交材料办理或网上办理。

（七）依据

1.《食品安全法》第九十六条规定：向我国境内出口食品的境外出口商或者代理商、进口食品的进口商应当向国家出入境检验检疫部门备案。向我国境内出口食品的境外食品生产企业应当经国家出入境检验检疫部门注册。已经注册的境外食品生产企业提供虚假材料，或者因其自身的原因致使进口食品发生重大食品安全事故的，国家出入境检验检疫部门应当撤销注册并公告。

2.《食品安全法实施条例》第三十九条规定：向我国境内出口食品的境外食品生产企业依照食品安全法第六十五条规定进行注册，其注册有效期为4年。已经注册的境外食品生产企业提供虚假材料，或者因境外食品生产企业的原因致使相关进口食品发生重大食品安全事故的，国家出入境检验检疫部门应当撤销注册，并予以公告。

3.《中华人民共和国进口食品境外生产企业注册管理规定》（海关总署令第248号）。

4.《中华人民共和国进口食品境外生产企业注册管理规定》和《中华人民共和国进出口食品

安全管理办法》实施相关事宜的公告（海关总署公告 2021 年第 103 号）。

（八）事项类型

行政许可。

进口食品境外生产企业注册业务流程如图 2-5-5 所示。

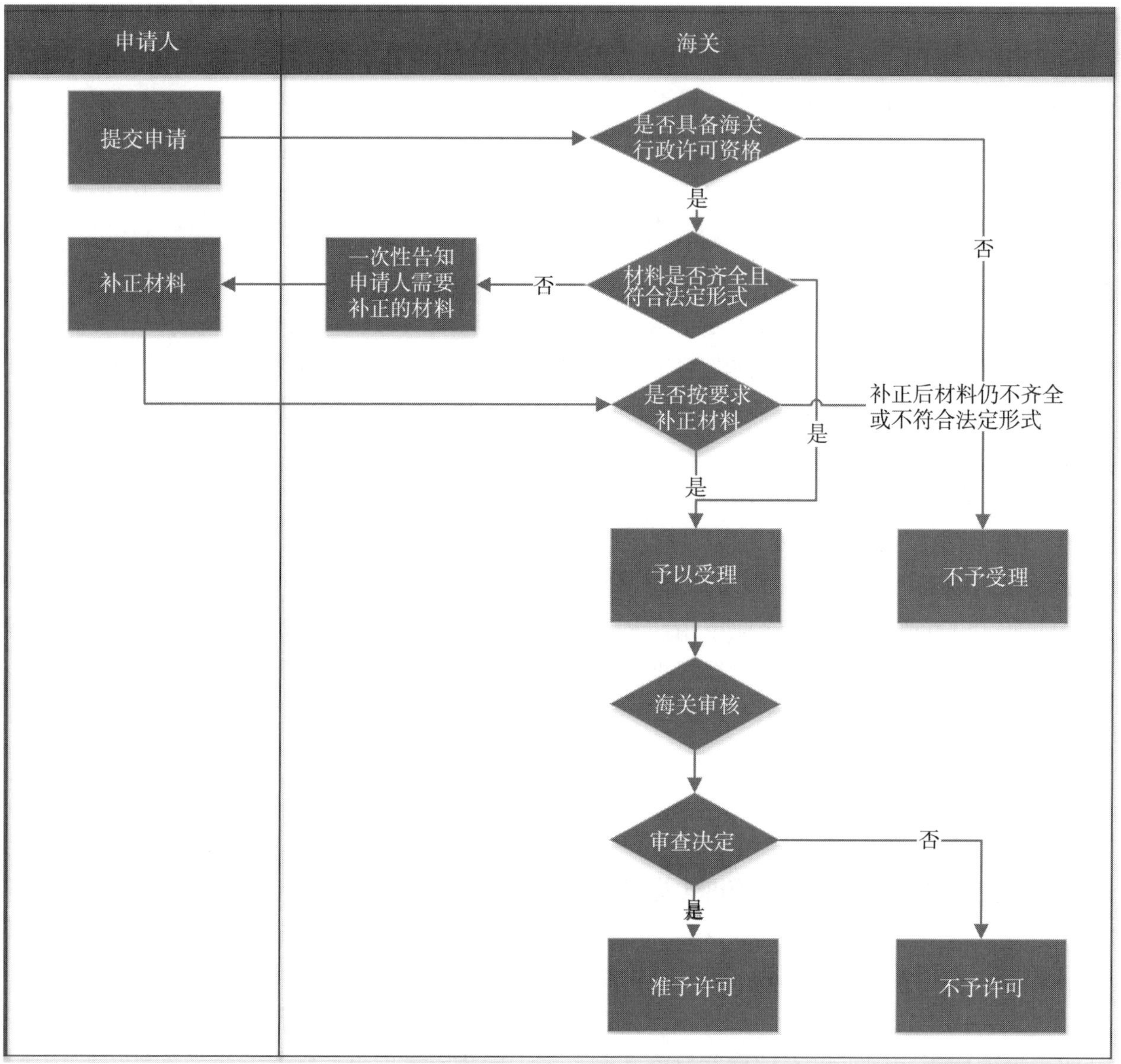

图 2-5-5　进口食品境外生产企业注册业务流程图

七、出口食品原料种植场、养殖场的备案

（一）适用范围

适用于出口食品原料种植场、养殖场。

实施备案管理的原料品种目录有蔬菜（含栽培食用菌）、茶叶、大米、禽肉、禽蛋、猪肉、兔肉、蜂产品、水产品。

（二）管理机构

海关总署对出口食品原料种植场、养殖场实施备案管理。出口食品原料种植场、养殖场应当向所在地海关办理备案手续。供港澳蔬菜种植基地备案管理按照海关总署的有关规定执行。

实施备案管理的原料品种目录（以下简称“品种目录”）和备案条件由海关总署另行制定。出口食品的原料列入品种目录的，应当来自备案的种植场、养殖场。

海关总署统一公布备案的原料种植场、养殖场名单。

（三）备案申请

1. 申请人

出口食品生产加工企业、种植场、农民专业合作经济组织或者行业协会等具有独立法人资格的组织均可以作为申请人向种植场所在地的海关提出出口食品原料种植场备案申请。

出口动物源性食品（包括水产品、畜禽肉、禽蛋）生产加工企业、养殖基地、农民专业合作经济组织或行业协会等具有独立法人资格的组织应向养殖基地所在地隶属海关提出出口食品原料养殖场备案申请。出口蜂产品生产、加工企业应向其加工企业所在地隶属海关提出备案申请。

2. 出口食品原料种植场备案提交的材料

（1）出口食品原料种植场备案申请表。

（2）申请人合法使用土地的有效证明文件及种植场平面图。

（3）种植场的土壤和灌溉用水的检测报告复印件。

（4）要求种植场建立的各项质量安全管理制度情况，包括组织机构、农业投入品管理制度、疫情疫病监测制度、有毒有害物质控制制度、生产和追溯记录制度等原件。

（5）种植场负责人或者经营者身份证。

（6）种植场常用农业化学品清单原件。

上述资料均为纸质版，需加盖申请单位公章，一式两份。

3. 出口畜禽原料养殖场备案申请材料

（1）出口禽畜原料养殖场备案申请表原件。

（2）农业行政部门颁发的防疫条件合格证复印件。

（3）场区平面图和行政区划位置图原件。

（4）动物卫生防疫管理制度情况，包括日常卫生管理制度、消毒制度、疫病防治制度、人员和车辆进出控制制度、病死动物处理制度、疫情报告制度等原件。

（5）饲养用药管理制度情况，包括饲料和添加剂使用管理制度、用药管理制度等原件。

（6）饲养场和出口企业签订的合同复印件。

4. 出口蛋禽原料养殖场备案申请材料

（1）出口禽蛋原料养殖场备案申请表原件。

（2）动物防疫条件合格证复印件。

（3）动物卫生防疫制度情况，包括日常卫生管理制度、疫病防治制度、用药管理制度原件。

（4）饲养管理制度情况，包括饲料和添加剂使用管理制度、活禽出入场管理制度原件。

（5）养殖场行政区划位置图、场区平面示意图原件（标明大门、禽舍、生活区、水域、饲料库、药品库等位置)。

(6) 养殖场和出口加工企业签订的合同复印件。

(7) 由拟供货出口食品生产企业代为办理的,需提供养殖场委托生产企业办理的授权委托书原件。

上述资料均为纸质版,需加盖申请单位公章,一式两份。

5. 出口加工用水产养殖场备案申请材料

(1) 出口水产原料养殖场备案申请表原件。

(2) 养殖场水产养殖质量控制体系文件原件。

(3) 养殖场法人代表/承包人的身份证复印件。

(4) 必要时提供中华人民共和国水域滩涂养殖使用证复印件。

(5) 养殖场平面示意图及彩色照片原件(包括场区全貌、养殖池、药房、饲料房、进排水设施等)。

(6) 养殖塘(池)分布示意图及编号原件。

(7) 水质检测报告复印件。

(8) 所用饲料的品名、成分、生产企业许可证号及生产企业说明材料复印件。

(9) 所使用药物(含消毒剂)品名、成分、批准号、生产企业、停药期清单原件。

(10) 养殖技术员、质量监督员的资质材料复印件。

6. 出口蜂产品原料养殖场备案申请材料

(1) 出口蜂产品原料备案养殖场申请表原件。

(2) 申请单位关于养蜂场的各项管理制度的原件,主要包括养蜂场管理制度、管理机构名称和设置,养蜂用药管理制度及相关记录(购买、储存、发放等),养蜂用药督查制度及相应的督查记录,养蜂现场跟踪监督指导计划,蜜蜂养殖操作规范,养蜂户投售原料标识卡(样张),养蜂户档案,养蜂日志(样本),蜂蜜及蜂王浆追溯管理制度等。

(3) 养蜂场管理负责人、管理人员及技术人员的名单和相关资格证明材料原件。

(4) 各养蜂生产小组所属区域及养蜂户数、蜂群数清单原件。

(5) 企业和养蜂场签订的供货合同复印件。

(四) 办理流程

1. 种植场、养殖场向所在地主管海关申请备案。

2. 种植场、养殖场所在地主管海关受理申请后应当进行文件审核,必要时可以实施现场审核。

3. 审核符合条件的,予以备案。

(五) 审查标准

1. 出口食品原料种植场备案应当具备的条件

(1) 申报材料真实有效。

(2) 土地相对固定且连成片,周围具有天然或者人工的隔离带(网),符合当地海关根据实际情况确定的土地面积要求。

（3）大气、土壤和灌溉用水符合国家有关标准的要求，种植场及周边无影响种植原料质量安全的污染源。

（4）有专门部门或者专人负责农药等农业投入品的管理，有适宜的农业投入品存放场所，农业投入品符合中国或者进口国家（地区）有关法规要求。

（5）有质量安全管理制度运行情况说明。

（6）配置与生产规模相适应、具有植物保护基本知识的专职或者兼职管理人员。

（7）法律法规规定的其他条件。

2. 出口加工用畜禽养殖场备案应当具备的条件

（1）取得农业行政主管部门养殖许可，拟向出口生产企业提供养殖畜禽原料。

（2）申请备案的养殖场自觉遵守相关法律法规，接受海关监督管理。

（3）必须是由出口加工注册企业直接管理下，并达到“五统一”（由出口肉禽生产加工注册企业统一供应畜/禽苗、统一防疫消毒、统一供应饲料、统一供应药物、统一屠宰加工）要求的养殖场，养殖场应是出口畜/禽产品生产企业的原料基地，或事先与相关加工厂签订合同，明确双方责任、义务、要求，建立稳定的原料供求关系。

3. 出口加工用水产养殖场备案应当具备的条件

（1）取得渔业行政主管部门养殖许可，拟向出口生产企业提供养殖水产原料。

（2）具有一定养殖规模（土塘或者开放性海域养殖的水面总面积 50 亩以上，水泥池养殖的水面总面积 10 亩以上，场区内养殖池有规范的编号）的养殖场。

（3）养殖场的基本条件和卫生符合《进出口水产品检验检疫监督管理办法》（海关总署令第 243 号附件 32）的要求。

4. 出口蜂产品养殖场备案应当具备的条件

（1）企业必须建立养蜂基地（养蜂联合体或合作社），并且企业对备案养蜂基地拥有管理权。

（2）企业必须对养蜂基地内蜂农进行培训、指导、管理、监督和建档备案工作。

（3）企业对蜂产品的安全卫生质量进行控制，必须按照《出口蜂产品追溯规程》的规定保证每批出口产品具有可追溯性。

（4）养殖基地蜂农必须达到以下要求：遵纪守法、诚信，无不良记录；每户养蜂群数应达到一定规模；熟悉养蜂生产的有关规定和蜂病防治用药知识；熟悉国家禁用药物的规定和名称，并自觉遵守；每户（个）蜂农只能参加一个企业的基地备案，不得重复参加其他企业的基地备案。

（六）办理形式

可以通过窗口或“互联网+海关”办事平台办理。

（七）依据

1.《食品安全法》第九十九条。

2.《中华人民共和国进出口食品安全管理办法》（海关总署令第 249 号）。

3.《出口食品原料种植场备案管理规定》（国家质检总局公告 2012 年第 56 号）。

4.《关于公布实施备案管理出口食品原料品种目录的公告》（国家质检总局公告 2012 年第 149 号）。

5.《供港澳蔬菜检验检疫监督管理办法》（海关总署令第 240 号附件 66）。

（八）事项类型

行政确认。

出口食品原料种植场备案业务流程如图 2-5-6 所示；出口食品原料养殖场备案业务流程如图 2-5-7 所示。

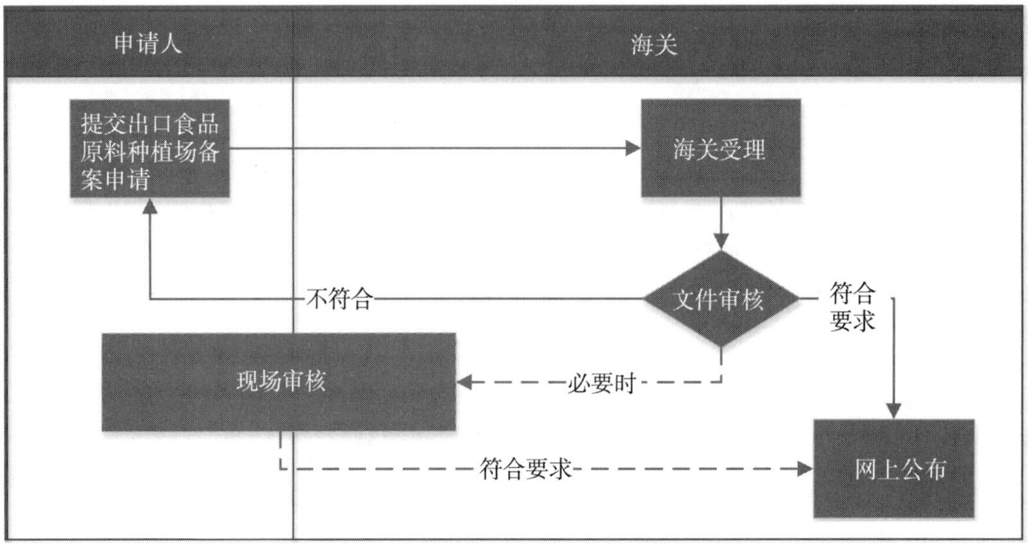

图 2-5-6　出口食品原料种植场备案业务流程图

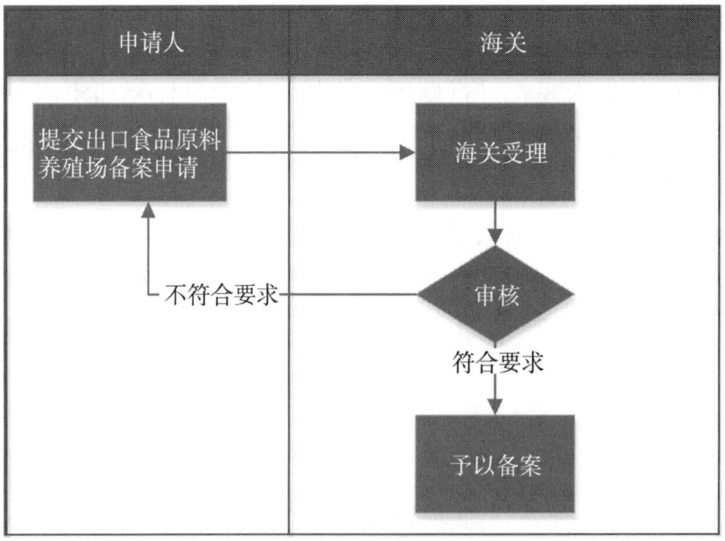

图 2-5-7　出口食品原料养殖场备案业务流程图

八、进口食品进口商备案

（一）适用范围

适用于进口食品的进口商、收货人。

（二）主管机构

海关总署主管全国进出口食品检验检疫监督管理工作。主管海关负责所辖区域进出口食品检验检疫监督管理工作。主管海关负责对进口食品的进口商实施备案管理。进口商应当事先向所在地海关申请备案。

（三）基本要求

申请备案的进口商必须取得营业执照，且经营范围涵盖拟进口的食品种类。

（四）申请材料

1. 进口收货人备案申请表原件。
2. 与食品安全相关的组织机构设置、部门职能和岗位职责说明材料原件。
3. 拟经营的食品种类、存放地点说明材料原件。
4. 2 年内曾从事食品进口、加工和销售的，应当提供相关说明原件（食品品种、数量）。

上述资料均为纸质版，需加盖申请单位公章，一式两份。

（五）办理流程

1. 企业向所在地主管海关提交备案申请。

2. 企业所在地主管海关审核，符合要求的报海关总署审核，不符合要求的退回企业（企业可以修改申请信息后重新提交）。

（六）办理方式

有网上办理、窗口办理两种方式。

网上通过“互联网+海关”办事平台办理；各主管海关业务现场进行窗口办理。

（七）依据

1.《食品安全法》第九十六条规定：向我国境内出口食品的境外出口商或者代理商、进口食品的进口商应当向国家出入境检验检疫部门备案。

2.《国务院关于加强食品等产品安全监督管理的特别规定》（国务院令第 503 号）第八条第二款规定：质检、药品监督管理部门依据生产经营者的诚信度和质量管理水平以及进口产品风险评估的结果，对进口产品实施分类管理，并对进口产品的收货人实施备案管理。

3.《中华人民共和国进出口食品安全管理办法》（海关总署令第 249 号）。

4.《关于发布〈进口食品进出口商备案管理规定〉及〈食品进口记录和销售记录管理规定〉

的公告》(国家质检总局公告 2012 年第 55 号)。

(八) 事项类型

行政确认。

进口食品进口商备案业务流程如图 2-5-8 所示。

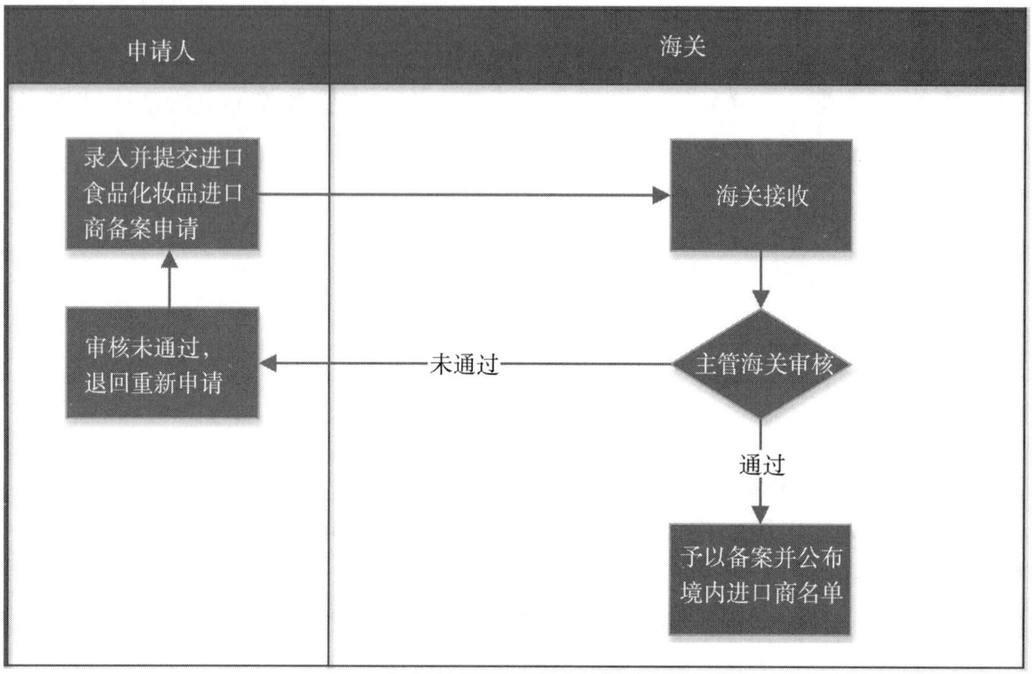

图 2-5-8 进口食品进口商备案业务流程图

九、进口食品出口商、代理商备案

(一) 适用范围

适用于向我国境内出口食品的境外出口商或者代理商。

(二) 主管机构

海关总署主管全国进出口食品检验检疫监督管理工作。海关总署对向我国境内出口食品的出口商或者代理商实施备案管理。

(三) 备案主体

从事进口食品的境外出口商或代理商。

(四) 申请材料

线上填写申请表单。

（五）办理流程

1. 出口商或者代理商在“互联网+海关”办事平台上进行注册，使用用户密码登录“互联网+海关”。

2. 填写完整申请表单并提交。

3. 海关总署审核，符合要求的予以备案并公布境外出口商名单，不符合要求的退回企业。

（六）办理方式

需要通过“互联网+海关”办事平台进行办理。

（七）依据

1.《食品安全法》第九十六条规定：向我国境内出口食品的境外出口商或者代理商、进口食品的进口商应当向国家出入境检验检疫部门备案。

2.《中华人民共和国进出口食品安全管理办法》（海关总署令第 249 号）。

（八）事项类型

行政确认。

进口食品出口商、代理商备案业务流程如图 2-5-9 所示。

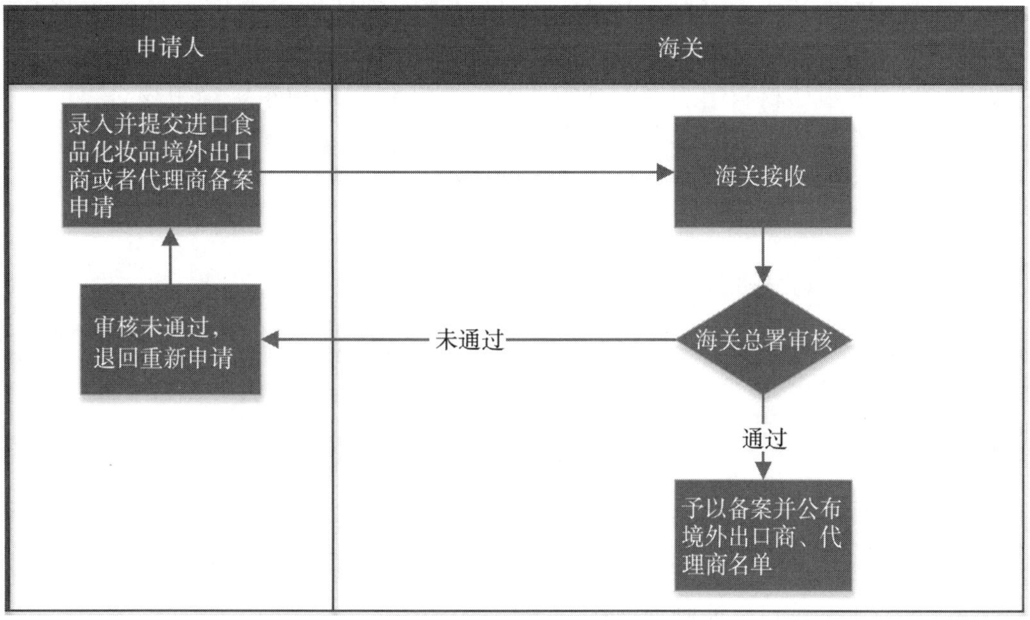

图 2-5-9　进口食品出口商、代理商备案业务流程图

十、进口棉花境外供货企业登记

（一）适用范围

适用于进口棉花的境外供货企业的登记和监督管理工作。

（二）主管机构

海关总署商品检验司负责进口棉花的境外供货企业的登记和监督管理工作。

（三）基本要求

1. 具有所在国家（地区）合法经营资质。
2. 具有固定经营场所。
3. 具有稳定供货来源，并有相应质量控制体系。
4. 熟悉我国进口棉花检验相关规定。

（四）申请材料

1. 进口棉花境外供货企业登记申请表原件 1 份。
2. 合法商业经营资质证明文件的公证件原件 1 份。
3. 组织机构图及经营场所平面图原件 1 份。
4. 质量控制体系的相关材料原件 1 份。
5. 质量承诺书原件 1 份。

（五）办理流程

申请人向海关总署提交申请材料。海关总署对申请人提交的书面申请材料是否齐全进行审查。如果申请人缺少相关资料，海关总署需一次性告知申请人，要求其补充材料。

海关总署对受理的申请材料组织书面评审，必要时开展现场评审：经审核合格的，对外公告企业名单；经审核不合格的，不予登记，并书面告知境外供货企业。

（六）办理方式

可以通过邮寄或线上方式办理。

邮寄地址为北京市东城区建国门内大街 6 号。线上可通过登录“互联网+海关”办事平台办理。

（七）依据

《进口棉花检验监督管理办法》（海关总署令第 240 号附件 70）第四条规定：国家对进口棉花的境外供货企业实施质量信用管理，对境外供货企业可以实施登记管理。第六条规定：为了便利通关，境外供货企业按照自愿原则向海关总署申请登记。

（八）事项类型

其他政务服务事项。

进口棉花境外供货企业登记办理流程如图 2-5-10 所示。

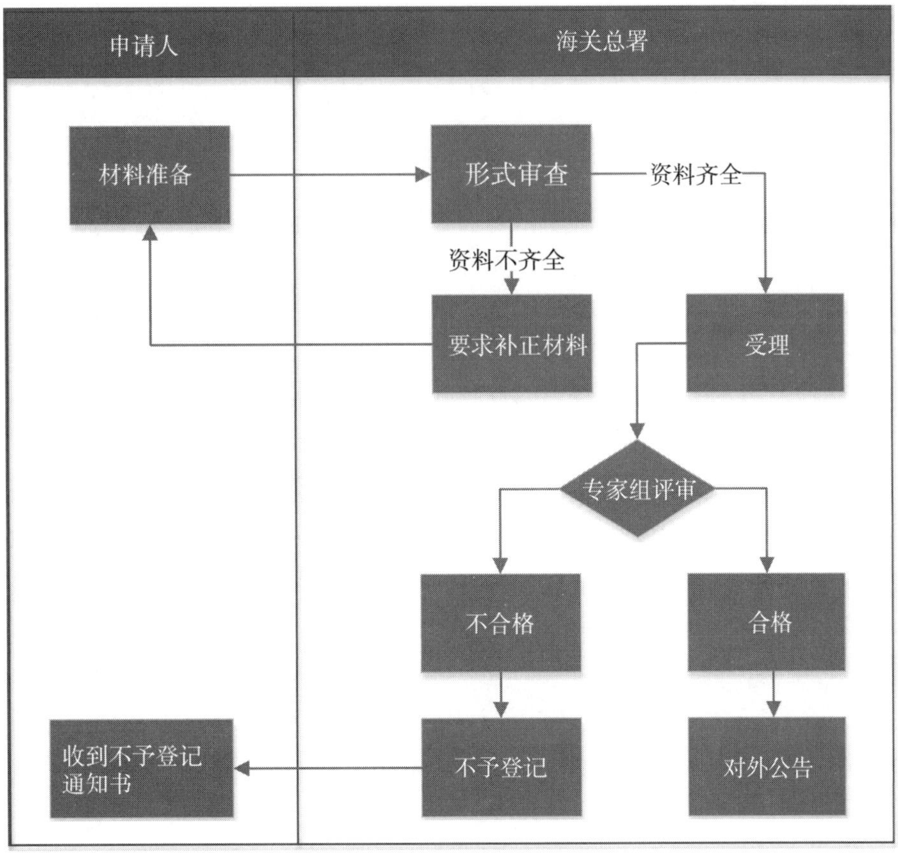

图 2-5-10 进口棉花境外供货企业登记办理流程图

【复习思考题】

本单元教学内容中属于行政许可事项的有哪几个?

3

第三篇

保税实务

导 读

20 世纪以来，世界各国（地区）为促进对外贸易发展，开始对传统海关制度进行变革，纷纷建立了保税制度，并将其最终固化在《京都公约》的有关专项附约中，成为对履约方海关具有约束力的国际通行的海关制度。中国的保税制度与改革开放同步，历经四十余年的发展，海关通过对产业链和供应链上下游企业实施保税监管，不仅在我国已初步形成具有中国特色的涵盖保税加工、保税物流和保税服务的监管制度体系，而且成为对外贸易、利用外资和对外开放的重要组成部分。本篇第一单元将对保税监管制度进行概述，同时对保税服务进行简单介绍；第二单元对保税加工进行详细讲述；第三单元立足海关保税监管场所对保税物流进行讲解；第四单元着重介绍海关特殊监管区域，以使本书学习者能对中国保税制度有较为全面的认识和感知。

本篇课时安排见下表。

第三篇　总课时 （5 课时，不含练习）	第一单元	1 课时
	第二单元	2 课时
	第三单元	1 课时
	第四单元	1 课时

第一单元　业务概述

【学习目标】

本单元旨在让学习者了解海关保税监管制度的体系构成，包括政策基础、法律体系、基本模式、系统支持和改革内容，其中重点是海关保税监管制度的法律体系。同时对海关保税服务监管制度进行简单介绍。

完成本单元学习，学习者应获得以下技能：

1. 了解海关保税监管制度的体系构成，包括政策基础、法律体系、基本模式、系统支持和改革内容；
2. 掌握海关保税监管法律体系的内容；
3. 了解海关保税服务监管制度。

【基本概念】

保税监管、保税服务

【建议学习时间】

1 课时

【学习内容】

保税监管，是海关依据法律、行政法规和规章，对享受保税政策的进出口货物、物品在保税状态下研发、加工（含结转深加工）、装配、制造、检测、维修等产业链全过程和采购、运输、存储、包装、刷唛、改装、组拼、集拼、分销、分拨、中转、转运、配送、调拨等简单加工及增值服务等供应链的全过程，实施备案、审核、核准、查验、核查、核销等实际监管的行政执法行为。

保税监管是海关监管中比较复杂的领域，因其监管规定多、要求高、变化快，往往使从事保税关务的人员及开展保税业务的企业感到难以全面掌握和理解。

一、保税监管的政策基础

保税监管制度的政策基础源自保税货物的特点，即暂缓纳税和免于管制。具体来说，就是保税货物无须办理进口纳税和减免税等手续，进境地海关凭有关单证、手册报关后直接验放，保税货物最终不复运出境或不改变保税货物性质时，按货物实际流向和用途办理进口申报及纳税等相关手续；经审核批准允许保税进口的货物，除法律、行政法规另有规定外，无须提交相关进口许可证件。

以上述政策为基础，海关、商务、税务、外汇等管理部门制定了相应的管理办法，并最终形成了涵盖业务准入、设立备案、单耗管理、内销征税、核销结案等一系列既相互联系又相互制约的具有中国特色的保税监管政策体系。在这一体系中，海关是保税制度最主要的监管部门。

二、保税监管的法律体系

（一）法律

保税监管法律体系中，在法律这一层级，主要依据是《海关法》第三十二条、第三十三条和第三十四条。其中第三十二条是对保税货物的原则性规定，第三十三条是对企业开展加工贸易的基本要求，第三十四条则明确了海关对特殊监管区域的监管。

第三十二条规定："经营保税货物的储存、加工、装配、展示、运输、寄售业务和经营免税商店，应当符合海关监管要求，经海关批准，并办理注册手续。保税货物的转让、转移以及进出保税场所，应当向海关办理有关手续，接受海关监管和查验。"

第三十三条规定："企业从事加工贸易，应当按照海关总署的规定向海关备案。加工贸易制成品单位耗料量由海关按照有关规定核定。加工贸易制成品应当在规定的期限内复出口。其中使用的进口料件，属于国家规定准予保税的，应当向海关办理核销手续；属于先征收税款的，依法向海关办理退税手续。加工贸易保税进口料件或者制成品内销的，海关对保税的进口料件依法征税；属于国家对进口有限制性规定的，还应当向海关提交进口许可证件。"

第三十四条规定："经国务院批准在中华人民共和国境内设立的保税区等海关特殊监管区域，由海关按照国家有关规定实施监管。"

（二）行政法规

保税监管法律体系中，在行政法规这一层级，尚无类似《关税条例》这样的保税监管领域纲领性法规，而是散见于《关税条例》《海关行政处罚实施条例》等条例的个别条款中。除此之外，最主要的依据是一系列国务院法规文件，如《国务院办公厅转发国家经贸委等部门〈关于进一步完善加工贸易银行保证金台账制度意见〉的通知》《国务院关于促进海关特殊监管区域科学发展的指导意见》《国务院关于促进加工贸易创新发展的若干意见》《国务院关于促进综合保税区高水平开放高质量发展的若干意见》等，对加工贸易及海关特殊监管区域内有关保税业务进行了原则性规定。

（三）部门规章

保税监管法律体系中最重要的一个层级就是部门规章，海关总署发布了一系列署令，涉及保税监管的方方面面，是关务人员开展保税监管业务的主要依据。以下按照署令先后顺序予以列举。

1.《保税区海关监管办法》（海关总署令第65号）。

2.《中华人民共和国海关对出口加工区监管的暂行办法》（海关总署令第81号）。

3.《中华人民共和国海关对保税仓库及所存货物的管理规定》（海关总署令第105号）。

4.《中华人民共和国海关关于加工贸易边角料、剩余料件、残次品、副产品和受灾保税货物的管理办法》（海关总署令第111号）。

5.《中华人民共和国海关出口加工区货物出区深加工结转管理办法》（海关总署令第126号）。

6.《中华人民共和国海关对保税物流中心（A 型）的暂行管理办法》（海关总署令第 129 号）。

7.《中华人民共和国海关对保税物流中心（B 型）的暂行管理办法》（海关总署令第 130 号）。

8.《中华人民共和国海关对出口监管仓库及所存货物的管理办法》（海关总署令第 133 号）。

9.《中华人民共和国海关加工贸易企业联网监管办法》（海关总署令第 150 号）。

10.《中华人民共和国海关加工贸易单耗管理办法》（海关总署令第 155 号）。

11.《中华人民共和国海关珠澳跨境工业区珠海园区管理办法》（海关总署令第 160 号）。

12.《中华人民共和国海关保税核查办法》（海关总署令第 173 号）。

13.《中华人民共和国海关审定内销保税货物完税价格办法》（海关总署令第 211 号）。

14.《中华人民共和国海关加工贸易货物监管办法》（海关总署令第 219 号）。

15.《中华人民共和国海关综合保税区管理办法》（海关总署令第 256 号）。

其中，《中华人民共和国海关保税核查办法》、《中华人民共和国海关审定内销保税货物完税价格办法》（以下简称《审价办法》）适用于保税加工和保税物流；

《中华人民共和国海关加工贸易货物监管办法》、《中华人民共和国海关加工贸易企业联网监管办法》、《中华人民共和国海关关于加工贸易边角料、剩余料件、残次品、副产品和受灾保税货物的管理办法》、《中华人民共和国海关加工贸易单耗管理办法》（以下简称《单耗管理办法》）适用于海关特殊监管区域外的加工贸易企业；

《中华人民共和国海关对保税仓库及所存货物的管理规定》《中华人民共和国海关对出口监管仓库及所存货物的管理办法》《中华人民共和国海关对保税物流中心（A 型）的暂行管理办法》《中华人民共和国海关对保税物流中心（B 型）的暂行管理办法》是对各类海关保税物流场所的具体规定；

《保税区海关监管办法》《中华人民共和国海关对出口加工区监管的暂行办法》《中华人民共和国海关出口加工区货物出区深加工结转管理办法》《中华人民共和国海关珠澳跨境工业区珠海园区管理办法》《中华人民共和国海关综合保税区管理办法》则是对各类海关特殊监管区域的具体规定。

三、保税监管的基本模式

海关对保税货物的监管模式主要表现为以下两个方面。

（一）过程监管

海关对保税货物的监管是动态的。首先，从监管时间来看，保税货物的监管时限是自货物进口申报起到货物的储存、加工、装配，直至货物复运出境、办结海关核销手续，或转一般贸易进口申报、补征税款、补交许可证件止，整个过程一直都处于海关监管之下；其次，从监管空间来看，保税货物被监管的空间则从进境口岸的海关监管场所一直延伸至保税货物储存、加工、装配的场所。通常把海关对保税货物的过程监管按照前、中、后期进行划分和管理。

（二）手册管理

从加工贸易的发展历史及目前海关对保税货物的监管手段来看，无论是保税加工，还是保税物流，手册管理是保税监管绕不过去的一个核心。从最初的纸质手册到纸质手册电子化再到后来的电子化手册和电子账册，有变化的是手册的表现形式，没有变化的是手册管理的思维及手册管理的两个原则。

1. 备案原则

保税加工企业或保税物流企业在进口保税货物之前，都需要向海关申请备案手册或账册，手册或账册是保税货物暂缓办理纳税手续的凭证，企业据以办理保税货物的进出口报关手续。

2. 核销原则

核销是海关保税监管后续管理的核心，也是海关保税监管工作的具体体现，含有监管、检查、调查、核实、认可等概念。核销的数据依据是手册或账册的备案数据及进出口数据。

四、保税监管的系统支持

1986 年，加工贸易业务管理子系统作为 H883 系统中第一个统一版本，在全国海关推广应用，也拉开了全国海关保税监管信息化建设的序幕。之后，保税监管系统经历 H2000 系统、H2010 系统的历次升级，已基本覆盖保税加工和保税物流的各项业务。

自 2020 年 1 月 1 日起，全国海关全面启用“金关工程二期”（简称金关二期）加工贸易管理系统。金关二期加工贸易管理系统是金关二期的重要组成部分，该系统的上线运行和推广应用为海关深化加工贸易监管改革、支持加工贸易创新发展提供了有力的技术支持和保障。金关二期加工贸易管理系统由委托授权系统、加工贸易手册系统、加工贸易账册系统、海关特殊监管区域系统、保税物流管理系统、保税货物流转系统、保税担保管理系统等多个子系统组成。

金关二期加工贸易管理系统与之前海关 H2010 系统相比有较大变化，本篇第二、第三单元中的相关内容也将结合金关二期加工贸易管理系统的具体要求进行讲述。

五、保税监管的改革内容

保税制度在中国已历经四十余年的发展，海关的保税监管也经历了由合同管理为主向企业管理为主，以及由纸质手册管理为主向电子化手册（账册）管理为主的两个转变。随着国际国内形势的发展，可以说保税监管改革一直在路上。

2017 年，海关总署发布《加工贸易和保税监管改革指导方案》，提出要“推动自贸试验区制度创新，促进加工贸易创新发展和海关特殊监管区域创新升级”，明确要“创新监管模式、优化作业流程、拓展保税功能、深化协作配合”。在此基础上，2019 年，海关总署又发布《海关深化加工贸易监管改革实施方案》，从“开展集中审核作业、完善信用管理、优化作业流程、实施智慧监管、强化监控分析”5 个方面对加工贸易监管改革进行了部署。

2019 年 12 月 26 日，基于金关二期加工贸易管理系统即将全面推广应用，海关总署对外发布《关于精简和规范作业手续　促进加工贸易便利化的公告》（海关总署公告 2019 年第 218 号），决定对部分加工贸易业务办理手续进行精简和规范，涉及加工贸易手册、账册、外发加工、深加工结转、余料结转、内销征税、不作价设备、低值辅料等作业手续。该公告是对《海关深化加工贸易监管改革实施方案》的具体落实，简化了加工贸易监管环节和作业手续，使加工贸易企业切实得到了便利和实惠。本书将在第二单元中结合具体监管规定对该公告进行解读。

六、保税服务简介

保税服务是一种新兴的保税形式，目前在我国保税监管实践中主要体现为对从事国际服务外包业务的企业所进口的货物实施保税监管。由于篇幅较短，内容较少，不再单独成章，特在本单元进行介绍。

（一）国际服务外包的定义

国际服务外包是指关境内设立的服务外包企业，在国家法律、行政法规、规章的允许范围内，承接由关境外客户外包的服务业务，主要包括信息技术外包服务、业务流程外包服务和知识流程外包服务三大类。

国际服务外包企业主要是指符合《财政部　国家税务总局　商务部　科技部　国家发改委关于完善技术先进型服务企业有关企业所得税政策问题的通知》（财税〔2014〕59号，以下简称《通知》）规定的技术先进型服务企业；而国际服务外包业务是指《技术先进型服务业务认定范围（试行）》项下的国际服务业务。

（二）国际服务外包业务进口货物海关保税监管模式简介

国际服务外包业务进口货物海关保税监管模式适用企业范围为服务外包示范城市和服务贸易创新发展试点地区内经主管部门认定的技术先进型服务企业。其中，服务外包示范城市由商务部会同有关部委共同评定、动态调整，截至2021年底已有37个。

海关对管理类别为非失信企业的服务外包企业，从事国际服务外包业务的进口货物实施保税监管，国家不予减免税的商品除外。

能够纳入保税监管的国际服务外包业务进口货物（以下简称“外包进口货物”）是指服务外包企业履行国际服务外包合同，由国际服务外包业务境外发包方免费提供的进口设备。

外包进口货物属于海关监管货物，仅限服务外包企业履行外包合同使用，未经海关核准，企业不得将外包进口货物抵押、质押、留置。

（三）外包进口货物海关保税监管流程

服务外包示范城市商务主管部门将经认定的技术先进型服务企业名单、经评定不再具备技术先进型服务企业资质的企业名单抄送示范城市直属海关备案，由各直属海关将相关名单转企业所在地主管海关，主管海关凭认定名单和认定文件办理加工贸易手册设立等有关手续。

服务外包企业在外包进口货物进口备案前，应在海关办理注册手续。

海关对保税监管的外包进口货物暂用加工贸易设备手册（以下简称“设备手册”，手册编号首位为D）模式管理。设备手册以合同为单元进行监管，一个合同对应一本设备手册。手册备案有效期为1年。如需延期的，服务外包企业应在到期前30天内进行申报，海关同意申报的，每次延期不超过1年，最长不能超过服务外包合同期限。设备手册到期后，服务外包企业应在30天内向海关申报核销。

外包进口货物在外包业务的合同执行完毕后应退运出境。外包进口货物如销往国内或到期不退运境外的，须经海关批准后按规定办理进口征税手续，涉及许可证件的，还需提供许可证件。

服务外包企业不再具备技术先进型服务企业资质的，不予设立新设备手册，已设立设备手册的不予延期，已备案未进口的货物不再予以保税进口。

【复习思考题】

1. 保税监管的法律体系主要包括哪些内容?
2. 保税监管的基本模式是什么?
3. 金关二期加工贸易管理系统主要包括哪些子系统?

第二单元　保税加工

【学习目标】

本单元旨在向学习者介绍海关对保税加工的监管模式及加工贸易的管理规定，以加工贸易手（账）册的设立、使用和核销为例，使学习者初步了解海关的监管流程，并对加工贸易不作价设备进行简单介绍。

完成本单元学习，学习者应获得以下技能：

1. 熟悉海关对保税加工的监管模式，以及加工贸易的管理规定；
2. 通过掌握加工贸易手（账）册的设立、使用和核销的流程，掌握海关的监管流程；
3. 了解加工贸易不作价设备的基本概念。

【基本概念】

保税加工、加工贸易、来料加工、进料加工、加工贸易货物、加工贸易企业、单耗、深加工结转、外发加工、内销征税、核销、加工贸易不作价设备

【建议学习时间】

2 课时

【学习内容】

保税加工，是指经营者经海关批准，对未办理纳税手续进境的货物，进行实质性加工或装配及相关配套业务的生产性经营行为。在产业链上主要体现为来料加工、进料加工，以及研发试制和检测维修等前后端配套服务工序等特殊的生产经营方式。

一、保税加工海关监管模式

海关对保税货物的监管模式主要表现为过程监管和手册管理两个方面，这一监管模式在海关对保税加工业务的监管上体现得尤为明显。

以特殊监管区域外的加工贸易为例，保税加工海关监管的基本模式可以概括为：前期——手（账）册设立，中期——进出口通关，后期——手（账）册核销。具体业务流程如图 3-2-1 所示。

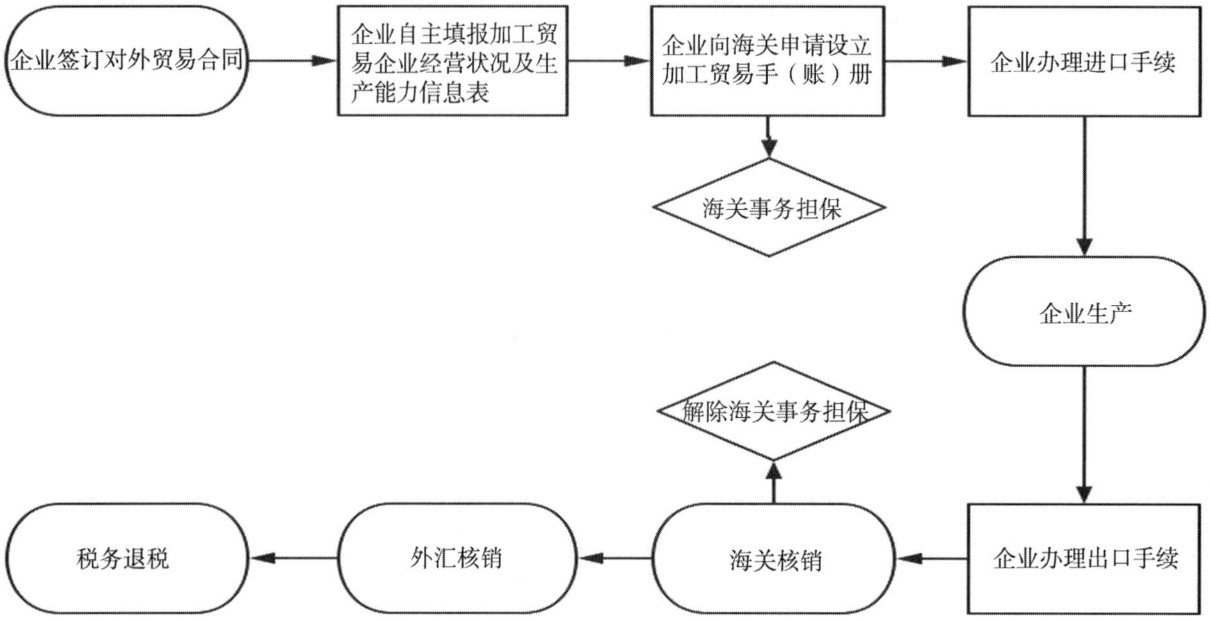

图 3-2-1　特殊监管区域外的加工贸易海关监管业务流程图

本单元主要介绍特殊监管区域外的加工贸易监管模式，具体包括加工贸易手册、加工贸易账册和以企业为单元的监管。其中，加工贸易手册就是通常所说的电子化手册，分为来料加工手册（B 手册）、进料加工手册（C 手册）；加工贸易账册和以企业为单元都是电子账册管理，账册号均以 E 打头（特殊区域企业也使用电子账册管理，账册号以 H 打头），但在管理模式上有区别。由于金关二期加工贸易管理系统的子系统分为加工贸易手册系统、加工贸易账册系统，因此本单元的称法与金关二期加工贸易管理系统保持一致。

（一）加工贸易手册

加工贸易手册以合同管理为基础，实行电子身份认证，在加工贸易手册设立、通关、核销结案等环节采用“电子手册+自动核算”的模式取代纸质手册，并通过与其他相关管理部门的联网逐步取消其他的纸质单证作业，最终实现电子申报、网上备案、无纸通关。

（二）加工贸易账册

海关对加工贸易企业实施联网监管，是指加工贸易企业通过数据交换平台或者其他计算机网络方式向海关报送能满足海关监管要求的物流、生产经营等数据，海关对数据进行核对、核算，并结合实物进行核查的一种加工贸易海关监管方式。加工贸易账册就是海关为联网监管企业所建立的电子底账。加工贸易账册体现了“以企业为单元”的管理思路，每家联网监管企业只设立一本加工贸易账册，海关根据联网监管企业的生产情况和海关的监管需要确定核销周期，并按照该核销周期对联网监管企业的加工贸易账册进行核销。

加工贸易账册与加工贸易手册的区别主要体现在：

1. 加工贸易账册适用于规模较大、信息化程度较高的企业；加工贸易手册适用于规模小、信息化管理水平不高的企业。

2. 加工贸易账册体现“以企业为单元”的管理思路，一个企业只需办理一本加工贸易账册；加工贸易手册体现“以合同为单元”的管理思路，多个合同需要办理多本加工贸易手册。

3. 加工贸易账册的进出口数量是根据企业最大生产周转金额来核定的；加工贸易手册的进出口数量与合同一致。

4. 加工贸易账册不区分来料加工和进料加工，不同监管方式的，只需办理一个加工贸易账册即可；加工贸易手册则需要区分来料加工和进料加工，不同监管方式的，需要分别办理加工贸易手册。

（三）以企业为单元

2018 年 6 月 21 日，在 2017 年和 2018 年年初试点基础上，海关总署发布《关于全面推广以企业为单元加工贸易监管改革》（海关总署公告 2018 年第 59 号），决定在全国范围内全面推广以企业为单元的加工贸易监管改革。该模式的特点是以企业为单元，以账册为主线，以与企业物料编码对应的商品编码（料号）或经企业自主归并后形成的商品编码（项号）为基础，企业自主选择确定核销周期、单耗申报时间，以自主核报方式定期办理核销手续。

严格地说，以企业为单元的加工贸易监管是介于加工贸易手册和加工贸易账册之间的一种监管模式，初衷是通过由企业自主确定核销周期、单耗自核简化、深加工结转、外发加工、集中内销等作业手续，为原先使用加工贸易手册的企业减负松绑。随着海关总署公告 2019 年第 218 号的实施，以企业为单元的加工贸易监管模式在深加工结转、外发加工、集中内销等作业手续方面的简化已与加工贸易手册趋同，二者的区别主要如表 3-2-1 所示。

表 3-2-1　以企业为单元的加工贸易监管模式与加工贸易手册监管模式区别明细表

实施环节	以企业为单元	加工贸易手册
设立	以企业为单元设立账册	以合同为单元设立手册
	企业自主选择料号级或者项号级	项号级
	根据生产周期，自主选择合理的核销周期	以合同期限确定有效期，最长不超过 1 年，延期不超过 1 年
进出口	最大进口量与生产能力一致	最大进口量与合同数量一致
	据实以来料加工或进料加工监管方式	以合同贸易方式据实申报一种监管方式
自主核报	企业自主核定保税进口料件的耗用量并向海关如实申报	—
	企业可采用单耗、耗料清单和工单等保税进口料件耗用的核算方式，向海关申报当期核算结果，办理核销手续	适用单耗管理
年度申报	对核销周期超过 1 年的企业，每年至少向海关申报 1 次保税料件耗用量等账册数据，年度申报的累加作为本核销周期保税料件耗用总量	—
补充申报	在账册核销周期结束前，企业对本核销周期内因突发情况和内部自查自控中发现的问题，主动向海关补充申报，并提供及时控制或整改措施的，海关对企业的申报进行集中处置	—

二、加工贸易基本概念

（一）加工贸易

加工贸易是指经营企业进口全部或者部分原辅材料、零部件、元器件、包装物料（以下统称“料件”），经过加工或者装配后，将制成品复出口的经营活动，包括来料加工和进料加工。

来料加工是指进口料件由境外企业提供，经营企业不需要付汇进口，按照境外企业的要求进行加工或者装配，只收取加工费，制成品由境外企业销售的经营活动。

进料加工是指进口料件由经营企业付汇进口，制成品由经营企业外销出口的经营活动。

来料加工与进料加工的主要区别如表 3-2-2 所示。

表 3-2-2　来料加工与进料加工的主要区别明细表

项目	来料加工	进料加工
物权	境外企业	境内经营企业
原料采购	境外企业	境内经营企业
兑付外汇	否	是
保税	是	是
利润来源	加工费	销售利润
营销风险	境外企业	境内经营企业
与出口退税相关的税收征管政策	实行增值税不征不退政策	实行增值税免抵退税政策

（二）加工贸易货物

加工贸易货物是指加工贸易项下的进口料件、加工成品，以及加工过程中产生的边角料、残次品、副产品等。

边角料是指加工贸易企业从事加工复出口业务，在海关核定的单位耗料量（以下简称“单耗”）内、加工过程中产生的、无法再用于加工该合同项下出口制成品的、数量合理的废、碎料及下脚料。

残次品是指加工贸易企业从事加工复出口业务，在生产过程中产生的有严重缺陷或者达不到出口合同标准，无法复出口的制品（包括完成品和未完成品）。

副产品是指加工贸易企业从事加工复出口业务，在加工生产出口合同规定的制成品（即主产品）过程中同时产生的，且出口合同未规定应当复出口的一个或者一个以上的其他产品。

受灾保税货物是指加工贸易企业从事加工出口业务中，因不可抗力原因或者其他经海关审核认可的正当理由造成灭失、短少、损毁等导致无法复出口的保税进口料件和制品。

（三）加工贸易企业

加工贸易企业包括经海关注册登记的经营企业和加工企业。

经营企业是指负责对外签订加工贸易进出口合同的各类进出口企业和外商投资企业，以及经批准获得来料加工经营许可的对外加工装配服务公司。

加工企业是指接受经营企业委托，负责对进口料件进行加工或者装配，并且具有法人资格的生产企业，以及由经营企业设立的虽不具有法人资格，但是实行相对独立核算并已经办理工商营业证（执照）的工厂。

（四）单耗

单耗是指加工贸易企业在正常生产条件下加工生产单位出口成品所耗用的进口料件的数量。单耗包括净耗和工艺损耗。

净耗是指在加工后，料件通过物理变化或者化学反应存在或者转化到单位成品中的量。

工艺损耗是指因加工工艺原因，料件在正常加工过程中除净耗外所必须耗用、但不能存在或者转化到成品中的量，包括有形损耗和无形损耗。工艺损耗率，是指工艺损耗占所耗用料件的百分比。

单耗的计算公式如下：

单耗＝净耗÷（1－工艺损耗率）

单耗标准是指供通用或者重复使用的加工贸易单位成品耗料量的准则。单耗标准设定最高上限值，其中出口应税成品单耗标准增设最低下限值。

三、加工贸易基本要求

企业申请开展加工贸易，不管是设立加工贸易手册还是加工贸易账册，应该满足以下基本管理要求：

1. 加工贸易企业应当将加工贸易货物与非加工贸易货物分开管理。

2. 加工贸易货物应当存放在经海关备案的场所，实行专料专放。企业变更加工贸易货物存放场所的，应当经海关批准。

3. 加工贸易货物应当专料专用。经海关核准，经营企业可以在保税料件之间、保税料件与非保税料件之间进行串换，但是被串换的料件应当属于同一企业，并且应当遵循同品种、同规格、同数量、不牟利的原则。

4. 来料加工保税进口料件不得串换。

5. 已经加工的保税进口料件不得进行退换。

6. 未经海关批准，加工贸易货物不得抵押。

7. 加工贸易货物被人民法院或者有关行政执法部门封存的，加工贸易企业应当自加工贸易货物被封存之日起五个工作日内向海关报告。

8. 加工贸易企业应当根据《中华人民共和国会计法》及海关有关规定，设置符合海关监管要求的账簿、报表以及其他有关单证，记录与本企业加工贸易货物有关的进口、存储、转让、转移、销售、加工、使用、损耗和出口等情况，凭合法、有效凭证记账并且进行核算。

9. 加工贸易货物的手册设立和核销单证自加工贸易手册核销结案之日起留存三年。

10. 加工贸易企业出现分立、合并、破产、解散或者其他停止正常生产经营活动情形的，应当及时向海关报告，并且办结海关手续。

四、加工贸易监管流程

鉴于加工贸易手册是海关对加工贸易监管最初和最基本的形式，本部分以加工贸易手册为例，分为前、中、后期介绍海关对加工贸易的监管流程。

（一）前期——设立

1. 金关二期加工贸易管理系统

2020年金关二期加工贸易管理系统全面上线以后，企业办理加工贸易业务不再使用QP系统，而是通过登录“单一窗口”或“互联网+海关”一体化网上办事平台，使用金关二期加工贸易管理系统。

金关二期加工贸易管理系统已具备随附单证无纸化功能，企业在办理加工贸易各项业务时，根据需要上传电子化随附单证，无须提交纸质单证。由于金关二期加工贸易管理系统随附单证无纸化上传只接受PDF文件，因此企业应确保企业端已安装相应的PDF阅读软件。

2. 加工贸易企业经营状况及生产能力信息表

根据《关于取消〈加工贸易企业经营状况及生产能力证明〉的公告》（商务部　海关总署公告2018年第109号）要求：

（1）自2019年1月1日起，企业从事加工贸易业务不再申领加工贸易企业经营状况及生产能力证明，商务主管部门也不再为加工贸易企业出具加工贸易企业经营状况及生产能力证明。

（2）企业开展加工贸易业务，须具备相应生产经营能力。经营企业应具有进出口经营权，加工企业应具有与业务范围相适应的工厂、加工设备和工人。企业应自觉履行安全生产、节能低碳、环境保护等社会责任。

（3）企业开展加工贸易业务，须登录加工贸易企业经营状况及生产能力信息系统（网址为https：//ecomp. mofcom. gov. cn/），自主填报加工贸易企业经营状况及生产能力信息表（以下简称“信息表”），并对信息真实性作出承诺。信息表有效期为自填报（更新）之日起1年，到期后或相关信息发生变化，企业应及时更新信息表。

（4）已在网上填报信息表的企业到主管海关办理加工贸易手（账）册设立（变更）手续，无须提交纸质信息表。

3. 规范性申报

加工贸易企业在办理手册前，应该全面掌握有关加工贸易料件、成品、单损耗等情况，对本企业加工贸易料件和成品的中文品名、商品税号、规格型号及单价等物料信息进行汇总整理，按照规范性申报的要求，对照《税则》条目注释，按照《中华人民共和国海关进出口商品规范申报目录》（以下简称《规范申报目录》）中相应商品所列申报要素的各项内容，如实申报加工贸易料件、成品的品名、规格、型号、成分、含量、等级、用途、功能等信息。

加工贸易料件、成品的品名必须以明确、具体、规范的学名或行业认可的商品中文名称申报，不允许以不规范的俗称或一类商品的统称申报（如塑胶粒子、板材、混纺布、服装辅料、打印机成套散件等）。

4. 手册设立

经营企业应当向加工企业所在地主管海关办理加工贸易货物的手册设立手续。但是在金关二期加工贸易管理系统全面应用的背景下，不少直属海关实施了加工贸易集中作业，在这种情况下，经营企业按照信息表内容和海关监管要求，通过“单一窗口”或“互联网+海关”一体化网上办事平台，向承担集中作业的隶属海关传输纸质单证的电子化数据，申请办理手册设立手续。

需要上传的单证包括但不限于以下几种。

（1）经营企业对外签订的合同：属来料加工的，提交来料加工协议或合同；属进料加工的，提交进料加工进口合同；

（2）海关认为需要提交的其他证明文件和材料：如企业营业执照复印件、生产流程介绍、单耗资料等；

（3）备案的加工贸易料件、成品如果属管制商品的，还须提交归口主管部门的监管证件。

特别需要注意的是，在金关二期加工贸易管理系统中，已经取消备案资料库环节，企业可直接办理手册设立手续。

海关应当自接受企业手册设立申报之日起5个工作日内完成加工贸易手册设立手续。经海关审核通过予以设立手册的，在金关二期加工贸易管理系统中建立12位编号的手册底账，手册编号的规则：第1位是“B”或“C”，表示手册类型分别为来料加工手册或进料加工手册；第2~5位为主管海关关区代码；第6、7位为年份，如2021年为“21”，2022年则为“22”；第8位为手册性质代码A；第9~12位为顺序号，从0001开始计数。

根据《关于〈商务部　海关总署2016年第45号公告〉执行有关问题的公告》（海关总署公告2016年第56号）的要求，企业应按照合同有效期申报手册有效期，原则上不得超过1年。开展飞机、船舶等大型装备制造的加工贸易企业，经主管海关确认，可参照合同实际有效期确定手册有效期。

加工贸易企业有下列情形之一的，不得办理手册设立手续：

（1）进口料件或者出口成品属于国家禁止进出口的；

（2）加工产品属于国家禁止在我国境内加工生产的；

（3）进口料件不宜实行保税监管的；

（4）经营企业或者加工企业属于国家规定不允许开展加工贸易的；

（5）经营企业未在规定期限内向海关报核已到期的加工贸易手册，又重新申报设立手册的。

5. 单耗管理

单耗是加工贸易监管的重心，单耗管理的目的就是确保加工贸易企业将保税进口的料件真实合理地用在出口成品上。尽管以企业为单元的监管模式允许企业采用单耗、耗料清单和工单三种核算方式来计算所耗用的保税进口料件，但是单耗核算仍然是加工贸易手册最基本的核算方式。

加工贸易单耗管理的法律依据是《单耗管理办法》。《单耗管理办法》对加工贸易企业如何申报单耗、海关如何审核单耗进行了明确规定。

不同类型的加工贸易企业、不同种类的加工贸易商品，单耗的计算和申报方式不一样，大致可以分为以下四类。

（1）排版类。如进口布料生产成衣、进口铜箔进行裁切等，需要根据排版图、裁剪图等计算所耗用的保税料件。

（2）称重类。如进口塑料粒子生产注塑件、进口不锈钢板材生产冲压件等，需要通过实际称重确定净耗、工艺损耗，进而计算出单耗。

（3）装配类。如进口电子元器件生产手机、进口零配件组装机器等，需要根据 BOM、组装图纸等确定所耗用的保税料件。

（4）化工类。如进口石油炼化各种石油衍生品等，需要根据化学反应式等计算料件和成品以及副产品的投入产出关系。

6. 加工贸易担保

加工贸易担保是海关事务担保的一种。根据《关于保证金台账“实转”管理事项转为海关事务担保事项有关手续的公告》（海关总署公告 2018 年第 18 号）规定，由于国务院取消了加工贸易银行保证金台账制度，保证金台账“实转”管理事项转为海关事务担保事项，即现行的加工贸易担保制度涵盖了原先加工贸易“实转”保证金与风险担保金两部分内容。

在手册设立环节，加工贸易企业必须提供担保的情况包括以下几种。

（1）涉嫌走私，已经被海关立案侦查，案件尚未审结的。

（2）由于管理混乱被海关要求整改，在整改期内的。

此外，根据企业分类、商品分类及其他具体情形，企业也有可能在手册设立环节被要求提供相应的担保。

加工贸易手册通过审批后，金关二期加工贸易系统会根据参数，对须征收担保的自动生成征收担保指令，生成担保征收单。企业可在“单一窗口”企业端加工贸易担保系统模块进行征收单查询，对被担保单位、企业信息、缴款单位、缴款账号等具体的征收单信息进行修改、补充录入，并缴纳相应的保证金或提供保函，待海关在金关二期加工贸易系统内确认完毕后才可正常使用手册。

7. 手册变更

加工贸易手册变更是指企业由于自身管理和生产经营的需要，向海关申请对已备案手册的表头、料件表、成品表或单耗表中的内容进行新增、修改或者删除，海关予以审核的过程。

企业申请变更加工贸易手册，经海关审核，对需要征收担保的，通过金关二期加工贸易管理系统产生担保征收单，并发送至企业端，企业缴纳完毕并经海关确认后，系统才能通过企业的手册变更申请。

需要注意的是，加工贸易手册延期也是变更的一种。经主管海关确认，加工贸易手册可予以延期，最长不超过两年。

（二）中期——管理

1. 进出口申报

（1）进口加工贸易货物

加工贸易企业可以通过以下几种方式进口加工贸易货物：从境外直接进口；从保税区、出口加工区、保税港区、综合保税区、保税物流园区等海关特殊监管区域进口；从保税仓库、保税物流中心等保税监管场所进口；通过深加工结转方式购买另一加工贸易企业生产的成品（或半成品）。

（2）出口加工贸易货物

加工贸易企业可以通过以下几种方式出口加工贸易货物：直接将货物出口至境外；将货物出口至保税区、出口加工区、保税港区、综合保税区、保税物流园区等海关特殊监管区域；将货物出口至出口监管仓库、保税物流中心等保税监管场所；通过深加工结转方式销售给另一加工贸易企业。

2. 保税核注清单

保税核注清单是金关二期保税底账核注的专用单证，属于办理加工贸易及保税监管业务的相关单证。在金关二期加工贸易系统中，企业申报进出口时，必须录入并申报相应的保税核注清单。

保税核注清单启用后，加工贸易企业的进出口流程有以下变化。

（1）加工贸易企业在办理货物进出境、进出海关特殊监管区域、保税监管场所，以及开展加工贸易企业间保税货物流转业务的（如深加工结转），相关企业应按照系统设定的格式和填制要求向海关报送保税核注清单数据信息，再根据实际业务需要办理报关手续。

（2）为简化保税货物报关手续，企业办理加工贸易货物余料结转、加工贸易货物销毁（处置后未获得收入）、加工贸易不作价设备结转手续的，可不再办理报关单申报手续。

（3）企业报送保税核注清单后需要办理报关单申报手续的，报关单申报数据由保税核注清单数据归并生成。

3. 深加工结转

深加工结转，是指加工贸易企业将保税进口料件加工的产品转至另一加工贸易企业进一步加工后复出口的经营活动。

根据海关总署公告2019年第218号，海关大幅简化了加工贸易企业对深加工结转业务的申报手续，即海关对加工贸易深加工结转业务不再进行事前审核，企业真正实现深加工结转一次申报、收发货记录自行留存备查。具体来说，就是企业通过金关二期加工贸易管理系统办理深加工结转业务时，不再向海关申报深加工结转申报表和收发货记录，只需在规定的时间内直接向海关申报保税核注清单及报关单，办理结转手续。

4. 外发加工

外发加工，是指经营企业委托承揽者对加工贸易货物进行加工，在规定期限内将加工后的产品最终复出口的行为。

承揽者是指与经营企业签订加工合同，承接经营企业委托的外发加工业务的企业或者个人。

外发加工与深加工结转的区别在于以下方面。

（1）外发加工主体是一家加工贸易经营企业，所外发的加工贸易货物物权始终属于加工贸易经营企业；深加工结转主体则是处于产业链上下游的两家加工贸易企业，所结转的加工贸易货物物权发生了变化。

（2）外发加工不需要向海关申报保税核注清单及报关单，而深加工结转需要。

根据海关总署公告2019年第218号，海关大幅简化了加工贸易企业对外发加工业务的申报手续。具体来说，就是企业通过金关二期加工贸易管理系统办理外发加工业务时，只需在规定的时间内向海关申报外发加工申报表，不再向海关申报外发加工收发货登记，实现企业外发加工一次申报、收发货记录自行留存备查。

企业应如实填写并向海关申报外发加工申报表，对于需要全工序外发的，应在申报表中勾选“全工序外发”标志，并按规定提供担保后才可以开展外发加工业务。

5. 内销征税

加工贸易保税货物内销简称“内销”，是指加工贸易企业因故不能按规定加工复出口，而需要将全部或者部分保税料件、制成品在境内销售，或者转用于生产内销产品的行为。内销的范围包括但不限于保税料件和制成品，还包括将加工贸易项下产生的半成品、边角料、残次品、副产品及受灾保税货物等转为境内销售的行为。

企业申请内销加工贸易货物，除了根据内销货物种类分别按照原进口料件或者报验状态依法征税以外，还须缴纳缓税利息；属于国家对进口有限制性规定的，还应当向海关提交进口许可证件；同时需要根据《审价办法》接受海关对内销货物价格的审查确定。

根据海关总署公告 2019 年第 218 号，海关优化了加工贸易货物内销征税手续，企业通过金关二期加工贸易管理系统办理加工贸易货物内销业务时，直接通过保税核注清单生成内销征税报关单，并办理内销征税手续，不再向海关申报内销征税联系单。

同时，海关总署公告 2019 年第 218 号还统一了特殊监管区域外加工贸易企业集中办理内销征税手续的申报时限。符合集中办理内销征税手续条件的加工贸易企业，应于每月 15 日前对上月内销情况进行保税核注清单及报关单的集中申报，但集中申报不得超过加工贸易手册有效期或核销截止日期，且不得跨年申报。

2020 年，出于疫情防控和企业复工复产的需要，海关总署针对加工贸易内销征税，发布了两个公告：一是《关于暂免征收加工贸易货物内销缓税利息的公告》（海关总署公告 2020 年第 55 号），规定自 2020 年 4 月 15 日至 2020 年 12 月 31 日（以企业内销申报时间为准），对企业内销加工贸易货物的，暂免征收内销缓税利息；二是《关于调整加工贸易内销申报纳税办理时限的公告》（海关总署公告 2020 年第 78 号），规定自 2020 年 7 月 1 日起，对符合条件按月办理内销申报纳税手续的海关特殊监管区域外加工贸易企业，在不超过手册有效期或账册核销截止日期的前提下，最迟可在季度结束后 15 天内完成申报纳税手续，但是按季度申报纳税不得跨年操作，即企业需在每年 4 月 15 日、7 月 15 日、10 月 15 日、12 月 31 日前进行申报。

2021 年底，海关总署发布《关于 2022 年暂免征收加工贸易企业内销税款缓税利息的公告》（海关总署公告 2021 年第 121 号），规定自 2022 年 1 月 1 日至 2022 年 12 月 31 日（以企业内销申报时间为准），对企业内销加工贸易货物的，暂免征收内销缓税利息。

6. 余料结转

余料结转是指加工贸易企业申请将剩余料件结转到另一个加工贸易合同中使用，限同一经营单位、同样进口料件和同一加工贸易方式。

剩余料件是指加工贸易企业在从事加工复出口业务过程中剩余的、可以继续用于加工制成品的加工贸易进口料件。

根据海关总署公告 2019 年第 218 号，海关简化了加工贸易企业余料结转业务申报手续。海关对加工贸易余料结转业务不再进行事前审核，即企业通过金关二期加工贸易管理系统办理加工贸易余料结转业务时，不再向海关申报余料结转申报表，企业应在规定的时间内向海关申报保税核注清单办理余料结转手续，实现企业余料结转一次申报。

同时，海关总署公告 2019 年第 218 号还取消了企业办理余料结转手续须征收担保的相关规定。对同一经营企业申报将剩余料件结转到另一加工企业的、剩余料件转出金额达到该加工贸易合同项下实际进口料件总额 50%及以上的、剩余料件所属加工贸易合同办理两次及两次以上延期手续的等情形，企业不再需要提供担保。

（三）后期——核销

核销，是指加工贸易经营企业加工复出口或者办理内销等海关手续后，凭规定单证向海关报核，海关按照规定进行核查以后办理解除监管手续的行为。具体来说，就是企业根据加工贸易货物进、销、存、转等情况，将加工贸易手册有效期限内的料件进口、成品出口、生产加工、货物库存、深加工结转、内销征税及边角料、残次品、副产品、剩余料件等的处理情况向海关申报，海关予以审核、核销、结案的过程。

企业应自加工贸易手册项下最后一批成品出口或者加工贸易手册到期之日起30日内向海关报核。经营企业对外签订的合同提前终止的，应当自合同终止之日起30日内向海关报核。

企业单证齐全、正确、有效，数据规范完整的，海关自受理报核之日起30日内予以核销，完成核销结案手续。特殊情况需要延长的，经直属海关关长或者其授权的隶属海关关长批准可以延长30日。

五、加工贸易不作价设备

（一）定义

加工贸易不作价设备是指与加工贸易经营企业开展加工贸易的外商，以免费即不需经营单位付汇进口、也不须用加工费或差价偿还，向经营企业提供的加工生产所需设备。

不作价设备是减免税设备的有益补充，也是加工贸易企业降低运营成本的有效手段之一。不作价设备是加工贸易业务中出现较早的分支之一，主要管理依据是《国务院关于调整进口设备税收政策的通知》（国发〔1997〕37号）。除国家明令禁止进口的商品目录和《外商投资项目不予免税的进口商品目录》《进口不予免税的重大技术装备和产品目录》所列商品外，均可向海关申请办理保税进口，手册备案征免方式为“特案”。按照《关于对部分进口税收优惠政策进行相应调整》（海关总署公告2008年第103号）规定，进口的不作价设备以及按照合同随设备进口的技术及配套件、备件，免征关税，征收进口环节增值税。单独进口的设备配套件及备件，应照章征税。

（二）主要政策规定

1. 不作价设备应由外商免费、无偿提供使用，无须经营单位付汇进口，也无须用加工费或差价偿还。

2. 加工贸易企业应设有独立专门从事加工贸易（即不从事内销产品加工生产）的工厂或车间，并且不作价设备仅限在该工厂或车间使用。

3. 对未设有独立专门从事加工贸易的工厂或车间、以现有加工生产能力为基础开展加工贸易的项目，使用不作价设备的加工生产企业，在加工贸易合同（协议）期限内，其每年加工产品必须有70%以上属出口产品。

4. 加工贸易企业进口的加工贸易不作价设备可以在享受同等税收待遇的不同企业之间结转。结转的不作价设备的监管期限连续计算。

5. 加工贸易不作价设备自进口之日起至退运出口或按海关规定解除监管之日止，属于海关监管货物，海关监管期限为五年。在海关监管期限内，不作价设备不得擅自在境内销售、串换、转让、抵押或移作他用。

6. 不作价设备监管期限内，加工贸易经营企业每年 1 月向主管海关书面报告不作价设备的使用情况，海关定期核查。

7. 对监管期限已满的不作价设备退运出境或留在境内应及时办理解除监管手续，不及时办理的企业，由海关调查部门按违规行为处理，结案前海关不予办理新的加工贸易备案手续。

（三）不作价设备手册设立

在金关二期加工贸易管理系统上线之前，不作价设备手册都是纸质手册，企业持凭不作价设备手册办理各项手续。金关二期加工贸易管理系统上线之后，在子系统“加工贸易手册”里办理不作价设备手册设立、结转、解除监管及年审等各项手续，根据规范申报要求上传随附单证进行在线申报即可。

（四）不作价设备解除监管

根据海关总署公告 2019 年第 218 号，海关简化了不作价设备解除监管的流程。

对于监管期限已满的不作价设备，企业不再向海关提交书面申请等纸质单证，通过申报监管方式为“BBBB”的设备解除监管专用保税核注清单，向主管海关办理设备解除监管手续。保税核注清单审核通过后，企业如有需要，可自行打印解除监管证明。

不作价设备监管期限未满，企业申请提前解除监管的，由企业根据现有规定办理复运出境或内销手续。

【复习思考题】

1. 企业申请开展加工贸易业务，需要满足的基本管理要求有哪些？
2. 加工贸易手册的中期管理主要包括哪些内容？
3. 加工贸易不作价设备的定义和主要政策规定是什么？

第三单元　保税监管场所

【学习目标】

本单元旨在向学习者介绍海关对保税物流的监管模式，通过对海关保税监管场所的介绍，使学习者在了解保税仓库、出口监管仓库、保税物流中心的设立，以及海关监管规定的基础上，对保税物流业务有初步的认识。

完成本单元学习，学习者应获得以下技能：

1. 熟悉海关对保税物流的监管模式；
2. 了解海关保税监管场所的基本概念；
3. 熟悉保税仓库、出口监管仓库、保税物流中心的设立，以及海关监管规定。

【基本概念】

保税物流、保税仓库、出口监管仓库、保税物流中心

【建议学习时间】

1 课时

【学习内容】

保税物流，是指经营者经海关批准，将未办理纳税手续进境的货物从供应地到需求地实施空间位移的服务性经营行为。在供应链上体现为采购、运输、存储、分销、分拨、中转、转运，以及包装、刷唛、改装、组拼、集拼、配送、调拨等流通性简单的加工业务及其增值服务。就目前实践而言，主要是指保税货物在口岸与特殊监管区域、保税监管场所之间或在区域、场所的内部，以及在这些区域、场所之间的流转。

一、保税物流海关监管模式

海关对保税物流货物的监管模式可以概括为双线监管加账册管理。“双线监管”中的“双线”是指保税物流货物既需要进出境报关（俗称“一线”），又需要进出区域或场所报关（俗称“二线”），因此在“一线”和“二线”都需要遵守相应的海关监管规定。“账册管理”是指对保税物流货物采用设立账册、将报关数据写入账册的方式，将账册作为保税物流货物进出转存的底账以实现对保税物流货物的管理。特别需要注意的是，为改变之前各特殊监管区域和保税物流场所自行开发管理系统的局面，金关二期加工贸易管理系统中开发了全国统一版本的海关特殊监管区域子系统和保税物流管理子系统，将物流账册纳入了系统管理，同时整合了保税核注清单、业务申报表、出入库单、核放单、集中报关等各类功能，有利于规范和促进保税物流业务的开展。

由于海关保税监管场所内只能开展保税物流业务，不能开展保税加工业务，相对于既可以开

展保税物流业务、又可以开展保税加工业务的海关特殊监管区域来说，更能体现保税物流业务的特点，因此本单元将围绕海关保税监管场所介绍海关对保税物流的相关监管规定。

二、海关保税监管场所简介

保税监管场所是经海关批准设立由海关实施保税监管的特定场所，主要包括保税仓库、出口监管仓库、保税物流中心（A 型）、保税物流中心（B 型）四类。

保税监管场所内只能开展保税物流业务，不能开展保税加工业务，但是可以开展流通性简单加工和增值服务，即可以对货物进行分级分类、分拆分拣、分装、计量、组合包装、打膜、加刷唛码、刷贴标志、改换包装、拼装等辅助性简单作业。

每一类型的保税监管场所都有一部与之相对应的部门规章，明确了每一类型的保税监管场所可以存入的货物、海关对保税监管场所的管理要求，以及海关对所存入货物的监管规定等，是海关对保税监管场所实施监管最主要的法律依据，主要包括《中华人民共和国海关对保税仓库及所存货物的管理规定》（海关总署令第 105 号）、《中华人民共和国海关对出口监管仓库及所存货物的管理办法》（海关总署令第 133 号）、《中华人民共和国海关对保税物流中心（A 型）的暂行管理办法》（海关总署令第 129 号）、《中华人民共和国海关对保税物流中心（B 型）的暂行管理办法》（海关总署令第 130 号）。

我国海关对保税监管场所的管理规定是根据《京都公约》专项附约“海关仓库”条款制定的。根据《京都公约》对“海关仓库”的定义，货物在进口时，尚不知最后会做何处理，可选择存放一段时间；如准备供境内使用，可推迟到货物真正为境内使用时才缴纳进口税费；进口商还可选择将货物存放在仓库内，以便货物免受有关的限制和禁止规定管制；如货物准备重新出口，则以一种免纳进口税费的海关制度来存放。

保税监管场所的功能主要包括以下三个方面：一是在确定货物供境内使用前，无缴纳进口税费的义务，如重新出口，则免除进口税费；二是为存放货物者提供更多的时间，方便其最终为货物找到最适合的贸易方式；三是不只限于进口货物，原产于本国的拟出口的应缴或已缴国内税费的货物也可存放。可见，保税仓库具备前两项功能，出口监管仓库具备第三项功能，而保税物流中心（A 型）和保税物流中心（B 型）则基本具备了上述三项功能。

三、保税仓库

保税仓库，是指经海关批准设立的专门存放保税货物及其他未办结海关手续货物的仓库。

从国际保税仓库诞生的历史看，保税仓库是市场经济和自由贸易挑战贸易管制的产物，也是我国保税物流业务最早的载体。1978 年改革开放后，我国借鉴国际惯例，为顺应加工贸易和转口贸易的发展趋势而设立保税仓库。我国的保税仓库最初只能用于加工贸易保税货物的存储，后来允许一般贸易货物存入，随着第三方物流的蓬勃发展，保税仓库又拓展了增值服务功能，即根据现代企业物流运转“零库存”的要求，按照不同商品特点要求、不同国家（地区）市场的偏好进行各种专业化仓储、分拣与再包装、拼装集运。

（一）保税仓库的分类

1. 按照使用对象不同，保税仓库可分为公用型保税仓库、自用型保税仓库。

公用型保税仓库由主营仓储业务的中国境内独立企业法人经营，专门向社会提供保税仓储服务。

自用型保税仓库由特定的中国境内独立企业法人经营，仅存储供本企业自用的保税货物。

2. 专用型保税仓库是指专门用来存储具有特定用途或特殊种类商品的保税仓库。专用型保税仓库包括液体保税仓库、备料保税仓库、寄售维修保税仓库和其他专用型保税仓库。

液体保税仓库，是指专门提供石油、成品油或者其他散装液体保税仓储服务的保税仓库。

备料保税仓库，是指加工贸易企业存储为加工复出口产品所进口的原材料、设备及其零部件的保税仓库，所存保税货物仅限于供应本企业。

寄售维修保税仓库，是指专门存储为维修国外产品所进口寄售零配件的保税仓库。

（二）保税仓库的设立和验收

经营保税仓库的企业，应当具备以下条件：经工商行政管理部门注册登记，具有企业法人资格；具有专门存储保税货物的营业场所；法律、行政法规、海关规章规定的其他条件。

保税仓库应当具备以下条件：

1. 符合海关对保税仓库布局的要求。

2. 具备符合海关监管要求的隔离设施、监管设施和办理业务必需的其他设施。

3. 具备符合海关监管要求的保税仓库计算机管理系统，并与海关联网。

4. 具备符合海关监管要求的保税仓库管理制度。

5. 部分类型的保税仓库对面积有最低要求，如公用保税仓库面积最低为 2 000 平方米，液体保税仓库容积最低为 5 000 立方米，寄售维修保税仓库面积最低为 2 000 平方米。

6. 法律、行政法规、海关规章规定的其他条件。

需要特别注意的是，海关对保税仓库的设立审批属于行政许可事项，应当符合行政许可的程序性要求。

申请设立保税仓库的企业应当于海关出具保税仓库批准文件一年内向海关申请保税仓库验收。验收合格后，经海关注册登记并核发保税仓库注册登记证书，才可以开展业务。保税仓库注册登记证书有效期为三年。

（三）海关对保税仓库的管理要求

1. 保税仓库不得转租、转借给他人经营，不得下设分库。

2. 保税仓库经营企业应当如实填写有关单证、仓库账册，真实记录并全面反映其业务活动和财务状况，编制仓库月度收、付、存情况表和年度财务会计报告，并定期报送主管海关。

3. 保税仓库经营企业需变更企业名称、组织形式、法定代表人等事项的，应当在变更前向直属海关提交书面报告，说明变更事项、事由和变更时间；变更后，海关需要重新审核保税仓库经营企业的资质。

4. 保税仓库需变更名称、地址、仓储面积（容积）等事项的，主管海关受理企业申请后，报直属海关审批。

5. 保税仓库终止保税仓储业务的，由保税仓库经营企业提出书面申请，经主管海关受理报直属海关审批后，交回保税仓库注册登记证书，并办理注销手续。

（四）海关对存入保税仓库货物的监管规定

可以存入保税仓库的货物包括：加工贸易进口货物；转口货物；供应国际航行船舶和航空器的油料、物料和维修用零部件；供维修外国产品所进口寄售的零配件；外商暂存货物；未办结海关手续的一般贸易货物；经海关批准的其他未办结海关手续的货物。

可以对保税仓库货物进行包装、分级分类、加刷唛码、分拆、拼装等简单加工，不得进行实质性加工。

未经海关批准，保税仓库货物不得擅自出售、转让、抵押、质押、留置、移作他用或者进行其他处置。

保税仓库货物的存储期限为一年。确有正当理由的，经海关同意可予以延期，延期一般不超过一年。

保税仓库货物出库包括以下情形：运往境外的；运往境内特殊监管区域、保税物流中心或者其他保税仓库继续实施保税监管的；转为加工贸易进口的；转入国内市场销售的；海关规定的其他情形。经海关批准办理出库手续的，海关按照相应的规定进行管理和验放。

保税仓库货物在存储期间发生损毁或者灭失的，除不可抗力因素外，保税仓库应当依法向海关缴纳损毁、灭失货物的税款，并承担相应的法律责任。

四、出口监管仓库

出口监管仓库是指经海关批准设立，对已办结海关出口手续的货物进行存储、保税物流配送、提供流通性增值服务的海关专用监管仓库。

出口监管仓库是存放出口货物的保税监管场所。1988 年，为支持和鼓励扩大出口，方便企业及时结汇，我国第一家出口监管仓库在深圳设立。随着第三方物流的发展，出口监管仓库也拓展了增值服务功能，为境外采购商提供品质检测、商品配送、分拨、转口等服务，也正在向以出口货物为导向的国际配送中心发展，有利于降低我国出口产品的物流成本，提高我国出口产品在国际市场的竞争力。

（一）出口监管仓库的分类

出口监管仓库分为出口配送型仓库和国内结转型仓库。出口配送型仓库是指存储以实际离境为目的的出口货物的仓库；国内结转型仓库是指存储用于国内结转的出口货物的仓库。

（二）出口监管仓库的设立和验收

经营出口监管仓库的企业应当具备以下条件：经工商行政管理部门注册登记，具有企业法人资格；具有进出口经营权和仓储经营权；具有专门存储货物的场所。

出口监管仓库应当具备以下条件：

1. 符合海关对出口监管仓库布局的要求。
2. 具有符合海关监管要求的隔离设施、监管设施和办理业务必需的其他设施。
3. 具有符合海关监管要求的计算机管理系统，并与海关联网。
4. 建立了出口监管仓库的章程、机构设置、仓储设施及账册管理等仓库管理制度。

5. 出口配送型仓库的面积不得低于 2 000 平方米，国内结转型仓库的面积不得低于 1 000 平方米。

6. 自有仓库的，具有出口监管仓库的产权证明；租赁仓库的，具有租赁期限五年以上的租赁合同。

需要特别注意的是，海关对出口监管仓库的设立审批属于行政许可事项，应当符合行政许可的程序性要求。

申请设立出口监管仓库的企业应当于海关出具批准文件之日起一年内向海关申请验收出口监管仓库。验收合格后，经海关注册登记并核发出口监管仓库注册登记证书，才可以开展业务。出口监管仓库注册登记证书有效期为三年。

（三）海关对出口监管仓库的管理要求

1. 出口监管仓库必须专库专用，不得转租、转借给他人经营，不得下设分库。

2. 出口监管仓库经营企业应当如实填写有关单证、仓库账册、真实记录并全面反映其业务活动和财务状况，编制仓库月度进、出、转、存情况表和年度财务会计报告，并定期报送主管海关。

3. 出口监管仓库经营企业需变更企业名称、组织形式、法定代表人等事项的，应当在变更前向直属海关提交书面报告，说明变更事项、事由和变更时间。变更后，海关需要重新审核出口监管仓库经营企业的资质。

4. 出口监管仓库需变更名称、地址、仓储面积等事项的，主管海关受理企业申请后，报直属海关审批。出口监管仓库变更类型的，需要按照设立出口监管仓库的有关规定办理。

5. 出口监管仓库有下列情形之一的，海关注销其注册登记，并收回出口监管仓库注册登记证书：

（1）无正当理由逾期未申请延期审查或者延期审查不合格的。

（2）仓库经营企业书面申请变更出口监管仓库类型的。

（3）仓库经营企业书面申请终止出口监管仓库仓储业务的。

（4）仓库经营企业不再具备经营出口监管仓库条件的。

（5）法律、行政法规规定的应当注销行政许可的其他情形。

（四）海关对存入出口监管仓库货物的监管规定

可以存入出口监管仓库的货物包括：一般贸易出口货物；加工贸易出口货物；从其他海关特殊监管区域、保税监管场所转入的出口货物；出口配送型仓库可以存放为拼装出口货物而进口的货物，以及为改换出口监管仓库货物包装而进口的包装物料；其他已办结海关出口手续的货物。

不得对存入出口监管仓库的货物进行实质性加工，但可以在仓库内进行品质检验、分级分类、分拣分装、加刷唛码、刷贴标志、打膜、改换包装等流通性增值服务。

出口监管仓库所存货物存储期限为六个月。经海关同意可以延期，但延期不得超过六个月。

对经批准享受入仓即予退税政策的出口监管仓库，海关在货物入仓结关后予以办理出口货物退税证明手续；对不享受入仓即予退税政策的出口监管仓库，海关在货物实际离境后办理出口货物退税证明手续。

存入出口监管仓库的出口货物，按照国家规定应当提交许可证件或者缴纳出口关税的，发货人或者其代理人应当提交许可证件或者缴纳税款。

五、保税物流中心

保税物流中心在功能上实现了对保税仓库和出口监管仓库的整合和提升，在区位上是保税物流园区向内地的延伸和补充，在数量上则是对海关特殊监管区域的有益补充，因此具有更大的灵活性和更强的生命力。

（一）保税物流中心的分类

保税物流中心分为 A 型和 B 型两种。

保税物流中心（A 型）是指经海关批准，由中国境内企业法人经营、专门从事保税仓储物流业务的海关监管场所，可以理解为自用型保税物流中心。

保税物流中心（B 型）是指经海关批准，由中国境内一家企业法人经营，多家企业进入并从事保税仓储物流业务的海关集中监管场所，可以理解为公用型保税物流中心。

2004 年，海关总署在上海和苏州分别进行了保税物流中心（A 型）和保税物流中心（B 型）试点。其中，苏州工业园区海关保税物流中心（B 型）作为全国首家试点，于 2004 年 5 月经海关总署正式批复设立。保税物流中心（B 型）功能较为完善、运作情况良好，已成为当前发展的主要趋势，尤其是近年来跨境电商业务迅猛增长，不少跨境电商选择将企业设于保税物流中心（B 型）内，正是看中了保税物流中心（B 型）的复合型功能。因此本部分主要介绍保税物流中心（B 型）的相关管理规定。

（二）保税物流中心（B 型）的设立和验收

保税物流中心（B 型）（以下简称“物流中心”）经营企业应当具备下列资格条件：经工商行政管理部门注册登记，具有独立企业法人资格；具备对物流中心内企业进行日常管理的能力；具备协助海关对进出物流中心的货物和物流中心内企业的经营行为实施监管的能力。

设立物流中心应当具备下列条件：

1. 物流中心仓储面积，东部地区不低于 5 万平方米，中西部地区、东北地区不低于 2 万平方米。

2. 符合海关对物流中心的监管规划建设要求。

3. 选址在靠近海港、空港、陆路交通枢纽及内陆国际物流需求量较大处，交通便利，设有海关机构且便于海关集中监管的地方。

4. 经省级人民政府确认，符合地方经济发展总体布局，满足加工贸易发展对保税物流的需求。

5. 建立符合海关监管要求的计算机管理系统，提供供海关查阅数据的终端设备，并按照海关规定的认证方式和数据标准，通过中国电子口岸平台与海关联网，以便海关在统一平台上与国税、外汇管理等部门实现数据交换及信息共享。

6. 设置符合海关监管要求的隔离设施、监管设施和办理业务必需的其他设施。

需要特别注意的是，海关对物流中心的设立审批属于行政许可事项，应当符合行政许可的程序性要求。

物流中心经营企业于海关总署等部门出具批准其筹建物流中心文件之日起一年内向海关总署申请验收，由海关总署会同有关部门或者委托被授权的机构进行审核验收。验收合格后，由海关总署向物流中心经营企业核发保税物流中心（B 型）注册登记证书，物流中心才可以开展有关业务。保税物流中心（B 型）注册登记证书有效期为三年。

物流中心内的企业应当具备下列条件：具有独立的法人资格或者特殊情况下的物流中心外企业的分支机构；建立符合海关监管要求的计算机管理系统并与海关联网；在物流中心内有专门存储海关监管货物的场所。

（三）海关对物流中心的管理要求

1. 对物流中心经营企业的管理要求

物流中心经营企业不得在本物流中心内直接从事保税仓储物流的经营活动。

物流中心内只能设立仓库、堆场和海关监管工作区，不得设有商业性消费设施。

物流中心不得转租、转借他人经营，不得下设分中心。

物流中心经营企业应该按照有关规定办理物流中心的延期、变更和注销手续。

物流中心及物流中心内企业应当建立符合海关监管要求的计算机管理系统并与海关联网，形成完整真实的货物进、出、转、存电子数据，保证海关开展对有关业务数据的查询、统计、采集、交换和核查等监管工作。

2. 对物流中心内企业的管理要求

（1）物流中心内企业可以开展以下业务：

①保税存储进出口货物及其他未办结海关手续货物。

②对所存货物开展流通性简单加工和增值服务。

③全球采购和国际分拨、配送。

④转口贸易和国际中转。

⑤经海关批准的其他国际物流业务。

（2）物流中心内企业不得在物流中心内开展下列业务：

①商业零售。

②生产和加工制造。

③维修、翻新和拆解。

④存储国家禁止进出口的货物，以及危害公共安全、公共卫生或者健康、公共道德或者秩序的国家限制进出口的货物。

⑤法律、行政法规明确规定不能享受保税政策的货物。

⑥其他与物流中心无关的业务。

（四）海关对存入物流中心货物的监管规定

可以存入物流中心的货物包括：国内出口货物；转口货物和国际中转货物；外商暂存货物；加工贸易进出口货物；供应国际航行船舶和航空器的物料、维修用零部件；供维修国外产品所进口寄售的零配件；未办结海关手续的一般贸易进口货物；经海关批准的其他未办结海关手续的货物。

物流中心内货物保税存储期限为两年。确有正当理由的，经主管海关同意可以予以延期，除特殊情况外，延期不得超过一年。

未经海关批准，物流中心内企业不得擅自将所存货物抵押、质押、留置、移作他用或者进行其他处置。

保税仓储货物在存储期间发生损毁或者灭失的，除不可抗力因素外，物流中心内企业应当依法向海关缴纳损毁、灭失货物的税款，并承担相应的法律责任。

（五）海关对进出物流中心货物的通关监管

海关对进出物流中心货物的通关监管，可分成两个环节：一是物流中心与境外之间进出货物的通关，即俗称的“一线”进出；二是物流中心与境内中心外之间进出货物的通关，即“二线”进出。

1.“一线”进出

在该环节，货物是实际进出境的，不实行进出口配额、许可证件管理（特殊规定除外），除物流中心内企业进口自用的货物外，其他货物享受进口全额保税政策。

2.“二线”进出

货物出物流中心，对物流中心外企业而言视同进口，企业需申报进口报关单，贸易方式根据物流中心外企业的贸易实际填报，如一般贸易、进料加工、来料加工等。海关按照货物出物流中心的实际状态来核定价格、归类，如属进口许可证件管理的商品，还应当向海关出具有效的进口许可证件。

货物进物流中心，对物流中心外企业而言视同出口，企业需申报出口报关单，贸易方式根据企业贸易实际填报。进物流中心的货物如需缴纳出口关税的，物流中心外企业应当按照规定纳税；属许可证件管理商品，还应当向海关出具有效的出口许可证件。

货物在物流中心之间、物流中心与海关特殊监管区域、其他保税监管场所之间的流转按照“保税间货物”进行管理。

还需注意的一点是，除了“一线”和“二线”进出的货物外，物流中心内货物还可以在物流中心内企业之间进行转让、转移并办理相关海关手续。

【复习思考题】

1. 保税仓库的分类有哪些？
2. 保税仓库、出口监管仓库及保税物流中心内货物的存储期限各是多长时间？
3. 可以存入保税物流中心的货物包括哪些？

第四单元　海关特殊监管区域

【学习目标】

本单元旨在让学习者了解海关特殊监管区域的概况，重点是对综合保税区的监管规定及发展举措进行介绍，使学习者了解熟悉海关特殊监管区域下一步发展方向。

完成本单元学习，学习者应获得以下技能：

1. 了解海关特殊监管区域的概况；
2. 熟悉海关对综合保税区的监管规定及发展举措；
3. 了解海关特殊监管区域的下一步发展方向。

【基本概念】

海关特殊监管区域、综合保税区

【建议学习时间】

1 课时

【学习内容】

海关特殊监管区域是我国改革开放的窗口和试验田，自 1990 年上海外高桥保税区设立以来，至 2022 年 1 月底，我国共有 5 种类型共计 167 个海关特殊监管区域。其中，保税区 8 个、出口加工区 1 个、保税港区 2 个、综合保税区 155 个（含洋山特殊综合保税区）、跨境工业区（珠海园区）1 个。海关特殊监管区域是我国开放型经济发展的先行区，是加工贸易转型升级的集聚区，由于海关特殊监管区域既能开展保税加工，又能经营保税物流，在我国的保税制度体系中具有特殊性和代表性，因此有必要单列一个单元对海关特殊监管区域进行介绍。

一、海关特殊监管区域简介

海关特殊监管区域是经国务院批准设立并由海关实行封闭监管的特定区域，包括保税区、出口加工区、保税港区、综合保税区、跨境工业区五类。

海关特殊监管区域的法律体系较为复杂。在法律层面，主要是《海关法》第三十四条规定：“经国务院批准在中华人民共和国境内设立的保税区等海关特殊监管区域，由海关按照国家有关规定实施监管。”在法规层面，主要是《国务院关于促进海关特殊监管区域科学发展的指导意见》《加快海关特殊监管区域整合优化方案》《国务院关于促进综合保税区高水平开放高质量发展的若干意见》等，为海关特殊监管区域的发展定下基调。在部门规章层面，也都有与每一类型的海关特殊监管区域相对应的海关总署令，具体如下：

1. 《保税区海关监管办法》（海关总署令第 65 号）。
2. 《中华人民共和国海关对出口加工区监管的暂行办法》（海关总署令第 81 号）。

3.《中华人民共和国海关珠澳跨境工业区珠海园区管理办法》(海关总署令第160号)。

4.《中华人民共和国海关综合保税区管理办法》(海关总署令第256号)。

需要注意的是，鉴于现有的保税港区都将逐步整合为综合保税区，因此《中华人民共和国海关保税港区管理暂行办法》（海关总署令第164号）于海关总署令第256号施行后也同时废止。

综合保税区是海关特殊监管区域整合的方向和发展的重点。2015年发布的《加快海关特殊监管区域整合优化方案》明确了逐步将现有出口加工区、保税物流园区、跨境工业区、保税港区及符合条件的保税区整合为综合保税区；新设立的海关特殊监管区域统一命名为综合保税区，因此海关特殊监管区域将从多类型并存向统一模式转型。同时从发展状况来看，综合保税区的进出口规模及增幅总体表现也很优异。2021年，全国综合保税区实现进出口值5.9万亿元，同比增长23.8%，高出全国外贸进出口值增幅2.4个百分点，占同期全国外贸进出口总值的15.1%，对我国外贸的贡献率达16.5%。

随着2019年《国务院关于促进综合保税区高水平开放高质量发展的若干意见》的出台，尤其是海关总署令第256号于2022年4月1日正式施行，综合保税区监管措施逐步落地，综合保税区的发展未来可期。因此本单元着重介绍综合保税区的监管规定，并对促进综合保税区高水平开放高质量发展的21项举措进行简单解读，不再涉及其他类型的海关特殊监管区域。

二、综合保税区

综合保税区最初是指经国务院批准设立在内陆地区的具有保税港区功能的海关特殊监管区域。由于综合保税区已成为海关特殊监管区域整合的方向和发展的重点，综合保税区的外延和内涵也随之扩大，成为我国海关特殊监管区域最主要的模式。

（一）综合保税区的设立和验收

综合保税区的基础和监管设施应当符合综合保税区基础和监管设施设置规范，并经海关会同有关部门验收合格。

（二）海关对综合保税区的管理要求

1. 对综合保税区区域的要求

综合保税区实行封闭式管理。除安全保卫人员外，区内不得居住人员。

2. 对综合保税区内企业的要求

综合保税区内企业（以下简称“区内企业”）及其分支机构应当取得市场主体资格，并依法向海关办理注册或者备案手续。

区内从事食品生产的企业应当依法取得国内生产许可。

区内企业可以依法开展下列业务：

(1) 研发、加工、制造、再制造；

(2) 检测、维修；

(3) 货物存储；

(4) 物流分拨；

（5）融资租赁；

（6）跨境电商；

（7）商品展示；

（8）国际转口贸易；

（9）国际中转；

（10）港口作业；

（11）期货保税交割；

（12）国家规定可以在区内开展的其他业务。

海关对区内企业实行计算机联网管理，提升综合保税区信息化、智能化管理水平。

区内企业应当依照法律法规的规定规范财务管理，并按照海关规定设立海关电子账册，电子账册的备案、变更、核销应当按照海关相关规定执行。

目前综合保税区的电子账册管理内嵌于金关二期加工贸易管理系统中，即在海关特殊监管区域子系统中既有保税加工账册管理模块，也有保税物流账册管理模块。特别需要注意的是，海关对综合保税区内加工贸易货物不实行单耗标准管理，即综合保税区的保税加工账册可以超出单耗标准进行备案、核销。

（三）海关对综合保税区货物的监管规定

1. 基本规定

除法律法规另有规定外，国家禁止进口、出口的货物、物品不得在综合保税区与境外之间进出。

除法律法规另有规定外，综合保税区内货物不设存储期限。

综合保税区内货物可以自由流转。

2. 综合保税区与境外之间进出的货物（“一线”进出）

海关对综合保税区与境外之间进出的货物实行备案制管理，收发货人或者其代理人应当按照海关规定填写进出境货物备案清单并办理相关手续。综合保税区与境外之间进出的货物，报关操作需要使用金关二期加工贸易系统完成。该系统中备案清单与核注清单的使用，请参照本书第六篇报关数据相应内容，此处不再专门论述。

境外进入综合保税区的货物予以保税，但减免税货物、征税货物（如区内企业和行政管理机构自用的交通运输工具、生活消费用品）等除外。从综合保税区运往境外的货物免征出口关税，但法律、行政法规另有规定的除外。

综合保税区与境外之间进出的货物，不实行关税配额、许可证件管理，但法律法规、我国缔结或者参加的国际条约、协定另有规定的除外。

境外进入综合保税区的货物及其外包装、集装箱，应当由海关依法在进境口岸实施检疫。因口岸条件限制等原因，海关可以在区内符合条件的场所（场地）实施检疫。综合保税区运往境外的货物及其外包装、集装箱，应当由海关依法实施检疫。综合保税区与境外之间进出的交通运输工具，由海关按照进出境交通运输工具有关规定实施检疫。

3. 综合保税区与境内区外之间进出的货物（“二线”进出）

综合保税区与中华人民共和国境内的其他地区（以下简称“区外”）之间进出的货物，区内企业或者区外收发货人应当按照货物进出区时的实际状态依法缴纳关税和进口环节税。

区内企业加工生产的货物出区内销时，区内企业或者区外收发货人可以选择按照其对应进口料件缴纳关税，并补缴关税税款缓税利息；进口环节税应当按照出区时货物实际状态照章缴纳。

货物属于关税配额、许可证件管理的，区内企业或者区外收发货人应当取得关税配额、许可证件。

经综合保税区运往区外的优惠贸易协定项下的货物，符合相关原产地管理规定的，可以适用协定税率或者特惠税率。

区内企业可以按照海关规定办理集中申报手续。除海关总署另有规定外，区内企业应当在每季度结束的次月 15 日前办理该季度货物集中申报手续，但不得晚于账册核销截止日期，且不得跨年度办理。集中申报适用海关接受集中申报之日实施的税率、汇率。综合保税区与区外之间进出的货物，报关操作需要使用金关二期加工贸易系统完成，该系统中备案清单与核注清单的使用，请参照本书报关数据相应内容，此处不再专门论述。

除法律法规另有规定外，海关对综合保税区与区外之间进出的货物及其外包装、集装箱不实施检疫。

4. 综合保税区内其他业务

综合保税区内业务门类比较齐全，监管规定比较详尽，在此不再一一展开，仅做简单介绍。综合保税区内的其他业务主要包括：区内货物流转；直接进出货物；商品展示；区内机器、设备、模具和办公用品等出区检测、维修；外发加工；委内加工；保税维修；仓储货物按状态分类监管；大宗商品现货保税交易等。

三、综合保税区发展新举措

2019 年 1 月 12 日，《国务院关于促进综合保税区高水平开放高质量发展的若干意见》出台，为推动综合保税区发展成为具有全球影响力和竞争力的加工制造中心、研发设计中心、物流分拨中心、检测维修中心和销售服务中心，明确了 21 项具体举措。之后，相关部委为落实国务院决策部署，也相继出台了一批落实 21 项举措的相关配套文件。

（1）拓展两个市场。积极稳妥地在综合保税区推广增值税一般纳税人资格试点。2019 年 8 月 8 日，国家税务总局、财政部和海关总署发布 2019 年第 29 号联合公告，即《关于在综合保税区推广增值税一般纳税人资格试点的公告》。

（2）提前适用政策。自国务院批准设立综合保税区之日起，对入区企业进口自用的机器、设备等，在确保海关有效监管的前提下，可按现行规定享受综合保税区税收政策。

（3）释放企业产能。允许综合保税区内加工制造企业利用剩余产能承接境内区外委托加工。2019 年 1 月 29 日，海关总署发布 2019 年第 28 号公告，即《关于支持综合保税区内企业承接境内（区外）企业委托加工业务的公告》。

（4）促进内销便利。将在综合保税区内生产制造的手机、汽车零部件等重点产品从自动进口许可证管理货物目录中剔除，便利企业内销。

（5）强化企业市场主体地位。简化海关业务核准手续，支持综合保税区内企业自主备案、合理自定核销周期、自主核报、自主补缴税款。2019 年 1 月 29 日，海关总署发布 2019 年第 26 号公告，即《关于实施综合保税区“四自一简”监管创新措施有关事项的公告》。

（6）促进研发创新。除禁止进境的外，综合保税区内企业从境外进口且在区内用于研发的货物、物品，免于提交许可证件，进口的消耗性材料根据实际研发耗用核销。2019 年 1 月 29 日，海关总署发布 2019 年第 27 号公告，即《关于支持综合保税区开展保税研发业务的公告》。

（7）建设创新高地。综合运用综合保税区政策功能优势，支持国家产业创新中心、国家技术创新中心、国家工程研究中心、新型研发机构等研发创新机构在综合保税区发展。

（8）优化信用管理。综合保税区内新设的研发设计、加工制造企业，经评定符合有关标准的，直接赋予最高信用等级。

（9）支持医疗设备研发。综合保税区内企业进口的医疗器械用于研发、展示的，可不办理相关注册或备案手续。进入国内销售、使用的医疗器械，应当按照相关规定申请注册或办理备案。

（10）简化进出区管理。允许对境内入区的不涉出口关税、不涉贸易管制证件、不要求退税且不纳入海关统计的货物、物品，实施便捷进出区管理模式。2019 年 3 月 22 日，海关总署发布 2019 年第 50 号公告，即《关于简化综合保税区进出区管理的公告》。

（11）便利货物流转。运用智能监管手段，创新监管模式，简化业务流程，实行数据自动比对、卡口自动核放，实现保税货物点对点直接流转，降低运行成本，提升监管效能。

（12）试行汽车保税存储。允许在汽车整车进口口岸的综合保税区内开展进口汽车保税存储、展示等业务。

（13）促进文物回流。优化文物及文化艺术品从境外入区监管模式，简化文化艺术品备案程序，实施文物进出境登记审核，促进文物及文化艺术品在综合保税区存储、展示等。2019 年 4 月 29 日，海关总署、文化和旅游部发布 2019 年第 67 号联合公告，即《关于简化综合保税区艺术品审批及监管手续的公告》。

（14）开展检测维修。允许综合保税区内企业开展高技术、高附加值、符合环保要求的保税检测和全球维修业务。支持第三方检验检测认证机构在综合保税区开展进出口检验认证服务。

（15）支持再制造业。允许综合保税区内企业开展高技术含量、高附加值的航空航天、工程机械、数控机床等再制造业务。

（16）创新监管模式。综合保税区内企业从境外进口已获批的人用疫苗或体外诊断试剂，允许在具备必要监管查验条件的综合保税区内查验。境外入区的食品，如需检测的，在抽样后即放行，对境外入区动植物产品的检验项目，实行“先入区、后检测”，根据检测结果进行后续处置。2019 年 2 月 2 日，海关总署发布 2019 年第 29 号公告，即《关于境外进入综合保税区食品检验放行有关事项的公告》；2019 年 2 月 27 日，海关总署又发布 2019 年第 36 号公告，即《关于境外进入综合保税区动植物产品检验项目实行“先入区、后检测”有关事项的公告》。

（17）发展租赁业态。对注册在综合保税区内的融资租赁企业进出口飞机、船舶和海洋工程结构物等大型设备涉及跨关区的，在确保有效监管和执行现行相关税收政策的前提下，按物流实际需要，实行海关异地委托监管。2019 年 10 月 12 日，海关总署发布 2019 年第 158 号公告，即《关于综合保税区内开展保税货物租赁和期货保税交割业务的公告》。

（18）促进跨境电商发展。支持综合保税区内企业开展跨境电商进出口业务，逐步实现综合保税区全面适用跨境电商零售进口政策。

（19）支持服务外包。允许综合保税区内企业进口专业设备开展软件测试、文化创意等国际服务外包业务，促进跨境服务贸易。

（20）支持期货交割。支持具备条件的综合保税区开展铁矿石、天然橡胶等商品期货保税交割业务。具体规定详见《关于综合保税区内开展保税货物租赁和期货保税交割业务的公告》（海关总署公告 2019 年第 158 号）。

（21）推广创新制度。经政策评估后，支持综合保税区率先全面复制推广自贸试验区中与海关特殊监管区域相关的改革试点经验。

【复习思考题】

1. 在部门规章层面，与每一类型的特殊监管区域相对应的海关总署令有哪些？
2. 综合保税区内企业可以开展哪些业务？
3. 促进综合保税区高水平开放高质量发展的 21 项举措的主要内容是什么？

4

第四篇

商品归类

导 读

进出口商品编码的确认是外贸企业进行国际贸易的前置手续。根据进出口商品归类规则，每种商品都有相应的商品编码，每个编码都对应着税率和监管条件，可以说，商品编码在外贸环节中至关重要，直接关系着企业的风险和成本，是外贸企业贸易合规与否的关键要素。

归类技术涉及领域广、实践性强，使得归类学习的难度大、跨度长。实践中我们发现，归类技术不一定能解决商品编码确认过程中存在的所有风险，许多归类差错往往产生于常规认知中。归类规则的正确运用、风险的正确预判以及合理复核机制的建立才是合规归类的基础。

本篇将从归类业务需求、商品归类实务两个方面阐述。其中，归类实务从日常管理流程、归类技能（机电与非机电）两个类别展开。

本篇课时安排见下表。

第四篇　总课时 （31 课时，不含练习）	第一单元	1 课时
	第二单元	4 课时
	第三单元	12 课时
	第四单元	14 课时

第一单元　业务需求描述

【学习目标】

本节主要介绍商品归类业务在通关各环节涉及的事项，学习者应了解商品归类工作的全流程，掌握办理的最佳时间节点。

完成本单元学习，学习者应获得以下技能：

了解商品归类业务的工作场景，掌握进出口货物的商品归类业务需求。

【基本概念】

归类建议书、海关归类预裁定、海关归类裁定

【建议学习时间】

1 课时

【学习内容】

一、业务需求

一般来说，进出口货物的商品归类需求贯穿整个贸易流程，主要分为进出口前、通关中和放行后。商品编码对应着税率、关税减让和贸易管制，必然关系到企业的成本核算与合规，原则上应在签订合同前确定准确的商品编码。

（一）货物实际进出口前

目前，国际上通用的进出口商品分类体系是《协调制度》，该体系已被 200 多个国家和地区采用。《协调制度》中的编码为 6 位子目，我国在《协调制度》的基础上增加了本国子目，采用 8 位编码。在实际进出口中，向海关申报的商品编码是 10 位，在原来 8 位商品编码基础上增加了 9、10 位监管附加编码。

进出口货物商品编码在什么阶段确定，通过什么方式确定，体现出一个公司关务管理的合规程度，目前在货物进出口前，确定商品归类的途径主要有以下几种。

1. 企业自行归类

企业自行归类的，首先应有具备归类专业能力的关务人员，负责归类的关务人员应当在归类前收集完整的产品信息，熟悉归类方法技巧，具有归类方面专业资质（通过中国报关协会组织开展进出口商品归类专业能力水平评价考试）。

其次，需要建立相应的归类制度，做到商品归类过程可追溯，以确保程序上的合规。

2. 第三方专业归类

第三方专业归类，是指具备商品归类能力的第三方咨询机构作出商品归类咨询建议的行为，咨询机构接受进出口企业或其代理人的委托，对委托商品进行分析，通过一定的流程和方式，最

终出具电子或纸质的归类建议书。

企业可以根据自身实际情况，自主决定是否引入第三方归类咨询机构，由其帮助企业核实情况、评估风险，作出专业的归类建议，减少或避免归类错误发生。

3. 海关归类预裁定

在货物实际进出口前，申请人可以就进出口货物的商品归类申请预裁定。预裁定的申请人应当是与实际进出口活动有关，并且在海关注册登记的对外贸易经营者。申请人应当在货物拟进出口三个月之前向其注册地直属海关提出预裁定申请。特殊情况下，申请人确有正当理由的，可以在货物拟进出口前三个月内提出预裁定申请。一份“预裁定申请书”应当仅包含一类海关事务。申请预裁定的商品信息描述应翔实、客观，便于海关快速且准确理解商品。

4. 海关归类裁定

海关归类裁定是海关行政裁定的一种。海关行政裁定是指海关在货物实际进出口前，应对外贸易经营者的申请，依据有关海关法律、行政法规和规章，对与实际进出口活动有关的海关事务作出的具有普遍约束力的决定。行政裁定由海关总署或海关总署授权机构作出，由海关总署统一对外公布。行政裁定具有海关规章的同等效力。

除特殊情况外，海关行政裁定的申请人，应当在货物拟进口或出口的三个月前向海关总署或者直属海关提交书面申请。一份申请只应包含一项海关事务。海关行政裁定的申请人应当是在海关注册登记的进出口货物经营单位。

预裁定与行政裁定的差异主要体现在以下方面：一是裁定机关不同，预裁定的裁定机关是直属海关，行政裁定的裁定机关是海关总署；二是法律效力不同，预裁定决定仅对申请该预裁定的申请人具有约束力，对预裁定决定不服可以申请行政复议或提起行政诉讼；行政裁定不仅对申请人具有约束力，还对其他对外贸易经营者具有约束力，与海关规章具有同等效力，对行政裁定不服不能申请行政复议或者提起行政诉讼。

（二）货物通关环节

1. 申报前看货和取样

由于国际贸易在传递资料或装运环节上易造成外贸单证不清，如外贸企业通过函电等方式也无法确认，不能准确掌握货物真实情况，导致无法确定商品归类时，可以向海关申请查看货物或提取货样。这是《海关法》第二十七条规定：“进口货物的收货人经海关同意，可以在申报前查看货物或者提取货样。需要依法检疫的货物，应当在检疫合格后提取货样。”明确赋予外贸企业的权利，外贸企业应利用好此项权利，放弃行使该权利，应承担由此产生的法律后果。如造成申报错误，“发错货”等理由则不能成为申报不实的法定理由。

2. 放行前查验和验估

海关通过查验、验估进一步核实申报商品的编码是否准确。

查验是指海关为确定进出口货物收发货人向海关申报的内容是否与进出口货物的真实情况相符，或者为确定商品的归类、价格、原产地等，依法对进出口货物进行实际核查的执法行为。

验估是指海关在税收征管作业中，验估部门根据税管局的验估类风险参数及指令，为确定商品归类、完税价格、原产地等税收征管要素而实施的验核进出口货物单证资料或报验状态，对税收征管要素风险进行评估、处置的行为。

海关总署税收征管局（以下简称“税管局”）对放行前报关单设置事中验估参数，由验估岗根据参数提示的要求，验核相关单证资料的完整性和规范性。被事中验估参数捕中的报关单由通关系统分流至验估岗进行放行前处置。税管局对放行前报关单进行税收风险研判时，需验估岗收集有关单证资料、验核报验状态或开展质疑、磋商的，向验估岗下达事中验估指令。

（三）货物放行后

1. 事后验估

税管局对放行后报关单进行税收风险研判时，需验估岗收集有关单证资料、验核报验状态或开展质疑、磋商的，向验估岗下达事后验估指令。现场验估人员依据验估指令或参数，对验估对象开展工作：如收集、验核单证，验核货物报验状态，留像，取样，送检或开展质疑、磋商等。

在货物放行后，若报关单被捕中需要事后验估，验估岗会主动与企业联系，详细告知验估指令内容及要求，企业应按要求及时提供相关资料，完成价格磋商等工作，积极配合海关工作。如果发现企业存在失联、不配合、有重大税收风险的情况，税管局可以将相关情况报送到灰名单中。税管局将根据情况设置不同参数（规则），实施企业通关差别化管理。

2. 核查

核查是海关进行后续监管的手段之一，海关依法对关税、统计、企管、保税等七个业务领域涉及企业的执法事项进行下场核查。核查事项共计 64 项，其中关税业务中包括核查商品编码是否申报正确。

3. 稽查

稽查是指海关依法对进出口货物有关的企业、单位的会计账簿、会计凭证、报关单证及其他相关商业记录进行书面稽查，并核实进出口货物的使用情况和实际去向，其目的是有效监督企业进出口活动的合法性和真实性。由于商品编码在外贸中的特殊性和重要性，商品编码正确与否与企业申报的真实、合法、合规等因素相关联，已成为稽查的重要内容之一。稽查的期限：一般贸易下为进出口货物放行后三年内；对于保税和减免税货物，为海关监管期限期满后另加三年。归类稽查是指海关对企业进出口申报行为的真实性和合法性进行稽查。

综上所述，不同通关环节，海关均可审核、验证商品归类的准确性，关务应注重商品归类过程的合规，商品归类依据的严谨。由于商品归类本身的复杂性和不确定性，在海关质疑归类时，关务人员应能正确评估风险，及时处理，必要时寻求具备归类专业能力的人员或第三方进行分析，在合规的前提下，最大限度地保证企业的合法权益。

二、案例解析

（一）货物进出口前

案例 1 某企业拟进口商品“电解水制氢设备”。该企业归类人员初步分析应归入商品编码 8543.3000 项下，由于该设备货值较高，又是大型设备，该企业向海关申请了归类预裁定。最终海关预裁定决定书，归类结论与企业分析的一致。

解析 企业是从货物价值、大型设备等因素考虑，向海关申请预裁定，一为进出口前事务做筹划，二为该进出口通关环节提供保障，海关在放行前验估是正常工作程序，如果未办理预裁定，一旦有归类争议，必然在时间上有耽搁，且物流费用也相应增加。

（二）货物通关环节

案例 2 某企业进口商品属于减免税货物，一直按照征免税证明列明商品编码 8479.8999.90 报关。免税政策到期后，企业转为一般贸易申报，仍使用原 8479.8999.90 编码。申报后，海关对商品编码存疑，要求企业进一步提供商品信息资料，核实归类。

解析 商品编码 8479.8999.90 为零关税，不同监管方式对应的税收风险也不同，减免税货物因享受税收优惠，税率不同导致的税差不是其税收风险的关注点，而一般贸易进口货物则不然。不同贸易方式下，准确确定商品编码、准确确定税率是企业合规申报的前提。当然，不论什么监管方式，都应该确保归类正确。

（三）货物放行后

案例 3 2020 年 9 月 25 日，当事人向海关申报进口一般贸易项下沼气发电机组 2 台，申报总价成本加运费（C&F）人民币 5 857 280 元，申报商品编号 8502.3900.10，关税税率 5%。经查，上述货物实际商品编号 8502.2000.00，关税税率 10%，经核定，上述货物漏缴税款共计人民币 331 929.14 元，对当事人作出行政处罚人民币 266 000 元。

解析 案例中沼气发电机组是以沼气为燃料燃烧的发动机，驱动发电机进行发电。沼气主要成分为甲烷。而点燃往复式活塞内燃发动机最常用的燃料有汽油，也有煤油、乙醇、氢、煤气、甲烷等，甲烷用于内燃机的主要特点是需通过火花塞点燃，故而沼气发电机组属于装有点燃式活塞内燃发动机的发电机组，应归入子目 8502.20 项下。

85.02　发电机组及旋转式变流机：

　　- 装有压燃式活塞内燃发动机（柴油或半柴油发动机）的发电机组：

11--输出功率不超过 75 千伏安

12--输出功率超过 75 千伏安，但不超过 375 千伏安

13--输出功率超过 375 千伏安

20- 装有点燃式活塞内燃发动机的发电机组

　　- 其他发电机组：

31--风力驱动的

39--其他

40- 旋转式变流机

复盘该案例，根据品目 85.02 项下子目排列：8502.1 压燃式（柴油），归类人员没有验证能否按点燃式归类，或者认为压燃式为汽油，而将该商品按其他发电机组归入子目 8502.3 项下，海关核定归类错误，当事人最终受到补税及处罚。

进出口货物自放行之日起三年（保税货物、减免税货物进口货物监管期限内及其后三年内），海关按规定对其实施稽查。稽查内容包括货物状态、使用情况和实际去向等。稽查中发现实际货物和商品归类与申报不符的，需要企业对发生的归类问题进行说明。如企业在申报前咨询第三方专业归类或申请归类预裁定，在接受海关稽查时可适当减少工作量，也可避免归类申报不实的风险。

【复习思考题】

1. 商品归类业务需求有哪些？
2. 商品归类应在什么环节启动？

第二单元　商品归类实务

【学习目标】

本单元旨在让学习者了解进出口商品归类的风险、归类争议的处理，以及归类制度的建设，以达到关务工作的合规管理。

完成本单元学习，学习者应获得以下技能：

1. 了解商品归类的风险；
2. 熟悉商品归类争议的处理；
3. 掌握如何进行归类制度建设和相关合规管理。

【基本概念】

归类风险、归类争议、归类制度

【建议学习时间】

4 课时

【案例导入】

A、B 两家汽车公司的关务负责人探讨归类工作方法。A 公司负责人是采购兼关务，进出口货物商品信息收集及归类均由其一人负责。B 公司负责人为关务经理，利用 3 年时间和公司技术人员开发了内部管理软件，进出口货物归类所需的商品信息由工程技术人员提供，关务人员按职责负责商品编码的初审和复审，归类工作流程所有环节均可追溯，新进口货物商品编码确认后才可以下单。

问题　1. 你认为 A 公司存在哪些风险？

2. 如何才能实现 B 公司的管理目录？

【学习内容】

一、商品归类的工作流程

（一）商品信息的收集

1. 信息提供

生产商或工程技术人员是最熟知商品相关信息的人。让最懂商品的人提供商品信息，准确提供商品的性质、组成、原理、结构、加工、用途等内容，有助于关务对商品进行正确归类。

2. 信息复核

翔实、有效的商品信息仅是归类的前提。为正确归类，还需以商品信息为基础进行定性或定量分析，才能得到准确的商品编码。信息复核，即将商品信息转换为归类所需的要素，梳理、提炼归类所需的各类信息，是正确归类的重要前提和保障。

（二）商品编码的确定

1. 专员归类

进出口货物的商品归类，应由具备归类专业能力的专职人员负责，归类专职人员应在全面了解商品信息的基础上进行商品编码的确定，并及时关注海关发布的归类决定、归类行政裁定、归类预裁定等相关信息，最大限度地确保商品信息的如实申报与商品编码的准确。

2. 归类复核

进出口货物商品编码的确定，应经过初审与复核，归类专员与归类复核人员不能为同一人，且都应具备归类专业能力。归类制度是合规的基础，归类技术是合规的保障，归类复核的执行应严谨认真，不能流于形式，在复核过程中产生争议应记录下来，并沟通清楚，如仍不能把握的，可以咨询第三方专业归类公司或向海关申请预裁定。

（三）归类要素验证

延展阅读

1. 规范申报及《规范申报目录》

（1）规范申报

进出口商品规范申报（以下简称“规范申报”），是指进出口货物收发货人或其代理人在报关时，按照《规范申报目录》规定，在进（出）口货物报关单的“商品名称、规格型号”栏目中如实填写各项要素内容的行为。实施规范申报，可使报关单数据准确、完整地反映进出口商品实际状态，为确定完税价格等相关工作提供翔实依据，方便海关审核归类等相关数据，提升货物通关效率，促进贸易便利化。

（2）《规范申报目录》

《规范申报目录》是海关总署关税征管司以《税则》商品分类体系为基础，按照国家对进出口商品的归类、完税价格确定、贸易管制等相关法规要求，编制出的进出口货物报关单“商品名称、规格型号”栏目需要填写的各项申报要素目录。《规范申报目录》采用了与《税则》基本相同的结构，所列商品按照《税则》固有的类、章、税目的顺序排列，并根据需要在税目级或子目级列出了申报要素（当某一层次编码商品所要求的申报要素与上一层次编码商品所要求的申报要素相同时，则该商品的“申报要素”栏目为空白）。在保存原有注释的基础上，《规范申报目录》某些章在正文前以“注解”的方式对该章的共性问题加以说明，以起到便于准确理解对商品归类申报要求的作用。《规范申报目录》的正文由税则号列、商品名称、申报要素、说明举例栏目组成。“申报要素”栏目是《规范申报目录》的核心内容，为便于企业申报和海关监管，申报要素又根据归类、估价等需要，细分为归类要素、价格要素、其他要素三种类别。某些归类申报要素后还附有小括号，对其进一步说明，以方便填报。

《规范申报目录》属于结构性目录，其内容结构如图 4-2-1 所示。

第七十三章　钢铁制品

注释：

一、本章所称“铸铁”，适用于经铸造而得的产品，按重量计其铁元素含量超过其他元素单项含量。

二、本章所称“丝”，是指热或冷成形的任何截面形状的产品，但其截面尺寸均不超过16毫米。

税则号列	商品名称	申报要素		
		归类要素	价格要素	其他要素
73.01	钢铁板桩，不论是否钻孔、打眼或组装；焊接的钢铁角材、型材及异型材：	1.品名；2.形状（板桩，焊接的角材、型材、异型材）；3.材质（铁、非合金钢、不锈钢、合金钢）	4.加工方法（冷轧、热轧等）；5.规格（截面尺寸）	
7301.1000	-钢铁板桩			
7301.2000	-角材、型材及异型材			
73.02	铁道及电车道铺轨用钢铁材料（钢轨、护轨、齿轨、道岔尖轨、辙叉、尖轨拉杆及其他岔道段体、轨枕、鱼尾板、轨座、轨座楔、钢轨垫板、钢轨夹、底板、固定板及其他专门用于连接或加固路轨的材料）：	1.品名；2.用途（铁道及电车道铺轨用等）；3.材质（铁、非合金钢、不锈钢、合金钢）；4.制品种类（钢轨、轨枕、岔道段体等）		
7302.1000	-钢轨			
7302.3000	-道岔尖轨、辙叉、尖轨拉杆及其他岔道段体			
7302.4000	-鱼尾板及钢轨垫板			
	-其他：			
7302.9010	---轨枕			
7302.9090	---其他			
73.03	铸铁管及空心异型材：	1.品名；2.规格（管的内径）；3.形状（圆形截面管、空心异型材）；4.材质（铸铁）		
7303.0010	---内径在500毫米及以上的圆形截面管			
7303.0090	---其他			
73.04	无缝钢铁管及空心异型材（铸铁的除外）：			

图 4-2-1　《规范申报目录》内容结构图例

2. 归类申报要素

《规范申报目录》除了对所有商品都设置了品名这一归类申报要素以外，对不同商品还设置了特定的归类申报要素。

以下是对几大门类商品设置的常见归类申报要素。此处所分的动植物类、化工类、轻工类、纺织类、金属类、机电类等门类，并非《税则》的分类方式，而是编者结合《税则》的分类规律归纳梳理出常见的归类要素，以便学习者宏观把握。

（1）动植物类商品，主要包括《税则》第一类至第四类，其常见归类要素、说明举例及申报要素正确填报实例如表 4-2-1 所示。

表 4-2-1　动植物类商品常见归类要素、说明举例及申报要素正确填报实例表

常见归类要素	说明举例	申报要素正确填报实例
品名	通常指货品的具体商业名称，例如子目 1208.1000 条文“大豆粉”即品名。有些章的某些货品还需提供拉丁名称，如第三章 03.01 的观赏鱼。	例 1：改良种用绵羊。 例 2：安佳牌无盐黄油，乳脂含量 85%（25 千克/箱）。
制作或保存方法	例如，税目 03.05 条文中的“干、盐腌或盐渍”为制作方法，税目 02.03 条文中的“鲜、冷、冻”为保存方法。	
加工方法	例如，税目 22.07 条文中的“未改性”即加工方法。	
加工程度	例如，税目 12.13 条文中的“未经处理”、子目 2202.1000 条文中的“加味、加糖或其他甜物质”即加工程度。	
成分含量	“成分”通常指商品所构成的部分或要素，一般指所含物质的种类；“含量”一般指所含物质的数量，例如，子目 2103.9020 条文中的“按体积计酒精含量 44.2%~49.2%”的“酒精”为成分、“44.2%~49.2%”为含量。	
用途	例如，子目 1901.1 条文中的“供婴幼儿食用”、子目 2403.1 条文中的“供吸用”等即用途。	

（2）化工类商品，主要包括《税则》第五类至第七类，其常见归类要素、说明举例及申报要素正确填报实例如表 4-2-2 所示。

表 4-2-2　化工类商品常见归类要素、说明举例及申报要素正确填报实例表

常见归类要素	说明举例	申报要素正确填报实例
品名	指货品的具体商业名称，例如子目 3006.5000 条文中的“急救药箱”即品名；有些章的品名还包括标准命名法名称或工商业通用俗称，如第二十九章、第三十九章、第四十章。	例 1：灭火器的调配药，主要成分为碳酸氢钙，含有少量甘草浸膏。 例 2：铁矿砂（已烧结，Fe 20%，黑色粉末，炼铁用）。 例 3：明胶（用于配制食品，透明薄片，每包 10 千克）。
外观	例如，子目 2504.1 条文“粉末或粉片”即外观。	
成分含量	“成分”通常指商品所构成的部分或要素，一般指所含物质的种类；“含量”一般指所含物质的数量。例如，子目 2804.6 条文中“含硅量不少于 99.99%（的硅）”的“硅”为成分、“不少于 99.99%”为含量。在有些情况下，部分商品的成分只要能满足海关管理要求即可。	
加工方法	指改变原材料、毛坯或半成品的形状、尺寸、性质或表面状态，使之达到规定要求的各种形态的方法，例如，子目 2601.11 条文中的“未烧结”即加工方法。	
用途	例如，子目 3606.1000 条文中的“直接灌注香烟打火机及类似打火器用”即用途。	
包装	化工类商品所注明的“包装”内容一般要足以判断是否为零售包装，例如，子目 3506.1000 条文中的“零售包装每件净重不超过 1 千克”即为包装。	

（3）轻工类商品，主要包括《税则》第八类至第十类、第十二类至第十三类，其常见归类申报要素及说明举例、申报要素正确填报实例如表 4-2-3 所示。

表 4-2-3　轻工类商品常见归类要素、说明举例及申报要素正确填报实例表

常见归类要素	说明举例	申报要素正确填报实例
品名	指货品的具体商业名称，第四十四章品名一般应填植物学名。	税目 41.01 仅指生皮。 例：牛皮、盐干、整张臀部烙印、阉牛、厚度 0.5~1 毫米、平均每张 64~66 磅、一级。
种类	例如，税目 41.02 条文中“羔羊生皮”中的“羔羊”，即种类。第四十四章种类一般应填中文及拉丁学名。	
材质	通常是指货品按《税则》中的材质分类原则所确定的具体材料种类。例如，税目 42.03 条文中的“皮革或再生皮革”即材质。	
制作或保存方法	例如，子目 4115.1000 条文中的“以皮革或皮革纤维为基本成分的再生皮革”中的“再生”即制作或保存方法。	
状态	例如，子目 4115.1000 条文中的“成块、成张或成条”即状态。	
加工工艺	例如，税目 44.08 条文中的“纵锯、刨切或旋切”即加工工艺。	
加工程度	例如，税目 48.02 条文中的“未经涂布”。	
用途	例如，子目 4203.2100 条文“专供运动用”即用途。	

（4）纺织类商品，主要包括《税则》第十一类，其常见归类要素、说明举例及申报要素正确填报实例如表 4-2-4 所示。

表 4-2-4　纺织类商品常见归类要素、说明举例及申报要素正确填报实例表

常见归类要素	说明举例	申报要素正确填报实例
品名	指货品的具体商业名称，例如税目 63.06 条文中的“帐篷”；对于第五十一章应具体列出产品行业名称、种类，例如剪羊毛、碳化羊毛、脱脂羊毛、兔毛、动物细毛、粗毛等。	例：T107，7.7MIC，46 英寸的灰褪毛，草杂含量 2%。
成分含量	“成分”通常指商品所构成的部分或要素，一般指所含物质的种类；“含量”一般指所含物质的数量。例如，子目 5106.2000 条文中“羊毛含量在 85%以下”的“羊毛”是成分、“85%以下”是含量。	
织造方法	常见的方法有针织、钩编、机织、手工、刺绣等。例如，税目 60.01 条文中的“针织或钩编”即织造方法。	
染整方法	常见的方法有漂白、色织、染色、印花等。例如，子目 5516.2100 条文“未漂白或漂白”即染整方法。	
组织结构	机织物常见的结构有平纹、斜纹、缎纹等。例如，子目 5208.5910 条文中的“斜纹”即组织结构。	
种类	对于纺织原料，种类主要以来源区分，比如羊毛、骆驼毛等；对于服装，种类主要以类型区分，比如西服、长裤、内衣等。	
类别	主要指商品的样式（适合什么人群），比如服装的男式、女式、婴儿等。例如，税目 62.03 的条文中“男式西服套装”中的男式即类别。	

表4-2-4 续

常见归类要素	说明举例	申报要素正确填报实例
加工方法	对于第五十章对纤维纱线产品仅指梳理工艺，即粗疏或精梳；对织物则指染整方法（漂白、练白）以及制造方法（机织物）。对于第五十一章对纤维原料指梳理工艺，即粗疏或精梳及脱脂、处理；对织物则指梳理工艺（粗疏或精梳）以及织造方法（机织物）。	
用途	对于第五十章仅指纱线是否用于零售或蚕茧是否用于缫丝；第五十一章仅指纱线是否用于零售，例如，税目 51.06 条文中的“非供零售用”。	

（5）金属类商品，主要包括《税则》第十四类至第十五类，其常见归类要素、说明举例及申报要素正确填报实例如表 4-2-5 所示。

表 4-2-5　金属类商品常见归类要素、说明举例及申报要素正确填报实例表

常见归类要素	说明举例	申报要素正确填报实例
品名	指货品的具体商业名称，例如子目 8302. 2000 条文中的档案柜。	例 1：未锻轧精炼铜锭，含铜 99. 9%。 例 2：非合金镍制管接头，含镍 99. 9%。 例 3：铝合金制窗框（经钻孔）。
成分含量	“成分”通常指商品所构成的部分或要素，一般指所含物质的种类；“含量”一般指所含物质的数量，例如，子目 7201. 1000 条文中“含磷量在 0. 5%及以下”的“磷”是成分、“0. 5%及以下”是含量。	
材质	通常是指货品按《税则》中的材质分类原则所确定的具体材料种类，例如铁、不锈钢、黄铜、青铜、镍合金等。	
加工方法	是指货品在出入境前的加工工艺或制造方法，例如热轧、热拉拔、热挤压、冷成形、冷加工等即加工方法。	
形状	是指货品按《税则》中的形状定义描述所确定的外观形状，例如，粉末、条、杆、板、片、带、角材、型材、异型材等即形状。	
规格	例如，子目 7208. 2710 条文“厚度小于 1. 5 毫米”即规格。	
用途	是指货品在出入境后应用场合或下游产品，例如，税目 73. 02 条文中的“铁道及电车道铺轨用”即用途。	

（6）机电类商品，主要包括《税则》第十六类至第十八类，其常见归类要素、说明举例及申报要素正确填报实例如表 4-2-6 所示。

表 4-2-6　机电类商品常见归类要素、说明举例及申报要素正确填报实例表

常见归类要素	说明举例	归类申报要素正确填报实例
品名	指货品的具体商业名称，例如子目 8405. 1000 条文中的“煤气发生器”即品名。	例 1：立式加工中心，金属钻、铣，带刀库（12 件），可自动换刀，永进牌，型号 YCM-MV66A。 例 2：软盘驱动器用盘架，无品牌、型号。
结构类型	例如，子目 8544. 2000 条文中的“同轴”即结构类型。	
原理	例如，子目 8413. 5 条文中的“往复式”即原理。	
功能	例如，税目 84. 59 条文中“切削金属的钻床、镗床、铣床”的“钻”“镗”“铣”即功能。	
用途	例如，子目 8412. 1010 条文中的“航空器及航天器用”即用途。	

（四）归类申报要素填报

1. 填报位置

归类申报要素填报于报关单“商品名称、规格型号”栏，填写时应分两行，品名（规范的中文商品名称）填于第一行，其他申报要素填于第二行。因内容过多，在本栏目填不下的内容，应填写在备注栏中。

2. 填报步骤

（1）确定税则号列

《规范申报目录》中明确：报关单“商品名称、规格型号”栏目中的填写应在确定税则号列后进行。填报前应按本章第三单元所述对某一具体商品进行正确归类，确定其应归入的税则号列。

（2）填报申报要素

填报时，按照《规范申报目录》要求，参照税则号列对应的“申报要素”，在报关单相应栏目逐项如实填写商品信息。如果填报信息字符过多，可将本栏目内无法填写的内容填报在备注栏中。

（3）疑难填报处理

填报如有疑问，可参考《规范申报目录》“说明举例”。“说明举例”中列有正确填报实例，以及部分易混淆商品，对解决申报疑难问题有所帮助。

（五）归类过程可追溯

归类过程可追溯，就是要对信息资料的提供、商品编码的确定有相应记录，如出现归类差错，可以有据可查，找出原因，界定责任。

档案保管分为纸质档案保管和电子档案保管，其目的是确保外贸企业保存的商业单证的及时性、完整性、准确性与安全性。

1. 纸质档案

纸质档案应包括厂商提供的商品信息资料、商品相关鉴定化验证书及归类建议书、归类预裁定决定书等。

2. 电子档案

往来邮件中涉及商品信息的，应及时建档存储，备份保管，确保所有信息留痕，有记录、可追溯。

（六）案例解析

案例 1 有接头电缆的说明书技术参数有：Operating voltagemax. 250V AC/DC，Operating voltage（only UL listed）max. 30 V AC/DC，Nominal voltage UL 300 V AC，Rated surge voltage 2. 5 kV。

解析 规范申报要素“额定电压”，应填写250V，而不是300V。《本国子目注释》中，额定电压是指电缆在工作时所允许的最高工作电压。在此电压以上长期连续工作是不安全的。因此最高工作电压应为250V。

案例 2 8484.1000 密封垫或类似接合衬垫，用金属片与其他材料制成或者用双层或多层金属片制成，规范申报要求填写组成材料（金属片与其他材料制、双层金属片制、多层金属片制）。

解析 从此项申报要素设计来看，只能选择括号里的内容，因为归入 8484.1000 的产品必须是由“用金属片与其他材料制成”或“用双层或多层金属片制成”，也就是说该申报要素在商品编码正确申报的前提下，只能三选一。设置此类规范申报要求可以提醒关务人员验证商品编码是否正确申报。

案例 3 税则号列 7326.9090 规范申报要素如下，0：品牌类型；1：出口享惠情况；2：用途（工业用、非工业用）；3：材质（钢铁）；4：种类（捕鼠器、香烟盒等）；5：加工方法（锻造、冲压等，是否经进一步加工）；6：GTIN；7：CAS。

解析 其中“用途”和“加工方法”虽提供了两种选项，但对于税则号列 7326.9090，应填写“非工业用”和“进一步加工”。如为“工业用”或“未经进一步加工”，则应归入其他税则号列。由此可见，规范申报要素包含归类要素，通过一定的逻辑可核实商品编码与申报信息是否存在矛盾。在填报时，应熟练掌握商品和归类相关知识，避免出现自相矛盾。

二、商品归类的风险管理

随着海关的改革推进，进出口企业对商品归类逐渐有了新的认知，即商品归类不是确定一个商品编码这么简单；海关通过“风控局”负责货物的安全准入；海关的“归类中心”转变为“税管局”，重心由“归类”转变为“税收征管”，对于企业来说，把商品归类仅看成确定商品编码的行为，并不能体现归类的真正价值，把商品归类当成一项风险管理事务，从合规思路出发，才是关务价值体现的根本。

（一）商品归类的风险

进出口商品编码的确认是外贸企业进行国际贸易的前置手续。商品编码直接关系着现行的关税及进口环节税的征收、原产地管理、自贸区谈判、进出口许可证管理、贸易保障措施、检验检疫和环保管理，以及我国实施的其他各类非关税措施，更关系着外贸企业的风险、成本和合规守法与否。随着海关监管环节的前推后移，商品归类风险的重要性日渐突出，本节将从风险的角度介绍归类存在的常见风险。

1. 经济风险

（1）进出口货物放行前

海关对货物的商品编码存在质疑，企业如果未能及时消除归类质疑，随着通关时间延长，物流成本上升，经济损失随之产生。企业可采取申报前归类咨询、归类争议发生时先凭保放行等方式，减少或避免这类损失。

案例 4 某企业进口 PET 贴合生产线，生产线主要包括裁切机、涂布机、贴合机等，该企业根据供应商提供的商品编码均按 8479.8999.90 进行电子申报。税管局对商品编码提出质疑后，直接挂起报关单，要求企业进一步提供情况说明。企业提交情况说明后，先申请了担保放行。但是，从申报到解决归类质疑再到最后放行，通关时长达 1 个月之久，物流、人力、差旅等各项费用加起来近 10 万元人民币。

解析 在通关环节产生归类争议时，最终可能的结果如表 4-2-7 所示。

表 4-2-7 通关环节产生归类争议时，最终结果明细表

企业	海关	最终
商品编码 A	商品编码 B	商品编码 A
商品编码 A	商品编码 B	商品编码 B
商品编码 A	商品编码 B	商品编码 C

商品归类在某种程度上存在“仁者见仁，智者见智”的特性。许多实际案例表明，由于认知角度不同，归类的结果也不同。例如，企业认为商品编码 A 正确，海关认为商品编码 B 正确，但企业着急要货物，一时又无法解释清楚，往往选择改单放货。这种处理方式，容易产生许多不可预知的风险，例如，后续海关统计时发现同样的货物的编码和以前不一样，就会对以前的意见作修改，如有漏缴税款也要补缴，归类的难度与复杂性也会大大增加。

遇到归类争议时，应弄清归类争议焦点，准备归类决定要素资料，评估货物滞留成本，从而快速、有效处理争议问题。本案例中企业在事前并未做足充分的准备，事中也缺少预判，事后导致经济损失加大。

影响通关环节经济损失的因素有很多，以下列举几种：

①沟通问题：外贸企业与委托报关企业信息沟通不准确，直接影响处置效率；

②情况说明：表述不能简明扼要，商品信息和归类要素、归类依据说明不准确；

③规范申报：品名表达不准确，申报要素填写不规范；

④专业咨询：未及时寻求第三方专业归类机构支持。

（2）进出口货物放行后

海关发现少征或者漏征税款的，应当自缴纳税款或者货物放行之日起一年内，向纳税义务人补征税款。但因纳税义务人违反规定造成少征或者漏征税款的，海关可以自缴纳税款或者货物放行之日起三年内追征税款，并从缴纳税款或者货物放行之日起按日加收少征或者漏征税款万分之五的滞纳金。

海关发现海关监管货物因纳税义务人违反规定造成少征或者漏征税款的，应当自纳税义务人应缴纳税款之日起三年内追征税款，并从应缴纳税款之日起按日加收少征或者漏征税款万分之五的滞纳金。参见《关税条例》第五十一条。

案例 5 2016 年 3 月 11 日，A 公司委托 B 报关企业向海关申报进口一般贸易项下 2 项电影放映机镜头共计 246.5 千克，申报总价 FOB 73 258.7 美元，申报商品编码 9002.1190.10，关税税率 3%。经海关核查，上述货物实际商品编码应为 9002.1910.00，关税税率 15%。漏缴税款 67 598.25元人民币，海关处罚款 4 万元人民币。

解析 案例中行政处罚决定书是 2019 年发布的，而事件发生在 2016 年，这就是归类风险的不确定性。导致处罚的原因是漏缴税款，而漏缴税款又是税差为负（税率差异）引起的。商品编码错误导致风险不确定性的分析如表 4-2-8、表 4-2-9 所示。

表 4-2-8 商品编码错误导致风险不确定性的分析明细表（一）

税则号列	关税率	出口退税率	监管证件	涉案总值
错误 A	D1	T1		V
正确 B	D2	T2	涉及	

表 4-2-9 商品编码错误导致风险不确定性的分析明细表（二）

税差 D1-D2	退税差 T1-T2	监管证件
0	0	自动
正	正	限制
负	负	禁止

商品编码错误必然引起税率差异，若税差为 0 或正值，影响海关统计或贸易管制，处罚金额上限为 3 万元人民币；若税差为负值或影响许可证件管理，处罚金额则以百分比来计算，这时的风险程度会和涉案货值成正比。

从以上分析看，同样是商品编码错误，产生的后果却可能截然不同；关税率越低、出口退税率越高、货物总值越高，归类的风险越高，可能带来的损失越大（这里对涉及监管证件的不做分析）。经济风险是归类差错最为直接的后果，因此在归类风险管理上应重点关注风险性高的商品。

2. 累积风险

企业因违反海关规定，发生归类错误导致需补缴税款的，其追溯期为 3 年。从单票报关单上看，补缴税款金额不算大，一旦追溯期的金额累加，金额就会很大。

案例 6 某汽车部件企业于 2013 年 10 月 29 日至 2015 年 1 月 5 日，向海关申报进口一般贸易项下 20 种型号的电导体、有接头电线、有接头电缆共 122 票，申报商品编码均为 8544.4219.00，对应关税税率为 0。经海关认定，上述货物均应归入商品编码 8544.3020.90，对应关税率 10%。经海关核定，上述 122 票货物的货物价值共计 10 102 639.82 元人民币，漏缴税款共计 918 421.79 元人民币，可处罚款 734 000 元人民币。

解析 该案例中子目 8544.3020 条文中的“机动车辆用点火布线组及其他布线组”，《本国子目注释》中有列明。看似简单的商品，归类风险同样存在：一是税差大，两个商品编码之间税差达到 10%；二是频次高，商品进口数量多；三是货物货值金额大。这些因素积聚在一起，时间一长便会累积成高风险了。

外贸企业应定期对商品编码数据库进行审核，重点关注税费高、货量多、税差大的商品。

3. 信用风险

违反海关监管规定的次数也是企业信用等级管理的一个重要指标，如企业次数超限，海关会相应调整降低企业信用等级至一般认证企业、一般信用企业甚至失信企业。认证企业被海关调整为一般信用企业管理的，一年内不得申请成为认证企业。认证企业被海关调整为失信企业管理的，两年内不得成为一般信用企业。

同时，新的《海关企业信用管理办法》中还明确了不同管理类别企业的查验率。失信企业查验率在80%以上，一般认证企业查验率为一般信用企业的50%以下，高级认证企业查验率为一般信用企业的20%以下。

所以，信用风险是经济风险后产生的连锁风险，一旦发生也会进一步扩大经济损失。因此，通关环节中，稍有疏忽便会出现归类差错从而引发风险。海关引入“守法便利，失信惩治”，对企业实行信用管理，引导企业自身健全制度，合规合法运营，从而规避风险。

4. 责任风险

在商品归类中，责任风险是指因个人或团体的疏忽或者过失行为，造成企业的财产损失，按照法律、契约应负法律责任或契约责任的风险，本节主要介绍刑事责任。

案例7 某企业将进口货物“继电器（8536.4，关税率10%，涉及3C）”申报为“空气制动器零件（8607.2100，关税率3%，无监管条件）”。海关对其归类核查时，该企业负责人通过伪造证书、更改ERP系统、虚设生产线等方式骗取海关归类认定。

海关核定证明书及计核资料清单证明：2015年9月1日至2017年5月17日，该公司走私涉案货物完税价格共计56 937 301元人民币，偷逃税款共计4 663 165.11元人民币。

最终判决结果：该公司犯走私普通货物罪，判处罚金5 336 834.89元人民币。

该公司法人代表、副总工程师犯走私普通货物罪，判处有期徒刑3年，缓刑4年（缓刑考验期限，从判决确定之日起计算）。副总经理犯走私普通货物罪，判处有期徒刑1年6个月，缓刑2年（缓刑考验期限，从判决确定之日起计算）。

解析 这是一份2017年12月公布的判决书，由于篇幅较长，仅做简单叙述。该案已经涉及刑事责任，主要负责人为了掩盖伪报货物品名的事实，多处造假骗取海关归类认定，最终锒铛入狱。该案值得思考的有：

（1）为什么从申报不实发展成走私普通货物罪？该企业并未设置关务岗位，如果有关务人员，有可能就不会发生此类事件，但也有可能由关务人员承担责任；

（2）作为关务从业人员，要有必要的风险意识，如实申报是基本义务，一旦越过底线，将会面临无法预计的责任风险。

案例8 关务K于2008年7月入职A公司，2015年6月离职，2015年8月因涉嫌走私普通货物罪被S海关缉私分局取保候审。

在明知离心通风机应以商品编码84145930.00（其他离心风机，进口关税税率10%）申报进口的情况下，为达到降低企业经营成本、偷逃进口货物应缴税款的目的，该公司财务经理Y与关务K合谋，采用伪报品名和商品编码的方式，将公司进口离心通风机伪报成商品编码84145990.99（其他风机、风扇，进口关税税率8%）申报进口。

最终A公司犯走私普通货物罪，偷逃350万元人民币税款被追缴，并判处罚金360万元人民币。

关务K犯走私普通货物罪，判处有期徒刑3年，缓刑3年6个月。

解析 这是一份2018年9月公布的判决书，在此仅做简单叙述。该企业有关务人员犯走私普通货物罪，关务K成为直接责任人，即使他已经从该公司离职两个月。

降低企业经营成本无可厚非，但伪报品名和商品编码，显然是法律意识淡薄的体现。对于关务人员来说，最应该明白这些行为会导致什么样的法律后果。商品归类不仅仅是确定商品编码这么简单，商品编码关系着税率与监管条件，从商品信息的提供到商品编码的确认，都存在着责任与风险。

（二）商品归类的争议解决

1. 归类争议的类型

归类的争议是不可避免的，小到个人观点的不同，大到国与国的争议，但这些争议的提出都需要遵循一定的规则，最终也有一定的解决方式和路径。

（1）国与国之间的争议

案例 9 世界海关组织关于“Pick-up”客货两用车（“MAXI PAMPA” double cab PICK-UP vehicle）的归类。

委员会曾于第 19 次会议决定将上述客货两用车作为主要用于载人的车归入品目 87.03，此决定主要依照其载客重量（4×70＝280 千克）大于其载货重量（145 千克）而作出的。美国海关对此持保留意见，本次会议对此问题重新审议。

解析 美国海关认为，所有此类客货车（Pick-up Vehicle）均应作为货车归入品目 87.04，其归类应主要依照车身风格、乘坐空间及与客舱分割开的载重车厢，这是委员会的传统做法。如果以载货、载客重量划分，则与以前做法有冲突，有些以前的归类决定将会改变。

会议讨论中，巴西代表指出，并不存在什么传统做法，由于车的情况千变万化，对此类车的归类只能采取“一事一议”的做法。从各方面看，该车的设计主要用于载人，故应归入品目 87.03。

欧盟同意“一事一议”的观点，并认为一种尺度不可能适用于车的不同情况，重量尺度是可以使用的，但不是唯一的尺度，设计、座位固定点均可作为判别标准。

委员会以 30 票对 4 票肯定其以前的归类决定，将该车归入品目 87.03，并责成秘书处编写有关的归类意见交下次会议审议。

（2）企业与海关间的争议

案例 10 小轿车内门把手的归类。该商品为内门把手，带周围饰板和内部结构，不含锁闭结构，塑料材质，用于某小轿车。企业申报的税号为 8708.2990。

解析 该商品在海关有两种归类意见：

一是该商品为内门把手，塑料材质，根据《品目注释》第十七类总注释三（一）中的排他条款：“2. ……锁、车身配件及附件（例如……门拉手、手柄……）……（这些物品如果是贱金属制的应归入第八十三章；塑料制的则应归入第三十九章）”，该商品不属于品目 87.08 项下“机动车辆的零件、附件”的范围，根据归类总规则一及六，应归入商品编码 3926.3000 项下。

二是该商品除了门把手还附带有饰板和内部结构，已超出门把手的范围，根据归类总规则一及六，应按汽车零部件归入商品编码 8708.2952 项下。

该商品最终归入商品编码 8708.2990。

从这里可以看出，产生争议不可怕，解决途径非常关键，如果企业没有和海关现场沟通说明，直接按海关质疑的编码做修改，很有可能将本来对的改错了。

（3）企业之间的争议

企业之间的商品编码争议，通常是指上下游企业之间的商品编码不一致。有些企业直接按客户的商品编码申报，这样可能出现一个企业同一个料有不同商品编码的现象。有些企业会寻求第三方公司进行归类咨询。

预裁定的实施，让企业有了更好的选择。企业之间出现争议时，可委托第三方进行归类咨询，也可以考虑申请海关预裁定。不过值得注意的是，预裁定需在货物拟进出口 3 个月之前提出，这样不仅可以保证商品编码的一致，同时也解决了争议问题。不管采用何种方式，企业之间的归类争议，必须要有解决争议的机制。

（4）企业内部间的争议

企业内部的争议，通常采取的途径和企业之间的争议类似，例如可以查归类决定、行政裁定、归类预裁定，寻求第三方咨询等。这些争议的解决同样需要机制，例如，商品信息的确认、归类依据的适用、最终结果的确定，这些讨论过程建议记录并保存好，以便后续查证。

2. 归类争议的应对

（1）企业内部分析

当海关验估、核查进出口货物的商品编码时，企业内部应审查该货物的商品归类流程，即商品信息是否准确，归类要素是否齐全，归类依据是否合理。如果确定申报的商品编码错误，应查明原因并如实反馈给海关；如果不能确定申报编码是否错误，可通过第三方专业咨询。解决归类争议同样需要客观如实，切勿提供虚假信息。

当企业之间同一商品出现不同编码时，同样先内部分析，如沟通仍不能解决，各持己见，不利于争议的解决，可以需求双方认可的第三方介入，或由一方向海关申请预裁定（需要符合海关预裁定的时间条件），避免出现同料号使用不同税号情形。

（2）第三方专业意见

当企业不具备专业归类能力人员或内部也不能确定时，可以咨询第三方专业归类公司，由其出具归类建议书或咨询报告。企业应整体评估归类争议可能带来的影响，确定是否需要咨询第三方，第三方的建议虽不具备法律效力，但可以帮助企业先行做好归类参考。同时也应知道，不同人员及不同分析程度可能影响争议的最终结论。

（3）海关专家咨询

海关对外窗口的归类咨询只是常规业务答复，其不同于海关预裁定，对于通关环节的归类争议有其内部沟通机制，如归类指导意见、取样化验等。如果不同国家之间海关归类结论不一致，对行业或企业有较大影响，则可以向海关提出合理诉求，通过规则解决归类中存在的难题。

在 2022 年版《协调制度》中，中国海关 45 组提案及修订意见获采纳，其中“玻璃车窗”“通信天线”“无人机”“不锈钢真空保温容器”等被列入了新版《协调制度》，解决归类争议，助力我国优势产品走出去。同时，为明确“微生物油脂”“3D 打印机”“集成电路检测设备”等产品归类提供“中国方案”获得通过，并将北斗导航系统等中国元素及“单板层积材”国家标准纳入《协调制度注释》。

综上所述，归类争议是客观存在的，解决争议有不同路径和方式，需要企业关务人员不断实践，在合规的框架内寻求最佳的解决方案。

3. 归类的情况说明

（1）基本原则

商品归类的情况说明，简单地说包括三个部分：一是事实情况说明；二是商品信息描述；三是归类依据分析。很多情况说明只写了前面两点，而最为关键的归类依据没有说明，没有表达或表述不清自己的观点，这就很难形成共识，不利于问题的解决。

（2）撰写思路

一是清楚了解海关的质疑点是什么；二是商品信息重点描述，这里不要将商品说明书照搬全抄，也不要故意隐瞒关键信息，而要将涉及归类要素的重要信息表述出来；三是将不同的归类逻辑和归类观点摆出来，然后找依据，利用依据排除不可能的商品编码。

（3）常见情形

案例 11 某海关归类核查：根据《品目注释》，滚针轴承配有的圆柱形滚子直径不超过 5 毫米，且滚子长度至少是其直径的 3 倍。请对下发数据进行归类核查，请提供：滚子直径、长度（单位 mm），滚子图纸，企业联系方式。

解析 从提问信息看，海关提问信息即归类核心要素，企业关务人员应先了解产品，通过相应的信息判断归类是否存在问题，如果不存在问题，只要证明滚子直径、长度，并说明符合或不符合注释条件即可。如果确实存在问题，应当追溯归类流程，查明原因，然后向海关如实反映情况。

案例 12 某企业收到海关验估指令，对其申报的商品过滤元件（8421.9990），确认有没有外壳、有没有支撑、用在什么品牌、用在什么机型。

解析 从提问信息看出，海关归类思路指向为过滤装置（子目 8421.2），该企业申报的税号是过滤装置零件，海关确认有没有外壳及支撑，就是从该信息判断是否符合过滤装置。对于这类问题不能简单回复是或否，而应结合商品和归类思路来确定，理解了外壳和支撑的含义，再做详细说明。

4. 归类争议的误区

归类争议是不可避免的，碰到时应正确分析处理，以下为常见的 5 种误区。

（1）经验主义类错误

“以前都是这么归类的”的惯性思维只是说明以前的申报状态，而不是解决争议的方法。正确的方法应该是厘清商品信息，寻找归类的依据。

例如，企业申报为尼龙 66，颗粒状，未切片，95%聚酰胺，5%添加剂，企业申报商品编码为 3908.1090（未切片），海关核查认为应归入商品编码 3908.1011（切片的）。

企业认为颗粒状属于未切片，但实际上颗粒状属于切片，显然犯了经验主义错误。《本国子目注释》列明：子目 3908.1011 聚酰胺-6,6 切片，是行业上对聚酰胺-6,6 切粒产品的习惯称谓，即为塑料粒子，因从切粒机切割下后，形状呈扁状而得名。聚酰胺是大分子结构的链节中含有酰胺基团的聚合物总称，俗称尼龙，可由二元胺和二元酸通过缩聚反应制得，也可由氨基酸通过自聚制取。

切片是指聚合物与各种添加剂混合后，送入挤出机中熔化，并进一步混合均匀。通过多孔口模，形成多根条料，再用切粒机切断成粒料。切断有热切粒和冷切粒之分。前者条料离口模后，一边用空气或水冷却，一边立即用旋转刀切断，此时的粒料周边无明显的切刀痕迹，大多呈圆粒状；后者是将条料全部冷却后，再送入切粒机切粒，此时粒料的两边可见有切刀的痕迹，大多呈扁平或扁椭圆状。

（2）不求甚解类错误

当碰到归类争议时，企业既不能坚持原来的归类，也不能一味听从海关的意见，而是应客观、正确地分析商品信息。产生归类争议的原因可能是申报时所描述的品名、申报要素不全面或表达有误，可能是商品编码不正确，也有可能是存在另外第三个商品编码。

案例 13 商品名称为活塞（如图 4-2-2 所示），硫化橡胶制，用于玻璃瓶上的瓶塞，堵塞瓶口防止药液流出。该商品在针头插入灌装胰岛素药液瓶帽并抽取瓶内药液时，仍起着密封的作用，并随着药液的减少产生的负压带动向前移动，在药品使用中起到了助推和排净作用，保证密封的药液在任何状态下都不会有渗漏。

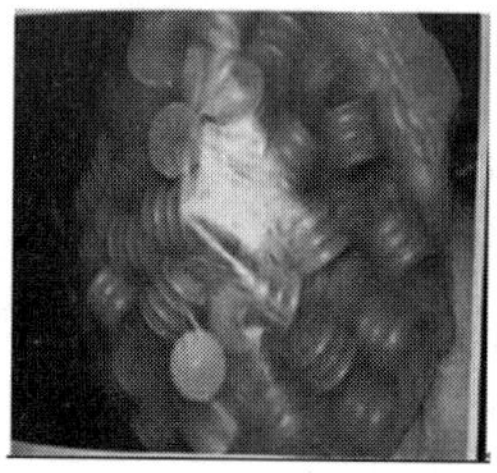

图 4-2-2 活塞

归类意见一：该商品为硫化橡胶制，用于玻璃瓶上的瓶塞，起密封作用，根据海关总署 Z2006-1261 号归类决定，应归入商品编码 4016. 9990。

归类意见二：该商品在药品使用中起到了助推和排净作用，应按照硫化橡胶制卫生及医疗用品归入商品编码 4014. 9000。

归类决定：该商品适用的“诺和笔”属于品目 90. 18 项下商品，该“活塞”符合《本国子目注释》关于“机器及仪器用垫片、垫圈及其他密封垫”的解释，根据归类总规则一及六，该商品应归入商品编码 4016. 9310。

解析 归类争议存在两个商品编码，但最终归类决定却是第三个商品编码，这也说明归类争议的复杂性。从该案例可以看出，所谓的“机器及仪器用”并非通常所理解的字面意思，而应以注释中的说明为准。

商品编码 4016. 9310 条文中的“机器及仪器用垫片、垫圈及其他密封垫”，是指除硬质橡胶以外的非海绵硫化橡胶制的，用于《税则》第八十四、八十五及九十章品目所列的商品的垫片、垫圈及其他密封垫。

尽管“诺和笔”看上去不像机器及仪器，但仍然符合《本国子目注释》描述，常识性的思维认知可能会影响商品编码的确认，在实际归类中应引起注意。

（3）信息咨询类错误

在日常工作中，经常会有各种途径的归类咨询，这些咨询只是免费的问答，存在一定的主观性、风险性。因为咨询商品的复杂程度不同，或者咨询商品表述方法不同，有些仅以品名来咨询商品编码，这些很容易导致沟通方面的理解不一致，从而导致归类的咨询无约束力。

例如，某企业咨询镍的电镀阳极如何归类。一般来说，很容易归入品目 75. 08 其他镍制品，包括电镀阳极；但归入品目 75. 08 的商品必须装有供在电解槽内悬挂用的吊钩，或制备装钩位置（例如，车螺纹、穿孔或攻丝）。而实际上该商品属于电镀阳极球，镀镍用的上述传统阳极正逐渐被篮式阳极所代替，即装于钛篮中的镍结壳等被铸轧镍所代替，因此应归入品目 75. 02。

对于无约束力的咨询，应尽量将商品详情描述清楚，注重归类可能性分析，以归类依据为咨询目的，也就是说，要多经过自己的思考，而不是单纯地咨询商品编码。

（4）商品信息确认类错误

料号是企业内部对料件管理的编号，在申报时，经常会将料号当作型号用。型号在归类中虽然不起太大作用，但是对于商品信息的确认，却至关重要。

图 4-2-3　塑料轴套

例如，某企业将产品申报为“塑料轴套（固定用，如图 4-2-3 所示），39. 26”，但其实际上是“滑动轴承，84. 83”，从料号上是无法获知具体商品信息的，但是从型号（GSM-0203-03，如图 4-2-4 所示）上很容易获得厂商的生产信息。

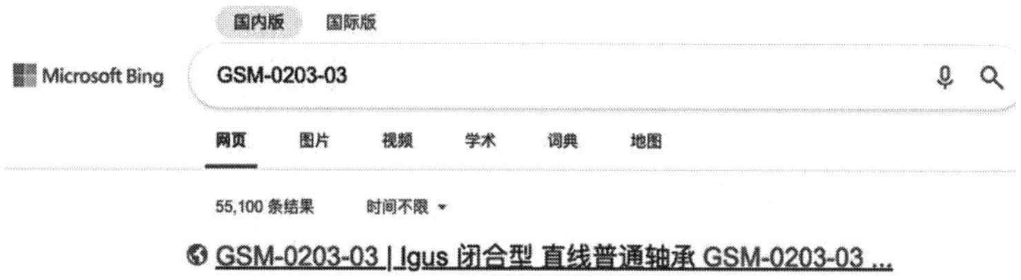

图 4-2-4　型号查询界面

（5）归类语言转化类错误

在不同企业里，关务岗位隶属的部门不尽相同，不同企业对关务的重视程度也不同，在一定程度上存在关务人员自编信息自行归类的情形。实际工作中，许多关务、采购人员通过网络搜索相关商品信息，直接复制网上信息，这样更无法确保商品编码的正确性。

因此，应该杜绝这种情形，关务人员不应制造商品信息，而应将商品信息转化为归类语言，再进行归类分析。

（三）商品归类的制度建设

商品归类制度是企业商品归类标准作业程序（SOP），归类是跨部门、多环节共同协作完成的海关事务，这些在商品归类的工作流程中介绍过。这也是外贸企业对报关相关单证和归类工作的内部控制和风险控制。归类制度建设无法仅由关务部门完成，外贸企业在条件允许的情况下，应根据自身实际情况，建设制度化、信息化、智能化的关务程序，以制度约束和保障关务工作的开展。

制度建设应以“三要素”即信息收集、商品归类、追溯管理为核心。

由于商品归类的特殊性，很多商品在一定程度上存在归类争议，同时随着《协调制度》定期修订，以及《税则》每年根据税政变化调整，商品编码持续不断发生变化。这在客观上要求外贸企业定期复核商品归类数据，尤其应关注进出口货物总值高、频次多的商品。

以下为某企业归类制度参考样本。

＊＊＊有限公司归类制度（样本）

目　录

第一章　工作职责

一、目的

（一）明确进出口货物商品归类工作责任，规范公司进出口货物商品归类程序管理。

（二）提高商品编码作为海关税率和贸易要求基础数据的准确性。

（三）对于尖端和复杂商品防止发生商品归类的争议。

二、责任

各级人员的本职工作及负责下级人员的工作。

三、范围

适用于＊＊＊有限公司采购、技术、关务、人事、内（外）审部门。

四、职责描述

（一）采购

1. 负责签约新品下单前的进出口货物商品归类程序启动；
2. 负责与技术人员的信息获取的沟通协调；
3. 负责联络与生产商的商品信息获取；
4. 其他未尽事项。

（二）技术

1. 负责进出口商品信息的提供与补充；
2. 答复海关有关商品信息问题；
3. 对关务人员进行相关商品知识的培训指导；
4. 持续改进和优化商品归类数据库商品描述；
5. 学习《协调制度》基本规则及海关归类语言与商品信息的转换。

（三）关务

1. 根据工程技术提供的商品信息进行初审；
2. 根据情况要求工程人员补充相关商品信息；
3. 对工程技术人员相关归类技术进行培训指导；
4. 持续改进和优化商品归类数据库；

5. 协调并主导商品归类审核；

6. 其他未尽事项。

（四）人事

1. 内部商品知识及归类技术的培训交流（每月一期）；

2. 外部商品归类技术的学习交流（每季度一期）；

3. 其他未尽事项。

（五）内（外）审

1. 每年《税则》更新前对变动情况进行核准；

2. 每年至少一次对数据库进行审核；

3. 年中有归类变动应及时确认并补充；

4. 其他未尽事宜。

第二章　＊＊＊有限公司归类流程图

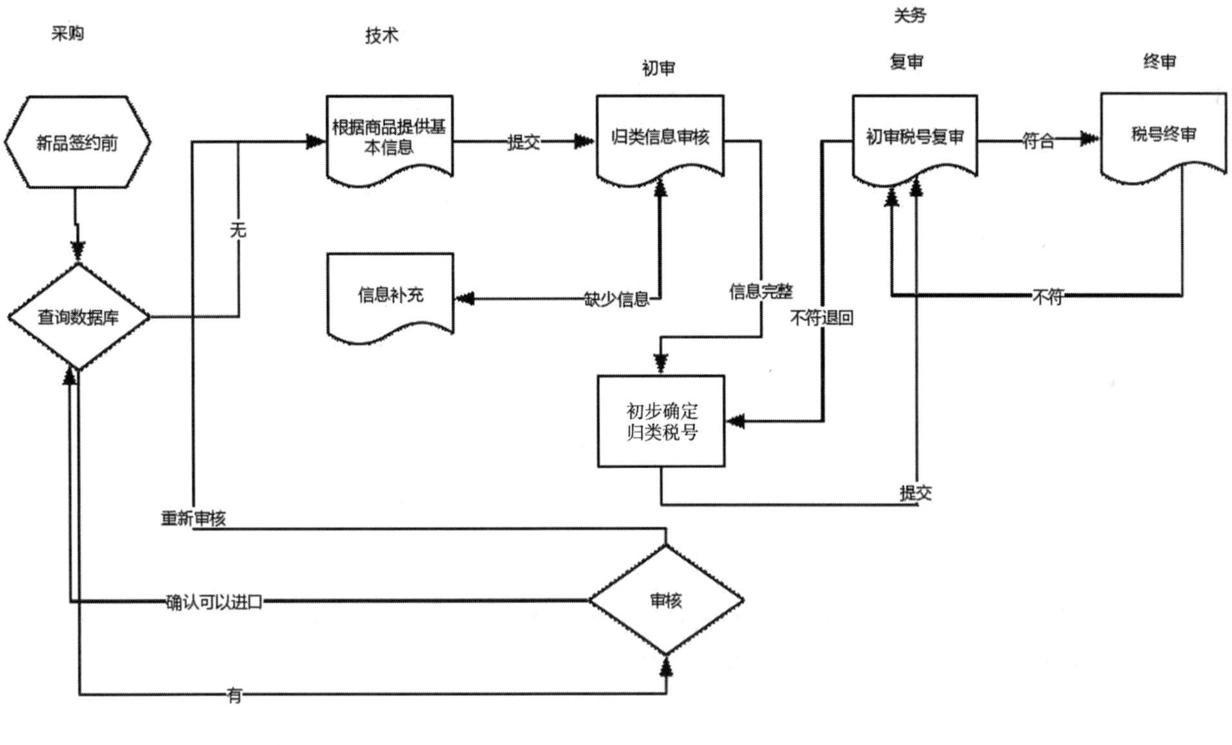

流程说明：

1. 采购人员在新料签约前应先查询数据库是否已经进出口过，对于未进出口过的商品，则询问国外生产商商品编码，并获取相关产品说明书，然后提交技术人员；若已经进出口过，则将拟进出口商品告知关务初审人员。

2. 技术人员根据采购人员提供的商品数据，根据情况提供商品信息，并将商品信息提交关务初审人员，并及时答复关务初审人员的补充信息需求。

3. 初审人员接收商品信息，分析判断进出口商品是否需要重新审核，如果无须审核，则采购人员可以安排进出口事宜；若需要重新审核，则告知采购人员，采购人员按新料提交给技术人员；初审人员根据技术人员提供的商品信息及补充信息，对商品的归类进行预判，将已经做好归类的编码提交复审人员。

4. 复审人员对初审人员的归类编码进行审查，若符合则提交终审人员，如不符合则退回初审人员，再次进行信息确认与补充。

5. 终审人员对复审人员的归类意见进行最终审核，若符合则通知采购人员，如不符合则退回复审人员，再次进行信息确认与补充。

第三章　商品信息获取与补充制度

一、目的

规范进出口商品信息获取操作，保证所获取的信息客观、完整、规范。

二、职责

1. 采购负责签约新品下单前的进出口货物商品归类程序启动；

2. 采购负责与技术人员的信息获取的沟通协调；

3. 采购负责联络与生产商的商品信息获取；

4. 技术负责进出口商品信息的提供与补充；

5. 技术答复海关有关商品信息问题；

6. 技术对关务人员相关商品知识进行培训指导；

7. 技术持续改进和优化商品归类数据库商品描述；

8. 技术学习协调制度基本规则及海关归类语言与商品信息的转换；

9. 关务负责规范申报要素的确认。

三、范围

适用于＊＊＊有限公司采购、技术、关务部门。

四、流程

1. 采购人员在新品下单/签约前先查询数据库，若相同型号商品已经有进出口记录，则直接交由关务人员进行确认。

2. 若数据库中无相关进出口记录，则将该商品的品牌、型号、生产厂商、图片、出口商的商品编码等基本信息提交给技术人员。

3. 技术人员根据采购人员提供的基本信息，通过对原厂商官网信息获取或对商品的了解，对商品的基本信息进行描述，必要信息交由采购人员与生产厂商进行核实确认。

4. 技术人员根据商品的不同属性，提交不同的基本信息给关务人员。

（1）机电类：中英文品名、品牌、规格、型号、结构原理、用途、功能。

（2）化工类：MSDS、化学分子式、成分、性能指标、用途。

（3）纺织类：成分、织造方法、宽幅、平方米重量、染整方法、组织结构（服装的款式、种类等）。

（4）其他类：成分含量、加工方法、加工程度、规格、技术参数、来源、形状。

5. 关务人员根据基本信息，审核基本信息是否完整、规范，若有疑问及时与技术人员沟通，若缺少相关信息，提交技术人员补充及完善。

第四章　商品归类的确认制度

一、目的

1. 保证商品归类的准确；

2. 保证商品归类要素的规范、客观、完整；

3. 保证商品的海关监管条件信息获取准确。

二、责任

1. 根据工程技术人员提供的商品信息进行初审；

2. 根据情况要求工程技术人员补充相关商品信息；

3. 对工程技术人员进行相关归类技术培训指导；

4. 持续改进和优化商品归类数据库；

5. 协调并主导商品归类审核。

三、范围

适用于＊＊＊有限公司关务部门。

四、流程

1. 关务初审人员对商品的基本信息进行审核，提出所需要补充的信息。

2. 关务初审人员应按照商品归类审核的需求，认真审查归类货物需要的商品信息、商品描述、商品的报验状态，审核预归类资料是否完整、准确，如有任何疑问立即跟工程技术人员沟通。在掌握全面的信息后，再进行商品归类。

3. 关务初审人员应以《税则》《品目注释》《本国子目注释》及海关总署发布的关于商品归类的行政裁定、商品归类决定的信息作为归类依据。

4. 关务初审人员可以参考相关互联网数据、欧盟约束性预归类网站、美国 rulings 网站，所获取的归类信息仅作为参考，并根据实际情形判断分析。

5. 归类的确定进行三级审核制，即初审→复审→终审。

6. 对于归类中不清楚的信息或参数，应及时与工程技术人员、咨询专家、海关进行确认，确保所提供信息为归类所需的信息。

7. 归类的语言应以《品目注释》《本国子目注释》中的描述为准，若以上没有描述，可以通过国家标准、行业标准进行描述。

8. 必要时进行商品的化验，特别是对塑料、金属等原料化工品的进口；必要时提交专业归类咨询公司出具的预归类意见书。

第五章　归类争议与海关质疑处理机制

一、目的

保证商品归类出现争议与海关质疑时能确定正确的商品归类。

二、职责

客观地分析补充商品信息，客观地分析商品归类的依据是否充分，与供应商、海关进行沟通协调，确保商品归类的唯一准确信息。

三、范围

适用于＊＊＊有限公司采购、技术、关务部门。

四、流程

1. 与客户（供应商）商品归类不一致时，关务人员应对不同商品编码进行分析比较，并及时与客户（供应商）进行沟通。

2. 与原出口商品归类不一致时，关务人员应对不同商品编码进行分析比较。

3. 关务人员通过以上分析及沟通无法解决时，可以寻求第三方专业咨询公司进行归类，归类的商品信息应与客户（供应商）确认一致。

4. 海关对商品归类的质疑、核查、稽查，关务人员应积极配合海关进行商品信息的补充，以及归类依据的核实。

5. 关务人员应及时与海关进行沟通，若出现有争议的商品归类，积极寻求第三方专业咨询公司的归类意见。确保商品归类的客观、规范。

6. 对于确实有技术难度的争议商品，关务人员可以向海关申请归类行政裁定或预归类行政裁定。

第六章 归类的定期审核制度

一、目的

1. 确保商品归类数据的客观、规范、准确；

2. 对重点商品进行重点审核，将风险降至最低；

3. 对已变更的商品编码进行审核更新。

二、责任

1. 每年至少一次对商品归类进行审核；

2. 每年至少一次对商品归类的数据库进行更新；

3. 对重点商品进行审核。

三、范围

适用于＊＊＊有限公司技术、关务、内（外）审部门。

四、流程

1. 关务人员根据关税调整方案对原有数据库进行数据更新。

2. 对更新后的商品编码需要重新三级审核确定。

3. 内（外）审部门应对重点商品进行审核，重点商品包括涉税金额大的商品、设备类商品，以及同品名不同税号、同型号不同税号的商品。

4. 数据审核时，商品信息应当重新核实提供，商品归类依据应当重新审核。

5. 工程技术人员、关务人员应积极配合内（外）审部门。

6. 对审核中发现的可能存在的归类错误，应交由第三方专业咨询公司出具预归类意见书。

7. 核实后，对需要修改的商品归类，存在漏缴税情形的，应及时主动披露，补交相关税费，需要监管证件的应及时补办。若不存在漏缴税情形，应在确认无误时，再进行商品归类的变更。对于变更后的商品应做好相应标记。

第七章 归类的技术与商品知识的培训制度

一、目的

1. 保证采购人员、工程技术人员充分认识了解归类的语言；

2. 保证关务、内（外）审人员对商品信息原理有充分的认识；

3. 不断完善商品信息与归类技术的认知，确保商品信息与归类信息的语言转换。

二、责任

1. 工程技术人员负责产品信息的指导、培训；

2. 关务人员负责归类技术的指导、培训；

3. 内（外）审人员负责产品信息与归类语言转换的指导、培训；
4. 人事部门负责协调相关培训事项。
三、范围
适用于＊＊＊有限公司采购、技术、关务、内（外）审人员。
四、流程
1. 采购人员、工程技术人员、关务人员应至少每月交流一次。
2. 工程技术人员负责商品信息原理的培训、指导，关务人员负责归类技术的培训、指导。
3. 对于平时工作中出现的问题进行沟通协调。
4. 进行外部商品归类技术的学习交流（每季度一期），关务人员、工程技术人员应积极参加海关、协会、专业第三方举办的商品归类的课程。
5. 关务人员应及时关注海关发布的归类决定、归类行政裁定等公告，应及时关注海关相关微信公众平台推送的商品归类专业文章。
6. 对于涉及公司产品的相关信息应对照分析比较，核实商品归类。

第八章　附件清单

略。

【复习思考题】

1. 商品归类的常见风险有哪些？
2. 商品归类制度建设的“三要素”是什么？
3. 如何确保商品归类过程可追溯？
4. 归类争议的误区有哪些？

第三单元　机电商品归类

【学习目标】

本单元旨在让学习者了解进出口货物商品归类的实际情形与归类思路。

完成本单元学习，学习者应获得以下成果：

1. 归类的关键信息要素确认；
2. 进出口实务中的常见归类；
3. 规范申报要素的确认与核对。

【基本概念】

通用零件、功能机组、组合机器、多功能机器、多用途机器

【建议学习时间】

12 课时

【案例导入】

2017 年 5 月 19 日，A 海关发现当事人自 2014 年 5 月 20 日至 2017 年 5 月 19 日期间，以一般贸易方式从 B 口岸进口的税则号列 8482.4000.00 项下的 30 票滚针轴承涉嫌税则号列申报不实。经调查核实，当事人申报归类错误情况涉及货物滚针轴承。该批轴承应归入税则号列 8482.5000.90 项下。该申报不实行为案值人民币 152.06 万元，漏缴税款人民币 2.82 万元。

《税则》中税则号列 8482.4000 对应条文即为“滚针轴承”，请思考当事人归类错误的原因。

在本案例中，企业申报品名为“滚针轴承”，但海关最终认定归类错误。对于企业关务来说，商品信息一般来自企业工程、技术等相关部门，企业确实常称其为“滚针轴承”。实际上，《税则》第八十四章的子目注释四明确规定了商品范围：“子目 8482.40 仅包括滚柱直径相同，最大不超过 5 毫米，且长度至少是直径三倍的圆滚柱轴承，滚柱的两端可以磨圆。”

这就是商品归类实务与商品归类学习的差别所在。在平时练习中如果出现“滚针轴承”，归入税则号列 8482.4000，是没有问题的，因为“滚针轴承”在无其他条件限制的情况下，默认符合子目注释四的条件。但是，在实务中，需要填写详细的申报要素，这个时候就要确认商品是否满足归类中的要求。例如，滚针轴承，直径 2 毫米，长度 5.6 毫米，即使称作“滚针轴承”，也不能归入滚针轴承的税则号列。针对案例中的税则号列适用的进口关税税率差异对比如表 4-3-1 所示。

表 4-3-1 货品进口关税税率差异

税则号列	货品名称	2019 进口关税税率
84824000.00	滚针轴承	6%（暂定税率）
84825000.90	其他圆柱形滚子轴承	8%（最惠国税率）

【学习内容】

一、组合机器和多功能机器归类依据及案例

（一）归类依据

《品目注释》第十六类类注三：

由两部及两部以上机器装配在一起形成的组合式机器，或者具有两种及两种以上互补或交替功能的机器，除条文另有规定的以外，应按具有主要功能的机器归类。

（二）《品目注释》第十六类总注释“六、多功能机器及组合机器”

一般来说，多功能机器应按机器的主要功能归类。

多功能机器（例如，利用可互换刀具加工金属的机床），可进行不同的机械加工（例如，铣削、镗削、磨削）。

在不能确定机器的主要功能，而且根据本类注释三的规定，条文也没有列出其他要求时，可运用归类总规则三（三）进行归类。例如，当多功能机器看起来可归入品目 84.25 至 84.30、品目 84.58 至 84.63 或品目 84.69 至 84.72 的几个品目时，可运用归类总规则三（三）进行归类。

组合机器是由两台或多台不同类型的机器或器具组成的整套设备，各台机器可同时或序贯执行各自的功能，这些功能一般是互补的，不同的功能列在第十六类的不同品目中。这种组合机器也应按其主要功能归类。

这类组合机器举例如下：配有托纸辅助机器的印刷机器（品目 84.43）；配有加印名字或简单图案辅助机器的卡纸盒制造机器（品目 84.41）；配有起重或搬运装置的工业熔炉（品目 84.17 或 85.14）；配有辅助性包装设备的香烟制造机器（品目 84.78）。

在执行上述规定时，各种不同的机器如果是一台机器装在另一台机器的内部或上面，或者两者装在同一个底座、支架之上或同一个机壳之内，应作为一个整体对待。

机器的组合体不应视为构成一个整体，除非其各台机器是永久性地连在一起，或装在同一个底座、支架或机壳内。临时组合的或通常未构成组合机器的机器组合体不包括在内。

这些机器的底座、支架或机壳可以装有轮子，以便在使用时可随意移动，但不能因此而构成《协调制度》某一品目具体列名的另一种物品（例如，车辆）。

地板、混凝土底座、墙、隔板、天花板等，即使经专门装配以备安装机器或器具，也不能视为将有关机器或器具连成一体的共同底座。

当组合机器可归入某个特定品目时，无须引用第十六类注释三的规定。例如，某些空调器（品目 84.15）。

必须注意，多用途机器（例如，金属及其他材料的加工机床，或造纸、纺织、皮革、塑料等工业通用的打孔机），应按第八十四章注释八的规定归类。

（三）案例解析

案例 1 多功能应急电源。该商品由铅酸蓄电池、带 3 种气嘴的空气泵、直流变流器和多种直流电输出连接装置组成，并配有电压表、气压表和小 LED（3.3 V/0.5 W）照明灯等附件。铅酸蓄电池的容量为 12 V/18 Ah，向外输出 12 V 的直流电，当功率为 100 W（12 V/8.3 A）的空气泵工作时（充气、驱动气动工具），需经变流器向内置的空气泵用马达供电；当需要为汽车引擎启动时，需经变流器输出 7.2 V/100 A 的瞬时直流电，通过自带的电夹向汽车发动机的启动电机供电（充满电情况下只能使用两次）；当需要向外界提供直流电源时则不经变流器通过自带电缆向外输出 12 V/15 A 的直流电供照明或其他设备使用；LED 灯用于气压表和电压表在工作时的照明。

归类决定 该商品为组合机器，不论执行何种功能，都基于蓄电池的供电功能，且主要用于直接供电，应视蓄电池为主要功能，根据《税则》第十六类类注三关于组合机器的归类原则，其符合《税则》税目 85.07 及其子目条文的描述，根据归类总规则一及六，应将其按用于启动活塞式发动机的铅酸蓄电池归入税则号列 8507.1000。

案例 2 数码相框。该商品主要功能为播放数码相片、MP3、可插入存储卡（SD/MMC/XD/CF）和 U 盘直接浏览图片，外带 USB 连接线，可以通过和电脑连接将电脑中图片复制到数码相框中或者将数码相框的图片复制到电脑中。该商品同时具有图像播放和音乐播放的功能。

归类决定 该数码相框具有播放相片（静态图片）、MP3 声频的功能，为多功能机器，其主要功能为播放相片。根据《税则》第十六类类注三有关多功能机器的描述，应按其主要功能“播放相片”进行归类。该商品播放的相片为静态图像，不同于税目 85.28 的视频图像播放，因此不能归该税目项下。该商品的主要功能“相片播放”在《税则》其他税目中未有具体列名，符合品目 85.43 的商品描述，根据归类总规则一及六，应将其归入税则号列 8543.7099。

二、功能机组归类依据及案例

（一）归类依据

《品目注释》第十六类类注四：

由不同独立部件（不论是否分开或由管道、传动装置、电缆或其他装置连接）组成的机器（包括机组），如果组合后明显具有一种第八十四章或第八十五章某个品目所列功能，则全部机器应按其功能归入有关品目。

（二）《品目注释》第十六类总注释“七、功能机组”

当一台机器（包括机组）由多个独立部件组成，组合后明显只为一种第八十四章，更常见的是第八十五章某个品目所列功能工作时，可运用该注释。整套设备应按有关功能归入其相应品目，不论各个部件是否为了方便或其他原因而彼此分开，或仅用管道（装有空气、压缩空气、油等）、传动装置、电缆或其他装置连接起来。

在上述注释中，所称“明显只为一种功能工作”的机器，仅包括在作为一个整体的功能机组中起主要功能作用的机器或机组；但不包括执行辅助功能而不是执行整套设备的主要功能的机器或器具。

本类注释四所指的功能机组举例如下：

（一）液压系统，由液压动力装置（主要由液压泵、电动机、控制阀及油箱组成）、液压缸及连接液压缸和液压动力装置所需的管道构成（品目84.12）。

（二）冷藏设备，其各个构成部件并不组装成整体，而是由管道连接起来，冷却剂在管道中循环流动（品目84.18）。

（三）灌溉系统，包括由过滤器、喷射器、计量阀等组成的控制站、地下分布支管及地面网络（品目84.24）。

（四）挤奶机器，所配有的各个独立部件（真空泵、脉动器、奶头吸杯及奶桶）是由软管或管道加以连接的（品目84.34）。

（五）酿酒机器，主要包括催芽机、麦芽压碎机、麦芽浆桶、滤酒桶（品目84.38）。但辅助机器（例如，装瓶机、标签印刷机）不应归入本品目，而应归入其他相应品目。

（六）信件分拣系统，主要由编码台、预分拣信道、中间分拣机及最终分拣机所组成。整套设备是由一台自动数据处理机控制（品目84.72）。

（七）沥青拌和设备，由各自独立的加料斗、输送装置、干燥器、振动筛、混合机、贮料箱及操纵装置并排配置而成（品目84.74）。

（八）组装电灯泡用的机器。这种设备的各个部件是利用输送装置加以连接，并配有玻璃的热处理设备、泵及灯泡检测装置（品目84.75）。

（九）焊接设备，由焊头或焊钳组成，配有变压器、发电机或整流器，用以供电（品目85.15）。

（十）配有手提话筒的手提式无线电话发送设备（品目85.17）。

（十一）配有电源、放大器等的雷达设备（品目85.26）。

（十二）由一台接收机、一个抛物面天线反射盘、一个天线反射盘用的控制旋转器、一个喇叭天线（波导器）、一个偏振器、一个低噪声广播信号接收（LNB）降频转换器及一个红外遥控器组成的卫星电视接收系统（品目85.28）。

（十三）由红外线灯、光电池及警铃等组成的防盗报警器（品目85.31）。

必须注意，不符合第十六类注释四规定的各种部件应归入其所属的适当品目。本规定适用于，例如，闭路电视监视系统。这种系统由数量不等的电视摄像机、视频监视器组成，通过同轴电缆与控制器、开关、音频接收器相互连接，必要时还可与自动数据处理设备（用以存储数据）或视频录像机（用以录像）连接使用。

（三）案例解析

案例3 饲料生产设备。该商品由原料接收系统，粉碎机系统，配料及混合系统，制粒机、破碎机系统，包装秤系统，粉碎机、混合机系统，膨化系统，干燥、喷涂、冷却系统，包装系统，喷涂系统等组成。工作原理：原料接收系统接收所需要的原料输送到储存的料仓；原料通过提升机输送到锤片式粉碎机粉碎，再输送到配料及混合系统，将不同种类的原料按要求精确称量，并用混合机将其均匀混合；混合后的原料进入制粒机制粒，可选择破碎或不破碎，制粒后的产品输送到包装系统包装。水产饲料生产线在制粒机、破碎机系统后再进行二次粉碎及混合，以达到要求的均匀度和粒度，将二次粉碎后的饲料通过调制器与蒸汽加温，高温高压使物料膨胀通过模具挤压出符合要求的成品，成品通过高压风机送入烘干机，去湿、加液体、降到室温，并输送到包装系统打包。

归类决定 饲料生产设备用于工业化饲料生产，非直接用于农场、林业、商品菜园、家禽饲养场或类似场所，根据《税则注释》对品目 84. 36 的描述，不应归入《税则》税目 84. 36 项下。整套设备生产的饲料用于动物食用，其功能符合《税则注释》对品目 84. 38 的描述“本品目包括未归入本章其他品目的生产或加工食品或饮料用的机器（不论其制品是用于直接消费还是贮藏，也不论是供人食用还是供动物食用）”，根据《税则》第十六类类注四有关功能机组的归类规定，直接用于制造饲料的粉碎机系统、配料及混合系统等应一并归入税则号列 8438. 8000；其他执行辅助功能的设备，如原料接收系统、包装系统等，分别归入相应税则号列。

解析 明显有列名功能，才可以归入列名，所称“明显只为一种功能工作”的机器，仅包括在作为一个整体的功能机组中起主要功能作用的机器或机组；但不包括执行辅助功能而不是执行整套设备的主要功能的机器或器具。

辅助设备需要分开申报，关于辅助功能即机器主要功能的区分具有一定的主观性，应多参考归类决定中相关生产线的归类思路进行归类。

从归类决定的案例看，即使品目中已列名功能，需要注意辅助功能的，依然需要分开申报。

案例 4 马铃薯全粉生产线及备件。该马铃薯全粉生产线年处理 10 000 吨马铃薯，主要包括水力喂料系统 S-HY-F、去石上料提升机 TR-B0600/3500、去石（预清洗）机 KW-320T-1-2. 5-15、提升机 TR-B0600/6000、蒸汽脱皮机 ORBIT、倾斜螺杆输送机 TR-S0600/5000、干式刷皮机 ZZ1000TM、后清洗机 TR-S0600/5000W、水力切片系统 S-HY、物料平衡调节系统、拣选设备 TR-B0800/2600i、捣泥机 TR-S0400-3000Ri、添加剂配置设备、输送泵系统 PS-2、气流输送系统 TR-air、质检设备 TR-B0400/4000i、研磨机 PM、筛网细打片机 FL0500/2500z、气流机动传送器、包装机、干燥鼓 TD-DD2000/5700、螺杆式漂烫机 BL-VL2000/7000f、螺杆式冷却机 KO0200/7000、蒸煮机 CO-E、控制单元、备件。

归类决定 上述商品是一套马铃薯全粉生产线，由前道的清洗分拣设备、加热/捣泥/磨粉设备和后道的包装设备三大部分组成，根据《税则注释》关于品目 84. 19 的描述，当商品同时具有捣碎和加热功能时，仍归入品目 84. 19 项下，故该生产线的功能符合税目 84. 19 的列名，应根据第十六类类注四关于“功能机组”的归类原则确定税号。其中，去石/清洗机、刷皮机等清洗、分级设备为执行辅助功能的设备组，在税目 84. 33 项下具体列名，应视其构成另一套功能机组，根据归类总规则一及六，一并将其按“农产品的清洁、分选机器”归入税则号列 8433. 6000。包装机为执行辅助功能的设备，符合《税则》税目 84. 22 及其子目条文的描述，根据归类总规则一及六，应将其按“其他包装机”归入税则号列 8422. 3030。其余漂烫机、蒸煮机、捣泥机、干燥机、打片机等设备构成了一套完整的税目 84. 19 的列名功能机组，根据归类总规则一及六，一并将其按其他利用温度变化处理材料的机器入税则号列 8419. 8990。

解析 对比案例 3 中饲料生产设备，虽然同为食品加工的功能机组，但马铃薯全粉生产线却不能按功能机组归入品目 84. 38。根据《品目注释》第十六类类注二，除第十六类注释三及第八十四章注释九另有规定的以外，如果某种机器或器具既符合品目 84.01 至 84.24 中一个或几个品目的规定，或符合品目 84.86 的规定，又符合品目 84.25 至 84.80 中一个或几个品目的规定，则应酌情归入品目 84.01 至 84.24 中的相应品目或品目 84.86，而不归入品目 84.25 至 84.80 中的有关品目。

但品目 84.19 不包括：

（1）催芽装置、孵卵器或育雏器（品目 84.36）；

（2）谷物调湿机（品目 84.37）；

（3）萃取糖汁的浸提装置（品目 84.38）；

（4）纱线、织物及纺织制品的热处理机器（品目 84.51）；或

（5）温度变化（即使必不可少）仅作为辅助功能的机器、设备或实验室设备。

虽然品目 84.19 和品目 84.38 看上去都符合，但实际应优先考虑品目 84.38。

三、多用途机器归类依据及案例

（一）归类依据

《品目注释》第八十四章章注八：

具有一种以上用途的机器在归类时，其主要用途可作为唯一的用途对待。

除本章注释二、第十六类注释三另有规定的以外，凡任何品目都未列明其主要用途的机器，以及没有哪一种用途是主要用途的机器，均应归入品目 84.79。品目 84.79 还包括将金属丝、纺织纱线或其他各种材料以及它们的混合材料制成绳、缆的机器（例如，捻股机、绞扭机、制缆机）。

（二）依据分析

运用本条依据时，首先应排除第八十四章注释二、第十六类注释三，能确定主要用途的，按主要用途归类；不能确定主要用途时，应归入品目 84.79。这与多功能机器的归类思路不同，不是从后归类。

（三）案例解析

案例 5 数控雕刻机。该雕刻机是为 3D 模型加工及雕刻专门设计的机器，由伺服马达带动工作台 X、Y 方向和主轴 Z 方向的运动及主轴的高速旋转来完成 2D 及 3D 图形的加工，通过计算机辅助编程软件将设计出来的图纸进行处理，编译成机器能够识别的代码传输给雕刻机，在机器上装夹合适的刀具及原材料，运行代码，机器就会按照预先设定的路径进行切削运动，从而完成对零件的加工。该雕刻机适合对轻金属、ABS 硬质塑料、化学木、模型蜡等各种材料进行加工。

归类决定 该商品是一种利用铣刀对金属、塑料、木材、蜡等多种材料进行雕刻的多用途机器。根据《税则》第八十四章章注七关于“多用途机器”的归类规定，上述商品符合《税则》税目 84.79 及其子目条文的描述，根据归类总规则一及六，应按其他税目未列名且具有独立功能的机器归入税则号列 8479.8999。

案例 6 电路板切割机。本机器为利用铣刀切割并配合程控 X、Y 轴，将连片或有板边的

PCB板分割成小片或切除板边，属于数控型设备。工作原理：采用AC伺服马达驱动，X、Y、Z轴以直接传动方式，以铣刀辅助仿真切削功能，可通过校正MARK点整体调整程序，并有3段自动下刀功能。配备有高画质CCD镜头，具备影像仿真确认功能，程序制作快捷；采用日制NSK主轴，2段式马达主轴可分离，成本低且维修快。

归类决定 上述商品为铣床，加工对象为铜箔和塑料板组成的PCB板，参照第八十四章章注七关于多用途机器的归类原则，上述商品符合《税则》税目84.79及其子目条文的描述，根据归类总规则一及六，应将其按其他税目未列名的具有独立功能的机器归入税则号列8479.8999。

四、零件的归类依据及案例

（一）归类依据

1.《品目注释》第十六类类注二

二、除本类注释一、第八十四章注释一及第八十五章注释一另有规定的以外，机器零件（不属于品目84.84、85.44、85.45、85.46或85.47所列物品的零件）应按下列规定归类：

（一）凡在第八十四章、第八十五章的品目（品目84.09、84.31、84.48、84.66、84.73、84.87、85.03、85.22、85.29、85.38及85.48除外）列名的货品，均应归入这两章的相应品目；

（二）专用于或主要用于某一种机器或同一品目的多种机器（包括品目84.79或85.43的机器）的其他零件，应与该种机器一并归类，或酌情归入品目84.09、84.31、84.48、84.66、84.73、85.03、85.22、85.29或85.38。但能同时主要用于品目85.17和85.25至85.28所列机器的零件，应归入品目85.17；专用于或主要用于品目85.24所列货品的零件应归入品目85.29；

（三）所有其他零件应酌情归入品目84.09、84.31、84.48、84.66、84.73、85.03、85.22、85.29或85.38，如不能归入上述品目，则应归入品目84.87或85.48。

2.《品目注释》第十七类类注二、三

二、本类所称“零件”及“零件、附件”，不适用于下列货品，不论其是否确定为供本类货品使用：

（一）各种材料制的接头、垫圈或类似品（按其构成材料归类或归入品目84.84）或硫化橡胶（硬质橡胶除外）的其他制品（品目40.16）；

（二）第十五类注释二所规定的贱金属制通用零件（第十五类）或塑料制的类似品（第三十九章）；

（三）第八十二章的物品（工具）；

（四）品目83.06的物品；

（五）品目84.01至84.79的机器或装置及其零件，但供本类所列货品使用的散热器除外；品目84.81或84.82的物品及品目84.83的物品（这些物品是构成发动机或其他动力装置所必需的）；

（六）电机或电气设备（第八十五章）；

（七）第九十章的物品；

（八）第九十一章的物品；

（九）武器（第九十三章）；

（十）品目 94.05 的灯具或照明装置及其零件；或

（十一）作为车辆零件的刷子（品目 96.03）。

三、第八十六章至第八十八章所称“零件”或“附件”，不适用于那些非专用于或非主要用于这几章所列物品的零件、附件。同时符合这几章内两个或两个以上品目规定的零件、附件，应按其主要用途归入相应的品目。

3. 第九十章章注二

二、除上述注释一另有规定的以外，本章各品目所列机器、设备、仪器或器具的零件、附件，应按下列规定归类：

（一）凡零件、附件本身已构成本章或第八十四章、第八十五章或第九十一章各品目（品目 84.87、85.48 或 90.33 除外）所包括的货品，应一律归入其相应的品目；

（二）其他零件、附件，如果专用于或主要用于某种或同一品目项下的多种机器、仪器或器具（包括品目 90.10、90.13 或 90.31 的机器、仪器或器具），应归入相应机器、仪器或器具的品目；

（三）所有其他零件、附件均应归入品目 90.33。

（二）案例解析

案例 7 真空吸尘器（家用，如图 4-3-1 所示）。

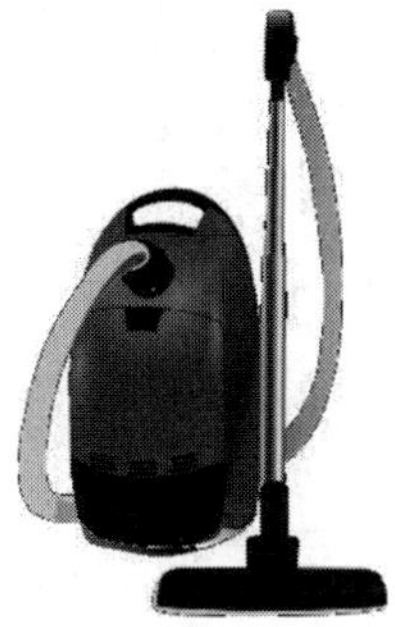

图 4-3-1 真空吸尘器（家用）

解析 吸尘器利用电动机驱动风机叶轮高速旋转，使叶轮中的空气以极高的速度排出，吸尘器内便形成瞬时真空，与外界形成一定的负压差，在负压差的作用下清除物被吸入吸尘器内，从而达到清洁吸尘的目的。

真空吸尘器在品目 85.08 有具体列名，但在相关注释条文逻辑上依然是严密的。

（1）第十六类类注一（十二）：本类不包括第九十章的物品。

（2）第八十四章章注一（五）：本章不包括品目 85.08 的真空吸尘器。

（3）第八十五章章注一（四）：本章不包括用于医疗、外科、牙科或兽医的真空设备（第九十章）。

（4）品目 85.09 条文：家用电动器具，品目 85.08 的真空吸尘器除外。

从以上注释、品目条文可知，品目 85.08 中的真空吸尘器不包括用于医疗、外科、牙科或兽医的真空设备，这些用途的真空设备应该归入第九十章；品目 85.09 为家用电动器具，这个范围也包括家用真空吸尘器，因为品目 85.08 有单独列名，因此在品目 85.09 条文中必须明确排除。

案例 8 真空吸尘器主机（如图 4-3-2 所示）。

图 4-3-2 真空吸尘器主机

解析 真空吸尘器主机是吸尘器核心部件，属于吸尘器零件，但能否归入子目 8508.70 零件项下，需要依据《品目注释》第十六类类注二来分析判断。第十六类类注二（一）说明在第八十四章、第八十五章的品目（品目 84.09、84.31、84.48、84.66、84.73、84.87、85.03、85.22、85.29、85.38 及 85.48 除外）列名，均应归入该两章的相应品目。

吸尘器主机是由电动机和风机构成，相关品目条文如下：

（1）品目 84.14 条文：空气泵或真空泵、空气及其他气体压缩机、风机、风扇；装有风扇的通风罩或循环气罩，不论是否装有过滤器。

（2）品目 85.01 条文：电动机及发电机（不包括发电机组）。

品目 84.14 的风机不论自身是否装有电动机，均应归入品目 84.14 项下。当然很多电动机装有风扇或其他装置，供电动机运转时散热之用，这种情形要归入品目 85.01 项下。分析其能量转换即可知道原因，吸尘器风机是造成真空的机器及设备，电动机的机械能完全转换；而装有散热风扇的电动机，只是利用电动机自身部分机械能散热，不影响主要机械能的提供。

案例 9 吸尘器主机拆解归类（如图 4-3-3 所示）。

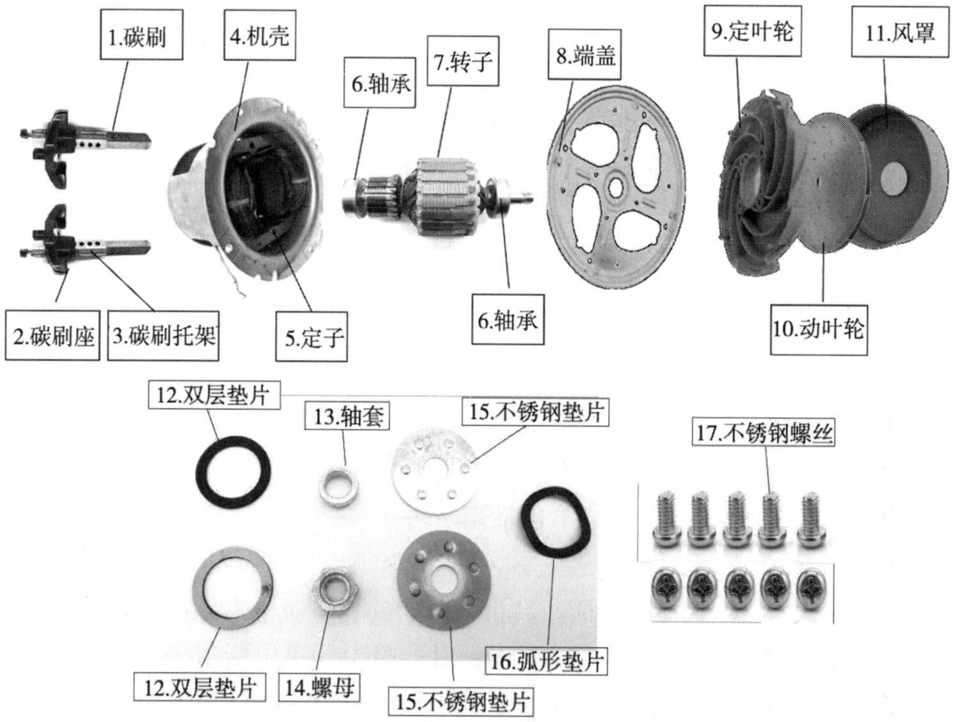

图 4-3-3 吸尘器主机拆解图

解析1 是否属于排他条款限定的商品。

零件的归类不能靠主观判断，依然要根据相应类注逐一排除确定。零件的归类首先要排除不包括部分。例如，《品目注释》第十六类类注一（七）：不包括第十五类注释二所规定的贱金属制通用零件（第十五类）及塑料制的类似品（第三十九章）；

而《品目注释》第十五类类注二中《协调制度》所称“通用零件”，是指：

（1）品目73.07、73.12、73.15、73.17或73.18的物品及其他贱金属制的类似品；

（2）贱金属制的弹簧及弹簧片，但钟表发条（品目91.14）除外；以及

（3）品目83.01、83.02、83.08、83.10的物品及品目83.06的贱金属制的框架及镜子。

第七十三章至第七十六章（品目73.15除外）及第七十八章至第八十二章所列货品的零件，不包括上述的通用零件。

除上段及第八十三章注释一另有规定的以外，第七十二章至第七十六章及第七十八章至第八十一章不包括第八十二章、第八十三章的物品。

图4-3-3中，14（螺母）、15（不锈钢垫片）、16（弧形垫片）、17（不锈钢螺丝）均符合“通用零件”的定义，它们均为钢铁制品，应归入品目73.18项下。12（双层垫片）由金属垫片和塑料垫片制成，符合品目84.84条文描述：密封垫或类似接合衬垫，用金属片与其他材料制成或者用双层或多层金属片制成，因此该双层垫片应归入品目84.84项下。

解析2 是否在第八十四章、第八十五章某个品目列名。

查询相关品目：

（1）84.82滚动轴承。

本案例中的轴承为钢铁制滚动轴承，应归入品目84.82。轴承广泛用于各类机电设备，虽然品目中分为滚动轴承和滑动轴承，但实际上是按照第十六类类注二关于零件的归类依据。

①第十六类类注一（一）不包括：除硬质橡胶以外的硫化橡胶制的机器、机械器具、电气器具或其他专门技术用途的物品（品目40.16）；

②第八十四章章注一（一）不包括：第六十八章的石磨、石碾及其他物品；

③第八十四章章注一（二）不包括：陶瓷材料制的机器或器具（例如，泵）及供任何材料制的机器或器具用的陶瓷零件（第六十九章）；

因此，如果是陶瓷制、硫化橡胶制、石墨制等材质的轴承，应优先考虑限定品目。

（2）84.83传动轴（包括凸轮轴及曲柄轴）及曲柄；轴承座及滑动轴承；齿轮及齿轮传动装置；滚珠或滚子螺杆传动装置；齿轮箱及其他变速装置，包括扭矩变换器；飞轮及滑轮，包括滑轮组；离合器及联轴器（包括万向节）：

13（轴套）起转轴与端盖之间的支撑和引导作用，钢铁材质制，应归入品目84.83。

（3）85.45碳电极、碳刷、灯碳棒、电池碳棒及电气设备用的其他石墨或碳精制品，不论是否带金属。

碳刷可用作发电机、电动机等的滑动接触器，在许多情况下，碳刷还可全部或部分涂有金属层，或装有接头（托架、电缆、接线柱、弹簧等）。归入本品目的碳刷可由品目38.01注释所述的任何品级的碳制成，也可含有银。但本品目不包括涂有石墨润滑层的金属电刷（品目85.35或85.36）。碳刷座（不论是否装有碳刷）应按机器零件归类（例如，品目85.03）。

也就是说1（碳刷）归入品目85.45；2（碳刷托架）归入品目85.36；3（碳刷座）归入品

目 85.03，属于电机的零件。如果是“碳刷+碳刷托架”，则归入品目 85.45；如果是“碳刷+碳刷托架+碳刷座”，则应按电机零件归入品目 85.03。

解析 3 是否专用或主要用于某一机器或同一品目的多种机器。

前面分析中已经说明，吸尘器主机属于风机，归入品目 84.14。那么机壳能否按风机零件归类呢？答案是否定的。这个时候需要分析机壳所归属部分，详见主机零件构成思维导图，如图 4-3-4所示。

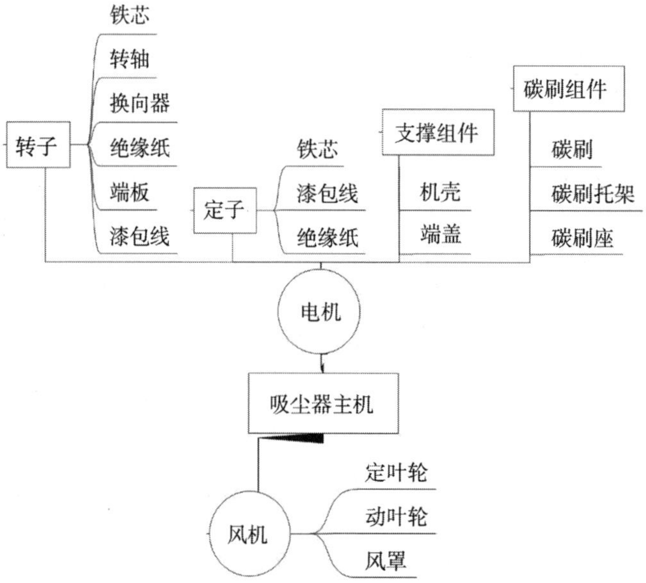

图 4-3-4　吸尘器主机零件构成思维导图

4（机壳）、5（定子）、7（转子）、8（端盖）是电机的主要构成部分，9（定叶轮）、10（动叶轮）、11（风罩）是风机的主要构成部分，上述电机的主要构成部分应归入品目 85.03（专用于或主要用于品目 85.01 或 85.02 所列机器的零件）；风机的主要构成部分应归入品目 84.14。由此可见，零件的归类应严格按照《协调制度》中的规则进行，否则很容易造成归类的差错。

关于机电商品零件归类流程总结如图 4-3-5 所示。

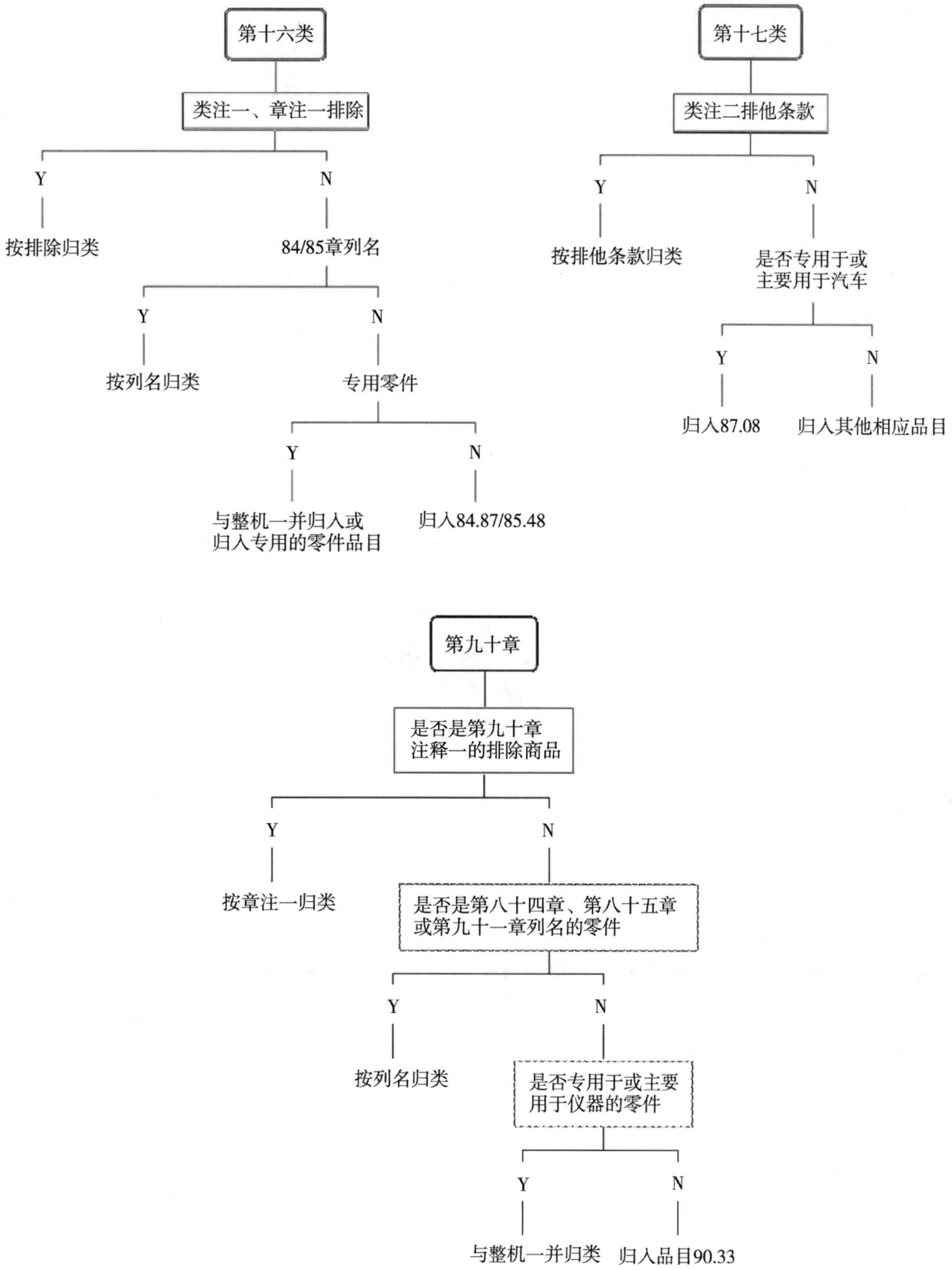

图 4-3-5 机电商品零件归类流程图

【复习思考题】

1. 瓷片，由氧化锰、氧化钴等烧结而成，已具备阻值，且阻值会随着温度的变化而变化。该商品进口后只需烧制银浆电极和加装引线即为完整的可变电阻器，对其归类存在归入品目69.14和85.33两种意见。请对该瓷片的归类进行分析。

（1）归入品目（69.14、85.33或其他）：

（2）总规则的运用：

（3）分析归类理由：

2. 手机耳机半成品，由耳机线、插头、开关部件、麦克风等组成，不带扬声器，对其归类存在归入品目85.18和85.37两种意见。请对该商品的归类进行分析。

（1）归入品目（85.18、85.37或其他）：

（2）总规则的运用：

（3）分析归类理由：

3. 机油压力报警传感器（如图4-3-6所示），奔驰系列，由浮子、金属片等组成，用于机油压力的检测。当机油量多时，压力正常，两个金属片是分开的；当压力不足时，两个金属片结合，导通电路。对其归类存在归入品目90.26和90.32两种意见。请对该商品的归类进行分析。

图4-3-6 机油压力报警传感器

（1）归入品目（90.26、90.32或其他）：

（2）总规则的运用：

（3）分析归类理由：

4. 水果贴标机，在水果表面贴标签用，对其归类存在归入品目84.22和84.79两种意见。请对该商品的归类进行分析。

（1）归入品目（84.22、84.79或其他）：

（2）总规则的运用：

（3）分析归类理由：

5. 汽油滤芯，由成圆柱形的纸制过滤部分及两边的塑料连接件部分组成，安装在燃油箱里，对汽油进行过滤。该商品还需与其他部件共同组成汽油过滤装置。对其归类存在归入品目48.12和84.21两种意见。请对该商品的归类进行分析。

（1）归入品目（48.12、84.21或其他）：

（2）总规则的运用：

（3）分析归类理由：

第四单元　非机电商品归类

【学习目标】

本单元旨在让学习者了解非机电商品归类的原则与实务。

完成本单元学习，学习者应获得以下成果：

1. 多种成分货品的商品归类；
2. 优先归类原则；
3. 特定货品的归类原则。

【基本概念】

百分比界定原则、不许含有原则以及重量最大原则等

【建议学习时间】

14 课时

【案例导入】

商品名称：车载播放机（带 GPS 导航功能）。该车载播放机是由线路板、GPS 模组、收音高频头、6.2″TFT 液晶显示屏、塑料面板等部件构成，含有 CVBS 复合视频接口、音频接口；型号：AVM72＊＊＊；功能：MP4 等视频格式文件的播放，支持 GPS 导航，支持 MP3 等音频格式文件的播放，支持 AM、FM 信号接收，支持 USB、SD、MMC 内存扩展播放，带时钟、蓝牙及彩色视频显示，同时可以通过 CVBS 复合视频接口、音频接口与汽车倒车系统、MP4 等外部设备连接，作为监视器使用；性能指标：最高分辨率为 800×480；用途：通常安装在车辆前面板上，实现视频播放、GPS 导航、音频播放、视频显示及收音机功能。

归类意见一：企业申报归类税则号列 8526.9110；

归类意见二：现场海关质疑品名为“车载播放组合机”的商品，应归入税则号列 8527.2100。

归类决定　车载 GPS 导航仪……通常装在车辆前面板上，除了可以通过内存卡携带的地图信息独立实现 GPS 导航功能外，还可以实现 DVD 视频显示、CD 声频播放及收音机功能。会议决定将该商品归入《税则》税目 85.26 项下（详见归类决定编号 J2009—0019）。

解析　从归类决定中可以看出，案例中的商品与归类决定的商品描述基本一致，最终归类结果是通过会议决定的，这也说明了归类的复杂性与主观性。

归类争议是客观存在的，产生的原因也有多种。例如，案例中申报品名：车载播放机（带 GPS 导航功能），虽然可以这么申报，申报的税则号列也符合归类决定，但在通关时

有时会产生不必要的麻烦。海关有权对企业申报的税则号列提出质疑，企业关务人员应提供具有法律效力的依据进行解释说明，归类决定也是具有法律效力的一种依据。发生归类争议时，应首先想到查找可以适用的归类决定、归类行政裁定等。

【学习内容】

《协调制度》通过注释提供了部分归类原则，这些原则涉及的对象商品虽然多样，在注释中的表述也不尽相同，但所涉及的原则有一点是共同的，即所述原则适用两个或两个以上类的相关章，且规则的基本内容及适用的对象商品分别具有某种共性。本单元所称共性的归类原则就是指这类具有某种共性的归类原则。限于篇幅，本单元选取了其中两个，即多种成分商品的归类原则、优先归类原则。

一、多种成分商品的归类原则

涉及商品成分的归类规定主要是针对混合成分商品而设立的，集中在食品、塑料、纺织、金属等主要由商品的自然属性决定基本特征的商品类别。涉及商品成分的归类规定，主要有两方面的内容：一是对成分有限制的商品的归类规则；二是多种成分商品的归类规则。商品成分的归类规定常与其他归类原则一起使用，当其他归类原则对归类影响较大时更容易将其归入相应的其他归类原则。

（一）受成分影响归类的主要商品

对成分有限制的商品是指该商品必须满足成分含量要求才能按对应的名称归类的商品，成分是归类时起主导作用的因素。例如，“不锈钢”是指按重量计含碳量在1.2%及以下，含铬量在10.5%及以上的合金钢，不论是否含有其他元素。而含铬量11%的不锈钢并不符合《中国大百科全书》中“不锈钢”的定义，归类时却仍按不锈钢归类就是这个道理。

受成分影响归类的商品在《税则》中通常以两种形式出现：一种是通过品目或子目条文直接描述，如子目4810.3100条文“本体均匀漂白，所含用化学方法制得的木纤维超过全部纤维重量的95%，每平方米重量不超过150克”；另一种是通过注释对商品下定义或解释。鉴于归类时看条文是必经步骤，所以通过品目或子目条文直接描述不易被忽视，加之表述直观容易被理解，对此法不做进一步说明。而通过注释对商品下定义或解释的商品，不看注释可能被忽略。笔者将分布在注释中的相关主要商品用表格汇总，如表4-4-1所示。为不过多占用本书的篇幅，笔者在汇总表中略去了相关商品的具体成分规定，只提供了商品名称，以期整体把握成分受限制的主要商品的范围。

表4-4-1 成分受限制的主要商品名称一览表（注释中）

注释所属章	商品名称
第4章	“黄油”“乳酱”
第11章	加工的“荞麦”“大米”“玉米及高粱”“燕麦”“大麦”“小麦及黑麦”
第12章	“低芥子酸油菜子”

表4-4-1 续

注释所属章	商品名称
第 13 章	"甘草浸膏""罂粟秆的浓缩物"
第 15 章	"低芥子酸菜子油"
第 16 章	食品 、"均化食品"
第 19 章	含香肠等的食品、含脱脂可可或裹巧克力的食品以及其他含可可食品
第 20 章	"番茄汁""未发酵及未加酒精的水果汁""均化蔬菜""均化食品"
第 21 章	"均化混合食品"
第 22 章	醋酸水溶液、"无酒精饮料"
第 23 章	"低芥子酸油菜子"
第 24 章	"水烟料"
第 25 章	"土色料"
第 27 章	"石油及从沥青矿物提取的油类""无烟煤""烟煤""粗苯""粗甲苯""粗二甲苯""萘""酚""轻油及其制品"
第 28 章	"磷化铜"
第 31 章	"磷酸氢钙""其他肥料"
第 32 章	"品目 39. 01 至 39. 13 所列产品溶于挥发性有机溶剂的溶液（胶棉除外）"
第 34 章	"有机表面活性剂""人造蜡及调制蜡"
第 35 章	"糊精"
第 39 章	"共聚物""品目 39. 01 至 39. 13 所列产品溶于挥发性有机溶剂的溶液（胶棉除外）""聚合物"
第 44 章	"木屑棒"
第 47 章	"化学木浆，溶解级""亚硫酸盐木浆"
第 48 章	"新闻纸""书写、印刷或类似用途的纸及纸板""牛皮纸及纸板""半化学的瓦楞纸""亚硫酸盐包装纸""轻质涂布纸"
第 70 章	"玻璃棉""铅晶质玻璃"
第 71 章	"含贵金属的合金"
第 72 章	"贱金属合金""生铁""镜铁""铁合金""钢""不锈钢""其他合金钢""合金生铁""非合金易切削钢""硅电钢""高速钢""硅锰钢"
第 74 章	"精炼铜""铜合金""铜母合金""铜锌合金""铜锡合金""铜镍锌合金""铜镍合金"
第 75 章	"非合金镍""镍合金"
第 76 章	"非合金铝""铝合金"
第 78 章	"精炼铅"
第 79 章	"非合金锌""锌合金""锌末"
第 80 章	"非合金锡""锡合金"

需要指出的是，上表中提到的有些商品并未在条文中具体列名，但是对其归类必须考虑成分限制，例如，"番茄汁"（干重量在7%及以上的番茄汁归入品目20. 02，干重量在7%以下的归入品目20. 09）。作为归类作业人员，应熟悉上表中提到的商品，在对其进行归类时，应注意查阅

注释的相关规定以便正确归类。对于上表中具有规律性的规定及理解上需要特殊注意之处，将在“商品成分影响归类的主要规则”篇幅中进行简单阐述。此外，还应明确某些注释阐述的归类原则，如第十一类类注二阐述的“重量最大原则”，用另一种方式对涉及商品的成分进行规定，本书并未将该类规则涉及的商品列于上表。

（二）商品成分影响归类的主要规则

商品成分影响归类的规则主要是针对混合成分商品而设立的，集中在食品、塑料、纺织、贱金属等商品类别，主要包括百分比界定原则、不许含有原则及重量最大原则等。

1. 百分比界定原则

百分比界定原则是指在混合成分商品中按注释或条文规定的某种（些）成分是否超过或者低于某个固定百分比的情况来确定归类。有些商品归类时就要遵守百分比界定原则，如第十三章按重量计蔗糖含量未超过10%的甘草浸膏应归入品目13.02；有些在此原则的基础上，还须遵守其他规定。还须遵守其他自成体系归类原则的，可视其为适用特定货品的归类原则。

2. 不许含有原则

不许含有原则是指注释或条文中不允许含有某种（些）成分，哪怕只含有0.01%，也会影响归类。例如，注释中规定糖食是不允许含有可可的，因此即使含有0.01%的可可也不能视为糖食（一般应归入第十八章）；第二十八章和第二十九章中的化学品除注释或条文有说明的以外，都应是符合化学定义、不能含有其他物质的化学品（允许杂质除外），否则一般应归入第三十八章；“均化食品”（第十六章、第二十章）、“均化蔬菜”（第二十章）都不允许含有品目条文所列基本配料以外的其他类别基本配料，否则就属于“均化混合食品”（第二十一章）。不许含有原则在品目条文中体现的典型例子是品目15.03“猪油硬脂、液体猪油、油硬脂、食用或非食用脂油，未经乳化、混合或其他方法制作”，未经混合的限制，致使混有极少量植物油的食用液体猪油也不允许归入品目15.03（应归入品目15.17）。不许含有原则是归类时比较容易出错的地方，因为某种成分很少的存在，就会导致商品归入不同的商品编码，归类作业人员在进行归类时应特别注意这一点。

不许含有原则也可以说是百分比界定原则的特例，确切地说，就是含有某种成分的最大百分比限度为零，否则将视为其他商品。

3. 重量最大原则（含重量相等从后归类原则）

重量最大原则是指在混合成分商品中，一般按重量最大（三种及以上成分构成的商品在遵守加和规定后）的成分构成的商品进行归类的原则（包括当所含若干成分重量相等时的从后归类原则）。重量相等从后归类原则是指当没有重量最大的成分时，即所含若干成分重量相等（按规定加和后）时，按品目（或子目）顺序归入其可归入的最末一个品目（或子目）的归类原则。重量最大原则是对混合成分商品而设立的最重要的归类原则，运用于食品、塑料、纺织、贱金属等商品类别的归类。学习本部分内容时，注意不同类别商品在运用此规则时的共性，在掌握共性的基础上区分各自的特性，达到举一反三、事半功倍的学习效果，该规则是本部分的重点。

鉴于重量最大原则涉及商品类别较广，下面按《协调制度》类次的顺序分别介绍食品、塑料、纺织、贵金属（子目归类）、贱金属等商品类别的重量最大原则。

（三）主要归类依据要点解析

1. 品目09.04至09.10所列产品（调味香料）的混合物的归类原则

（1）主要归类依据

本部分主要归类依据列出规则一及规则六时的原则如下：品目归类时类注、章注提供归类依据，但配合使用的除外注释等有时不列出；子目归类时子目注释和（或）在必要的地方稍加修改的规则二提供归类依据（但品目归类运用规则三时除外）。

①规则一——注释。

第九章章注一原文：

品目09.04至09.10所列产品的混合物，应按下列规定归类：

（一）同一品目的两种或两种以上产品的混合物仍应归入该品目；

（二）不同品目的两种或两种以上产品的混合物应归入品目09.10。

品目09.04至09.10的产品［或上述（一）或（二）项的混合物］如添加了其他物质，只要所得的混合物保持了原产品的基本特性，其归类应不受影响。基本特性已经改变的，则不应归入本章；构成混合调味品的，应归入品目21.03。

②规则六——稍加修改的规则三（二）及（三）（原文略）。

（2）要点解析

要点解析是为读者方便学习而设，不作为商品归类的法律依据。为保证所述规定的相对完整性，有时还会阐述某些超出主要归类依据的内容，如规则六（四）第八十二章成套货品的归类规定。

①第九章章注九提供了对下述货品品目的归类原则。

A. 同一品目的调味香料的混合物仍归入原品目，如辣椒粉（品目09.04）与胡椒粉（品目09.04）组成的混合物，仍归入品目09.04。

B. 不同品目调味香料的混合物归入品目09.10，如20%的胡椒粉（品目09.04）与80%的肉桂粉（品目09.06）的混合物，则应归入品目09.10［进而归入以“本章注释一（二）所述的混合物”列名的子目0910.9100］。

C. 该组品目所属调味香料及其混合物中，如加入其他物质而改变了其基本特性，构成混合调味品的，则应按混合调味品归入品目21.03。

②稍加修改的规则三（二）及（三），提供了同一品目的调味香料的混合物的子目归类应按重量最大原则处理（含重量相等从后）的归类原则。

A. 基本特征方法（重量大的组分体现混合物的基本特征），如胡椒粉（子目0904.1）与辣椒粉（子目0904.2）组成的混合物，当胡椒粉与辣椒粉按重量计前者占60%、后者占40%时，应按胡椒粉归类，归入子目0904.1200。

B. 重量相等从后归类方法（列名同样具体且重量相等不能用基本特征方法归类），如当胡椒粉与辣椒粉按重量计各50%时，应按辣椒粉归类，归入子目0904.2200。

子目归类时运用了稍加修改的规则三（二）及（三），在此运用规则三与运用重量最大原则归类的结果是相同的，故将其并入重量最大原则。

2. 含有两种或两种以上动物产品食品的归类原则（第四类）

（1）主要归类依据

① 规则一——注释。

第十六章章注二原文：

本章的食品按重量计必须含有20%以上的香肠、肉、食用杂碎、血、昆虫、鱼、甲壳动物、软体动物或其他水生无脊椎动物及其混合物。对于含有两种或两种以上前述产品的食品，则应按其中重量最大的产品归入第十六章的相应品目。但本条规定不适用于品目19.02的包馅食品和品目21.03及21.04的食品。

②规则三（原文略）。

（2）要点解析

第十六章章注二及规则三提供了对下述货品的归类原则。

①归入第十六章的食品的必备条件，其动物产品含量必须超过20%。

例如，某加热后即可食用的快餐食品，按重量计含有20%的鸡胸肉、70%的蔬菜，其余为配料。按重量计鸡胸肉重量未超过20%，依据第十六章章注二，不应归入第十六章。

②含两种或两种以上动物产品的食品应按重量最大原则处理。第一，应按其中重量最大的那种产品归类，归入第十六章相应品目。第二，当没有哪一种动物产品重量最大时，应该归入可归入的有关品目中最后一个品目，即重量相等从后归类。需要说明的是，运用规则三与运用重量相等从后归类原则的归类结果是相同的，故将其并入重量最大原则。

例如，某加热后即可食用的快餐食品，按重量计含有15%的鸡胸肉、15%的猪肉香肠、60%的蔬菜，其余为配料。按重量计动物原料重量超过了20%，依据第十六章章注二，应归入第十六章，鸡胸肉重量与香肠重量相等，依据规则三（三），应归入品目16.02，最终归入税则号列1602.3291。

3. 共聚物（包括聚合物混合体）的归类原则（第三十九章）

（1）主要归类依据

①规则一——注释。

第三十九章章注四原文：

四、所称“共聚物”，包括在整个聚合物中按重量计没有一种单体单元的含量在95%及以上的各种聚合物。

在本章中，除条文另有规定的以外，共聚物（包括共缩聚物、共加聚物，嵌段共聚物及接枝共聚物）及聚合物混合体应按聚合物中重量最大的那种共聚单体单元所构成的聚合物归入相应品目。在本注释中，归入同一品目的聚合物的共聚单体单元应作为一种单体单元对待。

如果没有任何一种共聚单体单元重量为最大，共聚物或聚合物混合体应按税则号列顺序归入其可归入的最末一个品目。

②规则六——子目注释。

第三十九章子目注释一原文：

一、属于本章任一品目项下的聚合物（包括共聚物）及化学改性聚合物应按下列规则归类：

（一）在同级子目[①]中有一个“其他”[②] 子目的：

1. 子目所列聚合物名称冠有“聚（多）”的（例如，聚乙烯及聚酰胺-6,6），是指列名的该种聚合物单体单元含量在整个聚合物中按重量计必须占95%及以上。

2. 子目3901.30、3901.40、3903.20、3903.30及3904.30所列的共聚物，如果该种共聚单体单元含量在整个聚合物中按重量计占95%及以上，即应归入上述子目。

3. 化学改性聚合物如未在其他子目具体列名，应归入列名为“其他”的子目内。

4. 不符合上述1、2、3款规定的聚合物，应按聚合物中重量最大的那种单体单元（与其他各种单一的共聚单体单元相比）所构成的聚合物归入该级其他相应子目。为此，归入同一子目的聚合物单体单元应作为一种单体单元对待。只有在同级子目中的聚合物共聚单体单元才可以进行比较。

（二）在同级子目中没有“其他”子目的：

1. 聚合物应按聚合物中重量最大的那种单体单元（与其他各种单一的共聚单体单元相比）所构成的聚合物归入该级相应子目。为此，归入同一子目的聚合物单体单元应作为一种单体单元对待。只有在同级子目中的聚合物共聚单体单元才可以进行比较。

2. 化学改性聚合物应按相应的未改性聚合物的子目归类。

聚合物混合体应按单体单元比例相等、种类相同的聚合物归入相应子目。

（2）要点解析

①第三十九章章注四提供了共聚物及聚合物混合体品目的归类应按重量最大原则办理的归类原则。

除条文另有规定以外，均应按聚合物中重量最大的那种共聚单体单元所构成的聚合物归入相应品目。为此，归入同一品目的聚合物共聚单体单元应作为一种单体单元对待，即加和后与其他单体单元的重量进行比较。如果没有一种或一组共聚单体单元重量最大，则共聚物和聚合物混合体应按序号顺序归入有关品目中的最后一个品目，即从后归类。如氯乙烯-乙酸乙烯酯共聚物颗粒，其中按重量计氯乙烯单体单元为55%、乙酸乙烯酯单体单元为45%，氯乙烯重量最大为主要共聚单体，应归入品目39.04；又如按重量计以45%乙烯单体单元、35%丙烯单体单元及20%异丁烯单体单元构成的共聚物颗粒，由于同一品目（39.02）的丙烯单体单元和异丁烯单体单元应作为一种单体单元对待，即加和后与其他单体单元的重量进行比较。因其合计超过乙烯单体单元，所以该共聚物应归入品目39.02。

②第三十九章子目注释一提供了共聚物及聚合物混合体子目的归类在遵守特定规定情况下应按重量最大原则办理的归类原则。

A. 在同级子目中有一个“其他”子目时：

当共聚物不能按所列名称冠有“聚（多）”的聚合物（聚合物中有一种单体单元的重量在95%及以上），子目3901.30、3903.20、3903.30及3904.30所列的共聚物（列名的共聚单体单元的重量之和在95%及以上）及化学改性聚合物归类时，应按聚合物中重量最大的那种共聚单体单元（与其他各种单一的共聚单体单元相比）所构成的聚合物归入该级相应子目。为此，归入

---

① 所称“同级子目”，是指同一数级的子目，即某一品目下的五位数级（一级）子目、某一五位数级（一级）子目下的六位数级（二级）子目。

② 列名为“其他”的子目，不包括诸如“其他聚酯”和“其他塑料制”之类的子目。

同一子目的聚合物的共聚单体单元应作为一种单体单元对待，即加和后与其他各种单一的共聚单体单元的重量进行比较。只有在同级子目中的聚合物共聚单体单元才可以进行比较。如果没有一种或一组共聚单体单元重量最大，则共聚物和聚合物混合体应按序号顺序归入有关子目中的最后一个子目，即从后归类。

B. 在同级子目中没有“其他”子目时：

共聚物应按聚合物中重量最大的那种共聚单体单元（与其他各种单一的共聚单体单元相比）所构成的聚合物归入该级相应子目。为此，归入同一子目的聚合物的共聚单体单元应作为一种单体单元对待，即加和后与其他单体单元的重量进行比较。只有在同级子目中的聚合物共聚单体单元才可以进行比较。如果没有一种或一组共聚单体单元重量最大，则共聚物和聚合物混合体应按序号顺序归入有关子目中的最后一个子目，即从后归类。如以按重量计40%乙烯单体单元、30%丙烯单体单元及30%异丁烯单体单元构成的共聚物颗粒（品目39.02），由于丙烯单体单元与异丁烯单体单元重量相等，异丁烯共聚物应归入以其他列名的子目3902.9，是同级子目中的最后一个子目，所以不应作为丙烯共聚物归类，最终应归入子目3902.9000。

4. 由两种及以上纺织材料混合制成的商品的归类原则（第十一类）

（1）主要归类依据

①规则一 ——注释

第十一类类注二原文：

二、

（一）可归入第五十章至第五十五章及品目58.09或59.02的由两种或两种以上纺织材料混合制成的货品。应按其中重量最大的那种纺织材料归类。

当没有一种纺织材料重量较大时，应按可归入的有关品目中最后一个品目所列的纺织材料归类。

（二）应用上述规定时：

1. 马毛粗松螺旋花线（品目51.10）和含金属纱线（品目56.05）均应作为一种单一的纺织材料，其重量应为它们在纱线中的合计重量；在机织物的归类中，金属线应作为一种纺织材料；

2. 在选择合适的品目时，应先确定章，再确定该章的有关品目，至于不归入该章的其他材料可不予考虑；

3. 当归入第五十四章及第五十五章的货品与其他章的货品进行比较时，应将这两章作为一个单一的章对待；

4. 同一章或同一品目所列各种不同的纺织材料应作为单一的纺织材料对待。

（三）上述（一）、（二）两款规定亦适用于以下注释三、四、五或六所述纱线。

②规则六——子目注释

子目注释二原文：

二、（一）含有两种或两种以上纺织材料的第五十六章至第六十三章的产品，应根据本类注释二对第五十章至第五十五章或品目58.09的此类纺织材料产品归类的规定来确定归类。

（二）运用本条规定时：

1. 应酌情考虑按归类总规则第三条来确定归类；

2. 对由底布和绒面或毛圈面构成的纺织品，在归类时可不考虑底布的属性；

3. 对品目58.10的刺绣品及其制品，归类时应只考虑底布的属性，但不见底布的刺绣品及其制品应根据绣线的属性确定归类。

（2）要点解析

①第十一类类注二提供了第五十章至第五十五章，以及品目 58.09 或 59.02 由两种及以上纺织材料混合制成的商品按重量最大原则办理的归类原则一般按归类总规则三（二）办理的是以缝合、胶粘等方式将不同结构或不同纤维组成的纺织物叠层拼命而成的产品；故此处所述纺织商品不包括以缝合、胶粘等方式将不同结构或不同纤维组成的纺织物叠层拼合而成的产品。

A. 一般按重量最大的纺织材料构成的商品归类；重量相同时依从后原则归类；在确定混纺产品主要与哪种材料混纺时，应以与其混纺的材料中重量最大的为主要混纺对象，重量相等时依从后原则归类。

应特别注意，归类时先确定章，再确定品目，这一点与其他商品归类的基本操作程序不同。

案例 1 按重量计含棉 35%、涤纶短纤维 65%，每平方米重 210 克的染色平纹机织物（幅宽 110 厘米）。两种材料按重量计涤纶大于棉，依重量最大原则按涤纶机织物归入第五十五章品目 55.14，最终归入子目 5514.2100。

案例 2 按重量计含棉 50%、涤纶短纤维 50%，每平方米重 210 克的染色平纹机织物（幅宽 110 厘米）。两种材料按重量计比例相同，归入最末一个可归入的品目 55.14，最终按涤纶机织物归入 5514.2100。

案例 3 按重量计含棉 56%、化学纤维短纤维 22%、羊毛 22%，每平方米重 210 克的漂白平纹机织物（幅宽 110 厘米）。依重量最大原则按棉织物归入第五十二章，由于与棉混纺的两种材料重量相等，应依从后原则判断主要混纺对象，按主要与毛混纺的棉织物归入以“其他机织物”列名的品目 52.12，最终归入子目 5212.2200。

B. 计重时主要还应注意：

a. 马毛粗松螺旋花线和含金属纱线，均应作为单一的纺织材料对待；对于机织物，金属线应作为一种纺织材料，因此使用金属线或含金属纱线的机织物仍被视作纯纺织材料制的商品，但如金属线或含金属纱线已成为机织物中重量最大的纺织材料，该织物一般应归入品目 58.09。

b. 同一章或同一品目所列的不同纺织材料，应作为单一的纺织材料对待，在归类时合并计重，先确定章，再确定品目。

案例 4 按重量计，含羊毛 45%、粘胶短纤维 30%、锦纶短纤维 25%，每平方米重 190 克的色织平纹精纺机织物（幅宽 110 厘米）。由于粘胶纤维与锦纶短纤维都是第五十五章商品，经合并计重为 55%。此织物化学纤维短纤维重量大于羊毛应归入第五十五章；粘胶纤维重量大于锦纶短纤维重量，应按粘胶纤维（人造纤维短纤维）机织物归入子目 5516.3300。

c. 当可归入第五十四章和第五十五章的商品与其他章的商品进行比较时，应将这两章作为一个单一的章对待，合并计算两章内不同的纺织材料。

案例 5 按重量计含精梳羊毛 40%、合成纤维长丝 35%、人造纤维短纤维 25%，每平方米重 190 克的色织机织物（幅宽 110 厘米）。可归入第五十四章和第五十五章的商品与其他章的商品进行比较时，应将这两章作为一个单一的章对待，合并计算两章内不同的纺织材料。由于第五十四章的长丝与第五十五章的短纤维作为同一章的纺织材料合并计重为 60%，故化学纤维重量大于羊毛，应作为化学纤维织物归类；合成纤维长丝重量大于人造纤维短纤维，按化学纤维长丝织物归入第五十四章子目 5407.9300。

②第十一类子目注释二提供了对由两种及以上纺织材料混合制成的五十六章至第六十三章商品按重量最大原则办理的归类原则。

A. 比照第五十章至第五十五章对此类商品的归类原则办理。对由第五十章至第五十五章或品目 58.09 的商品为原材料的制成品，先按上述原则确定制品所用原材料的纤维属性，再以所确定的原材料的纤维属性作为制品的纤维属性并据此归类。

案例 6 机织印花布制连衣裙，裙料按重量计含真丝 50%、涤纶短纤维 50%。裙料属第五十章至第五十五章商品，先依第十一类类注二判断裙料属性。此织物化学纤维重量等于真丝重量，依从后原则，此裙料可视为合成纤维短纤维印花机织物，故此连衣裙可视为合成纤维印花机织布制连衣裙，应归入子目 6204.4300。

B. 由底布与绒面或毛圈构成的纺织品不计算底布纤维重量含量，仅按绒面或毛圈中重量最大的纺织材料归类，计重方法同前。

C. 品目 58.10 的刺绣品及其制品，可见底布的只计算底布的纺织材料重量，不见底布的则计算绣线的纺织材料重量。

D. 依照本规定办理时应酌情考虑运用归类总规则三。

5. 品目 71.10 项下子目所列合金的归类

（1）主要归类依据

规则六——子目注释及稍加修改的规则三（三）。

①第七十一章子目注释二原文

二、子目 7110.11 及 7110.19 所称“铂”，可不受本章注释四（二）的规定约束，不包括铱、锇、钯、铑及钌。

②第七十一章子目注释三原文

三、对于品目 71.10 项下的子目所列合金的归类，按其所含铂、钯、铑、铱、锇或钌中重量最大的一种金属归类。

③稍加修改的规则三（原文略）

（2）要点解析

①第七十一章子目注释二明确了子目 7110.11 及 7110.19 所称“铂”的含义，不包括铱、锇、钯、铑及钌。

②第七十一章子目注释三提供了对品目 71.10 项下子目所列合金应按重量最大原则办理的归类原则。注意：与品目归类原则不同，品目归类详见第七十一章章注五。

③稍加修改的规则三（三）提供了对品目 71.10 项下子目所列合金重量相等时应按从后归类原则办理的归类原则。

案例 7 例如，铂、铱、锇合金丝按重量计含铂 40%、铱 30%、锇 30%（品目 71.10）。铱、锇是一杠子目 7110.4 所列不同的贵金属品种，经合并计重为 60%，超过铂的含量，依重量最大原则作为铱、锇丝归类，归入子目 7110.4990。

6. 贱金属合金的归类规则（第十五类）

（1）主要归类依据

①规则一 ——注释

A. 第五十五类类注五原文：

五、合金的归类规则（第七十二章、第七十四章所规定的铁合金及母合金除外）：

（一）贱金属的合金按其所含重量最大的金属归类；

（二）由本类的贱金属和非本类的元素构成的合金，如果所含贱金属的总重量等于或超过所含其他元素的总重量，应作为本类贱金属合金归类；

（三）本类所称“合金”，包括金属粉末的烧结混合物、熔化而得的不均匀紧密混合物（金属陶瓷除外）及金属间化合物。

B. 第十五类类注七原文：

七、复合材料制品的归类规则：

除各品目另有规定的以外，贱金属制品（包括根据“归类总规则”作为贱金属制品的混合材料制品）如果含有两种或两种以上贱金属的，按其所含重量最大的贱金属的制品归类。

为此：

（一）钢、铁或不同种类的钢铁，均视为一种金属；

（二）按照注释五的规定作为某一种金属归类的合金，应视为一种金属；以及

（三）品目 81.13 的金属陶瓷，应视为一种贱金属。

②规则三（三）（原文略）

（2）要点解析

①第十五类类注五及规则三（三）提供了对贱金属的合金的归类规则。

A. 第七十二章的铁合金、第七十四章的铜母合金按列名归类，不适用此规则。

B. 贱金属与贱金属的合金按其所含重量最大的贱金属归类，重量相等时从后归类。

C. 对于其他由本类的贱金属和非本类的元素构成的合金，如果其中贱金属的总重量等于或超过所含其他元素的总重量，应作为本类贱金属合金归类；反之一般归入品目 38. 24。

还应注意对于贱金属与贵金属的合金，当任一种贵金属（或铂族）的含量均不足 2%时，应按所含重量最大的贱金属归类，贱金属重量相等时从后归类；否则应归入第七十一章，详见第七十一章章注五。

②第十五类类注七及规则三提供了复合材料制品的归类原则。

A. 除各品目条文另有规定的以外，贱金属制品（包括根据“归类总规则”作为贱金属制品的混合材料制品）如含有两种或两种以上贱金属时，除了铜头的钢铁钉应归入品目 74. 15 外，其余按所含重量最大的贱金属的制品归类，重量相等时从后归类。在具体操作时，应按下列规定计重：

a. 钢、铁或不同种类的钢铁，均视为一种金属；

b. 按照上述 A 的规定作为某一种金属归类的合金，应视为一种金属（如由黄铜制成的铜制品应视为全部由纯铜制成）；

c. 品目 81. 13 的金属陶瓷，应视为一种贱金属。

B. 对于部分由非金属构成的制品，应按照归类总规则办理，当贱金属赋予这些制品基本特征时，应按其所含重量最大的那种贱金属的制品归类，重量相等时从后归类。

（四）不同适用对象在运用重量最大原则时的主要差异

在运用于不同类别对象商品时，重量最大原则存在着不同之处。归类作业人员在进行归类时

不仅应掌握归类原则，而且还要掌握运用时的差异，避免由于规定运用不当导致的归类错误。主要差异如下：

1. 使用条件不一样

有些商品在使用重量最大原则时有一定的前提条件。例如，第十六章“肉、鱼、甲壳动物、软体动物及其他水生无脊椎动物的制品”，在使用这一原则时必须满足按重量计含有20%以上的香肠、肉、食用杂碎、动物血、鱼、甲壳动物、软体动物或其他水生无脊椎动物及其混合物。同样，第三十九章条文所称“共聚物”要满足按重量计没有一种单体单元的含量在95%及以上的前提条件；同级子目有“其他”，子目所列名称冠有“聚（多）”的聚合物要满足列入名称的单体单元的重量在95%及以上等。因此，对于有先决条件要求的商品要先行判断是否满足要求，在得出已经满足先决条件的情况下才能运用重量最大原则归类。

2. 合并计重范围存在差异

重量最大原则是指在混合成分商品中，一般按重量最大（三种及以上成分构成的商品在遵守加和规定后）的成分构成的商品进行归类的原则（包括当所含若干成分重量相等时的从后归类原则）。重量相等从后归类原则是指当没有重量最大的成分时，即所含若干成分重量相等（按规定加和后），按品目（或子目）顺序归入其可归入的最末一个品目（或子目）的归类原则。可见，判断哪种成分是重量最大的成分，有时必须在按规定加和后才能进行。但相关类、章的注释对于不同对象商品加和范围的规定并不相同，如果搞错了加和范围，就会出现归类差错。例如，虽然第三十九章塑料及其制品、第十一类纺织原料及纺织制品和第十五类残金属都提到了合并计重，但是可以合并的范围存在差异。第三十九章注释对共聚物的加和范围限定于归入同一品目（或子目）的聚合物的共聚单体单元，即归入同一品目（或子目）的聚合物的共聚单体单元应作为一种单体单元对待，加和后与其他单体单元的重量进行比较以确定重量最大商品所在品目（或子目）。第十一类类注二对可归入第五十章至第五十五章及品目58.09或59.02的由两种或两种以上纺织材料混合制成的货品的加和范围较大，主要为当归入第五十四章至第五十五章的货品与其他章的货品进行比较时，应将这两章作为一个单一的章对待，即加和后与其他章的纤维重量进行比较。同一章或同一品目（或子目）所列各种不同的纺织材料应作为单一的纺织材料对待，即加和后与其他章或品目的纺织材料重量进行比较。可见第十一类第五十章至第五十五章商品纺织材料的加和范围有三种：化学纤维纺织材料（第五十四章至第五十五章所列纺织材料）、同一章、同一品目（或子目）。这显而易见多于第三十九章。第十五类规定由贱金属和非本类的元素构成的合金，如果贱金属的总重量等于或者超过所含其他元素的总重量，应作为本类贱金属合金归类，即将所含所有贱金属合并计重。

3. 重量最大原则之重量相等时的从后归类原则的特例

前文已提及重量最大原则包括当多种成分重量相等时的从后归类原则。需要注意第五十六章至第六十三章的混合纺织材料商品在使用重量相等时的从后归类原则时有一个特例，即应先按重量最大原则（从后归类原则）在第五十章至第五十五章确定纺织材料属性后再依所确定的纺织材料属性决定第五十六章至第六十三章纺织商品的纺织材料的属性并归类。

涉及商品成分影响归类的还有一些规则，例如，涉及第六类、第七类两种或以上成分（部分或全部为本类商品）构成的配套货品的归类原则等，在此不多做阐述。

二、优先归类原则

当某一商品看起来可归入多个品目（或子目）时，为了保证商品归类的唯一性，利用注释阐述的优先归类原则是常见的解决办法。归类总规则三是在类注、章注及品目条文无规定时解决看起来可归入多个品目的归类方法。

主要由注释阐述的优先归类原则存在于很多类、章中。本处仅介绍涉及面广、具有代表性及某些操作起来略有难度的规定，其他优先归类原则，如第十六章及第二十章均化食品的优先归类规定、第二十五章章注三关于品目 25.17 的优先归类规定、第七十一章章注八关于品目 71.12 的优先归类规定等，因教材篇幅有限本处不做阐述。

（一）第六类类注阐述的优先归类原则

1. 主要归类依据

规则一——注释。

（1）第六类类注一原文

一、（一）凡符合品目 28.44 或 28.45 规定的货品（放射性矿砂除外），应分别归入这两个品目而不归入本协调制度的其他品目。

（二）除上述（一）款另有规定的以外，凡符合品目 28.43、28.46 或 28.52 规定的货品，应分别归入以上品目而不归入本类的其他品目。

（2）第六类类注二原文

二、除上述注释一另有规定的以外，凡由于按一定剂量或作为零售包装而可归入品目 30.04、30.05、30.06、32.12、33.03、33.04、33.05、33.06、33.07、35.06、37.07 或 38.09 的货品，应分别归入以上品目，而不归入本协调制度的其他品目。

2. 要点解析

（1）第六类类注一提供了下述优先归类原则

①凡符合品目 28.44 或 28.45 规定的货品（放射性矿砂除外），应分别归入这两个品目而不归入《协调制度》的其他品目。

②除可归入品目 28.44 或 28.45 的货品，应分别归入这两个品目而不归入《协调制度》的其他品目外。其余符合品目 28.43、28.46 或 28.52 规定的货品，应分别归入以上品目而不归入本类的其他品目。

（2）第六类类注二提供了对制成一定剂量或零售包装的货品的优先归类原则

制成一定剂量或零售包装的货品，当它既可以归入 28.43、28.44、28.45、28.46 或 28.52 中的品目，又可以归入 30.04、30.05、30.06、32.12、33.03、33.04、33.05、33.06、33.07、35.06、37.07 或 38.08 中的品目时，不论是否可归入其他品目，应一律优先归入 28.43、28.44、28.45、28.46 或 28.52 中的品目；当不可以归入 28.43、28.44、28.45、28.46 或 28.52 中的品目时，应一律归入 30.04、30.05、30.06、32.12、33.03、33.04、33.05、33.06、33.07、35.06、37.07 或 38.08 中的品目。

例如，零售包装供摄影用的硝酸银，品目归类有 28.43 和 37.07 两个可能，应优先归入贵金属化合物所属品目 28.43，而不归入零售包装所属品目 37.07。

（二）纺织服装及衣着附件的优先归类原则（第六十一章及第六十二章）

1. 主要归类依据

规则一——注释。

（1）第六十一章章注二原文

二、本章不包括：

（一）品目62.12的货品；

（二）品目63.09的旧衣着或其他旧物品；或

（三）矫形器具、外科手术带、疝气带及类似品（品目90.21）。

（2）第六十二章章注二原文

二、本章不包括：

（一）品目63.09的旧衣着或其他旧物品；或

（二）矫形器具、外科手术带、疝气带及类似品（品目90.21）。

（3）第六十一章章注三原文

三、品目61.03及61.04所称：

……

如果数件人体下半身穿着的服装同时报验（例如，两条长裤、长裤与短裤、裙子或裙裤与长裤），构成西服套装下装的应是一条长裤，而对于女式西服套装，应是裙子或裙裤，其他服装应分别归类。

（4）第六十二章章注三原文

三、品目62.03及62.04所称：

……

如果数件人体下半身穿着的服装同时报验（例如，两条长裤、长裤与短裤、裙子或裙裤与长裤），构成西服套装下装的应是一条长裤，而对于女式西服套装，应是裙子或裙裤，其他服装应分别归类。

（5）第六十一章章注六原文

六、对于品目61.11：

（一）所称“婴儿服装及衣着附件”，是指用于身高不超过86厘米幼儿的服装；

（二）既可归入品目61.11，也可归入本章其他品目的物品，应归入品目61.11。

（6）第六十二章章注四原文

四、对于品目62.09：

（一）所称“婴儿服装及衣着附件”，是指用于身高不超过86厘米幼儿的服装；

（二）既可归入品目62.09，也可归入本章其他品目的物品，应归入品目62.09。

（7）第六十一章章注八原文

八、既可归入品目61.13，也可归入本章其他品目的服装，除品目61.11所列的仍归入该品目外，其余的应一律归入品目62.10。

（8）第六十二章章注五原文

五、既可归入品目62.10，也可归入本章其他品目的服装，除品目62.09所列的仍归入该品目外，其余的应一律归入品目62.10。

(9) 第六十一章章注九原文

九、本章的服装，凡门襟为左压右的，应视为男式；右压左的，应视为女式。但本规定不适用于其式样已明显为男式或女式的服装。

无法区别是男式还是女式的服装，应按女式服装归入有关品目。

(10) 第六十二章章注八原文

八、本章的服装，凡门襟为左压右的，应视为男式；右压左的，应视为女式。但本规定不适用于其式样已明显为男式或女式的服装。

无法区别是男式还是女式的服装，应按女式服装归入有关品目。

2. 要点解析

纺织服装及衣着附件一般按面料类别分列章次，采用针织或钩编面料的应归入第六十一章，采用非针织或非钩编面料的应归入第六十二章。

(1) 第六十一章章注二及第六十二章章注二规定了下列货品的归类规定（与面料无关）：

①旧衣着应归入品目63.09；

②矫形器具、外科手术带、疝气带及类似品应归入品目90.21；

③胸罩、束腰、紧身胸衣、吊裤带和类似品及其零件应归入品目62.12。

(2) 第六十一章章注六及八、第六十二章章注四及五明确了婴儿服装及衣着附件的含义，提供了可归入两个或两个以上品目的优先归类规定：

①“婴儿服装及衣着附件”指用于身高不超过86厘米幼儿的服装；

②婴儿服装及衣着附件应优先归入具体列名品目，即针织或钩编的归入品目61.11，非针织或非钩编的归入品目62.09，品目61.11和62.09分别为第六十一章及第六十二章最优先归类的品目；

③品目61.13和62.10的货品处于次优先地位，适用于用品目56.02、56.03、59.03、59.06或59.07的纺织物制成的服装。

例如，适合身高80厘米婴儿穿用的针织棉制不分指手套，看起来既可作为针织手套归入品目61.16，又可作为婴儿衣着附件归入品目61.11，但是品目61.11是第六十一章最优先归类的品目，所以应归入品目61.11。

(3) 第六十一章章注九和第六十二章章注八明确了男式服装和女式服装的判断依据及归类规定：

①凡门襟为左压右的，应视为男式；右压左的，应视为女式。其式样已明显为男式或女式的服装除外；

②不能区分男女的按女装归类。

(4) 第六十一章章注三和第六十二章章注三规定了关于西服套装的优先归类规定：

对于西服套装，数件下装同时报验时，构成男式西服套装的下装应优先选择长裤，构成女式套装的下装应优先选择裙子或裙裤。

（三）第九十七章的优先归类原则

1. 主要归类依据

规则一——注释。

第九十七章章注四原文：

四、

（一）除上述注释一至三另有规定的以外，可归入本章各品目的物品，均应归入本章的相应品目而不归入本协调制度的其他品目；

（二）品目97.06不适用于可以归入本章其他各品目的物品。

2. 要点解析

第九十七章章注四提供了对下述货品的优先归类原则。

（1）对于看起来既可以归入协调制度其他类、章，又可以归入第九十七章的货品则应该归入第九十七章。例如，艺术家设计并制造的铜合金塑像，看似既可作为铜合金塑像归入品目83.06，又可作为雕塑品原件归入品目97.03，应归入品目97.03。

（2）品目97.01至97.05的物品即使超过100年，也仍应归入原品目。例如，未使用机械或照相制版方法制作的超过100年的石印画原本，看似既可作为石印画原本归入品目97.02，又可作为超过100年的古物归入品目97.06，应归入品目97.02。

（四）案例解析

案例8　图4-4-1所示的公称通径为900毫米的对焊法兰［材质：HDPE（高密度聚乙烯）］。请问：该商品应如何归类？

图4-4-1　对焊法兰

1. 归类准备

品名：对焊法兰；材质：高密度聚乙烯；规格：公称通径为900毫米；用途：零件。

2. 归类操作

（1）确定品目

①分析货品的特征。

原材料：塑料；

用途：零件。

②查阅类、章标题，列出可能归入的类、章标题。

按所用材料塑料似应归入第七类“塑料及其制品；橡胶及其制品”，第三十九章“塑料及其制品”。

按用途作为零件似应归入第十六类“机器、机械器具、电气设备及其零件；录音机及放声机、电视图像、声音的录制和重放设备及其零件、附件”，第八十四章“核反应堆、锅炉、机器、机械器具及其零件”。

③查阅相应类、章中的注释和品目条文。

相关注释如表4-4-2所示。

表4-4-2　相关注释（一）

类、章序次	注释内容	结论
第七类	无类注	未提供归类依据
第三十九章	无相关注释	未提供归类依据
第十五类①	二、本协调制度所称“通用零件”，是指： （一）品目73.07……	结合第十六类类注一（七）法兰属于塑料制的通用零件的类似品，应归入第三十九章
第十六类	一、本类不包括： …… （七）第十五类注释二所规定的贱金属制通用零件（第十五类）及塑料制的类似品（第三十九章）； ……	不归入第十六类

如上表中的结论所示，法兰属于塑料制的通用零件的类似品，应归入第三十九章。

品目条文——第三十九章品目39.17条文“塑料制的管子及其附件（例如，接头、肘管、法兰）”，以法兰等为例，用举例的方法明确管子附件包括法兰。

④依据品目条文确定品目。

应归入品目39.17。

（2）确定子目

①确定五位数级子目（一杠子目）。

子目注释——本章无相关子目注释。

一杠子目条文——对品目39.17项下一杠子目条文进行比较（同级可比）。

-其他管：

-管子附件

确定此子目条文与待归类商品相符。

②确定商品编码——最终确定高密度聚乙烯法兰归入以“管子附件”列名的子目3917.4000。

案例9　用于造纸工业的高度研光机。请问：该商品应如何归类？

1. 归类准备

品名：高度研光机；用途：用于造纸工业。

① 第十五类是由第十六类类注提及的与归类有关的类，虽然不属于可能归入的类、章，也应查阅相关的注释内容。

2. 归类操作

（1）确定品目

①分析货品的特征。

用途：机器。

②查阅类、章标题，列出可能归入的类、章标题。

按用途似应归入第十六类“机器、机械器具、电气设备及其零件；录音机及放声机、电视图像、声音的录制和重放设备及其零件、附件”，第八十四章“核反应堆、锅炉、机器、机械器具及其零件”。

③查阅相应类、章中的注释和品目条文。

品目条文——品目 84.20“研光机或其他滚压机器及其滚筒，但加工金属或玻璃用的除外”，从功能上看是具有滚筒的滚压机器，似应归入该品目。

品目条文——品目 84.38“本章其他品目未列名的食品、饮料工业用的生产或加工机器，但提取、加工动物油脂或植物固定油脂的机器除外”，从商品的用途上看是造纸工业上用的机器，似应归入该品目。

看似有两个可能归入的品目，即 84.20 和 84.38。

相关注释如表 4-4-3 所示。

表 4-4-3　相关注释（二）

类、章序次	注释内容	结论
第十六类	无相关注释	未提供归类依据
第八十四章	二、除第十六类注释三及本章注释九另有规定以外，如果某种机器或器具既符合品目 84.01 至 84.24 中一个或几个品目的规定，或符合品目 84.86 的规定，又符合品目 84.25 至 84.80 中一个或几个品目的规定，则应酌情归入品目 84.01 至 84.24 中的相应品目或品目 84.86，而不归入品目 84.25 至 84.80 中的有关品目	品目 84.20 优先于品目 84.38，故该货品应归入品目 84.20

④依据章注二确定品目。

应归入品目 84.20。

（2）确定子目

①确定五位数级子目（一杠子目）。

子目注释——本章无相关子目注释。

一杠子目条文——对品目 84.20 项下一杠子目条文进行比较（同级可比）。

-研光机或其他滚压机器（确定此子目条文与待归类商品相符）。

-零件：

②确定商品编码——最终确定用于造纸工业的高度研光机，应归入以“研光机或其他滚压机器”列名的子目 8420.1000。

三、特定货品的归类原则及其适用货品的归类

本处所称“特定货品的归类原则”是指主要通过注释提供的仅适用于某个类或某个章所属的某一个（或某一种）特定货品的自成体系的专用归类原则。这类归类原则是所属类、章归类要点的重要组成部分。这类归类原则的内容及适用货品往往是一对一的，限于篇幅，仅选其中五个阐述如下。

（一）塑料的废碎料及下脚料的归类规定（第七类）

1. 主要归类依据

规则一——注释。

第三十九章章注七原文：

七、品目 39.15 不适用于已制成初级形状的单一的热塑材料废碎料及下脚料（品目 39.01 至 39.14）。

2. 要点解析

第三十九章章注七提供了塑料的废碎料及下脚料的归类规定。

（1）制成初级形状的单一种类热塑性塑料的废碎料及下脚料按初级形状的塑料归类，应归入 39.01 至 39.14 的相应品目。例如，用机器将回收的废“可乐”饮料瓶粉碎成的细小碎片（该饮料瓶是由化学名称为聚对苯二甲酸乙二酯的热塑性塑料制成的），因所用材料聚对苯二甲酸乙二酯是热塑性塑料并且细小碎片属初级形状，应归入品目 39.07。

（2）热固性塑料的废碎料及下脚料，或由两种或两种以上塑料的废碎料及下脚料（包括热塑性）构成的混合物，即使加工成初级形状，仍应归入品目 39.15。

（3）未加工成初级形状的废碎塑料制品也应归入品目 39.15。

（二）毛皮与皮革组合制的衣服及衣着附件的归类规定（第八类）

1. 主要归类依据

规则一——注释。

（1）第四十二章章注二原文

二、本章不包括：

……

（二）以毛皮或人造毛皮衬里或作面（仅饰边的除外）的衣服及衣着附件（分指手套、连指手套及露指手套除外）（品目 43.03 或 43.04）；

（2）第四十二章章注四原文

四、品目 42.03 所称“衣服及衣着附件”，主要适用于分指手套、连指手套及露指手套（包括运动手套及防护手套）、围裙及其他防护用衣着、裤吊带、腰带、子弹带及腕带。但不包括表带（品目 91.13）。

（3）第四十三章章注三原文

三、品目 43.03 包括加有其他材料缝合的毛皮和毛皮部分品，以及缝合成衣服、衣服部分品、衣着附件或其他制品的毛皮和毛皮部分品。

（4）第四十三章章注四原文

四、以毛皮或人造毛皮衬里或作面（仅饰边的除外）的衣服及衣着附件（不包括注释二所述的货品），应分别归入品目43.03或43.04，但毛皮或人造毛皮仅作为装饰的除外。

2. 要点解析

第四十二章章注二和四、第四十三章章注三和四，用除外等注释提供了毛皮与皮革组合制的衣服及衣着附件的归类规定。

用毛皮与皮革组合制的手套应归入品目42.03；其他衣服及衣着附件应归入第四十三章（毛皮仅起装饰作用的除外）。

（三）鞋靴的归类原则（第十二类）

1. 主要归类依据

规则一——注释。

（1）第六十四章章注三原文

三、本章所称：

（一）“橡胶”及“塑料”，包括能用肉眼辨出其外表有一层橡胶或塑料的机织物或其他纺织产品；运用本款时，橡胶或塑料仅引起颜色变化的不计在内；以及

（二）“皮革”，是指品目41.07及41.12至41.14的货品。

（2）第六十四章章注四原文

四、除本章注释三另有规定的以外：

（一）鞋面的材料应以占表面面积最大的那种材料为准，计算表面面积可不考虑附件及加固件，例如，护踝、裹边、饰物、扣子、拉襻、鞋眼或类似附属件；

（二）外底的主要材料应以与地面接触最广的那种材料为准，计算接触面时可不考虑鞋底钉、铁掌或类似附属件。

2. 要点解析

（1）第六十四章章注三明确了橡胶、塑料及皮革在该章的含义。

（2）第六十四章章注四提供了鞋靴的归类原则。

鞋靴分别按构成其外底及鞋面的材料归入不同品目。鞋面及外底的材料应按下述方法确定。

①鞋面材料的判定：由两种或两种以上材料构成的鞋面，应该按照占鞋面表面面积最大的那种材料归类。计算面积时，不考虑附件及加固件或类似附属件（如护踝、裹边、饰物等）。

②外底的主要材料的判定：外底的主要材料应以穿着时与地面接触面积最大的那种材料为准，计算接触面积时，不考虑鞋底钉、铁掌或类似附属件。例如，旅游鞋（外底为橡胶材料，鞋面为尼龙机织物，在鞋面上缝有起加固增强作用的聚氨酯合成革条，肉眼所见织物面积小于合成革面积），不过踝，应将聚氨酯合成革视为塑料材料，因此该货品按以外底为橡胶材料，鞋面为塑料材料（聚氨酯合成革条面积大于尼龙机织物）的鞋归类，应归入品目64.02。

（四）第八十二章成套货品的归类

1. 主要归类依据

规则一——注释。

第八十二章章注三原文：

三、由品目 82.11 的一把或多把刀具与品目 82.15 至少数量相同的物品构成的成套货品应归入品目 82.15。

2. 要点解析

（1）第八十二章品目条文及子目条文明确列有某些成套货品，确定了这些货品的归类。

例如，由品目 82.05 项下两个或多个子目所列物品构成的成套货品，应归入子目 8205.9000；由品目 82.02 至 82.05 中两个或多个品目所列工具组成的零售包装成套货品，应归入品目 82.06；由品目 82.11 中不同种类的刀具构成的成套货品或数量上以刀具为主的不同物品构成的成套货品，应归入子目 8211.1000；由品目 82.15 所列货品组成的成套货品，至少其中一件物品是镀贵金属的，应归入子目 8215.1000，其他成套货品应归入子目 8215.2000。

（2）章注三提供了本章下列成套货品的归类规定。

由品目 82.11 的一把或多把刀具与至少数量相同的品目 82.15 所述餐匙等厨房或餐桌用具构成的成套货品及由品目 82.15 中不同种类的货品构成的成套货品应归入品目 82.15。

（五）电子游戏机及其归类规定（第九十五章）

电子游戏机是利用电子仪器进行游戏的设备。

1. 主要归类依据

规则六——子目注释。

第九十五章子目注释一原文：

一、子目 9504.50 包括：

（一）在电视机、监视器或其他外部屏幕或表面上重放图像的视频游戏控制器；或

（二）自带显示屏的视频游戏设备，不论是否便携式。

本子目不包括用硬币、钞票、银行卡、代币或任何其他支付方式使其工作的视频游戏控制器或设备（子目 9504.30）。

2. 要点解析

第九十五章子目注释一提供了对电子游戏机的归类原则。

（1）用硬币、钞票、银行卡、代币或任何其他支付方式使其工作的视频游戏设备，一般置于公共娱乐场所应归入子目 9504.30；

（2）需要在电视机、视频监视器或其他外部显示屏或面板上重放图像的视频游戏控制器应归入子目 9504.50；

（3）自身装有显示屏的便携视频游戏设备应归入子目 9504.50；

（4）既不使用硬币等支付方式使其工作，也没有视频图像显示的电子游戏机应归入子目 9504.90。

（六）案例解析

案例 10 图 4-4-2 所示的冬季保暖女式羊皮手套，内衬獭兔毛皮。请问：该商品应如何归类？

图 4-4-2　女式羊皮手套

1. 归类准备

品名：女式手套；材料：面料羊皮，内衬獭兔毛皮；用途：保暖；适用对象：女性。

2. 归类过程

（1）确定品目

①分析货品的特征。

原材料：面料皮革，内衬毛皮。

用途：皮革制品或毛皮制品。

②查阅类、章标题，列出可能归入的类、章标题。

按所用材料及用途应归入第八类“生皮、皮革、毛皮及其制品；鞍具及挽具；旅行用手提包及类似容器；动物肠线（蚕胶丝除外）制品”。

按面料皮革及用途，皮革制品似应归入第四十二章“皮革制品；鞍具及挽具；旅行用手提包及类似容器；动物肠线（蚕胶丝除外）制品”。

按内衬毛皮及用途，毛皮制品似应归入第四十三章“毛皮、人造毛皮及其制品”。

③查阅相应类、章中的注释和品目条文。

相关注释如表 4-4-4 所示。

表 4-4-4　相关注释（三）

类、章序次	注释内容	结论
第八类	无类注	未提供归类依据
第四十二章	二、本章不包括： …… （二）以毛皮或人造毛皮衬里或作面（仅饰边的除外）的衣服及衣着附件（分指手套、连指手套及露指手套除外）（品目 43.03 或 43.04）； …… 四、品目 42.03 所称“衣服及衣着附件”，主要适用于分指手套、连指手套及露指手套（包括运动手套及防护手套）、围裙及其他防护用衣着、裤吊带、腰带、子弹带及腕带，但不包括表带（品目 91.13）	内衬獭兔毛皮的羊皮手套，应归入品目 42.03

表4-4-4　续

类、章序次	注释内容	结论
第四十三章	二、本章不包括： …… （三）用皮革与毛皮或用皮革与人造毛皮制成的分指手套、连指手套及露指手套（品目42.03）； …… 四、以毛皮或人造毛皮衬里或作面（仅饰边的除外）的衣服及衣着附件（不包括注释二所述的货品），应分别归入品目43.03或43.04，但毛皮或人造毛皮仅作为装饰的除外	内衬獭兔毛皮的羊皮手套，应归入品目42.03

依据注释确定归入品目42.03。

品目条文——第四十二章品目42.03中的条文“皮革或再生皮革制的衣服及衣着附件”列有衣着附件。

④依据品目条文确定品目。

应归入品目42.03。

（2）确定子目

①确定五位数级子目（一杠子目）。

子目注释——本章无相关子目注释。

一杠子目条文——对品目42.03项下一杠子目条文进行比较（同级可比）。

-衣服

-手套，包括连指或露指的：

确定此子目条文与待归类商品相符。

②确定六位数级子目（二杠子目）。

--专供运动用

--其他：

确定此子目条文与待归类商品相符。

③确定七位数级子目（三杠子目）。

---劳保手套

---其他

确定此子目条文与待归类商品相符。

④确定商品编码——最终确定羊皮手套，内衬獭兔毛皮，应归入以“其他”列名的子目4203.2990。

【复习思考题】

一、归类基础练习题

1. 改良种用的马，附有省级纯种证明

2. 为了运输方便而暂作调味保藏的冷冻的驴肉

3. 供观赏用的金鱼，淡水鱼种

4. 燕窝，零售状态出口申报

5. 供药用的龙涎香，零售状态出口申报

6. 培植开花的水仙花球茎，零售形式出口申报

7. 冷冻的甜玉米（未调味，袋装形式出口申报）

8. 榴莲，去壳后切成块装于盒中冷藏起来

9. 云南普洱茶，罐装形式出口申报，内包装每件净重4千克

10. 食用高粱（非种用，每包净重50千克）

11. 可供食用的鹰嘴豆的细粉，非零售包装

12. 晒干的莲子，500克袋装

13. 罂粟秆的浓缩物，按重量计生物碱含量为40%

14. 棉短绒，用于制造无烟火药，零售状态出口申报

15. 加入20%变性剂（甲苯）的花生油，初榨的

16. 一种可用微波炉加热的方便快餐食品，净含量250克，其中面条150克、鸡块50克、卷心菜30克、鱿鱼丝20克，食品已预先烧制过，装于一次性泡沫塑料盒中

17. 按重量计含有50%的天然蜂蜜、50%的人造蜂蜜混制而成的食品

18. 澳洲原装进口"麦提莎"牌麦丽素。一种里面充满真空微孔的麦芽糊精、外面包裹着巧克力的球状产品，主要成分：白砂糖、全脂奶粉、可可粉、乳清粉、麦芽糊精、麦精、食用香精。零售包装，250克/袋

19. 韩式大麦茶，由大麦烘炒磨碎制得，每10克袋装，食用时连袋一起在热水中浸泡

20. 竹笋罐头，零售包装形式出口申报

21. 雀巢牌二合一咖啡，已加牛奶、咖啡伴侣调配好，15克/袋

22. 浙江绍兴女儿红酒，用2升的陶罐盛装，零售形式出口申报

23. 豆饼，提炼豆油所得的渣粉制成，用作肥料

24. 由60%的烟草和40%的甘油混合而成的烟草（用水烟筒洗用，以用水果进行调味处理），零售包装形式出口

25. 染色丝三股线，绕在线轴上，非交叉卷绕，经检测出口时重量为80克

26. 由60%的粗梳羊毛与40%的人造丝（长丝）混合而成的机织物，幅宽110厘米，零售包装

27. 皮棉，零售包装形式出口

28. 菠萝纤维，可用于做纺织材料

29. 色织机织物，按重量及含有棉50%，醋酸纤维长丝25%，涤纶长丝25%，幅宽110厘米

30. 聚丙烯制成的合成纤维短纤，未梳

31. 用橡胶浸渍的聚酯绳索，零售状态出口申报

32. 用于挂在墙上的结织栽绒地毯，按重量计，栽绒层含羊毛45%，含粘胶短纤30%，含涤纶短纤25%，非零售包装

33. 手工针绣嵌花装饰毯，零售状态出口申报

34. 涤纶制成的帘子布

35. 蓝色粘胶纤维针织布（加工工艺：纬编，幅宽110厘米）

36. 用以治疗静脉曲张的长筒袜，针织

37. 一次性丙纶无纺布制的防护服，零售状态出口申报

38. 供手工刺绣的成套物品（内装有机织物，各种颜色的纱线，各种绣针）

39. 赛车鞋（经检测出口时由100%纯牛皮革制鞋面、塑料制外底而成）

40. 摩托车用头盔，产品呈半圆形，主要由外壳、衬里和悬挂装置三部分组成。外壳由特种钢材料制作，以抵御弹头、弹片和其他打击物对头部的伤害

二、归类综合分析题

1. 带扣安全带，用于波音737飞机客舱座椅，构成为纺织品制成安全带，并带有金属制扣。安全带的两端和客舱座椅骨架相连，是安全座椅安全系统的重要组成部分。对其归类存在归入品目63.07和94.01两种意见。请对带扣安全带的归类进行分析。

（1）归入品目（63.07、94.01或其他）：

（2）总规则的运用：

（3）分析归类理由：

2. 汽油发动机润滑油，300 SM 5W-40，含PAO基础油77.3%，增粘剂、降凝剂等添加剂22.7%。用作汽油发动机润滑油，适用于各类型客车。经海关化验鉴定为合成烃类基础油（PAO）制成的润滑剂，属合成润滑剂。PAO基础油是一种合成烃类基础油，其化学名称为聚α烯烃。该商品所用的PAO基础油初馏点均在330℃以上。对其归类存在归入品目27.10和34.03两种意见。请对该润滑油的归类进行分析。

（1）归入品目（27.10、34.03或其他）：

（2）总规则的运用：

（3）分析归类理由：

3. 小脚轮（如图4-4-3所示），直径24毫米，由轮子本体、轮子架托、连接杆及轮轴四部分组成。轮子本体及轮子架托由聚丙烯塑料制成，轮子外接其他物体的连接杆及轮轴是铁质金属材料。对其归类存在归入品目39.26和83.02两种意见。请对该商品的归类进行分析。

图4-4-3　小脚轮

（1）归入品目（39.26、83.02或其他）：

（2）总规则的运用：

（3）分析归类理由：

4. 泵端盖（如图4-4-4所示），用于抽水机的水泵，铸铁制毛坯件，出口后需要再经过如下加工，数控车削加工，钻眼床钻眼。对其归类存在归入品目73.25和85.03两种意见。请对该商品的归类进行分析。

图 4-4-4　泵端盖

（1）归入品目（73.25、85.03 或其他）：

（2）总规则的运用：

（3）分析归类理由：

5. 男式大衣，面料为纯羊毛华达呢，衬里为兔毛皮。对其归类存在归入品目 43.03 和 62.01 两种意见。请对该商品的归类进行分析。

（1）归入品目（43.03、62.01 或其他）：

（2）总规则的运用：

（3）分析归类理由：

5

第五篇

税费核算

导　读

《海关法》赋予了我国海关征收关税和其他税费的权力。目前除关税外，海关还依法负责征收进口环节增值税和消费税，以及船舶吨税。向海关申报、纳税、办理有关进出口货物通关手续是进出口货物收发货人应向国家履行的法定义务，同时也是一项复杂的专业性工作。进出口货物能否合法、合规、顺利、快速完成通关手续，其关键在于企业是否有良好的管理和信用，以及是否有熟悉法律、税务、外贸、商品知识，精通海关法律、法规、海关业务制度和具备相应业务技能的专业人员。

本篇涉及的海关估价、商品归类和原产地管理，被称为海关关税领域的“三大技术”，与海关征税密切相关。海关估价决定了进出口货物的完税价格，商品归类和原产地的确定决定了货物最终适用的税率。对于用从价方式计征税款的进出口货物，应用完税价格及适用的税率，并结合计征关税及进口环节代征税的公式即能确定纳税义务人应缴纳的税款。

在关务行业长期存在一种误解，认为“打税单”是由计算机自动完成的，关务人员不需要掌握进出口税费核算的知识和技能，这是一种错误的认识。本篇介绍的进出口税费的基本技能，强调的不是对税费的“计算”技能，而是基于关务整体业务技能基础上的“核算”技能。希望本篇能给读者打开学习的窗口和大门，帮助读者在实践中不断提高关务技能。

本篇课时安排见下表。

第五篇　总课时 （9 课时，不含练习）	第一单元	1 课时
	第二单元	1 课时
	第三单元	4 课时
	第四单元	1 课时
	第五单元	2 课时

第一单元　业务需求描述

【学习目标】

本单元简要介绍全国海关通关一体化改革以及税收征管方式改革，对“自报自缴”模式下税费核算能力的重要性进行了说明。

完成本单元学习，学习者应获得以下成果：

1. 了解税收征管作业改革的进展；
2. 对税费核算的重要性有进一步的认识。

【建议学习时间】

1 课时

【学习内容】

2017 年 7 月 1 日，全国海关通关一体化改革正式实施。海关通关一体化改革，创新了由企及物、由物及企、物企结合的税收征管新模式。改革后，进出口企业按照涉税要素向海关申报，经过安全准入风险和税收风险排查，自行缴纳税款或提供有效担保后，货物即可放行。在通关过程中，仅极少数报关单被单证验核或（及）实货验估作业指令捕中，由海关完成事中单证验核或（及）实货验估作业后放行，大部分报关单在放行后由税收征管局进行批量抽核，视情形交由申报地海关通过事后验估、核查、稽查等作业完成商品归类、价格、原产地等税收要素的验核。随着全国通关一体化改革的逐渐深入，海关税费征收方式已从以往的“海关审定”制变为“自报自缴”制，由“要我缴税”向“我要缴税”模式转变。

毫无疑问，海关通关一体化带来的税收征管模式变革加快了进出口货物通关速度，节约了企业物流成本，有助于进一步增强企业在贸易中的竞争力。同时海关税收征管作业流程的转变，也对外贸企业和报关服务单位提出了更高要求，促使外贸企业对整个供应链流程进行调整，前移关务作业流程，紧密供应链各部门与供应商，重视合规申报和审查，将合规管理提上重要议程。而作为报关的服务单位，也要将服务前移，提前介入客户的进出口计划环节，在参与通关全流程的同时提供结关后协助合规审查的服务。没有高质量申报及准确税费核算，就不会有较快的通关速度；没有严格扎实的内部风险控制，就不可能顺利通过海关事后的稽核验证。企业关务及社会报关服务单位的职业操守、素养和专业能力变得至关重要。

具备准确的税费核算能力是每一位报关人员必备的素质之一。通过外贸单据，按照海关规定的作业制度及作业程序核算税费金额并预估进出口成本，对交易准备、合同签署及后续的生产经营具有十分重要的作用。目前，随着海关通关改革的深入和技术手段的发展，在“自报自缴”模式下，在企业向海关申报进出口货物环节“单一窗口”客户端已实现税费自动计算，进出口单位可在核对税款信息无误确认后发送申报数据。但鉴于确定完税价格及适用税率的复杂性，“自报自缴”模式下的自动计算税款信息仍需要人工进行核对，这就需要报关人员熟知税费核算的基本要求、核算程序、方法及相应计算公式。

【复习思考题】

自我税费核算能力的重要性有哪些?

第二单元　进出口税收核算步骤

【学习目标】

本单元对《税则》及其使用予以初步讲解，并通过海关税费主要种类及税费核算基本步骤等内容的介绍让学习者熟悉税费核算的基本内容，了解税费核算的基本步骤，掌握税费核算的作业规范，从而为进出口税费核算的作业实施奠定知识基础。

完成本单元学习，学习者应获得以下成果：

1. 对《税则》有初步的认识与了解；
2. 对进出口税费核算种类进行正确描述；
3. 对进出口税费核算步骤及方法进行正确描述。

【基本概念】

《税则》、从价计征、从量计征、复合计征

【建议学习时间】

1 课时

【学习内容】

一、《税则》简介

为快速、准确进行税款核算，熟悉并准确运用《税则》十分重要。《税则》是一国通过一定的立法程序制定和公布实施的进出口货物关税税率表。它是海关凭以征收关税的法律依据，也是一个国家关税政策的具体体现。《税则》一般由税目和税率两个部分组成，税目主要包括税则号列和商品名称；税率，一般按照商品原产国（地区）所对应关税待遇，列出一栏或多栏。

我国的《税则》是以《协调制度》为基础，结合我国贸易政策，以及其他政策情况编制而成，其结构与《协调制度》目录结构基本相同，由归类总规则、类注、章注、子目注释以及品目条文、子目条文、税率表等组成。其与《协调制度》目录的不同之处是，《税则》设有税率栏，并将《协调制度》的商品编码改称为税则号列。根据货物的流向不同，我国又将《税则》细分了《进口税则》和《出口税则》。进口税则第 1 列为“税则号列”，第 2 列为“商品名称”，第 3 列为“最惠国税率”，第 4 列为“普通税率”。对进出口商品准确归类并确定税则号列后，即可选择正确的关税税率。《税则》中随附关税税率附表，附表中包括协定税率表、进口商品特惠税率表，关税配额商品税目税率表、进口商品暂定税率表、进口商品从量税复合税税率表等。由于同种商品可能存在同时适用多种税率的情形，核算税款时需要按照税率适用原则准确选用。

海关总署每年均会根据国务院关税税则委员会的关税调整方案编撰年度《税则》，供海关和进出口贸易相关人员使用。

二、进口关税核算步骤

（一）关税正税核算步骤

1. 从价计征方式

从价计征进口关税的核算步骤主要为：确定完税价格，确定货物原产国（地区），确定适用税率，按照公式准确计算税款。

（1）确定完税价格

我国海关征收进出口税费主要以从价税为基础进行计算，即主要以货物的完税价格为基础确定纳税义务人需向海关缴纳的税款。因此，确定进出口货物的完税价格极其重要，是进行税费核算的首要步骤。根据《海关法》《关税条例》《审价办法》，进出口货物完税价格由海关以该货物的成交价格为基础审定，并包括货物运抵境内输入地点起卸前的运输及相关费用、保险费。成交价格不能确定时，由海关依法估定货物的完税价格。

需要注意的是，进出口货物的价格及有关费用以外币计价的，海关按照该货物适用税率之日所适用的计征汇率折合为人民币的完税价格，完税价格采用四舍五入法计算至分。

（2）确定货物原产国（地区）

确定原产国（地区）是核算税费的关键环节。不同原产国（地区）的货物适用的税率可能不同。

（3）确定税则号列

确定税则号列即商品归类，是税费核算的重要环节。《税则》将国际贸易商品分为21类共97章（其中第77章为空章），2022年《税则》中共有8 930个8位数级税则号列。根据规定，我国进出口商品归类的法律依据为《税则》中的归类总规则、类注、章注、子目注释，以及品目条文、子目条文；《品目注释》；《本国子目注释》；海关总署发布的关于商品归类的行政裁定和商品归类决定等。必要时，海关可以组织化验、检验，化验、检验结果可作为商品归类的依据。

商品归类的具体规定及操作技能见本书相关内容。

（4）确定适用税率

目前，我国采用复式税率设置，即针对同一税则号列（商品编码）货物存在不同的关税税率。复式税率设置主要缘于原产国（地区）差异、国家税收政策等因素。在货物税则号列和原产国（地区）已经明确的基础上，按照税率适用的规定最终确定计税税率。

（5）按照公式准确计算税款

在完税价格、税率等关键要素确定无误的情况下，按关税的计算公式准确计算进口关税税额。

计算公式为：

进口关税税额=完税价格×进口关税税率

2. 从量计征方式

从量计征进口关税时，需要确定完税数（重）量和从量关税税率。

（1）确定完税数（重）量

完税数（重）量即计税数（重）量，计税数（重）量可参照合同或发票、提单体现的数（重）量确定。大宗散货数（重）量在最终缴税时可能会有变化，海关在确定大宗散货最终数（重）量时一般会参考数（重）量证书或有资质的第三方出具的相关证书。需要注意的是，某些商品需要在成交计量单位与法定计量单位之间进行换算。

例如，申报进口啤酒，若成交计量单位为吨，进行税款核算时需要换算成法定计量单位，啤酒1吨合988升。同样，汽油换算比例为1吨合1 388升，柴油1吨合1 176升。

（2）确定从量关税税率

同从价计征方式一样，需要先确定进口货物税则号列，之后根据税则号列和原产国（地区）对应的从量税率表中查找适用的从量关税税率。

（3）按照公式准确计算税款

在完税数（重）量及进口从量关税税率确定无误的情况下，按照公式进行核算。

计算公式为：

进口关税税额=完税数（重）量×进口从量关税税率

3. 复合计征方式

复合计征即同时采用从价计征和从量计征关税的征税方式计算货物的进口税额。例如，我国目前对进口手机用摄像组件采用复合税计征方式。目前，我国仅对极少数进口货物采用该种计税方式。

复合计征时，分别按照上述从价计征和从量计征两个步骤计算，结果相加。

计算公式为：

进口货物关税税额=从价部分关税税额+从量部分关税税额

从价部分关税税额=完税价格×进口关税税率

从量部分关税税额=完税数（重）量×进口从量关税税率

（二）进口附加税核算步骤

目前我国法律规定进口附加税包括反倾销税、反补贴税、保障措施关税和报复性关税四种，但实际征收的主要为反倾销税。以反倾销税为例，进口附加税的核算步骤主要为确定完税价格、确定原产国（地区）、确定商品税则号列，选择适用的反倾销税税率，再按照公式准确计算税款。

确定完税价格、确定原产国（地区）、确定税则号列的规则和方法与从价计征关税一致。确定反倾销税税率则是核算附加税额的重要环节。一般来说，在国家对相关国家（地区）货物进口采取反制措施时均会以公告等形式发布，进口单位及报关服务单位核算反倾销税等附加税时，应按照相关公告要求，对照货物商品税则号列以及原产国（地区）、厂商等信息，确定适用的反倾销税税率。相关公告可在商务部网或海关总署官网查找。

在完税价格、反倾销税税率等关键要素确定无误的情况下，按照规定的计算公式进行计算。

计算公式为：

应纳反倾销税税额=完税价格×反倾销税税率

反补贴税等其他附加税的税款核算，在规则和方法上与反倾销税款一致。同一货物同时征收关税正税与附加税时应分别核算；同一货物同时执行反倾销和反补贴措施时，不同附加税款亦应分别核算。涉及征收临时的反倾销及反补贴保证金等措施情况的，比照前述征收反倾销和反补贴税款的情况核算。

三、进口环节海关代征税核算步骤

进口环节海关代征税主要是进口环节增值税和进口环节消费税。其中，消费税征收有从价、从量、复合三种计征方式，不同应征消费税商品的计税方式均有明确规定。增值税征收采用从价计征方式。

（一）进口环节消费税核算步骤

我国对进口环节消费税计征规定有从价计税、从量计税和复合计税三种方式。核算时需要根据应税商品税则号列选择国家规定的进口环节消费税计税方法。我国仅对少数货物征收消费税，不属于应征消费税征收范围的，无须进行消费税核算。

1. 从价计税方式

从价计税需先确定关税完税价格及关税税额，它们是消费税计税价格的组成部分，关税完税价格及关税税额的核算方法参见“进口关税核算步骤”部分的讲解，之后按照《税则》随附的消费品税目税率表查找对应的税率。

消费税组成计税价格=（关税完税价格+关税税额）÷（1-消费税比例税率）

在此环节需要注意，如核算消费税的货物同时应征关税附加税的，关税税额为关税正税和附加税的总和。

确定消费税组成计税价格后，按照消费税计算公式核算消费税额。

计算公式为：

消费税应纳税额=消费税组成计税价格×消费税比例税率

2. 从量计税方式

目前，我国对啤酒、黄酒、成品油、生物柴油等进口商品的消费税实行从量计征方式。在从量计税标准下，消费税税率为定额税率。在核算消费税额时，需要确定应征消费税的进口数量和定额税率。

进口货物的数（重）量，可凭合同及发票等单据确定。对于成交计量单位与计税定额税率的单位不一致的，需进行换算后才可计算其税额。

按照商品归类原则确定货物税则号列后，在《税则》随附的消费品税目税率表查找对应的税率，按照公式进行核算。

计算公式为：

消费税应纳税额=应征消费税进口数量×消费税定额税率

3. 复合计税方式

目前，我国对香烟、白酒、威士忌、白兰地等烈性酒等进口商品的消费税采用复合计税方式，应缴税款是从价定率与从量定额方式应缴税款的总和。核算时，需要分别计算出从价税款及从量税款。从价定率方式及从量定额方式征收税款的核算参见以上相关讲解。需要特别注意的是，消费税组成计税价格中包含消费税。

计算公式为：

消费税应纳税额=消费税组成计税价格×消费税比例税率+应征消费税进口数量×消费税定额税率

其中：

消费税组成计税价格=（关税完税价格+关税税额+应征消费税进口数量×消费税定额税率）÷（1-消费税税率）

（二）进口环节增值税核算步骤

进口货物应纳增值税额是按组成计税价格和税率计算确定的。其组成计税价格中包括进口关税的完税价格、关税税额和消费税税额。核算增值税税款时需要先计算出关税税额及消费税税额，之后按照《税则》中税则号列对应的增值税税率选定适用的税率。

具体核算步骤主要为确定组成计税价格和选择适用的增值税税率。

1. 确定组成计税价格

计算公式为：

增值税组成计税价格=关税完税价格+关税税额+消费税税额

确定增值税组成计税价格，应先确定货物的关税完税价格、关税税额和消费税税额。确定的规则和方法与从价计征关税一致，参见以上相关讲解。

但需要注意的是，进口货物属于征收关税附加税范围的，其核算的关税税额应为关税正税及附加税的总和。如该货物不涉及消费税征收，则无须计算消费税。

2. 确定增值税税率

按照确定的货物的税则号列，选择《税则》中对应的增值税税率。

3. 按照公式准确计算税款

计算公式为：

增值税应纳税额=增值税组成计税价格×增值税税率

四、出口关税核算步骤

（一）从价计征方式

从价计征出口关税的核算步骤如下：

（1）确定完税价格。按照本书所述海关估价相关规定确定出口货物的完税价格；

（2）确定适用税率。按照本书所述相关规则，确定货物税则号列，按照税率适用的规定最终确定计税税率。

（3）按照公式准确计算税款。

计算公式为：

出口关税税额=出口货物完税价格×出口关税税率

其中：

出口货物完税价格=FOB（中国境内口岸）÷（1+出口关税税率）

（二）从量计征方式

从量计征出口关税时，需要确定出口完税数（重）量和从量关税税率。

1. 确定完税数（重）量

出口完税数（重）量可参照合同或发票、提单体现的数（重）量确定。涉及大宗散货数（重）量可能会有变化，海关在确定大宗散货最终出口数（重）量时一般会参考数（重）量证书或有资质的第三方出具的相关证书。

2. 确定从量关税税率单位税额

确定出口货物的税则号列，查找其对应的出口从量关税税率。

3. 按照公式准确计算税款

计算公式为：

出口关税税额=完税数（重）量×出口从量关税税率

五、滞报金核算步骤

按滞报金核算的最关键步骤是滞报期间的确定，其次是进口货物完税价格的确定，之后是按照公式进行计算。需注意，海关仅对超过规定期限申报的进口货物征收滞报金。

（一）滞报期间的确定

按照规定，进口货物应自装载货物的运输工具申报进境之日起 14 日内向海关申报，未按规定期限向海关申报的，由海关自运输工具申报进境之日起第 15 日为起征日，以海关接受申报之日为截止日按日征收货物完税价格万分之五的滞报金。起征日和截止日均计入滞报期间，另有规定的除外。

实际操作中，规定的申报期限内含有星期六、星期日或法定节假日不予扣除，规定的计征起征日（第 15 日）如遇休息日或者法定节假日，则顺延至其后第一个工作日。国务院临时调整休息日与工作日的，海关应当按照调整后的情况确定滞报金的起征日。

例如，载运某公司进口货物的船舶于 2017 年 7 月 1 日申报进境，该公司备齐相关单证后于 2017 年 7 月 17 日向海关申报，海关同日接受申报。问：该公司是否应缴纳滞报金？

按照海关滞报金管理规定，该进口货物最后的申报期限为 2017 年 7 月 15 日，超过该期限则从该日期次日（起征日）起计算滞报期间，即从 7 月 16 日起计算滞报期间，因 7 月 16 日为星期日，按照规定应予顺延，顺延至 7 月 17 日（星期一），故 7 月 17 日申报应征收滞报金，起征日及截止日相同，滞报期间为 1 天。

（二）进口货物完税价格的确定

进口货物确定完税价格方法同从价计征关税税款一致。此环节应注意的是，最终确定的完税价格可能会与申报价格不一致，计算时需要采用完税价格。

（三）按照公式准确计算滞报金

滞报期间及完税价格确定后，按照滞报金的计算公式准确地进行计算。

计算公式为：

滞报金额＝进口货物完税价格×滞报期间×0.5‰

六、滞纳金核算步骤

按照规定，纳税义务人或其代理人，未在规定时间内缴纳税款构成滞纳的，应缴纳滞纳金。《海关征税管理办法》规定了征收滞纳金的 6 种情形。滞纳金核算与滞纳税款的税种和滞纳天数有关。不同税种的滞纳金应分别计算，分别计算后的单税种滞纳金低于 50 元人民币的，免予征收。

（一）确定滞纳金的核算要素

1. 产生滞纳税款税种和税额

针对出口货物，如未在规定期限缴纳税款，核算滞纳金时仅需确定出口关税税额即可。进口货物涉及税种较多，进口单位或报关服务单位应对照未及时缴纳的关税及（或）进口环节海关代征消费税、增值税分别确定税种及金额。

需注意，针对进口货物，虽然各税种的税单是同时出具的，缴款截止期限也是一致的，但纳税义务人可根据自身情况在规定缴款期限内（或外）足额缴纳全部税种或单独某税种对应税款。例如，纳税义务人可根据资金情况在缴款期限内缴清关税税款，在规定的 15 天缴款期后、缴纳税款期限届满之日起 3 个月内缴清进口环节代征税税款，纳税义务人则只需要缴纳发生滞纳税款对应的滞纳金。

2. 确定滞纳天数

滞纳天数从缴款期限届满日的次日起连续计算，一直到实际纳税之日止。滞纳期间的星期六、星期日或其他法定节假日不得扣除。

3. 滞纳金的征收比率

按照规定，进出口关税、进口环节增值税、进口环节消费税的纳税义务人或其代理人，应当自海关填发税款缴款书之日起 15 日内向指定银行缴纳税款。逾期缴纳税款的，由海关自缴款期限届满之日起至缴清税款之日止，依照滞纳的税种按日加收滞纳税款万分之五的滞纳金。

例如，国务院决定 2018 年 9 月 29 日、30 日（星期日）上班，10 月 1 日至 7 日放假，某税款缴款书缴款期限标注为 2018 年 9 月 30 日前缴纳税款，纳税义务人于 10 月 9 日实际缴纳。问：该纳税义务人是否应缴纳滞纳金？

9月30日是星期日，但倒休正常上班，如果纳税义务人未在标注的9月30日前缴纳税款，则应从第16日（10月1日）始起算滞纳期间，10月9日缴税税款，合计应征收9天滞纳期间对应的滞纳金。若本例中，海关开具税款缴款书日期为2018年9月17日，则缴款期限届满之日正常应为10月2日，因该日为国庆假期，按照规定缴款期限顺延至10月8日，即10月8日前应缴纳税款。纳税义务人于10月9日缴税，应缴纳1天滞纳期间对应的滞纳金。

（二）按照公式准确计算滞纳金

确定滞纳金核算要素后，按照滞纳金的计算公式准确地进行计算。

计算公式为：

关税滞纳金金额=滞纳关税税额×滞纳天数×0.5‰

进口环节海关代征税滞纳金金额=滞纳进口环节海关代征税税额×滞纳天数×0.5‰

七、税款担保金额核算步骤

税款担保金额的核算与上述进出口税款的核算规则和方法基本一致。一般情况下，需要提供担保金额与正常应征税款金额一致。

八、缓税利息核算步骤

加工贸易保税货物在规定的有效期内未能出口或经批准内销，纳税义务人或其代理人在依法补缴税款外，还应缴纳缓税利息。缓税利息核算规则和方法为：核实对应的关税及代征税款、确定计息期间（天数）、确定缓税利息利率、按照规定的公式准确计算缓税利息。

（一）确定税款额

按照关税及代征税的计算方法，核实确认应征收缓税利息税种对应税款。

（二）确定计息期间（天数）

缓税利息计息期限的起止日期为内销料件或制成品所对应的加工贸易合同项下，首批料件进口之日至海关填发税款缴款书之日。

加工贸易保税料件或制成品违规内销或后续补税的，缓税利息计息期限的起止日期为内销料件或制成品所对应的加工贸易合同项下首批料件进口之日至保税料件或制成品内销之日，如内销之日无法确定的，终止日期为海关发现之日。

若内销涉及多份合同，且内销料件或制成品与合同无法一一对应的，则计息的起止日期为最近一份合同项下首批料件进口之日至保税料件或制成品内销之日（内销之日无法确定的，终止日期为海关发现之日）。

加工贸易E类电子账册项下的料件或制成品内销时，起止日期为内销料件或制成品所对应电子账册的最近一次核销之日（若没有核销日期的，则为电子账册的首批料件进口之日）至海关填发税款缴款书之日。加工贸易E类电子账册项下的料件或制成品违规内销的，则计息的起止日期为内销料件或制成品所对应电子账册的最近一次核销之日（若没有核销日期的，则为电子账册的首批料件进口之日）至保税料件或制成品内销之日（内销之日无法确定的，终止日期为海关发现之日）。

按照上述方法仍无法确定计息的起止日期的，则不再征收缓税利息。

加工贸易剩余料件、残次品、副产品和受灾保税货物等内销需征收缓税利息的，也应按上述规定办理。

（三）确定缓税利息的利率

缓税利息的利率为填发税款缴款书上年度 12 月 31 日中国人民银行公布的活期存款利率。海关根据中国人民银行最新公布的活期存款利率随时调整并公布执行。目前实施的缓税利息率为 0. 36%。

（四）按照公式准确计算缓税利息

加工贸易补税缓税利息应根据填发海关税款缴款书时海关总署调整的最新缓税利息率按日征收。

计算公式为：

应征缓税利息＝应征税款×计息期间（天数）×缓税利息率÷360

【复习思考题】

1. 关税税款核算有哪些步骤？
2. 关税税款、进口环节海关代征税税款核算的公式各是什么？
3. 什么是滞报？滞报期间的规定及应缴滞报金计算公式是什么？
4. 什么是滞纳？滞纳期间的规定及应缴滞纳金计算公式是什么？
5. 什么是缓税利息？如何计算缓税利息？

第三单元　完税价格的确定过程

【学习目标】

本单元旨在让学习者进一步理解进出口货物成交价格的基本规定、掌握进出口货物成交价格估价方法，以及除成交价格估价方法以外的其他估价方法，并在此基础上熟练运用进出口货物成交价格估价方法确定完税价格。

完成本单元学习，学习者应获得以下成果：

1. 遵循成交价格估价方法的定义及条件完成完税价格确定的作业实施；
2. 可以对相关计入项目和扣除项目费用按照规定进行调整；
3. 当成交价格估价方法无法实施时，知悉需采用成交价格估价方法以外的其他估价方法来确定完税价格。

【基本概念】

完税价格、成交价格

【建议学习时间】

4 课时

【学习内容】

完税价格是计征税费的基础。由于绝大多数进出口货物都是从价计征税费，因此确定进出口货物的完税价格成为至关重要的环节。外贸企业在进行成本核算时，更应掌握确定完税价格——这一海关征税技术，在税费核算时不能简单以合同或发票价格或成交价格，而是按照海关审定进出口货物价格的有关规定和程序确定的完税价格为基础。

为做好完税价格确定工作，需要梳理好合同或发票价格、成交价格和完税价格的关系。

一是贸易合同或发票价格与成交价格。贸易合同或发票价格，在进出口环节体现为发票价格。贸易中的合同或发票价格取决于买卖双方的约定，其定价是自由意愿的表达。价格构成可能为实付、应付的价格，可能包括运费保费，也可能没有包括运保费，也可能包括其他与运输相关费用。成交价格，是指我国境内销售该货物时买方为进口该货物向卖方实付、应付的，并按有关规定调整以后的价款总额，包括直接支付的价格和间接支付的价款。如果合同或发票价格所体现的支付价格符合成交价格的规定，则该合同或发票价格即为货物的成交价格。反之，则需要按有关规定进行估定。

二是成交价格与完税价格。完税价格与成交价格是两个概念。我国法律法规明确规定了我国进出口货物完税价格的确定方法，以符合法律规定的成交价格、运抵境内输入点起卸前的运保费为基础审查确定。其审查确定方法中，以成交价格为审查确定的方法是最常用的估价方法。使用成交价格估价方法确定完税价格时，成交价格和完税价格存在必然联系，完税价格为成交价格与起卸前运输及相关费用、保险费之和。而当使用成交价格估价方法以外的估价方法时，完税价格与成交价格不再有必然联系，此时，完税价格需通过相同货物成交价格估价方法，或依次通过类似货物成交价格估价方法、倒扣价格估价方法、计算价格估价方法、合理方法确定。

一、进口货物完税价格的确定方法

《审价办法》规定，进口货物的完税价格，由海关以该货物的成交价格为基础审查确定，并且应当包括货物运抵中华人民共和国境内输入地点起卸前的运输及相关费用、保险费。

从上述完税价格的定义出发，确定进口货物完税价格应从成交价格的审查确定和运输及相关费用、保险费的审查确定两个方面进行。

（一）成交价格方法的审查确定

成交价格审查确定的过程即为成交价格估价方法的应用过程。应按照《审价办法》的规定，从成交价格的定义及需满足的条件两个角度对合同或发票价格进行评估。

1. 成交价格定义评估

成交价格定义评估包括销售的概念，买方、卖方的规定，实付及应付（含直接及间接支付），价格调整因素四个方面。

（1）是否符合《审价办法》规定的销售概念

《审价办法》要求，“销售”必须同时符合货物实际进入中华人民共和国关境内、货物的所有权和风险由卖方转移给买方、买方为此向卖方支付价款三个要件。

（2）是否符合《审价办法》关于买方、卖方的规定

《审价办法》规定，进口货物的买方是指向中华人民共和国境内购入进口货物的自然人、法人或者其他组织。卖方是指向中华人民共和国境内销售进口货物的自然人、法人或者其他组织。判断“买方”和“卖方”，不应简单地以进口单证上出现的名称为标准，而应以其在交易中承担的功能来确定。

（3）是否符合实付及应付（含直接及间接支付）规定

《审价办法》要求，成交价格不仅应包括实付价格，还应包括应付价格，即作为卖方销售进口货物的条件，由买方向卖方或者为履行卖方义务向第三方已经支付或者将要支付的全部款项。

（4）相关计入项目和扣减项目费用是否能够按照规定进行调整

计入项目：相关费用或价值计入完税价格，必须同时满足费用或价值由买方负担，未包括在进口货物的实付或应付价格中，有客观量化的数据资料。如果缺乏客观量化的数据导致无法确定应计入的准确金额的，则不应使用成交价格方法估价，而使用其他估价方法确定完税价格。

扣减项目：相关税收及费用不计入完税价格，必须同时满足有关税收或费用已经包括在进口货物的实付、应付价格中；有关费用是分列的，并且纳税义务人可以向海关提供客观量化的资料；有关费用应在合理范围内。如贸易安排中未单独分列相关费用，或者缺乏客观量化资料，则不得扣除。

2. 成交价格需满足条件方面的评估

主要包括进口货物的处置和使用不受限制，不应受到某些条件或因素的影响，不得获得转售、处置、使用收益，未受特殊关系影响四个方面。

（1）买方对进口货物的处置和使用不受限制

受到限制的主要情形：进口货物只能用于展示或者是免费赠送的；进口货物只能销售给指定

第三方的；进口货物加工为成品后只能销售给卖方或者指定第三方的；其他经海关审查，认定买方对进口货物的处置或者使用受到限制的。

如果认定买方对进口货物的处置权或者使用权受到限制，则进口货物就不适用成交价格估价方法。

（2）不应受到某些条件或因素的影响

受到影响的主要情形：进口货物的价格是以买方向卖方购买一定数量的其他货物为条件而确定的，如搭售货物；进口货物的价格是以买方向卖方销售其他货物为条件而确定的，如互售货物；其他经海关审查，认定货物的价格受到使该货物成交价格无法确定的条件或者因素影响的。

如无法区分上述搭售或互售货物分别的实际价格，则可以认定其成交价格受到无法确定的条件或者因素的影响，则进口货物同样不适用成交价格估价方法。

（3）不得获得转售、处置、使用收益

判断是否存在转售、处置、使用收益的关键在于买方是否承担了未来的付款义务，上述款项向谁支付、支付行为是否发生并不是判断的依据。如经审查确认存在上述收益返还，则不可使用成交价格估价方法确定完税价格，除非转售、处置、使用的返还收益有客观量化的数据。

（4）特殊关系未影响成交价格

买卖双方之间存在特殊关系，能通过价格测试或销售环境测试之一的，则特殊关系未对成交价格产生影响。

如合同或发票价格符合上述定义及条件，则使用成交价格估价方法确定完税价格。上述有关费用如有不符之处，但能进行量化数据调整的，则仍可使用成交价格估价方法确定完税价格。

（二）其他估价方法的审查确定

合同或发票价格不能认定为成交价格的，完税价格需另行确定。使用成交价格以外的方法确定货物完税价格主要有以下几种情况：

1. 不符合成交价格定义、条件的规定，以及缺乏客观量化数据进行调整的。

2. 海关启动价格质疑程序，否定成交价格的。

（1）纳税义务人或者其代理人提供有关资料、证据后，海关经审核其所提供的资料、证据，仍然有理由怀疑申报价格的真实性、准确性的。

（2）纳税义务人或者其代理人提供有关资料、证据后，海关经审核其所提供的资料、证据，仍然有理由认为买卖双方之间的特殊关系影响成交价格的。

（3）不符合海关价格审核的程序性规定，如未在收到价格质疑通知书之日起五个工作日内或批准的延期期间，以书面形式提供相关资料或者其他证据，证明其申报价格真实、准确或者双方之间的特殊关系未影响成交价格的。

凡属于上述情形之一的，应依次采用相同、类似、倒扣等其他估价方法确定进口货物完税价格。但应注意，只有前一种估价方法不能使用时，才能选择后一种估价方法来确定完税价格（倒扣价格估价法虎计算价格估价法例外）。此时，进口单位或报关服务企业需待与海关磋商完毕后方知完税价格，进而核算出应缴的税费。

（三）运输及相关费用、保险费的审查确定

《审价办法》规定，进口货物的完税价格应当包括货物运抵中华人民共和国境内输入地点起

卸前的运输及相关费用、保险费。

对该项规定，应区分不同情形进行理解：

1. 起卸前运输及相关费用、保险费已经包括在进口货物的成交价格中。

在这种情况下，上述费用已经包括在进口货物的实付或应付价格中，且买方没有另行支付，无须重复计算。例如，买卖双方签订了一份进口货物合同，规定的贸易术语为CIF青岛，价格为10 000美元。因该贸易术语下，货物价格中已经包含了运输及保险等费用，核算完税价格时不必另行计入。

2. 起卸前运输及相关费用、保险费未包括在进口货物的成交价格中。

在这种情况下，运输及相关费用、保险费未包括在进口货物的实付或应付价格中，应当按照买方实际支付计算。

在判定出口地至进口地之间哪些费用应计入完税价格时，应依据两项标准：

一是上述费用必须与运输过程有关。运输及相关费用是指运输费用、与运输有关的费用。例如，货物的搬运、冷藏，动物饲养，破损货物的分拣，运输代理费，多次使用的容器的填装与清洗费等。如果一项费用发生在出口地至进口地之间，但该费用却与运输过程无关，则不应将该费用作为运输及相关费用计入完税价格。

例如，某货物计划从美国运往中国，在向中国运输之前，在美国的港口储存了半年，为此发生了一笔仓储费用。由于上述仓储行为是出于经营安排的考虑，与运输过程无关，因此该仓储费用不属于“运输及相关费用”，不应计入进口货物的完税价格。如果上述货物从美国启运后运往中国期间，曾在新加坡做短暂停留，为此发生了一笔仓储费用，由于仓储行为是运输途中的正常情况，则仓储费用与运输过程有关，应作为运输的相关费用计入完税价格。

二是上述费用必须发生在输入地点起卸前。输入地点应理解为，在承载进口货物的国际航行运输工具进入我国关境后，进口货物首次离开该运输工具的地点。按照《审价办法》的规定，起卸前解释为货物起卸行为开始之前。综上，输入地点起卸前即承载于国际航行运输工具的进口货物在进入我国关境后首次起卸行为开始之前。明确输入地点起卸前这一概念，是为了准确、合理地界定应当计入进口货物完税价格的运输、保险及相关费用的计算标准。

例如，买卖双方签订了一份销售协议，协议规定的成交条款为FOB美国主港，货物价值为8 000美元，货物经上海口岸进口，没有发生卸货行为直接运输至南京口岸完成卸货。在本案中，货物在经过上海口岸时，虽然已经进入中华人民共和国关境内，但由于货物在该环节没有发生实际卸货行为，即进口货物在最终到达南京口岸完成卸货前，并没有离开原运输工具。进口货物的国际运输及相关费用、保险费和货物经上海口岸运输至南京口岸之间发生的国内运输及相关费用、保险费，均由买方向运输公司支付。因此，本案例中进口货物完税价格构成大致为8 000美元加美国主港运输至我国南京口岸卸货前的国际、国内运输及相关费用、保险费。

再如，买卖双方签订了一份销售协议，协议规定的成交条款为FOB美国主港，货物价值8 000美元，货物经上海口岸进口，并在上海口岸转换国内船舶后运输至南京。在本案例中，虽然货物的最终目的地为南京，但由于货物在上海口岸进行了运输工具的转换，即从原来的国际运输班轮转至国内运输船舶继续运输，该环节存在卸货行为，货物从国际运输班轮上卸下的地点，应当视为输入地点，在此之后发生的国内运输及相关费用、保险费不应当被计入进口货物的完税价格。因此，本案例中，货物的完税价格构成大致为8 000美元、美国主港运输至我国上海口岸卸货前的运输及相关费用、保险费之和。

在确定运输及相关费用、保险费时，还应结合成交价格规定中的法定扣减项目合并理解。例如，在上述案例中，即使货物在上海口岸发生了卸货行为，但是买方支付的运费是包含到南京路程的总金额，且无法区分国际运输段和国内运输段的费用，或买方无法提供客观量化的数据以证明国内段运费的，则不予扣除国内段运费部分，而以运费总金额确定完税价格。

必须注意，上述运输及相关费用、保险费不仅包括从出口国港口到我国之间的上述费用，而且应当包括货物在出口国境内交货地点至出口国港口的费用。例如，《2000 年国际贸易术语解释通则》项下 EXW 工厂交货（……指定地点）贸易术语，卖方不办理出口清关手续，也无须将货物装上任何运输工具。在 EXW 工厂交货贸易条件下，买方必须承担在卖方所在地（出口国）接收货物的全部费用和风险。确定完税价格时，除国际海洋运输途中发生的运输及相关费用、保险费外，出口国工厂至出口国港口的运输及相关费用、保险费也应计入完税价格。

（四）其他特殊情形运输及相关费用、保险费计算方法

进口货物的运输及相关费用无法确定的，海关应当按照该货物进口同期的正常运输成本审查确定。运输工具作为进口货物，利用自身动力进境的，海关在审查确定完税价格时，不再另行计入运输及相关费用。

如果进口货物的保险费无法确定或者未实际发生，海关应当按照“货价加运费”两者总额的 3‰计算保险费，其计算公式为：

保险费=（货价+运费）×3‰

邮运进口的货物，应当以邮费作为运输及相关费用、保险费。

需要特别注意，在应用成交价格方法确定完税价格时，起卸前运输及相关费用、保险费已经包括在进口货物的成交价格中的，在确定完税价格时无须另行计入、重复计算。只有起卸前运输及相关费用、保险费未包括在进口货物的成交价格中，才需要按照买方实际支付计算。相关费用无法确定或者未实际发生等特殊情形下的运输及相关费用、保险费的计算方法，按照规定的确定方式确定。

另外，应用成交价格方法以外的方法确定完税价格时，运输及相关费用、保险费不是必须计入的项目，应根据实际估价的方法灵活确定。如在采用相同货物估价方法另行估定货物完税价格时，采用的相同货物价格为 CIF 价格情况下，则不必另行考虑运输及相关费用、保险费的审核及计入；但采用的相同货物价格为 FOB 价格情况下，则需要审核并计入相应的运输及相关费用、保险费。

（五）主要贸易术语价格转换

在操作层面，我国对进口货物完税价格以 CIF 价格为基础审核确定，如进口货物价格采用其他术语成交，需视情况将其他术语转换为 CIF 术语价格。

例如，FOB 贸易术语下成交货物，确定完税价格时需将货物运至我国关境起卸前发生的运输及相关费用、保险费计入，即：

CIF 价格=FOB+起卸前发生的运输及相关费用、保险费

CFR 贸易术语下，确定完税价格时需将货物运至我国关境起卸前发生的保险费计入，即：

CIF 价格＝CFR＋起卸前发生的保险费用

EXW 术语下成交货物，需将出口国工厂至出口国港口发生的运输及相关费用、保险费也一并计入完税价格，即：

CIF 价格＝EXW＋起卸前发生的海洋运输及相关费用、保险费＋出口国工厂至出口国港口发生的运输及相关费用、保险费

其他贸易术语成交也应比照上述酌情进行换算。

进口货物完税价格审查流程如图 5-3-1 所示。

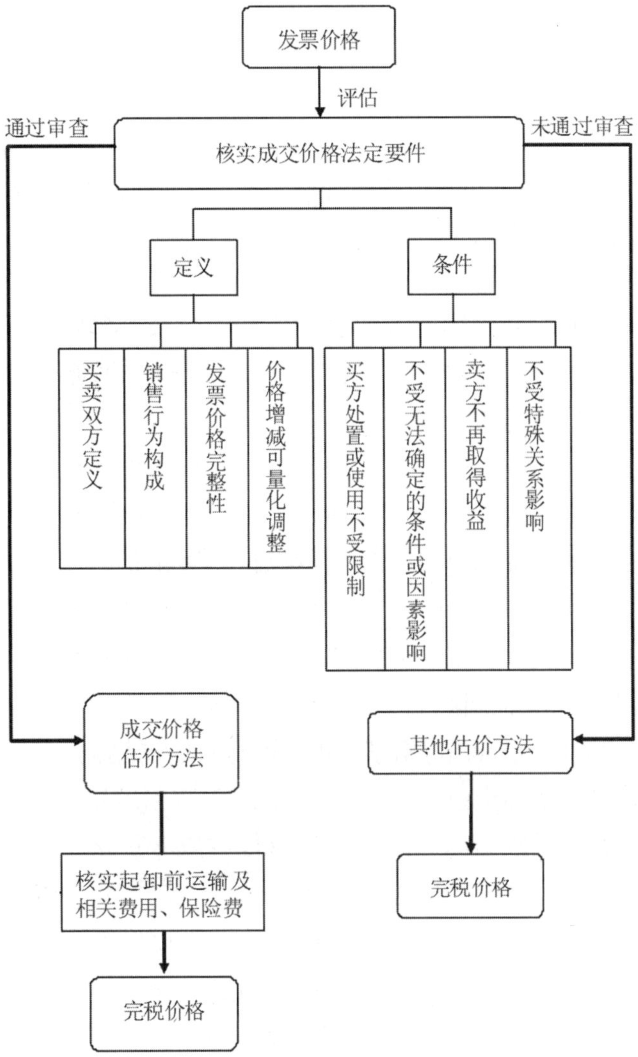

图 5-3-1 进口货物完税价格审查流程图

二、特殊进口货物完税价格的确定过程

按照《审价办法》《内销保税货物审价办法》对不同交易形式的货物审定完税价格相关规定，下列交易形式货物为本书所指的特殊进口货物。

(一) 内销保税货物

1. 非海关特殊监管区域及保税监管场所内加工贸易企业内销保税货物

(1) 进料加工方式进口料件、制成品(包括残次品)内销时

①满足以方式条件的，按照料件原进口时的成交价格确定。

进料加工方式进口料件、制成品(包括残次品)内销时，以料件原进口时的成交价格(此处的成交价格概念同前述进口及出口货物完税价格的确定中的描述)为基础确定完税价格。其核心要点包括时点、状态、确定价格基础等几个方面。具体为：

A. 确定该种货物完税价格的时点是“原进口时”，即料件原进口时的价格，而非内销时的价格。

B. 无论是料件、制成品或残次品内销，均以料件状态征税，制成品或残次品需按规定折算成料件。

C. 确定完税价格时以原成交价格为基础。

无论料件是否分不同时间、不同价格多次进口，只要内销时能找到对应内销货物的原进口批次，均应按照上述原则确定完税价格。

需要注意，原进口时的成交价格与原进口时的申报价格有着严格区别。进口单位或报关服务单位在办理内销申报时，如能按照上述要求找到对应的原进口料件成交价格，应优先使用该价格核算税费。如料件原进口申报价格不符合成交价格规定，需依次按照以下价格核算税费。

②按照第一种加权平均价格确定。

对因多批次进口的合同及在备案时采取了同品名、同税号归并处置的电子账册企业，导致内销货物与原进口料件难以对应的情形，可以以加权平均价格为基础确定完税价格。该加权平均价格，即使用参与核销的该项料件所有进口总价除以进口总数量得到的价格。

加权平均价格的使用条件：

A. 分批进口且内销时不能确定与原料件进口对应关系。

B. 使用三同原则，即同项号、同品名、同税号。

C. 使用价格的时间范围为合同有效期内或电子账册核销周期内。

③按照第二种加权平均价格确定。

对合同有效期内或电子账册核销周期内已进口料件的成交价格的加权平均价格由于客观原因导致难以计算或者难以确定的，海关将以客观可量化的当期进口料件成交价格的加权平均价格为基础审查确定完税价格。此时操作的标准是客观可量化，即以贸易实际为前提，以贸易中客观发生且可以量化的数据为基础确定完税价格。其时点是当期，即内销时。

综上，进料加工方式进口料件、制成品(包括残次品)内销时，确定完税价格的顺序依次是料件原进口时成交价格、合同有效期内或电子账册核销周期内加权平均价格、当期进口料件加权平均价格。核算税费时，应尽可能找到并使用靠前的价格以便贴合企业实际交易，按靠后的价格计税可能与企业实际应缴纳的税费差距较大。

(2) 来料加工料件或者其制成品(包括残次品)内销时

来料加工方式进口的料件进出口双方不构成销售关系，因此无法找到成交价格，不能按照上述进料加工货物内销规定确定完税价格。来料加工料件或者其制成品(包括残次品)内销时，

以海关接受内销申报的同时或者大约同时进口的，与料件相同或类似的保税货物的进口成交价格为基础审查确定完税价格。其核心要点也包括时间节点、状态、确定价格基础等几个方面。具体为：

①时间节点。其时间要求是来料加工货物内销申报的同时或大约同时，即内销申报时前后45天内的成交价格。

②状态要求。无论是料件、制成品或残次品内销，均以料件状态征税，制成品或残次品需按规定折算成料件。

③价格基础。应与内销货物相同或者类似的保税货物的进口成交价格为基础。

来料加工内销货物确定完税价格时，需要参照其他货物的成交价格而定，对内销单位或报关服务单位而言，在申报前准确核算税费较为困难。但一般而言，即使是来料加工货物，进出口企业也会以其正常销售的价格进行报关单的申报，海关即使使用其他估价方法后确定完税价格，很多情况下与报关单申报的价格也基本相符，刨除因时间因素发生的市场价格变化，内销企业原进口料件时申报的价格虽不能直接用来核算税费，但仍具有重要的参考价值。

2. 海关特殊监管区域、保税监管场所内保税物流货物内销

相关单位核算保税物流货物内销税费时，均应以该货物运出海关特殊监管区域、保税监管场所时的内销价格为基础审查确定完税价格。应对应内销时的时间节点，而非原货物购买或者进入特殊区域或场所时的价格。对发生的保险费、仓储费和运输及相关费用，如费用非发生在区域或场所内，且自内销价格中也能单独列明费用的种类及金额，则相关费用可以不计入完税价格。

对于向海关申报内销时并不存在出区内销价格，而仅存在进入区域或场所时的申报价格情形的，应依次使用其他方法进行估价。此时，内销单位或报关服务单位无法准确自行先行核算税费，仅能以入区域或场所时价格或内销时行情价格作为参考进行大致计算。

对于向海关申报内销时存在出区内销价格，并该内销价格亦符合一般进出口货物所适用的成交价格定义及条件等方面的规定，则可以此为基础确定完税价格进行税款核算。需要注意，内销保税货物运作模式与一般进出口货物基本相同，其估价的基本原则与一般进出口货物的估价原则是相同的。本处内销价格的规定只是强调货物运出海关特殊监管区域或保税监管场所时的审价要求，而不是规定一种新的估价方法。如出海关特殊监管区域或保税监管场所时申报的价格不能认定为内销价格并符合成交价格有关规定，则需要在与海关磋商后依次使用其他估价方法进行税费的核算。

（1）与该货物同时或者大约同时向中华人民共和国境内销售的相同货物的成交价格。

（2）与该货物同时或者大约同时向中华人民共和国境内销售的类似货物的成交价格。

（3）与该货物进口的同时或者大约同时，将该进口货物、相同或者类似进口货物在第一级销售环节销售给无特殊关系买方最大销售总量的单位价格，但应当扣除以下项目：同等级或者同种类货物在中华人民共和国境内第一级销售环节销售时通常的利润和一般费用及通常支付的佣金；进口货物运抵境内输入地点起卸后的运输及相关费用、保险费；进口关税及国内税收。

（4）按照下列各项总和计算的价格：生产该货物所使用的料件成本和加工费用，向中华人民共和国境内销售同等级或者同种类货物通常的利润和一般费用，该货物运抵境内输入地点起卸前的运输及相关费用、保险费。

（5）以合理方法估定的价格。

与海关磋商后，无论使用哪种价格确定完税价格，内销单位或报关服务单位已无法自行先行准确核算出应缴的税费，事前核算税费的意义已不大。

（二）出境修理复运进境货物

运往境外修理的机械器具、运输工具或者其他货物，出境时已向海关报明，并在海关规定的期限内复运进境的，以境外修理费和料件费为基础审查确定完税价格。

进口单位或报关服务单位在核算此类货物完税价格时需要注意以下几个关键点。

1. 符合海关规定的程序性要求

出境时向海关报明并在海关规定的期限内复运进境，出境修理这种贸易方式必须符合一定的程序性规定，企业应在被修理货物出境时向海关报明，并在规定的时间复运进境，否则海关在被修理的货物复运进境时将按照一般进出口货物对待。

2. 及时向海关申请延期

如出境货物不能按原计划的时间复运进境，必须在到期前申明理由并取得延期许可。

3. 是否签订保修协议

如货物原进口合同中规定了保修条款，且保修费用已经计入了首次进口货物的完税价格，则免费保修期间的出境修理行为可以享受免税待遇；如保修协议规定的保修费用未计入原进口货物完税价格的，则需根据实际发生的保修费用计算完税价格。

（三）出境加工复运进境货物

运往境外加工的货物，出境时已向海关报明，并在海关规定期限内复运进境的，以境外加工费和料件费，以及该货物复运进境的运输及相关费用、保险费为基础审查确定完税价格。

进口单位或报关服务单位在核算此类货物完税价格时需要注意以下几个关键点。

1. 符合海关规定的程序性要求

出境时向海关报明并在海关规定的期限内复运进境，必须符合该程序性规定，否则海关在出境加工货物复运进境时将按照一般进出口货物对待。

2. 及时向海关申请延期

如出境货物不能按原计划的时间复运进境，必须在到期前申明理由并取得延期许可。

（四）暂准进境货物

经海关批准的暂准进境货物，应当缴纳税款的，按照审定一般进口货物完税价格的规定审查确定完税价格。经海关批准留购的暂准进境货物，以海关审查确定的留购价格作为完税价格。

进口单位或报关服务单位在核算此类货物完税价格时需要注意以下几个关键点。

1. 正确区分两大类暂时进境货物的不同点

《关税条例》第四十二条规定的两类暂时进境货物的核心区别是是否为商业用途。列明的九种用于非商业目的的货物，在规定期限内复运出境可以暂不征税，列明的九种之外的其他暂时进口货物需按货物的完税价格和其在境内滞留时间与折旧时间的比例计算征收关税。无论哪类货物进口，均需缴纳与税款等值的保证金或税款担保函后方可放行货物。

2. 符合海关规定的程序性要求

必须在经批准的申请进境时限内复运出境，否则海关将按照一般进出口货物审价方法全额征税，并征收期限届满之日起至纳税义务人申报纳税之日止按日加收应缴纳税款万分之五的滞纳金。

3. 及时向海关申请延期

如货物不能按原计划的时间复运进境，必须在到期前申明理由并取得延期许可。

（五）租赁进口货物

租赁进口货物通常包括经营性租赁和融资性租赁两种方式。经营性租赁货物一部分价值留在我国境内，但其余剩余价值在租赁期届满后将随货物一同复运出境。理论上应将留在境内的部分价值计入完税价格，承租人对外支付的租金可以看作是留在境内部分价值的等价物。融资性租赁的价值最终将全部留在我国境内，因此应将租赁货物的全部价值计入完税价格。

进口单位或报关服务单位在确定租赁进口货物完税价格时需要注意以下几点。

1. 以租金方式对外支付的租赁货物

以租金方式对外支付的租赁货物，在租赁期间以海关审定的该货物的租金作为完税价格，利息予以计入。

2. 租期届满留购的租赁货物

留购的租赁货物以海关审定的留购价格作为完税价格。如果有证据表明前期支付的租金已经包含了该货物的所有价格，留购行为只是起到转移所有权的目的，则无须对留购价格进行调整；否则，海关将根据留购时货物的实际状态进行估价。

3. 自由选择分次或一次性缴税

租赁单位可在每次支付租金后分次缴税，也可以在进口时申请一次性缴税。纳税义务人申请一次性缴纳税款的，可以选择申请按照一般进出口货物估价方法确定完税价格，或者按照海关审查确定的租金总额作为完税价格。

4. 在规定的时间内向海关申报纳税

租赁进口货物分期支付租金的，纳税义务人应当在每次支付租金后的 15 日内向海关申报办理纳税手续，逾期办理申报手续的，海关除了征收税款外，还应当自申报办理纳税手续期限届满之日起至纳税义务人申报纳税之日止，按日加收应缴纳税款万分之五的滞纳金。该租金需经海关审定方可作为完税价格，且利息部分需要计入。

（六）需予以补税的减免税货物

在海关监管年限内，减税或免税进口的货物由于转让、提前解除监管、主体变更、依法终止情形或其他原因需补征收款的，以及将减免税货物移作他用需补征税款的，其完税价格为在海关审定的货物原进口时的价格基础上，按相应规定的比例折旧，并扣除折旧部分的价值。

进口单位或报关服务单位在确定该类货物完税价格时需要注意以下几点。

1. 事先经海关同意

减免税货物在监管年限内不能擅自出售、转让、移作他用，如果有特殊情况，须经过海关批准后方可以出售、转让。

2. 使用原进口时的价格

原进口时价格的确定方法应完全遵循一般进出口货物估价的规定。

3. 补税计算公式

（1）减免税货物因转让、提前解除监管以及减免税申请人发生主体变更、依法终止情形或者其他原因需要补征税款的，计算公式为：

补税的完税价格=海关审定的货物原进口时完税价格×（1−减免税货物已进口时间÷监管年限×12）

补税时实际已进口的时间按月计算，不足1个月但是超过15日的，按照1个月计算；不超过15日的，不予计算。

（2）减免税申请人将减免税货物移作他用，需要补缴税款的，计算公式为：

补税的完税价格=海关审定的货物原进口时完税价格×（需要补缴税款的时间÷监管年限×12）

需要补缴税款的时间为减免税货物移作他用的实际时间，按日计算，每日实际使用不满8小时或者超过8小时的均按1日计算。

（七）无成交价格货物

以易货贸易、寄售、捐赠、赠送等不存在成交价格的方式进口的货物，总体而言都不适用成交价格估价方法，海关与纳税义务人进行价格磋商后，按照《审价办法》第六条，依次采用相同货物成交价格估价法、类似货物成交价格估价法、倒扣价格估价法、计算价格估价法及合理方法审查确定完税价格。

进口单位或报关服务单位在确定该类货物完税价格时需要注意：在配合海关确定上述货物完税价格的过程中，进口单位或报关服务单位应充分利用磋商权利，完整、及时地提供真实且有利于己方的价格资料或其他相关证据。当然，纳税义务人也可书面提出放弃提供价格资料的权利，由海关确定完税价格，从而保证所需的通关时效。

（八）软件的介质

进口载有专供数据处理设备用软件的介质，具有下列情形之一的，以介质本身的价值或者成本为基础审查确定完税价格：介质本身的价值或者成本与所载软件的价值分列；介质本身的价值或者成本与所载软件的价值虽未分列，但是纳税义务人能够提供介质本身的价值或成本的证明文件，或者能提供所载软件价值的证明文件。

进口单位或报关服务单位在确定该类货物完税价格时需要注意以下几点。

1. 介质的范围有严格的界定

仅指磁带、磁盘及光盘，具体指税目85.23项下的商品。不包括《税则》第37章的感光胶片、胶卷、感光纸等产品，也不包括集成电路、计算机芯片等商品。前述不包括的货物即使已经固化了电子数据、指令、信息等类似内容的，仍需以其总价值确定完税价格。

2. 价值分列

介质本身的价值或者成本应与所载软件的价值分列或有证据证明各自的价值，否则需以总价值为基准确定完税价格。

3. 无实体货物进口

通过电子形式网上交易的电子数据、设计图纸及其他信息，但无实体货物进口的，无须核算海关应缴的税费。相关税费缴纳按照税务部门相关规定办理。

4. 其他例外情况

美术、摄影、声音、录像、影视、游戏、电子出版物的介质也不适用上述规定，该类货物的完税价格应为介质与介质所载内容的总价值。

（九）跨境电子商务零售进口商品

将实际交易价格作为货物完税价格，实际交易价格包括货物零售价格、运费和保险费。

进口人或报关服务单位在确定该类货物完税价格时需要注意：

1. 国家对跨境电子商务零售进口商品范围及平台的经营有明确的限定。对不属于跨境电子商务零售进口的个人物品，以及无法提供交易、支付、物流等电子信息的跨境电子商务零售进口商品，按现行邮递物品进口税规定执行。

2. 要符合规定的金额限制。跨境电子商务零售进口商品的单次交易限值为 5 000 元人民币，个人年度交易限值为 26 000 元人民币。在限值以内进口的跨境电子商务零售进口商品，关税税率暂设为 0；进口环节增值税、消费税取消免征税额，暂按法定应纳税额的 70%征收。超过单次限值、累加后超过个人年度限值的单次交易，以及完税价格超过 5 000 元人民币限值的单个不可分割商品，均按照一般贸易方式全额征税。

3. 如事先商定税费由相关平台或物流企业承担并已支付，则无须另行核算应缴的税费。

三、出口货物完税价格的确定过程

《审价办法》规定，出口货物的完税价格由海关以该货物的成交价格为基础审查确定，并且应当包括货物运至中华人民共和国境内输出地点装载前的运输及相关费用、保险费。

从上述完税价格定义出发，出口货物完税价格确定应从成交价格审查确定与运输及相关费用、保险费的审查确定两个角度进行。

（一）成交价格估价方法的审查确定

成交价格审查确定的过程即为成交价格估价方法的应用过程。出口单位应按照《审价办法》规定，重点从出口成交价格定义角度对合同或发票价格进行评估。

1. 是否符合《审价办法》中买方、卖方的规定

核对出口货物的交易双方是否符合法定买方、卖方的规范。例如，发票上体现的出口人为代理人还是实际货物卖方，进口人是货物的收货人还是实际货物买方。如交易双方与买卖双方的法定要件存在差异，则报关企业应重新核实交易的实际买卖双方及其相关贸易单证。

2. 是否符合《审价办法》规定的销售概念

出口销售是确定出口货物是否存在成交价格的前提条件。如交易不符合销售定义，则销售不存在，因此也就不能使用成交价格方法估价，而应采用其他方法估价。例如，出口货物是否属于国内企业运往境外开展工程建设的自有设备，是否存在实际销售行为；出口货物是否为样品，有无实际交易价格等。如交易不符合销售行为的定义，则报关单位应采用成交价格以外的其他估价方法确定应申报的货值。

3. 是否符合《审价办法》关于直接收取和间接收取款项的规定

出口货物的成交价格应包括我国卖方向国外买方直接收取和间接收取的款项总额。例如，是否存在货款分批次收取的情况；是否存在境外买方根据我国卖方要求，将部分货款转付给第三人账户的情况。如存在上述情况，应将发票价格还原为实际支付价格。

（二）其他估价方法的审查确定

合同或发票价格不能被认定为成交价格的，完税价格需另行确定。

以下情形将无法使用成交价格方法：

1. 不符合成交价格定义要求的。

2. 海关启动价格质疑程序，否定成交价格。

（1）纳税义务人或者其代理人提供有关资料、证据后，海关经审核其所提供的资料、证据，仍然有理由怀疑申报价格的真实性、准确性的；

（2）纳税义务人或者其代理人提供有关资料、证据后，海关经审核其所提供的资料、证据，仍然有理由认为买卖双方之间的特殊关系影响成交价格的；

（3）不符合海关价格审核的程序性规定，如未在收到价格质疑通知书之日起 5 个工作日内或批准的延期期间，以书面形式提供相关资料或者其他证据，证明其申报价格真实、准确或者双方之间的特殊关系未影响成交价格的。

凡属于上述情形之一的，则不能使用成交价格估价方法确定完税价格，应依次采用相同、类似直至合理方法等其他估价方法。

（三）运输及相关费用、保险费的审查确定

《审价办法》规定，出口货物的完税价格应当包括货物运至中华人民共和国境内输出地点装载前的运输及相关费用、保险费。对该项规定，应区分不同情形进行理解。

1. 国际运输及相关费用、保险费已经包括在成交价格中

在这种情况下，应将相关费用予以扣除。例如，买卖双方签订了一份应税出口货物合同，规定的贸易术语为 CIF 东京，价格为 10 000 元人民币，其中运输费 1 000 元人民币，保险费 100 元人民币。因该贸易术语情况下，货物价格中已经包含了装载后运费及保险等相关费用，按照规定可予以扣除，则：

FOB 价格 = 10 000 − 1000 − 100 = 8 900（元人民币）

2. 国际运输及相关费用、保险费未包括在成交价格中

因装载后的运输及相关费用、保险费不属于出口完税价格的组成部分，按照《审价办法》的规定，上述费用无须另行计入。

3. 国内运输及相关费用、保险费包括在成交价格中

如果出口货物的价格中已经包含了货物运至中华人民共和国境内输出地点装载前的运输及相关费用、保险费，则无须重复计入上述费用。例如，我国卖方以 FOB 条款向国外买方销售货物，

因 FOB 条款已经包含了货物价值及境内发生的各类费用，则确定该出口货物的完税价格时，不用重复计入该类费用。本处中的“输出地点”是指出口货物装载到国际航行的运输工具上的地点。“装载前”是指货物装载行为开始之前。“输出地点装载前”是指出口货物运到国际航行运输工具地点装载行为开始之前。运输及相关费用、保险费的范围同进口相关问题的理解。

4. 国内运输及相关费用、保险费未包括在成交价格中

采用 EXW 贸易术语成交的出口货物会出现上述情况，此时需要将输出地点装载前的运输及相关费用、保险费计入完税价格。我国工厂至境内输出地点装载前的运输及相关费用、保险费均由国外买方承担，这些费用需计入该货物的出口完税价格中。例如，买卖双方签订了一份应税出口货物合同，规定的贸易术语为 EXW，货物价格为 10 000 元人民币，另有工厂到码头运输费用 1 000元人民币，保险费 100 元人民币。按照规定，我国境内输出地点装载前的运输及相关费用、保险费应计入货物价格，则：

FOB 价格 = 10 000+1 000+100 = 11 100（元人民币）

需要特别注意，在应用成交价格方法确定完税价格时，装载前运输及相关费用、保险费已经包括在出口货物的成交价格中的，在确定完税价格时无须另行计入，重复计算。只有装载前的国内运输及相关费用、保险费未包括在出口货物的成交价格中，才需要按照实际发生的金额计入。另外，应用成交价格方法以外的价格方法确定完税价格时，国内发生的运输及相关费用、保险费不是必须计入的项目，应根据实际估价的方法灵活确定。如在采用相同货物估价方法另行估定货物完税价格时，采用的相同货物价格为 CIF、FOB 等价格情况下，则不必另行考虑国内运输及相关费用、保险费的审核及计入；但采用的相同货物价格为 EXW 价格情况下，则需要审核并计入相应的国内运输及相关费用、保险费。

（四）主要贸易术语价格转换

在操作层面，我国出口货物完税价格以 FOB 价格为基础审核确定，如出口货物采用其他术语成交，均需视情况将其他术语转换为 FOB 术语价格。出口货物以其他贸易术语成交，应进行适当转换。

CIF 术语下：

出口货物 FOB 价格 = CIF－国际运输及相关费用、保险费

CFR 术语下：

出口货物 FOB 价格 = CFR－国际运输及相关费用

EXW 术语下：

出口货物 FOB 价格 = EXW+国内运输及相关费用、保险费

其他贸易术语成交比照上述酌情换算。

（五）出口货物完税价格最终确定

需注意，按照《审价办法》的规定，出口货物完税价格应扣除包含的出口关税税额，不应直接采用 FOB 价格作为出口货物完税价格。

出口货物完税价格=FOB（中国境内口岸）价格-出口关税。出口关税=出口货物完税价格×出口关税税率，由此得到：

出口货物完税价格= FOB÷（1+出口关税税率）

出口货物以其他贸易术语成交，应进行适当转换。

CIF 术语下：

出口货物完税价格=（CIF-国际运输及相关费用、保险费）÷（1+出口关税税率）

CFR 术语下：

出口货物完税价格=（CFR-国际运输及相关费用）÷（1+出口关税税率）

EXW 术语下：

出口货物完税价格=（EXW+国内运输及相关费用、保险费）÷（1+出口关税税率）

其他贸易术语成交也应比照上述酌情换算。

出口货物完税价格审查流程如图 5-3-2 所示。

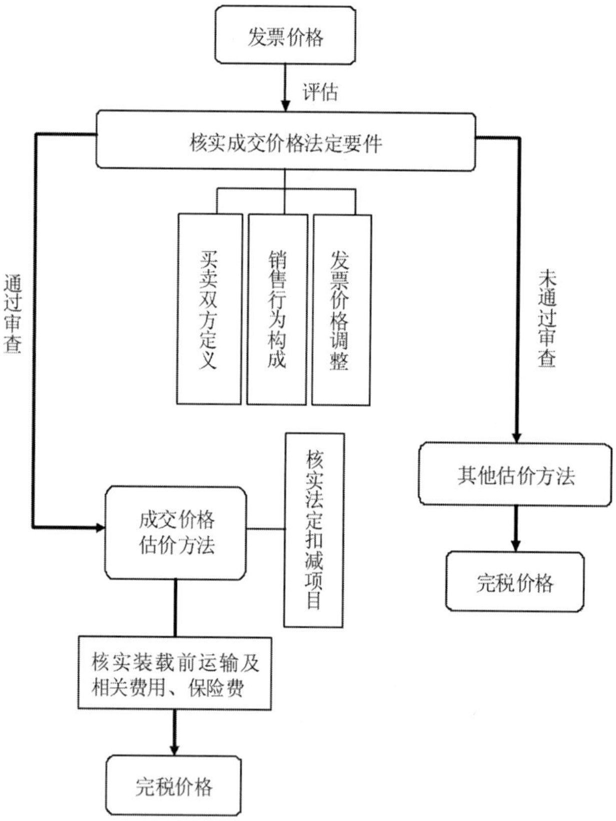

图 5-3-2　出口货物完税价格审查流程图

【复习思考题】

1. 完税价格和成交价格的关系是什么？
2. 成交价格的价格调整项目有哪些？

3. 进口货物的完税价格确定过程是如何规定的？
4. 几类特殊进口货物的完税价格确定过程是如何规定的？
5. 进口主要贸易术语价格如何转换？
6. 出口主要贸易术语价格如何转换？

第四单元　税率适用的确定过程

【学习目标】

我国海关针对进出口货物征收税款，根据货物不同采取从价计征、从量计征、复合计征等不同方式，但从价计征方式是所有进出口货物征收及缴纳税款最主要的方式之一。采取从价计征方式，需要确定进出口货物完税价格，同时确定计征税率。进出口货物的计征税率要以商品归类的确定为前提，并需要结合货物原产地规则的适用以及税率适用的时间，这是进出口税费核算过程中十分重要的环节，也是一个复杂的过程。鉴于从量计征（含复合计征）方式中从量税率的确定在确定商品归类后，参照《税则》所示直接应用即可，本单元对从量税率的确定不再赘述。

完成本单元学习，学习者应获得以下成果：

1. 对税率确定涉及的基本要素进行正确描述；
2. 按照税率适用的规定确定最终的适用税率。

【基本概念】

税率适用时间、优惠原产地规则、非优惠原产地规则

【建议学习时间】

1 课时

【学习内容】

税率适用是指进出口货物在征税、补税、追税或退税时选择适用各种税率。税率适用尤其是关税税率适用的确定与税率适用时间、商品归类、货物原产国（地区）确定的关系十分密切。税率适用确定的前提是税率适用时间、商品归类、货物原产国（地区）已经确定，并在此基础上运用税率适用的相关规定选择确定最为适合的计征税率。

一、税率确定的基本要素

进出口货物税率适用涉及要素主要有三个：税率适用时间的确定、商品归类的确定、原产地规则的适用。

（一）税率适用时间的确定

按照《关税条例》规定，进出口货物税率适用的基本规定是应适用海关接受该货物申报进口或者出口之日实施的税率。接受货物申报日期：以电子数据报关单方式申报的，申报日期为海关计算机系统接受申报数据时记录的日期；以纸质报关单方式申报的，申报日期为海关接受纸质报关单并且对报关单进行登记处理的日期。

（二）商品归类的确定

商品归类是按照归类原则将进出口货物归入恰当的税则号列的行为。具体规定及操作技能见本书的相关内容。

（三）原产地规则的适用

一般而言，能够确定进口货物属于优惠贸易协定或安排的国家（地区）及商品范围的，并能提供符合规定要求的原产地证明文件，则该进口货物可适用优惠原产地规则。如不符合前述条件或规定，则不能适用优惠原产地规则，而应适用非优惠原产地规则。

原产地规则适用流程如图 5-4-1 所示。

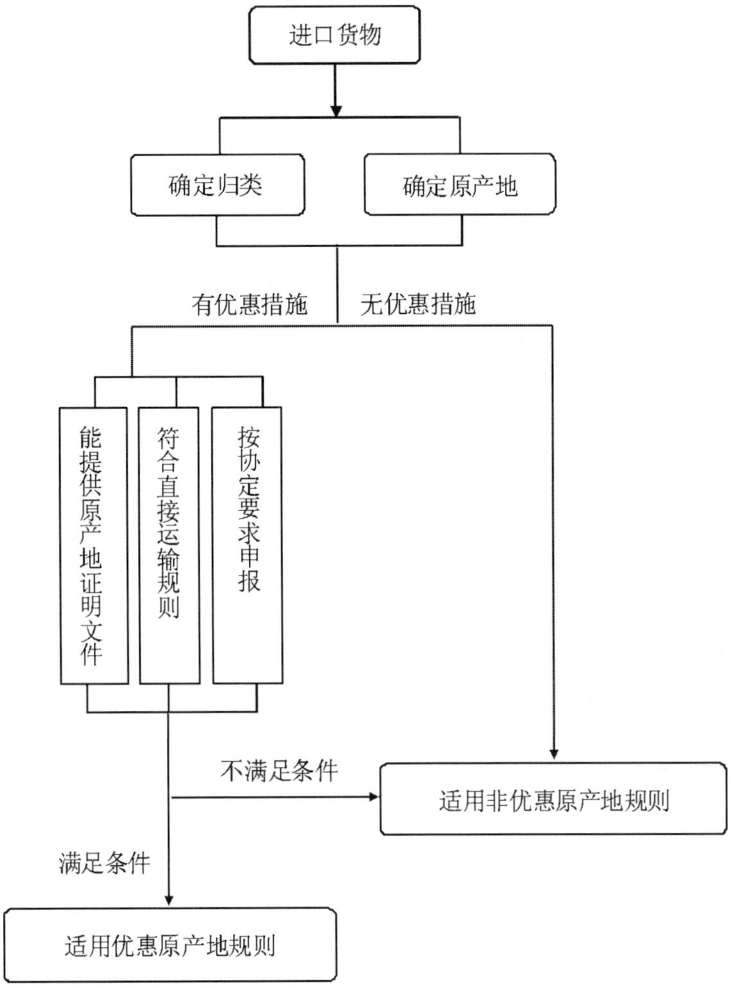

图 5-4-1　原产地规则适用流程图

二、税率确定过程

（一）确定税率适用的时间

除按照《关税条例》规定，进出口货物应当适用海关接受该货物申报进口或者出口之日实施的税率基本规定外，还需要注意几类特殊情形。

1. 进口货物到达前，经海关核准先行申报的，应当适用装载该货物的运输工具申报进境之日实施的税率。

2. 进口转关运输货物，应当适用指运地海关接受该货物申报进口之日实施的税率；货物运抵指运地前，经海关核准先行申报的，应当适用装载该货物的运输工具抵达指运地之日实施的税率。

3. 出口转关运输货物，应当适用启运地海关接受该货物申报出口之日实施的税率。

4. 经海关批准，实行集中申报的进出口货物，应当适用每次货物进出口时海关接受该货物申报之日实施的税率。

5. 因超过规定期限未申报而由海关依法变卖的进口货物，其税款计征应当适用装载该货物的运输工具申报进境之日实施的税率。

6. 因纳税义务人违反规定需要追征税款的进出口货物，应当适用违反规定的行为发生之日实施的税率；行为发生之日不能确定的，适用海关发现该行为之日实施的税率。

7. 已申报进境并放行的保税货物、减免税货物、租赁货物或者已申报进出境并放行的暂时进出境货物，有下列情形之一需缴纳税款的，应当适用海关接受纳税义务人再次填写报关单申报办理纳税及有关手续之日实施的税率：

（1）保税货物经批准不复运出境的；

（2）保税仓储货物转入国内市场销售的；

（3）减免税货物经批准转让或者移作他用的；

（4）可暂不缴纳税款的暂时进出境货物，经批准不复运出境或者进境的；

（5）租赁进口货物，分期缴纳税款的。

（二）根据商品归类查找对应税率

按照选定的税率适用时间点生效的《税则》，根据归类原则确定商品归类。确定好税则号列后，查找并记录《税则》对应的该税则号列的全部税率。

（三）确定符合相应原产地规则规定

1. 设有协定或特惠税率

税则号列对应全部税率中设有协定或特惠税率的，且进口单位能提供符合要求的原产地及直接运输规定的文件的，可适用优惠原产地规则并按各自的优惠贸易协定或安排适用协定或特惠税率。

适用协定税率或特惠税率需满足如下要求：

（1）提交符合规定的原产地证书及相应商业发票、运输等单证；

（2）货物运输符合直接运输的规定；

（3）应按照报关单的填制规范要求正确申报。

如申报环节暂时无法提供相应证书，可就原产地资格向海关补充申报并办理海关事务担保先期放行货物，在规定时限内补交相应证书。对超过担保期限提供相关证书的情形海关不予接受，对已按其他税率征收税款的不予调整。如进口环节未提供有效原产地证书，也未就进口货物是否具备原产地资格向海关补充申报，海关按照其他税率征收税款后进口人要求按照协定税率或特惠税率征税的，海关将不予调整。但应注意，提交符合要求的原产地及直接运输等单证是适用协定税率或特惠税率的必备条件，但不是适用优惠税率的全部条件，如进口货物经查验或原产地核查，确认货物原产地与申报内容不符，或者无法确定货物真实原产地的，即使完整提供上述所有单证及正确申报，进口货物也将无法适用协定税率或特惠税率。

2. 未设有协定税率、特惠税率

税则号列对应全部税率中未设有协定税率、特惠税率的，适用非优惠原产地规则，一般可适用最惠国税率。

（四）按照税率适用规定确定最终的计征税率

1. 进口关税正税税率适用选择

按照以上规定确定完商品归类、适用的原产地规则后，需要对照《税则》复式税率设置，按照以下的规则从中选取最终适用的税率。选择时需要区分不同税率设置的实际情形，需要优先从低适用的从低，需要优先执行暂定税率的优先执行暂定税率，其他情形按照各自规定执行。

（1）从低选用税率

对同时适用协定税率、特惠税率的进口货物有暂定税率的，应当从低适用税率。

（2）暂定税率优先

对适用最惠国税率进口货物同时设有暂定税率的，应当适用暂定税率；出口货物征收出口关税并同时设有出口暂定税率的，适用出口暂定税率。

（3）关税配额税率优先

按照国家规定实行关税配额管理的 8 类进口货物，关税配额内的，优先适用关税配额税率。国家对尿素、复合肥、磷酸氢铵 3 种化肥在关税配额税率基础上又实施了 1%的进口暂定税率，此时优先执行暂定税率。配额之外的，其税率的适用按照《关税条例》第十条、第十一条的规定执行。

（4）特别规定

当最惠国税率低于或等于协定税率时，协定有规定的，按照相关协定规定执行；协定无规定的，二者从低适用。

执行国家有关进出口关税减征政策时，首先应当在最惠国税率基础上计算有关税目的减征税率，其次根据进口货物的原产地及各种税率形式的适用范围，将这一税率与同一税目的特惠税率、协定税率、进口暂定税率进行比较，税率从低执行，但不得在暂定税率基础上再进行减免。

适用普通税率的进口货物，其他税率均不适用，此时税率是从高适用。

同时有两种及以上税率可适用的进口货物最终适用税率汇总如表 5-4-1 所示。

表 5-4-1　进口货物最终适用税率

货物可选用的税率	适用税率
同时适用最惠国税率、进口暂定税率	应当适用进口暂定税率
同时适用最惠国税率、减征税率	优先适用减征税率
同时适用减征税率、进口暂定税率、协定税率、特惠税率	应当从低适用税率
适用普通税率的进口货物，同时有进口暂定税率等	适用普通税率
适用关税配额税率、其他税率	关税配额内的，适用关税配额税率，配额内税率基础上还设有暂定税率的，适用暂定税率；关税配额外的，税率适用按照《关税条例》第十条和第十一条执行

2. 关税附加税税率适用

按照规定，国家对部分进口货物征收反倾销、反补贴等附加税，需要注意，在选用上述常规税率基础上应同时选用相应的附加税率，如无附加税的设置，直接适用选定的关税正税税率即可。

（1）反倾销、反补贴、保障措施等附加税率

按照有关法律、行政法规的规定对进口货物采取反倾销、反补贴、保障措施的，除征收关税正税外，其附加关税税率的适用按照《中华人民共和国反倾销条例》《中华人民共和国反补贴条例》《中华人民共和国保障措施条例》的有关规定执行。对其中能够按照要求提供原产地证书及原厂商发票的，或通过其他规定的形式能确认货物原产国（地区）厂商信息的，按照商务部、海关总署相关征收反倾销、反补贴等税收公告中规定的税率执行。前述征收的关税正税中，凡进口原产于与我国达成优惠贸易协定的国家（地区）并享受协定税率的商品，同时该商品又属于我国实施反倾销或反补贴措施范围内的，应按照优惠贸易协定税率计征进口关税正税；对实施反倾销税、反补贴措施的商品签有价格承诺协议的，进口申报价格不低于生产厂家向我国商务部承诺价格且能提交符合要求的原产地证据文件及原生产厂商发票、签署价格承诺协议公司出具的出口证明信的，无须加征反倾销及反补贴税率。凡进口原产于与我国达成优惠贸易协定的国家（地区）并享受协定税率的商品，同时该商品又属于我国采取保障措施范围内的，应在该商品全部或部分中止、撤销、修改关税减让义务后所确定的适用税率基础上计征进口关税正税。

（2）报复性关税附加税率

任何国家（地区）违反与中华人民共和国签订或者共同参加的贸易协定及相关协定，对中华人民共和国在贸易方面采取禁止、限制、加征关税或者其他影响正常贸易的措施的，对原产于该国家（地区）的进口货物可以加征报复性关税，在正常的关税正税之外加征报复性关税税率。征收报复性关税的货物、适用国别、税率、期限和征收办法，由国务院关税税则委员会决定并公布。

对于进口环节代征消费税税率，海关根据货物税则号列，按照消费税税目税率表所示确定是否应征消费税。如征收，按照税目表查找对应的计征税率。对于代征增值税税率，海关根据货物种类的不同按 13%、9%或其他适用税率计征税款。

对于我国出口应税货物而言，出口关税税率的确定过程十分简单，确定税则号列后直接查找

《税则》，对照适用即可，其中有出口暂定税率时，优先适用暂定税率。

进出口货物关税及代征税的补征和退还时适用的税率，适用按照上述规定确定的税率。

【复习思考题】

1. 税率适用涉及的三个基本要素是什么？
2. 适用优惠原产地规则下协定税率或特惠税率应符合哪些要求？
3. 关税正税税率选用有哪些规定？
4. 关税附加税率选用有哪些规定？
5. 退税、补税税率如何适用？

第五单元　税费核算实例

【学习目标】

本单元旨在让学习者熟悉及掌握进出口货物不同交易模式下从价计税、从量计税、复合计税等正税，反倾销税、反补贴税、特别关税、报复性关税等附加税，进口环节海关代征税，滞报金，滞纳金，税款担保，缓税利息等税费的计算方法、作业程序、计算公式及核算顺序。

完成本单元学习，学习者应获得以下成果：

1. 按照从价计税、从量计税、复合计税及反倾销税、反补贴税等附加关税作业程序、计算公式，核算拟申报的进出口货物关税税款；

2. 按照进口环节增值税、消费税核算作业程序、计算公式，核算拟申报的进出口货物进口环节代征税税款；

3. 按照滞报金、滞纳金、税款担保、缓税利息等核算作业程序、计算公式，核算相应的滞报金、滞纳金、税款担保、缓税利息金额。

【基本概念】

价内税、价外税

【建议学习时间】

2 课时

【学习内容】

进口关税核算主要涉及正税及附加税。按照《税则》公布的税率计算得出税额，称为正税计算，有从量、从价、复合等不同计算方法。对进口货物征收正常关税之外按规定另外加征的附加税的计算，为附加税计算，包括反倾销税、反补贴税、特别关税、报复性关税。在核算进口关税正税及进口环节海关代征税时，所涉及的关税及代征税税率一般可依据《税则》确定，个别情况除外。根据需要，国家可能临时调整正税及附加税税率，如 2018 年国家连续对美国部分进口货物关税税率进行调整。在核算附加税时必须另行根据相关决定及公告确定。进口单位或报关服务单位需要实时关注相关决定及公告并准确适用税率。进口正税是税款核算的主要方面，进口附加税及出口关税的核算仅在某些特殊情况下进行。税款核算中，从价计征方式是目前我国绝大多数进出口货物征纳进出口税所使用的方法，使用频率较高。

按计税价格的组成划分，关税及代征税又可分为价内税和价外税。如果计税价格的组成不包含其本身，称为价外税，如关税和增值税；如果计税价格的组成包含其本身，称为价内税，如消费税。把握价内税和价外税的区别，有利于我们准确计算税款。进出口税费核算中完税价格（或数量）和税率（或单位税额）的确定是基础，正确使用公式进行计算是关键。

进出口货物完税价格、进出口关税、进口环节代征税一律以人民币计征，均采用四舍五入方法计算至分。

一、进口关税的核算

（一）从价税

国内某公司于2018年2月购进德国产模压成型机1台，申报价格为FOB汉堡1 100 000欧元。已知运费3 000欧元，保险费率2.5‰，适用的外汇折算价为1欧元=7.261 8元人民币，计算应征进口关税。

1. 作业程序

（1）根据审定完税价格办法的有关规定，确定应税货物的CIF价格。

（2）按照归类原则将应税货物归入适当的税号。

（3）根据原产地规则和税率适用规定，确定应税货物所适用的税率。

（4）根据汇率适用规定，将以外币计价的CIF价格折算成人民币（完税价格）。

（5）按照计算公式正确计算应缴税款。

2. 计算公式

进口关税计算公式如下：

进口关税税额=进口货物完税价格×进口从价关税税率

其中，各种贸易术语项下关税的计算公式具体如下。

（1）进口货物完税价格使用CIF贸易术语成交并经海关审定的，计算公式为：

进口关税税额=CIF×进口从价关税税率

（2）进口货物完税价格使用FOB贸易术语成交并经海关审定的，计算公式为：

进口关税税额=（FOB+运输及相关费用+保险费）×进口从价关税税率

（3）进口货物完税价格使用CFR贸易术语成交并经海关审定的，计算公式为：

进口关税税额=（CFR+保险费）×进口从价关税税率或CFR÷（1-保险费率）×进口从价关税税率

3. 计算过程

（1）运用进口货物完税价格审定的方法，结合合同及发票内容按照成交价格的定义及条件所述要求对申报价格全面进行审查认定。经审查未发现不符合成交价格规定情形的，按照成交价格估价方法确定完税价格，按公式折算，审定CIF价格为：

CIF价格=（1 100 000.00+3 000.00）÷（1-2.5‰）
　　　　=1 105 764.41（欧元）

（2）按照归类总规则相关规定，确定模压成型机税则归类，归入税则号列8474.8020。

（3）根据案例所示，货物原产国为德国。经查询《税则》无原产自德国货物的协定税率设置，也未设有暂定税率。查询相应反制措施文件，该产品无反倾销、反补贴等特殊措施。德国为世界贸易组织成员，在可选择的普通税率与最惠国税率中，应适用最惠国税率，其关税率为5%。

（4）根据汇率适用规定，应按照税率适用日期确定汇率适用日期，最终确定完税价格如下：

进口货物完税价格＝1 105 764.41×7.261 8

＝8 029 839.99（元人民币）

（5）按照公式计算应征关税税额：

进口关税税额＝进口货物完税价格×进口从价关税税率

＝8 029 839.99×5%

＝401 492.00（元人民币）

4. 要点总结

（1）价格认定必须符合相关规定。在成交价格定义及条件方面影响申报价格成立的，必须进行适当调整，或按照其他估价方法另行确定完税价格以保证税费核算有准确的计算基础。

（2）税则归类确定工作非常关键。归类不准确，会导致适用税率错误，无法准确核算税款。同时，错误归类也可能导致监管证件发生变化，以致无法按计划通关，影响生产及经营。

（3）报关人员应在日常工作中密切关注国家外贸政策变化及海关发布的政策调整公告。以本案为例，熟知相关优惠贸易协定及相关反制措施可明显提高选择适用税率的效率，从而准确、快速地核算出应缴税款。

（二）从量税

国内某公司于2017年9月进口日本产彩色摄影用胶片（宽度不超过16毫米）61 820平方米，成交价格为CIF境内某口岸602日元/平方米。已知适用的外汇折算价为1日元＝0.058 403元人民币，计算应征进口关税。

1. 作业程序

（1）按照归类原则将应税货物归入适当的税号。

（2）根据原产地规则和税率适用规定，确定应税货物所适用的税率。

（3）确定其实际进口量。

（4）如需计征进口环节代征税，根据审定完税价格的有关规定，确定应税货物的CIF价格。

（5）根据汇率适用规定，将外币计价的CIF价格折算成人民币（完税价格）。

（6）按照计算公式正确计算应缴税款。

2. 计算公式

从量税计算公式如下：

进口关税税额＝进口货物数量×单位税额

3. 计算过程

（1）按照归类总规则相关规定，确定彩色胶片归入税则号列3702.5200。

（2）经查询《税则》，彩色胶片适用从量关税。原产日本货物无协定税率设置，该商品也未设有暂定税率。查询相应反制措施文件，该产品无反倾销、反补贴等特殊措施。日本为世界贸易组织成员，在可选择的从量普通税率与最惠国税率中，应适用最惠国税率，其税率为95元/平方米。

（3）根据相关单证，确定其实际进口量为 61 820 平方米。

（4）按照公式计算应征关税税额：

进口关税税额=进口货物数量×单位税额

=61 820×95.00

=5 872 900.00（元人民币）

4. 要点总结

（1）税则归类确定工作非常关键。归类不准确，可能会导致应适用从量税的货物错误适用从价税，无法准确核算税款。同时，错误归类也可能导致监管证件发生变化，以致无法按计划通关，影响生产及经营。

（2）适用从量税时，完税数量的确定非常关键。部分合同或发票项下货物可能非以从量税征收计算单位成交，需注意按照规定的折算公式准确换算。

（3）征收从量税的货物，仅是关税按照从量计征，代征税仍然按照从价计征。所以，其价格仍需进行认定，对在成交价格定义及条件方面影响申报价格成立的，必须进行适当调整，或按照其他估价方法另行确定完税价格，以保证税费核算有准确的计算基础。

（三）复合关税

国内某公司于 2017 年 6 月进口日本产非特种用途广播级电视摄像机 8 台，成交价格为 CIF 境内某口岸 5 200 美元/台。已知适用的外汇折算价为 1 美元=6.863 2 元人民币，计算应征进口关税。

1. 作业程序

（1）根据审定完税价格的有关规定，确定应税货物的 CIF 价格。

（2）按照归类原则将应税货物归入适当的税则号列。

（3）根据原产地规则和税率适用规定，确定应税货物所适用的税率及单位税额。

（4）确定其实际进口量。

（5）根据汇率适用规定，将外币折算成人民币（完税价格）。

（6）按照计算公式正确计算应缴税款。

2. 计算公式

复合关税计算公式如下：

进口关税税额=进口货物数量×单位税额+进口货物完税价格×进口从价关税税率

3. 计算过程

（1）运用进口货物完税价格审定的方法，结合合同及发票内容，按照成交价格的定义及条件所述要求全面对申报价格进行审查认定。经审查未发现不符合成交价格规定情形的，按照成交价格方法确定完税价格，审定 CIF 价格为：

CIF 价格=8×5 200.00

=41 600.00（美元）

（2）按照归类总规则相关规定，确定该批广播级电视摄像机归入税则号列 8525.8912。

（3）经查询《税则》，该广播级电视摄像机对应有信息技术产品最惠国税率（29.2%）及复合税率（完税价格不高于 5 000 美元/台，35%；完税价格高于 5 000 美元/台，3%，另加 9 728 元/台），二者从低计征。原产于日本的该货物无协定税率设置，该商品也未设有暂定税率。查询相应反制措施文件，该产品无反倾销、反补贴等特殊措施。在可选择的普通税率与最惠国税率中，日本原产货物应适用最惠国税率，且与复合税率从低计征。

（4）根据汇率适用规定，确定完税价格如下：

进口货物完税价格 = 41 600.00×6.863 2
= 285 509.12（元人民币）

（5）按照计算公式分别计算进口关税税额：

从价进口关税税额 = 进口货物完税价格×进口从价关税税率
= 285 509.12×29.2%
= 833 68.66（元人民币）

复合进口关税税额 = 进口货物数量×单位税额+进口货物完税价格×进口从价关税税率
= 8×9 728.00+285 509.12×3%
= 77 824.00+8 565.27
= 86 389.27（元人民币）

二者经比较，从价税率更低，应适用信息技术产品最惠国税率计征关税。

4. 要点总结

（1）税则归类确定工作非常关键。归类错误，可能导致应适用复合税率的货物错误适用单一从价税率或从量税率，无法准确核算税款。同时，错误归类也可能导致监管证件发生变化，以致无法按计划通关，影响生产及经营。

（2）复合税中从量税。完税数量的确定非常关键，部分合同或发票项下货物可能非以从量税征收计算单位成交，需注意按照规定的折算公式准确换算。

（3）我国在 2016 年 9 月 15 日对扩大范围的信息技术产品实施首次降税，对该类产品对应有复合关税征收方式的，应从低计征关税，注意加以比较后再予核算。

（4）征收复合税的货物，从价税部分及代征税仍然按照从价计征。所以，其价格仍需进行认定，对在成交价格定义及条件方面影响申报价格成立的，必须进行适当调整，或按照其他估价方法另行确定完税价格，以保证税费核算有准确的计算基础。

（四）反倾销税

国内某公司于 2019 年 1 月从韩国 LG 化学株式会社购进双酚 A 一批，成交总价为 CIF 国内某口岸 483 360 美元。已知该货物需要征收反倾销税，适用的外汇折算价为 1 美元 = 6.863 2 元人民币，计算应征的反倾销税税款。

1. 作业程序

（1）根据审定完税价格的有关规定，确定应税货物的 CIF 价格。

（2）按照归类原则将应税货物归入适当的税则号列。

（3）根据反倾销税有关规定，确定应税货物所适用的反倾销税税率。

（4）根据汇率适用规定，将外币折算成人民币（完税价格）。

（5）按照计算公式正确计算应征反倾销税税款。

2. 计算公式

反倾销税计算公式为：

反倾销税税额=进口货物完税价格×反倾销税税率

3. 计算过程

（1）运用进口货物完税价格审定的方法，结合合同及发票内容，按照成交价格的定义及条件所述要求全面对申报价格进行审查认定。经审查未发现不符合成交价格规定情形的，按照成交价格方法确定完税价格，审定 CIF 价格为 483 360 美元。

（2）按照归类总规则相关规定，确定该货物归入税则号列 2907. 2300。

（3）根据案例所示，经查询相关反制措施文件，对韩国产双酚 A 征收反倾销税，该案例中韩国 LG 化学株式会社所产货物对应反倾销税税率为 4. 7%。

（4）根据汇率适用规定，应按照税率适用日期确定汇率适用日期，完税价格如下：

进口货物完税价格=483 360. 00×6. 863 2
=3 317 396. 30（元人民币）

（5）按照公式计算税额：

反倾销税税额=进口货物完税价格×反倾销税税率
=3 317 396. 30×4. 7%
=155 917. 62（元人民币）

4. 要点总结

（1）反倾销税属于从价计征税款，对在成交价格定义及条件方面影响申报价格成立的，必须进行适当调整，或按照其他估价方法另行确定完税价格，以保证税费核算有准确的计算基础。

（2）税则归类确定工作非常关键。归类不准确，可能会导致应加征反倾销税货物按照正常税率计征，无法准确核算税款。同时，错误归类也可能导致监管证件发生变化，无法按预计时限通关，影响生产及经营。

（3）必须加强相关反制措施文件的学习和资料积累。税费核算环节，如不能确定有关货物不属于反制措施范围，应及时查找海关总署相关公告进一步确定。对加征反倾销税的货物品种、原产国（地区）、原厂商等关键信息务必仔细核对，以免错计、漏计附加税。

（4）进口单位或报关服务单位不能认为国家对某些货物征收反倾销税或反补贴税，海关就会在进口价格审核环节人为否定原合同或发票价格。价格审核环节，仍应该按照成交价格定义及条件的相关要求正常审核，如无不符合成交价格相关规定的情况，该合同或发票价格仍可被认可为成交价格。对存在反倾销等行为的不公平贸易产品，海关采取征收反倾销税、反补贴税等反制措施。

（5）征收反倾销税、反补贴税的产品，如是来自优惠贸易协定或安排下的国家（地区），并可享有协定税率或特惠税率等优惠税率的，关税正税仍应优先执行协定税率或特惠税率等优惠税率。

（6）反倾销税属于附加关税，其征收公式与正常关税相同，均为关税完税价格与各自税率之积。

反补贴税、保障措施关税、报复性关税等其他附加税征收程序及方法与反倾销税征收程序及方法大致相同。

二、进口环节海关代征税的核算

（一）进口环节消费税

国内某公司于2019年2月进口俄罗斯产伏特加酒600瓶（单瓶酒容量为1 000毫升），成交价格为CIF国内某口岸18美元/瓶。假设适用的外汇折算价为1美元=6.863 2元人民币，计算应征的进口环节消费税税款。

1. 作业程序

（1）根据审定完税价格的有关规定，确定应税货物的CIF价格。

（2）按照归类原则确定税则归类，将应税货物归入适当的税则号列。

（3）根据原产地规则和税率适用规定，确定应税货物所适用的关税税率、消费税税率。

（4）根据汇率适用规定，将外币折算成人民币（完税价格）。

（5）按照计算公式正确计算关税税额。

（6）按照计算公式正确计算消费税税额。

2. 计算公式

（1）实行从价定率办法计算纳税额，采用价内税的计税方法，即计税价格的组成包括消费税税额。其计算公式为：

消费税应纳税额=消费税组成计税价格×消费税比例税率

其中：

消费税组成计税价格=（进口货物完税价格+关税税额）÷（1-消费税比例税率）

（2）从量征收的消费税的计算公式为：

消费税应纳税额=应征消费税进口数量×消费税定额税率

（3）实行从价定率和从量定额复合计税办法计算纳税的组成计税价格，其计算公式为：

消费税应纳税额=消费税组成计税价格×消费税比例税率+应征消费税进口数量×消费税定额税率

其中：

消费税组成计税价格=（进口货物完税价格+关税税额+应征消费税进口数量×消费税定额税率）÷（1-消费税比例税率）

3. 计算过程

（1）运用进口货物完税价格审定的方法，结合合同及发票内容，按照成交价格的定义及条件所述要求全面对申报价格进行审查认定。经审查未发现不符合成交价格规定情形的，按照成交价格方法确定完税价格，审定 CIF 总价格为：

CIF 价格 = 18.00×600

= 10 800.00（美元）

（2）按照归类总规则相关规定，确定该货物归入税则号列 2208.6000。

（3）根据案例所示，货物原产国为俄罗斯。经查询《税则》，该货物税号除正常征收从价关税及进口环节海关代征增值税外，还应征收消费税且采用复合计税方式征收。俄罗斯与我国尚未签署优惠贸易协定因而无协定税率，且该产品无反倾销、反补贴等特殊措施，无附加税征收，也无暂定税率设置，排除普通税率后应适用 10%最惠国税率，并征收复合消费税（20%从价消费税率 0.912 元/升从量消费税）。

（4）根据汇率适用规定，计算完税价格为：

完税价格 = 10 800.00×6.863 2

= 74 122.56（元人民币）

（5）关税税额计算公式为：

关税税额 = 进口货物完税价格×关税税率

= 74 122.56×10%

= 7 412.26（元人民币）

（6）复合方式计算消费税税额为：

消费税应纳税额 = 消费税组成计税价格×消费税比例税率 + 应征消费税进口数量×消费税定额税率

其中：

应征消费税进口数量×消费税定额税率 = 600×1×0.912

= 547.20（元人民币）

消费税组成计税价格 =（进口货物完税价格 + 关税税额 + 应征消费税进口数量×消费税定额税率）÷（1−消费税比例税率）

=（74 122.56+7 412.26+547.20）÷（1−20%）

= 102 602.52（元人民币）

由此：

消费税应纳税额 = 消费税组成计税价格×消费税比例税率 + 应征消费税进口数量×消费税定额税率

= 102 602.52×20%+547.20

= 21 067.70（元人民币）

4. 要点总结

（1）税则归类确定工作非常关键。归类不准确，可能在《税则》中查找不到准确的对应税率，导致应征收消费税发生漏征，税款核算失真。同时，错误归类也可能导致监管证件发生变化，以致无法按预计时限通关，影响生产及经营。

（2）从量消费税，完税数量的确定非常关键，部分合同或发票项下货物可能非以从量消费税征收计算单位成交，需注意按照规定的折算公式准确计算。

（3）征收从量消费税的货物，关税及其他代征税仍然按照从价计征。所以，其价格仍需进行认定，对在成交价格定义及条件方面影响申报价格成立的，必须进行适当调整，或按照其他估价方法另行确定完税价格。

（4）消费税的计算公式比较复杂，核算时注意正确应用公式。

（5）需要注意，某商品涉及消费税征收，如同时也涉及反倾销、反补贴等附加税加征的，消费税组成计税价格中的关税税额是关税正税税额与附加税税额之和，不能遗漏。

（二）进口环节增值税

自 2019 年 4 月 1 日起，进口货物增值税由 16%和 10%分别降至 13%和 9%。

国内某公司于 2019 年 4 月进口德国产排量为 6 升的汽油动力四轮驱动越野车 3 台，经海关审核其成交价格总值为 CIF 境内某口岸 460 000.00 欧元。假设其适用的外汇折算价为 1 欧元=7.5 元人民币，计算应征增值税税额。

1. 作业程序

（1）根据审定完税价格办法的有关规定，确定应税货物的 CIF 价格。

（2）按照归类原则确定税则归类，将应税货物归入适当的税则号列。

（3）根据原产地规则和税率适用规定，确定应税货物所适用的关税税率、消费税税率及增值税税率。

（4）根据汇率适用规定，将外币折算成人民币（完税价格）。

（5）按照计算公式正确计算关税税额。

（6）按照计算公式正确计算消费税税额。

（7）按照计算公式正确计算增值税税额。

2. 计算公式

（1）进口关税计算公式为：

关税税额=进口货物完税价格×进口从价关税税率

（2）消费税相关计算公式为：

消费税税额=消费税组成计税价格×消费税比例税率

其中：

消费税组成计税价格=（进口货物完税价格+关税税额）÷（1-消费税比例税率）

（3）增值税相关计算公式为：

增值税应纳税额=增值税组成计税价格×增值税税率

其中：

增值税组成计税价格=进口货物完税价格+关税税额+消费税税额

3. 计算过程

增值税的计算需要首先计算关税税额，之后计算消费税税额，最后计算增值税税额。

（1）运用进口货物完税价格审定的方法，结合合同及发票内容，按照成交价格的定义及条件所述要求全面对申报价格进行审查认定。经审查未发现不符合成交价格规定情形的，按照成交价格方法确定完税价格，审定 CIF 价格为 460 000. 00 欧元。

（2）按照归类总规则相关规定，确定该货物归入税则号列 8703. 2422. 10。

（3）根据案例所示，货物原产国为德国。经查询《税则》，该货物关税、进口环节代征消费税及增值税且均按从价方式征收。德国与我国尚未签署优惠贸易协定无协定税率，且该产品无反倾销、反补贴等特殊措施，无附加税征收，也无暂定税率设置，排除普通税率后应适用 15%最惠国税率，对应 6. 0 升排气量的消费税税率为 40%，增值税税率为 13%。

（4）根据汇率适用规定，应按照税率适用日期确定汇率适用日期，最终计算完税价格为：

进口货物完税价格=460 000. 00×7. 5

=3 450 000. 00（元人民币）

（5）计算关税税额为：

关税税额=进口货物完税价格×进口从价关税税率

=3 450 000. 00×15%

=517 500. 00（元人民币）

（6）计算消费税税额为：

应征消费税税额=［（进口货物完税价格+关税税额）÷（1−消费税比例税率）］×消费税比例税率

=［（3 450 000. 00+517 500. 00）÷（1−40%）］×40%

=6 612 500. 00×40%

=2 645 000. 00（元人民币）

（7）计算增值税税额为：

应征增值税税额=（进口货物完税价格+关税税额+消费税税额）×增值税税率

=（3 450 000. 00+517 500. 00+2 645 000. 00）×13%

=6 612 500. 00×13%

=859 625. 00（元人民币）

4. 要点总结

（1）税则归类确定工作非常关键。归类不准确，会导致适用税率错误，无法准确核算税款。同时，错误归类也可能导致监管证件发生变化，以致无法按预计时限通关，影响生产及经营。

（2）价格认定必须符合相关规定，对在成交价格定义及条件方面影响申报价格成立的，必须进行适当调整，或按照其他估价方法另行确定完税价格，以保证税费核算有准确的计算基础。

（3）国家仅对少数商品征收消费税，注意不要遗漏核算消费税。

（4）注意税款核算应按关税、消费税、增值税的顺序进行。

（5）需要注意，某商品涉及增值税征收，如同时也涉及反倾销、反补贴等附加税加征的，增值税组成计税价格中的关税税额是关税正税税额与附加税税额之和，不能遗漏。

三、进口关税及代征税的合并核算

前文对进口关税及进口环节代征税税款的核算采取分步计算的方式，实际上在日常工作中，对进口应税货物最常见的税款核算方式是合并计算，即通过税率常数公式（常数在小数点后保留4位尾数，第5位四舍五入）计算出综合税率的形式一步计算出应缴的关税及进口环节代征税税额总和。

需要注意，此处的关税仅指关税正税税额，不包括附加关税税额，如遇有征收附加关税的情况，仍需分步计算各税种税款，最终累加得出全部应缴税款。

其中，对于不征收消费税的商品，在确定好该商品的关税税率和增值税税率后，采用以下常数计算公式：

常数=进口关税税率+增值税税率+进口关税税率×增值税税率

之后用进口货物完税价格乘以该常数即为应缴进口全部税额。

对于应征消费税商品，在确定好该商品的关税税率和增值税税率后，采用以下常数计算公式：

常数=（进口关税税率+消费税税率+增值税税率+进口关税税率×增值税税率）÷（1-消费税税率）

之后用进口货物完税价格乘以该常数即为应缴进口全部税额。

同理，在税款核算时也可以通过查找《中华人民共和国进出口税则对照使用手册》常数附表确定综合税率。在通过常数表确定时，选取关税及代征税税率交叉栏内的常数，用进口货物完税价格乘以该常数即为应缴进口全部税额。

（一）非海关特殊监管区域及保税监管场所内的来料加工保税料件内销

某企业于2019年2月向海关申请内销来料加工手册进口的聚氯乙烯树脂，合计100吨。该批料件是2018年9月多批次进口，原报关单申报价格从CIF 902美元/吨至CIF 960美元/吨不等。同期一般贸易下进口韩国原产该货物价格为CIF 1 110美元/吨，以进料加工方式进口该货物价格为CIF 940美元/吨至CIF 1 000美元/吨不等。企业于2019年2月11日内销时，韩国原产的一般贸易形式成交的货物价格为CIF 1 140美元/吨，以进料加工方式进口该货物价格为CIF 930美元至CIF 1 000美元/吨不等。企业无法提供原产地证书。假设2019年2月汇率为1美元=6.85元人民币，2018年9月汇率为1美元=6.86元人民币，计算该企业应缴税款。

1. 作业程序

（1）根据审定完税价格办法的有关规定，确定应税货物的CIF价格。

（2）按照归类原则将应税货物归入适当的税则号列。

（3）根据税率有关规定，确定应税货物所适用的关税及代征税率。

（4）根据汇率适用规定，将外币折算成人民币（完税价格）。

（5）正确计算税款。

2. 计算公式

全部应缴税款计算公式如下：

应缴税额=完税价格×常数

3. 计算过程

（1）案例中内销货物为来料加工项下的料件，按照规定，来料加工料件内销时，以内销申报的同时或者大约同时进口的与内销料件相同或者类似的保税货物的进口成交价格为基础审查确定完税价格。企业内销申报时间为2019年2月11日，企业2018年原进口时间申报价格及其他价格均可以不再考虑。2019年2月内销时对应有一般贸易货物价格（CIF 1 140美元/吨）及进料加工货物价格（CIF 930美元/吨至CIF 1 000美元/吨），一般贸易价格也可以剔除。仅需要在CIF 930美元/吨至CIF 1 000美元/吨的区间价格中考虑。如果企业能够说明与外方是长期合作关系，对大客户有一定的优惠价格，以及价格没有受到买卖双方特殊关系的影响等情况，则可以按照CIF 930美元/吨的价格为基础确定完税价格，审定CIF价格为：

CIF价格=930.00×100

=93 000.00（美元）

（2）按照归类总规则相关规定，确定该货物归入税则号列3904.1010。

（3）来料加工内销货物适用内销时税率。经对照《税则》，该商品2019年进口从价税最惠国税率为6.5%，普通税率为45%，亚太贸易协定税率为4.2%，中韩自贸协定税率4.8%，增值税税率16%，无消费税。根据题干所示，鉴于内销企业无法提供享受较低协定税率的文件，应按照6.5%最惠国税率确定关税征收比例。另外，经查询海关总署或商务部网站信息，内销货物未实施贸易救济措施。

（4）根据汇率适用规定，应采用2019年2月汇率。完税价格为：

完税价格=93 000.00×6.85

=637 050.00（元人民币）

（5）计算税款为：

全部应缴税额=完税价格×常数

=637 050.00× 0.235 4

=149 961.57（元人民币）

其中：

常数=0.065+0.16+0.065×0.16=0.235 4

4. 要点总结

（1）必须遵从来料加工内销货物完税价格审定要求，以内销时间的保税货物成交价格为基础确定计算，但不要直接以来料加工货物价格或其他贸易方式价格为基础计算。保税货物审价规定中的“同时或者大约同时”进口是指在内销时点前后各45个自然日内，且其他条件均相同情况下距内销时点越近则越应优先选取。

（2）税则归类确定工作非常关键。归类不准确，不可能正确确定各项计征税率。同时，错误归类也可能导致监管证件发生变化，无法按预计时限通关，影响生产及经营。

（3）内销货物，如有对应的优惠税率可以享受，但必须符合优惠原产地规则相关规定，即提供符合要求的原产地文件、符合直接运输的规定，以及按照规定正确向海关申报。如内销单位在原进口时已向海关提交原产地证书正本，内销环节无法提供正本，可以向海关申请凭加盖海关业务印章的原产地证书复印件作为原产地证明文件。

（4）勿错误计算及应用常数。

（二）暂时进出境货物

2018 年 5 月 4 日，某单位以暂时进出口方式进口日本产推土机用于工程施工，经海关审核同意 6 个月内返回境外，货物于当日凭规定金额的担保放行。因工程进度低于预期，经进口单位申请，海关同意延期 6 个月。企业于 2019 年 1 月 31 日将原货物复运出境，2019 年 2 月 4 日，该企业凭施工机械复运出境报关单向海关申请核销担保。已知该机械税则号列为 8429. 1110，总价为 CIF 2 万美元，2018 年和 2019 年对应最惠国税率均为 7%，普通税率为 30%，增值税税率为 16%，无优惠税率设置，无贸易救济措施实施。设 2018 年 5 月汇率为 1 美元 = 6. 86 元人民币，2019 年 1 月汇率为 1 美元 = 6. 85 元人民币，2019 年 2 月汇率为 1 美元 = 6. 84 元人民币，该进口单位是否应缴纳税款？如需缴纳，计算应缴金额。

1. 作业程序

（1）根据审定完税价格办法的有关规定，确定应税货物的 CIF 价格。

（2）按照归类原则将应税货物归入适当的税则号列。

（3）根据税率有关规定，确定应税货物所适用的关税及代征税率。

（4）根据汇率适用规定，将外币折算成人民币（完税价格）。

（5）根据《中华人民共和国海关进出口货物征税管理办法》（以下简称《征税管理办法》）确定该种特殊进出口货物的税收征管措施。

（6）正确计算税款。

2. 计算公式

进口时涉及征税的暂时进出境货物，计征税款的期限为 60 个月。不足 1 个月但超过 15 天的，按 1 个月计征；不超过 15 天的，免予计征。计征税款的期限自货物放行之日起计算。

按月征收税款的计算公式为：

每月关税税额 = 关税总额 × 1 ÷ 60

每月进口环节代征税税额 = 进口环节代征税总额 × 1 ÷ 60

3. 计算过程

（1）暂时进境货物在申报进口环节，因涉及担保放行，均需要按照正常进出口货物审定其完税价格并核算担保金额；涉及《关税条例》第 42 条所列 9 类之外的货物需依规缴税。按照题干提示，经审定本次进口货物价格为 CIF 2 万美元。

（2）按照题干提示，该货物归入税则号列 8429. 1110。

（3）该货物 2018 年和 2019 年对应最惠国税率均为 7%，普通税率为 30%，增值税税率为

16%，无优惠税率设置，无贸易救济措施实施。按照《关税条例》第42条所列9类之外的暂时进出境货物征税时，接受货物申报进境之日的税率适用的规定，关税率应适用2018年对应的7%最惠国税率，增值税率16%。

（4）按照汇率应与税率适用日期一致的规定，适用于2018年5月对应的汇率。完税价格为：

完税价格 = 20 000.00×6.86

= 137 200.00（元人民币）

（5）按照《海关事务担保条例》规定，暂时进出境货物属于特定海关业务，需要按照海关规定提供担保方可放行货物。在海关规定的期限内货物复运进出境后，企业可申请核销税款担保。该进口机械用于工程施工，属于用于商业用途，应予征税。按照《征税管理办法》，暂时进出境货物的税款核算有两种方式：一是按照审定进出口货物完税价格规定和海关接受该货物申报进出境之日适用的计征汇率、税率，按月征收税款；二是在规定期限内货物复运出境时一并计算应缴的税款。因该货物未采用按月征税的方式，需要在货物出境时办理一次性缴税手续。企业于2019年1月31日将施工机械复运出境，在境内期间共使用8个月零26天，按照计算公式合9个月的计税期。

（6）计算税款为：

关税及代征税在境内9个月时间应纳税总额 = 关税及代征税总额×9÷60

= 33 092.64×9÷60

= 4 963.90（元人民币）

其中：

关税及代征税总额 = 完税价格×常数

= 137 200.00×0.241 2

= 33 092.64（元人民币）

常数 = 0.07+0.16+0.07×0.16 = 0.241 2

4. 要点总结

（1）暂时进出境货物进口时，需按照海关规定提供相应的税款担保方可予以放行。进口单位及报关服务单位需要提前做好准备，应准确区分暂时进出境货物的属性。一是用于非商业用途的暂时进出境货物。在展览会、交易会、会议及类似活动中展示或使用的货物，文化、体育交流活动中使用的表演或比赛用品，进行新闻报道或者摄制电影、电视节目使用的仪器、设备及用品，开展科研、教学、医疗活动使用的仪器、设备及用品，在前述所列活动中使用的交通工具，以及特种车辆，货样，供安装、调试、检测设备使用的仪器或工具，盛装货物的容器，其他用于非商业目的货物。二是上述货物之外的用于商业用途的暂时进出境货物。

（2）用于非商业用途的暂时进出境货物，在规定期限内复运出境的，不缴纳关税；未能在规定期限届满前复运进出境或留购的，才需要缴纳关税。如货物留购，纳税义务人应当在规定期限届满前向海关申报。海关根据留购价格审定完税价格，按照办理纳税手续之日实施的税率征收税款。

（3）用于商业用途的进出境货物，按货物完税价格和其在境内滞留时间与折旧时间的比例缴纳关税。无论采取按月缴纳税款还是期满复运出境一次性缴纳税款的方式，货物适用的税率及汇率均按照海关接受货物申报进境之日的税率及汇率规定。该类暂时进出境货物在规定期限届满后不再复运出境或者复运进境的，纳税义务人应当在规定期限届满前向海关申报，办理税款缴纳手续缴纳剩余税款，即60个月税款缴纳期内尚未缴纳月数对应的税款。

（4）按照规定，暂时进出境货物可免予提交许可证件（另有规定除外），但留购转为正式进出境时需要按照规定补办相应证件（如需）。

（5）经批准的暂时进出境货物应当在6个月内复运出境或进境，最多可延期3次，每次6个月。货物必须要在批准期限内复运进出境，否则海关将按照一般进出口货物审价方法全额征税并征收期限届满之日起至纳税义务人申报纳税之日止按日加收应缴纳税款万分之五的滞纳金。

（三）租赁进口货物

2019年1月5日，某单位以租赁进口方式进口挪威籍拖船用于海上作业。相关资料显示，拖船租赁期为12个月，租金总价10万欧元，一次性付清租金，无利息费用支付。拖船CIF总价75万欧元。设2019年1月汇率为1欧元=7.5元人民币，计算应缴纳税款。

1. 作业程序

（1）根据审定完税价格办法的有关规定，确定拖船租金是否符合相关规定。

（2）按照归类原则将应税货物归入适当的税号。

（3）根据税率有关规定，确定应税货物所适用的关税及代征税率。

（4）根据汇率适用规定，将外币折算成人民币（完税价格）。

（5）根据《征税管理办法》确定该种特殊进出口货物的税收征管措施。

（6）正确计算税款。

2. 计算公式

全部应缴税款计算公式如下：

应缴税额=完税价格×常数

3. 计算过程

（1）该拖船年租金为10万欧元，总价为75万欧元。我国对船舶规定的折旧期为10年，但船舶实际使用期限一般均远超10年。海关对租金金额应予认可，不会提出异议。按照《审价办法》规定，租赁货物应以租赁期间支付的租金作为完税价格。

（2）按照归类总规则相关规定，确定该货物归入税则号列8904.0000。

（3）经查阅《税则》，该商品进口从价税最惠国税率为9%，普通税率为14%，增值税税率为16%，无消费税。无优惠税率设置，无贸易救济措施实施。挪威为世界贸易组织成员，应适用9%的最惠国税率。

（4）根据汇率适用规定，完税价格为：

完税价格=100 000.00×7.5

=750 000.00（元人民币）

（5）计算税款为：

全部应缴税额=完税价格×常数

=750 000.00×0.264 4

=198 300.00（元人民币）

其中：

常数=0.09+0.16+0.09×0.16=0.264 4

4. 要点总结

（1）进口租赁货物，申报时需向海关提交租赁合同、监管证件（如有贸易管制或监管要求）等单证材料。海关认为必要时，除支付租金对应的税款外，会要求进口租赁货物的单位按照货物对应的全额税款提供等值担保，担保金额的计算方式同税款计算方式。

（2）进口租赁货物在经海关同意的起止时间内，属于监管货物。进口单位应当在期满之日起 30 日内，向海关申请办结监管手续，将租赁进口货物复运出境。需要留购、续租的，进口单位向海关申报办理相关手续应当不迟于租赁进口货物租期届满后的第 30 日。

（3）一次性支付租赁进口货物租金的，应在申报租赁货物进口时办理纳税手续。分期支付租金的租赁进口货物，应在申报进口时按照第一期应当支付的租金办理纳税手续，缴纳相应税款；自第二期始，申报办理纳税手续应当不迟于每次支付租金后的第 15 日。

（4）对留购的租赁进口货物，以海关审定的留购价格作为完税价格，适用海关接受申请办理留购的相关手续之日的汇率、税率。

（5）对租赁进口货物继续租赁的，进口单位应当向海关提交续租合同，并按照上述第（1）～（3）项提示办理申报纳税手续。

（四）出境维修复运进境货物

2018 年 6 月 10 日，某单位以修理物品方式将原从韩国进口的工件夹具申报出境修理，出口单位提供保证函保证货物在 2018 年 7 月 10 日前返回。出境申报时，出口单位提供了原货物进口报关单（进口日期为 2018 年 5 月 20 日）及含有保修条款的原货物进口合同。进口报关单显示工件夹具税则号列为 8466.1000，CIF 总价 1 万美元。原进口合同显示工件夹具在 1 年内予以免费维修。2018 年 7 月 25 日，出口单位申报该维修货物进境。在 2018 年 7 月 10 日前的担保期限内，出口单位未向海关说明情况申请延期。设 2018 年 7 月汇率为 1 美元=6.85 元人民币，出口单位是否需要缴纳税款？如需缴纳，计算税款金额。

1. 作业程序

（1）根据审定完税价格办法的有关规定，确定维修费用。

（2）按照归类原则将应税货物归入适当的税则号列。

（3）根据税率有关规定，确定所适用的关税及代征税率。

（4）根据汇率适用规定，将外币折算成人民币（完税价格）。

（5）根据《征税管理办法》确定该种特殊进出口货物的税收征管措施。

（6）正确计算税款。

2. 计算公式

全部应缴税款计算公式如下：

应缴税额=完税价格×常数

3. 计算过程

（1）《审价办法》规定，运往境外修理的机械器具、运输工具或者其他货物，出境时已向海关报明，并在海关规定的期限内复运进境的，以境外修理费和料件费为基础审查确定完税价格。在合同规定的保修期内的，工件夹具的出境修理行为可以享受免税待遇，无须确定修理及料件费用。但如出境维修货物实际复运进境日期超过了原担保时限且未在规定时限前提出担保延期申请的，则违反了海关对出境修理货物管理的程序性规定。对超过规定时限进境的，完税价格应按照一般进出口货物审价方式确定。原工件夹具进口报关单显示价值为 CIF 1 万美元。经审核，该价格符合一般进出口货物的审价原则。

（2）按照归类总规则相关规定及原进口报关单所示，确定该货物归入税则号列 8466.1000。

（3）出境修理货物复运进境时，按照海关接受该货物申报之日适用的计征税率。经查阅《税则》，该商品进口从价税最惠国税率为7%，普通税率为17%，增值税税率为16%，无消费税。无优惠税率设置，无贸易救济措施实施。韩国为世界贸易组织成员，应适用7%的最惠国税率。

（4）根据汇率适用规定，应适用 2018 年 7 月汇率。完税价格为：

完税价格 = 10 000.00×6.85

= 68 500.00（元人民币）

（5）计算税款为：

全部应缴税额 = 完税价格×常数

= 68 500.00×0.241 2

= 16 522.20（元人民币）

其中：

常数 = 0.07+0.16+0.07×0.16 = 0.241 2

4. 要点总结

（1）涉及进出境维修的货物，必须在货物进出境时向海关报明，并提交相应的单证。维修货物进出境时未向海关报明的，在货物复运进出境环节将按照一般进出口货物对待。

（2）办理出境修理货物出口申报手续时，应当向海关提交货物的维修合同（或者含有保修条款的原进口合同）。办理出境修理货物复运进境进口申报手续时，应当向海关提交该货物的原出口报关单和维修合同（或者含有保修条款的原进口合同）、维修发票等单证。

（3）进出境维修货物，必须在海关规定的期限内复运出进境。本案例中，出口单位由于自身原因，没有在规定的期限内将货物复运进境且未在期限届满前申请延期，本应享受免税待遇的保修期内货物则因违规多支付出 16 522.20 元人民币的税费成本。

四、出口关税的核算

国内某企业于 2017 年 10 月向印度出口一批未精炼铜，合同采用 CIF 贸易术语成交。成交总价为 1 750 000 美元，海运运费为 12 500 美元，保险费用为 350 美元，已知适用的外汇折算价为 1 美元 = 6.863 2 元人民币，计算出口关税。

1. 作业程序

（1）根据审定出口货物完税价格办法的有关规定，确定应税货物 FOB 价格。

（2）按照归类原则将应税货物归入适当的税则号列。
（3）根据税率适用规定确定出口税率。
（4）根据汇率适用规定，将外币计价的 FOB 价格折算为人民币。
（5）按照计算公式正确计算应征出口关税税款。

2. 计算公式

出口关税相关计算公式如下：

出口关税税额=出口货物完税价格×出口关税税率

其中：

出口货物完税价格 =FOB（中国境内口岸）÷（1+出口关税税率）

出口货物是以 FOB 价成交的，应以该价格扣除出口关税后作为完税价格。如果以其他价格成交的，应换算成 FOB 价后再按上述公式计算。具体如下：

（1）以 CIF 方式成交，出口货物完税价格换算公式为：

出口货物完税价格 =（CIF-运费-保险费）÷（1+出口关税税率）

（2）以 CFR 方式成交，出口货物完税价格换算公式为：

出口货物完税价格 =（CFR-运费）÷（1+出口关税税率）

上述公式中的运费及保险费均指我国境内输出地点装载后发生的相关费用。

3. 计算过程

（1）运用出口货物完税价格审定的方法，结合合同及发票内容，按照成交价格的定义及条件所述要求对申报价格进行全面审查认定。经审查未发现不符合成交价格规定情形的，按照成交价格方法确定完税价格，审定 FOB 美元价格为：

FOB 美元价格=1 750 000.00-12 500.00-350.00
=1 737 150.00（美元）

（2）按照归类总规则相关规定，确定该货物归入税则号列 7402.0000。

（3）经查阅《税则》，该商品出口从价税率为 30%，出口暂定税率为 15%，根据暂定税率优先于正常税率执行规定，应适用 15%的出口暂定税率。

（4）根据汇率适用规定，将外币价格折算为人民币价格，换算如下：

FOB 人民币价格=1 737 150.00×6.863 2
=11 922 407.88（元人民币）

（5）按照公式计算应缴税款：

出口关税税额=［FOB÷（1+出口关税税率）］×出口关税税率
=［11 922 407.88÷（1+15%）］×15%
=10 367 311.20×15%
=1 555 096.68（元人民币）

4. 要点总结

（1）税则归类确定工作非常关键。归类不准确，可能会导致错误适用税率甚至按照无税货物核算成本。同时，错误归类也可能导致监管证件发生变化，以致无法按预计时限通关，影响合同及时履行。

（2）价格认定必须符合相关规定。对在成交价格定义及条件方面影响申报价格的，必须进行适当调整，或按照其他估价方法另行确定完税价格，以保证税费核算有准确的计算基础。

（3）我国对多数出口商品不征收关税，但仍须关注出口税收政策变化，防止漏算出口关税成本。

（4）出口完税价格需要扣除出口关税，注意不要直接使用 FOB 价格计算出口税款。

五、滞报金的核算

国内某公司从法国购进一批瓶装葡萄酒，货物于 2018 年 2 月 8 日（星期四）进境。该公司于 2018 年 2 月 28 日向海关发送数据申报，同日，海关审核通过接受申报。已知该批货物的成交价格为 CIF 国内某口岸 852 636.00 欧元，其适用的外汇折算价为 1 欧元 = 8.340 3 元人民币，计算应征滞报金。

1. 作业程序

（1）根据审定货物完税价格办法的有关规定，确定 CIF 价格。

（2）根据滞报金管理规定，确定滞纳期间。

（3）根据汇率适用规定，将外币折算成人民币（完税价格）。

（4）按照公式正确计算滞报金额。

2. 计算公式

滞报金计算公式如下：

滞报金金额 = 进口货物完税价格 × 滞报期间 × 0.5‰

3. 计算过程

（1）运用货物完税价格审定的方法，结合合同及发票内容，按照成交价格的定义及条件所述要求全面对申报价格进行审查认定，经审查未发现不符合成交价格规定的情形，按照成交价格方法确定完税价格，审定 CIF 价格为 852 636.00 欧元。

（2）根据滞报金管理规定确定滞报期间。货物进境日期为 2018 年 2 月 8 日（星期四），法定申报时间 14 天，即 2 月 22 日（自 2 月 9 日起算，含 2 月 9 日，连加 14 天）前申报均不滞报。自 2 月 23 日（星期五）开始计算滞报期间，2 月 28 日海关接受申报，起、止日均计算为滞报期间，共滞报 6 天。

（3）根据汇率适用规定，计算完税价格为：

完税价格 = 852 636.00 × 8.340 3
　　　　 = 7 111 240.03（元人民币）

（4）计算应征滞报金：

应征滞报金金额=进口货物完税价格×滞报期间×0.5‰

=7 111 240.03×6×0.5‰

=21 333（元人民币）

4. 要点总结

（1）价格认定必须符合相关规定。对在成交价格定义及条件方面影响申报价格的，必须进行适当调整，或按照其他估价方法另行确定完税价格。滞报金的征收，如遇海关调整或另行确定完税价格的，以最终确定的金额为基础进行计算。

（2）报关人员应熟知滞报金管理规定，正确理解起征日、截止日、顺延期间等相关规定。

（3）滞报金以“元”为计征单位，不足1元人民币的部分免予计征。

六、滞纳金的核算

国内某公司从韩国购进一批软玉毛石，已知该批货物应征关税为132 058.32元人民币，应征进口环节消费税为503 778.04元人民币，进口环节增值税为856 422.66元人民币。海关于2019年1月4日（星期五）填发海关专用缴款书，该公司于2019年1月25日缴纳税款，计算应征滞纳金。

1. 作业程序

（1）确定滞纳关税及代征税税额。

（2）根据滞纳金管理规定，确定滞纳期间。

（3）按照公式正确计算关税，进口环节增值税、消费税的滞纳金。

2. 计算公式

滞纳金相关计算公式如下：

关税滞纳金=滞纳关税税额×滞纳期间×0.5‰

进口环节消费税滞纳金=滞纳消费税税额×滞纳期间×0.5‰

进口环节增值税滞纳金=滞纳增值税税额×滞纳期间×0.5‰

3. 计算过程

（1）确定滞纳关税税额和代征税税额。关税为132 058.32元，进口环节消费税为503 778.04元人民币，进口环节增值税为856 422.66元人民币。

（2）确定滞纳期间。海关于2019年1月4日填发海关专用缴款书，正常情况下税款缴款期限截止日为1月19日（星期六），因该日为星期六，按照相关规定，顺延至其后第一个工作日，即1月21日为最后缴款期限，自1月22日起计算滞纳，该公司1月25日缴纳税款，共滞纳4天。

（3）按照公式分别计算应缴纳的关税，进口环节消费税、增值税的滞纳金。

关税滞纳金=滞纳关税税额×滞纳期间×0.5‰

=132 058.32×4×0.5‰

=264.12（元人民币）

进口环节消费税滞纳金=滞纳消费税税额×滞纳期间×0.5‰

=503 778.04×4×0.5‰

=1 007.56（元人民币）

进口环节增值税滞纳金 = 滞纳增值税税额×滞纳期间×0.5‰

= 856 422.66×4×0.5‰

= 1 712.85（元人民币）

4. 要点总结

（1）报关人员应熟知滞纳金管理规定，尤其是针对缴款期限的顺延规定。

（2）只对发生滞纳部分计算滞纳金。

（3）各税种滞纳金应分别进行计算，不得合并。

（4）滞纳金起征点为50元人民币，不足50元人民币的免予征收。

七、担保金额的核算

国内某公司于2018年12月以暂时进出口交易方式进口韩国产卧式镗铣床1台，用于订货展示，计划3个月返回。经海关审核其成交价格总值为CIF境内某口岸85 000.00美元。设其适用的外汇折算价为1美元=6.86元人民币，计算在进口申报环节应缴的担保金额。

1. 作业程序

（1）根据审定完税价格办法的有关规定，确定应税货物的CIF价格。

（2）按照归类原则将应税货物归入适当的税号。

（3）根据原产地规则和税率适用规定，确定应税货物所适用的关税税率、进口环节代征税税率。

（4）根据汇率适用规定，将外币折算成人民币（完税价格）。

（5）按照计算公式正确计算应征关税税款、进口环节代征税税款。

（6）将各税种应征税款合计得出担保金额。

2. 计算公式、计算过程、要点总结

同税款计算的相关内容一致。

八、缓税利息的核算

某公司于2018年7月20日以进料加工手册方式向海关申报进口乌兹别克斯坦原产线性低密度聚乙烯颗粒500吨，单价CIF 1 310美元/吨，用于加工塑料袋出口，货物于申报当日放行。2018年12月20日，该公司以市场发生变化，成品货物无法实际出口的原因向海关加工贸易部门申请内销。12月21日，海关加工贸易部门出具保税货物内销征税联系单，该公司拟凭此联系单于12月24日向海关申报内销征税报关单，海关同日开具税款缴款书。其适用的外汇折算价为1美元=6.863 2元人民币，请核算该公司应准备缴纳的税款及缓税利息金额。

1. 作业程序

（1）根据审定完税价格办法的有关规定，确定应税货物的CIF价格。

（2）按照归类原则将应税货物归入适当的税则号列。

（3）根据原产地规则和税率适用规定，确定应税货物所适用的税率。

（4）根据汇率适用规定，将以外币计价的CIF价格折算成人民币（完税价格）。

（5）按照计算公式正确计算应缴税款。

（6）确定计息期间（天数）。

（7）按照缓税利息计算公式计算应缴缓税利息。

2. 计算公式

（1）进口关税计算公式为：

关税税额=进口货物完税价格×进口从价关税税率

（2）增值税相关计算公式为：

增值税应纳税额=（进口货物完税价格+关税税额）×增值税税率

（3）缓税利息的计算公式为：

缓税利息=应征税款×计息期间（天数）×缓税利息率÷360

3. 计算过程

（1）运用进口货物完税价格审定的方法，按照成交价格的定义及条件所述要求对申报价格进行全面审查认定，经审查未发现不符合成交价格规定的情形，按照成交价格方法确定完税价格，审定 CIF 总价格为：

CIF 价格=1 310.00×500
=655 000.00（美元）

（2）按照归类总规则相关规定，确定该货物归入税则号列 3901.4020。

（3）根据案例所示，货物原产国为乌兹别克斯坦。经查询《税则》，该税则号列货物需征收从价关税及进口环节海关代征增值税。乌兹别克斯坦与我国尚未签署优惠贸易协定，无协定税率，且该产品无反倾销、反补贴等特殊措施，无附加关税征收，也无暂定税率设置，排除普通税率后应适用 6.5%最惠国税率，适用 16%的增值税税率。

（4）根据汇率适用规定，计算完税价格为：

完税价格=655 000.00×6.863 2
=4 495 396.00（元人民币）

（5）计算税额为：

应缴关税税额=进口货物完税价格×进口从价关税税率
=4 495 396.00×6.5%
=292 200.74（元人民币）

应缴增值税税额=（进口货物完税价格+关税税额）×增值税税率
=（4 495 396.00+292 200.74）×16%
=766 015.48（元人民币）

（6）计息期间

该批料件首次进口之日为 2018 年 7 月 20 日，海关填发税款缴款书之日为 2018 年 12 月 24 日，合计计息天数为 158 天。

（7）计算应缴缓税利息为：

应缴关税缓税利息 = 应缴关税税额×计息期间（天数）×缓税利息率÷360

= 292 200.74×158×0.36%÷360

= 461.68（元人民币）

应缴代征增值税缓税利息 = 应征代征增值税税款×计息期间（天数）×缓税利息率÷360

= 766 015.48×158×0.36%÷360

= 1 210.30（元人民币）

4. 要点总结

（1）对加工贸易保税货物在规定的有效期限内（包括经批准延长的期限）全部出口的，不涉及缓税利息缴纳。

（2）报关人员应熟知缓税利息起止日期的管理规定，起止日期均含起止当日，起止日期之间的各类节假日不得扣除。

（3）各税种缓税利息应分别进行计算，不得合并。

（4）缓税利息起征点为 50 元人民币，不足 50 元人民币的免予征收。

6

第六篇

数据申报

导 读

报关单及其数据在关务工作中的重要性不言而喻。当前，报关单填报规范的调整进入常态化，相关作业更加明确、严谨、一致、规范。深刻理解各栏目的设置意义、填报要求和变化，实质上是对关务基础知识和关务基本技能的整体考察。

本篇课时安排见下表。

第六篇　总课时 （24 课时，不含练习）	第一单元	1 课时
	第二单元	8 课时
	第三单元	6 课时
	第四单元	4 课时
	第五单元	3 课时
	第六单元	2 课时

第一单元　业务需求描述

【学习目标】

本单元旨在让学习者了解进出口货物报关单在国际贸易中的作用，进出口货物收发货人应尽的申报义务，报关单的类别、用途、法律效力，以及报关单申报单位的实际工作状态。

通过本单元的学习，学习者能够掌握以下技能：

1. 正确选用与相关手续对应的电子或纸质报关单；
2. 正确理解“两个相符”、分单填报、分项填报等报关单填报一般要求；
3. 熟悉掌握调整后的报关单结构，以及报关单填报规范的修订情况。

【基本概念】

进口货物报关单、出口货物报关单

【建议学习时间】

1 课时

【学习内容】

一、跨境供应链中的数据申报

为了满足海关对跨境贸易的监管要求，进出口货物收发货人作为跨境供应链中主要利益相关方，需要收集整理货物信息、订单信息、物流信息等相关数据，并向海关申报。为保证数据的真实、准确，除进出口货物收发货人需要在跨境供应链中履行申报义务外，还有承运人，如船公司、航空公司、铁路部门以及港口、机场、铁路车站、监管场所运营人等口岸服务管理机构、第三方物流服务提供商等，均需要按照《海关法》的规定向海关履行申报义务。

二、进出口报关单申报的法律规定

依据《海关法》规定，进出口货物的收发货人需要向海关办理申报手续，也就是本篇将重点讲解的进出口货物报关单申报。

《海关法》第二十三条规定：“进口货物自进境起到办结海关手续止，出口货物自向海关申报起到出境止，过境、转运和通运货物自进境起到出境止，应当接受海关监管。”第二十四条规定：“进口货物的收货人、出口货物的发货人应当向海关如实申报，交验进出口许可证件和有关单证……进口货物的收货人应当自运输工具申报进境之日起十四日内，出口货物的发货人除海关特准的外应当在货物运抵海关监管区后、装货的二十四小时以前，向海关申报。进口货物的收货人超过前款规定期限向海关申报的，由海关征收滞报金。”第二十五条规定：“办理进出口货物的海关申报手续，应当采用纸质报关单和电子数据报关单的形式。”

三、从事进出口报关的申报单位

海关总署令第 253 号《中华人民共和国海关报关单位备案登记管理规定》明确规定，报关单位需要在海关备案后，才能进行进出口货物报关。“第二条　报关单位，是指按照本规定在海关备案的进出口货物收发货人、报关企业。第三条　报关单位可以在中华人民共和国关境内办理报关业务。第四条　进出口货物收发货人、报关企业申请备案的，应当取得市场主体资格；其中进出口货物收发货人申请备案的，还应当取得对外贸易经营者备案。进出口货物收发货人、报关企业已办理报关单位备案的，其符合前款条件的分支机构也可以申请报关单位备案。法律、行政法规、规章另有规定的，从其规定。”

根据《市场监管总局　海关总署关于实施年报“多报合一”改革的公告》（国家市场监督管理总局公告 2018 年第 9 号），自 2017 年度年报起，在海关注册的报关单位，不再通过海关相关业务平台报送《企业信用信息年度报告》，改为统一通过国家企业信用信息公示系统（网址为 www. gsxt. gov. cn，简称“公示系统”）报送“多报合一”年报。

年报对象为在海关备案的报关单位（进出口货物收发货人、报关企业，含个体工商户等）。报送时间为每年 1 月 1 日至 6 月 30 日。年报内容在现有向市场监管部门报送年报信息基础上，增加英文名称、英文地址、关务负责人、海关业务联系人等海关年报事项（不同企业类型填报数据项不同，具体以公示系统为准）。年报对象可通过国家企业信用信息公示系统报送“多报合一”年报。

进出口货物的收发货人，可以通过本单位的报关人员向海关进行进出口报关单申报，也可以委托报关单位进行申报。

据 2018 年中国报关协会统计，全国海关 80%以上的进出口报关单，是由进出口收发货人通过委托报关公司完成。根据 2021 年海关总署税收征管局（京津）与中国报关协会出具的《报关单位合规申报的问卷调研报告》，代理报关的方式占比达到 90. 98%。在全国海关通关政策变化的大背景下，原报关现场理单、递单工作已经大幅减少，报关人员的主要工作为接受客户委托，整理报关单证，进行报关单电子数据的填报、审核、申报，配合海关查验、验估等工作。因此，按照实际工作需求，海关定义的报关人员通常分为制单岗位、审核岗位、外勤岗位，以便于更集中地处理同类工作。且近年来，海关对规范申报管理的要求更加严格，报关单审核岗位的报关技能需要更加提高。

随着我国进出口货物收发货人、报关企业、承运人、口岸服务等单位的信息化水平的提升，报关资料识别、数据导入、文件存档、信息协同、追踪反馈等的信息化应用技术逐渐成熟，应用成本逐渐降低，给报关企业的日常工作带来了革命性变化。报关行业已经向智能化、专业化、集约化、产品化方向发展，全新的报关服务商业模式正在逐渐形成。

四、进出口货物报关单的含义和类别

进出口货物报关单是指进出口货物的收发货人或其代理人，按照海关规定的格式对进出口货物的实际情况作出的书面申请，以此要求海关对其货物按适用的海关制度办理报关手续的法律文书。

按货物的进出口流向、表现形式、通关状态的不同，进出口货物报关单可进行如下分类。

（一）按进出口流向分类

1. 进口货物报关单（或进境货物备案清单）；
2. 出口货物报关单（或出境货物备案清单）。

（二）按表现形式分类

1. 纸质报关单；
2. 电子数据报关单。

（三）按通关状态分类

1. 未结关报关单；
2. 已结关报关单。

五、进出口货物报关单的用途

目前，进出口货物报关单通过“单一窗口”平台向海关申报，实现了进出口货物报关单在各行政管理部门间的数据联网核查。进出口收发货人或其代理人通过“单一窗口”，在网上直接向海关、商务、外汇、市场监管、税务、银行等政府管理机关或金融机构申请办理各种进出口手续。因此，进出口货物报关单具有“海关作业、加工贸易核销、进口货物付汇、出口货物收汇、出口货物退税、海关留存、企业留存”的用途，进出口收发货人可凭电子数据进行相关作业。随着各级政府本着“让企业少跑腿，让数据多跑路”的无纸化作业改革，纸质报关单证明联已经大幅度减少。

（一）海关作业

进出口货物报关单可实现报关人员配合海关查验、缴纳税费、提取或装运货物的用途，也是海关查验货物、征收税费、编制海关统计及处理其他海关事务的重要凭证。

（二）加工贸易核销

海关接受使用加工贸易电子化手册或账册申报的进出口货物报关单，该报关单是海关办理加工贸易合同核销、结案手续的重要凭证。

（三）进口货物付汇

进口货物报关单是银行和国家外汇管理部门办理售汇、付汇的重要依据之一。对需要办理进口付汇、核销的货物，进口货物收货人在海关放行货物后，凭进口货物报关单向银行、国家外汇管理部门办理付汇、核销手续。

（四）出口货物收汇

出口货物报关单是银行和国家外汇管理部门办理收汇、结汇的重要依据之一。对需要办理出口收汇、核销的货物，出口货物发货人在出口货物结关后，凭出口货物报关单向银行、国家外汇管理部门办理收汇、核销手续。

（五）出口货物退税

出口货物报关单是国家税务部门办理出口货物退税手续的重要依据之一。对可办理出口退税的货物，出口货物发货人应当在载运货物的运输工具实际离境、海关办理出口货物报关单结关手续后，凭此向国家税务管理部门申请出口货物退税手续。

（六）海关留存、企业留存

为海关及相关单位各自存查使用。

六、进出口货物报关单的法律效力

《海关法》第二十四条规定："进口货物的收货人、出口货物的发货人应当向海关如实申报，交验进出口许可证件和有关单证。"

进出口货物报关单及其他进出境报关单证在对外经济贸易活动中具有十分重要的法律效力，是货物的收发货人向海关报告其进出口货物实际情况及适用海关业务制度、申请海关审查并放行货物的必备法律文书。它既是海关对进出口货物进行监管、征税、统计及开展稽查、调查的重要依据，又是出口退税和外汇管理的重要凭证，也是海关处理进出口货物走私、违规案件及税务、外汇管理部门查处骗税、逃套汇犯罪活动的重要书证。因此，申报人对所填报的进出口货物报关单的真实性和准确性应承担法律责任。

同时，《海关法》第二十五条规定："办理进出口货物的海关申报手续，应当采用纸质报关单和电子数据报关单的形式。"这从法律上确定了纸质报关单和电子数据报关单，都是办理进出口货物海关申报手续的法定形式，这两种报关单具有相同的法律效力。

（一）2021 年进出口货物报关单填报的重要变化

1. 优惠贸易协定下进出口货物原产地申报

2021 年 4 月 25 日，海关总署发布 2021 年第 34 号公告，"单一窗口"报关单申报系统的表体项目中增加"协定享惠"录入栏目。

（1）进出口货物收发货人或者其代理人在办理优惠贸易协定项下货物海关申报手续时，应当如实填报报关单商品项"优惠贸易协定享惠"栏目，同时在商品项对应的"原产国（地区）"栏填报依据《中华人民共和国进出口货物原产地条例》和海关总署令第 122 号确定的货物原产地，不再需要按照海关总署公告 2019 年第 18 号附件中有关优惠贸易协定项下进口货物填制要求填报"随附单证及编号"栏目。

（2）对于出海关特殊监管区域和保税监管场所［以下统称区域（场所）］申请适用协定税率或者特惠税率的货物，进口人应在内销时填报"优惠贸易协定享惠"栏目；在货物从境外入区域（场所）时，无须填报"优惠贸易协定享惠"栏目。

（3）优惠贸易协定项下实施特殊保障措施的农产品仍然按照海关总署公告 2019 年第 207 号要求申报。

（4）向香港或者澳门特别行政区出口用于生产《内地与香港关于建立更紧密经贸关系的安

排》（香港 CEPA）或者《内地与澳门关于建立更紧密经贸关系的安排》（澳门 CEPA）项下协定税率货物的原材料时，应当在报关单的“关联备案”栏填报香港或澳门生产厂商在香港工贸署或者澳门经济局登记备案的有关备案号。

2. 公式定价进口货物价格信息填报

2021 年 6 月 18 日，海关总署发布 2021 年第 44 号公告（关于公式定价进口货物完税价格确定有关问题的公告），“单一窗口”中“价格信息”栏目增加“公式定价确认、暂定价格确认”。

（1）对同时符合下列条件的进口货物，以合同约定定价公式所确定的结算价格为基础确定完税价格：在货物运抵中华人民共和国境内前或保税货物内销前，买卖双方已书面约定定价公式；结算价格取决于买卖双方均无法控制的客观条件和因素；自货物申报进口之日起 6 个月内，能够根据合同约定的定价公式确定结算价格；结算价格符合《审价办法》中成交价格的有关规定。

（2）公式定价合同在海关备案后，纳税义务人申报进口货物时，应当根据实际情况填报报关单“公式定价确认”“暂定价格确认”栏目，在报关单备注栏准确填写公式定价备案号。

（3）公式定价货物结算价格确定之日起 30 日内，纳税义务人向海关提供确定结算价格的相关材料，办理报关单修改手续，包括将“暂定价格确认”调整为“否”以及其他相关申报项目调整等内容。

3. 进口食品境外生产企业注册编号填报

（1）2022 年 1 月 1 日起，海关总署令第 248 号（关于公布《中华人民共和国进口食品境外生产企业注册管理规定》的令）正式生效，向中国境内出口食品的境外生产、加工、储存企业必须在中国海关进行注册。

（2）2021 年 12 月 13 日，海关总署发布 2021 年第 103 号公告（关于《中华人民共和国进口食品境外生产企业注册管理规定》和《中华人民共和国进出口食品安全管理办法》实施相关事宜的公告），对进口食品境外生产企业的进口报关单填报，提出具体要求。

（3）2022 年 1 月 1 日起启运的输华食品，在进口申报时应在报关单“产品资质”项下“进口食品境外生产企业注册”证书栏（许可证类别代码 519）规范填写该企业在华注册编号。在实施 2020 版申报项目的海关申报进口食品，应在“其他企业”项下的“其他企业类别”栏选择“进口食品境外生产企业”，在“编号或企业名称”栏填报该企业在华注册编号。未按要求规范填报的，海关不接受申报。

4.《区域全面经济伙伴关系协定》（RCEP）下进口货物报关单填报

2022 年 1 月 1 日，《区域全面经济伙伴关系协定》生效，海关总署发布 2021 年第 106 号公告（关于《区域全面经济伙伴关系协定》实施相关事项的公告），对《区域全面经济伙伴关系协定》下进口货物的原产地申报作出了说明。

（1）按照海关总署公告 2021 年第 34 号对“尚未实现原产地电子信息交换的优惠贸易协定项下进口货物”的有关要求填报中华人民共和国海关进（出）口货物报关单（以下简称“报关单”），提交原产地单证。《区域全面经济伙伴关系协定》的优惠贸易协定代码为“22”。

（2）进口人通过优惠贸易协定原产地要素申报系统填报原产地证明电子数据时，原产地证明“《区域全面经济伙伴关系协定》项下原产国（地区）”栏目包含“*”或者“**”的，“优惠贸易协定项下原产地”栏目应当相应填报“原产地不明（按相关成员最高税率）”（字母代码 HRA，数字代码 801）或者“原产地不明（按所有成员最高税率）”（字母代码 HRB，数字代码 802）。

（二）进出口货物报关单的样式

进口货物报关单的样式如图 6-1-1 所示。出口货物报关单的样式如图 6-1-2 所示。

中华人民共和国海关进口货物报关单

预录入编号： 海关编号： （XX海关） 页码/页数：

境内收货人	进境关别		进口日期		申报日期	备案号	
境外发货人	运输方式		运输工具名称及航次号		提运单号	货物存放地点	
消费使用单位	监管方式		征免性质		许可证号	启运港	
合同协议号	贸易国（地区）		启运国（地区）		经停港	入境口岸	
包装种类	件数	毛重（千克）	净重（千克）	成交方式	运费	保费	杂费
随附单证及编号							
标记唛码及备注							

项号	商品编号	商品名称及规格型号	数量及单位	单价/总价/币制	原产国（地区）	最终目的国（地区）	境内目的地	征免

报关人员	报关人员证号	电话	兹声明以上内容承担如实申报、依法纳税之法律责任	海关批注及签章
申报单位			申请单位(签章)	

图 6-1-1 中华人民共和国海关进口货物报关单样式

中华人民共和国海关出口货物报关单

预录入编号： 海关编号： （XX海关） 页码/页数：

境内发货人	出境关别		出口日期		申报日期	备案号	
境外收货人	运输方式		运输工具名称及航次号		提运单号		
生产销售单位	监管方式		征免性质		许可证号		
合同协议号	贸易国（地区）		运抵国（地区）		指运港	离境口岸	
包装种类	件数	毛重（千克）	净重（千克）	成交方式	运费	保费	杂费
随附单证及编号							
标记唛码及备注							

项号	商品编号	商品名称及规格型号	数量及单位	单价/总价/币制	原产国（地区）	最终目的国（地区）	境内货源地	征免

报关人员	报关人员证号	电话	兹声明以上内容承担如实申报、依法纳税之法律责任	海关批注及签章
申报单位			申请单位(签章)	

图 6-1-2 中华人民共和国海关出口货物报关单样式

七、海关对进出口货物报关单填报的一般要求

（一）按照相应制度申报并承担相应法律责任

进出口货物收发货人或其代理人应按照《中华人民共和国海关进出口货物申报管理规定》、《中华人民共和国海关进出口商品规范申报目录及释义》（以下简称《规范申报目录及释义》）、海关总署公告2021年第34号（关于优惠贸易协定项下进出口货物报关单有关原产地栏目填制规范和申报事宜的公告）、海关总署公告2021年第103号（关于《中华人民共和国进口食品境外生产企业注册管理规定》和《中华人民共和国进出口食品安全管理办法》实施相关事宜的公告）、海关总署公告2021年第106号（关于《区域全面经济伙伴关系协定》实施相关事项的公告）等有关规定要求向海关申报，并对申报内容的真实性、准确性、完整性和规范性承担相应的法律责任。

（二）三个相符

1. 单证相符，即所填报报关单各栏目的内容必须与合同、发票、装箱单、提单及批文等随附单据相符。

2. 单货相符，即所填报报关单各栏目的内容必须与实际进出口货物的情况相符，不得伪报、瞒报、虚报。

3. 与舱单相符，即所填报报关单的境内收发货人、运输工具、提单号、件数、毛重等必须与舱单数据相符。

（三）分单填报

不同运输工具、不同航次、不同提运单、不同监管方式、不同备案号、不同征免性质的货物，均应分不同的进出口货物报关单填报。

一份原产地证只能用于同一批次进口货物。含有原产地证书管理商品的一份报关单，只能对应一份原产地证书。同一批次货物中，实行原产地证书联网监管的，如涉及多份原产地证书或含非原产地证书商品，亦应分单填报。同一份报关单上的商品不能同时享受协定税率和减免税。

（四）分商品填报

一份报关单所申报的货物，需分商品填报的情况主要有：商品编码不同的、商品名称不同的、计量单位不同的、原产国（地区）/最终目的国（地区）不同的、币制不同的、征免性质不同的。

优惠贸易协定原产地进口货物，进口报关单的表体商品填报应与原产地证商品顺序对应一致，需要分商品填报。

八、“两步申报”改革

“两步申报”通关模式指的是：第一步，企业概要申报后经海关同意即可提离货物；第二步，企业在规定时间内完成完整申报。

（一）概要申报

企业向海关申报进口货物是否属于禁限管制、是否依法需要检验或检疫（是否属法检目录内商品及法律法规规定需检验或检疫的商品）、是否需要缴纳税款，以上不同情况对概要申报的项目数量产生影响。

企业向海关申报进口货物不属于禁限管制且不属于依法需检验或检疫的，申报9个项目（如表6-1-1所示），并确认涉及物流的2个项目（如表6-1-2所示），应税的需选择符合要求的担保备案编号；属于禁限管制的需增加申报2个项目（如表6-1-3所示）；依法需检验或检疫的需增加申报5个项目（如表6-1-4所示）。

表6-1-1　概要申报的9个项目

序号	申报项目	报关单栏目名称	填报方式
1	企业信息	境内收发货人	必填
2	运输信息	运输方式/运输工具名称及航次号	必填
3		提运单号	必填
4	监管方式	监管方式	必填
5	货物属性	商品编码（6位）	必填
6		商品名称	必填
7		数量及单位	必填
8		总价	必填
9	国别信息	原产国（地区）	必填

表6-1-2　货物提离申报的2个项目

序号	信息来源	报关单栏目名称	填报方式
1	以舱单为准	毛重	必填
2		集装箱号	必填

表6-1-3　涉及禁限管制增加的2个申报项目

序号	申报项目	报关单栏目名称	填报方式
1	监管证件号	许可证件号/证件编号	必填
2	集装箱号	集装箱商品项号关系	必填

表 6-1-4 涉及检验检疫增加的 5 个申报项目

序号	申报项目	报关单栏目名称	填报方式
1	商品信息	产品资质（产品许可/审批/备案）	必填
2		商品编码（13 位）	必填
3		货物属性	必填
4		用途	必填
5	集装箱号	集装箱商品项号关系	必填

（二）完整申报

企业自运输工具申报进境之日起 14 日内完成完整申报，办理缴纳税款等其他通关手续。税款缴库后，企业担保额度自动恢复。如概要申报时选择不需要缴纳税款，完整申报时经确认为需要缴纳税款的，企业应当按照进出口货物报关单撤销的相关规定办理。

【复习思考题】

1. 海关对进出口货物报关单填报的一般要求是什么？
2. 2021 年优惠贸易协定下进出口货物原产地，报关单填报的栏目名称是什么？

第二单元　报关单填报依据及“单一窗口”录入要求

【学习目标】

本单元旨在让学习者掌握常见进出口货物报关单各栏目填报规范与项目沿革及其信息来源，为报关准备阶段的制单与复核工作奠定坚实基础。

通过本单元的学习，学习者能够掌握以下技能：

1. 参与虚拟的常见监管方式下进出口货物报关单填报作业，包括检验检疫栏目的填报；

2. 使用“单一窗口”进行进出口货物报关单录入填报；

3. 参与虚拟的已填报完成的常见监管方式下进出口货物报关单的复核作业；

4. 在应对报关单填报作业相关案例时，能正确运用所学报关单填报规范及项目沿革知识，以及获取相关信息的技能，完成报关单填报或复核案例的分析判断与实际处理。

【基本概念】

报关单填报规范及项目沿革、报关单填报依据

【建议学习时间】

8 课时

【学习内容】

一、预录入编号

预录入编号指预录入报关单的编号，一份报关单对应一个预录入编号，由系统自动生成。

二、海关编号

海关编号指海关接受申报时给予报关单的编号，一份报关单对应一个海关编号，由系统自动生成。

报关单海关编号为 18 位，其中第 1~4 位为接受申报海关的代码（海关规定的“关区代码表”中相应海关代码），第 5~8 位为海关接受申报的公历年份，第 9 位为进出口标志（“1”为进口，“0”为出口；集中申报清单“I”为进口，“E”为出口），后 9 位为顺序编号。

三、境内收发货人

（一）填报规范

境内收发货人指在海关注册的对外签订并执行进出口贸易合同的中国境内法人、其他组织或个人的名称及编码。编码可选填 18 位法人和其他组织统一社会信用代码，没有统一社会信用代

码的，填报其在海关的备案编码或检验检疫 10 位编码。

1. 法人和其他组织统一社会信用代码编号规则

延展阅读

统一社会信用代码用 18 位的阿拉伯数字或大写英文字母表示，由登记管理部门代码（第 1 位）、机构类别代码（第 2 位）、登记管理机关行政区划码（第 3~8 位）、主体标识码（组织机构代码，第 9~17 位）和校验码（第 18 位）5 个部分组成。

具体可参考 GB 32100—2015《法人和其他组织统一社会信用代码编码规则》。

2. 海关注册编码编号规则

海关注册编码共 10 位，由阿拉伯数字和 24 个英文大写字母（I、O 除外）组成。其结构如下：

（1）第 1~4 位为企业注册地行政区划代码，其中第 1、2 位表示省、自治区或直辖市，如北京市为 11，江苏省为 32；第 3、4 位表示省所在的市、地区、自治州、盟或县级行政区划，如北京市西城区 1102，广东省广州市 4401。

（2）第 5 位为企业注册地经济区划代码：

“1”：经济特区；

“2”：经济技术开发区；

“3”：国家高新技术产业开发区；

“4”：保税区；

“5”：出口加工区/珠澳跨境工业园区；

“6”：保税港区/综合保税区；

“7”：保税物流园区；

“8”：综合实验区

“9”：其他；

“W”：保税物流中心。

例如，珠海市为 4404，包括珠海特区 44041，珠海保税区 44044，珠海国家高新技术产业开发区 44043，珠澳跨境工业园区（珠海园区）44045，珠海市其他地区 44049。

（3）第 6 位为企业经济类型代码：

“1”：国有企业；

“2”：中外合作企业；

“3”：中外合资企业；

“4”：外商独资企业；

“5”：集体企业；

“6”：民营企业；

“7”：个体工商户；

“8”：报关企业；

“9”：其他，包括外国驻华企事业机构、外国驻华使领馆和临时进出口货物的企业、单位和个人等；

“A”：国营对外加工企业（无进出口经营权）；

“B”：集体对外加工企业（无进出口经营权）；

“C”：私营对外加工企业（无进出口经营权）。

（4）第7位为企业注册用海关经营类别代码，表示海关行政管理相对人的类别。如数字0~9为进出口货物收发货人/报关企业，英文大写字母D~I为各类保税仓库，L为临时注册登记单位，Z为报关企业分支机构，J为国内结转型出口监管仓库，P为出口配送型出口监管仓库。

（5）第8~10位为企业注册流水账号。

3. 特殊情况填报要求

（1）进出口货物合同的签订者和执行者非同一企业的，填报合同的执行者。

（2）外商投资企业委托进出口企业进口投资设备、物品的，填报外商投资企业，并在“标记唛码及备注栏”注明“委托某进出口企业进口”，同时注明被委托企业的18位法人和其他组织统一社会信用代码。

（3）有代理报关资格的报关企业代理其他进出口企业办理进出口报关手续时，填报委托的进出口企业。

（4）海关特殊监管区域收发货人填报该货物的实际经营单位或海关特殊监管区域内经营企业。

（5）免税品经营单位经营出口退税国产商品的，填报免税品经营单位名称。

（二）信息来源

境内收发货人属于与货物成交相关的信息，填报时需要与委托单位进行确认。同时，报关人员可以通过以下方式辅助查询。

1. 证照信息获取

收发货人营业执照中印有统一社会信用代码，如图6-2-1所示。

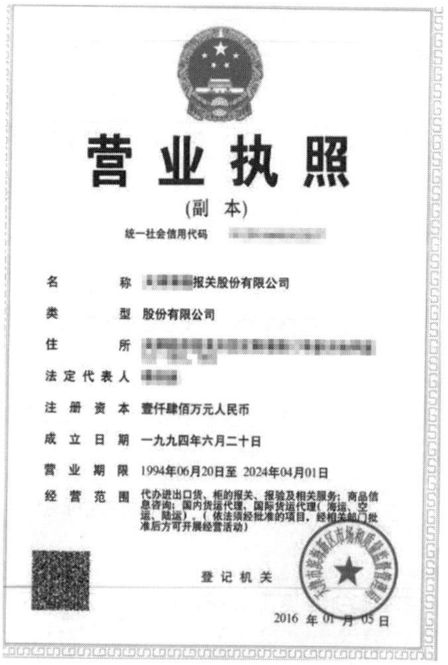
营业执照

（副本）

统一社会信用代码

名称 报关股份有限公司

类型 股份有限公司

住所

法定代表人

注册资本 壹仟肆佰万元人民币

成立日期 一九九四年六月二十日

营业期限 1994年06月20日至 2024年04月01日

经营范围 代办进出口货、柜的报关、报验及相关服务；商品信息咨询；国内货运代理、国际货运代理（海运、空运、陆运）。（依法须经批准的项目，经相关部门批准后方可开展经营活动）

登记机关

2016年01月05日

图6-2-1　×××报关股份有限公司营业执照（副本）图例

2. 官方网站查询

（1）报关人员可使用国家企业信用信息公示系统查询收发货人的统一社会信用代码及相关

信用信息，如图 6-2-2 所示。

图 6-2-2　国家企业信用信息公示系统查询界面

（2）报关人员可使用中国海关企业进出口信用信息公示平台查询收发货人的海关 10 位代码及相关信用信息，如图 6-2-3 所示。

图 6-2-3　中国海关企业进出口信用信息公示平台查询界面

（三）“单一窗口”录入要求

在“单一窗口”录入系统中，境内发货人栏目分为 4 格，即 18 位社会信用代码、10 位海关编码、10 位检验检疫编码、企业名称（中文），报关人员可以录入以上任一信息，“单一窗口”将自动补齐其他信息。

四、进出境关别

（一）填报规范

根据货物实际进出境的口岸海关，填报海关规定的“关区代码表”中相应口岸海关的名称及代码。

进出境关别代码由 4 位数字组成，前 2 位为直属关区关别代码，后 2 位为隶属海关或海关监管场所的代码。关区名称指直属海关、隶属海关或海关监管场所的中文名称；关区简称指关区（海关）的中文简称，一般为 4 个汉字。例如，货物由天津新港口岸进境，应填报为“新港海关（0202）”。

本栏目为原报关栏目“进/出口口岸”，现更名为“进出境关别”。

1. 特殊情况填报要求

（1）进口转关运输货物应填报货物进境地海关名称及代码，出口转关运输应填报货物出境地海关名称及代码。按转关运输方式监管的跨关区深加工结转货物，出口报关单填报转出地海关名称及代码，进口报关单填报转入地海关名称及代码。

（2）不同海关特殊监管区域或保税监管场所之间调拨、转让的货物，填报对方特殊监管区域或保税监管场所所在的海关名称及关区代码。

（3）无实际进出境的货物，填报接受申报的海关名称及代码。

2. 限定口岸要求

（1）国家对汽车整车、药品、固体废物等货物限定口岸进口；对实行许可证管理的货物，按证件核准口岸限定进出口，如海关总署签发海关进境动植物检疫许可证，指定其进境口岸和限定其使用范围和时间。

（2）加工贸易进出境货物，应填报主管海关备案时所限定或指定货物进出的口岸海关名称及代码。限定或指定口岸与货物实际进出境口岸不符的，应向合同备案主管海关办理变更手续后填报。

（二）信息来源

1. 实际进出境的货物

报关人员根据提运单信息或舱单信息填报本栏目。例如，进口提单或运单中的“Port of Destination Xingang China”，根据“关区代码表”，填报“新港海关0202”，或使用海关总署新舱单信息查询系统，查询运输工具的进出境关区代码。

2. 无实际进出境的货物

不同海关特殊监管区域或保税监管场所之间调拨、转让的货物，填报对方特殊监管区域或保税监管场所所在的海关名称及关区代码；加工贸易深加工结转、补税等报关业务，填报接受申报的海关名称及代码。

（三）“单一窗口”录入要求

在“单一窗口”录入系统中，报关人员可以录入关区代码或输入关区中文名称。

五、进出口日期

（一）填报规范

进口日期是指运载所申报进口货物的运输工具申报进境的日期。

出口日期是指运载所申报出口货物的运输工具办结出境手续的日期。

1. 本栏目为8位数字，顺序为年（4位）、月（2位）、日（2位）。例如，2022年2月10日申报进口一批货物，运输工具申报进境日期为2022年2月8日，则“进口日期”栏填报为：“20220208”。

2. 进口日期以运载进口货物的运输工具申报进境日期为准，海关与运输企业实行舱单数据联网管理的，进口日期由系统自动生成。

3. 出口日期以运载出口货物的运输工具实际离境日期为准，海关与运输企业实行舱单数据联网管理的，出口日期由系统自动生成。

4. 集中申报的报关单，进出口日期以海关接受报关单申报的日期为准。

5. 无实际进出境的报关单，应填报向海关办理申报手续的日期，以海关接受申报的日期为准。

（二）信息来源

1. 进口日期，报关人员可查询运输工具申报进境日期，进行正确填报。

2. 出口日期，报关人员在申报时无须填报。

3. 报关人员可使用海关总署新舱单信息查询系统，查询运输工具的进境或出境日期，如图6-2-4所示。

图6-2-4 海关总署新舱单信息查询系统界面

（三）“单一窗口”录入要求

报关单电子数据向海关发送后，海关系统将依据运输工具名称、航次号、提运单号等栏目的填报内容与舱单数据进行对比，更新报关单的进口日期。装载出口货物的运输工具离境后，海关系统将运输工具名称、航次号、提运单号等栏目的填报内容与舱单数据进行对比，更新报关单的出口日期。

六、申报日期

申报日期指海关接受进出口货物收发货人、受委托的报关企业向海关申报数据的日期。以电子数据报关单方式申报的，申报日期为海关计算机系统接受申报数据时记录的日期。以纸质报关单方式申报的，申报日期为海关接受纸质报关单并对报关单进行登记处理的日期。

申报日期为8位数字，顺序为年（4位）、月（2位）、日（2位）。本栏目在申报时免予填报。

七、备案号

（一）填报规范

本栏目填报进出口货物收发货人，消费使用单位，以及生产销售单位在海关办理加工贸易合同备案或征、减、免税备案审批等手续时核发的《加工贸易手册》、海关特殊监管区域和保税监管场所保税账册、征免税证明或其他备案审批文件的编号。

一份报关单只允许填报一个备案号。无备案审批文件的报关单，本栏目免予填报。

备案号的首位标记应与报关单“监管方式”“征免性质”“征免”“用途”“项号”等栏目内容相对应。

1. 报关单“监管方式”栏为表 6-2-1 中的监管方式时，“备案号”栏应填报与其相应的编号，不得为空。

表 6-2-1　监管方式代码表

代码	监管方式名称	代码	监管方式名称	代码	监管方式名称
0200	料件放弃	0214	来料加工	0245	来料料件内销
0255	来料深加工	0258	来料余料结转	0265	来料料件复出
0300	来料料件退换	0314	加工专用油	0320	不作价设备
0345	来料成品减免	0400	成品放弃	0446	加工设备内销
0456	加工设备结转	0466	加工设备退运	0500	减免设备结转
0513	补偿贸易	1200	保税间货物	0615	进料对口
0644	进料料件内销	0654	进料深加工	0657	进料余料结转
0664	进料料件复出	0700	进料料件退换	0744	进料成品减免
0815	低值辅料	0844	进料边角料内销	0845	来料边角料内销
0864	进料边角料复出	0865	来料边角料复出	2025	合资合作设备
2225	外资设备物品	4400	来料成品退换	4600	进料成品退换
5014	区内来料加工	5015	区内进料加工货物	5100	成品进出区
0420	加工贸易设备	5034	区内物流货物	1234	保税区仓储转口
6033	物流中心进出境货物				

2. 报关单“征免性质”栏为表 6-2-2 中的征免性质时，“备案号”栏应填报相应的编号，不得为空。

表 6-2-2　征免性质代码表

代码	征免性质简称	代码	征免性质简称	代码	征免性质简称
201	无偿援助	307	保税区	401	科教用品
406	重大项目	412	基础设施	413	残疾人
417	远洋渔业	422	集成电路	499	ITA 产品
501	加工设备	502	来料加工	503	进料加工
506	边境小额	601	中外合资	602	中外合作
603	外资企业	606	海洋石油	608	陆上石油
609	贷款项目	611	贷款中标	789	鼓励项目
801	救灾捐赠	802	扶贫慈善	898	国批减免
998	内部暂定	999	例外减免		

3. 加工贸易货物备案号的填报。

加工贸易项下货物，除少量低值辅料按规定不使用加工贸易手册及以后续补税监管方式办理内销征税的外，填报加工贸易手册编号。

使用异地直接报关分册和异地深加工结转出口分册在异地口岸报关的，填报分册号；本地直接报关分册和本地深加工结转分册限制在本地报关，填报总册号。

加工贸易成品凭征免税证明转为减免税进口货物的，进口报关单填报征免税证明编号，出口报关单填报加工贸易手册编号。

对加工贸易设备、使用账册管理的海关特殊监管区域内减免税设备之间的结转，转入和转出企业分别填报进、出口报关单，在报关单“备案号”栏目填报加工贸易手册编号。

4. 涉及征、减、免税审核确认的报关单，填报征免税证明编号。

5. 减免税货物退运出口，填报中华人民共和国海关进口减免税货物准予退运证明的编号；减免税货物补税进口，填报减免税货物补税通知书的编号；减免税货物进口或结转进口（转入），填报征免税证明的编号；相应的结转出口（转出），填报中华人民共和国海关进口减免税货物结转联系函的编号。

6. 免税品经营单位经营出口退税国产商品的，免予填报。

7. 正在办理减免税申请，而货物已进境，经海关核准凭担保先予以放行的，报关单“备案号”栏可免予填报。同时应在“标记唛头及备注”栏的“标记唛码及备注”项中注明“后补征免税证明”。事后根据所申请的减免税实际结果，删除或更正原报关单的相关栏目。

（二）信息来源

备案号的填报属于与海关管理相关的信息，反映了进出口货物适用的通关制度，需要报关人与收发货人确认。同时，备案号的填报，与报关单“监管方式”“征免性质”“征免”“项号”等栏目内容相对应。

1. 加工贸易进口原料或出口成品，适用于保税加工货物报关程序，备案号填报进出口收发货人的电子账册编号或电子化手册编号。

2. 外商投资设备/物品，适用于减免税货物报关程序，备案号填报征免税证明编号。

3. 适用于一般进出口货物报关程序，备案号为空。

（三）“单一窗口”录入要求

报关人员在“备案号”栏录入电子化手册、账册、征免税证明等编号。录入系统将该备案号已在海关备案的数据，更新在进出口货物报关单“商品名称”“规格型号”“商品编码”“计量单位”等栏目中。

八、境外收发货人

（一）填报规范

境外收货人通常指签订并执行出口贸易合同中的买方或合同指定的收货人；境外发货人通常指签订并执行进口贸易合同中的卖方。

填报境外收发货人的名称及编码时，名称一般填报英文名称，检验检疫要求填报其他外文名称的，在英文名称后填报，以半角括号分隔。对于AEO互认国家（地区）企业的，编码填报AEO编码，填报样式为："国别（地区）代码+海关企业编码"，例如，新加坡AEO企业SG123456789012（新加坡国别代码+12位企业编码）；非AEO互认国家（地区）企业等其他情形，编码免予填报。

特殊情况下无境外收发货人的，名称及编码填报"NO"。

（二）信息来源

从贸易合同、发票、提单等报关单证中，都可获得境外收发货人的英文名称。如境外收发货人所在国（地区）已经与中国海关签订AEO互认，且境外收发货人为AEO认证企业，可以向境外收发货人沟通其"海关企业编码"，在通关中享受AEO认证企业的通关便利。

（三）"单一窗口"录入要求

在"单一窗口"系统中，境外收发货人分为两栏录入：境外收发货人代码、企业名称（外文）。在"企业名称（外文）"中，录入英文全称；在"境外收发货人代码"中，录入国别（地区）代码+海关企业编码。如果境外收发货人不是AEO认证企业或其所在国（地区）未与中国海关AEO互认，可以为空。

九、运输方式

（一）填报规范

运输方式包括实际运输方式和海关规定的特殊运输方式，前者指货物实际进出境的运输方式，按进出境所使用的运输工具分类；后者指货物无实际进出境的运输方式，按货物在境内的流向分类。

根据货物实际进出境的运输方式或货物在境内流向的类别，按照海关规定的"运输方式代码表"选择填报相应的运输方式。

1. 实际进出境货物填报要求

（1）进境货物的运输方式，按货物运抵我国关境第一个口岸时的运输方式填报；出境货物的运输方式，按货物运离我国关境最后一个口岸时的运输方式填报。运输方式具体包括水路运输，代码为2；铁路运输，代码为3；公路运输，代码为4；航空运输，代码为5；邮件运输，代码为6；其他运输，代码为9。

（2）进口转关运输货物，按载运货物抵达进境地运输工具填报；出口转关运输货物，按载运货物驶离出境地的运输工具填报。

（3）非邮件方式进出境的快递货物，按实际出境运输方式填报。

（4）不复运出（入）境而留在境内（外）销售的进出境展览品、留赠转卖物品等，填报"其他运输"（代码9）。

（5）进出境旅客随身携带的货物，填报"旅客携带"（代码L）。

（6）以固定设施（包括输油、输水管道和输电网等）运输货物的，填报"固定设施运输"

（代码 G）。

2. 非实际进出境货物在境内流转时填报要求

（1）境内非保税区运入保税区货物和保税区退区货物，填报“非保税区”（代码 0）。

（2）保税区运往境内非保税区货物，填报“保税区”（代码 7）。

（3）境内存入出口监管仓库和出口监管仓库退仓货物，填报“监管仓库”（代码 1）。

（4）保税仓库转内销货物或转加工贸易货物，填报“保税仓库”（代码 8）。

（5）从境内保税物流中心外运入中心或从中心运往境内中心外的货物，填报“物流中心”（代码 W）。

（6）从境内保税物流园区外运入园区或从园区内运往境内园区外的货物，填报“物流园区”（代码 X）。

（7）保税港区、综合保税区与境内区外（非海关特殊监管区域、保税监管场所）之间进出的货物，填报“保税港区/综合保税区”（代码 Y）。

（8）出口加工区、珠澳跨境工业区（珠海园区）、中哈霍尔果斯边境合作区（中方配套区）与境内区外（非海关特殊监管区域、保税监管场所）之间进出的货物，填报“出口加工区”（代码 Z）。

（9）境内运入深港西部通道港方口岸区的货物，填报“边境特殊海关作业区”（代码 H）。

（10）经横琴新区和平潭综合实验区（以下简称“综合试验区”）二线指定申报通道运往境内区外或从境内经二线指定申报通道进入综合试验区的货物，以及综合试验区内按选择性征收关税申报的货物，填报“综合试验区”（代码 T）。

（11）海关特殊监管区域内的流转、调拨货物，海关特殊监管区域、保税监管场所之间的流转货物，海关特殊监管区域与境内区外之间进出的货物，海关特殊监管区域外的加工贸易余料结转、深加工结转、内销货物，以及其他境内流转货物，填报“其他运输”（代码 9）。

（二）信息来源

1. 运输方式属于与运输相关的信息，实际进出境的货物由其使用的进出境运输工具决定。报关人员可以通过提运单确认，如海运提单，运输方式填报水路运输，代码为 2；空运运单，运输方式填报航空运输，代码为 5；铁路运单，运输方式填报铁路运输，代码为 3；等等。

2. 非实际进出境货物中，进出海关特殊监管区域的货物，报关人员在确认货物流向后，查询运输方式代码表。

3. 加工贸易监管方式下非实际进出境货物，例如，进料深加工、进料余料结转、进料料件内销、进料边角料内销等货物，填报“其他运输”，代码为 9。

（三）“单一窗口”录入要求

报关人员在“运输方式”栏，录入运输方式名称或其代码。

十、运输工具名称及航次号

（一）填报规范

“运输工具名称”指载运货物进出境的运输工具的名称或编号。“航次号”指载运货物进出境的运输工具的航次号。“运输工具名称”与“航次号”的填报内容应与运输部门向海关申报的舱单（载货清单）所列相应内容一致。

1. 运输工具名称的填报要求

（1）直接在进出境地或采用全国海关通关一体化模式办理报关手续的报关单填报要求如下。

①水路运输：填报船舶编号（来往港澳小型船舶为监管簿编号）或者船舶英文名称。

②公路运输：启用公路舱单前，填报该跨境运输车辆的国内行驶车牌号，深圳提前报关模式的报关单填报国内行驶车牌号+“/”+“提前报关”。启用公路舱单后，免予填报。

③铁路运输：填报车厢编号或交接单号。

④航空运输：填报航班号。

⑤邮件运输：填报邮政包裹单号。

⑥其他运输：填报具体运输方式名称，例如，管道、驮畜等。

（2）转关运输货物报关单填报要求。

①进口。

水路运输：直转、提前报关填报“@”+16位转关申报单预录入号（或13位载货清单号）；中转填报进境英文船名。

铁路运输：直转、提前报关填报“@”+16位转关申报单预录入号；中转填报车厢编号。

航空运输：直转、提前报关填报“@”+16位转关申报单预录入号（或13位载货清单号）；中转填报“@”。

公路及其他运输：填报“@”+16位转关申报单预录入号（或13位载货清单号）。

以上各种运输方式使用广东地区载货清单转关的提前报关货物填报“@”+13位载货清单号。

②出口。

水路运输：非中转填报“@”+16位转关申报单预录入号（或13位载货清单号）。如多张报关单需要通过一张转关单转关的，运输工具名称字段填报“@”。中转货物，境内水路运输填报驳船船名；境内铁路运输填报车名（主管海关4位关区代码+“TRAIN”）；境内公路运输填报车名（主管海关4位关区代码+“TRUCK”）。

铁路运输：填报“@”+16位转关申报单预录入号（或13位载货清单号），如多张报关单需要通过一张转关单转关的，填报“@”。

航空运输：填报“@”+16位转关申报单预录入号（或13位载货清单号），如多张报关单需要通过一张转关单转关的，填报“@”。

其他运输方式：填报“@”+16位转关申报单预录入号（或13位载货清单号）。

（3）采用“集中申报”通关方式办理报关手续的，报关单本栏目填报“集中申报”。

（4）免税品经营单位经营出口退税国产商品的，免予填报。

（5）无实际进出境的报关单，本栏目免予填报。

2. 航次号的填报要求

（1）直接在进出境地或采用全国海关通关一体化模式办理报关手续的报关单填报要求。

①水路运输：填报船舶的航次号。

②公路运输：启用公路舱单前，填报运输车辆的8位进出境日期［顺序为年（4位）、月（2

位)、日（2 位)，下同]。启用公路舱单后，填报货物运输批次号。

③铁路运输：填报列车的进出境日期。

④航空运输：免予填报。

⑤邮件运输：填报运输工具的进出境日期。

⑥其他运输方式：免予填报。

（2）转关运输货物的报关单填报要求。

①进口。

水路运输：中转转关方式填报“@”+进境干线船舶航次。直转、提前报关免予填报。

公路运输：免予填报。

铁路运输：“@”+8 位进境日期。

航空运输：免予填报。

其他运输方式：免予填报。

②出口。

水路运输：非中转货物免予填报。中转货物：境内水路运输填报驳船航次号；境内铁路、公路运输填报 6 位启运日期［顺序为年（2 位)、月（2 位)、日（2 位）］。

铁路拼车拼箱捆绑出口：免予填报。

航空运输：免予填报。

其他运输方式：免予填报。

（3）免税品经营单位经营出口退税国产商品的，免予填报。

（4）无实际进出境的报关单，免予填报。

（二）信息来源

运输工具名称属于与运输相关的信息，必须与舱单一致，报关人员可通过以下方式获得。

1. 提运单信息

按照提运单上的船舶或航班信息，填报“运输工具名称”。

例如，海运提单船舶信息为“WAN HAI 235/V. N226”，报关单上“运输工具名称”应填报“WANHAI235/N226”。填报时需要注意“/”前信息为船舶信息，“/”后为航次号，“V.”不要填写。

2. 新舱单系统

报关单的“运输工具名称”，须与新舱单系统中的进出境运输工具信息一致。报关单电子数据发送后，如本栏目填报错误，海关系统会做退单处理，报关人员需要与舱单系统数据修改一致后，重新发送。

（三）“单一窗口”录入要求

在纸质报关单上，“运输工具名称”与“航次号”合并填报在“运输工具名称”一个栏目中。在“单一窗口”系统中，“运输工具名称”与“航次号”为 2 个栏目，需要分开录入。“运输工具名称”“航次号”填报内容要与新舱单系统中的进出境运输工具信息一致。

十一、提运单号

（一）填报规范

填报进出口货物提单或运单的编号。一份报关单只允许填报一个提单号或运单号，一票货物对应多个提单或运单时，应分单填报。

1. 直接在进出境地或采用全国海关通关一体化通关模式办理报关手续的填报要求。

（1）水路运输：填报进出口提单号。如有分提单的，填报进出口提单号+“_ ”+分提单号。

（2）公路运输：启用公路舱单前，免予填报；启用公路舱单后，填报进出口总运单号。

（3）铁路运输：填报运单号。

（4）航空运输：填报总运单号+“_ ”+分运单号，无分运单的填报总运单号。

（5）邮件运输：填报邮运包裹单号。

2. 转关运输货物的报关单填报要求。

（1）进口。

①水路运输：直转、中转填报提单号。提前报关免予填报。

②铁路运输：直转、中转填报铁路运单号。提前报关免予填报。

③航空运输：直转、中转货物填报总运单号+“_ ”+分运单号。提前报关免予填报。

④其他运输方式：免予填报。

以上运输方式进境货物，在广东省内用公路运输转关的，填报车牌号。

（2）出口。

①水路运输：中转货物填报提单号；非中转货物免予填报；广东省内汽车运输提前报关的转关货物，填报承运车辆的车牌号。

②其他运输方式：免予填报。广东省内汽车运输提前报关的转关货物，填报承运车辆的车牌号。

3. 采用“集中申报”通关方式办理报关手续的，报关单填报归并的集中申报清单的进出口起止日期［按年（4位）、月（2位）、日（2位）、年（4位）、月（2位）、日（2位）填写］。

4. 无实际进出境的，本栏目免予填报。

（二）信息来源

“提运单号”栏目所填报的运输单证编号，主要为海运提单号、海运单号、铁路运单号、航空运单号。提运单号属于与运输相关的信息，其信息来源和查询方式包括以下两种。

1. 提运单信息

报关人员按照提运单上的提单号或运单号，填报提运单号。

2. 新舱单系统

提运单号的填报，需要与海关的舱单系统数据一致。报关单电子数据发送后，如填报信息错误，海关系统会做退单处理，报关人员需要与口岸海关的舱单系统数据修改一致后，重新发送。

（三）“单一窗口”录入要求

在“单一窗口”系统中，报关人员在“提运单号”栏目录入与舱单系统中一致的提运单号。

十二、货物存放地点

（一）填报规范

填报货物进境后存放的场所或地点，包括海关监管作业场所、分拨仓库、定点加工厂、隔离检疫场、企业自有仓库等。

进口报关单中，本栏目为必填项；出口报关单中，本栏目为选填项。

（二）信息来源

货物进境后存放地点，可使用港口、船代、货代的网络公示信息或电话查询，包括运输工具进境后的卸货地点，该票货物进境后分拨、堆存的海关监管堆场、仓库名称等信息。

（三）“单一窗口”录入要求

在“单一窗口”录入系统中，报关人员在“货物存放地点”栏目录入货物存放地的文本信息。

十三、消费使用单位/生产销售单位

（一）填报规范

消费使用单位填报已知的进口货物在境内的最终消费、使用单位的名称，包括自行进口货物的单位、委托进出口企业进口货物的单位。

生产销售单位填报出口货物在境内的生产或销售单位的名称，包括自行出口货物的单位、委托进出口企业出口货物的单位、免税品经营单位经营出口退税国产商品的，填报该免税品经营单位统一管理的免税店。

1. 减免税货物报关单的消费使用单位/生产销售单位应与征免税证明的“减免税申请人”一致。

2. 保税监管场所与境外之间的进出境货物，消费使用单位/生产销售单位应当填报保税监管场所的名称［保税物流中心（B 型）填报中心内企业名称］。

3. 海关特殊监管区域的消费使用单位/生产销售单位填报区域内经营企业（“加工单位”或“仓库”）。

4. 编码填报要求：

填报 18 位法人或其他组织统一社会信用代码。

无 18 位统一社会信用代码的，填报“NO”。

5. 进口货物在境内的最终消费或使用，以及出口货物在境内的生产或销售的对象为自然人的，填报身份证号、护照号或台胞证号等有效证件号码及姓名。

（二）信息来源

消费使用单位/生产销售单位属于与货物成交相关的信息，报关人需要与委托单位确认消费使用单位/生产销售单位的中文全称或代码。

（三）“单一窗口”录入要求

在“单一窗口”系统中，消费使用单位/生产销售单位栏目分为3个，即18位社会信用代码、10位海关编码、10位检验检疫编号。报关人员录入以上任意一种信息，系统即可识别并补全另外2项信息。

十四、监管方式

（一）填报规范

监管方式是以国际贸易中进出口货物的交易方式为基础，结合海关对进出口货物的征税、统计及监管条件综合设定的海关对进出口货物的管理方式。其代码由4位数字构成，前2位是按照海关监管要求和计算机管理需要划分的分类代码，后2位是参照国际标准编制的贸易方式代码。

应根据实际对外贸易情况，按海关规定的监管方式代码表选择填报相应的监管方式简称及代码。一份报关单只允许填报一种监管方式。

1. 一般贸易

一般贸易是指我国境内有进出口经营权的企业单位进口或单边出口的贸易。本监管方式代码为“0110”，简称“一般贸易”。

（1）本监管方式适用范围：

①以正常交易方式成交的进出口货物；

②贷款援助的进出口货物；

③外商投资企业为加工内销产品而进口的料件；

④外商投资企业用国产原材料加工成品出口或采购产品出口；

⑤供应外国籍船舶、飞机等运输工具的国产燃料、物料及零配件；

⑥保税仓库进口供应给我国籍国际航行运输工具使用的燃料、物料等保税货物；

⑦境内企业在境外投资以实物投资进出口的设备、物资；

⑧来料养殖、来料种植进出口货物；

⑨国有公益性收藏单位通过合法途径从境外购入的藏品。

（2）本监管方式不适用于：

①进出口货样广告品，监管方式为“货样广告品”（3010）；

②没有对外贸易经营资格的单位获准临时进出口货物，监管方式为“其他贸易”（9739）；

③境外劳务合作项目，对方以实物产品抵偿我国劳务人员工资所进口的货物（如钢材、木材、化肥、海产品等），对外承包工程期间在国外获取及在境外购买的设备、物资等，监管方式为“承包工程进口”（3410）。

2. 来料加工贸易

来料加工是指进口料件由境外企业提供，经营企业不需要付汇进口，按照境外企业的要求进行加工或装配，只收取加工费且制成品由境外企业销售的经营活动。本监管方式代码为“0214”，简称“来料加工”。

（1）本监管方式适用范围：

①来料加工项下进口的料件和加工出口的成品；

②设立保税工厂的加工贸易企业来料加工进口料件和出口成品。

（2）本监管方式不适用于：

①国有企业代理来料加工企业进口加工生产用柴油，监管方式为“加工专用油”（0314）；

②由特定企业以加工贸易方式进口原油加工成品油，不返销出境，供应国内市场的，监管方式为“进料以产顶进”（0642）；

③进口 5000 美元以下、78 种列名辅料，监管方式为“低值辅料”（0815）。

3. 进料加工贸易

进料加工贸易是指进口料件由经营企业付汇进口，制成品由经营企业外销出口的经营活动。

（1）进料加工贸易的主要监管方式包括：

进料加工对口合同是指买卖双方分别签订进出口对口合同，料件进口时，我方先付料件款，加工成品出口时再向对方收取出口成品款项的交易方式，包括动用外汇的对口合同或不同客户的对口联号合同，以及对开信用证的对口合同。本监管方式代码为“0615”，简称“进料对口”，主要适用于进料加工项下进口料件和出口成品，以及进料加工贸易中外商免费提供进口的主料、辅料和零部件。

进料加工非对口合同是指我方有外贸进出口经营权的企业运用外汇购买进口原料、材料、元器件、零部件、配套件和包装物料（以下简称“料件”），加工成品或半成品再返销出口的交易形式。本监管方式代码为“0715”，简称“进料非对口”。

境外客户为境内企业加工复出口产品提供进口 5000 美元及以下、数量零星的辅料或包装物料，以及数量合理直接用于服装生产车间的小型易耗性生产工具。本监管方式代码为“0815”，简称“低值辅料”。

（2）以上监管方式适用范围：

①进料加工项下进口料件和加工出口产品；

②设立保税工厂的加工贸易企业进料加工进口料件和出口成品。

（3）本监管方式不适用于出口加工区加工贸易进出口货物，其监管方式为“区内加工货物”（5015）。

4. 加工贸易深加工结转

加工贸易经营企业将保税进口料件所加工的产品在境内结转给另一个加工贸易企业，用于再加工后复出口。

转入、转出的企业分别填报进出口报关单，监管方式填报“来料深加工”（0225）或“进料深加工”（0654）。

（1）以上监管方式适用范围：

①非海关特殊监管区域加工贸易经营企业之间来料、进料深加工货物结转；

②非海关特殊监管区域加工贸易经营企业转自海关特殊监管区域加工贸易经营企业加工的货物。

（2）以上监管方式不适用于：

①保税区、保税物流园区等海关特殊监管区域之间结转的货物，监管方式为“保税间货物”（1200）；

②出口加工区企业生产的产品结转至其他出口加工区或非海关特殊监管区域加工复出口，加工区企业转出、转入报关单，监管方式为“出口加工区成品进出区”（5100）。

经营企业进料加工产品转给享受减免税优惠的企业，监管方式为“进料成品转减免”（0744）。

5. 加工贸易料件复出

（1）加工贸易料件复出的主要监管方式包括：

加工贸易进口料件因品质、规格等原因退运出境，或加工过程中产生的剩余料件、边角料退运出境，且不再更换同类货物进口的，分别填报“来料料件复出”（0265）、“来料边角料复出”（0865）、“进料料件复出”（0664）、“进料边角料复出”（0864）。

（2）以上监管方式适用范围：

①来料加工、进料加工进口的保税料件因品质、规格等原因退运，以及加工过程中产生的剩余料件、边角料、废料退运出境；

②经营企业因加工贸易出口产品售后服务需要，申请出口加工贸易手册项下进口的保税料件。

（3）以上监管方式不适用于：

加工贸易进口料件、剩余料件及边角料、废料复运出境后更换同类货物进口，其监管方式为“来料料件退换”（0300）、“进料料件退换”（0700）。

6. 加工贸易货物退换

（1）加工贸易货物退换的主要监管方式包括：

加工贸易保税料件因品质、规格等原因退运处境，更换料件后复进口的，退运出境报关单和复运进境报关单的监管方式应填报“来料料件退换”（0300）或“进料料件退换”（0700）。

加工贸易出口成品因品质、规格等原因退运出境，经加工、维修或更换同类商品复出口的，退运进境报关单和复运出境报关单的监管方式应填报“来料成品退换”（4400）或“进料成品退换”（4600）。

（2）以上监管方式不适用于：

来料加工、进料加工过程中产生的剩余料件、边角料、废料退运出境，以及进口料件因品质、规格等原因退运出境且不再更换同类货物进境。这几类货物分别适用于“来料料件复出”（0265）、“来料边角料复出”（0865）、“进料料件复出”（0664）、“进料边角料复出”（0864）等监管方式。

7. 加工贸易保税货物内销

（1）加工贸易保税货物内销的主要监管方式包括：

加工贸易加工过程产生的剩余料件、制成品、半成品、残次品及受灾保税货物，经批准转为国内销售，不再加工复出口的，以及海关事后发现擅自转内销并准予补办进口补税手续属于加工贸易项下的货物，应填报进口货物报关单，监管方式填报“来料料件内销”（0245）或“进料料件内销”（0644）。

加工贸易保税货物减免是指来料、进料加工成品凭征免税证明转为减免税进口货物的，监管方式填报“来料成品转减免”（0345）或“进料产品转减免”（0744）。

加工贸易过程中有形损耗产生的边角料，以及加工副产品，有商业价值且经批准在境内销售的，应填报进口报关单，监管方式填报“来料边角料内销”（0845）或“进料边角料内销”（0844）。

（2）以上监管方式适用范围：

边角料、剩余料件、残次品、副产品和受灾保税货物。

①边角料，是指加工贸易企业经营来料加工、进料加工业务，在海关核定的单耗内、加工过程中产生的、无法再用于加工该合同项下出口制成品的数量合理的废、碎及下脚料件；

②剩余料件，是指加工贸易企业在经营业务过程中剩余的、可以继续用于加工制成品的加工贸易进口料件；

③残次品，是指加工贸易企业经营来料加工、进料加工业务，在生产过程中产生的有严重缺陷或者达不到出口合同标准，无法复出口的制品（包括完成品和未完成品）；

④副产品，是指加工贸易企业经营来料加工、进料加工业务，在加工生产出口合同规定的制成品（主产品）过程中同时产生的，且出口合同未规定应当复出口的一个或者一个以上的其他产品；

⑤受灾保税货物，是指加工贸易企业经营业务过程中，因不可抗力原因或者其他经海关审核认可的正当理由造成灭失、短少、损毁等导致无法复出口的保税进口料件和制品。

（3）以上监管方式不适用于：

①特定企业以加工贸易的方式进口原油炼制成品油，小返销出境而供应国内市场的，其监管方式为“进料以产顶进”（0642）；

②保税区、出口加工区加工贸易转内销货物，其监管方式为“保税区进料料件”（0544）或“保税区来料料件”（0545）；

③企业擅自内销加工贸易保税货物，按走私或违规处理的。

8. 加工贸易进口设备

（1）加工贸易进口设备的监管方式包括：

加工贸易设备，指来料加工、进料加工贸易项下外商作价提供、不扣减企业投资总额的进口设备，以及服务外包企业履行国际服务外包合同，由国际服务外包业务境外发包方免费提供的进口设备。本监管方式代码为“0420”，简称“加工贸易设备”，对应征免性质为“一般征税”（101）或“加工设备”（501）。

不作价设备，指境外企业与境内企业开展来料、进料加工业务，外商免费向境内加工贸易经营单位提供加工生产所需设备，境内经营单位不需支付外汇、不需用加工费或差价偿还，监管方式代码为“0320”，简称“不作价设备”。

加工贸易设备转内销，指在海关监管期内的加工贸易免税进口设备经批准转售给境内非加工贸易企业，监管方式代码为“0446”，简称“加工设备内销”。

加工贸易设备退运，指加工贸易免税进口设备退运出境，监管方式代码为“0466”，简称“加工设备退运”。

（2）以上监管方式不适用于：

①暂时进口（期限在半年以内）加工贸易生产所需不作价设备（限模具、单台设备），按暂时进口货物办理；

②外商投资企业投资总额内资金进口的设备，其监管方式为“合资合作设备”（2025）或

“外资设备物品”（2225）；

③外商投资企业自有资金（投资总额以外）进口设备，其监管方式为“一般贸易”（0110）；

④出口加工区的设备进口、退运，分别适用“境外设备进区”（5335）或“区内设备退运”（5361）。

9. 加工贸易余料结转、加工贸易货物销毁、不作价设备结转

依据《关于启用保税核注清单的公告》（海关总署公告 2018 年第 23 号），为简化保税货物报关手续，在金关二期保税核注清单系统启用后，企业办理加工贸易货物余料结转、加工贸易货物销毁（处置后未获得收入）、加工贸易不作价设备结转手续的，可不再办理报关单申报手续。

（1）余料结转

加工贸易余料结转是指加工贸易企业在经营来料加工、进料加工复出口业务过程中剩余的、可以继续用于加工制成品的加工贸易进口料件，结转到同一经营单位、同一加工企业、同样进口料件和同一加工监管方式的另一个加工贸易合同项下继续加工复出口。

转入、转出的加工贸易手册分别填报进出口货物报关单，监管方式为“来料余料结转”（0258）或“进料余料结转”（0657）。

（2）加工贸易货物销毁

加工贸易企业因故无法内销或者退运而做销毁处置且未因处置获得收入的料件、残次品，其中残次品应按单耗折成料件，应填报进口货物报关单，监管方式填报“料件销毁”（0200），全称为“加工贸易料件、残次品（材料）销毁”。

加工贸易企业因故无法内销或者退运而做销毁处置且因处置获得收入的料件、副产品，应填报进口货物报关单，监管方式填报“边角料销毁”（0400），全称为“加工贸易边角料、副产品（按状态）销毁”。

（3）加工贸易设备结转

加工贸易设备结转指海关监管期内的加工贸易免税进口设备经批准转让给另一加工企业，或从本企业一本加工贸易手册结转入另一本加工贸易手册，监管方式代码为“0456”，简称“加工设备结转”。

10. 监管年限内减免税设备结转

监管年限内减免税设备结转是指进口企业在减免税设备监管年限内转让给另一享受减免税待遇的企业，监管方式代码为“0500”，简称“减免设备结转”。

本监管方式不适用于加工贸易项下进口设备结转给另一加工贸易企业，其监管方式为“加工设备结转”（0456）。

11. 保税区间及保税仓库间货物结转

保税区间及保税仓库间货物结转是指保税区、保税物流园区、出口加工区、出口监管仓库、保税仓库、保税物流中心（A、B 型）等海关特殊监管区域、保税监管场所间往来的货物，监管方式代码为“1200”，简称“保税间货物”。

本监管方式不适用于出口加工区间结转货物，不同出口加工区企业结转货物适用的监管方式为“出口加工区成品进出区”（5100）或“料件进出区”（5000）。

12. 保税仓库进出境仓储、转口货物

保税仓库进出境仓储及转口货物，指从境外进口直接存入保税仓库、保税仓库出境的仓储、转口货物，以及出口监管仓库出境的货物，监管方式代码为“1233”，简称“保税仓库货物”。

（1）本监管方式适用范围：

经批准设立的保税仓库进出境和出口监管仓库的出境货物，包括从保税仓库提取用于外国籍国际航行运输工具的物料。

（2）本监管方式不适用于：

①保税仓库、出口监管仓库进口自用的货架、办公用品、管理用具、运输车辆、搬运、起重和包装设备，以及改装用的机器等，其监管方式为“一般贸易”（0110）。

②从保税仓库提取用于本国籍运输工具或用于维修境内设备的仓储货物，按进口申报，其监管方式为“一般贸易”（0110）。

③保税仓库进境货物销往境内，按货物运出保税仓库的实际用途填报相应的监管方式。

④境内存入出口监管仓库和出口监管仓库的退仓货物，按相应监管方式填报。

⑤保税区、保税物流中心进出境仓储、转口货物，其监管方式分别为“保税区仓储、转口”（1234）、“物流中心进出境货物”（6033）。

⑥保税仓库货物出仓运往境内其他地方转为正式进口的，在仓库主管海关办结出仓报关手续，填制出口报关单，监管方式为“1200”；进口报关单按实际进口监管方式填报。

⑦保税仓库寄售维修零部件申请免税出仓的，进口报关单监管方式应为“无代价抵偿货物”（3100）。

13. 保税区进出境仓储、转口货物

保税区进出境仓储、转口货物是指从境外存入保税区、保税物流园区和从保税区、保税物流园区运出境的仓储、转口货物，监管方式代码为“1234”，简称“保税区仓储转口”。

下列情况不适用本监管方式：

①保税区、保税物流园区除仓储、转口货物以外的其他进出境货物，按实际进出口监管方式填报。

②从境内非海关特殊监管区域、保税监管场所运入保税区、保税物流园区的货物，按实际监管方式填报。

从境内非海关特殊监管区域、保税监管场所运入保税区、保税物流园区的货物退回境内的，按实际监管方式填报。

③从保税区、保税物流园区运往境内非海关特殊监管区域、保税监管场所的货物，按实际监管方式填报。

14. 外商投资企业进口设备、物品

（1）投资总额内进口设备、物品

外商投资企业投资进口的设备、物品，是指外商投资企业投资总额内的资金（包括中方投资）进口的机器设备、零部件和其他建厂（场）物料，安装、加固机器所需材料，以及本企业自用合理数量的交通工具、生产用车辆、办公用品（设备）。

中外合资、合作企业进口设备、物品，监管方式代码为“2025”，简称“合资合作设备”；外商独资企业（以下简称“外资企业”）进口设备、物品，监管方式代码为“2225”，简称“外资设备物品”。

（2）投资总额外自有资金免税进口设备

鼓励类和限制类外商投资企业、外商投资研究开发中心、先进技术型和产品出口型外商投资型企业，以及符合中西部利用外资优势产业和优势项目目录的项目，利用投资总额以外的自有资金，在原批准的生产经营范围内，对设备进行更新维修，进口国内不能生产或性能不能满足需要的自用设备及其配套的技术、配件、备件，进口货物报关单监管方式应为“一般贸易”（0110），对应征免性质为“自有资金”（799）。

（3）减免税设备结转

减免税设备结转，是指海关监管年限内的减免税设备，从进口企业结转到另一享受减免税待遇的企业，监管方式代码为“0500”，简称“减免税设备结转”，减免设备结转的转入、转出企业应分别填写进出口货物报关单向海关申报。

（4）以上监管方式不适用于：

①外商投资企业经营来料加工、进料加工、租赁贸易等进口的设备物品，其监管方式分别为“不作价设备”（0320）、“加工贸易设备”（0420）、“租赁不满一年”（1500）、“租赁贸易”（1523）；

②外国常驻机构进口自用合理数量的公用物品，其监管方式为“常驻机构公用”（2439）；

③没有实际进出境，在境内结转的减免税设备，其监管方式为“减免税设备结转”（0500）；

④出口加工区外商投资企业进口设备物品，其监管方式为“出口加工区进口设备”（5035）。

15. 退运进出口货物

退运进出口货物是指原进出口货物因残损、缺少、品质不良、规格不符、延误交货或其他原因退运出、进境的货物，监管方式代码为“4561”，简称“退运货物”。

退运货物进出口时，应随附原出（进）口货物报关单，并将原出（进）口货物报关单号填报在“标记唛码及备注”栏内。

（1）本监管方式适用范围：

本监管方式适用于以下货物的退运出、进境：“一般贸易”（0110）、“易货贸易”（0130）、“旅游购物商品”（0139）、“租赁贸易”（1523）、“寄售代销”（1616）、“合资合作设备”（2025）、“外资设备物品”（2225）、“外汇免税商品”（1831）、“货样广告品”（3010）、“其他进出口免费”（3339）、“承包工程进口”（3410）、“承包工程出口”（3422）、“无偿援助”（3511）、“捐赠物资”（3612）、“边境小额”（4019）、“其他贸易”（9739）。

（2）本监管方式不适用于：

①加工贸易项下料件、成品维修退换，监管方式为“来料料件退换”（0300）、“进料料件退换”（0700）、“来料成品退换”（4400）、“进料成品退换”（4600）；

②加工贸易项下料件、边角料退运，监管方式为“来料料件复出”（0265）、“来料边角料复出”（0865）、“进料料件复出”（0664）、“进料边角料复出”（0864）；

③加工贸易设备退运，监管方式为“加工设备退运”（0466）；

④货物进境后、放行结关前退运的货物，监管方式为“直接退运”（4500）；

⑤租赁不满一年货物退运，监管方式为“租赁不满一年”（1500）；

⑥进出口无代价抵偿货物，被更换的原进口货物退运出境，监管方式为“其他”（9900）；

16. 进出境修理物品

进出境修理物品是指进境或出境维护修理的货物、物品，监管方式代码为"1300"，简称"修理物品"。

（1）本监管方式适用范围：

本监管方式适用于各类进出境维修的货物，以及修理货物维修所用的原材料、零部件。

（2）本监管方式不适用于：

①按加工贸易保税货物管理的进境维修业务；

②加工贸易进口料件和出口成品进出境维修，分别适用"来料料件退换"（0300）、"来料成品退换"（4400）、"进料料件退换"（0700）、"进料成品退换"（4600）。

17. 租赁贸易

租赁贸易是指经营租赁业务的企业与外商签订国际租赁合同项下境内企业租赁进口或出租出口的货物。

（1）本监管方式适用范围：

①租赁期在一年及以上的进出口货物，其监管方式代码为"1523"，简称"租赁贸易"；

②租赁期在一年及以上的进出口货物分期办理征税手续时，每期征税适用监管方式代码为"9800"，简称"租赁征税"；

③租赁期不满一年的进出口货物，其监管方式代码为"1500"，简称"租赁不满一年"。

（2）本监管方式不适用于：

①经营租赁业务的企业进口自用的设备、办公用品，其监管方式为"一般贸易"（0110）；

②加工贸易租赁进口的机器设备，其监管方式为"加工贸易设备"（0420）；

③补偿贸易租借进口的货物，其监管方式为"补偿贸易"（0513）；

④租赁贸易期满复运出（进）口的货物，其监管方式为"退运货物"（4561）；租赁不满一年期满复运出（进）境的货物，其监管方式为"租赁不满一年"（1500）。

18. 暂时进出境货物

暂时进出境货物是指经海关批准，暂时进出关境并且在规定的期限内复运出境、进境的货物，其监管方式代码为"2600"，简称"暂时进出货物"。

（1）本监管方式适用范围：

①文化、体育交流活动中使用的表演、比赛用品；

②进行新闻报道或者摄制电影、电视节目使用的仪器、设备及用品；

③开展科研、教学、医疗活动使用的仪器、设备及用品；

④在第①项至第③项所列活动中使用的交通工具及特种车辆；

⑤货样；

⑥慈善活动使用的仪器、设备及用品；

⑦供安装、调试、检测、修理设备时使用的仪器及工具；

⑧盛装货物的容器；

⑨旅游用自驾交通工具及用品；

⑩工程施工中使用的设备、仪器及其用品；

⑪海关批准的其他暂时进出境货物。

（2）本监管方式不适用于：

①进出境展览品，其监管方式为“展览品”（2700）；

②驻华商业机构不复运出口的进口陈列样品，其监管方式为“陈列样品”（2939）；

③对外承包工程出口物资，其监管方式为“对外承包出口”（3422）；

④进出境修理物品，其监管方式为“修理物品”（1300）；

⑤租赁贸易进出口货物，其监管方式为“租赁不满一年”（1500）、“租赁一年及以上”（1523）；

⑥从境外暂时进境的货物转入保税区、出口加工区等海关特殊监管区域和保税监管场所的，不属于复运出境；

⑦用于装载海关监管货物的进出境集装箱；

⑧享有外交特权和豁免权的外国驻华机构或者人员暂时进出境物品。

19. 进出境展览品

进出境展览品是指外国来华或我国为到国外举办经济、文化、科技等展览或参加博览会而进出口的展览品及展览品有关的宣传品、布置品、招待品、小卖品和其他物品，其监管方式代码为“2700”，简称“展览品”。

（1）本监管方式适用范围：

①在展览会、交易会、会议及类似活动中展示或者使用的货物，包括为了示范展览会展出机器或者器具所使用的货物；设置临时展台的建筑材料及装饰材料；宣传展示货物的电影片、幻灯片、录像带、录音带、说明书、广告、光盘、显示器材等；

②上述所列活动中使用的交通工具及特种车辆；

③其他经海关批准用于展示的进出境货物、物品。

（2）本监管方式不适用于：

①ATA 单证册项下的暂准进出口展览品，持证人免填报关单；

②不复运出（进）境而留在国内（外）销售的进出境展览品，按实际监管方式填报；

③在商店或者其他营业场所以销售国外货物为目的而组织的非公共展览会。

20. 进出口货样、广告品

进出口货样是指专供订货参考的进出口货物样品；广告品是指进出口用以宣传有关商品内容的广告宣传品。进出口货样和广告品，不论是否免费提供，均应由在海关注册登记的进出口收发货人或其代理人向海关申报，监管方式代码为“3010”，简称“货样、广告品”。

本监管方式不适用于：

（1）暂时进出口的货样、广告品，其监管方式为“暂时进出口货物”（2600）；

（2）驻华商业机构不复运出口的进口陈列样品，其监管方式为“陈列样品”（2939）。

21. 无代价抵偿进出口货物

无代价抵偿进出口货物是指进出口货物海关放行后，因残损、短少、品质不良或者规格不符原因，由进出口货物的发货人、承运人或保险公司免费补偿或更换的与原货物相同或者与合同规定相符的货物，监管方式代码为“3100”，简称“无代价抵偿”。

本监管方式不适用于：

（1）来料加工、进料加工贸易进口料件和出口成品因残损、短少、品质不良或者规格不符原因，由进出口货物的发货人、承运人或保险公司免费补偿或更换的与原货物相同或者与合同规定相符的货物，分别适用于具体列名的料件或成品退换的监管方式；

（2）与无代价抵偿进出口货物相关的原进出口货物退运出进境，其监管方式为“其他”（9900）。

22. 其他免费提供的进出口货物

其他免费提供的进出口货物指除已具体列名的礼品、无偿援助和赠送物资、捐赠物资、无代价抵偿进口货物、国外免费提供的货样、广告品等及归入列名监管方式免费提供的货物以外，进出口其他免费提供的货物，监管方式代码为“3339”，简称“其他进出口免费”。

（1）本监管方式范围包括：

①外商在经贸活动中赠送的物品；

②外国人捐赠品；

③驻外中资机构向国内单位赠送的物资；

④经贸活动中，由外商免费提供的试车材料、消耗性物品等。

（2）本监管方式不适用于：

①保税仓库中由外商免费提供进口的机械设备、手工工具、运输工具、办公用品等，其监管方式为“其他贸易”（9739）；

②免税店由外商免费提供进口的货架、柜台、手推车等，其监管方式为“其他贸易”（9739）；

③来料加工、进料加工贸易项下外商免费提供的机械设备，其监管方式为“不作价设备”（0320）；

④进出口的货样广告品，其监管方式为“货样广告品”（3010）；

⑤国家和国际组织无偿援助物资，其监管方式为“援助物资”（3511）；

⑥捐赠物资，其监管方式为“捐赠物资”（3612）；

⑦无代价抵偿进出口货物，其监管方式为“无代价抵偿”（3100）。

23. 对外承包工程进出口物资

对外承包工程进出口物资是指经商务部批准的有对外承包工程经营权的公司为承包国外建设工程和开展劳务合作等对外合作项目而出口的设备、物资。承包工程出口物资的监管方式代码为“3422”，简称“对外承包出口”。承包工程期间在国外获取的设备、物资，以及境外劳务合作项目对方以实物产品抵偿我国劳务人员工资所进口的货物，监管方式代码为“3410”，简称“承包工程进口”。

本监管方式不适用于：

（1）我国劳务人员带出的自用生活物资，其监管方式为“其他”（9900）；

（2）援外成套项目出口的货物应根据无偿援助或贷款援助，其监管方式分别选用“援助物资”（3511）或“一般贸易”（0110）；

（3）边境地区有对外经济技术合作经营权的企业与毗邻国家边境地区开展承包工程和劳务合作项下出口的工程设备、物资（包括在外购买及换回的）运回境内时，其监管方式为“边境小额贸易”（4019）；

（4）承包工程结束后复运进境原从国内运出的承包工程项下的设备、物资，其监管方式为

"退运货物"(4561)。

24. 国家或国际组织无偿援助和赠送的物资

国家或国际组织无偿援助和赠送的物资是指我国根据两国政府间的协议或临时决定，对外提供无偿援助的物资、捐赠品或我国政府、组织基于友好关系向对方国家政府、组织赠送的物资，以及我国政府、组织接受国际组织或外国政府、组织无偿援助、捐赠或赠送的物资，其监管方式代码为"3511"，简称"无偿援助"。

（1）有关名词说明：

①外国政府是指外国国家的中央政府；

②国际组织是指联合国各专门机构及长期与我国有合作关系的其他国际组织；

③国际条约是指依据《中华人民共和国缔结条约程序法》以"中华人民共和国""中华人民共和国政府"或"中华人民共和国政府部门"名义同外国缔结协定（协议）及参加的国际条约。

（2）本监管方式不适用于：

①贷款援助的进出口货物（包括我方利用贷款或援助款项自行采购进口的货物)，其监管方式为"一般贸易"(0110)；

②来（出）访的团体和人员相互馈赠的礼品，其监管方式为"其他"(9900)；

③经济贸易往来关系赠送的物资，其监管方式为"其他进出口免费提供"(3339)；

④随援外物资一并出口或另外发运的批量出口的生活物资，其监管方式为"其他贸易"(9739)；

⑤以扶贫、慈善、救灾为目的向我国境内或向境外捐赠的直接用于扶贫、救灾、兴办公益福利事业的物资，其监管方式为"捐赠物资"(3612)。

25. 进出口捐赠物资

进出口捐赠物资是指境外捐赠人以扶贫、慈善、救灾为目的向我国境内捐赠的直接用于扶贫、救灾、兴办公益福利事业的物资，以及境内捐赠人以扶贫、慈善、救灾为目的向境外捐赠的直接用于扶贫、救灾、兴办公益福利事业的物资，其监管方式代码为"3612"，简称"捐赠物资"。

（1）有关名词说明：

①捐赠人

A. 境外捐赠人包括华侨，港、澳、台同胞，外籍人，包括法人；

B. 境内、外捐赠人，包括法人。

②扶贫、慈善公益性事业的物资

A. 新的衣服、被褥、鞋帽、帐篷、手套、睡袋、毛毯及其他维持基本生活的必需用品等；

B. 食品类及饮用品，调味品、水产品、水果、饮料、烟酒等除外；

C. 医疗类包括直接用于治疗特困患者疾病或贫困地区治疗地方病及基本医疗卫生、公共环境卫生所需的基本医疗药品、基本医疗器械、医疗书籍和资料；

D. 直接用于公共图书馆、公共博物馆、各类职业学校、高中、初中、小学、幼儿园教育的教学仪器、器材、图书、资料和一般学习用品；

E. 直接用于环境保护的专用仪器；

F. 经国务院批准的其他直接用于扶贫、慈善事业的物资。

③受赠人和使用人

受赠人是指国务院有关部门和各省、自治区、直辖市人民政府，以及从事人道救助和发展扶贫、慈善事业为宗旨的全国性的社会团体，包括中国红十字会总会、全国妇女联合会、中国残疾人联合会、中华慈善总会、中国初级卫生保健基金会和宋庆龄基金会。

使用人（使用单位）是指捐赠物资的直接使用者或负责分配该捐赠物资的单位或个人。

（2）本监管方式不适用于：

①国家间、国际组织无偿援助和赠送的物资，其监管方式为“援助物资”（3611）。

②经贸往来中赠送的物品、外国人捐赠品、我国驻外（包括驻港澳）中资机构向国内单位赠送的物资等，其监管方式为“其他进出口免费提供货物”（3339）。

26. 特许权使用费后续征税

适用于纳税义务人在货物进口后支付特许权使用费，并在支付特许权使用费后的规定时限内向海关申报纳税。

纳税义务人在货物申报进口时未支付应税特许权使用费的，应在每次支付后的30日内向海关办理申报纳税手续，并填写应税特许权使用费申报表。报关单“监管方式”栏目填报“特许权使用费后续征税”（代码9500）。

本监管方式不适用于：在货物申报进口时已支付应税特许权使用费的进出口货物。其应在报关单“杂费”栏目填报特许权使用费金额，海关按照接受货物申报进口之日适用的税率、计征汇率，对特许权使用费征收税款。

（二）信息来源

1. 了解进出口货物的用途、流向

在确定国际贸易项下货物所适用的监管方式前，报关人员要充分了解贸易双方交易的背景及货物的最终流向和用途，例如，通关货物的资金流、生产后成品流向、与其他进出口贸易合同是否存在关联关系等。

2. 结合监管方式的含义判断

监管方式属于与海关管理相关的信息，报关人需要了解不同监管方式的内涵和使用范围，在报关前与委托单位进行沟通，最终确认监管方式。

（三）“单一窗口”录入要求

在“单一窗口”系统中，报关人员依据监管方式代码表，在“监管方式”栏目录入监管方式简称及代码。

十五、征免性质

（一）填报规范

征免性质是指海关根据《海关法》《关税条例》及国家有关政策对进出口货物实施的征、减、免税管理的性质类别。征免性质是海关对进出口货物征、减、免税进行分类统计分析的重要基础。

根据实际情况按海关规定的征免性质代码表选择填报相应的征免性质简称及代码，持有海关核发的征免税证明的，应按照征免税证明中批注的征免性质填报。一份报关单只允许填报一种征免性质。

1. 一般征税。

一般征税（101），适用于依照《海关法》《关税条例》《税则》及其他法律、行政法规和规章所规定的税率征收进出口关税、进口环节增值税、消费税和其他税费的进出口货物，包括除其他征免性质另有规定者外的一般照章（包括按照公开暂定税率、关税配额、反倾销、反补贴、保障措施等）征税或补税的进出口货物。

2. 加工设备（501），适用于加工贸易经营单位按照有关减免税政策进口的外商免费（既不需要经营单位付汇，也不需要耗用加工费或差价偿还）提供的加工生产所需设备。

3. 来料加工（502），适用于来料加工装配项下进口所需的料件等，以及经加工后出口的成品、半成品。

4. 进料加工（503），适用于为生产外销产品用外汇购买进口的料件，以及加工后返销出口的成品、半成品。

5. 中外合资（601），目前一般适用于中外合资企业自产的出口产品。

6. 中外合作（602），目前一般适用于中外合作企业自产的出口产品。

7. 外资企业（603），目前一般适用于外资企业自产的出口产品。

8. 鼓励项目（789），适用于 1998 年 1 月 1 日后经主管部门审批并确认的国家鼓励发展的国有投资项目、外商投资项目、利用外国政府贷款和国际金融组织贷款项目，以及从 1999 年 9 月 1 日起，按国家规定程序审批的外商投资研究开发中心及中西部省、自治区、直辖市利用外资优势产业和优势项目目录的项目，在投资总额内进口的自用设备，以及按合同随设备进口的技术及数量合理的配套件、备件。

9. 自有资金（799），适用于设立的鼓励类外商投资企业（外国投资者的投资比例不低于 25%），以及符合中西部利用外资优势产业和优势项目目录的项目，在投资总额以外利用自有资金（包括企业储备基金、发展基金、折旧和税后利润），在原批准的生产经营范围内进口国内不能生产或性能不能满足需要的（即不属于《国内投资项目不予免税的进口商品目录》的）自用设备及其配套的技术、配件、备件，用于本企业原有设备更新（不包括成套设备和生产线）或维修。

“鼓励项目”和“自有资金”的使用，须依程序取得海关核发的征免税证明并与“征免性质”栏批注内容相符。

10. 其他法定（299），适用于依照《海关法》《关税条例》，对除无偿援助进出口物资外的其他实行法定减免税的进出口货物，以及根据有关规定非按全额货值征税的部分进出口货物。具体适用范围如下：

（1）无代价抵偿进出口货物（照章征税的除外）；

（2）货样广告品；

（3）进出境运输工具装载的途中必需的燃料、物料和饮食用品；

（4）因故退还的境外进口货物；

（5）因故退还的我国出口货物；
（6）在境外运输途中或者在起卸时遭受损坏或损失的货物；
（7）起卸后海关放行前，因不可抗力遭受损坏或者损失的货物；
（8）因不可抗力因素造成的受灾保税货物；
（9）海关查验时已经破漏、损坏或者腐烂，经证明不是保管不慎造成的货物；
（10）我国缔结或者参加的国际条约规定减征、免征关税的货物和物品；
（11）暂准进出境货物；
（12）展览会货物；
（13）出料加工项下的出口料件及复进口的成品；
（14）进出境的修理物品；
（15）租赁期不满一年的进出口货物；
（16）边民互市进出境货物；
（17）非按全额货值征税的进出口货物（如按租金、修理费征税的进口货物）；
（18）其他不按征免税证明管理的减免税货物。

（二）信息来源

报关单的监管方式（贸易方式）与征免性质的填报，反映了进出口货物适用的报关程序，两个栏目存在相对应的逻辑关系。

1. 对以一般贸易成交，并确认按一般进出口通关制度报关（征税）的货物，其对应关系为：

监管方式：一般贸易。

征免性质：一般征税。

2. 对来料加工或进料加工进出口货物，并确认按保税通关制度报关（保税）的，其对应关系为：

监管方式：来料加工/进料对口。

征免性质：来料加工/进料加工。

3. 对来料/进料深加工结转货物，并确认按保税通关制度报关（保税）的，其对应关系为：

监管方式：来料深加工/进料深加工。

征免性质：空。

4. 对外商投资企业在投资额度内进口设备/物品，并已确认按特定减免税通关制度报关（免税）的，其对应关系为：

监管方式：合资合作设备/外资设备物品。

征免性质：鼓励项目。

5. 对外商投资企业在投资额度外利用自有资金进口设备/物品，并已确认按照特定减免税通关制度报关（免税）的，其对应关系为：

监管方式：一般贸易。

征免性质：自有资金。

（三）“单一窗口”录入要求

在“单一窗口”系统中，报关人员依据征免性质代码表，在“征免性质”栏目录入征免性质简称及代码。

十六、许可证号

（一）填报规范

许可证号是指商务部配额许可证事务局、驻各地特派员办事处，以及各省、自治区、直辖市、计划单列市和商务部授权的其他省会城市商务厅（局）、外经贸委（厅、局）签发的进出口许可证编号。

本栏目填报以下许可证的编号：进（出）口许可证、两用物项和技术进（出）口许可证、两用物项和技术出口许可证（定向）、纺织品临时出口许可证、出口许可证（加工贸易）、出口许可证（边境小额贸易）。

免税品经营单位经营出口退税国产商品的，免予填报。

非许可证管理商品，此栏目为空。

一份报关单只允许填报一个许可证号。

（二）信息来源

报关人员需要确认所报关的商品编码涉及的监管条件，以及进出口贸易管制要求。如果涉及许可证管理，按照许可证编号，填报本栏目。

（三）“单一窗口”录入要求

在“单一窗口”系统中，报关人员依据许可证编号直接录入本栏目。

十七、启运港

（一）填报规范

填报进口货物在运抵我国关境前的第一个境外装运港。

根据实际情况，按海关规定的港口代码表填报相应的港口名称及代码，未在港口代码表列明的，填报相应的国家（地区）名称及代码。

货物从海关特殊监管区域或保税监管场所运至境内区外的，填报港口代码表中相应的海关特殊监管区域或保税监管场所名称及代码，未在港口代码表中列明的，填报“未列出的特殊监管区”及代码。

其他无实际进境的货物，填报“中国境内”及代码。

（二）信息来源

启运口岸属于与运输相关的信息，可以通过提运单、船公司或航空公司查询平台等确认信息。

1. 直接运抵货物

提运单上的“Port of Loading”通常为进口货物的启运港。

2. 在第三国（地区）中转的货物

进口货物提货单上“Port of Loading”可能是中转港，报关人员需要与船代确认第一个境外装运港。

例如，某企业从马来西亚进口货物，从基隆启运，经停新加坡，本栏应填报基隆。

（三）“单一窗口”录入要求

在“单一窗口”系统中，报关人员可以在本栏目的下拉菜单中选择贸易国（地区），或参考港口代码表录入中文、英文字母代码。

十八、合同协议号

（一）填报规范

合同协议号是指在进出口贸易中，买卖双方或数方当事人根据国际贸易惯例或国家有关法律、法规，自愿按照一定条件买卖某种商品签订的合同（包括协议或订单）的编号。

本栏目填报进出口货物合同（包括协议或订单）编号。进出口货物报关单所申报货物必须是在合同中明确包含的货物。

未发生商业性交易的免予填报。免税品经营单位经营出口退税国产商品的，免予填报。

（二）信息来源

合同协议号为与货物成交相关的信息，报关人员可以按照收发货人提供的合同（包括协议或订单）的编号填报本项目。

合同号一般表示为“Contract No.：××××××”，此处的“××××××”即为合同协议号所应填报的内容。

（三）“单一窗口”录入要求

在“单一窗口”系统中，报关人员依据合同协议号直接录入本栏目。

十九、贸易国（地区）

（一）填报规范

发生商业性交易的，进口填报购自国（地区），出口填报售予国（地区）。未发生商业性交易的，填报货物所有权拥有者所属的国家（地区）。

本栏目应按海关规定的国别（地区）代码表选择填报相应的贸易国（地区）中文名称及代码。

（二）信息来源

贸易国（地区）属于与货物成交相关的信息，可以通过以下单证进行查找。

1. 查询合同、发票单证中，与境内收发货人发生商业性交易的一方所属国家（地区）。

2. 查询收、付汇记录中，收发货人收、付汇的对象所属国家（地区），但收、付汇记录一般在进出口货物通关后产生。双方在货物进出口后，依据约定账期收、付汇。虽然无法在进出口货物报关单申报前获得收付汇记录，但是可以与委托单位沟通确认收、付汇方。

未发生商业性交易的，填报货物所有权拥有者所属的国家（地区）。贸易国（地区）不一定与货物启运国（地区）或运抵国（地区）一致。因此，该栏目需要报关人员与委托单位确认后填报。

（三）“单一窗口”录入要求

在“单一窗口”系统中，报关人员可以在本栏目的下拉菜单中选择贸易国（地区），或参考国别（地区）代码表录入中文、英文字母代码，如“USA 美国”。

二十、启运国（地区）/运抵国（地区）

（一）填报规范

启运国（地区）填报进口货物起始发出直接运抵我国或者在运输中转国（地区）未发生任何商业性交易的情况下运抵我国的国家（地区）。

运抵国（地区）填报出口货物离开我国关境直接运抵或者在运输中转国（地区）未发生任何商业性交易的情况下最后运抵的国家（地区）。

按海关规定的国别（地区）代码表填报相应的启运国（地区）或运抵国（地区）中文名称及代码。

1. 直接运抵货物填报要求

进出口货物运输中未发生中转，以进口货物的始发国（地区）为启运国（地区）填报，以出口货物的最终目的国（地区）为运抵国（地区）填报。

2. 在第三国（地区）中转（转运）货物填报要求

所谓中转（转运）货物，指船舶、飞机等运输工具从装运港将货物装运后，不直接驶往目的港，而在中途的港口卸下后，再换装另外的船舶、飞机等运输工具转运往目的港。货物中转的原因很多，如至目的港无直达船舶（飞机），或目的港虽有直达船舶（飞机）而时间不定或航次间隔时间太长，或目的港不在装载货物的运输工具的航线上，或货物属于多式联运等。

对于中转货物，启运国（地区）或运抵国（地区）分两种不同情况填报：

（1）发生运输中转而未发生任何买卖关系的货物，其启运国（地区）或运抵国（地区）不变，仍以进口货物的始发国（地区）为启运国（地区）填报，以出口货物的最终目的国（地区）为运抵国（地区）填报。

（2）发生运输中转并发生了商业性交易（买卖关系）的货物，其中转地为启运国（地区）或运抵国（地区），可通过发票等商业单证来判断货物中转时是否发生了买卖关系。

3. 非实际进出境货物

运输方式代码为“0”“1”“7”“8”“W”“X”“Z”“H”的，以及监管方式后两位为42~46、54~58的货物，启运国（地区）和运抵国（地区）均为“中国”（CHN）。

（二）信息来源

启运国（地区）/运抵国（地区）属于与运输相关的信息，可以通过以下单证查找填报：

1. 提运单信息

提运单列明有货物的启运国（地区）或运抵国（地区）信息。例如，进口提运单上“Port of Loading Busan Korea”，启运国（地区）填报为韩国。出口装货单上“Port of Destination Long-beach U. S.”，运抵国（地区）填报为美国。

2. 发票或合同等

发票、合同中有启运国（地区）或运抵国（地区）的描述。例如，发票中注明“From Xingang China To Kobe Japan”，启运国（地区）填报为中国，运抵国（地区）填报为日本神户。

（三）“单一窗口”录入要求

在“单一窗口”系统中，报关人员可以在本栏目的下拉菜单中选择启运国（地区）/运抵国（地区），或录入中文、英文字母代码，如“USA 美国”。

二十一、经停港/指运港

（一）填报规范

经停港填报进口货物在运抵我国关境前的最后一个境外装运港。

指运港填报出口货物运往境外的最终目的港；最终目的港不可预知的，按尽可能预知的目的港填报。

根据实际情况，按海关规定的港口代码表选择填报相应的港口名称及代码。经停港/指运港在港口代码表中无港口名称及代码的，可选择填报相应的国家（地区）名称及代码。

无实际进出境的货物，填报“中国境内”及代码。

（二）信息来源

经停港/指运港属于与运输相关的信息，可以通过提运单、提货单、船公司或航空公司查询平台等确认信息。

1. 直接运抵货物

进出口货物的运输未发生中转时，提运单上的“Port of Loading”或“Port of Departure”，都列明了经停港/指运港信息。

2. 在第三国（地区）中转的货物

进出口货物在运输中发生中转，但无法确定其最后一个中转港口时，报关人员可以通过船公司和航空公司的货物查询平台，在相关网站上查询货物的启运港、中转港及目的港的全程信息。

例如，某批进口货物从马来西亚的巴生港启运，经新加坡中转，再到达天津新港，启运国（地区）应填报马来西亚、启运港应填报巴生、经停港应填报新加坡。

3. 指运港信息确认

报关人员需要与发货人确认最终目的港，或根据代理公司提供的装货单、委托信息等填报本栏目。

例如，某批出口货物从天津新港海运出口至俄罗斯圣彼得堡，再铁路运输至莫斯科，指运港应填报莫斯科。

（三）“单一窗口”录入要求

在“单一窗口”系统中，报关人员可以在本栏目的下拉菜单中选择应填报的港口名称，也可以录入中文。

在“单一窗口”系统中，报关人员可以在本栏目的下拉菜单中选择经停港/指运港，或参考港口代码表录入中文、代码，如“KOR018 仁川（韩国）”。

二十二、入境口岸/离境口岸

（一）填报规范

入境口岸填报进境货物从跨境运输工具卸离的第一个境内口岸的中文名称及代码；采取多式联运跨境运输的，填报多式联运货物最终卸离的境内口岸中文名称及代码；过境货物填报货物进入境内的第一个口岸的中文名称及代码；从海关特殊监管区域或保税监管场所进境的，填报海关特殊监管区域或保税监管场所的中文名称及代码；其他无实际进境的货物，填报货物所在地的城市名称及代码。

离境口岸填报装运出境货物的跨境运输工具离境的第一个境内口岸的中文名称及代码；采取多式联运跨境运输的，填报多式联运货物最初离境的境内口岸中文名称及代码；过境货物填报货物离境的第一个境内口岸的中文名称及代码；从海关特殊监管区域或保税监管场所离境的，填报海关特殊监管区域或保税监管场所的中文名称及代码；其他无实际出境的货物，填报货物所在地的城市名称及代码。

入境口岸/离境口岸类型包括港口、码头、机场、机场货运通道、边境口岸、火车站、车辆装卸点、车检场、陆路港、坐落在口岸的海关特殊监管区域等。按海关规定的国内口岸编码表选择填报相应的境内口岸名称及代码。

入境口岸/离境口岸代码由6位数字组成，例如，北京口岸代码“110001 北京”。本栏目为原检验检疫申报栏目“入境/离境口岸”。

（二）信息来源

入境口岸/离境口岸类型包括港口、码头、机场、机场货运通道、边境口岸、火车站、车辆装卸点、车检场、陆路港、坐落在口岸的海关特殊监管区域等。

（三）“单一窗口”录入要求

在“单一窗口”系统中，报关人员可以在本栏目的下拉菜单中选择应填报的入境口岸/离境口岸，或者参考国内口岸编码表录入中文、代码。

二十三、包装种类

（一）填报规范

填报进出口货物的所有包装材料，包括运输包装和其他包装，按海关规定的包装种类代码表选择填报相应的包装种类名称及代码。运输包装指提运单所列货物件数单位对应的包装，其他包装包括货物的各类包装，以及植物性铺垫材料等。

本栏目应根据进出口货物的实际外包装种类和材质，按海关规定的包装种类代码表选择填报相应的包装种类代码。

（二）信息来源

包装种类中运输包装、其他包装的准确填报，需要报关人员关注以下信息：

1. 与委托单位确认货物的运输包装是否含有动植物性包装，例如，木质或竹藤等植物性材料制盒/箱、木质或竹藤等植物性材料制桶等，必须如实申报；

2. 确认进出口货物是否存在“其他包装”，并确认其材质，例如，在集装箱内加固的材料。其他包装栏目为选填栏目，当其他包装为动植物性包装物时，必须填报。

3. 一般情况下，其他包装不用于直接包装货物，而运输包装与货物件数相关联。例如，在装箱单或提运单据中，件数和包装种类通常合并在一起出现，如“No. of PKGS 300 CASES”，即300 木箱，“件数”应填报为300，“包装种类”填报木质或竹藤等植物性材料制盒/箱。

集装箱内未使用其他材料加固或铺垫的，“其他包装”不需填报。

4. 其他包装的货物，按照包装种类和材质，分为纸箱（Cartons）、桶（Drums/Casks）、袋（Bags）、包（Bales）、捆（Bundles）、卷（Rolls）、托盘（Pallet）、散装（Bulk）等。

5. 在“单一窗口”系统中，可供选择的包装选项，如图 6-2-5 所示。

1	00	散装
2	01	裸装
3	04	球状罐类
4	06	包/袋
5	22	纸制或纤维板制盒/箱
6	23	木制或竹藤等植物性材料制盒/箱
7	29	其他材料制盒/箱
8	32	纸制或纤维板制桶
9	33	木制或竹藤等植物性材料制桶
10	39	其他材料制桶
11	92	再生木托
12	93	天然木托
13	98	植物性铺垫材料
14	99	其他包装

图 6-2-5 “单一窗口”系统中可供选择的包装选项

（三）“单一窗口”录入要求

在“单一窗口”系统中，“包装种类”栏目分为包装种类和其他包装两部分。依据包装种类代码表，报关人员可在“包装种类”栏目录入代码，或在下拉菜单中选择包装种类。

进口货物有其他包装，点击“其他包装”，在下拉菜单中选择包装种类；如果进口货物没有其他包装，可以不填报“其他包装”栏目。

二十四、件数

（一）填报规范

填报进出口货物运输包装的件数（按运输包装计）。

1. 报关单件数填报数量，要求与舱单件数相同。件数填报数量大于舱单数量时，海关系统会做退单处理，需修改后重新发送；件数填报数量小于舱单数量时，舱单核销将出现异常。

2. 同一提运单下，需要多个报关单申报时，要求所有报关单的件数合计数量与舱单件数相同。

3. 舱单件数为集装箱的，填报集装箱个数。

4. 舱单件数为托盘的，填报托盘数。

5. 报关单件数栏目不得填报零，裸装货物填报为“1”。

（二）信息来源

件数属于与运输相关的信息，报关人员可以通过以下方式查找：

1. 提运单、装箱单都会注明货物运输包装件数。按照“两个相符”的原则，提运单、装箱单上的件数应该相同。

2. 报关单件数的填报数据要与舱单件数相同。报关人员可以使用海关总署新舱单信息查询系统，查询、核对件数。

（三）“单一窗口”录入要求

在“单一窗口”系统中，报关人员依据件数的数量直接录入本栏目。

二十五、毛重

（一）填报规范

填报进出口货物及其包装材料的重量之和。

1. 毛重的计量单位为千克，毛重应大于等于 1，不足 1 千克的填报为“1”。

2. “毛重”栏目不得为空。

3. 毛重填报数量应与舱单毛重数量相同，大于舱单数量时，海关系统会做退单处理，需修改后重新发送；毛重填报数量小于舱单数量时，舱单核销将出现异常。

4. 同一提运单下，需要多个报关单申报时，要求所有报关单的毛重合计数量与舱单重量相同。

5. 监管方式特许权使用费后续征税（代码 9500），毛重填报“1”。

（二）信息来源

毛重属于与运输、货物成交相关的信息。报关人可以通过以下方式查找：

1. 在合同、发票、提运单、装箱单等单证中“Gross Weight（缩写 G. W.）”所显示的重量为进出口货物的毛重。按照“两个相符”的原则，提运单、装箱单上的毛重数量应该相同。

2. 报关单毛重填报数据必须与舱单系统相同，报关人员可以使用海关总署新舱单信息查询系统，查询、核对毛重。

（三）“单一窗口”录入要求

在“单一窗口”系统中，报关人员依据毛重的数值直接录入本栏目。

该栏目整数部分最多支持录入 14 位数字，小数部分最多支持录入 5 位数字。

二十六、净重

（一）填报规范

填报进出口货物的毛重减去外包装材料后的重量，即货物本身的实际重量（净重）。部分商品的净重还包括直接接触商品的销售包装物料的重量（如罐头、化妆品、药品及类似品等）。

1. 净重的计量单位为千克，净重应大于等于1，不足1千克的填报为“1”。

2. 本栏目填报进出口货物实际净重，不得为空。

3. 以毛重作净重计价的，可填毛重，如矿砂、粮食等大宗散货或裸装的钢管、钢板等。按照国际惯例，以公量重计价的货物，如未脱脂羊毛、羊毛条等，填报公量重。

4. 监管方式特许权使用费后续征税（代码9500），净重填报“1”。

（二）信息来源

净重属于与货物成交相关的信息，在合同、发票、装箱单的“Net Weight（缩写 N. W.）”处体现。合同、发票等有关单证不能确定净重的货物，可以估重填报。

（三）“单一窗口”录入要求

在“单一窗口”系统中，报关人员依据净重的数值直接录入本栏目。

该栏目整数部分最多支持录入14位数字，小数部分最多支持录入5位数字。

二十七、成交方式

（一）填报规范

在进出口贸易中，进出口商品的价格构成和买卖双方各自应承担的责任、费用和风险，以及货物所有权转移的界限，以贸易术语（价格术语）进行约定。

1. 海关“成交方式”与贸易术语对照。

在填报进出口货物报关单时，应依据进出口货物的实际成交价格条款，按照海关成交方式代码表（如表6-2-3所示）选择填报相应的成交方式代码。

表6-2-3 成交方式代码表

成交方式代码	成交方式名称	成交方式代码	成交方式名称
1	CIF	5	市场价
2	CFR（C&F/CNF）	6	垫仓
3	FOB	7	EXW
4	C&I		

应注意的是，海关规定的“成交方式”与《2020年国际贸易术语解释通则》（以下简称《2020通则》）中的贸易术语内涵并非完全一致。CIF、CFR、FOB等常见的成交方式，并不限于水路，而适用于任何国际货物运输方式，主要体现成本、运费、保险费等成交价格构成因素。

《2020通则》11种贸易术语与报关单“成交方式”栏对应关系如表6-2-4所示。

表6-2-4 《2020通则》11种贸易术语与报关单“成交方式”栏对应关系表

组别	E组	F组			C组				D组		
术语	EXW	FCA	FAS	FOB	CFR	CPT	CIF	CIP	DAP	DPU	DDP
成交方式	EXW	FOB			CFR		CIF				

《2010通则》11种贸易术语与报关单“成交方式”栏对应关系如表6-2-5所示。

表6-2-5 《2010通则》11种贸易术语与报关单“成交方式”栏对应关系表

组别	E组	F组			C组				D组		
术语	EXW	FCA	FAS	FOB	CFR	CPT	CIF	CIP	DAT	DAP	DDP
成交方式	EXW	FOB			CFR		CIF				

2. 无实际进出境的货物，进口成交方式为CIF或其代码，出口成交方式为FOB或其代码。

（二）信息来源

成交方式属于货物成交相关的信息，在商业发票、合同等单证中可查找到相关信息。

如果商业发票等单证显示的成交方式不属于海关规定的成交方式代码表中的成交方式，报关人员需要依照实际成交价格构成因素进行换算，选择成交方式代码表中具有相同价格构成的代码填报。

例如，某公司海运进口电机1*40GP，其商业发票显示“DDP Beijing”。成交方式代码表中没有DDP，按照上述对应关系，应该选择成交方式代码表的CIF填报，同时将到达目的港后的运输等费用从成交价格中扣除后申报。

（三）“单一窗口”录入要求

在“单一窗口”系统中，报关人员依据成交方式代码表中的代码填报，或在下拉菜单中选择。

二十八、运费

（一）填报规范

填报进口货物运抵我国境内输入地点起卸前的运输费用，出口货物运至我国境内输出地点装载后的运输费用。

1. 成交方式与运费填报的逻辑关系

当进口货物成交价格不包含前述运输费用或者当出口货物成交价格含有前述运输费用，例如进口成交方式为FOB、FCA、EXW或出口成交方式为CIF、CFR、CPT、DDP的，应在本栏填报运费；成交方式EXW在出口货物运至境内输出地点前的运费，可以填报在杂费栏目。进口货物成交价格包含前述运输费用或者出口货物成交价格不包含前述运输费用的，本栏目免予填报。

2. 运费单价、总额、费率的填报要求

运费可按运费单价、运费总价或运费费率三种方式之一填报，同时注明运费标记并按照“货币代码表”填报币种代码。“1”表示运费费率，“2”表示每吨货物的运费单价，“3”表示运费总价。例如，某批进口货物，以 FOB 条款成交，不同运费条款应分别为：

（1）应计入完税价格的运费为 300 美元，应填报 3/300/USD；

（2）应计入完税价格的运费为 30 美元/吨，应填报 2/30/USD；

（3）应计入完税价格的运费为货物价格的 3%，应填报 1/3。

免税品经营单位经营出口退税国产商品的，免予填报。

（二）信息来源

运费属于与货物成交相关的信息，报关人员可采用以下方式确认。

1. 与委托单位确认运费金额。

2. 部分海运提单或航空运单会标注国际运费金额，或向船代公司、航空公司查询运费金额，但报关人员需要与收发货人进一步确认“进口货物运抵我国境内输入地点起卸前的运输费用，出口货物运至我国境内输出地点装载后的运输费用”，以保证运费申报准确。

3. 商业发票单证中的“Freight”栏会体现运费，例如，商业发票中显示“Freight USD 520”信息。

（三）“单一窗口”录入要求

报关人员确认运费申报方式后，使用货币代码表中的代码，录入运费。

1. 申报运费费率，录入格式为 1/运费费率。

2. 申报运费单价，录入格式为 2/运费单价/币制代码。

3. 申报运费总价，录入格式为 3/运费总价/币制代码。

本栏目最多支持录入 19 位，19 位中如有小数点，小数点后最多支持录入 5 位。

二十九、保费

（一）填报规范

进出口货物报关单所列的保费是指进出口货物在国际运输过程中，由被保险人付给保险人的保险费用。进口货物保费是指货物运抵我国境内输入地点起卸前的保险费用，出口货物保费是指货物运至我国境内输出地点装卸后的保险费用。

1. 成交方式与保费填报的逻辑关系

进口货物成交价格包含前述保险费用或者出口货物成交价格不包含前述保险费用的，本栏目免予填报。进口货物成交价格不包含保险费的和出口货物成交价格含有保险费的，即进口成交方式为 FOB、CFR 或出口成交方式为 CIF、DDP 的，应在本栏填报保费。

2. 保费总额、费率的填报要求

陆运、空运和海运进口货物的保费，按照实际支付的费用计算。进口货物保费无法确定或者未实际发生的，按货价加运费的3‰计算保费，计算公式为：

保费=（货价+运费）×3‰

保费可按保费总价或保费费率两种方式之一填报，同时注明保费标记，并按海关规定的货币代码表选择填报相应的币种代码。保费标记“1”表示保费费率，“3”表示保费总价。例如，某批进口货物，以FOB条款成交，不同运费条款应分别为：

（1）应计入完税价格的保险费为120美元，应填报3/120/USD；

（2）应计入完税价格的保险费为货物价格的3‰，应填报1/0.3。

运保费合并计算的，运保费填报在“运费”栏中，本栏目免予填报。

免税品经营单位经营出口退税国产商品的，免予填报。

（二）信息来源

保费属于与货物成交相关的信息，报关人员可采用以下方式确认。

1. 按照收发货人提供的保险单，确认保费金额。

2. 无法确认准确保费的，可以按照公式计算保费或按3‰比率填报保费。

3. 商业发票单证中“Insurance”栏会体现保费，例如，商业发票中显示“Insurance USD230”信息。

（三）“单一窗口”录入要求

报关人员确认保费申报方式后，使用货币代码表中的代码，录入保费。

1. 按照保费费率申报，录入格式为1/保费费率。

2. 按照保费总价申报，录入格式为3/保险金额/币制代码。

本栏目最多支持录入19位，19位中如有小数点，小数点后最多支持录入5位。

三十、杂费

（一）填报规范

填报成交价格以外的，按照《关税条例》等相关规定应计入完税价格或应从完税价格中扣除的费用，如手续费、佣金、折扣等。

1. 杂费可按杂费总价或杂费费率两种方式之一填报，同时注明杂费标记，并按海关规定的“货币代码表”选择填报相应的币种代码。杂费标记“1”表示杂费费率，“3”表示杂费总价。

2. 应计入完税价格的杂费填报为正值或正率，应从完税价格中扣除的杂费填报为负值或负率。无杂费时，本栏免填，如表6-2-6所示。

表 6-2-6 运费、保费、杂费填写列表

项目	费率 1	单价 2	总价 3
运费	5%→1/5	USD50→2/50/USD	HKD5000→3/5000/HKD
保费	0.27→1/0.27	—	EUR5000→3/5000/EUR
杂费（计入）	1%→1/1	—	GBP5000→3/5000/GBP
杂费（扣除）	1%→-1/1	—	JPY5000→3/-5000/JPY

3. 免税品经营单位经营出口退税国产商品的，免予填报。

（二）信息来源

杂费属于与货物成交相关的信息，需要报关人员与收发货人确认。在发票以外，由买方支付的，作为调整因素应计入的费用，主要包括除购货佣金以外的佣金和经纪费、与进口货物作为一个整体的容器费、包装费（包括材料费、劳务费）、协助的价值、特许权使用费、返还给卖方的转售收益等。

在发票价格中已单独列明，应予以扣除的费用主要包括机械、设备等进口后发生的除保修费以外的费用，货物运抵境内输入地点起卸后发生的运输及相关费用、保险费，进口关税、进口环节税及其他国内税，境内外技术培训及境外考察费用等，具体见《中华人民共和国海关审定进出口货物完税价格办法》。

（三）“单一窗口”录入要求

报关人员确认杂费申报方式后，使用货币代码表中的代码，录入杂费。

1. 杂费费率为正值，录入格式为 1/杂费费率；杂费费率为负值，录入格式为-1/杂费费率。

2. 杂费费用总价为正值，录入格式为 3/杂费金额/币制代码；杂费费用总价为负值，录入格式为 3/-杂费金额/币制代码。

三十一、随附单证及编号

（一）填报规范

根据海关规定的监管证件代码表和随附单据代码表选择填报除《进出口报关单填制规范》第十六条规定的许可证件以外的其他进出口许可证件或监管证件、随附单证代码及编号。

本栏目分为随附单证代码和随附单证编号两栏，其中代码栏按海关规定的监管证件代码表和随附单据代码表选择填报相应证件代码；随附单证编号栏填报证件编号。

1. 随附单证代码

在海关监管和报关实务中，为满足计算机管理和便捷通关的需要，海关根据我国对外贸易法律法规和规章，对于每一商品编码项下的商品，在通关系统中均对应设置一定的监管条件，用以表示该商品是否可以进出口，或者进出口时是否需要提交监管证件，以及提交何种监管证件。

监管条件以监管证件代码来表示，如监管条件为空，则表示该商品可以进出口且无须提交任何监管证件，本栏目无须填报；如监管证件有要求时，本栏目必须填报。

例如，商品编号 8479.8999.10 项下用于光盘生产的金属盘生产设备（具有独立功能的），监管条件为“6A”，其中代码“6”表示该商品的旧品禁止进口，代码“A”表示该商品为进口检验检疫商品。详细的监管证件代码表如表 6-2-7 所示。

表 6-2-7　监管证件代码表

监管证件代码	监管证件名称	监管证件代码	监管证件名称
0	反制措施排除代码	1	进口许可证
V	人类遗传资源材料出口、出境证明	2	两用物项和技术进口许可证
W	麻醉药品进出口准许证（废止）	3	两用物项和技术出口许可证
X	有毒化学品环境管理放行通知单	4	出口许可证
Y	原产地证明	5	纺织品临时出口许可证
Z	赴境外加工光盘进口备案证明	6	旧机电产品禁止进口
a	保税核注清单	7	自动进口许可证
b	进口广播电影电视节目带（片）提取单	8	禁止出口商品
c	内销征税联系单	9	禁止进口商品
d	援外项目任务通知函	A	检验检疫
e	关税配额外优惠税率进口棉花配额证	B	电子底账
f	音像制品（成品）进口批准单	E	濒危物种允许出口证明书
g	技术出口合同登记证	F	濒危物种允许进口证明书
h	核增核扣表	G	两用物项和技术出口许可证（定向）
i	技术出口许可证	H	港澳 OPA 纺织品证明
k	民用爆炸物品进出口审批单	I	麻醉精神药品进出口准许证
m	银行调运人民币现钞进出境证明	J	黄金及黄金制品进出口准许证
n	音像制品（版权引进）批准单	K	深加工结转申请表
q	国别关税配额证明	L	药品进出口准许证
r	预归类标志	M	密码产品和设备进口许可证
s	适用 ITA 税率的商品用途认定证明	O	自动进口许可证（新旧机电产品）
t	关税配额证明	P	固体废物进口许可证
u	钟乳石出口批件	Q	进口药品通关单
v	自动进口许可证（加工贸易）	R	进口兽药通关单
x	出口许可证（加工贸易）	S	进出口农药登记证明
y	出口许可证（边境小额贸易）	T	银行调运现钞进出境许可证（废止）
z	古生物化石出境批件	U	合法捕捞产品通关证明

2. 随附单证编号

进出口收发货人经相关主管机构批准，获得许可证件的编号。

（二）信息来源

随附单证属于与海关管理相关的信息。报关人可以通过以下方式查找填报。

1. 根据商品编码确认海关监管条件，并填报监管证件号。在报关单录入时，系统会提示所需的监管证件代码。

2. 常见随附单证说明。

（1）保税核注清单：使用金关二期管理的加工贸易手册或账册，保税物流账册，报关人员在完成加工贸易或保税物流核注清单申报后，会获得保税核注清单编号，以 QD 为开头的编号。

（2）原产地为美国的进口货物经批准获得市场化采购排除的，将获得反制措施排除编号。

（3）电子底账，必须进行检验检疫的出口商品，在完成电子底账的申报并批准放行后，将获得电子底账编号。

如海关签发内销征税联系单，可依照联系单编号填写。

（三）“单一窗口”录入要求

在“单一窗口”系统中，随附单证及编号分为两栏录入：随附单证代码和随附单证编号。

当进出口货物涉及海关监管证件时，系统将在随附单证代码中提示通关所需监管证件代码，报关人员直接填报监管证件编码；加工贸易内销补税通关时，系统不会作出提示，报关人员需要在随附单证代码中录入代码或在下拉菜单中选择，并录入相关证件编号。

三十二、标记唛码及备注

（一）填报规范

标记唛码是运输标志的俗称。进出口货物报关单上标记唛码专指货物的运输标志。货物标记唛码英文表示有 Marks、Marking、MKS、Marks & No. 、Shipping Marks 等，通常是由一个简单的几何图形和一些字母、数字及简单的文字组成，包含收货人代号、合同号和发票号、目的地、原产国（地区）、最终目的国（地区）、目的港或中转港和件数号码等内容。

标记唛码及备注是指除按报关单固定栏目申报进出口货物有关情况外，需要补充或特别说明的事项，包括关联备案号、关联报关单号，以及其他需要补充或特别说明的事项。

本栏目填报要求如下：

（1）标记唛码中除图形以外的文字、数字，无标记唛码的填报 N/M。

（2）受外商投资企业委托代理其进口投资设备、物品的进出口企业名称。

（3）关联备案的填报。

与本报关单有关联关系的，同时在业务管理规范方面又要求填报的备案号，填报在电子数据报关单的“关联备案”栏。

保税间流转货物、加工贸易结转货物及凭征免税证明转内销货物，其对应的备案号填报在“关联备案”栏。

减免税货物结转进口（转入），“关联备案”栏应填写本次减免税货物结转所申请的《中华人民共和国海关进口减免税货物结转联系函》的编号。

减免税货物结转出口（转出），“关联备案”栏应填写与其相对应的进口（转入）报关单“备案号”栏中征免税证明的编号。

（4）关联报关单的填报。

与本报关单有关联关系的，同时在业务管理规范方面又要求填报的报关单号，填报在电子数据报关单中“关联报关单”栏。

保税间流转、加工贸易结转类的报关单，应先办理进口报关，并将进口报关单号填入出口报关单的“关联报关单”栏。

办理进口货物直接退运手续的，除另有规定外，应当先填写出口报关单，再填写进口报关单，并将出口报关单号填入进口报关单的“关联报关单”栏。

减免税货物结转出口（转出），应先办理进口报关，并将进口（转入）报关单号填入出口（转出）报关单的“关联报关单”栏。

（5）直接退运货物的填报。

办理进口货物直接退运手续的，本栏目填报“<ZT”+“海关审核联系单号”或“海关责令进口货物直接退运通知书编号”+“>”。办理固体废物直接退运手续的，填报“固体废物，直接退运表××号/责令直接退运通知书××号”。

（6）保税监管场所进出货物的填报。

保税监管场所进出货物，在“保税/监管场所”栏填写本保税监管场所编码［保税物流中心（B型）填报本中心的国内地区代码］，其中涉及货物在保税监管场所间流转的，在本栏填写对方保税监管场所代码。

（7）涉及加工贸易货物销毁处置的，填写海关加工贸易货物销毁处置申报表编号。

（8）当监管方式为“暂时进出货物”（2600）和“展览品”（2700）时，填报要求如下：

①根据《中华人民共和国海关暂时进出境货物管理办法》（海关总署令第233号，以下简称《管理办法》）第三条第一款所列项目，填报暂时进出境货物类别，例如，暂进六，暂出九；

②根据《管理办法》第十条规定，填报复运出境或者复运进境日期，期限应在货物进出境之日起6个月内，例如，20180815前复运进境，20181020前复运出境；

③根据《管理办法》第七条，向海关申请对有关货物是否属于暂时进出境货物进行审核确认的，填报中华人民共和国××海关暂时进出境货物审核确认书编号，例如，<ZS海关审核确认书编号>，其中英文为大写字母；无此项目的，无须填报。

上述内容依次填报，项目间用“/”分隔，前后均不加空格。

④收发货人或其代理人申报货物复运进境或者复运出境的：货物办理过延期的，根据《管理办法》填报货物暂时进/出境延期办理单的海关回执编号，例如，<ZS海关回执编号>，其中英文为大写字母；无此项目的，无须填报。

（9）跨境电子商务进出口货物，在本栏目内填报“跨境电子商务”。

（10）加工贸易副产品内销，在本栏目内填报“加工贸易副产品内销”。

（11）服务外包货物进口，填报“国际服务外包进口货物”。

（12）公式定价进口货物填报公式定价备案号，格式为：“公式定价”+备案编号+“@”，如“公式定价 012021000001@”。

对于同一报关单下有多项商品的，如某项或某几项商品为公式定价备案的，则备注栏内填报为：“公式定价”+备案编号+“#”+商品序号+“@”，如报关单中第二项商品为公式定价备案货物，则填写“公式定价 012021000001#2@”。

各字段间不得插入空格符或其他无关字符，非汉字字符用半角输入。

（13）获得预裁定决定书的进出口货物的填报。

进出口与预裁定决定书列明情形相同的货物时，按照预裁定决定书填报，格式为：“预裁定”+“预裁定决定书编号”。例如，某份预裁定决定书编号为 R-2-0100-2018-0001，则填报为“预裁定 R-2-0100-2018-0001”。

（14）含归类行政裁定的报关单。

含归类行政裁定的报关单，应在报关单备注栏内填写归类裁定编号，格式为“c”+四位数字编号，例如，c0001。

（15）已经在进入海关特殊监管区时完成检验的货物，在出区入境申报时，填报“预检验”字样，同时在“关联报检单”栏填报实施预检验的报关单号。

（16）进口直接退运的货物，填报“直接退运”字样。

（17）企业提供 ATA 单证册的货物，填报“ATA 单证册”字样。

（18）不含动物源性低风险生物制品，填报“不含动物源性”字样。

（19）货物自境外进入境内海关特殊监管区或者保税仓库的，填报“保税入库”或者“境外入区”字样。

（20）海关特殊监管区域与境内区外之间采用分送集报方式进出的货物，填报“分送集报”字样。

（21）军事装备出入境的，填报“军品”或“军事装备”字样。

（22）申报商品编码为 3821.0000.00、3002.3000.00 的，属于下列情况的，填报要求为：属于培养基的，填报“培养基”字样；属于化学试剂的，填报“化学试剂”字样；不含动物源性成分的，填报“不含动物源性”字样。

（23）属于修理物品的，填报“修理物品”字样。

（24）属于下列情况的，填报“压力容器”“成套设备”“食品添加剂”“成品退换”“旧机电产品”等字样。

（25）申报商品编码为 2903.8900.20（入境六溴环十二烷），用途为“其他”（99）的，填报具体用途。

（26）集装箱体信息，填报集装箱号（在集装箱箱体上标示的全球唯一编号）、集装箱规格、集装箱商品项号关系（单个集装箱对应的商品项号，半角逗号分隔）、集装箱货重（集装箱箱体自重+装载货物重量，单位为千克）。

（27）申报商品编码为 3006.3000.00、3504.0090.00、3507.9090.10、3507.9090.90、3822.0010.00、3822.0090.00，不属于“特殊物品”的，填报“非特殊物品”字样。“特殊物品”定义见《出入境特殊物品卫生检疫管理规定》。

（28）进出口列入目录的进出口商品及法律、行政法规规定须经出入境检验检疫机构检验的其他进出口商品实施检验的，填报“应检商品”字样。

（29）申报时其他必须说明的事项。

（30）涉及特许权使用费征补税的报关单，在本栏目填报本次征补税的周期。

（二）信息来源

1. 标记唛码属于与运输相关的信息。唛头印刷或粘贴在货物外包装，报关人员可以从提运单、装箱单等报关单证中查看唛头，无标记唛码的填报“N/M”。

2. 备注项可以录入与海关管理相关的信息，也可以根据收发货人的要求录入部分补充信息。

（1）加工贸易结转的关联备案号或报关单号。加工贸易结转进口申报时，可以请收货人提供对方的手册编号；加工贸易结转出口申报时，可以请发货人提供对方的进口报关单，来确认对方手册编号及“转入进口报关单编号”。

（2）减免税设备结转的关联，需要收发货人提供减免税进口货物结转联系函及对方的相关联手册号或减免税证明编号。

（3）直接退运、含预归类商品报关单、含归类裁定报关单、货物、获得预审价决定书的进出口货物，本栏目填报相关审批证件编号。

（4）暂时进出货物、展览品，录入适用的暂时进出境货物类别、复运进境或出境日期、海关暂时进出境货物审核确认书的编号（属于涉及海关审核类的货物）。

（5）报关人员在确认进出口货物信息时，对涉及“压力容器”“成套设备”“食品添加剂”“成品退换”“旧机电产品”“军品”“修理物品”等情况的进出口货物，需要按照要求填报。

（6）集装箱箱型、箱号信息，报关人员可以按照提单或舱单中标注的集装箱信息录入。

（7）录入其他必要信息。例如，收发货人为便于报关单管理录入发票号、清单号等。

（三）“单一窗口”录入要求

在“单一窗口”系统中，“标记唛码及备注”分为4个部分：标记唛码、备注、关联报关单及备案、集装箱项目。

1. 标记唛码

本栏目录入除图形以外的文字、数字，无标记唛码的录入“N/M”，最多录入400个字符。

2. 备注

进出口货物发生本章节“三十二、标记唛码及备注”中所列情况时，填报备注栏目。例如，受外商投资企业委托代理其进口投资设备和物品的企业名称、直接退运通知书编号、监管场所代码、暂时进出货物相关内容、修理物品、预裁定决定书编号，等等。本栏目最多可录入255个字符。

3. 关联报关单、备案

保税间流转、加工贸易结转类、直退货物、减免税货物结转业务，需要填报关联报关单、备案。本栏目最多录入18个字符。

4. 集装箱项目的录入

申报使用集装箱装载进出口货物的情况时，必须填报；未使用集装箱装载进出口货物，无须填报。

在“单一窗口”系统中，集装箱项目的录入分为5栏（如图6-2-6所示）：集装箱号、集装箱规格、自重、拼箱标识、商品项号关系。

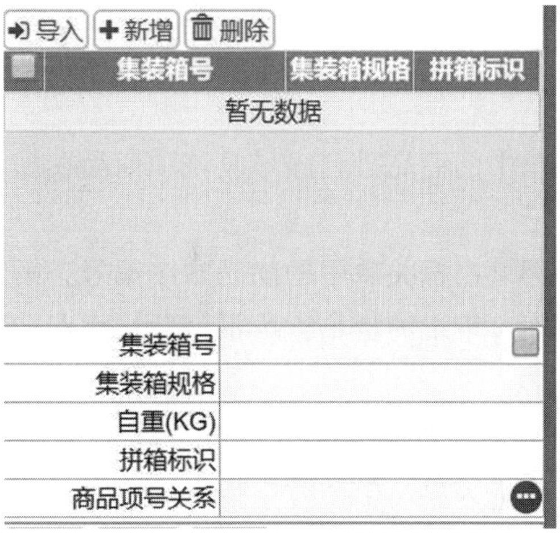

图 6-2-6 集装箱项目的录入界面

（1）集装箱号

集装箱号是在每个集装箱两侧标示的全球唯一的编号。其组成规则是：箱主代号（3 位字母）+设备识别号“U”+顺序号（6 位数字）+校验码（1 位数字）。例如，TCKU6201981。

报关人员在本栏目填报集装箱号。

（2）集装箱规格

报关人员根据提运单确认集装箱规格，按照“集装箱规格代码表”选择填报集装箱规格，或在下拉菜单中选择（选项如图 6-2-7 所示）。其中，L 代表 40 尺集装箱、S 代表 20 尺集装箱。

例如，TCKU6201981 为 40 尺普通集装箱，应填报普通 2＊标准箱（L）。

图 6-2-7 集装箱规格的下拉菜单界面

（3）自重

录入集装箱箱体的重量（千克），本栏目为选填项。

（4）拼箱标识

进出口货物为集装箱拼箱货物时，在本栏下拉菜单中选择“是”或“否”。

（5）商品项号关系

报关人员与委托单位确认每个集装箱和货物的对应关系，填报时在本栏的下拉菜单中选择单个集装箱对应的商品项号，同一个集装箱对应多个商品项号的，应根据实际情况多选填报。该项目应在完成货物表体部分后填报。

三十三、项号

（一）填报规范

项号是指申报货物在报关单中的商品排列序号及该项商品在加工贸易手册、征免税证明等备案单证中的顺序编号。

本栏目分两行填报。第一行填报报关单中的商品顺序编号；第二行填报备案序号，专用于加工贸易及保税、减免税等已备案、审批的货物，填报该项货物在加工贸易手册或征免税证明等备案、审批单证中的顺序编号。

1. 加工贸易项下进出口货物的报关单项号的填报

加工贸易项下进出口货物的报关单，第一行填报报关单中的商品顺序编号，第二行填报该项商品在加工贸易手册中的商品备案项号，用于核销对应项号下的料件或成品数量。例如，一张加工贸易料件进口报关单上某项商品项号填报为上“01”、下“10”，说明该商品位列报关单所申报商品的第1项，且对应加工贸易手册备案料件第10项。第二行特殊情况填报要求如下：

（1）深加工结转货物，分别按照加工贸易手册中的进口料件项号和出口成品项号填报。

（2）料件结转货物（包括料件、成品和半成品折料），出口报关单按照转出加工贸易手册中进口料件的项号填报，进口报关单按照转入加工贸易手册中进口料件的项号填报。

（3）料件复出货物（包括料件、边角料），出口报关单按照加工贸易手册中进口料件的项号填报，如边角料对应一个以上料件项号时，填报主要料件项号；料件退换货物（包括料件，不包括未完成品），进出口报关单按照加工贸易手册中进口料件的项号填报。

（4）成品退换货物，退运进境报关单和复运出境报关单按照加工贸易手册原出口成品的项号填报。

（5）加工贸易料件转内销货物，以及按料件办理进口手续的转内销制成品、残次品、未完成品进口报关单，填报加工贸易手册进口料件的项号；加工贸易边角料、副产品内销，填报加工贸易手册中对应的进口料件项号。如边角料或副产品对应一个以上料件项号时，填报主要料件项号。

（6）加工贸易成品凭征免税证明转为减免税货物进口的，应先办理进口报关手续。进口报关单填报征免税证明中的项号，出口报关单填报加工贸易手册原出口成品项号，进、出口报关单货物数量应一致。

（7）加工贸易货物销毁，填报加工贸易手册中相应的进口料件项号。

（8）加工贸易副产品退运出口、结转出口，填报加工贸易手册中新增成品的出口项号。

（9）经海关批准实行加工贸易联网监管的企业，按海关联网监管要求，企业需申报报关清单的，应在向海关申报进出口（包括形式进出口）报关单前，向海关申报“清单”。一份报关清单对应一份报关单，报关单上的商品由报关清单归并而得。加工贸易电子账册报关单中项号、品名、规格等栏目的填报规范比照加工贸易手册。

同时，在金关二期系统管理下，加工贸易进出口货物报关前，需要先进行保税核注清单申报，再进行进出口报关单申报，核注清单数据导入进出口报关单生成表体信息，在此情况下，不需要填报备案序号。

2. 征免税证明下进出口货物的报关单项号的填报

使用征免税证明申报的进出口货物报关单，本栏目的备案序号为征免税证明中对应的商品顺序编号。

（二）信息来源

项号是与海关管理相关的信息，报关单中的商品按照录入顺序排序生成；加工贸易进出口货物的备案编号，减免税货物的备案序号与征免税证明的商品备案序号一致。

（三）“单一窗口”录入要求

一般贸易项下的货物，“单一窗口”系统按照录入顺序自动排序，无须手工录入。

减免税货物在备案号栏目录入征免税证明编号后，系统将在表体中自动填入征免税证明的备案信息，包括备案序号、商品编码、商品名称、规格型号、数量、金额。

加工贸易进出口业务，如使用核注清单数据导入进出口报关单生成表体信息，不需要填报备案序号；未使用核注清单导入，人工录入的进出口报关单，需要按照加工贸易手册或账册的备案信息，录入备案项号。

三十四、商品编号

（一）填报规范

商品编号由10位数字组成，前8位为《税则》和《统计商品目录》确定的编码；第9、10位为监管附加编号。

加工贸易货物，进出口报关单的商品编号应与加工贸易手册或账册中备案的商品编号一致。

减免税货物，进出口报关单的商品编号应与征免税证明备案的商品编号一致。

加工贸易保税货物，跨关区深加工结转双方的商品编号的前4位必须一致。

（二）信息来源

商品编号是与海关管理相关的信息，与税费、监管条件等密切相关。

一般贸易项下货物，报关人员了解商品信息（材质、成分含量、工作原理、功能用途等），与收发货人共同完成对商品编号的确认。

加工贸易手册项下货物，在报关单录入系统中录入备案号、备案序号后，系统自动调取手册备案的商品编号。

征免税证明表项下货物，在报关单录入系统中录入征免税证明表编号后，系统自动调取征免税证明备案商品编号。

进出口货物报关单中，涉及预归类裁定的商品应按照预归类裁定的商品编号申报。

（三）“单一窗口”录入要求

一般贸易通关货物，报关人员录入商品编号后，“单一窗口”系统会提示商品编号的归类数据，为报关人员核对提供参考（如图6-2-8所示）。

商品编号	商品名称	备注
9026100000	测量、检验液体流量或液位的仪器	-
9026201010	锰铜压力计	压力超过10GPa
9026201020	镱制成的压力计	流体动力学实验专用仪器仪表，测量压力超过10GPa的
9026201030	聚偏二氟乙烯/聚二氟乙烯制成的压力计	流体动力学实验专用仪器仪表，测量压力超过10GPa的
9026201090	其他压力、差压变送器	-
9026209010	压力传感器	两用物项管制商品
9026209090	其他测量、检验压力的仪器及装置	-
9026801000	测量气体流量的仪器及装置	-
9026809000	液体或气体的其他测量或检验仪器	除液体流量或液位及压力以外的其他变量的检测仪器
9026900000	液体或气体的测量或检验仪器零件	主要是进行流量、液位、压力或其他变化量的测量或检验

图 6-2-8　商品编号归类数据的提示界面

加工贸易、征免税证明表项下进出口货物，“单一窗口”系统会根据备案号、备案序号，识别、更新已备案的商品编号。

三十五、检验检疫名称（选填）

（一）填报规范

涉及检验检疫的进出口货物，须填报本栏目。

（二）信息来源

检验检疫名称源于 CIQ 编码及名称，用于原出入境检验检疫监管。报关人员可以根据“单一窗口”系统的信息提示，选择与报关商品相符的描述或与委托单位进行确认。

（三）“单一窗口”录入要求

在“单一窗口”系统中，报关人员点击按钮，系统会提示与已填报的商品编码相近的检验检疫编码列表（如图 6-2-9 所示），报关人员选择与进出口货物相符的名称即可。

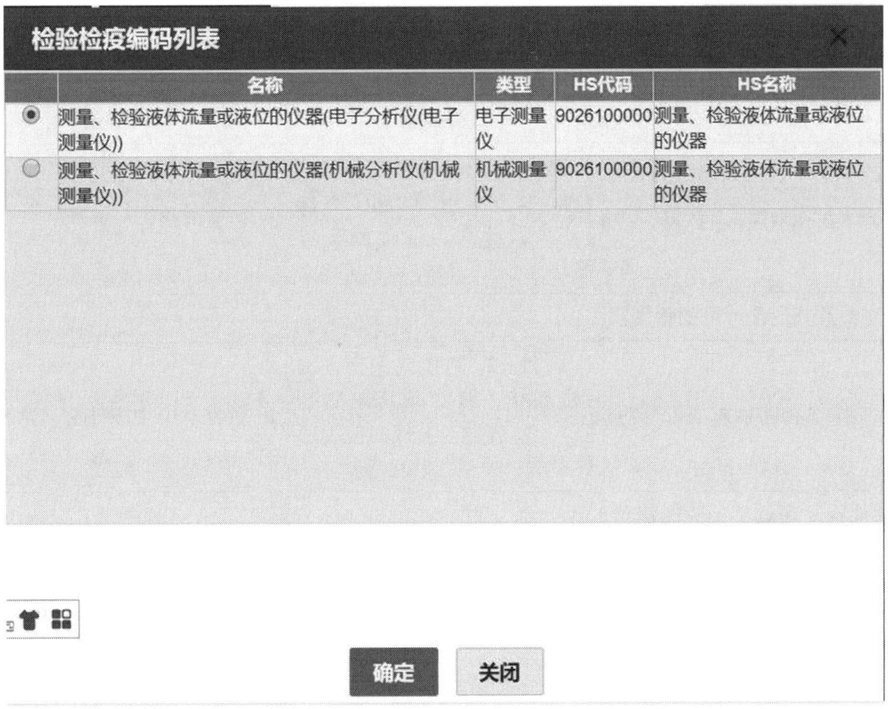

图 6-2-9　检验检疫编码列表的提示界面

三十六、商品名称、规格型号

（一）填报规范

商品名称是指国际贸易缔约双方的商品名称。报关单中的商品名称是指进出口货物规范的中文名称。

规格型号是指反映商品性能、品质和规格的一系列指标，如品牌、等级、成分、含量、纯度、尺寸等。

本栏目分两行填报。第一行填报进出口货物规范的中文商品名称，如果发票中的商品名称为非中文名称，则需翻译成规范的中文名称填报，必要时加注原文。第二行填报规格型号，按照《规范申报目录及释义》要求填报。

1. 商品名称及规格型号中申报要素的填报。

（1）商品名称及规格型号应据实填报，并与进出口货物收发货人或受委托的报关企业所提交的合同、发票等相关单证相符。

（2）商品名称应当规范，规格型号应当足够详细，以能满足海关归类、审价及许可证件管理要求为准，如“打火机液体燃料”“ZIPPO 牌打火机充气用 | 125 毫升/支”。具体可参照《规范申报目录及释义》中释义进行填报，如表 6-2-8 和表 6-2-9 所示。

表 6-2-8　进出口商品申报要素示例（一）

商品编码	商品名称	归类要素	价格要素	其他要素
02.03	鲜、冷、冻猪肉：	1. 品名；2. 制作或保存方法（鲜、冷、冻）；3. 加工方法（整头及半头、带骨或去骨等）	4. 包装规格；5. 厂号	
18.06	巧克力及其他含可可的食品：			
1806.1000	-加糖或其他甜物质的可可粉	1. 品名；2. 制作或保存方法（粉末状、加糖或其他甜物质）；3. 容器包装或内包装每件净重	4. 品牌（中文或外文名称）	
1806.2000	-其他重量超过2千克的块状或条状含可可食品，或液态、膏状、粉状、粒状或其他散装形状的含可可食品，容器包装或内包装每件净重超过2千克的	1. 品名；2. 成分含量；3. 形状（条状、块状等）；4. 容器包装或内包装每件净重	5. 品牌（中文或外文名称）	
26.01	铁矿砂及其精矿，包括焙烧黄铁矿			
	-铁矿砂及其精矿，但焙烧黄铁矿除外：			
	--未烧结：	1. 品名；2. 加工方法（破损、磨碎、磁选、重力分离、浮选、筛选等）；3. 成分含量；4. 平均粒度	5. 来源（原产国及矿区名称）；6. 签约日期；7. 计价日期；8. 有无滞期费（无滞期费、滞期费未确定、滞期费已申报）	
2601.1110	---平均粒度小于0.8毫米的			
2601.1120	---平均粒度不小于0.8毫米，但不大于6.3毫米的			
2601.1190	---其他			
2601.1200	--已烧结：	1. 品名；2. 加工方法（破损、磨碎、磁选、重力分离、浮选、筛选等）；3. 成分含量	4. 来源（原产国及矿区名称）；5. 签约日期；6. 计价日期；7. 有无滞期（无滞期费、滞期费未确定、滞期费已申报）	

表 6-2-9　进出口商品申报要素示例（二）

商品编码	税则货品名称	归类要素	价格要素	其他要素
3606.1000	-直接灌注香烟打火机及类似打火机器用的液体燃料或液化气体燃料，其包装容器的容积不超过300立方厘米	1. 品名；2. 用途；3. 包装容器的容积		

(3) 已备案的加工贸易及保税货物，填报的内容必须与备案登记中同项号下货物的商品名称一致。

(4) 对需要海关签发货物进口证明书的车辆，商品名称栏应填报“车辆品牌+排气量（注明cc）+车型（如越野车、小轿车等）”。进口汽车底盘不填报排气量。车辆品牌应按照进口机动车辆制造厂名称和车辆品牌中英文对照表中签注名称一栏的要求填报。规格型号栏可填报“汽油型”等。

(5) 由同一运输工具同时运抵同一口岸并且属于同一收货人、使用同一提单的多种进口货物，按照商品归类规则应当归入同一商品编号的，应当将有关商品一并归入该商品编号。商品名称填报一并归类后的商品名称；规格型号填报一并归类后商品的规格型号。

(6) 加工贸易边角料和副产品内销，边角料复出口，填报其报验状态的名称和规格型号。

(7) 2021 年 12 月 22 日，海关总署发布 2021 年第 112 号公告（关于废止 2006 年第 64 号公告的公告），进口汽车零部件申报工作依据《规范申报目录》办理。以下为此目录的部分原文。

第八十七章　车辆及其零件、附件，但铁道及电车道车辆除外

【注释】

一、本章不包括仅可在钢轨上运行的铁道及电车道车辆。

二、本章所称“牵引车、拖拉机”，是指主要为牵引或推动其他车辆、器具或重物的车辆。除了上述主要用途以外，不论其是否还具有装运工具、种子、肥料或其他货品的辅助装置。

用于安装在税目 87.01 的牵引车或拖拉机上，作为可替换设备的机器或作业工具，即使与牵引车或拖拉机一同报验，不论其是否已安装在车（机）上，仍应归入其各自相应的税目。

三、装有驾驶室的机动车辆底盘，应归入税目 87.02 至 87.04，而不归入税目 87.06。

四、税目 87.12 包括所有儿童两轮车。其他儿童脚踏车归入税目 95. 03。

【子目注释】

一、子目 8708. 22 包括：

(一) 带框的前挡风玻璃、后窗及其他窗；以及

(二) 装有加热器件或者其他电气或电子装置的前挡风玻璃、后窗及其他窗，不论是否带框。上述货品专用于或主要用于税目 87.01 至 87. 05 的机动车辆。

【要素释义】

一、归类要素

1. 用途：指该税目商品应用的方面、范围。税目 87.01 项下商品填报“牵引用”等；子目 8704. 1 项下商品填报“公路用”“非公路用”等；子目 8705. 9 项下商品填报“无线通信用”“放射线检查用”“环境监测用”等；税目 87. 12 项下商品填报“竞赛用”等；税目 87. 13 项下商品填报“残疾人用”等；税目 87. 16 项下商品填报“农用”“野营用”等。

2. 结构类型：商品内各组成要素之间的相互联系、相互作用的方式。该要素为税目 87. 01 项下商品专有要素，指牵引车为轮式、履带式等。

3. 功率：指物体在单位时间内所做的功，即功率是描述做功快慢的物理量。功的数量一定，时间越短，功率值就越大。求功率的公式为功率 = 功/时间。该要素为税目 87. 01 项下商品专有

要素，指牵引车的功率大小。

4. 发动机类型：指机动车辆所使用的发动机的具体类型，如柴油、半柴油、汽油、电动机等。

5. 成套散件请注明：指机动车辆在报验状态时是否由成套散件构成，而且未组装成成品。

6. 座位数：指机动车辆的座位总数（即可乘载人员的总数，包括驾驶员）。例如，9 座小客车。

7. 是否可通过接插外部电源进行充电：目前税目 87. 03 项下机动车辆主要有两种类型，即传统的使用汽油或柴油的内燃发动机汽车和新能源汽车。新能源汽车又分为全电动汽车和油电混合汽车。油电混合汽车又有两种类型：一种是外插电源充电的，另一种是不能外插电源充电的。

8. 驾驶室座位排数：指驾驶室共有几排座位。按实际情况填写。

9. 驾驶室座位数：按实际情况填写。

10. 载货重量：一般汽车厂家会标明额定载货重量。

11. 排气量（毫升）：在发动机的某一循环运作中，能将全部空气及混合气送人所有气缸的能力，即该发动机所有气缸工作容积之和，单位经常用“毫升”表示。例如，排气量2000 毫升。

12. 是否为电动轮：该要素为税目 87. 04 项下商品专有要素，指非公路用自卸车是否由电动轮驱动。

13. 车辆总重：指由生产厂家规定作为车辆最大设计载重量能力的车辆使用重量。该重量为车辆自重、最大设计载荷、驾驶员及装满燃油的油箱重量的总和。

14. 作业范围（全路面等）：该要素为税目 87. 05 项下商品专有要素，指起重车的作业范围是否可用于全路面。

15. 最大起重重量：该要素为税目 87. 05 项下商品专有要素，指允许吊起的最大物料质量和吊具质量的总和。对于全路面起重车，额定起重重量包括固定在起重机上的吊具和从臂架头部到吊钩滑轮组的起重钢丝绳的质量。对于变幅起重机械，最小幅度时的额定起重重量最大，称为最大额定起重重量。

16. 固定安装配置：该要素为税目 87. 05 项下商品专有要素，指特种车在报验状态时在车辆上配有的各种装置，申报时应将所有装置一一列出。

17. 适用车型：指机动车辆的车身、底盘及其他零件所适用的具体车型，需要申报具体适用车辆的品牌、型号、排气量。如“日产天籁 2. 3L 小轿车用”，而不能简单填写为“小汽车用”；如多种车型通用，则应填写为“日产天籁 2. 3L 等小轿车通用”。

18. 是否带驾驶室：该要素为税目 87. 06 项商品专有要系，指机动车辆底盘在报验状态时是否带有驾驶室。

19. 成套散件或毛坯请注明：是海关总署公告 2006 年第 64 号中规定填报的要素。在申报时不论是否是成套散件或毛坯件，都应注明。具体可填报为：（1）“成套散件毛坯件”；（2）“成套散件非毛坯件”；（3）“非成套散件毛坯件”；（4）“非成套散件非毛坯件”。

20. 生产件的通用零件编号后加注“/TY”：是海关总署公告 2006 年第 64 号中规定填报的要素。“TY”即“通用”，具体可填报为：（1）“生产件通用零件编号/TY”或“生产件通用零件型号/TY”；（2）“生产件非通用零件”；（3）“非生产件非通用零件”或“非生产件通用零件”。

21. 成套散件装配后完整品的零部件的编号：是海关总署公告 2006 年第 64 号中规定填报的

要素。指报验状态为成套散件的商品、应申报其装配后组成的完整品的零部件编号。具体可填报为：(1)“成套散件装配后完整品的零部件编号”或“成套散件装配后完整品的零部件型号”；(2)“非成套散件无完整品编号”。

22. 零部件完整编号并在前面加注“S/”“W/”或“WF/”之一：是税目 85.11 和税目 85.12 项下的汽车零部件的价格申报要素。具体如以下的申报例子。

例如，奔驰品牌的减震器、维修件、零件完整编码为 A2303208513。

(1) 生产件填报“S/”：填报零部件完整编号并在前面加注“S/”。例如，品牌为“江森”，适用车型为“奔驰 V212”的生产件“汽车用仪表板”，S/A2126802987；

(2) 品牌和适用的整车厂牌一致的维修件填报“W/”：填报零部件完整编号并在前面加注“W/”。例如，奔驰品牌的减震器、维修件，用于奔驰小车，W/A2303208513；

(3) 品牌和适用的整车厂牌不一致的维修件填报“WF/”：填报零部件完整编号并在前面加注“WF/”。例如“JL”品牌的前杠，用于奔驰 C 级小车，WF/S0783B。

23. 原理（是否为 4 挡及 4 挡以下）：该要素为税目 87.08 专有要素，指变速箱的挡位数。需要注意的是，这里的挡位数仅指前进挡的最大挡位数，不包括驻车挡、倒车挡等其他挡位。若在不同的挡位下前进挡位数不同取其最大值。

24. 传动部件：该要素为税目 87.08 项下商品专有要素，指装有差速器的驱动桥及其零件在报验状态时是否带有传动部件，带有何种传动部件。

25. 驱动位置：该要素为税目 87.08 项下商品专有要素，指装有差速器的驱动桥及其零件驱动的具体位置。

26. 轴荷：该要素为税目 87.08 项下商品专有要素，指机动车辆（前后）轴所承担的车重。

27. 适用场所：该要素为税目 87.09 项下商品专有要素，指机动车辆的适用场所，如码头、工厂、仓库等。

28. 用途：指机动车辆的零件的用途。应符合归类需求。

29. 轮径：该要素为税目 87.12 项下商品专有要素，指自行车轮的直径。

30. 驱动方式：该要素为税目 87.13 项下商品专有要素，指残疾人用车是机械驱动的还是非机械驱动的。

31. 类型：该要素为税目 87.16 项下商品专有要素，指非机械驱动的车辆是挂车、半挂车或其他类型。

二、价格要素

1. 品牌（中文或外文名称）：指制造商或经销商加在商品上的品牌标志，实际需要申报中文或外文品牌名称。

2. 型号：指商品用途、功能、款式等指标的代码。例如，子目 8701.3 项下型号为“BR350 型”的牵引车。

3. 结构类型：该要素为子目 8701.3 项下履带式牵引车、拖拉机的价格要素。例如，子目 8701.3“PRINOTH 牌”型号“BR350 型”的“履带式”牵引车。

4. 用途：是指设备的实际用途。例如，税则号列 8701.9011 项下轮式拖拉机的用途为“农用”。

5. 厂牌（如与签注名称相同可省略）：指车辆的厂家品牌名称，如与签注名称相同可省略。

例如，“Mercedes Benz（梅赛德斯-奔驰）牌”。

6. 签注名称：指车辆厂家备案的品牌具体款式的名称。例如，税则号列8703.3212项下商品“大众”品牌项下的“途威”越野车。

7. 排气量（毫升）：指车辆的动力指标。用“CC”或者“毫升”表示。

8. 规格型号：指车辆具体性能、款式、功能和用途等指标的代码。例如，税则号列8703.3212项下商品“大众”品牌项下规格型号“TIGUAN2.0 TDI”的“途威”（签注名称）越野车。

9. 适用车型：该要素是税目87.08项下机动车辆零件的价格要素。指零件使用车辆的款式或者型号。需要申报具体适用车辆的品牌（或者厂牌）名称、签注名称以及车辆型号。例如，“保险杠支架”适用现代（厂牌）的途胜（签注名称）、车辆型号为86616-2E00。

10. 零部件完整编号并在前加注“S/”“W/”或“WF/”之一：税目87.08项下的汽车零部件的价格申报要素。例如，奔驰品牌的减震器，维修件，零件完整编码为A2303208513。

（1）生产件填报“S/”：填报生产件零部件完整编号并在前面加注“S/”。例如，品牌为“江森”，适用车型为“奔驰V212”的生产件“汽车用仪表板”，S/A2126802987；

（2）品牌和适用的整车厂牌一致的维修件填报“W/”：填报维修件零部件完整编号并在前加注“W/”。例如，奔驰品牌的减震器，维修件，用于奔驰小车，W/A2303208513；

（3）品牌和适用的整车厂牌不一致的维修件填报“WF/”：填报维修件零部件完整编号并在前加注“WF/”。例如，“JL”品牌的前杠，用于奔驰C级小车，WF/S0783B。

11. 扭矩：该要素是子目8708.403、8708.404、8708.405、8708.406、8708.409项下所列车辆用的零部件的价格要素。单位用“NM”表示。例如，子目8708.403适用车型载重91吨“TEREX牌”“TR100型”非公路矿用车的“变速箱缓行控制杆”的扭矩为“650NM”。

12. 技术参数（最高时速、转弯半径等）：该要素是税目87.09项下短距离运输货物的机动车辆，未装有提升或搬运设备，用于工厂、仓库、码头或机场、火车站台上用的牵引车的价格要素。指上述车辆或者设备的最高时速和转弯半径等技术指标。

13. 是否为中规车请注明：一些国外大型汽车生产厂家，为了适合不同地区，生产不同规格的车型。在中国销售和使用的汽车就称为“中规车”，在美国和欧洲销售和使用的则分别称为“美规车”和“欧规车”。中规车是专为中国地区设计的更适合中国的油品、道路、气候等。

14. 非中规车请注明原销售目的国车版、型：例如，可填报“美规车”或“欧规车”。

15. 功率：指物体在单位时间内所做的功。功率单位有瓦、千瓦、兆瓦、马力。

2. 商品名称及规格型号中品牌类型、出口享惠情况的填报。

（1）品牌类型。品牌类型为必填项目。可选择“无品牌”（代码0）、“境内自主品牌”（代码1）、“境内收购品牌”（代码2）、“境外品牌（贴牌生产）”（代码3）、“境外品牌（其他）”（代码4）如实填报。

其中，“境内自主品牌”是指由境内企业自主开发、拥有自主知识产权的品牌；“境内收购品牌”是指境内企业收购的原境外品牌；“境外品牌（贴牌生产）”是指境内企业代工贴牌生产中使用的境外品牌；“境外品牌（其他）”是指除代工贴牌生产以外使用的境外品牌。上述品牌类型中，除“境外品牌（贴牌生产）”仅用于出口外，其他类型均可用于进口和出口。

（2）出口享惠情况。出口享惠情况为出口报关单必填项目。可选择“出口货物在最终目的国（地区）不享受优惠关税”“出口货物在最终目的国（地区）享受优惠关税”“出口货物不能确定在最终目的国（地区）享受优惠关税”如实填报。进口货物报关单不填报该申报项。

“出口货物在最终目的国（地区）不享受优惠关税”是指出口货物没有计划在最终目的国（地区）享受优惠关税；“出口货物在最终目的国（地区）享受优惠关税”是指出口货物计划在最终目的国（地区）享受优惠关税；“出口货物不能确定在最终目的国（地区）享受优惠关税”是指出口货物在申报时不能确定最终目的国（地区），以尽可能预知的最后运往国（地区）为最终目的国（地区）进行申报。

3. 申报进口已获 3C 认证的机动车辆时，填报以下信息。

（1）提运单日期。填报该项货物的提运单签发日期。

（2）质量保质期。填报机动车的质量保证期。

（3）发动机号或电机号。填报机动车的发动机号或电机号，应与机动车上打刻的发动机号或电机号相符。纯电动汽车、插电式混合动力汽车、燃料电池汽车为电机号，其他机动车为发动机号。

（4）车辆识别代码（VIN）。填报机动车车辆识别代码，须符合国家强制性标准《道路车辆 车辆识别代号（VIN）》（GB 16735）的要求。该项目一般与机动车的底盘（车架号）相同。

（5）发票所列数量。填报对应发票中所列进口机动车的数量。

（6）品名（中文名称）。填报机动车中文品名，按《进口机动车辆制造厂名称和车辆品牌中英文对照表》（国家质检总局、公安部、海关总署、环保总局公告 2004 年第 52 号附件）的要求填报。

（7）品名（英文名称）。填报机动车英文品名，按《进口机动车辆制造厂名称和车辆品牌中英文对照表》（国家质检总局、公安部、海关总署、环保总局公告 2004 年第 52 号附件）的要求填报。

（8）型号（英文）。填报机动车型号，与机动车产品标牌上整车型号一栏相符。

4. 进口货物收货人申报进口属于实施反倾销、反补贴措施货物的，填报原厂商中文名称、原厂商英文名称、反倾销税率、反补贴税率和是否符合价格承诺等计税必要信息。

格式要求为：“| <><><><><>”。“|”“<”“>”均为英文半角符号。第一个“|”为在规格型号栏目中已填报的最后一个申报要素后系统自动生成或人工录入的分割符（若相关商品税号无规范申报填报要求，则需要手工录入“|”），“|”后面 5 个“<>”内容依次为原厂商中文名称、原厂商英文名称（如无原厂商英文名称，可填报以原厂商所在国或地区文字标注的名称，具体可参照商务部实施贸易救济措施相关公告中对有关原厂商的外文名称写法）、反倾销税税率、反补贴税税率、是否符合价格承诺。其中，反倾销税税率和反补贴税税率填写实际值，例如，税率为 30%，填写 0.3。是否符合价格承诺填写“1”或者“0”，“1”代表“是”，“0”代表“否”。填报时，5 个“<>”不可缺项，如第 3、4、5 项“<>”中无申报事项，相应的“<>”中内容可以为空，但“<>”需要保留。

（二）信息来源

商品名称、规格型号的填报，需要报关人与委托单位做详细沟通，了解商品信息（材质、成分含量、工作原理、功能用途等），根据《规范申报目录及释义》填报本栏目。

1. 参考发票中的商品名称。例如，“Description of Goods”“Product and Description”“Goods Description”“Quantities and Description”栏目。

2. 加工贸易保税报关程序的货物和减免税货物，报关人按照收发货人备案信息，填报商品名称，根据《规范申报目录及释义》的要求及报关单据与委托单位确认的规格型号进行填报。

3. 商品名称、规格型号与商品编号必须逻辑相符。报关人员根据商品编号查询《规范申报目录及释义》，按照要求逐项填报规格型号。报关人员需在正确理解的基础之上，与委托单位做详细确认。

例如，某公司进口螺栓，商品编码为7318.1510.01，型号为90114-12019。按照《规范申报目录及释义》的要求，填报：（1）品名；（2）材质；（3）抗拉强度；（4）品牌（中文或外文名称）；（5）型号；（6）杆径。经过确认，本栏目申报如表6-2-10所示。

表6-2-10 进出口商品申报要素示例（三）

7318.1510.01	螺栓
申报要素	4|3|碳素结构钢制|抗拉强度：984和1150兆帕|SOMIC|，型号90114-12019|杆径18mm*高33mm等|

4. 品牌类型。

（1）确定品牌持有企业的所在地。所有权属于境外企业的品牌，按境外品牌申报，反之按境内品牌申报。

（2）境外品牌（贴牌生产）仅用于在境内生产的、出口时按生产合同约定使用境外品牌的货物。品牌使用许可并不采用授权书等单独法律文本的形式，而是在加工合同中用合同条款表述。在这种情况下，只要符合合同约定，出口商品使用境外品牌的，即可申报为境外品牌（贴牌生产）。

品牌类别反映的是货物生产时的品牌信息，与货物进出口的目的或用途无关。加工贸易的进口料件应按照料件本身的品牌类别申报，不得申报为“境外品牌（贴牌生产）”。例如，贴牌生产企业从香港进口了一批料件，印有香港品牌标识，应按“境外品牌（其他）”申报。

（3）境外品牌（其他）用于除贴牌生产外所有使用境外品牌的进出境货物。品牌持有人为境外公司，在境内工厂生产的货物，应申报境外品牌（其他）。例如，某总部在境外的跨国公司在境内全资设立了分公司，使用总公司品牌生产，出口时申报“境外品牌（其他）”。

（4）境内自主品牌是指由境内企业自主研发，具有自主知识产权的品牌，但品牌类别范围更广，包括但不限于在海关进行知识产权保护备案的商标。

（5）境内收购品牌是指境内企业收购的原境外品牌。境内企业为打开国际市场，收购了境外品牌，进出口货物直接使用该境外品牌，应按照“境内收购品牌”申报。

（6）无品牌用于不包含品牌信息的进出境货物。进出口货物的外包装上仅有公司名称，商品本身未印有品牌，商品或商品的销售包装上不能反映品牌信息时，应按“无品牌”申报。

（7）同一个海关商品编码涉及多个品牌类别时，应该在报关单表体中分行申报，确保每个不同的品牌类别都能准确反映出所对应商品的进出口情况。

5. 出口享惠情况，需要与境外收货人确认，出口货物在最终目的国（地区）进口时是否能享受优惠关税。对已与我国签署并实施优惠贸易协定的国家（地区），可以做重点确认。当出口报关单申报的“最终目的国（地区）”不是优惠贸易协定的国家（地区）时，应选择“出口货物在最终目的国（地区）不享受优惠关税”。

（三）“单一窗口”录入要求

在“单一窗口”系统中，商品名称及规格型号分为两部分填报。

1. 商品名称

报关人员在商品名称栏目录入文本内容，本栏目最多可录入255位字符。

2. 规格项号

报关人员录入商品编码后，系统弹出“商品规范申报—商品申报要素”表，如图6-2-10所示。

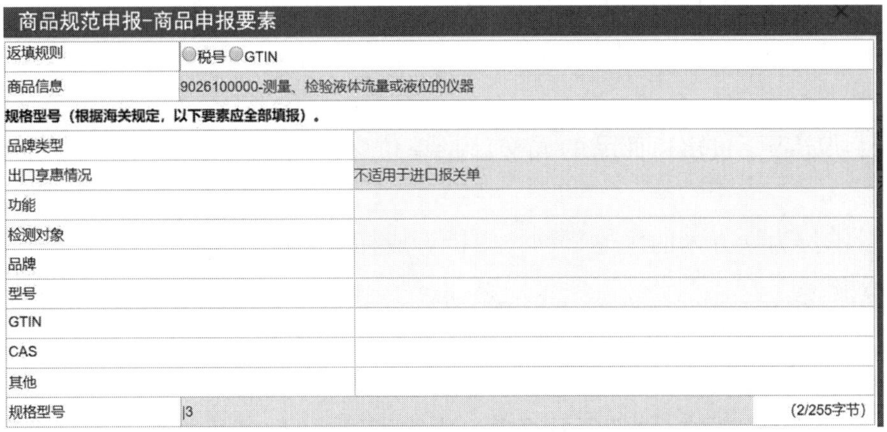

图6-2-10　商品规范申报—商品申报要素表界面

根据提示录入完成后，系统将申报要素更新为“规格型号”栏目内容。

三十七、数量及单位

（一）填报规范

报关单上的“数量及单位”栏指进出口商品的成交数量及计量单位，以及海关法定计量单位和按照法定计量单位计算的数量。

海关法定计量单位分为海关法定第一计量单位和法定第二计量单位。海关法定计量单位以《统计商品目录》中规定的计量单位为准。例如，天然水为千升/千克，烟卷为千克/千支。

1. 本栏目分三行。

（1）第一行应按进出口货物的法定第一计量单位填报数量及单位，法定计量单位以《统计商品目录》中的计量单位为准。

（2）凡列明有法定第二计量单位的，应在第二行按照法定第二计量单位填报数量及单位。无法定第二计量单位的，本栏目第二行为空。

（3）成交计量单位及数量应填报并打印在第三行。成交计量单位与《统计商品目录》计量单位一致时，本栏目第三行为空。

2. 法定计量单位为“千克”的数量填报，特殊情况下填报要求如下：

（1）装入可重复使用的包装容器的货物，应按货物扣除包装容器后的重量填报，如罐装同位素、罐装氧气及类似品等。

（2）使用不可分割包装材料和包装容器的货物，按货物的净重填报（即包括内层直接包装的净重重量），如采用供零售包装的罐头、药品及类似品等。

（3）按照商业惯例以公量重计价的商品，应按公量重填报，如未脱脂羊毛、羊毛条等。

（4）采用以毛重作净重计价的货物，可按毛重填报，如粮食、饲料等大宗散装货物。

（5）采用零售包装的酒类、饮料、化妆品，按照液体/乳状/膏状/粉状部分的重量填报。

3. 成套设备、减免税货物如需分批进口，货物实际进口时，应按照实际报验状态确定数量。

4. 具有完整品或制成品基本特征的不完整品、未制成品，根据《协调制度》归类规则应按完整品归类的，按照构成完整品的实际数量填报。

5. 已备案的加工贸易及保税货物，成交计量单位必须与加工贸易手册中同项号下货物的计量单位一致，加工贸易边角料和副产品内销、边角料复出口，本栏目填报其报验状态的计量单位。

6. 优惠贸易协定项下进出口商品的成交计量单位必须与原产地证书上对应商品的计量单位一致。

7. 法定计量单位为立方米的气体货物，应折算成标准状况（即摄氏零度及一个标准大气压）下的体积进行填报。

8. 根据海关总署公告2019年第58号（关于特许权使用费申报纳税手续有关问题的公告），报关单“监管方式”栏目填报“特许权使用费后续征税”（代码9500），“商品名称”栏目填报原进口货物名称，“商品编码”栏目填报原进口货物编码，“数量及单位栏目”填报“0.1”。

9. 进口报关单修理物品申报“修理费”、出料加工申报“加工费”、租赁贸易填报“租赁费”，其商品编码与进口货物相同，数量及单位栏目填报“0.1”。

（二）信息来源

数量及单位是与货物成交相关的信息，报关人员可以从报关单证中查找。

1. 发票、装箱单中，都列有货物的交易数量、单位和净重。合同或订单中列明的货物数量为订单总数量，有可能大于发票中列明的数量，注意不要混淆。

2. 当发票中列明的交易数量单位与法定计量单位不同时，本栏目必须填报法定计量单位。例如，某公司进口花边500米，净重为120千克，以每米USD25购买。商品编码为5804.3000，法定计量单位为千克。本栏目应填报为“法定数量及单位120千克，成交数量及单位500米”。

3. 加工贸易货物“数量及单位”的填报。当备案计量单位与法定计量单位不同时，报关人需要填报法定计量单位和数量，以及备案计量单位和数量。

(三)“单一窗口”录入要求

1. 数量及单位栏目的录入顺序

在“单一窗口”系统中，报关人员依照系统提示顺序，依次录入成交数量、成交计量单位、法定第一数量、法定第二数量等，如图 6-2-11 所示。

图 6-2-11 数量及单位栏目的录入界面

2. 成交计量单位

报关人员可以在下拉菜单中选择货物实际成交所用的计量单位。

加工贸易项下进出口报关单，报关人员录入“备案号”“备案项号”后，“成交计量单位”栏目会显示为加工贸易手册备案计量单位。

3. 成交数量、法定第一数量、法定第二数量

报关人员录入与计量单位对应的数量，本栏目最多可以录入 19 位数字，19 位中如有小数点，小数点后最多支持录入 4 位。

三十八、单价、总价、币制

(一) 填报规范

单价是指进出口货物实际成交的商品单位价格的金额部分。

总价是指进出口货物实际成交的商品总价的金额部分。

币制是指进出口货物实际成交的计价货币的名称。

1. 单价、总价

“单价”栏目填报同一项号下进出口货物实际成交的商品单位价格。无实际成交价格的，本栏目填报单位货值。

“总价”栏目填报同一项号下进出口货物实际成交的商品总价格。无实际成交价格的，本栏目填报货值。

单价与总价的关系为：总价/成交数量=单价。

2. 币制

按海关规定的货币代码表选择相应的货币名称及代码填报，如货币代码表中无实际成交币种，需将实际成交货币按申报日外汇折算率折算成货币代码表列明的货币填报。

(二) 信息来源

单价、总价、币制为与交易相关的信息，是报关单证（发票、合同）中必有的重要信息。特殊交易方式下，如免费提供、样品等无商业价值的货物，报关人员需要与委托单位确认进出口货物的实际价值，并按照实际价值申报。

（三）“单一窗口”录入要求

在“单一窗口”系统中，报关人员录入“成交数量”“成交计量单位”后，可先录入总价，系统会自动核算出单价。

本栏目最多可以录入19位数字，19位中如有小数点，小数点后最多支持录入4位。

三十九、原产国（地区）

（一）填报规范

原产国（地区）是指进口货物的生产、开采或加工制造的国家（地区）。

本栏目应按海关规定的国别（地区）代码表选择填报相应的国家（地区）名称及代码。

1. 一般填报要求

（1）原产国（地区）应依据《原产地条例》《中华人民共和国海关关于执行〈非优惠原产地规则中实质性改变标准〉的规定》，以及海关总署关于各项优惠贸易协定原产地管理规章规定的原产地确定标准填报。

（2）同一批进出口货物的原产地不同的，应分别填报原产国（地区）。

（3）进出口货物原产国（地区）无法确定的，填报“国别（地区）不详”。

2. 加工贸易报关单特殊情况填报要求

（1）料件结转货物，原产国（地区）为原进口料件生产国（地区）。

（2）深加工结转货物，原产国（地区）和最终目的国（地区）均填报“中国”。

（3）加工出口成品因故退运境内的，原产国（地区）填报“中国”。

（4）加工贸易剩余料件内销，原产国（地区）填报料件的原实际生产国（地区）；加工贸易成品（包括半成品、残次品、副产品）转内销，原产国（地区）均填报“中国”。

（5）海关特殊监管区域运往区外，未经加工的进口货物，填报货物原进口时的原产国（地区）；经加工的成品或半成品，按现行原产地规则确定原产国（地区）。

3. 优惠贸易协定享惠

进出口货物收发货人或者其代理人在办理优惠贸易协定项下货物海关申报手续时，应当如实填报报关单商品项“优惠贸易协定享惠”栏目，同时在商品项对应的“原产国（地区）”栏填报依据《中华人民共和国进出口货物原产地条例》和《关于非优惠原产地规则中实质性改变标准的规定》（海关总署令第122号）确定的货物原产地，不再需要按照《关于修订〈中华人民共和国海关进出口货物报关单填制规范〉的公告》（海关总署公告2019年第18号）附件中有关优惠贸易协定项下进口货物填制要求填报“随附单证及编号”栏目。

协定享惠栏目，需要填报贸易协定原产地证编号、协定代码、原产地、原产地证商品编号，并选择原产地证类型。

（1）协定代码如下：

“01”为“亚太贸易协定”；

“02”为“中国—东盟自贸协定”；

“03”为“内地与香港紧密经贸关系安排”（香港CEPA）；

“04”为“内地与澳门紧密经贸关系安排”（澳门 CEPA）；
“06”为“台湾农产品零关税措施”；
“07”为“中国—巴基斯坦自贸协定”；
“08”为“中国—智利自贸协定”；
“10”为“中国—新西兰自贸协定”；
“11”为“中国—新加坡自贸协定”；
“12”为“中国—秘鲁自贸协定”；
“13”为“最不发达国家特别优惠关税待遇”；
“14”为“海峡两岸经济合作框架协议（ECFA）”；
“15”为“中国—哥斯达黎加自贸协定”；
“16”为“中国—冰岛自贸协定”；
“17”为“中国—瑞士自贸协定”；
“18”为“中国—澳大利亚自贸协定”；
“19”为“中国—韩国自贸协定”；
“20”为“中国—格鲁吉亚自贸协定”；
“21”为“中国—毛里求斯自贸协定”。

（2）对“同一批次”的理解。

一份报关单对应一份原产地证明，一份原产地证明应当对应同一批次货物。享受和不享受协定税率或者特惠税率（以下统称优惠税率）的同一批次进口货物可以在同一张报关单中申报。“同一批次”进口货物指由同一运输工具同时运抵同一口岸，并且属于同一收货人，使用同一提单的进口货物。对于客观原因（集装箱货物因海河联运需大船换小船、因海陆联运需分车运输，陆路运输集装箱货物需大车换小车以及其他多式联运情况下同一批次货物在中转地需要分拆由多个小型运输工具进行中转运输的情况等）导致有关进口货物在运抵中国关境（运抵口岸）前必须分批运输的情况，不影响同一批次的认定。同一批次出口货物比照上述规定进行审核认定。

（3）未实现原产地证电子信息交换的优惠贸易协定，需要在申报前使用优惠贸易协定原产地要素申报系统录入原产地证明电子信息。

4. 特殊监管区域境外进口货物适用“优惠贸易协定”的填报

对于出海关特殊监管区域和保税监管场所［以下统称区域（场所）］申请适用协定税率或者特惠税率的货物，进口人应在内销时按照本公告第一条的要求填报报关单；在货物从境外入区域（场所）时，无须比照本公告第一条要求填报中华人民共和国海关进（出）境货物备案清单（以下简称“备案清单”）商品项“优惠贸易协定享惠”类栏目。

内销时货物实际报验状态与其从境外入区域（场所）时的状态相比，超出了相关优惠贸易协定所规定的微小加工或处理范围的，不得享受协定税率或者特惠税率。

5. 优惠贸易协定项下实施特殊保障措施的农产品的填报

优惠贸易协定项下实施特殊保障措施的农产品仍然按照海关总署公告 2019 年第 207 号要求申报。

有关农产品出区域（场所）申请适用协定税率的，在货物从境外入区域（场所）时进口人应当比照本公告第一条规定填报备案清单，并以“通关无纸化”方式申报。

6. 香港 CEPA、澳门 CEPA 下“优惠贸易协定”填报

向香港特别行政区或者澳门特别行政区出口用于生产《内地与香港关于建立更紧密经贸关系的安排》(香港 CEPA) 或者《内地与澳门关于建立更紧密经贸关系的安排》(澳门 CEPA) 项下协定税率货物的原材料时，应当在报关单的“关联备案”栏填报香港或澳门生产厂商在香港工贸署或者澳门经济局登记备案的有关备案号。

7.《区域全面经济伙伴关系协定》下优惠贸易享惠的填报

2022 年 1 月 1 日,《区域全面经济伙伴关系协定》生效实施，涉及“优惠贸易享惠”进出口货物按照本栏目的填报要求填报，对“尚未实现原产地电子信息交换的优惠贸易协定项下进口货物”,需要在申报前使用“优惠贸易协定原产地要素申报系统”录入原产地证明电子信息。《协定》的优惠贸易协定代码为“22”。

进口人通过“优惠贸易协定原产地要素申报系统”填报原产地证明电子数据时，原产地证明“《协定》项下原产国(地区)”栏目包含“＊”或者“＊＊”的,“优惠贸易协定项下原产地”栏目应当相应填报“原产地不明(按相关成员最高税率)”(字母代码 HRA，数字代码 801) 或者“原产地不明(按所有成员最高税率)”(字母代码 HRB，数字代码 802)。

(二) 信息来源

1. 原产国(地区)

原产国(地区)是与交易相关的信息，报关人员可以通过以下方式查找：

(1) 进口报关单证(发票或原产地证明书)上原产国(地区)一般表示为“Made in…”(在……制造) 或“Origin/Country of Origin：×××”(原产于：×××)。

(2) 在提单或装箱单的唛头中，也会记录原产国(地区)信息，如“Made in Thailand”。

2. 协定享惠

报关人员根据贸易协定的原产地证，填报协定享惠信息。原产地证编号根据原产地证编号或原产地声明序列号填报；优惠贸易协定代码，根据海关代码表中各贸易协定代码填报，原产地证商品项号，填报报关单商品项对应的原产地证商品项号，小金额货物在该栏填报本报关单中该商品的项号。选择原产地证书或者原产地声明。免提交原产地证明的小金额进口货物(以下简称“小金额货物”)该栏默认为空。

同时，报关人员应在申报前，要认真核对贸易协定原产地证的商品编码、数量等信息，确保进出口报关单商品编码的前 6 位与贸易协定原产地证一致，报关商品数量小于或等于贸易协定原产地证数量。

(三)“单一窗口”录入要求

1. 原产国(地区)

报关人员依据国别(地区)代码表，在“原产国(地区)”栏目录入相应的国家(地区)名称及代码，或在下拉菜单中选择适用优惠贸易协定下进口货物，原产国(地区)的填报应与原产地证书或原产地声明一致。

2. 优惠贸易协定享惠

进出口货物涉及协定享惠申报，报关人员在录入商品项信息时，点击“协定享惠”，按照系

统提示录入：原产地证编号、优惠贸易协定代码、优惠贸易协定项下原产地、原产地证商品项号、原产地证明类型。其中优惠贸易协定代码，可在下拉菜单中选择，如图6-2-12所示。

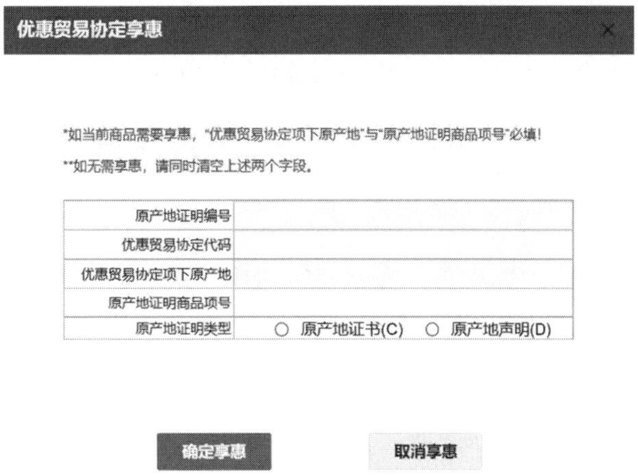

图6-2-12　优惠贸易协定享惠录入界面

报关单中商品涉及协定享惠的，需要在每个享惠的商品项中录入以上协定享惠信息。

未实现原产地证电子信息交换的优惠贸易协定，需要在申报前使用优惠贸易协定原产地要素申报系统录入原产地证明电子信息。

四十、最终目的国（地区）

（一）填报规范

最终目的国（地区）是指已知的进出口货物的最终实际消费、使用或进一步加工制造国家（地区）。

本栏目应按海关规定的国别（地区）代码表选择填报相应的国家（地区）名称及代码。

本栏目为原报关栏目“最终目的国（地区）”，现无变化。

1. 最终目的国（地区）的一般填报要求

（1）最终目的国（地区）填报已知的进出口货物的最终实际消费、使用或进一步加工制造国家（地区）。

（2）同一批进出口货物的最终目的国（地区）不同的，应分别填报最终目的国（地区）。

（3）不经过第三国（地区）转运的直接运输货物，以运抵国（地区）为最终目的国（地区）；经过第三国（地区）转运的货物，以最后运往国（地区）为最终目的国（地区）。

（4）进出口货物不能确定最终目的国（地区）时，以尽可能预知的最后运往国（地区）为最终目的国（地区）。

2. 加工贸易报关单特殊情况填报要求

（1）深加工结转货物，原产国（地区）和最终目的国（地区）均填报“中国”。

（2）料件或成品复运出境货物，填报实际最终目的国（地区）。

（3）海关特殊监管区域外运入区内的货物，最终目的国（地区）填报“中国”。

（二）信息来源

最终目的国（地区）是与交易相关的信息，报关人员与委托单位确认货物的最终实际消费、使用或进一步加工制造的国家（地区）。如果不能确认，以出口报关单证（发票、装货单）上列明的运抵国（地区）填报本栏目。

（三）“单一窗口”录入要求

报关人员依据国别（地区）代码表，在“原产国（地区）/最终目的国（地区）”栏目，录入相应的国家（地区）名称及代码或在下拉菜单中选择。

四十一、境内目的地/境内货源地

（一）填报规范

境内目的地填报已知的进口货物在国内的消费、使用地区或最终运抵地，其中最终运抵地为最终使用单位所在的地区。最终使用单位难以确定的，填报货物进口时预知的最终收货单位所在地。

境内货源地填报出口货物在国内的生产地或原始发货地。出口货物产地难以确定的，填报最早发运该出口货物的单位所在地。

进口填报境内目的地，出口填报境内货源地。

填报要求：

1. 海关特殊监管区域、保税物流中心（B 型）与境外之间的进出境货物，境内目的地/境内货源地填报本海关特殊监管区域、保税物流中心（B 型）所对应的国内地区。

2. 按海关规定的国内地区代码表选择填报相应的国内地区名称及代码。境内目的地还需根据中华人民共和国行政区划代码表选择填报其对应的县级行政区名称及代码。无下属区县级行政区的，可选择填报地市级行政区。

（二）信息来源

境内目的地/境内货源地的填报属于与货物成交相关的信息，报关人需要与委托单位确认。在报关单录入时，录入系统将收发货人注册地默认为境内目的地/境内货源地，但报关人员必须根据实际情况填报，不能以默认信息为准。

例如，北京某外贸公司海运进口医疗设备，货物通关后，送往包头某医院。此票进口货物报关单的境内目的地，应填报为“包头”。

（三）“单一窗口”录入要求

在“单一窗口”系统中，“境内目的地/境内货源地”栏目各分为两栏填报。

1. 境内目的地

进口货物需同时在“境内目的地代码”和“目的地代码”两个栏目录入相应的国内地区和县级行政区名称及代码。

例如，某批货物的境内目的地是广州市花都区。在“境内目的地代码”栏下拉菜单中选择“44019 广州其他”，或按海关规定的国内地区代码表录入“44019”，栏目自动生成“44019 广州其他”。

在“目的地代码”栏下拉菜单中选择“440100 广东省广州市”，或根据中华人民共和国行政区划代码表录入“440114”，栏目自动生成“广州市花都区”。

2. 境内货源地

出口货物需同时在“境内货源地代码”和“产地代码”两个栏目录入相应的国内地区和县级行政区名称及代码。

境内目的地/境内货源地代码由 5 位数字组成，目的地/产地代码由 6 位数字组成。

四十二、征免

(一) 填报规范

征免是指海关依照《海关法》《关税条例》及其他法律、行政法规，对进口货物进行征税、减税、免税或特案处理的实际操作方式。同一份报关单上可以填报不同的征减免税方式。

按照海关核发的征免税证明或有关政策规定，对报关单所列每项商品选择海关规定的征减免税方式代码表中相应的征减免税方式填报。

1. 主要征减免税方式

(1) 照章征税

照章征税指对进出口货物依照法定税率计征各类税费。

(2) 折半征税

折半征税指依照主管海关签发的征免税证明或海关总署的通知，对进出口货物依照法定税率折半计征关税和增值税，但照章征收消费税。

(3) 全免

全免指依照主管海关签发的征免税证明或海关总署的通知，对进出口货物免征关税和增值税，但消费税是否免征应按有关批文的规定办理。

(4) 特案减免

特案减免指依照主管海关签发的征免税证明或海关总署通知规定的税率或完税价格计征各类税费。

(5) 随征免性质

随征免性质指对某些特定监管方式下进出口的货物按照征免性质规定的特殊计税公式或税率计征税费。

(6) 保证金

保证金指经海关批准具保放行的货物，由担保人向海关缴纳现金的一种担保形式。

(7) 保函

保函指担保人根据海关的要求，向海关提交的订有明确权利、义务的一种担保形式。

2. 填报要求

(1) 根据海关核发的征免税证明或有关政策规定，对报关单所列每项商品选择填报海关规定的征减免税方式代码表中相应的征减免税方式的名称。

（2）加工贸易报关单应根据等级手册中备案的征免规定填报，加工贸易手册中备案的征免规定为“保金”或“保函”的，不能按备案的征免规定填报，而应填报“全免”。

（二）信息来源

征免是与海关管理相关的信息，与报关单的监管方式及征免性质的填报，存在相对应的逻辑关系。

1. 对以“一般贸易”成交，确认按一般进出口通关制度报关（征税）的货物，其对应关系为：

监管方式：一般贸易。

征免性质：一般征税。

征免：照章征税或保证金、保函。

2. 对“来料加工”或“进料加工”进出口货物，并确认按保税通关制度报关（保税）的，其对应关系为：

监管方式：来料加工/进料对口。

征免性质：来料加工/进料加工。

征免：全免。

3. 对来料/进料深加工结转货物，并确认按保税通关制度报关（保税）的，其对应关系为：

监管方式：来料深加工/进料深加工。

征免性质：本栏为空。

征免：全免。

4. 对外商投资企业在投资额度内进口设备/物品，并已确认按特定减免税通关制度报关（免税）的，其对应关系为：

监管方式：合资合作设备/外资设备物品。

征免性质：鼓励项目。

征免：全免/特案。

5. 对外商投资企业在投资额度外利用自有资金进口设备/物品，并已确认按照特定减免税通关制度报关（免税）的，其对应关系为：

监管方式：一般贸易。

征免性质：自有资金。

征免：全免/特案。

（三）“单一窗口”录入要求

在“单一窗口”系统中，报关人员依据征减免税方式代码表，在“征免方式”栏目录入代码，或在下拉菜单中选择，系统会更新为征减免税方式的名称。

四十三、原产地区

（一）填报规范

填报入境货物在原产国（地区）内的生产区域，如州、省等。本栏目为选填栏目。

（二）信息来源

原产地区属于与货物相关的信息，报关人员与委托单位确认货物在原产国（地区）的生产区域。

（三）“单一窗口”录入要求

在“单一窗口”系统中，报关人员可依照原产地区代码表填报，或在下拉菜单中选择。原产地区代码由 6 位数字组成，前 3 位为国别代码，后 3 位为地区代码。

四十四、价格说明

价格说明共 5 个栏目：特殊关系确认、价格影响确认、与货物有关的特许权使用费支付确认、公式定价确认、暂定价格确认，如图 6-2-13所示。

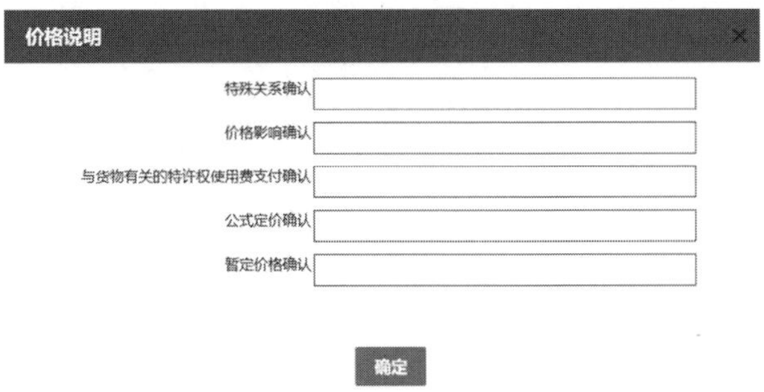

图 6-2-13　价格说明录入界面

（一）特殊关系确认

1. 填报规范

本栏目根据《审价办法》第十六条，填报确认进出口行为中买卖双方是否存在特殊关系，有下列情形之一的，应当认为买卖双方存在特殊关系，在本栏目应填报“是”，反之则填报“否”。

（1）买卖双方为同一家族成员的。

（2）买卖双方互为商业上的高级职员或者董事的。

（3）一方直接或者间接地受另一方控制的。

（4）买卖双方都直接或者间接地受第三方控制的。

（5）买卖双方共同直接或者间接地控制第三方的。

（6）一方直接或者间接地拥有、控制或者持有对方 5%以上（含 5%）公开发行的有表决权的股票或者股份的。

（7）一方是另一方的雇员、高级职员或者董事的。

（8）买卖双方是同一合伙的成员的。

买卖双方在经营上相互有联系，一方是另一方的独家代理、独家经销或者独家受让人，如果符合前款的规定，也应当视为存在特殊关系。

本栏目出口货物免予填报，加工贸易及保税监管货物（内销保税货物除外）免予填报。

2. 信息来源

本栏目属于与交易相关的信息，报关人员需要与委托单位确认后填报。

3. "单一窗口" 录入要求

在 "单一窗口" 系统中，报关人员点击 "价格说明"，系统弹出信息的确认界面（如图6-2-13所示）。报关人员根据与委托单位的确认结果，在 "特殊关系确认" 栏中录入 "是" 或 "否"。

（二）价格影响确认

1. 填报规范

本栏目根据《审价办法》第十七条，填报确认纳税义务人是否可以证明特殊关系未对进口货物的成交价格产生影响 。纳税义务人能证明其成交价格与同时或者大约同时发生的下列任何一款价格相近的，应视为特殊关系未对成交价格产生影响，本栏目应填报 "否"，反之则填报 "是"。

（1）向境内无特殊关系的买方出售的相同或者类似进口货物的成交价格。

（2）按照《审价办法》第二十三条的规定所确定的相同或者类似进口货物的完税价格。

（3）按照《审价办法》第二十五条的规定所确定的相同或者类似进口货物的完税价格。

本栏目出口货物免予填报，加工贸易及保税监管货物（内销保税货物除外）免予填报。

2. 信息来源

本栏目属于与交易相关的信息，报关人员需要与委托单位确认后填报。

3. "单一窗口" 录入要求

在 "单一窗口" 系统中，报关人员点击 "价格说明"，系统弹出信息的确认界面（如图6-2-13所示）。报关人员根据与委托单位的确认结果，在 "价格影响确认" 栏中录入 "是" 或 "否"。

（三）与货物有关的特许权使用支付确认

1. 填报规范

本栏目根据《审价办法》第十一条和第十三条规定，填报确认买方是否存在向卖方或者有关方直接或者间接支付与进口货物有关的特许权使用费，且未包括在进口货物的实付、应付价格中。出口货物、加工贸易及保税监管货物（内销保税货物除外）免予填报。

买方存在需向卖方或者有关方直接或者间接支付特许权使用费，且未包含在进口货物实付、应付价格中，并且符合《审价办法》第十三条的，"支付特许权使用费确认" 栏目应填报 "是"。

买方存在需向卖方或者有关方直接或者间接支付特许权使用费，且未包含在进口货物实付、应付价格中，但纳税义务人无法确认是否符合《审价办法》第十三条的，本栏目应填报 "是"。

买方存在需向卖方或者有关方直接或者间接支付特许权使用费，且未包含在进口货物实付、应付价格中，纳税义务人根据《审价办法》第十三条，可以确认需支付的特许权使用费与进口货物无关的，填报“否”。

买方不存在向卖方或者有关方直接或者间接支付特许权使用费的，或者特许权使用费已经包含在进口货物实付、应付价格中的，填报“否”。

本栏目出口货物免予填报，加工贸易及保税监管货物（内销保税货物除外）免予填报。

2. 信息来源

本栏目属于与交易相关的信息，报关人员需要与委托单位确认后填报。

3. “单一窗口”录入要求

在“单一窗口”系统中，报关人员点击“价格说明”，系统弹出信息的确认界面（如图6-2-13所示）。报关人员根据与委托单位的确认结果，在“与货物有关的特许权使用费支付确认”栏中录入“是”或“否”。

（四）公式定价确认

1. 填报规范

公式定价，是指在向中华人民共和国境内销售货物所签订的合同中，买卖双方未以具体明确的数值约定货物价格，而是以约定的定价公式确定货物结算价格的定价方式。符合公式定价定义的进口货物，填报本栏目。结算价格仅受成分含量、进口数量影响，进口时无论能否确定结算价格，均应当填报“是”。出口货物、加工贸易及保税监管货物（内销保税货物除外）免予填报。公式定价确认栏目未填报或填报为“否”均视为非公式定价进口货物。

2. 信息来源

本栏目属于与交易相关的信息，报关人员根据合同条款及与委托单位确认的方式，明确货物是否为公式定价。公式定价多用于大宗商品交易，如原油、矿石、大豆等。

3. “单一窗口”录入要求

在“单一窗口”系统中，报关人员点击“价格说明”，系统弹出信息的确认界面（如图6-2-13所示）。报关人员根据与委托单位的确认结果，在“公式定价”栏中录入“是”或“否”。注意：不填报或填报“否”均视为非公式定价进口货物。

（五）暂定价格确认

1. 填报规范

“公式定价确认”填报“是”的，应当继续填报“暂定价格确认”栏目；“公式定价确认”填报“否”的，无须填报“暂定价格确认”栏目。

公式定价货物进口时结算价格未确定的，“暂定价格确认”应当填报“是”；公式定价货物进口时结算价格已确定的，“暂定价格确认”应当填报“否”。

2. 信息来源

本栏目属于与交易相关的信息，以公式定价货物进口时是否确定结算价格为依据，确定结算价格的，“暂定价格确认”为“否”；没有确定结算价格的，“暂定价格确认”为“是”。

3. “单一窗口”录入要求

在“单一窗口”系统中，报关人员点击“价格说明”，系统弹出信息的确认界面（如图 6-2-13所示）。报关人员根据与委托单位的确认结果，在“暂定价格确认”栏中录入“是”或“否”。

四十五、业务事项

业务事项包括 6 个选项：税单无纸化、自主报税、自报自缴、担保验放、跨境电商海外仓、特殊通道。报关人员根据进出口业务属性勾选即可（如图 6-2-14 所示）。

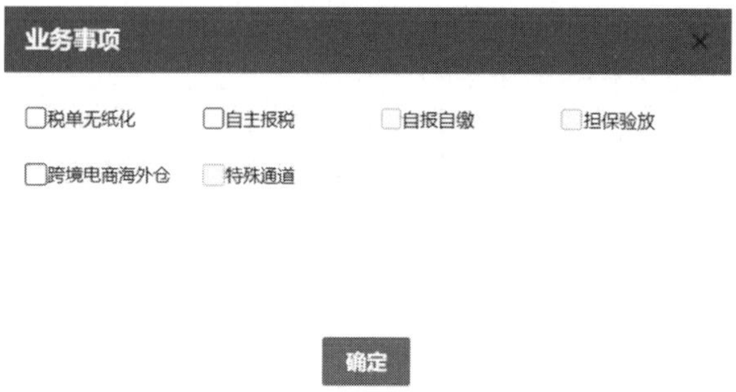

图 6-2-14 “单一窗口”系统中的“业务事项”界面

四十六、申报单位

“申报单位”是指向海关申报进出口货物的单位。自理报关的，本栏目填报进出口企业的名称及编码；委托代理报关的，本栏目填报报关企业名称及编码。编码填报 18 位法人和其他组织统一社会信用代码。

报关人员填报在海关备案的姓名、编码、电话，并加盖申报单位印章。

四十七、海关批注及签章

供海关作业时签注。

四十八、检验检疫货物的申报栏目

进出口货物为《法检目录》内法检货物、非法检货物但涉及检验检疫的货物（如成套设备、CCC 认证商品、疫区来货或带木质包装等），需要填报检验检疫申报栏目。在“单一窗口”系统中，检验检疫表头折叠栏目如图 6-2-15 和图 6-2-16 所示。

图 6-2-15 检验检疫表头折叠栏目（一）

图 6-2-16 检验检疫表头折叠栏目（二）

（一）检验检疫受理机关

该栏目为有条件必填项。申报实施检验检疫的《法检目录》内货物和其他按照有关法律、法规须实施检验检疫的情况时为必填。

报关人员根据海关规定的检验检疫机关代码表中相应检验检疫机关的名称及代码，填报提交报关单和随附单据的检验检疫机关。

例如，企业提交申报中华人民共和国海关总署的检验检疫受理机关为“大连机关本部”时，可录入“211900”或“大连机关本部”。

（二）企业资质类别及编号

该栏目为有条件必填项。申报《法检目录》内的商品且根据进出口货物种类及法律法规和相关规定要求，相关企业须取得必要资质的情况时为必填。

按进出口货物种类及法律法规和相关规定要求，须在本栏选择填报货物的生产商/进出口商/代理商必须取得的资质类别。多个资质的须全部填写，包括以下几种。

1. 进口食品、食品原料类填写：进口食品境外出口商代理商备案、进口食品进口商备案。

2. 进口水产品填写：进口食品境外出口商代理商备案、进口食品进口商备案、进口水产品储存冷库备案。

3. 进口肉类填写：进口肉类储存冷库备案、进口食品境外出口商代理商备案、进口食品进口商备案。

4. 进口水果填写：进境水果境外果园/包装厂注册登记。

5. 进口非食用动物产品填写：进境非食用动物产品生产、加工、存放企业注册登记。

6. 饲料及饲料添加剂：饲料进口企业备案、进口饲料和饲料添加剂生产企业注册登记。

7. 进口可用作原料的固体废物：进口可用作原料的固体废物国内收货人注册登记、国外供货商注册登记号及名称，两者须对应准确。

9. 其他：进境植物繁殖材料隔离检疫申请、进出境动物指定隔离场使用申请、进境栽培介质使用单位注册、进境动物遗传物质进口代理及使用单位备案、进境动物及动物产品国外生产单位注册、进境粮食加工储存单位注册、境外医疗器械捐赠机构登记、进出境集装箱场站登记、进口棉花境外供货商登记注册、对出口食品包装生产企业和进口食品包装的进口商实行备案。

涉及以上检验检疫要求的进出口商品，报关人员参考企业资质类别代码表填报企业资质类别代码，并录入企业资质编号。当进出口货物涉及多个资质时，都需要填报，填报系统如图 6-2-17所示。

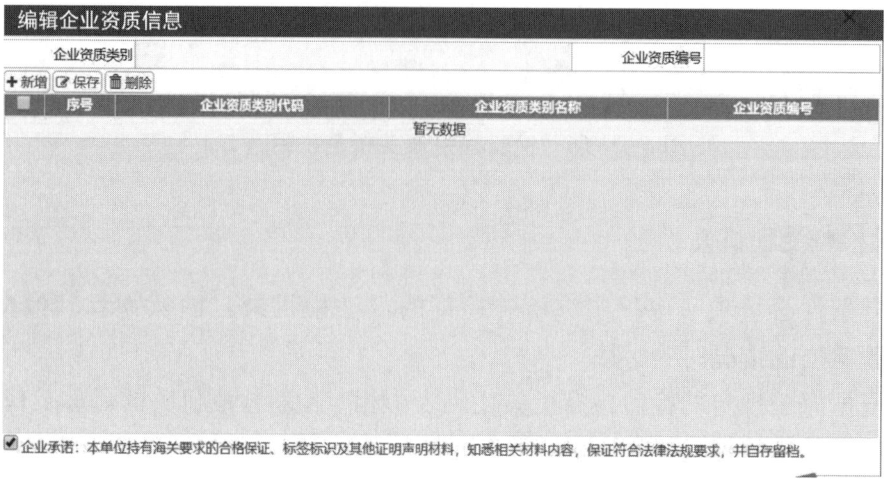

图 6-2-17　企业资质类别填报界面

需要注意，企业如持有海关要求的合格保证、标签标识及其他证明声明材料，在填报编辑企业资质信息栏时，需勾选栏目最下方红色标示的企业承诺事项。

（三）领证机关

该栏目为有条件必填项。申报实施检验检疫的《法检目录》内货物和其他按照有关法律、法规须实施检验检疫的情况时为必填。

报关人员根据海关规定的检验检疫机关代码表中相应检验检疫机关的名称及代码，填报领取单证的检验检疫机关。

录入时可根据下拉菜单选择或根据检验检疫机关代码表录入相应的海关名称或代码。例如，企业提交申报的检验检疫受理机关为“大连机关本部”时，可录入“211900”或“大连机关本部”。

（四）口岸检验检疫机关

该申报项目为有条件必填项。申报实施检验检疫的《法检目录》内货物和其他按照有关法律、法规须实施检验检疫的情况时为必填。

根据海关规定的检验检疫机关代码表中相应检验检疫机关的名称及代码，填报口岸检验检疫机关。入境填报入境第一口岸所在地检验检疫机关。运往陆港或入境转关货物，选择陆港或指运地对应的机关。出境填报货物离境口岸的检验检疫机关。运往陆港或出境转关货物，选择陆港或启运地对应的机关。录入时可根据下拉菜单选择或根据检验检疫机关代码表录入相应的海关名称或代码。

（五）启运日期

该申报项目为有条件必填项。申报实施检验检疫的货物和其他按照有关法律、法规须实施检验检疫的情况时为必填。

填报装载入境货物的运输工具离开启运口岸的日期。本栏目为 8 位数字，顺序为年（4 位）、月（2 位）、日（2 位），格式为“YYYYMMDD”。

（六）B/L 号

该申报项目为有条件必填项。申报实施检验检疫的货物和其他按照有关法律、法规须实施检验检疫的情况时为必填。

填报入境货物的承运人开出的提单/运单号的总单号或直单号。

（七）目的地检验检疫机关

该申报项目为有条件必填项。申报实施检验检疫的《法检目录》内货物和其他按照有关法律、法规须实施检验检疫的情况时为必填。

根据海关规定的检验检疫机关代码表中相应检验检疫机关的名称及代码，需要在目的地实施检验检疫的，在本栏填写对应的检验检疫机关。录入时可根据下拉菜单选择或根据检验检疫机关代码表录入相应的海关名称或代码。

（八）关联号码及理由

该申报项目为选填项。不涉及检验检疫的，免予填报。进出口货物报关单有关联报关单时，在本栏中填报相关联报关单号码，并在下拉菜单中选择关联报关单的关联理由。

（九）使用单位联系人及使用单位联系电话

该申报项目为选填项。填报进境检验检疫货物销售、使用单位的联系人姓名和电话。该项目最多支持录入 20 位字符。

（十）原箱运输

该申报项目为选填项。申报使用集装箱运输的检验检疫货物，根据是否原集装箱原箱运输，勾选“是”或“否”。

（十一）特殊业务标识

该申报项目为选填项，属于国际赛事、特殊进出军工物资、国际援助物资、国际会议、直通放行、外交礼遇、转关等特殊业务的，报关人员根据实际情况勾选（如图 6-2-18 所示）。

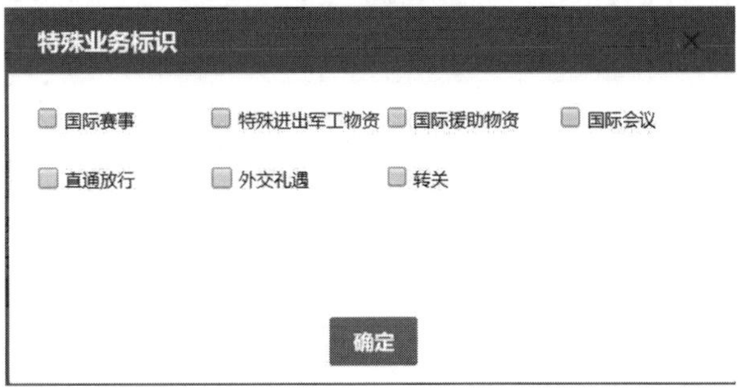

图 6-2-18　特殊业务标识界面

（十二）所需单证

该申报项目为选填项。进出口企业申请出具检验检疫单证时，应根据相关要求，在“所需单证”项下的“检验检疫签证申报要素”中，勾选申请出具的检验检疫单证类型，如有需要，应同时填写收发货人和商品英文名称。

（十三）检验检疫签证申报要素

报关人员在确认境内收发货人名称（外文）、境外收发货人名称（中文）、境外收发货人地址、卸毕日期和商品英文名称后，根据现行相关规定和实际需要，勾选申请单证类型，确认申请单证正本数和申请单证副本数后保存数据。可选单证如图 6-2-19 所示。

1	11	品质证书	1	2
2	12	重量证书	1	2
3	13	数量证书	1	2
4	14	兽医卫生证书	1	2
5	15	健康证书	1	2
6	16	卫生证书	1	2
7	17	动物卫生证书	1	2
8	18	植物检疫证书	1	2
9	19	熏蒸/消毒证书	1	2
10	20	出境货物换证凭单	1	2
11	21	入境货物检验检疫证明（申请出具）	1	2
12	22	出境货物不合格通知单	1	2
13	23	集装箱检验检疫结果单	1	2
14	24	入境货物检验检疫证明（申请不出具）	1	2

境内收发货人名称(外文)	
境外收发货人名称(中文)	
境外发货人地址	发货人地址
卸毕日期	请选择日期
商品英文名称	

图 6-2-19　可选单证界面

应根据需要填写境内收发货人名称（外文）、境外收发货人名称（中文）、境外收发货人地址、卸毕日期和商品英文名称等字段信息。该项目最多支持录入 4 000 位字符。

（十四）检验检疫货物规格

申报检验检疫商品时，在“检验检疫货物规格”项下，填报“成分/原料/组分”“产品有效期”“产品保质期”“境外生产企业”“货物规格”“货物型号”“货物品牌”“生产日期”“生产批次”等栏目（如图 6-2-20 所示）。

图 6-2-20　检验检疫货物规格填报界面

填报要求：

1. "成分/原料/组分"栏：填报货物含有的成分、货物原料或化学品组分，如特殊物品、化妆品、其他检疫物等所含的关注成分或者其他检疫物的具体成分、食品农产品的原料等。

2. "产品有效期"栏：有质量保证期的填写质量保证的截止日期。

3. "产品保质期"栏：有质量保证期的填写质量保证的天数，天数按照生产日期计算。

4. "境外生产企业"栏：填写入境货物的国外生产厂商名称，默认为境外发货人。

5. "货物规格"栏：输入货物的规格。

6. "货物型号"栏：填写本项报关货物的所有型号，多个型号的，用"；"隔开。

7. "货物品牌"栏：填写货物的品牌名称，品牌以合同或装箱单为准，需要录入中英文品牌的，录入方式为"中文品牌/英文品牌"。

8. "生产日期"栏：填写货物生产加工的日期，如 2017-08-01（半角符号）。

9. "生产批次"栏：填写本批货物的生产批号，多个生产批号的，用"；"隔开。

（十五）产品资质

该申报项目为有条件必填项。申报《法检目录》内的商品且根据进出口货物种类及法律、法规和相关规定要求，相关产品须取得必要资质的情况时为必填。

对国家实施进出口许可、审批、备案等管理的进出境货物，填写本项货物必须取得的许可、审批、备案名称、编号，需要核销的须填写核销货物序号、核销数量。其系统界面如图 6-2-21 所示。

图 6-2-21　产品资质填写界面

1. "许可证类别"栏

进出口货物取得了许可、审批或备案等资质时，应在"产品资质"项下的"许可证类别"中填报对应的许可、审批或备案证件类别和名称。

注意事项：同一商品涉及多个许可、审批或备案证件类别的，须全部录入相应的证件类别。

（1）特殊物品填写：出入境特殊物品卫生检疫审批。

（2）进口整车填写：免予强制性认证特殊用途进口汽车监测处理程序车辆一致性证书。

（3）入境民用商品验证填写：强制性产品（CCC）认证证书或免予办理强制性产品认证证书。

（4）入境需审批的动植物产品填写：进境动植物检疫许可证。

（5）进口废物原料填写：进口废物原料装运前检验证书。

（6）进口旧机电填写：进口旧机电境外预检验证书。

（7）进口化妆品填写：进口化妆品产品备案。

（8）进口食品境外生产企业注册。2022 年 1 月 1 日起启运的输华食品，在进口申报时应在报关单“产品资质”项下“进口食品境外生产企业注册”证书栏（许可证类别代码 519）规范填写该企业在华注册编号。在实施 2020 版申报项目的海关申报进口食品，应在“其他企业”项下的“其他企业类别”栏选择“进口食品境外生产企业”，在“编号或企业名称”栏填报该企业在华注册编号。未按要求规范填报的，海关不接受申报。

（9）其他：如进出口商品免验、汽车预审备案、进口化妆品产品套装备案、出口产品形式试验、出库玩具质量许可（注册登记）、水果冻肉预检验证书、输美日用陶瓷生产厂认证、出口食品生产企业备案等均应在此勾选并填写相关证书名称、编号，需要核销的如出入境特殊物品卫生检疫审批、进境动植物检疫许可证、免予办理强制性产品认证证书等，同时填写核销数量和核销明细序号。

2. “许可证编号”栏

进出口货物取得了许可、审批或备案等资质时，应在“产品资质”项下的“许可证编号”栏中填报对应的许可、审批或备案证件编号。

注意事项：同一商品有多个许可、审批或备案证件号码时，须全部录入。该项目最多支持录入 20 位字符。

进口食品境外生产企业注册号码，可以在许可证编号栏目中根据食品类别及生产国别进行检索（如图 6-2-22 所示）。

图 6-2-22　进口食品境外生产企业注册信息界面

3. “核销货物序号”栏

进出口货物取得了许可、审批或备案等资质时，应在“产品资质”项下的“核销货物序号”

栏中填报被核销文件中对应货物的序号。

注意事项：特殊物品审批单支持导入。该项目数据类型为 2 位字符型。

4. “核销数量”栏

进出口货物取得了许可、审批或备案等资质时，应在“产品资质”项下的“产品许可/审批/备案核销数量”中，填报被核销文件中对应货物的本次实际进出口数（重）量。

注意事项：特殊物品审批单支持导入；该项目数据类型为字符型，最多支持录入 20 位字符。

5. “许可证 VIN 信息”栏

申报进口已获 3C 认证的机动车辆时，填报机动车车辆识别代码，包括：VIN 序号、车辆识别代码（VIN）、单价、底盘（车架号）、发动机号或电机号、发票所列数量、品名（英文名称）、品名（中文名称）、提运单日期、型号（英文）、质量保质期 11 项内容。

注意事项：车辆识别代码（VIN）一般与机动车的底盘（车架号）相同；支持 VIN 码信息导入。

（十六）货物属性

该申报项目为有条件必填项。申报实施检验检疫的货物和其他按照有关法律、法规须实施检验检疫的情况时为必填。

根据进出口货物的商品编码和货物的实际情况，报关人员按照海关规定的货物属性代码表，在本栏下拉菜单中勾选货物属性的对应代码，有多种属性的要同时选择。可选项目如图6-2-23所示。

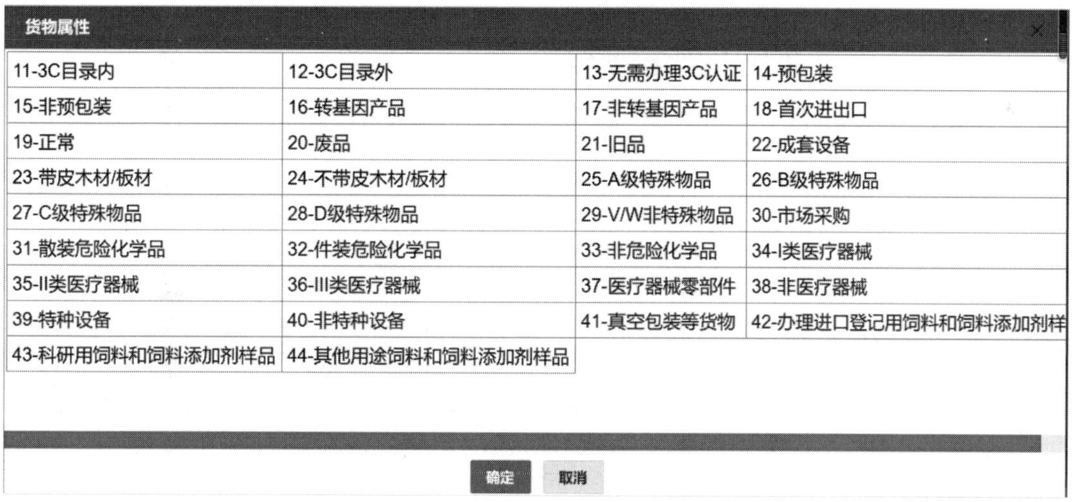

货物属性

11-3C目录内	12-3C目录外	13-无需办理3C认证	14-预包装
15-非预包装	16-转基因产品	17-非转基因产品	18-首次进出口
19-正常	20-废品	21-旧品	22-成套设备
23-带皮木材/板材	24-不带皮木材/板材	25-A级特殊物品	26-B级特殊物品
27-C级特殊物品	28-D级特殊物品	29-V/W非特殊物品	30-市场采购
31-散装危险化学品	32-件装危险化学品	33-非危险化学品	34-I类医疗器械
35-II类医疗器械	36-III类医疗器械	37-医疗器械零部件	38-非医疗器械
39-特种设备	40-非特种设备	41-真空包装等货物	42-办理进口登记用饲料和饲料添加剂样
43-科研用饲料和饲料添加剂样品	44-其他用途饲料和饲料添加剂样品		

确定　取消

图 6-2-23　货物属性选择界面

1. 入境强制性产品认证：必须在入境民用商品认证（11 3C 目录内、12 3C 目录外、13 无须办理 3C 认证）中勾选对应项。

2. 食品、化妆品是否预包装、是否首次进口，必须在食品及化妆品（14 预包装、15 非预包装、18 首次进口）中勾选对应项。

3. 凡符合《进出境转基因产品检验检疫管理办法》（国家质检总局令 2004 年第 62 号）规定含转基因成分须申报的，必须在转基因（16 转基因产品、17 非转基因产品）中勾选对应项。

4. “成套设备”“旧机电”产品，必须在货物属性（18 首次进出口、19 正常、20 废品、21

旧品、22 成套设备）中勾选对应项。

5. 特殊物品、化学试剂，必须在特殊物品（25～28 A、B、C、D 级特殊物品、29 V/W 非特殊物品）中勾选对应项。

6. 木材（含原木）板材是否带皮，必须在是否带皮木材（23 带皮木材/板材、24 不带皮木材/板材）中勾选对应项。

（十七）用途

该申报项目为有条件必填项。申报实施检验检疫的货物和其他按照有关法律、法规须实施检验检疫的情况时为必填。

根据进出境货物的使用范围或目的，按照海关规定的“货物用途代码表”在本栏下拉菜单（如图 6-2-24 所示）中填报。例如，进口货物为核苷酸类食品添加剂（商品编码 2934. 9990. 01），用于工业时，应在本栏选择“工业用途”；用于食品添加剂时，应在本栏选择“食品添加剂”。

图 6-2-24　“用途”栏的下拉菜单界面

（十八）危险货物信息

该申报项目为有条件必填项。申报商品编码涉及危险品的情况时为必填。危险货物按照系统提示（如图 6-2-25 所示）填写“非危险货物、UN 编号、危险类别、包装类别及包装 UN 标记”。

图 6-2-25　危险货物信息填报界面

1. “非危险货物”栏

进出口货物为危险货物，填报“否”；进出口货物为非危险货物，填报“是”。对危险化学品和普通化学品共用一个商品编码的进口商品，企业申报的商品不是《危险化学品目录》内商品，也不属于危险货物的，在“非危险货物”栏选“是”。

2. “UN 编号”栏

进出口货物为危险货物的，须按照《关于危险货物运输的建议书》，在“UN 编号”栏中填写危险货物对应的 UN 编号。该项目最多支持录入 20 位字符。

3. “危险类别”栏

进出口货物为危险货物的，按照 MSDS 所注明的货物危险类别，须在“危险类别”栏中，填写危险货物的危险类别。该项目最多支持录入 80 位字符。

4. “包装类别”栏

进出口货物为危险货物的，须按照《危险货物运输包装类别划分方法》，在“危险货物信息”项下的“危包类别”中，勾选危险货物的包装类别。

危险货物包装根据其内装物的危险程度划分为以下 3 种包装类别：

一类：盛装具有较大危险性的货物；

二类：盛装具有中等危险性的货物；

三类：盛装具有较小危险性的货物。

5. “包装 UN 标记”栏

进出口货物为危险货物的，报关人员与收发货人确认，包装上是否有 UN 标记，有 UN 标记填报“是”，无 UN 标记填报“/”。

【知识链接】

一、“单一窗口”简介

“单一窗口”（Single-window system）指的是指参与国际贸易和运输的各方，通过单一的平台提交标准化的信息和单证以满足相关法律、法规及管理的要求，也就是说，所有的进出口手续可以一站式办理，货物清关流程更加便捷、顺畅。

“单一窗口”实现了企业一次录入数据后向多个管理部门的系统进行申报，并取得了良好的应用效果。为贯彻落实党中央、国务院关于我国“单一窗口”建设的一系列决策部署，统筹推进“单一窗口”建设，在总结沿海地区“单一窗口”建设试点成果基础上，结合我国口岸管理实际，并充分借鉴国际上单一窗口成熟经验，建设“单一窗口”标准版。

“单一窗口”标准版依托中国电子口岸平台，申报人通过“单一窗口”标准版一点接入，一次性提交满足口岸管理和国际贸易相关部门要求的标准化单证和电子信息，实现共享数据信息，实施职能管理，优化通关业务流程。

通过“单一窗口”标准版可以提高申报效率，缩短通关时间，降低企业成本，促进贸易便利化，以推动国际贸易合作对接。

二、“单一窗口”的用户管理

“单一窗口”标准版建立了统一的用户管理功能，使国际贸易进出口业务领域的用户在“单一窗口”标准版中进行一次注册、单点登录，即可统一、集中地管理用户信息，办理各项业务。根据登录用户的角色不同，主要包括注册、登录、认证、账号维护、权限与角色管理等功能。

1. 管理员账号

一家企业只能注册一个管理员账号。如后续企业欲在“单一窗口”标准版中进行使用介质申报的业务操作（如货物申报等），则须使用法人 IC 卡或 IKey 进行管理员账号的有卡注册或绑卡操作。

2. 操作员账号

可通过企业用户有卡注册或由管理员创建两种方式建立。在操作员绑定 IC 卡成功、管理员未绑定 IC 卡的情况下，管理员不可对其所有的操作员进行修改或删除操作。由管理员创建的操作员用户账号，使用“用户名+密码”的方式首次登录时，需要强制修改初始密码。

3. 用户注册流程

“单一窗口”标准版企业用户注册流程如图 6-2-26 所示。

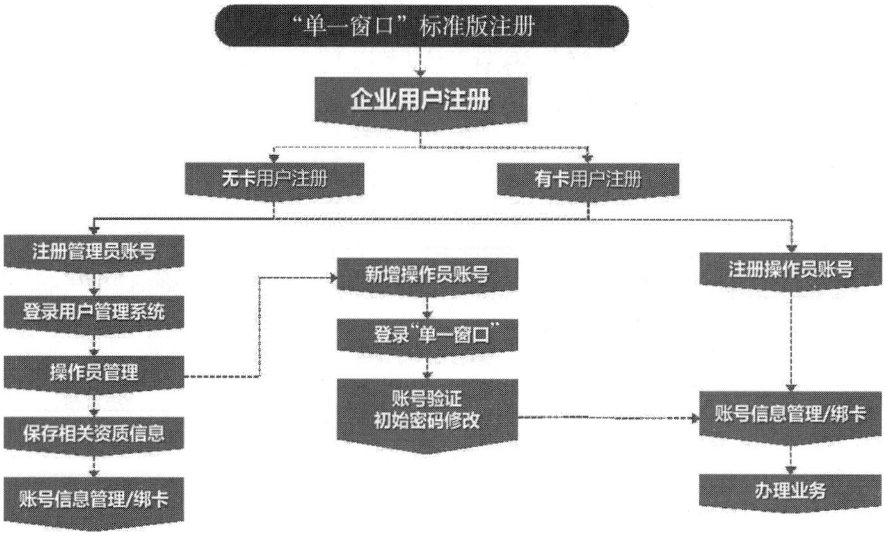

图 6-2-26　“单一窗口”标准版企业用户注册流程图

三、电子口岸卡

为了保护业务信息的安全，在有卡用户注册、绑卡或卡介质登录等操作的过程中，IC 卡或 I-Key 须保持连接在电脑中，不可随意插拔。系统将根据 IC 卡或 IKey 的信息进行用户的身份验证。

四、“单一窗口”的申报系统

延展阅读

“单一窗口”系统集合了企业资质、许可证件、原产地证、舱单申报、货物申报、加工贸易、出口退税等进出口贸易中需要向官方机构审批、申报的功能。其中货物申报为进出境货物的申报功能，包括货物申报、集中申报、报关代理委托、预约通关、减免税的申报系统。

1. “单一窗口”登录

（1）报关人员从“单一窗口”标准版门户进入登录界面（网址为 https：//www.

singlewindow. cn)，如图 6-2-27 所示。

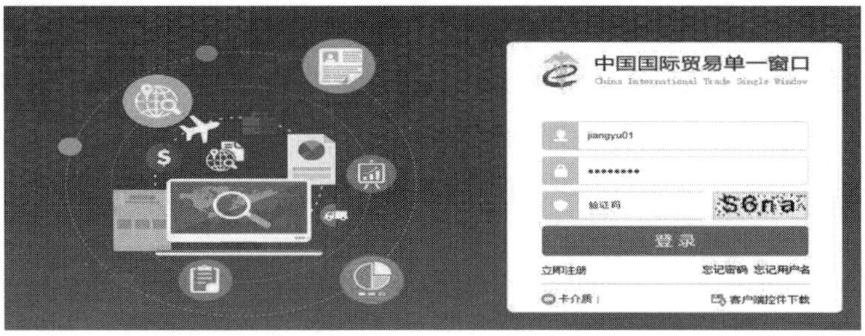

图 6-2-27　“单一窗口”标准版登录界面

（2）登录账号。

2. “单一窗口”报关单录入界面

“单一窗口”报关单录入界面如图 6-2-28 所示。

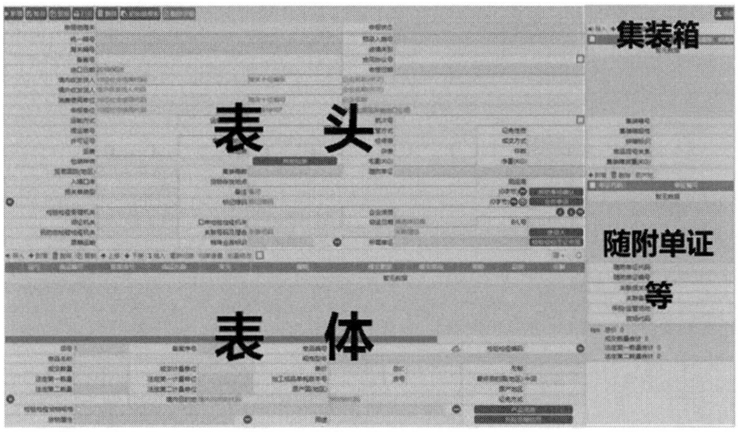

图 6-2-28　“单一窗口”报关单录入界面

3. 折叠项目简要说明

进出境货物为《法检目录》内的商品或根据进出口货物种类及法律法规要求需要检验检疫的商品，需要填报检验检疫栏目。点击栏目下方“折叠”按钮后（如图 6-2-29 所示），录入检验检疫栏目。

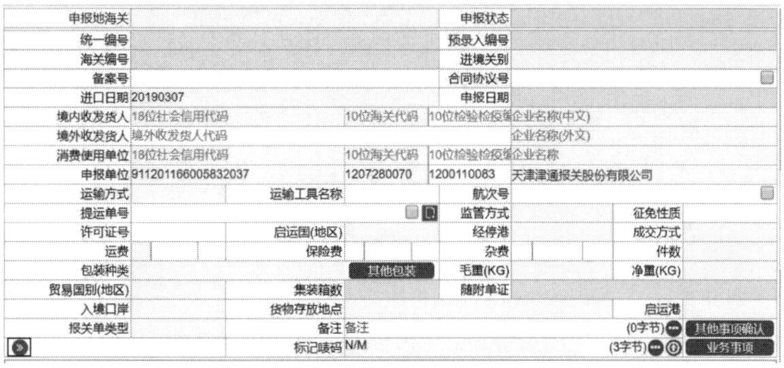

图 6-2-29　折叠项目界面

【复习思考题】

1. “进出境关别”“口岸检验检疫机关”“目的地检验检疫机关”三个栏目的区别有哪些?
2. 进口报关单填报中，EXW 条款与 FOB 条款下运费栏目的填报区别有哪些?
3. 优惠贸易协定下进口货物，需要填报哪些栏目?

第三单元　报关单填报逻辑与要求

【学习目标】

本单元旨在让学习者掌握报关单填报的作业步骤及相应的要求。

通过本单元的学习，学习者能够掌握以下技能：

1. 按照报关单填报虚拟案例的要求，收集报关单证，并对其进行初核；

2. 按照报关单填报虚拟案例的要求，确认商品属性、申报要素及查询其他相关信息；

3. 参与常见监管方式下虚拟申报案例的报关单填报作业；

4. 在应对报关单填报作业虚拟案例时，能正确运用规范填报知识与获取信息的技能，按步骤完成报关单填报作业。

【基本概念】

报关单校对稿、报关单填报

【建议学习时间】

6 课时

【学习内容】

一、申报栏目与单证的对应关系

（一）发票

发票作为进出口报关的重要单证，也是收付汇的重要单证之一。发票由出口企业自行拟制，无统一格式，但基本栏目大致相同。一般标明“发票”（Invoice）或“商业发票”（Commercial Invoice）字样，通常印有发货人信息、收货人信息、启运地及目的地、货物描述、数量及单位、单价、总价、币制、成交方式等，部分发票还会注明运费、保险费、杂费、集装箱号等。

根据发票信息，对应的报关单栏目一般有收发货人、消费使用单位/生产销售单位、成交方式、运费、保险费、杂费、商品名称、规格型号、数量及单位、原产国（地区）/最终目的国（地区）、单价、总价、币制、合同协议号、集装箱号等。

1. 出票人，即发货人信息

发票的出票人一般为发货人，其名称和地址相对固定，故出口商通常将此项内容事先印制在发票的正上方或右上方。这个栏目是判断进口货物中转时是否发生买卖关系的指标之一。如果出票人的地址与进口货物启运地一致，则说明进口货物中转时没有发生买卖关系；如果出票人的地址与进口货物运输的中转地一致，与启运地不一致，则说明进口货物中转时有可能发生了买卖关系。

2. 抬头，即收货人

此栏目前通常印有“To”“Sold to Messers”“For Account and Risk of Messers”等字样，在这些字样后，一般注明买方的名称和地址。例如：

TO WINNING TEXTILES CO. LTD.

UNIT H，6/F WORLD TECH CTR，

95 HOW MING ST，TOKYO，JAPAN

3. 启运地及目的地

该栏目标明货物运输的实际起止地点。如货物需要中转，则注明转运地，有的还注明运输方式。例如，FROM SHANGHAI TO TOKYO VIA HONGKONG（从上海经香港到达东京）。

4. 品名和货物描述

该栏目一般印有“Description of Goods”或者“Name of Commodity”的字样，在其下方一般注明具体装运的货物的名称、品质、规格及包装状况等内容。例如：

FOOTWEAR（货物名称）

COL：WHITE SZ：5-10（规格型号）

TOTAL PACKED IN 117 CARTONS ONLY（包装情况）

5. 数量、单价、总价

数量为实际装运的数量。单价包括计价货币、具体价格数、计价单位、贸易术语 4 个部分。总价为发票中所有费用的总计金额，一般由大小写组成。除货物成交价格外，如果合同单价含有佣金（Commission）或折扣（Rebate/Discount/Allowance），发票上一般也会注明。

6. 成交方式

本栏目在发票上体现为收发货人成交的贸易术语。有的发票上会列明运费（Freight/F）、保险费（Insurance/I）及杂费（Extras）等。

（二）装箱单

装箱单作为进出口报关的重要单证，也是进出口货物的装箱明细。装箱单由出口企业自行拟制，无统一格式，但基本栏目大致相同。一般标明“装箱单”（Packing List）字样，通常印有发货人信息、收货人信息、启运地及目的地、货物描述、数量及单位、件数、包装种类、毛重、净重、唛头等。

根据装箱单信息，对应的报关单栏目一般有启运国（地区）/运抵国（地区）、经停港/指运港、件数、包装种类、毛重、净重、标记唛码及备注等。

1. 装箱明细

进出口货物的每项商品数量及其对应的包装件数、重量，包装序号都在装箱单的明细中。

2. 包装及件数

该栏目通常包括进出口货物每项商品的件数、包装的种类、件数总计。

3. 毛重、净重

该栏目包括进出口货物每项商品的净重、毛重，以及全部商品的净重总计、毛重总计。

4. 唛头

该栏目一般包括包装的运输标记及包装件数。例如：

MADE IN CHINA（产地）

PORT：LOS ANGELES（指运港）

C/No.：1-117（件数）

（三）提运单

提运单（Bill of Landing）是进出口报关的重要单证，其中，海运提单还是进出口货物的物权证明之一。提运单由船公司、航空公司等运输单位出具，通常印有发货人信息、收货人信息、通知人信息、运输工具、启运地、装货港、货物描述、件数、包装种类、毛重、唛头、体积、离境日期等，海运提单中还有集装箱号、集装箱型、箱量信息及铅封号。

根据提运单信息，对应的报关单栏目一般有运输方式、运输工具名称、航次号、提运单号、启运国（地区）/运抵国（地区）、经停港/指运港、件数、包装种类、毛重、标记唛码及备注等。

1. 运输工具信息

该栏目通常为货物从启运国（地区）离境时的运输工具名称、航次信息等。进口货物进境时所承载的运输工具，需要报关人员进一步确认。

2. 提运单号

该栏目一般印在提运单的右上方，例如：

B/L NO. ××××

HAWB NO. ××××

3. 启运国（地区）/运抵国（地区）、经停港/指运港

该栏目为货物离境时，在启运国（地区）和装货港装载货物的运输工具将到达的运抵国（地区）和指运港。例如：

Port of loading：Longbeach，US（装货港）

Port of discharge：Shanghai，China（指运港）

4. 件数、包装种类、毛重

该栏目为进出口货物的总件数、包装种类、总毛重。例如：

NO. OF PKGS.（件数数量）：1120BAGS（1120 包），或

DESCRIPTION OF PACKAGES AND GOODS（货物及件数描述）：

24PLTS（24 托盘）

GROSS WEIGHT（毛重）

5. 集装箱号、铅封号、箱型

海运进出口提单中有集装箱号、铅封号、箱型。例如：

EISU2155830/20’/EMCJPG0462/1×20’

集装箱号/箱型/铅封号/集装箱量

发票、装箱单主要内容中英文对照如表 6-3-1 所示。

表 6-3-1 发票/装箱单主要内容中英文对照表

中英文	英文缩写	中英文	英文缩写
合同 Contract	CONT.	单价 Unit Price	
货物描述 Description of Goods		总额 Amount	AMT
规格型号 Model		总价 Total Amount	
尺寸 Size		件数 Packages	PKGS
数量 Quantity	QTY	毛重 Gross Weight	G. W.
原产国（地区） Made in/Origin		净重 Net Weight	N. W.
装货港 Port of Landing	P. O. L	保险费 Insurance	
目的国（地区） Destination Country (Regional)		杂费 Extras	
指运港 Port of Destination	P. O. D	佣金 Commission	
运费 Freight		折扣 Discount/Rebate/Allowance	
集装箱 Container	CTNR	唛头及编号 Marks & Nos.	
包装种类 Packing		所附单证 Document Attached	DOC. ATT.

提运单主要内容中英文对照如表 6-3-2 所示。

表 6-3-2 提运单主要内容中英文对照表

中英文	英文缩写	中英文	英文缩写
提单 Bill of Lading	B/L	到达港 Port of Arrival	P. A
提运单号 Bill of Lading No.	B/L No.	指运港 Port of Destination	P. O. D
承运人 Carrier		托运人 Shipper	
收货人 Consignee		被通知人 Notify Party	
空运运单 Air Way Bill	A. W. B	卸货港 Port of Discharge	P. O. D
空运总运单 Master Air Way Bill	M. A. W. B	装货港 Port of Landing	P. O. L
空运分运单 House Air Way Bill	H. A. W. B	转运港 Port of Transshipment	
原产国（地区） Made in/Country of Origin (Regional)		转运到 In Transit to	
船名 Ocean Vessel		航次 Voyage No.	Voy. No.

二、加工贸易申报栏目对应关系

加工贸易进出口货物的报关单填报较为复杂，料件、成品、剩余料件、残次品、副产品、边角料等各类货物的流转处理均须根据各自不同用途、处理方式，按照海关监管的相应要求，分别填报报关单向海关办理报关手续。下面将根据料件、成品的常见处理方式，列表汇总其报关单填报的要求及其对应关系，如表 6-3-3、表 6-3-4 所示。

注意：特殊监管区域加工企业实施账册管理，但其进出区货物的监管方式及报关单栏目填报不适用于下表。

表 6-3-3 加工贸易料件报关单常见填报内容及对应关系表

<table>
<tr><th rowspan="2">项目
栏目</th><th colspan="2">料件进口</th><th>料件退换</th><th colspan="2">深加工结转</th><th>料件内销</th><th>料件复出</th></tr>
<tr><th colspan="2">进境</th><th>先出境后进境</th><th>形式进口</th><th>形式出口</th><th>形式进口</th><th>出境</th></tr>
<tr><td>监管方式</td><td>来料加工</td><td>进料对口</td><td>来/进料
料件退换</td><td colspan="2">来/进料
深加工结转</td><td>来/进料
料件内销</td><td>来/进料
料件复出</td></tr>
<tr><td>进出境关别</td><td colspan="3">指定范围内实际进出口岸海关</td><td colspan="3">接受申报的海关</td><td>指定范围内实际进出口岸海关</td></tr>
<tr><td>征免性质</td><td>来料加工</td><td>进料加工</td><td>免予填报</td><td colspan="2">免予填报</td><td>一般征税</td><td>其他法定</td></tr>
<tr><td>备案号</td><td colspan="3">加工贸易手册编号</td><td>进口手册编号</td><td>出口手册编号</td><td colspan="2">加工贸易手册编号</td></tr>
<tr><td>运输方式</td><td colspan="2">实际进境运输方式</td><td>实际出/进境
运输方式</td><td colspan="3">其他运输</td><td>实际出境
运输方式</td></tr>
<tr><td>运输工具名称</td><td colspan="2">实际进境
运输工具名称</td><td>实际出/进境
运输工具名称</td><td colspan="3">免予填报</td><td>实际出境运输
工具名称</td></tr>
<tr><td>启运国（地区）/
运抵国（地区）</td><td colspan="2">实际启运国（地区）</td><td>实际运抵国
（地区）/启运
国（地区）</td><td colspan="3">中国</td><td>实际运抵国
（地区）</td></tr>
<tr><td>标记唛码及备注</td><td colspan="2">—</td><td>退运出境
报关单填报原
进口报关单号</td><td>关联备案号；
出口手册编号</td><td>关联报关单号；
进口报关单号；
进口手册编号</td><td>“活期”</td><td>原进口
报关单号</td></tr>
<tr><td>项号
（第 2 行）</td><td colspan="3">手册对应进口料件项号</td><td>进口手册对应
进口料件项号</td><td>出口手册对应
出口成品项号</td><td colspan="2">手册对应进口料件项号</td></tr>
<tr><td>原产国（地区）/
最终目的国
（地区）</td><td colspan="2">料件进口原产国（地区）/
成品出口最终目的国（地区）</td><td>原进口料件
原产国（地区）</td><td colspan="2">中国</td><td>原进口料件
原产国（地区）</td><td>实际最终
目的国（地区）</td></tr>
<tr><td>征免</td><td colspan="3">全免</td><td colspan="2">全免</td><td>照章征税</td><td>全免</td></tr>
</table>

表 6-3-4　加工贸易成品报关单常见填报内容及对应关系表

项目 栏目	成品出口		成品内销			成品退换	
			按料件征税	转减免税			
	出境		形式进口	形式进口	形式出口	进境	出境
监管方式	来料加工	进料对口	来/进料料件内销	根据货物实际情况选择填报	来/进料成品减免	来/进料成品退换	
进口口岸/出口口岸	指定范围进出口岸海关		接受申报的海关			指定范围进出口岸海关	
征免性质	来料加工	进料加工	一般征税	征免税证明所批征免性质	免予填报	免予填报	
备案号	加工贸易手册编号			征免税证明编号	加工贸易手册编号		
运输方式	实际出境运输方式		其他运输			实际进/出境运输方式	
运输工具名称	实际出境运输工具名称		免予填报			实际进/出境运输工具名称	
启运国（地区）/运抵国（地区）	实际运抵国（地区）		中国			实际启运国（地区）/运抵国（地区）	
用途	—		其他内销	企业自用	—	其他	—
备注	料件费、加工费	—	“活期”	转出手册编号	转入征免税证明编号	—	
项号（第2行）	手册出口成品项号		手册进口料件项号	征免税证明对应项号	手册原出口成品对应项号		
原产国（地区）/最终目的国（地区）	实际最终目的国（地区）		中国				实际最终目的国（地区）
征免	征免:一般为全免,应征出口税的照章征税		照章征税	全免			

三、减免税申报栏目对应关系

减免税进口设备报关单常见填报内容及对应关系如表 6-3-5 所示。

表 6-3-5 减免税进口设备报关单常见填报内容及对应关系表

项目 栏目	投资总额内进口			投资总额外进口	减免税设备结转	
	合资合作企业	外商独资企业	国内投资项目			
	进境	进境	进境	进境	形式进口	形式出口
监管方式	合资合作设备	外资设备物品	一般贸易	一般贸易	减免设备结转	
征免性质	鼓励项目等			自有资金	根据货物实际情况选择填报	免予填报
备案号	征免税证明编号				征免税证明编号	结转联系函编号
收发货人 消费使用单位/生产销售单位	该合资合作企业	该外商独资企业	设备进口企业		转入企业	转出企业
运输方式	进境实际运输方式				其他运输	
启运国(地区)/运抵国(地区)	实际启运国(地区)				中国	
备注	如为委托进口,须注明代理进口的外贸企业名称				结转联系函编号	转入进口报关单号;转入方征免税证明编号
原产国(地区)/最终目的国(地区)	设备实际原产国(地区)				设备原生产国(地区)	中国
征免	特案				全免	

四、申报作业流程

(一) 填报前准备

1. 填报前的单证收集、审核

报关人员在填报报关单前，需收集齐全的报关单证，并对报关单证的正确性、完整性、有效性进行审核，确保各单证相关数据、信息相符。进出口报关最基本的单证有发票、装箱单、合同、提运单（进口）或提运单信息（出口）、报关委托书。通关所需的监管证件在确认监管方式和商品归类后，才可以确认。

（1）单证信息逻辑检查

报关人员可参考本单元“一、申报栏目与单证的对应关系”对发票、装箱单、合同、提运单中商品描述、数量及单位、件数及包装、毛重、净重、成交方式、启运国（地区）/运抵国（地区）、经停港/指运港等信息进行逻辑检查。

报关人员需要将提运单号、件数及包装、毛重、集装箱号等信息与海关舱单数据进行核对检查。

（2）单证信息不符等情况处理

报关人员发现单证信息不一致的情况后，通常进行以下工作：

①记录信息不符的单证、栏目、数据及检查日期；

②以邮件等书面形式通知委托单位详细情况；

③当单证信息与海关舱单数据不一致时，需要委托单位确认正确数据。如舱单数据错误，需要反馈船代公司，要求进行舱单数据修改。

2. 归类信息收集、确认

进出口商品的归类信息包括商品名称、商品编码、申报要素。

（1）进出口商品名称、商品编码的确认

报关人员与委托单位沟通进出口商品信息，可为委托单位提供商品归类建议，最终需要由委托单位确认商品名称和编码。

如果报关公司为客户提供商品归类服务，可按照商品归类相关流程进行商品信息沟通，最终确定商品归类。

（2）申报要素审核

依照《规范申报目录及释义》填报进出口商品的申报要素，参考书中“要素释义”正确填报。例如：机电产品归类要素“用途（适用于××品牌××机或通用于××机等）”是指申报的零件具体用于何种机器或设备，需说明适用的最小化场合机器具体作用。

（3）商品归类、商品名称、申报要素逻辑审核

报关人员按照委托单位提供的信息整理商品归类、商品名称、申报要素后，依据《税则》《规范申报目录及释义》审核三者内容的逻辑性，并请委托单位确认。

3. 监管方式确认

进出口企业进出口货物常用监管方式，通常只在业务合作初始阶段进行确认，在此后的长期合作中不会再逐票确认。当进出口企业发生不常见的贸易形式下进出口行为时，报关人员需要与委托单位沟通贸易双方成交的背景、货物的最终流向和用途、收付汇等情况后，向委托单位提供合理建议，并最终由委托单位确认。

4. 检验检疫相关单证的收集、审核

在确认商品编码后，报关人员查询进出口商品是否为检验检疫商品，及其检验检疫的类别。

使用木质包装的进口货物，需要向海关申报木质包装检验检疫。申报前，报关人员必须与委托单位确认进境货物的包装类型和材质，包括除运输包装外，是否使用植物性材料加固、铺垫。

（1）法定检验检验的进出口货物，报关人员要根据检验检疫法规要求，整理相关单证和信息。

①动植物及其产品：进境动植物检疫许可证、植物检疫证书、原产地证、输出国家（地区）官方出具的相关证书正本原件等。

②食品类产品：卫生证书、原产地证、进出口食品标签审核证书及标签样张、翻译件、进口食品境外生产企业注册编号、进口食品/出口商备案证明编号、进境动植物检疫许可证、销售记录等。

③机电类产品：装运前检验检疫证书（旧设备提供）、3C 证书或 3C 免办证明、能效声明、原产地证书、小额进口法检机电产品声明等。

（2）检验检疫单证的审核重点

①境外发货人提供的检验检疫证件有效性审核，境外发货人提供的原产地证、质检证、健康

证等证件中商品名称描述、批次号、集装箱号必须与进口货物一致。

②符合国标要求，进口食品及食品添加剂等商品，必须符合相对应的国标要求。

③进境动植物检疫许可证、3C 证书等我国签发的证件，其商品描述、税目、型号等信息必须与进口商品一致。

5. 货物属性确认

涉及强制安全认证管理（3C）的进口货物，依据进口货物的相关参数明确其是否在强制认证的范围内。例如，税目 85.44 电缆，其监管条件 L，电压在 36 伏以下的数据线不在 3C 认证范围内。

成套设备进口、使用过的进出口货物为旧物，特殊物品等级等，报关人员需要在报关前与委托单位确认货物属性。

进出口货物为危险货物、危险化学品，或包含危险货物、危险化学品，报关人员应使用 MSDS、危包证明等资料确定危险等级、包装等级、UN 编号，并将以上信息在报关单中填报。

6. 运费、保险费、杂费确认

报关人员根据报关单证填报成交方式栏目后，即可确认是否需要填报运费、保险费、杂费等栏目。如需要填写，报关人员需要与委托单位进行相关金额的确认，或者由委托单位提供相关费用证明文件。

7. 价格信息确认

报关人员在报关前，与委托单位确认“特殊关系确认”“价格影响确认”“与货物有关的特许权使用费支付确认”栏目的填报内容，如实申报。

如进口货物为原油、矿石等大宗货物，报关人员需要与委托单位确认进口货物是否为公式定价结算业务。使用公式定价确定结算价格的进口业务，应填报“公式定价确认”“暂定价格确认”栏目。

8. 与委托单位沟通报关单填报的其他要求

（1）在报关前，报关人员与委托企业沟通对方在报关方面的特殊要求，包括申报关区、备注栏目等填报内容要求。

（2）公式定价进口货物，在首批货物进口或内销前，报关人员应完成公式定价合同备案，确定备案号，并在备注栏中填报备案号。

（3）以暂时进出货物监管方式进出口货物，应在申报前向海关递交暂时进出口的审批手续，确定所适用暂时进出口类别，并在备注栏中填报。

（4）进口货物需要向海关申请出入境检验检疫证书、品质证书等证明的，报关人员应在申报前与客户确定出证种类，并在“检验检疫申报要素”栏目中进行勾选。

（二）查找报关单各栏目的填报信息

按照报关单上的栏目设置，分类查找报关单栏目的填写信息，包括查找与货物成交相关的信息，与运输、包装相关的信息，与海关管理相关的信息。

下面将举例说明提单、发票、装箱单等原始单证与进口货物报关单栏目的基本对应关系，报关单标有带圈数字的栏目内容，可以从随附的报关单证中所标注的对应数字的内容中查找、填报。

资料一：报关单

中华人民共和国海关进口货物报关单

预录入编号：　　　　海关编号：　（××海关）　页码/页数：

境内收货人	进境关别 ①	进口日期		申报日期	备案号
境外发货人	运输方式 ②	运输工具名称及航次号 ③		提运单号 ④	货物存放地点
消费使用单位	监管方式	征免性质		许可证号	启运港
合同协议号 ⑧	贸易国(地区)	启运国(地区) ⑤		经停港 ⑥	入境口岸
包装种类 ⑩	件数 ⑨	毛重(千克) ⑪	净重(千克) ⑫	成交方式 ⑦	运费 / 保费 / 杂费
随附单证及编号					
标记唛码及备注 ⑭ ⑬ ⑮					

项号	商品编号	商品名称及规格型号	数量及单位	单价/总价/币制	原产国(地区)	最终目的国(地区)	境内目的地	征免
		⑯	⑰ ⑱	⑳ ㉑ ㉒	⑲			

报关人员　报关人员证号　电话	兹申明以上内容承担如实申报、依法纳税之法律责任	海关批注及签章
申报单位	申请单位(签章)	

资料二：提单

BILL OF LADING ②

For Combined Transport Shipment Or Port To Port Shipment

Shipper : KOREA.CHEMICAL CO.LTD 1301-4,SEOCHO-DONG,SEOCHO-KU,SEOUL,KOREA	Page: 1 of 1 B/L No.: MISC200000537 ④ Reference No.:
Consignee or Order : TO THE ORDER OF SHANGHAI FAR EAST CONTAINER CO.,LTD 1729-1731, YANG GAO ROAD. PUDONG,SHANGHAI,CHINA	Carrier : MALAYSIA INTERNATIONAL SHIPPING CORPORATION BERHAD
Notify Party / Address : It is agreed that no responsibility shall attach to the Carrier or his Agents For failure to notify (See Clause 20 on reverse of this Bill of Lading) : SAME AS CONSIGNEE	Place of Receipt (Applicable only when this document is used as Transport Bill of lading) : SINGAPORE CY
Vessel and VOY No. : ESSEN EXPRESS 28ED09 ③ Port of Loading : SINGAPORE ⑤ ⑥	Place of Delivery (Applicable only when this document is used as Transport Bill of lading) : SHANGHAI CY
Port of Transhipment :	Port of Discharge : SHANGHAI ①

Marks & Nos.	Number & Kind of Packages	Description of Goods	Gross Weight	Measurement(CBM)
			161 492.00 ⑪	281

FAR EAST　　SHIPPER'S LOAD COUNT AND SEALED

SHANGHAI ⑭　　12×20'CONTAINER(S)

C/NO.:　　SAID TO CONTAIN:

234 CRATES ⑨ ⑩

PAINT ⑯

FREIGHT PREPAID

TOTAL: TWELVE TWENTY FOOT CONTAINERS ONLY

SIZE/TYPE/CONTAINER#/TARE WGNT/GROSS WGHT/SEAL NUMBER/QUANTITY/STAT/STATU

20/DRY/TPHU8290658	⑬	/2300	/.00	/0464	0/FCL/FCL
20/DRY/TEXU2391475	⑮	/2300	/.00	/0384	0/FCL/FCL
20/DRY/MISU2369721	⑮	/2300	/.00	/00977	0/FCL/FCL
20/DRY/MISU1173640	⑮	/2300	/.00	/04959	0/FCL/FCL
20/DRY/MISU1123306	⑮	/2300	/.00	/04980	0/FCL/FCL
20/DRY/MISU1107429	⑮	/2300	/.00	/04973	0/FCL/FCL
20/DRY/MISU1171114	⑮	/2300	/.00	/04958	0/FCL/FCL
20/DRY/MISU1328245	⑮	/2300	/.00	/04979	0/FCL/FCL
20/DRY/MISU1304351	⑮	/2300	/.00	/04963	0/FCL/FCL
20/DRY/MISU1306797	⑮	/2300	/.00	/165529	0/FCL/FCL
20/DRY/MISU1418038	⑮	/2300	/.00	/166671	0/FCL/FCL
20/DRY/MISU1113376	⑮	/2300	/.00	/165576	0/FCL/FCL

ABOVE PARTICULARS AS DECLARED BY SHIPPER

资料三：发票

MR'02 02:25PM KCCS' PORE OFFICE 65 8630679 P.2

COMMERCIAL INVOICE

Seller : KOREA CHEMICAL CO.LTD. 1301-4.SEOCHO-DONG BEOCHO-KU, SEOUL.KOREA	Invoice No. and Date : EX80320 15th MAR 2008 L/C No. and Date :
Consignee : TO THE ORDER OF SHANGHAI FAR EAST CONTAINER CO., LTD. 1729-1731 YANG GAO RD.PUDONG SHANGHAI,CHINA	Buyer (If any than consignee) : AS PER CONSIGNEE
Departure Date : ETD: 20 MAR 2008	Terms of Delivery and Payment : T/T SHANGHAI T/T 60 DAYS FROM B/L DATE
Vessel : ESSEN EXPRESS v.28ED09 ③	Other Reference : CONTRACT No : SFEC/KCC803-01 ⑧
From : SINGAPORE ⑤ ⑥ To : SHANGHAI,CHINA ①	

Shipping Marks	No. & Kinds of Packing	Goods Description	Quantity	Unit Price	Amount
				CIF SHANGHAI CHINA ⑦	
FAR EAST SHANGHAI ⑭ C/NO.:		PAINT ⑯	114 056 LTR ⑰ ⑱	2.00/LTR ⑳	USD ㉒ 228 112.00 ㉑
		Country of Origin: SINGAPORE ⑲			

KOREA CHEMICAL CO., LTD.

Signed By: ____________________

资料四：装箱单

PACKING LIST

Seller : KOREA CHEMICAL CO. LTD. 1301-4.SEOCHO-DONG BEOCHO-KU, SEOUL, KOREA	Invoice No. and Date : EX80320 15th MAR 2008
Consignee: TO THE ORDER OF SHANGHAI FAR EAST CONTAINER CO, LTD. 1729-1731 YANG GAO RD.PUDONG SHANGHAI, CHINA	Buyer (If any than consignee) : AS PER CONSIGNEE
Departure Date : ETD: 20 MAR 2008	Other Reference : CONTRACT NO: SFEC/KCC803-01 ⑧
Vessel : ESSEN EXPRESS v.28ED09 ③	
From : SINGAPORE ⑤ ⑥ To: SHANGHAI, CHINA ①	

Shipping Marks	No. & Kinds of Packing	Goods Description	Quantity	N/Weight	G/Weight	Measurement
			LTR ⑱	KG	KG	
		PAINT ⑯	114 056 ⑰	136 256 ⑫	161 492 ⑪	
TOTAL:	234 CRATES ⑨ ⑩					

KOREA CHEMICAL CO., LTD.

Signed By: ____________________

（三）通过查找信息核实申报内容

在查找完毕报关单各栏目信息后，根据报关单与随附单证的对应关系，确认主要报关内容的一致性和合理性。通过对报关随附单证的审核，准确填报报关单监管方式、征免性质等栏目；核实贸易管制状况，确认需交验的许可证件；通过审核发票所表述的有关销售方式、支付条件、折扣、单价、总价、计量单位、包装费用、国际运费费用、保险费用、其他费用，以及卖方、托运人或其代理人有关成交价格的声明来确定进出口货物完税价格等。

（四）申报报关单电子数据并查询报关单通关状态

以上报关单校对稿的审核工作完成后，进入申报环节。报关人员在“单一窗口”系统中点击“随附单据”上传相关单证，完成单据上传的界面如图 6-3-1 所示。

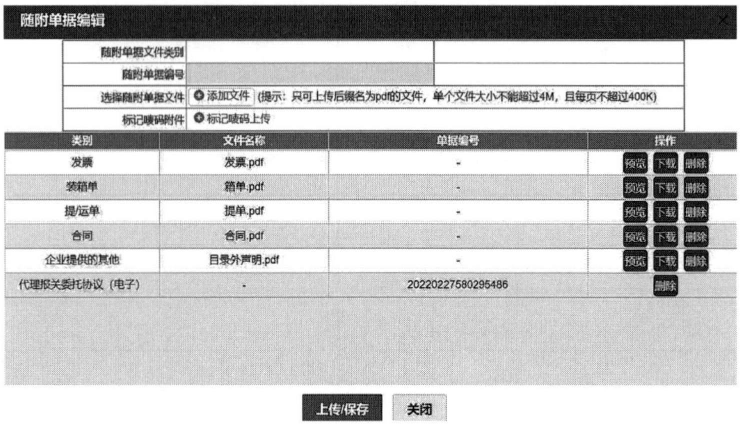

图 6-3-1　随附单据上传后界面

报关人员点击“申报”按钮，向海关发送电子数据，海关系统根据收发货人、货物、贸易国等风险参数，确定报关单电子数据的审核进程。报关人员使用“单一窗口”系统的货物申报模块进行查询时，进出口报关单通关状态显示如下：

1. 进口报关单通关状态

进口报关单通关状态有以下六种（如图 6-3-2 所示）：

图 6-3-2　进口报关单通关状态显示界面

（1）申报到海关预录入系统成功；

（2）海关入库成功；

（3）通关无纸化审结；

（4）海关无纸验放查验通知书（放行）；

（5）海关已放行；

（6）海关已结关。

2. 出口报关单通关状态

出口报关单通关状态有以下五种（如图 6-3-3 所示）：

序号	海关编号/统一编号	回执号	回执状态	回执详细信息	回执时间
1	020220200000125144	202000002450176153	海关已结关	结关;	2020-03-19 01:33:01
2	020220200000125144	202000002432643795	海关已放行	;报关单放行	2020-03-13 11:01:59
3	020220200000125144	202000002430967249	通关无纸化审结	;,,	2020-03-12 17:05:47
4	020220200000125144	202000002430966453	海关入库成功	成功入海关预录入库;	2020-03-12 17:05:34
5	E20200000388411175	202000002430965105	申报到海关预录入系统成功	E20200000388411175直接申报成功	2020-03-12 17:05:19

图 6-3-3 出口报关单通关状态显示界面

（1）申报到海关预录入系统成功；

（2）海关入库成功；

（3）海关无纸化审结；

（4）海关已放行；

（5）海关已结关。

3. 报关单被海关布控查验状态

当进出口报关单被海关布控查验后，报关人员使用系统查询海关回执详细信息，同时可直接打印口岸检查通知（如图 6-3-4 所示）。

口岸检查通知

天津[redacted]有限公司

你单位申报的报关单号，经审核现决定实施口岸检查，请联系港务等相关部门做好准备，并派员至津东疆关配合海关实施口岸检查。

特此通知

报关单号： 021720221000011256	**提运单号：** 913349021	**运输工具：** MADISONMAERSK
检查关区： 0217津东疆关	**检查类型：** 查验	
查验集装箱号： MAEU4688157	**查验方式：** 人工	
查验集装箱号： MAEU4693488	**查验方式：** 人工	
其他提示：		

图 6-3-4 查验通知

4. 进出口报关单放行

进出口报关单放行后，报关人员使用“单一窗口”打印“进口货物准许提离通知书”（如图 6-3-5所示）。

进口货物准许提离通知书

天津[redacted]有限公司

你公司以通关无纸化方式向海关发送下列电子报关单数据业经海关审核放行，请携带本通知书及 相关单证至港区办理装货/提货手续。

新港海关

2022年 2月 14日

图 6-3-5 进口货物准许提离通知书

（五）出入境货物通关、物流数据查询

报关人员使用“单一窗口”的“查询统计”功能，可查询出入境货物的物流、通关、结关信息。

1. 入境货物物流、通关状态查询

（1）船舶入境状态如图 6-3-6 所示。

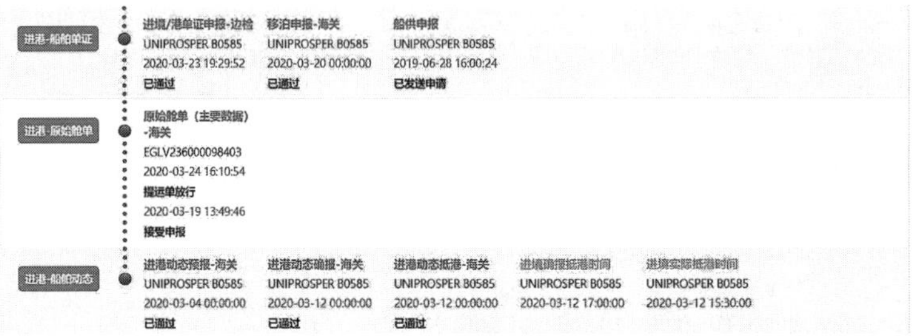

图 6-3-6　船舶入境状态界面

（2）港口理货状态查询如图 6-3-7 所示。

图 6-3-7　港口理货状态查询界面

（3）进口通关状态查询如图 6-3-8 所示。

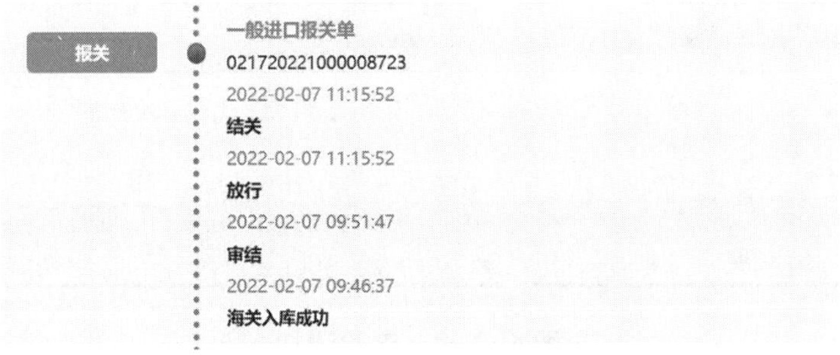

图 6-3-8　进口通关状态查询界面

2. 离境货物物流、通关状态查询

（1）舱单申报及出口货物运抵监管场所状态查询如图 6-3-9 所示。

图 6-3-9　舱单申报及出口货物运抵监管场所查询界面

（2）出口报关状态查询如图 6-3-10 所示。

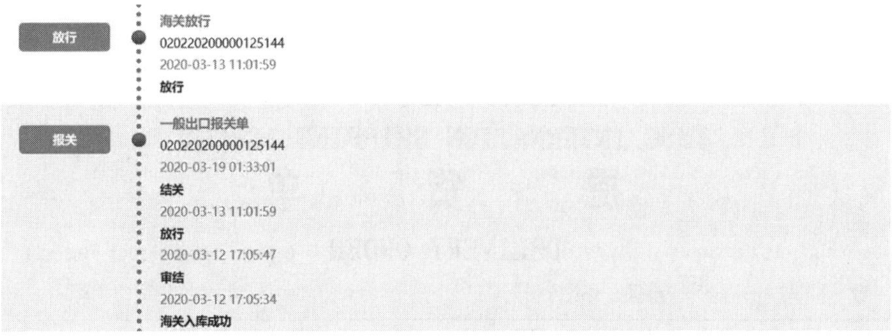

图 6-3-10 出口报关状态查询界面

（3）运输工具出境状态查询如图 6-3-11 所示。

图 6-3-11 运输工具出境状态查询界面

五、案例解析

资料一：

北京××液压有限公司（91103026000××××××）一般贸易进口碳钢棒料，用于公司生产。货物抵港后，委托天津××××报关有限公司向海关办理进境申报手续。为满足报关单填报要求，报关公司与客户做了以下确认。

1. 商品信息及归类

碳钢棒料，非合金钢，成分含量：0.44%碳，0.21%硅，0.76%锰，0.14%镍，0.02%铬，98.43%铁；加工方法：热轧，带有轧制后产生的变形热轧且带有轧制产生的变形；钢号 AE94。根据提供的商品信息，报关公司确定碳钢棒料的商品编码为 7214.2000。

2. 检验检疫信息确认

商品编码 7214.2000，该货物不是检验检疫商品，货物使用钢带打捆，无外包装，但使用实木铺垫。

3. 其他信息确认

进口单位确认，其与发货人没有特殊关系，也无须向外方支付特许权使用费。

资料二：提货单

天海国际船务代理公司

TMSC INTERNATION SHIPPING AGENCY

提　　货　　单

DELIVERY ORDER　船档号：24113　IMO：91606624

致　　　　　　　港区、场站

<table>
<tr><td colspan="4">收货人：XXXX (Beijing) Hydraulic CO., LTD</td><td colspan="3">下列货物已办妥手续，运费结清，准予交付收货人。</td></tr>
<tr><td>船名：VITAN</td><td>航次：1908W</td><td colspan="3">起运港：BUSAN</td><td colspan="2">目的港：XINGANG</td></tr>
<tr><td>提单号：HSLI01019020341</td><td>交付条款：CY/CY</td><td colspan="5">到付运费：</td></tr>
<tr><td>抵港日期：20220225</td><td colspan="2">箱数：1×20GP</td><td colspan="4">第一程运输：</td></tr>
<tr><td>卸货地点：联盟国际</td><td colspan="2">进场日期：</td><td colspan="4">箱进口状态：</td></tr>
<tr><td>标记与集装箱号、铅封号</td><td colspan="2">货　物　名　称</td><td colspan="2">件数与包装</td><td>重量（kgs）</td><td>体积（m³）</td></tr>
<tr><td>N/M
HSLU2008380/549030/20GP</td><td colspan="2">ALLOY STEEL ROUND BARS</td><td colspan="2">8 BUNDLES</td><td>14984</td><td>5</td></tr>
<tr><td colspan="7">请核对放货：　　　　　　　　　　　　　　天海国际船务代理公司

　　　　　　　　　　　　　　　　　　　　2022 年 02 月 25 日

凡属法定检验，检疫的进口商品，必须向有关监督机构申报。</td></tr>
<tr><td>收　货　人　章</td><td colspan="2">海　关　章</td><td colspan="4">货主自付港口费用</td></tr>
</table>

资料三：发票

INVOICE XXXX (Beijing) Hydraulic CO., LTD

1)Shipper/Exporter
XXXXX SPECIAL PRODUCTS GMBH
150, Maeyeong-ro, Yeongtong-gu, Suwon-si,
Gyeonggi-do, SEOUL 443-743 Rep. of KOREA

8)No. & date of invoice
EA41430017 FEB.10,2022

9)No. & date of L/C

2)For Account & Risk of Messrs
XXXX (Beijing) Hydraulic CO., LTD

10)L/C issuing bank

3)Notify party

4)Port of loading
BUSAN

5)Final destination
TIANJIN

6)Carrier

7)Sailing on or about
FEB.21.2022

11)Remark s

12)Marks and numbers of PKGS 13)Description of goods 14)Quantity/Unit 15) Unit 16) Amount

N/M

CIF TIANJING CHINA

ALLOY STEEL ROUND BARS

R909136821	7844.00 KG	0.959	7522.40 USD
R909136821	7140.00 KG	0.959	6847.26 USD

TOTAL: 14369.66 USD

资料四：装箱单

PACKING LIST

DATE : 2019 년 02 월 21 일

VENDOR :

PAGE : 1 OF 1

P'KG NO	DESCRIPTION	Q'TY	N/WT KG	G/WT KG	DIMENSION (CM) L	W	H	CBM	TYPE
1	ALLOY STEEL ROUND BARS	8 BUNDLES	14984	14984				5	
		总计	14984	14984					
TOTAL :8 BUNDLES								5	CBM

资料五：合同

SALES CONTRACT

314,MAETAN-3DONG.

Telex:SEMCOSL K29361

PALDAL-KU,SUWON-CITY.

Telephone:0331-210-5114

KYUNGKI-DO,KOREA

REF. NO.EA41430017

DATE 2022.01.01

XXXXX SPECIAL PRODUCTS GMBH as Seller and

XXXX (Beijing) Hydraulic CO., LTD as buyer do hereby to sell and purchase agree the following goods under the terms and conditions set forth hereunder.

DESCRIPTION	QUANTITY	UNIT	UNIT PRICE (US$)	AMOUNT (US$)
NAME: ALLOY STEEL ROUND BARS TYPE：R909136821 Country of origin Korea	14984	KGS	0.959	14369.66
TOTAL	C.I.F TIANJIN			14369.66
PAYMENT:	T/T			
PACKING: EXPORT STANDARD PACKING	INSPECTION: MAKER'S INSPECTION TO BE FINAL			
INSURANCE: TO BE COVERED BY SELLER	PORT OF ENTRY/			
	DESTINATION：			
PORT OF SHIPMENT: ANY KOREAN PORT OR/AND AIRPORT: BUSAN, INCHON, KIMPO				
SPECIAL TERMS & CONDITIONS 1. 1/3 ORIGINAL SHIPPING DOCUMENTS TO BE PRESENTED TO KOREA EXCHANGE BANK TIAN JIN BRANCH ACCOUNT NO: TJ-CD-400033 2. 2/3 ORIGINAL SHIPPING DOCUMENTS HAVE TO BE SENT TO CONSIGNEE DIRECTI,Y DHL/SKYPAK 3. THE INTERNATION MACHINE ASSURE FOR FREE SERVICE 5YEARS 4. THE THIRD PARTY B/L ACCEPTABLE				

The general terms and conditions appearing on the reverse side hereof are integral part hereof .

For and on behalf of Seller
Signed by

For and on behalf of Buyer
Signed by

根据以上提供的资料填报进口货物报关单，报关单校对稿各栏目解析如下。

（一）境内收发货人

1. 填报结果：北京××液压有限公司（91103026000××××××）。

2. 简要说明：根据资料一及委托人提供的相关企业信息，填报收发货人名称及18位统一社会信用编码。

（二）进境关别

1. 填报结果：新港海关（0202）。

2. 简要说明：根据资料二提货单上显示，目的港为“XINGANG”，本栏目应填报新港海关，代码为“0202”。注意此处不要填报为“天津海关（0201）”，填报内容应与海关舱单系统关区代码一致。

（三）进口日期

1. 填报结果：20220225。

2. 简要说明：根据资料二提货单上信息显示，抵港日期为20220225，进口日期应填报运载进口货物运输工具申报进境的日期，本栏目为8位字符，应申报为“20220225”。在报关单申报后，系统会将本栏目更新为海关舱单所显示的进出境日期。

（四）申报日期

进口货物报关单，此栏无须人工填报，海关接受申报后系统自动填报。

（五）备案号

1. 填报结果：备案号为空。

2. 简要说明：根据资料一提供的信息，进口货物的监管方式为一般贸易，没有相关的备案，故本栏目为空。

（六）境外收发货人

1. 填报结果：××××× SPECIAL PRODUCTS GMBH。

2. 简要说明：根据发票、合同的信息显示，境外发货人英文全称为××××× SPECIAL PRODUCTS GMBH。

（七）运输方式

1. 填报结果：水路运输（2）。

2. 简要说明：进口货物的提货单为船务公司海运提货单，并且有船名、启运港、目的港等信息，运输工具应为海运班轮，因此运输方式应为水路运输，其代码为“2”。

（八）运输工具名称及航次号

1. 填报结果：VITAN /1908W。

2. 简要说明：提货单上列明货物进境的运输工具名称及航次号为VITAN /1908W。按照填报规定，在纸质报关单上，“运输工具名称”与“航次号”合并填报在“运输工具名称”栏目中。填报时需注意，填报内容应与运输部门向海关申报的舱单（载货清单）内容一致。

（九）提运单号

1. 填报结果：HSLI01019020341。

2. 简要说明：提货单显示此票进口货物的提单号为HSLI01019020341，请注意保证填报内容与海关舱单数据中提运单号一致。

（十）货物存放地点

1. 填报结果：联盟国际。
2. 简要说明：根据资料二提货单的显示，船舶的卸货地点为“联盟国际”码头。

（十一）消费使用单位

1. 填报结果：北京××液压有限公司（91103026000××××××）。
2. 简要说明：根据资料一和资料五提供的信息，收发货人与消费使用单位应为同一公司，没有委托代理情况，收发货人与消费使用单位填报内容一致。

（十二）监管方式

1. 填报结果：一般贸易（0110）。
2. 简要说明：根据资料一显示，进口货物为自行购进且未办理相关减免税手续，申报监管方式应填写“一般贸易”，其代码为“0110”。

（十三）征免性质

1. 填报结果：一般征税（101）。
2. 简要说明：根据资料一及“监管方式”栏填报的内容，对应的征免性质应为“一般征税”，其代码为“101”。

（十四）许可证号

1. 填报结果：许可证号应为空。
2. 简要说明：根据进口商品的属性和归类后的商品编码查询，申报商品不涉及进口许可证管理。

（十五）启运港

1. 填报结果：釜山（韩国）代码 KOR003。
2. 简要说明：进口货物从釜山港启运，船舶直达天津新港。因此釜山港为运抵我国关境前的第一个境外装运港。

（十六）合同协议号

1. 填报结果：EA41430017。
2. 简要说明：根据合同提供的信息显示，销售合同的号码为 EA41430017，应将全部信息填入本栏目。

（十七）贸易国（地区）

1. 填报结果：韩国（KOR）。
2. 简要说明：根据合同提供的信息，与收货人签订贸易合同的发货人所属国为韩国，故本栏目应填报“韩国”，其代码为“KOR”。

（十八）启运国（地区）

1. 填报结果：韩国（KOR）。

2. 简要说明：根据提货单和发票显示，进口货物从韩国的BUSAN港起始发出，直接运抵我国的天津新港，启运国应为韩国，其代码为“KOR”。

（十九）经停港

1. 填报结果：釜山（KOR003）。

2. 简要说明：根据资料二显示，进口货物从韩国的BUSAN港起始发出直接运抵我国的天津新港，因此也是进口货物运抵我国关境前最后一个境外装运港，因此经停港应填报为釜山，其代码为“KOR003”。

（二十）入境口岸

1. 填报结果：北疆港区（120002）。

2. 简要说明：根据提货单显示，进口货物从船舶卸离后的第一个境内口岸为天津新港，存放于北疆港区的联盟国际码头，按照国内口岸编码表，应填报为北疆港区，其代码为“120002”。

（二十一）包装种类

1. 填报结果：包装种类为裸装，其他包装为植物性铺垫材料。

2. 简要说明：根据资料一、资料二、资料四显示，进口货物为裸装，但使用植物性材料铺垫。因此，碳钢棒料的运输包装填报裸装，其他包装填报植物性铺垫材料。

（二十二）件数

1. 填报结果：8。

2. 简要说明：根据资料二、资料四、提货单及装箱单件数栏显示货物为8捆，件数应填报为“8”。填报时需注意，填报内容应与海关舱单系统件数信息一致。

（二十三）毛重

1. 填报结果：14984。

2. 简要说明：根据提货单的重量栏及装箱单毛重栏显示，进出口货物及其包装材料的重量之和为14984千克，即毛重应填报为“14984”。填报时需注意，填报内容应与海关舱单系统重量信息一致。

（二十四）净重

1. 填报结果：14984。

2. 简要说明：根据提供的装箱单，此票货物为裸装，毛净重相同，净重应填报为“14984”。

（二十五）成交方式

1. 填报结果：CIF（1）。

2. 简要说明：根据发票和合同显示，进口货物实际成交价格条款为CIF，其代码为“1”。

（二十六）运费

1. 填报结果：运费栏为空。

2. 简要说明：该货物实际成交价格条款为CIF，价格中已包含货物的运输费用，无须重复填报。

（二十七）保费

1. 填报结果：保费栏为空。

2. 简要说明：该货物实际成交价格条款为CIF，价格中已包含货物的保险费用，无须重复填报。

（二十八）杂费

1. 填报结果：杂费栏为空。

2. 简要说明：根据发票和合同显示，没有发生成交价格以外的按照《审价办法》的相关规定应计入完税价格或应从完税价格中扣除的费用，本栏目应为空。

（二十九）随附单证及编号

1. 填报结果：随附单证及编号为空。

2. 简要说明：根据申报货物的商品编码查询《税则》可知，无监管证件要求，此栏目为空。

（三十）标记唛码及备注

1. 填报结果：标记唛码为N/M，集装箱标箱数及号码显示为：1；HSLU2008380。

在“单一窗口”系统中，录入如下：

箱号：HSLU2008380；

箱型：勾选“普通标准箱（S）”；

商品项号对应关系“1”。

2. 简要说明：根据提货单显示，进口货物无唛头标记，装运于1个20尺普通集装箱，因此标记唛码填报N/M；按照集装箱信息填入实报集装箱号、箱型，本次进口货物仅有1项品名，1个集装箱，因此填报“1”。

（三十一）项号

1. 填报结果：1。

2. 简要说明：根据货主提供的发票，商品只有1项，此处应填报为“1”。

（三十二）商品编码

1. 填报结果：7214.2000.00。

2. 简要说明：根据归类总规则，结合具体商品的属性，通过《税则》确定该货物的 8 位商品编码为 7214.2000，附加编码为“00”。

（三十三）商品名称、规格型号

1. 填报结果：商品名称栏目填报为“碳钢制棒料”（本栏目第一行）。规格型号按照申报要素填报为品牌类型：境外品牌|出口享惠情况：不适用进口报关单|形状：杆状|材质：碳钢制，非合金钢|加工方法：热轧|状态：带有轧制后产生的变形|成分含量：0.44%碳，0.21%硅，0.76%锰，0.14%镍，0.02%铬，98.43%铁|规格：RD170MM|钢号 AE94。

2. 简要说明：经与委托单位确认，品牌类型为境外品牌（其他）。根据资料一及委托单位提供的申报要素信息，按照《规范申报目录及释义》进行填报，第一行填报货物规范的中文商品名称，第二行至第三行填报规格型号。

（三十四）数量及单位

1. 填报结果：14 984 千克（第一行），第二行为空，14 984 千克（第三行）。

2. 简要说明：本栏目分三行填报，第一行为法定第一计量单位及数量，第二行为法定第二计量单位及数量，第三行为成交计量单位及数量。

该批货物的法定第一计量单位为千克，无法定第二计量单位，收货人与卖方成交单位为千克。因此，第一行填报为“14 984 千克”，第二行为空，第三行为“14 984 千克”。

（三十五）单价

1. 填报结果：0.959。

2. 简要说明：根据提供的发票显示，单价为“0.959”，在单价栏中已有注明。在实际填报过程中一般无须填报，只填报数量和总价，系统会自动生成单价。

（三十六）总价

1. 填报结果：14 369.66。

2. 简要说明：根据提供的发票，总价栏内数值为“14 369.66”，即商品总价格。

（三十七）币制

1. 填报结果：美元（USD）。

2. 简要说明：根据发票和合同提供的信息，实际成交币种为美元，按照规定应填报为“美元”，其代码为“USD”。

（三十八）原产国（地区）

1. 填报结果：韩国（KOR）。

2. 简要说明：根据合同显示，进口货物的原产国（地区）为韩国，此处应填报为“韩国”，其代码为“KOR”。

（三十九）协定享惠

本次进口商品资料中，无优惠贸易协定原产地证，不涉及协定享惠栏目的申报。

（四十）最终目的国（地区）

1. 填报结果：中国（CHN）。

2. 简要说明：根据资料一，此批进口货物将用于收货人生产使用，因此填报为“中国”，其代码为“CHN”。

（四十一）境内目的地

1. 填报结果：在“单一窗口”系统内，本栏目需要录入两项内容，即“境内目的地代码”和“目的地代码”，依据企业所在地信息，填报如下。

境内目的地名称及代码：北京经济技术开发区（11132）；

目的地名称及代码：北京市大兴区（110115）。

2. 简要说明：此批进口货物在国内的最终使用单位为收货人，其所在地点依照国内地区代码表，填报为北京经济技术开发区（11132），按照中华人民共和国行政区划代码表，其目的地名称为北京市大兴区（110115）。

（四十二）征免

1. 填报结果：照章征税（1）。

2. 简要说明：根据申报商品的“监管方式”栏、“征免性质”栏，以及报关单栏目填报逻辑的对应关系，此栏应为“照章征税”，其代码为“1”。

（四十三）价格信息

1. 填报结果如下：

特殊关系确认：否；

价格影响确认：否；

与货物有关的特许权使用费支付确认：否；

公式定价确认：否；

暂定价格确认：否。

2. 简要说明：根据资料一提供的信息，进口单位与外方既没有特殊关系，也无须向外方支付特许权使用费，因此“特殊关系确认”“价格影响确认”“与货物有关的特许权使用费支付确认”三项均应填“否”。此票货物不是公式定价结算货物，因此“公式定价确认”“暂定价格确认”，填报“否”或不填报。

已复核完毕的报关单草图如表 6-3-6 所示。

表 6-3-6　中华人民共和国海关进口货物报关单

预录入编号：　　　　　　　　　　　　　　　　海关编号：　　（××海关）

境内收货人 （91103026000××××××） 北京××液压有限公司	进境关别（0202） 新港海关	进口日期 20200225	申报日期 20220225	备案号
境外发货人 ××××× SPECIAL PROD-UCTS GMBH	运输方式（2） 水路运输	运输工具名称及航次号 VITAN/1908W	提运单号 HSLI01019020341	货物存放地点 联盟国际
消费使用单位 北京××液压有限公司	监管方式（0110） 一般贸易	征免性质（101） 一般征税	许可证号	启运港（KOR003） 釜山（韩国）
合同协议号 EA41430017	贸易国（地区） （KOR） 韩国	启运国（地区）（KOR） 韩国	经停港（KOR003） 釜山（韩国）	入境口岸（12002） 北疆港区

包装种类	件数	毛重（千克）	净重（千克）	成交方式（1）	运费	保费	杂费
裸装/植物性铺垫材料	8	14984	14984	CIF			

随附单证及编号

标记唛码及备注
N/M　　　1；HSLU2008380

项号	商品编号	商品名称及规格型号	数量及单位	单价/总价/币制	原产国（地区）	最终目的国（地区）	境内目的地	征免
1	72142000	碳钢制棒料 4|3|杆状|碳钢制，非合金钢|热轧|带有轧制后产生的变形|0.44%碳，0.21%硅，0.76%锰，0.14%镍，0.02铬，98.43%铁|RD170MM|钢号 AE94	14984 千克 14984 千克	0.959 14369.66 USD	韩国 （KOR）	中国 （CHN）	（11132/110115） 北京经济技术开发区/北京市大兴区	照章征税

特殊关系确认：否　　价格影响确认：否　　与货物有关的特许权使用费支付确认：否
公式定价确认：否　　暂定价格确认：否

报关人员　　报关人员证号　　电话　　兹申明以上内容承担如实申报、依法纳税之法律责任 申报单位　　　　　　　　　　申报单位（签章）	海关批注及签章

【复习思考题】

1. 报关单各栏目内容与主要商业单证、货运单证的对应关系有哪些？
2. 报关单常见填报内容的栏目对应关系有哪些？

第四单元　报关单数据申报风险控制

【学习目标】

本单元旨在让学习者了解报关单填报中常见错误及造成错误的原因，掌握有效防范常见错误的方法、途径。

通过本单元的学习，学习者能够掌握以下技能：

1. 在接受报关委托阶段，能按照正确的工作流程进行报关单证、货物等信息审核，降低报关差错风险；

2. 在报关单数据填报中，运用常见的复核方法，逐项或使用逻辑审核的方法，确保所填报关单正确无差错；

3. 在报关单数据申报前，能正确运用复核及错误排查技能，完成报关单填报复核作业。

【基本概念】

报关单复核、报关单差错、逻辑审核

【建议学习时间】

4 课时

【学习内容】

一、委托报关的风险管理

（一）对客户信用评估管理

报关公司为降低不良信用客户对公司经营风险的影响，在与委托单位签订报关服务合同前，会对该委托单位或收发货人的信用情况进行评估。例如，使用国家企业信用信息公示系统、海关企业进出口信用信息公示平台等政府公示平台，以及第三方公示平台，对该委托单位或收发货人的信用情况进行查询、评估。

报关人员应按照公司相关管理要求对委托单位或收发货人的信用情况进行查询，或在收到委托单位提出的不合规要求时予以拒绝并如实反馈给公司。

（二）接受客户委托的工作流程管理

在公司的报关业务管理制度中，对接受客户委托的工作流程、工作时效有明确的要求，通常有以下几点。

1. 客观审核单证，及时反馈委托单位

报关人员接受委托单位的报关委托后，检查报关单证的种类、数量，审核报关单证中收发货人、商品名称、规格型号、价格、成交方式、件数、重量等重要数据的一致性。如发现单证相关数据不一致、差错或逻辑不符等情况，报关人员应及时向委托单位反馈问题，并给予对方合理解决建议。同时报关人员保留相关问题、反馈时间的记录，避免在以后的工作中与委托单位发生争议。

如委托单位确实存在单证数据错误等情况，建议报关人员在报关单证更正后，再进行报关。

2. 重要信息确认有记录

报关人员填报报关单，除使用报关单证的数据外，还需要与委托单位进行一些重要信息的沟通和确认，如与海关监管程序相关的“监管方式”，与商品归类相关的“商品编码”“商品名称”“申报要素”，与审价相关的“特殊关系确认”“价格影响确认”“与货物有关的特许权使用费支付确认”“公式定价确认”“暂定价格确认”等栏目。

以上重要信息与进出口商品的关税税率、出口退税税率、海关监管要求等紧密相关，且通常在报关商业单证中没有直接体现，建议报关人员与委托单位做邮件等书面形式确认并保留相关记录，为公司降低风险，并为报关单复核人员提供审核依据。

3. 及时反馈检验检疫要求

对于动植物、食品、生鲜、旧机电等显而易见的检验检疫货物，在接受委托后，报关人员及时向委托单位收集检验检疫单证资料，以降低因单证不全而产生的报关时效延误。对于其他不易辨别的检验检疫货物，报关人员应在确认商品编码后，确认其监管条件要求，并及时反馈给委托单位，为客户赢得更多的单证准备时间。

4. 危险货物、危险化学品申报

进出口货物为危险货物或危险化学品，报关人员应要求委托单位提供 MSDS、危包证明、第三方鉴定结果等文件，确定危险货物等级，避免危险货物、危险化学品的漏报、错报。

提示：根据《船舶载运危险货物安全监督管理规定》，船舶载运危险货物进出港口，应当在进出港口 24 小时前（航程不足 24 小时的，在驶离上一港口前），向海事管理机构办理船舶载运危险货物申报手续，提交申请书和交通运输部有关规章要求的证明材料，经海事管理机构批准后，方可进出港口。

二、报关单数据填报、审核风险管理

（一）如实申报管理

按照《海关法》第二十四条，进口货物的收货人、出口货物的发货人应当向海关如实申报，交验进出口许可证件和有关单证。国家限制进出口的货物，没有进出口许可证件的，不予放行，具体处理办法由国务院规定。

报关人员应按照货物实际报验状态，如实向海关申报，不伪报、瞒报。代理报关工作人员要重视客户提供原始报关单证的唯一性，不擅自修改报关单证数据。

（二）报关单复核管理

无论是应 AEO 认证标准管理要求，还是为确保报关单申报数据的准确性，报关企业或收发货人的相关部门都会建立报关单证的复核管理制度，即在报关单数据完成录入后，会安排一名工作人员初审，并安排第二名工作人员进行报关单数据复核。报关单审核的方法有以下几种。

1. 报关单数据的逐项审核

根据委托单位提供的报关单证，将报关单各栏目逐一核对。这是报关单复核的最基本的方法，通过上述步骤，要做到单单相符、单证相符。

2. 根据监管方式进行逻辑审核

利用该种方法复核，要首先保证监管方式填报正确。在此前提下，根据监管方式与报关单其他栏目的相互对应关系，快速检查相关栏目的填报是否正确。

例如，监管方式为“外资设备物品”的进口货物，其“备案号”栏目应填报为“Z”字母开头的征免税证明编号，其“征免性质”栏目应正确填写“鼓励项目”等内容，其“征免”栏目应填报为“特案”。

3. 根据货物收发货人进行逻辑审核

在国际贸易中，存在以贸易服务为主要经营业务的企业，被称为外贸综合服务企业。这类企业用自身的公共外贸服务能力帮助生产或商贸企业代办报关、物流、退税、结算、信保等外贸相关服务。

在报关单数据申报中，外贸综合服务企业成为报关单中的收发货人，通过检查收发货人和消费使用单位/生产销售单位填报的逻辑关系（如表6-4-1所示），可快速查出差错。

表6-4-1　收发货人和消费使用单位/生产销售单位填报的逻辑关系表

进出口状况	收发货人	消费使用单位/生产销售单位	备注
外贸代理进出口	外贸流通企业	国内委托进出口的单位	不包括外商投资企业在投资总额内委托进出口
外贸自营进出口	外贸流通企业	外贸流通企业	
外商投资企业自营进出口	外商投资企业	外商投资企业	
外商投资企业在投资总额内委托进出口	外商投资企业	外商投资企业	实际收发货人应在备注栏说明
签约与执行合同分离	执行合同的外贸流通企业	执行合同的外贸流通企业或者委托进出口的单位	
直接接收进出口	直接接收货物的国内单位	直接接收货物的国内单位	该批货物的进出口应经批准

4. 监管证件与报关单相应栏目一致性审核

根据委托单位提供的监管证件，对证件上所显示的信息与报关单相关栏目进行一致性审核，一般包括进/出境口岸、境内收发货人、消费使用单位/生产销售单位、商品名称、商品编码、规格型号、数量、单位、单价、币制、总价等。尤其是注明为“一批一证”的监管证件，意味着监管证件只能使用一次，要做到报关单栏目与证件数据相符。

（1）无纸化许可证件审核

随着无纸化的推进，很多许可证件采用无纸化的方式签发，许可证件实现联网管理，报关单申报后，系统根据报关单填报的许可证件编号，进行证件数据与报关单数据对比。报关人员在申报前，可以在“单一窗口”进行许可证件电子信息的查询，以及证件内容检查，如图6-4-1所示。

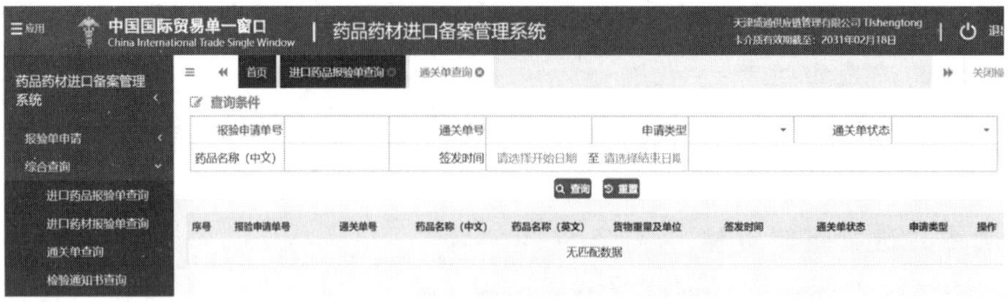

图 6-4-1　许可证件信息查询

（2）出口法检商品电子底账审核

涉及法定检验检疫的出口商品，应先在报关单随附单证栏中填写有效的电子底账数据号，并填写代码 B。系统将自动调取电子底账的检验检疫申报要素，对报关单的境内发货人、运抵国（地区），法定检验检疫货物的项数、次序、商品编码、法定第一数量，以及电子底账的有效期等进行比对。因此报关单商品填报顺序要与出口电子底账的商品顺序相同。

5. 成交方式与运费、保费逻辑关系审核

成交方式与运费、保费的逻辑对应关系如表 6-4-2 所示。

表 6-4-2　成交方式与运费、保费的逻辑关系表

业务类型	成交方式	运费	保费
进口	CIF	不填	不填
	CFR	不填	填
	FOB	填	填
	EXW	填	填
出口	FOB	不填	不填
	CFR	填	不填
	CIF	填	填
	EXW	填	不填

6. 货物件数、毛重、净重审核

报关单分单填报时，报关人员可以核实提货单、装箱单上所示件数、毛重、净重与各报关单件数、毛重、净重之和是否相等，来验证件数、毛重、净重填报的准确性。

7. 货物净重、数量、总价审核

报关单品名在两项以上的，货物总净重与表体分项净重之和是否相等，可以验证净重填报的准确性。此外，还可以使用上述方式对数量、总价进行复核。报关单分单或分项填报时，发票所示数量、总价与各报关单数量、总价之和是否相等也需要审核。

8. 规范申报审核

规范申报也被称为申报要素，是海关为更好实施监管，要求报关人员在报关单的商品名称、规格项号栏目，按照《规范申报目录及释义》所列商品申报要素内容进行填报。规范申报内容与商品名称、商品编码紧密相关，能够充分展示商品信息，如表 6-4-3 所示。

表 6-4-3 商品申报要素与商品编码、商品名称示例表

商品编码、商品名称	申报要素
7214.2000 碳钢制棒料	形状：杆状丨材质：碳钢制，非合金钢丨加工方法：热轧丨状态：带有轧制后产生的变形丨成分含量：0.44%碳，0.21%硅，0.76%锰，0.14%镍，0.02%铬，98.43%铁丨规格：RD170MM丨钢号 AE94

（三）规范申报管理

1. 2022 年《规范申报目录》重点调整

（1）删除项目

删除“定价方式”“是否二次结算”；删除 7318.16，7318.19，7318.2 项下“杆径”；删除 8471.3，8471.4991，8471.4999 项下要素“机型”。

（2）增加项目

对食用家禽类冷鲜肉商品新增要素“厂号”；对玉米、油菜籽、棉花等商品新增要素“转（非转）基因请注明”；

2008.3 项下威士忌酒新增要素“陈年年份”“酒桶使用”；

30.02，30.04 项下药品新增“是否经国际药品监督管理部门批准注册请注明”“如获得批准注册，请申请有效注册证号”；

70.04 项下再生钢铁原料新增“钢号”“牌号”“规格（常宽厚或堆密度等）”。

（3）调整项目

“品牌（中文及外文名称）”调整为“品牌（中文或外文名称）”；

第 73 章要素“材质（钢铁）”调整为“材质”，不限定钢铁；

8542.3 集成电路要素“用途”调整为“应用场景”。

（4）原选填项目调整为必填项目

对部分婴幼儿食品、面食、饼干、啤酒、洋酒、化妆品等商品增设了“GTIN 码”为必填项目。报关人员根据最小零售包装上的商品条码填写。

2. 常用要素释义

（1）成分含量，指商品中所含物质的种类及其按重量计的百分比含量，包括商品的成分和含量。“成分”指货品所构成的部分或要素，一般指所含物质的种类；“含量”一般指所含物质的数量。报关人员需要注意成分含量累加为 100%。例如，碳钢制棒料，其成分含量：0.44%碳，0.21%硅，0.76%锰，0.14%镍，0.02%铬，98.43%铁，累加为 100%。

（2）包装规格，指商品的个体包装方式和规格，第 38 章项下商品的包装规格还要注明“是否为零售包装”。例如：750ml * 12 瓶/箱。

（3）外观，指商品本身的实际外观情况，包括商品的颜色、透明度、形状等表观性状，透明度可填报为“颗粒、半透明、不透明等”。例如，税目 39.01 项下商品，外观：白色，不透明，颗粒。

（4）材质，指商品具体的制成材料，要列明具体品种。例如：塑料材质的货物，不能笼统地填报塑料制，应填写具体材质，如“聚乙烯”“PET”等；钢铁类货物不能笼统地填报钢铁制，应填写具体材质，例如，铁、不锈钢、合金钢等。

（5）用途，指商品的应用方面、范围。如3926.9090汽车天线连接用塑料接头，其用途为“汽车天线传输线用”。

（6）用途（特别标准）：申报要素，用途（适用于××品牌××机或通用于××机等），指申报的零件具体用于何种机器或设备，需说明适用的最小化场合及其具体作用。例如“用于日立牌SU219型自动柜员机。”

限定范围用途，如用途（如半导体晶圆或平板显示屏制造用）、用途（如微型处理器、电信设备、自动数据处理设备或装置用等）、用途（是否家用），应按照实际情况填报。

（7）功能，指商品所发挥的作用或所具有的本有属性。例如：贴片式电感，功能为“在交流电路中起阻流作用”。

（8）原理，指商品具有的普遍、基本的规律，通常又称工作原理。例如9032.8990自动调节控制驱动器，其原理为伺服电机上的传感器检测获得伺服电机的实际运算数值，反馈信号给驱动器，进行自动调节控制。

3. 申报要素审核常见差错

（1）“是/否/有/无/非”等字样，只填写“无”，正确填写方式为：“是否野生”可填报“非野生”；没有品牌，应注明“无品牌”或“无牌”。同时注意，填报“无品牌”时，需要写明制造商。

（2）带有括号提示内容的申报要素，应按照括号内的提示填报。例如，税目02.03项下“制作或保存方法（鲜、冷、冻）”，错填为“冷冻”，应填报“鲜”“冷”或“冻”。

（3）成分含量与营养成分混淆。例如税号0402.1000成分含量，错填为“蛋白质××，脂肪××”，应填报“脱脂乳粉100%”。

（4）适用车型，未注明汽车品牌和型号，例如，“日产天籁2.3L小轿车用”，不能简单填写为“小汽车用”，如果多种车型通用，则应填写为“日产天籁2.3L等小轿车通用”。

（5）包装规格申报不全，例如税目38.08包装规格，错填为“150ml”，应填报为“150ml/瓶，12瓶/箱，零售包装”。

（6）申报要素漏填，少填，例如税目39.17“是否经加强或与其他材料合制”，仅填报“经加强/未经加强”或“与××材料合制/未与其他材料合制”，两项内容应逐一填报，“未经加强，未与其他材料合制”。

（7）葡萄酒应结合《关于规范进口葡萄酒有关事项》（海关总署公告2010年第17号）要求及《规范申报目录及释义》要求填报。

税目22.04葡萄酒申报要素，“级别”指酒类的等级划分，一般按质量和产区划分。

“年份”指用来酿制葡萄酒的葡萄收获年份，而不是葡萄酒的装瓶年份。酒标未标明年份的，应填报“NV”，不应申报“无年份”。

“产区（中文或外围名称）”指酒标上标明的葡萄酒的产区，应填报酒标标明的最小产区的中英文名称。没有标明产区的最低级别葡萄酒，酒标标明了国家（地区），填报国家（地区）中英文名称，不应填报“无产区”。产区是葡萄酒的重要标志，无论如何都至少会标注国家（地区）的名字，不会有“无产区”的葡萄酒。

“酒庄名（中文及外文名称）”指生产葡萄酒的酒庄或酒厂的中英文名称，如为生产厂商灌装而不是酒庄灌装，则填报生产厂商的中英文名称。

“主要葡萄品种”指酿制葡萄酒的主要葡萄品种中英文名称，如为多种葡萄品种混酿，填报两个主要葡萄品种并注明混酿。

“进口方式（原液区内加工、原液区外加工、原瓶有品牌、国内贴品牌）”指葡萄酒的进口方式包括用皮酿容器进口葡萄酒原液和已灌装在瓶中后进口原瓶葡萄酒两种方式。一是进口葡萄酒原液进行再加工，有综合保税区内加工和出综合保税区后再加工两种再加工方式，即进口原液的，应填报为“原液区内加工”“原液区外加工”；二是原瓶进口的，有已经确定商标品牌和进口时未确定商标（小标进口且无固定商标品牌），需要在国内重新赋予商标品牌两种情况，即进口原瓶的，应填报“原瓶有品牌”“国内贴品牌”。不应申报为“原瓶进口”“原液进口”等。

品牌指制造商或经销商加在商品上的品牌标志，实际需要申报中文和外文品牌名称。已有商标或商标权的，应填报中外文品牌名称；无商标或商标权的，需在保税区内赋予商标贴牌的，应填报出区时实际贴牌的中文品牌名称。

（四）报关单数据的申报管理

完成以上报关单证审核工作后，报关人员按照海关要求上传随附单证，向海关申报报关单电子数据。申报后，报关人员要跟进报关数据审核、放行状态，并及时反馈客户，使客户随时了解货物的真实通关状态。当出现报关异常问题时，为客户讲解原因并提出解决方案，这也能体现报关人员的服务能力。

（五）报关单数据的留档管理

按照海关稽查管理要求，自进出口货物放行之日起三年或者在保税货物、减免税进口货物的海关监管期限内及其后的三年，报关企业会把报关单证、委托记录、审核记录、重要信息确认记录建立档案，进行妥善保管，确保发生海关稽查时，提供有效工作记录。报关人员要按照公司管理要求对上述单证做留档管理。

三、常见报关单填报差错及原因

（一）单证审核程序未及时更新

报关单位的报关单证审核程序中，包括单证审核流程、重要信息确认流程、审核结果的记录、单证复核程序，以及单证审核人员在相关审核程序中的责任、分工等。对报关单中影响税费缴纳、海关监管程序的重点栏目，如商品编码、商品名称、规格型号、数量、金额、包装种类等及其他检验检疫表体栏目，要做重点审核。

按照公司的单证审核程序，报关人员完成单证审核工作，由管理层定期检查相关审核记录等执行情况。如果报关公司未根据海关法规变化或公司报关业务变化，及时更新单证审核程序的工作流程，就会容易出现工作流程的空白、断档，产生报关错误。只有确保审核程序与实际工作需求相符，才能够实现报关单填报质量的有效管理控制。

（二）专业技能不强、业务不熟练

在填报报关单前，报关人员应熟练掌握报关单填报规范，对每个栏目的含义界定要相当清楚，否则概念不清，内涵及外延不能区分，往往会造成错填。

1. 监管方式错填

例如，外方赠送货物，应按“其他进出口免费”，代码为“3339”进行填报，但容易填报为“一般贸易”。

2. 征免性质错填

征免性质和监管方式、境内收发货人、备案号等有很严格的对应关系，填报的征免性质要和所填报监管方式匹配，如果概念不清，很容易填错。例如，鼓励类外商投资企业等利用投资总额外的自有资金，按照有关减免税政策进口的设备，填报进口货物报关单“征免性质”栏时，应按“自有资金”填报，不能填报为“鼓励项目”。

3. 许可证号错填

错将自动进口许可证号填在许可证号栏。

4. 标记唛码及备注漏填

本栏目填报的内容非常繁杂，报关人员需要牢记不同监管方式、业务类型，来填报不同的内容。例如，关联备案、关联报关单号、暂时进出货物、直接退运等业务，需要在本栏目填报不同内容。

5. 杂费错填

对杂费的概念不清，分不清哪些属于杂费，哪些费用应在运费栏目填报。

6. 进/出境关别错填

这种情况多发生在转关货物，或者出现在不同海关特殊监管区域或保税监管场所之间调拨、转让的货物报关单的填报过程中。

7. 经停港与启运港混淆

在进口货物发生转船情况时，将经停港错填为境外起始发出的港口即启运港。经停港应按进口货物在运抵我国关境前的最后一个境外装运港填报。

8. 原产国（地区）错填

如果进口货物有两个以上国家（地区）参与生产，经常造成原产国（地区）错填。相同商品名称的货物，如果原产国（地区）为两个以上，应该分成两项商品填报。

9. 运输方式错填

运输方式填报错误多发生在无实际进出境货物于境内流转时，混淆海关规定的特殊运输方式的代码。海关现行的特殊监管区域形式很多，例如，保税区、保税物流园区、保税物流中心、保税港区等，在填报时注意区分区域不同，运输方式也不同。

（三）报关单栏目数据与许可证件、舱单数据、原产地证书不对应

进出口货物报关单件数、毛重与舱单数据不符，许可证件中商品名称、商品编码等信息与报关单填报数据不一致，优惠协定项下联网管理的原产地证税目（前6位）、数量、计量单位与报关单数据不一致，都会发生报关单申报数据的退单，产生差错记录。

（四）工作不细致、责任心不强

1. 报关单栏目数据填报不齐全

从对差错的统计来看，可能出现漏填的栏目有备案号、合同协议号、许可证号、集装箱号、规格型号、征免性质等 10 多项。在填报时应该逐项填报，出现漏填项目是比较简单、低级的失误。

目前，“单一窗口”能够实现对报关单必填栏目的控制，必填栏目未填报时，报关单将无法保存；对于非必填栏目，系统不能进行识别，需要报关人员仔细认真填写，避免漏填或错误填写。

2. 单证不一致导致的报关单差错

报关人员未能审核出不同报关单证的信息差异，按照其中一种单证信息填报报关单，导致报关差错。举例如下：

（1）进口货物发票成交方式为 FOB，合同成交方式为 EXW，报关人员以 FOB 申报报关单后，发现报关单填制错误。

（2）进口食品添加剂，发票显示批号为 193857，标签显示批号为 193855，报关人员以批号 193857 申报后，海关查验中发现发票与标签批号不符。

以上两票业务的报关单差错均因单证不一致，且报关人员未在审核中发现问题所导致。

3. 进出口货物信息“张冠李戴”

两票进出口货物，因毛重相同，报关人员将提运单与发票、箱单错误搭配。例如：同一企业的两票出口货物，A 票出口至美国的 LED 灯，USD 4 500，毛重 12 000 千克；B 票出口至加拿大的 LED 灯，USD 3 300，毛重 12 000 千克。报关人员误将 A 票订舱信息与 B 票发票、箱单合并申报，将 B 票提单与 A 票发票、箱单合并申报，导致两票货物报关数据“张冠李戴”。

企业在收汇中发现报关单的差错，要求报关人员申请出口报关单更改。

4. 报关单栏目数据填报差错

由于工作不认真、马虎造成的填写错误，在报关单的任何栏目都可能发生，表现为数据错误、数字颠倒、字母颠倒、数据不符等，其中监管方式、征免性质、数（重）量、商品名称、规格型号及运输方式、运费、保费、单价、总价、许可证号等栏目错填的影响较大。举例如下：

（1）币制差错。日元错填成美元，如果数值较大，海关将视为重大统计差错，可能引起海关行政处罚或降低企业信用管理等级的风险。

（2）数量、总价等数值差错。数量、总价填报错误和币制填报错误一样，均可能引起处罚及降低企业信用管理等级。

（五）其他原因

如果预录入人员与报关单审核人员为不同岗位，报关单校对稿申报前，已由审核人员复核出差错并进行标记，但预录入人员未更改即发送申报数据，会造成报关单错误。

收发货人的加工贸易手册超期未核、手册超量导致报关单发送后退单，产生错误记录。此类情况，因进出口企业手册管理不完善，造成手册超期未核，或者由于某项商品进口超量等原因引起。

报关单填报出现错误，会引起海关计税错误，影响贸易管制与海关统计；会因报关单的修改或撤销而增加工作量，延缓海关正常放行速度；会造成委托人无法提取货物，舱单无法核销，影响企业收付汇、出口退税、加工贸易手册及时核销等工作；甚至会发生行政处罚，降低企业信用资质。

复核报关单的工作人员需要掌握高级货运及国际贸易相关知识、货物监管的相关管理规定、商品归类相关知识、报关单的填报规范及报关单各栏目的逻辑对应关系等。

四、案例解析

以下进口货物在“单一窗口”系统完成了报关单填报，复核人员按照资料复核报关单填报的准确性。

资料：发现部分栏目填报错误

北京××××公司（91110105MA××××）空运进口一批食品原料，监管方式为“一般贸易”，货物最终目的地为北京经济技术开发区，进口商与海外供货方无特殊关系，进口价格为正常交易价格，且进口货物不涉及特许权使用费。

1. 商品信息及归类

商品编码：21022000；

商品信息：葡聚糖，非活性酵母、已死单细胞微生物；

品牌信息：ABAC 牌，无中文品牌；

用途：食品加工用。

2. 检验检疫及包装信息

葡聚糖为进境检验检疫货物，检验检疫类别为“进境动植物、动植物产品检疫”“进口食品卫生监督检验”，货物包装为木质托盘。监管条件及检疫类别如表 6-4-4 所示。

表 6-4-4 进口货物监管条件及检疫类别

商品名称	商品编号	监管条件	检验检疫类别
葡聚糖	21022000	A、B	P R/Q S

3. 空运单

空运单如图 6-4-2 所示。

ERHIMAWB: 160-6389 9091

ZRH 00834816

Shippers Name and Address
Shippers Account Number

ABAC R&D AG
SWITZERLAND

Not Negotiable
Air Waybill
Issued by

LAMPRECHT TRANSPORT LTD
CH-8058 ZURICH-AIRPORT
IN A CAPACITY AS CONTRACTING CARRIER

Copies 1,2, and 3 ofthis Air Waybill are originals and have the same validity

Consignee's Name and Address
Consignee's Account Number

BEIJING XXXX CO., LTD.
A23010 BUILDING,
DAXING DISTRICT
BEIJING,P. R. C

It is agreed thatthe goods described herein are accepted in apparent good orderand condition (except as noted)for carriage SUBJECT TOTHE CONDITIONS OF CONTRACT ON THE REVERSE HEREOF. ALL GOODS MAY BE CARRIED BY ANY OTHER MEANS INCLUDING ROAD OR ANY OTHER CARRIER UNLESS SPECIFIC CONTRARY INSTRUCTIONS ARE GIVEN HEREON BY THE SHIPPER, AND SHIPPER AGREES THAT THE SHIPMENT MAY BE CARRIED VIA INTERMEDIATE STOPPING PLACES WHICH THE CARRIER DEEMS APPROPRIATE. THE SHIPPER'S ATTENTION IS DRAWN TOTHE NOTICE CONCERNING CARRIER'S LIM IT ATION OF LIABILITY. Shippermay increase such limitation of l iability by declaring a highervalue forcatriage and paying a supplemental charge if required

Issuing Camels Agent Name and City 63 5 5 ⊥ 1012/00

Accounting Information

LAMPRECHT TRANSPORT LTD
CH-8058 ZUERICH-AIRPORT
PHONE +41 43 816 2512

Agents IATA Code
Account No.

81-4 7021/8001

Airport of Departure (Addr. Of First Carrie0 and Requested Routing

ZURICH CX3724/06

Reference Number	Optional Shipping Information	
635.51.1012.00		

To FRA
By First Carrier CATHAY PACIFIC
Routing and Destination
To HKG By CX To BJS By zx

Currenc	CHGS Cod	WTA/AL PPD	COLL	Other PPD	COLL	Declared Value for Carriage	Declared Value forCostums
?HF		X		X		NVD	NCV

Airport of Destination
BEIJING

Requested Flight/Date
CX 068/07CX 334/09

Amountof Insurance
XXX

INSURANCE - if carrieroffers insurance, and such insurance is requested in accordance with the conditio ns th ere of, indicate a mount to be insured in figuresin box marked "Amountof Insurance".

Handling Information* UNKNOWN SHIPPER *
MARKS: N/M

No of Pieces RCP	Gross Wreight	kg lb	Rate Class Commodity Item No.	Chargeable Weight	Rate / / Charge	Total	Nature and Quantity of Goods (in cl. Dimensions or Volume)
2	532,0	Q		532,0	AS AGREED	AS AGREED	3LUCANOSOM (YEAST PRODUCT) DIMENSIONS : 1= 120X80X105 CM 1= 80X60X135 CM
2	532,0						VOL. 1,656 M3 UNDER - FREIGHT PREPAID -

Prepaid	Weight Charge	Collect	Other Charges
AS AGREED			
Valuation Charge			
Tax			
Total Other Charges Due Agent			Shippercertifiesthatthe pa rticularson the face hereof are correct a nd thatinsofaras any part of the consignment contains dangerous goods, such part is properly described bye name and is in proper condition for carriage by air according to the applicable Dangerous Goods Regulations.
Total OtherCharges Due Carrier			LAMPRECHT TRANSPORT LTD ZUBER

Signature of Shipper or his Agent

Total Prepaid	Total Collect
AS AGREED	
Currency Conversion Rates	CC Charges in Dest. Currency
For Carriers Use only at Destination	Charges at Destination

~~LAMPRECHT TRAN湖 R"娜~~
AS CARRIER 02NOV2021/13:14
RPORT

Executed on (Date)
Total Collect Charges

00834816

图 6-4-2 空运单

4. 发票

发票如图 6-4-3 所示。

ABAC R&D AG, Schlieren Switzerland

Beijing XXXX Co., Ltd
A-2301, Building, Daxing District, Beijing, China

Commercial Invoice				
Order of 2021-10-15	**Number:** JKYY20211015	**Customer:** JKYY China		
			Invoice Nr.: 041021	**Place and Date:** Schlieren,15 October 2021
Item	**Amount (kg)**	**Price/kg (CHF)**	**Amount (CHF)**	
Glucanosom	500	500.00	250,000.00	
Glucanosom	2	500.00	1, 000.00	
HS CODE: 2102200000				
Country of origin: Switzerland				
Conditions CIP Beijing Capital International Airport, China				
Toal			**251,000.00**	

Bank: UBS AG, Zurich, Switzerland
Account holder: ABAC R&D AG,

Bank clearing Nr.: 8897

Swift Nr.: UBSWCHZH19A

IBAN Nr.: XXXXXXXX

图 6-4-3 发票

5. 箱单

箱单如图 6-4-4 所示。

ABAC R&D AG

Schlieren

Beijing XXXXT Co., Ltd
A2301, Building,
Daxing District
Beijing, China

25 October 2021

Packing List PKYY20211015

Item	**Batch-No.**	**Volume per unit**	**Units**	**Volume total**
Glucanosom HS CODE: 2102200000	GS07102021	12.5 kg 1.0 kg	40 2	500 kg 2kg 502 kg Gross weight: 532 kg

Total: 40 carton boxes
2 bags
Size: 2 pallets:
1/2: 1200 x 800 x 1050 mm
2/2: 800 x 600 x 1350 mm

图 6-4-4 箱单

6. 成分证明

成分证明如图 6-4-5 所示。

CERTIFICATE OF ANALYSIS

Product: **Glucanosom™**

Batch no: GS07102021
Manufacturing date: October 7th 2021
Shelf life: October 6th 2024
Net weight: 12.5 kg per package

Parameter	Specification	Analysis	Unit
Appearance	Fine powder	**Fine powder**	
Odour	Characteristic	**Characteristic**	
Taste	Characteristic	**Characteristic**	
Colour	beige	**beige**	
pH (5% suspension)	4.0 - 8.0	7.3	
Moisture	<= 8.0	4.9	%
Total carbohydrates	>= 85	88	%
Protein	<= 3.5	3.1	% (d.m.)
Fat	<= 3	2.9	% (d.m.)
Ash	<= 2	0.7	% (d.m.)
(1,3)-(1,6)-β-Glucan (determined as glucose)	>= 85	85.2	% (d.m.)
Lead (Pb)	<= 0.5	**conform**	mg/kg
Arsenic (As)	<= 0.5	**conform**	mg/kg
Mercury (Hg)	<= 0.05	**conform**	mg/kg
Sulfur dioxide	<= 0.04	**conform**	g/kg
Microbiological analyses:			
Total plate count	< 1000	**conform**	cfu/g
Yeasts	< 100	**conform**	cfu/g
Moulds	< 100	**conform**	cfu/g
Bacillus cereus	< 100	**conform**	cfu/g
E. coli	< 10	**conform**	cfu/g
Salmonellae	Negative	**conform**	cfu/25 g

ABAC R&D AG info@abac.ch
www.abac.ch

LM-ZH-21-2158

图 6-4-5 成分证明

7. 植检证明

植检证明如图 6-4-6 所示。

1/2

Schweiz / Suisse / Svizzera / Switzerland

Certificate for the export of foodstuffs

Part I[1]: Details of the consignment

I.1. Sender Name: ABAC R&D AG	I.2. Reference number of the certificate*: n.a. LM-ZH-21-2158 I.3. a. Competent supreme authority: Federal Food Safety and Veterinary Office (FSVO) I.3. b. Competent cantonal authority: ZH - Kantonales Labor Zürich
I.4. Recipient Name: Address:	
I.5. Country of origin: Switzerland ISO code: CH	I.6. Country of destination: P.R. China ISO code: CHN
I.7. Place of origin: Name: ABAC R&D AG	I.8. Place of loading: Zürich Kloten I.9. Border inspection post of entry[2]: n.a.
I.10. Means of transport: Aircraft ☑ Ship ☐ Rail wagon ☐ Road vehicle ☐ Other ☐ Identification[2]: n.a.	I.11. Product temperature: Ambient temperature ☑ Chilled ☐ Frozen ☐ I.12. Seal/container number[2]: n.a.
I.13. Goods certified for: Consumption as foodstuffs ☐ Processing ☑ Technical use ☐ Other ☐	I.14. Total number of packages: 42

I.15. Identification of the goods[3]:

Description of the goods: Goods code (HS code)[2]:	Net weight (kg):	Number of packages:	Type of packaging:	Batch:
Glucanosom, HS Code 2102200000 +2 Bags of 1 kg for custom inspections	500 2	40 2	40 Cartons of 12.5 kg 2 Bags of 1 kg	GS07102021

I.16 Enclosure(s): CoA GS07102021

[1] To be completed by the person (company) responsible for dispatching the goods

[2] If applicable

[3] If necessary, the sender may enclose additional tables approved and signed by the competent cantonal authority.

* To be indicated by the competent cantonal authority.

Swiss approved form number ALL-2021-00

图 6-4-6 植检证明

2/2

Switzerland	Foodstuffs
II. Details concerning health	I.2. Reference number of the certificate*: LM-ZH-21-2153 n.a.

Part II Details concerning health

By signing, the certifying official confirms the following:

- The establishment manufacturing the above products has a food safety management system based on HACCP principles and is regularly audited by the competent enforcement authorities.
- All products and their ingredients must be manufactured in accordance with the legal requirements applying in Switzerland.
- The products must not contain any substances whose nature or quantity, according to current knowledge, could endanger human health.

III. Signature

Part III Signature

Certifying official:

Surname, first name and address:
Ursula Senft
Official Food Control Authority of the Canton of Zurich
Fehrenstrasse 15, Postfach, 8032 Zurich, Switzerland

Official capacity:
Official Food Inspector

Date:
22.10.2021

Official stamp and signature:
SWISS EXPORT CONTROL
Food Veterinary Office Canton Zurich
COMPETENT AUTHORITY

* To be indicated by the competent cantonal authority.

Swiss approved form number ALL-2021-00

图 6-4-6　植检证明（续）

8. **原产地证明**

原产地证明如图 6-4-7 所示。

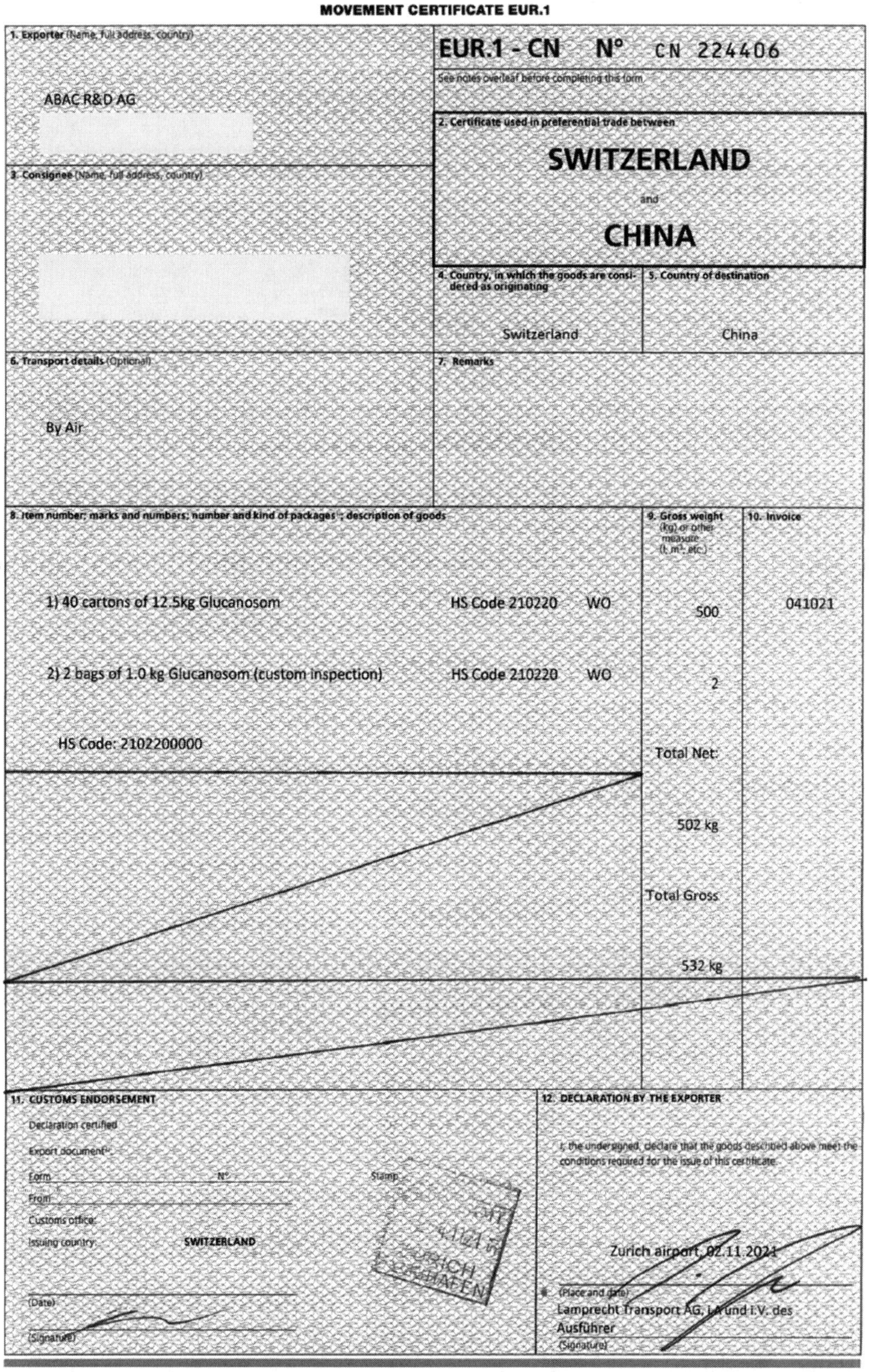

MOVEMENT CERTIFICATE EUR.1

1. Exporter (Name, full address, country)

ABAC R&D AG

EUR.1 - CN N° CN 224406

See notes overleaf before completing this form

2. Certificate used in preferential trade between

SWITZERLAND

and

CHINA

3. Consignee (Name, full address, country)

4. Country, in which the goods are considered as originating

Switzerland

5. Country of destination

China

6. Transport details (Optional)

By Air

7. Remarks

8. Item number; marks and numbers; number and kind of packages; description of goods

1) 40 cartons of 12.5kg Glucanosom HS Code 210220 WO

2) 2 bags of 1.0 kg Glucanosom (custom inspection) HS Code 210220 WO

HS Code: 2102200000

9. Gross weight (kg) or other measure (l, m³, etc.)

500

2

Total Net:

502 kg

Total Gross

532 kg

10. Invoice

041021

11. CUSTOMS ENDORSEMENT

Declaration certified

Export document:

Form N°

From

Customs office:

Issuing country: SWITZERLAND

Stamp

(Date)

(Signature)

12. DECLARATION BY THE EXPORTER

I, the undersigned, declare that the goods described above meet the conditions required for the issue of this certificate.

Zurich airport, 02.11.2021

(Place and date)

Lamprecht Transport AG, i.A und i.V. des Ausführer

(Signature)

图 6-4-7 原产地证明

（一）报关单表头信息“单一窗口”填报后审核

在“单一窗口”填报后的报关单表头信息如图 6-4-8 所示。

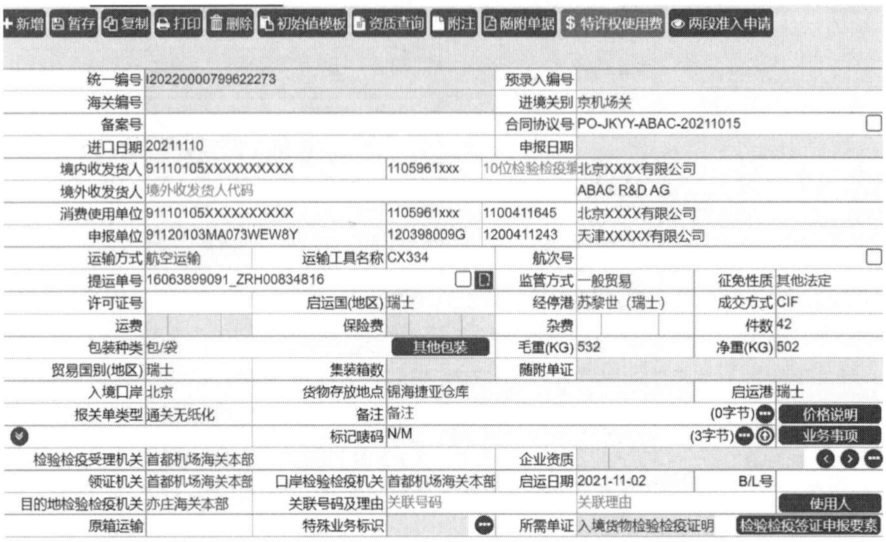
新增 暂存 复制 打印 删除 初始值模板 资质查询 附注 随附单据 $ 特许权使用费 两段准入申请

统一编号	I20220000799622273			预录入编号			
海关编号				进境关别	京机场关		
备案号				合同协议号	PO-JKYY-ABAC-20211015		
进口日期	20211110			申报日期			
境内收发货人	91110105XXXXXXXXXX	1105961xxx	10位检验检疫编	北京XXXX有限公司			
境外收发货人	境外收发货人代码			ABAC R&D AG			
消费使用单位	91110105XXXXXXXXXX	1105961xxx	1100411645	北京XXXX有限公司			
申报单位	91120103MA073WEW8Y	120398009G	1200411243	天津XXXXX有限公司			
运输方式	航空运输	运输工具名称	CX334	航次号			
提运单号	16063899091_ZRH00834816			监管方式	一般贸易	征免性质	其他法定
许可证号		启运国(地区)	瑞士	经停港	苏黎世（瑞士）	成交方式	CIF
运费		保险费		杂费		件数	42
包装种类	包/袋		其他包装	毛重(KG)	532	净重(KG)	502
贸易国别(地区)	瑞士	集装箱数		随附单证			
入境口岸	北京	货物存放地点	锦海捷亚仓库			启运港	瑞士
报关单类型	通关无纸化	备注	备注			(0字节)	价格说明
		标记唛码	N/M			(3字节)	业务事项
检验检疫受理机关	首都机场海关本部			企业资质			
领证机关	首都机场海关本部	口岸检验检疫机关	首都机场海关本部	启运日期	2021-11-02	B/L号	
目的地检验检疫机关	亦庄海关本部	关联号码及理由	关联号码		关联理由		使用人
原箱运输		特殊业务标识		所需单证	入境货物检验检疫证明		检验检疫签证申报要素

图 6-4-8　在“单一窗口”填报后的报关单表头信息

1. 进境关别

进境关别填报正确。根据所提供的空运单“Air of Destination”栏显示，目的港为“北京”，本栏目应填报为“京机场关（0101）”。

2. 备案号

备案号填报正确。按照资料显示，本票进口货物的监管方式为“一般贸易”，备案号应为空。

3. 合同协议号

合同协议号填报正确，按照合同中“订单号”填报。

4. 进口日期

进口日期填报正确。根据到货通知显示，抵港日期栏为 2021-11-10，在“单一窗口”系统录入时需按照规定格式填写“20211110”。请注意，本栏目也可以为空，申报后“单一窗口”系统将根据舱单数据自动回填本栏目。

5. 申报日期

申报日期填报正确。申报日期一般指海关计算机系统通过电子数据审核的日期。在“单一窗口”系统录入时，无须填报。

6. 境内收发货人

境内收发货人填报正确。本栏目复核时，需注意审核填报的收发货人中文名称及 18 位统一社会信用代码与提供单证上的收发货人名称是否一致。

7. 境外收发货人

境外收发货人填报正确。根据发票、合同等单证，发货人的英文全称为 ABAC P&D AG。

8. 消费使用单位

消费使用单位填报正确。进口货物报关资料中，无进口委托协议等单证，因此消费使用单位与境内收发货人相同。注意：如果存在进口代理关系，应根据代理协议确定委托单位及被委托单位，并正确填报相应的收发货人及消费使用单位。

9. 申报单位

申报单位填报正确。“单一窗口”系统按照电子口岸卡备案信息，自动填入。申报单位无须填报。

10. 运输方式

运输方式填报正确。根据空运单，确认进境货物的运输方式为航空运输。

11. 运输工具名称、航次号

（1）“单一窗口”与报关单填制规范差异说明

在“单一窗口”系统中，运输工具名词与航次号为两个填报栏目，在报关单填制规范法规中，统称为“运输工具名称及航次号”。

（2）填报检查

运输工具、航次号填报正确。空运单中“Airport of Departure and Requested Routing”显示航班 CX3724/06 为进口货物从瑞士发货的航班、“Requested Flight/Date”下显示“CX068/07”为法国至中国香港的航班、“CX334/09”为香港至北京机场的航班，即入境航班。因此本栏目应填报 CX334。

另外请注意，运输工具名称和航次号的填报应与该票货物的海关舱单信息一致（如图 6-4-9 所示）。

图 6-4-9　海关舱单信息查询界面

12. 提运单号

提运单号填报正确。根据空运单 MAWB 显示，检查提运单号。请注意，提运单的填报应与该票货物的海关舱单信息一致（如图 6-4-9 所示）。

13. 监管方式

监管方式填报正确。根据报关资料，本票货物为一般贸易进口货物。

14. 征免性质

征免性质填报错误。根据报关资料，本票货物的监管方式为“一般贸易”，“一般贸易”对应的征免性质为“一般征税”。

15. 许可证号

许可证号填报正确。根据报关资料信息，本票进口货物不涉及许可证件，应为空。

16. 启运国（地区）

启运国（地区）填报正确。根据提单的启运港“Airport of Departure ZURICH”及发票信息，启运国（地区）应为“瑞士”。

17. 经停港

经停港填报错误。根据空运单显示，进口货物从瑞士运往法国，再经中国香港中转运抵中国北京机场，因此香港为进口货物在运抵我国关境前的最后一个境外装运港，本栏目应填报“香港”。

18. 成交方式

成交方式填报正确。根据发票信息显示，贸易术语为“CIP 北京机场”，报关单可填报为“CIF”。

19. 运费

运费填报正确。根据发票信息显示，贸易术语为“CIP”，成交方式应填报 CIF，“运费”无须填报，应为空。

20. 保费

保费填报正确。根据发票信息显示，贸易术语为“CIP”，成交方式应填报 CIF，“保费”无须填报，应为空。

21. 杂费

杂费填报正确。根据报关资料，此票进口货物不涉及杂费申报，应为空。

22. 件数

件数填报错误。根据运单中“No. of Pieces”显示，件数为 2。装箱单中显示 40 纸箱和 2 包不是货物的最大运输包装，货物的运输包装为 2 托盘，因此本栏目应填报 2。同时，报关人员应检查舱单中件数、毛重数据，填报数据应与海关舱单信息一致，如图 6-4-9 所示。

注意：工作中如出现分单申报情况，需要将每票报关单件数相加，核实其是否等于提单上的总件数。

23. 包装种类、其他包装

（1）“单一窗口”与报关单填制规范差异说明

在“单一窗口”系统中，包装种类、其他包装为两个填报栏目，在报关单填制规范法规中，统称为“包装种类”。

（2）填报检查

包装种类填报错误。如上所述，货物的运输包装为 2 托盘，因此包装种类应填报“天然木托”。

其他包装填报正确。此票货物最小包装为包，使用纸箱包装后，又打成托盘。因此，其他包装勾选“包/袋”，其他包装填报如图 6-4-10 所示。

☐	序号	包装材料种类代码	包装材料种类名称
☐	1	00	散装
☐	2	01	裸装
☐	3	04	球状罐类
☑	4	06	包/袋
☐	5	22	纸制或纤维板制盒/箱
☐	6	23	木制或竹藤等植物性材料制盒/箱
☐	7	29	其他材料制盒/箱
☐	8	32	纸制或纤维板制桶
☐	9	33	木制或竹藤等植物性材料制桶
☐	10	39	其他材料制桶
☐	11	92	再生木托
☐	12	93	天然木托
☐	13	98	植物性铺垫材料
☐	14	99	其他包装

图 6-4-10 “其他包装”填报信息

24. 毛重

毛重填报正确。空运单、装箱单上的毛重显示为532千克，舱单也显示毛重为532千克。

25. 净重

净重填报正确。装箱单、发票上的成交数量显示净重为502千克。

26. 贸易国别（地区）

（1）“单一窗口”与报关单填制规范差异说明

在“单一窗口”系统中，本栏目名称为“贸易国别（地区）”，报关单填制规范中为“贸易国（地区）。”

（2）填报检查

贸易国别（地区）填报正确。根据发票、订单显示，外方所在贸易国为瑞士。因此，贸易国别（地区）应填报“瑞士”。

27. 随附单证及编号

随附单证及编号填报正确。此票进口货物除进境检验检疫外，不涉及其他监管证件要求，无须填报本栏目，应为空。

28. 集装箱数

（1）“单一窗口”与报关单填制规范差异说明

在“单一窗口”系统中，集装箱货物需要填报“集装箱数”“集装箱号”“集装箱规格”“商品项号关系”等栏目；报关单填制规范中，集装箱信息都显示在“标记唛码及备注”栏目。

（2）填报检查

集装箱数填报正确。此票货物为空运进口货物，不涉及集装箱信息填报。

29. 入境口岸

入境口岸填报错误。此票进口货物从运输工具卸离的第一个境内口岸为首都国际机场，应填报为“首都国际机场”具体口岸名称，而不是笼统地填报“北京”。

30. 货物存放地点

货物存放地点填报正确。按照“到货通知”提示，进口货物抵港后存放于海关监管仓库“锦海捷亚仓库”。

31. 启运港

启运港填报正确。本栏目应填报进口货物在运抵我国关境前的第一个境外装运港，根据空运单显示，货物的启运港应填报“瑞士”。

32. 报关单类型

报关单类型填报正确，此票货物以“通关无纸化”方式进行申报。

33. 备注、标记唛码

（1）“单一窗口”与报关单填制规范差异说明

在“单一窗口”系统中，“备注”“标记唛码”为两个栏目，在报关单填报规范法规中，这两个项目合并显示为“标记唛码及备注”。

（2）填报检查

备注填报正确。根据报关资料，此票进口货物无“备注”信息填报要求，应为空。

标记唛码填报正确。根据提单显示，此票进口货物无唛头，标记唛码填报“N/M”。

34. 价格说明

价格说明栏目填报如图 6-4-11 所示。

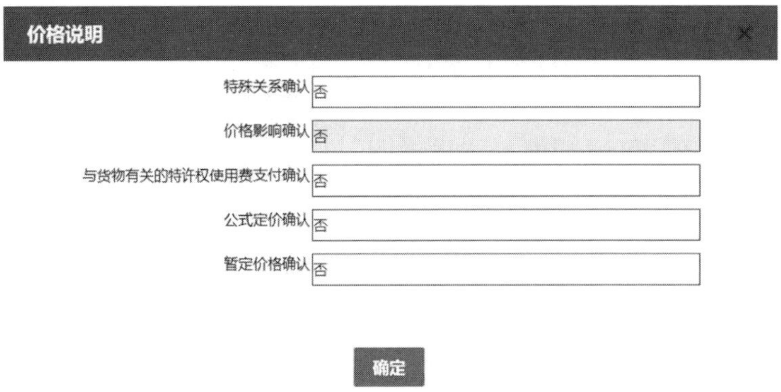

图 6-4-11 “价格说明”栏目界面

（1）特殊关系确认、价格影响确认、与货物有关的特许权使用费支付确认

填报正确。根据资料显示，收货人与境外发货人无特殊关系，进口价格为正常结算价格，且进口货物不涉及特许权使用费的支出。因此，这三个栏目都填报“否”。

（2）公式定价确认、暂定价格确认

填报正确。此票进口货物在进口时已确定结算价格，因此，“公式定价确认”和“暂定价格确认”都填报“否。”

35. 检验检疫受理机关

进口货物为检验检疫货物，需要填报此项。

检验检疫受理机关填报正确。此票进口货物为检验检疫货物，需要在口岸检验检疫，因此填报“首都机场海关本部”。

36. 企业资质

进口货物为“进口食品卫生监督检验检疫”类别，需要填报此项。

企业资质填报错误。此票进口货物为食品，需要填报“食品进口企业备案”“出口商代理商备案”，不能为空。

正确填报方式如图 6-4-12 所示。

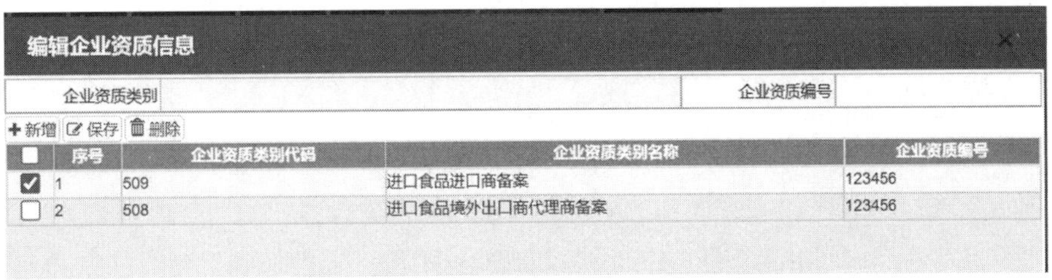

图 6-4-12 “企业资质”栏目界面

37. 领证机关

进口货物为检验检疫货物，需要填报此项。

领证机关填报正确。此票进口货物为检验检疫货物，通常与“检验检疫受理机关”相同。

38. 口岸检验检疫机关

进口货物为检验检疫货物，需要填报此项。

口岸检验检疫机关填报正确。此票进口货物的入境口岸为首都国际机场，因此填报“首都机场海关本部”。

39. 启运日期

进口货物为检验检疫货物，需要填报此项。

启运日期填报正确。按照空运单所示，此票货物为 2021 年 11 月 2 日从瑞士机场离境。

40. B/L 号

B/L 号填报正确。此票货物 B/L 号未发生变化，无须填报。

41. 目的地检验检疫机关

进口货物为检验检疫货物，需要填报此项。

目的地检验检疫机关填报正确。按照资料所示，货物最终目的地为北京经济技术开发区（亦庄），因此填报“亦庄海关本部”。

42. 关联号码及理由

此票货物不涉及本栏目填报，应为空。

43. 原箱运输

此票货物为空运进口货物，不涉及此栏目填报，应为空。

44. 特殊业务标识

此票货物不涉及此栏目填报，应为空。

45. 检验检疫申报要素

进口货物为检验检疫货物，需要填报此项。填报情况如图 6-4-13 所示。

检验检疫签证申报要素

	序号	证书代码	证书名称	正本数量	副本数量
☐	1	11	品质证书	1	2
☐	2	12	重量证书	1	2
☐	3	13	数量证书	1	2
☐	4	14	兽医卫生证书	1	2
☐	5	15	健康证书	1	2
☐	6	16	卫生证书	1	2
☐	7	17	动物卫生证书	1	2
☐	8	18	植物检疫证书	1	2
☐	9	19	熏蒸/消毒证书	1	2
☐	10	20	出境货物换证凭单	1	2
☑	11	21	入境货物检验检疫证明（申请出具）	1	2
☐	12	22	出境货物不合格通知单	1	2
☐	13	23	集装箱检验检疫结果单	1	2

境内收发货人名称(外文)	
境外收发货人名称(中文)	
境外发货人地址	发货人地址
卸毕日期	请选择日期
商品英文名称	

保存

图 6-4-13　“检验检疫申报要素”栏目界面

检验检疫申报要素填报正确。此票进口货物需要获得入境货物检验检疫证明后，才能在中国销售。因此，在报关单填报时，应在“检验检疫申报要素”中选择申请证书的名称。

（二）报关单表体信息“单一窗口”填报后审核

在“单一窗口”填报后的报关单表体信息如图 6-4-14 所示。

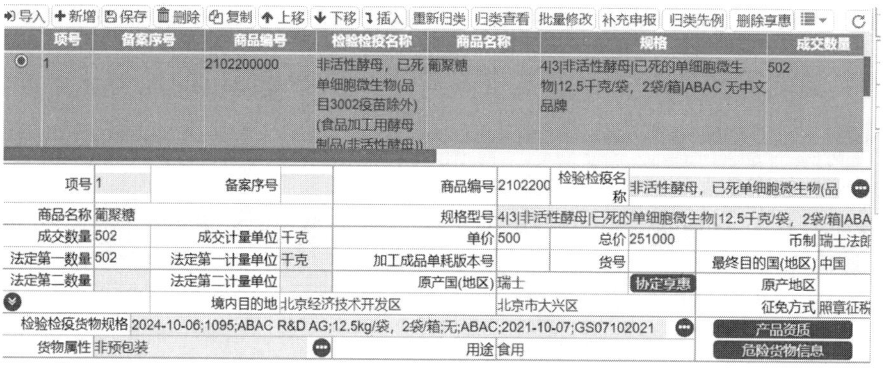

图 6-4-14　在“单一窗口”填报后的报关单表体信息

按照以上截图审核报关单表体信息的填报。

1. 项号

项号填报正确。系统默认为“1”。

2. 商品编号

商品编号填报正确。与资料信息一致，且经审核，商品编号与商品名称、规格型号逻辑相符。

3. 检验检疫名称

检验检疫名称填报正确。按照系统所列检验检疫名称选择。

4. 商品名称

商品名称填报正确。与资料信息一致。

5. 规格型号

规格型号填报正确。按照《规范申报目录及释义》要求及客户提供的信息，逐项审核填报内容（如图 6-4-15 所示）。

图 6-4-15 “规格型号”栏目界面

6. 成交数量

成交数量填报错误。依照原产地证书显示，商品信息为两项，分别为 500 千克、2 千克。虽然两项商品相同，但此票进口货物为《中瑞自贸协定》下享惠货物，因此报关单的商品信息填报必须与原产地证一致，需要分成两个项目填报。

如此票进口货物不涉及优惠贸易协定享惠，可以将数量合并填报。

7. 成交计量单位

成交计量单位填报正确。根据报关用发票、合同资料，确定成交单位为“千克”。

8. 单价

单价填报正确。“单一窗口”系统中“单价”与发票中商品单价一致。

在“单一窗口”系统中，此栏目无须填报，填报完毕数量和总价后，根据系统设置，单价可以自动计算。但在复核报关单校对稿时，仍需要和发票单价进行核对，以免出现差错。

9. 总价

总价填报错误。因成交数量填报错误，总价也填报错误，需要按照原产地证分成两项填报。

10. 币制

币制填报正确。根据发票、合同资料，确定成交价格币制为瑞士克朗。

11. 法定第一数量

法定第一数量填报错误。照原产地证书显示，商品信息为两项，分别为 500 千克、2 千克。虽然两项商品相同，但此票进口货物为《中瑞自贸协定》下享惠货物，因此报关单的商品信息填报必须与原产地证一致，需要分成两个项目填报。

12. 最终目的国（地区）

最终目的国（地区）填报正确。根据资料显示，进口货物在中国使用，最终目的国（地区）

为中国。

13. 原产国（地区）

原产国（地区）填报正确。根据原产地证显示，货物原产国（地区）为瑞士。

14. 优惠贸易协定享惠

优惠贸易协定享惠的填报包括原产地证明编号、优惠贸易协定代码、优惠贸易协定下原产地、原产地证明商品项号、原产地证明类型，填报情况如图 6-4-16 所示。

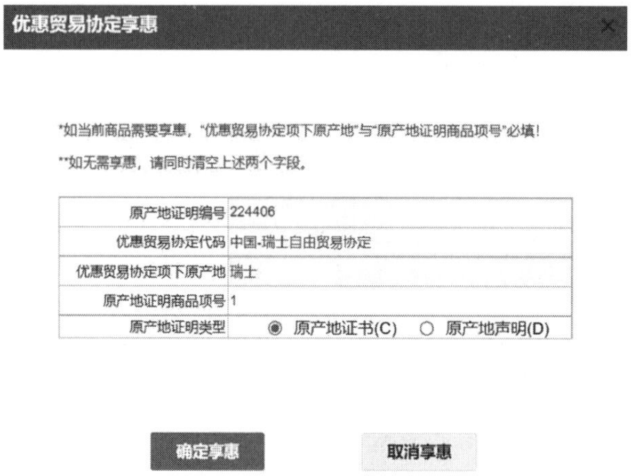

图 6-4-16 “优惠贸易协定享惠”栏目界面

优惠贸易协定享惠填报正确。以原产地证审核本栏目，原产地证上收发货人名称、商品名称、商品编码、数量与进口货物相符。

注意：进口报关单中填报商品的成交数量、总价未按照原产地证商品顺序填报，需要修改一致。

15. 原产地区

原产地区不是必填项目，可以为空。

16. 境内目的地

境内目的地填报正确。境内目的地是指已知的进口货物在国内的消费、使用地区或最终运抵地点。进口货物使用地为北京经济技术开发区。

因此，“境内目的地代码”和“目的地代码”应分别填报“北京经济技术开发区”和“北京市大兴区”。

17. 征免方式

（1）“单一窗口”与报关单填制规范差异说明

“单一窗口”系统中“征免方式”按照报关单填制规范中“征免”的要求填报。

（2）填报检查

征免方式填报正确。此票进口货物为一般贸易，对应征免方式为“照章征税”。

18. 检验检疫货物规格

进口货物为检验检疫货物且需要向海关申请出证，需要填报此项。

检验检疫货物规格在“单一窗口”的填报情况如图 6-4-17 所示。

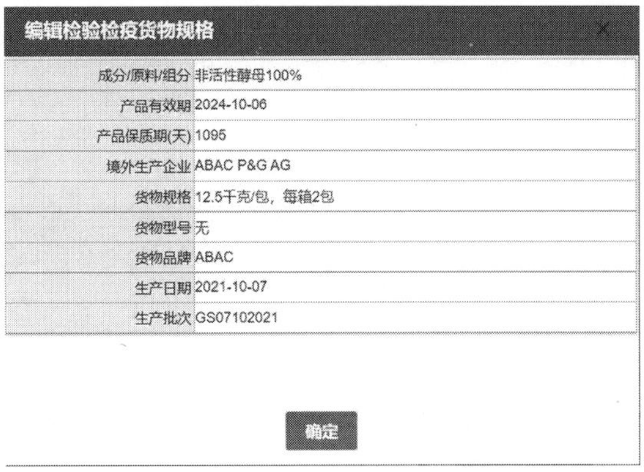

图 6-4-17 “检验检疫货物规格”栏目界面

检验检疫货物规格填报正确。根据报关资料“Certificate of Analysis”审核生产日期、产品保质期（天）、生产批次等栏目，根据商品信息检查成分栏目。

19. 产品资质

（1）此票报关单“产品资质”栏目的审核

进口货物“葡聚糖”的检疫类别为动植检疫、食品检疫，需要填报本栏目，填报情况如图 6-4-18所示。

图 6-4-18 “产品资质”栏目填报界面

产品资质填报错误。因进口货物需要按照优惠贸易协定下原产地证的商品信息重新录入，本栏目需要按照商品分项，重新填报其核销数量。

（2）2022 年境外食品生产企业注册对此类进口货物的影响

根据海关总署公告 2021 年第 103 号（关于《中华人民共和国进口食品境外生产企业注册管理规定》和《中华人民共和国进出口食品安全管理办法》实施相关事宜的公告），如果此票货物在 2022 年 1 月 1 日后启运，除以上两项产品许可证件的录入，还要录入进口食品境外生产企业注册信息（如图 6-4-19 所示）。

但本案例进口货物为 2021 年进口货物，无须填报“进口食品境外生产企业注册”信息。

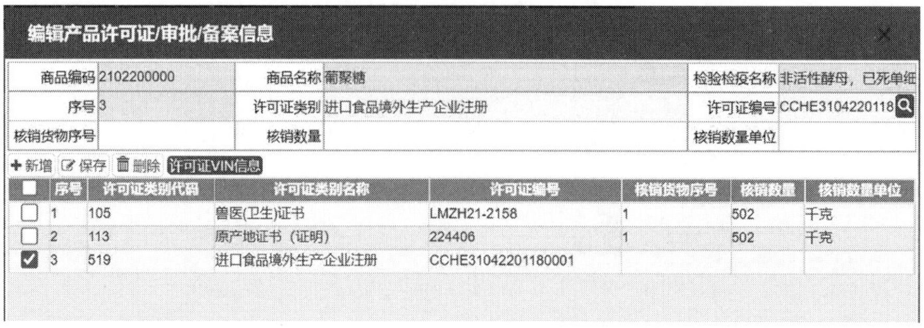
编辑产品许可证/审批/备案信息

商品编码 2102200000 商品名称 葡聚糖 检验检疫名称 非活性酵母，已死单细
序号 3 许可证类别 进口食品境外生产企业注册 许可证编号 CCHE3104220118
核销货物序号 核销数量 核销数量单位

+新增 保存 删除 许可证VIN信息

	序号	许可证类别代码	许可证类别名称	许可证编号	核销货物序号	核销数量	核销数量单位
☐	1	105	兽医(卫生)证书	LMZH21-2158	1	502	千克
☐	2	113	原产地证书（证明）	224406	1	502	千克
☑	3	519	进口食品境外生产企业注册	CCHE31042201180001			

图 6-4-19 “进口食品境外生产企业注册”信息界面

20. 货物属性

进口货物为检验检疫货物，需要填报此项。

货物属性填报正确。根据资料显示，进口货物为食品原料，非预包装食品。

21. 用途

进口货物为检验检疫货物，需要填报此项。

用途填报正确。根据资料显示，进口货物为食用。

（三）经修改的“单一窗口”报关单填报样式

1. “单一窗口”报关单表头正确填报

“单一窗口”报关单表头正确填报示例如图 6-4-20 所示。

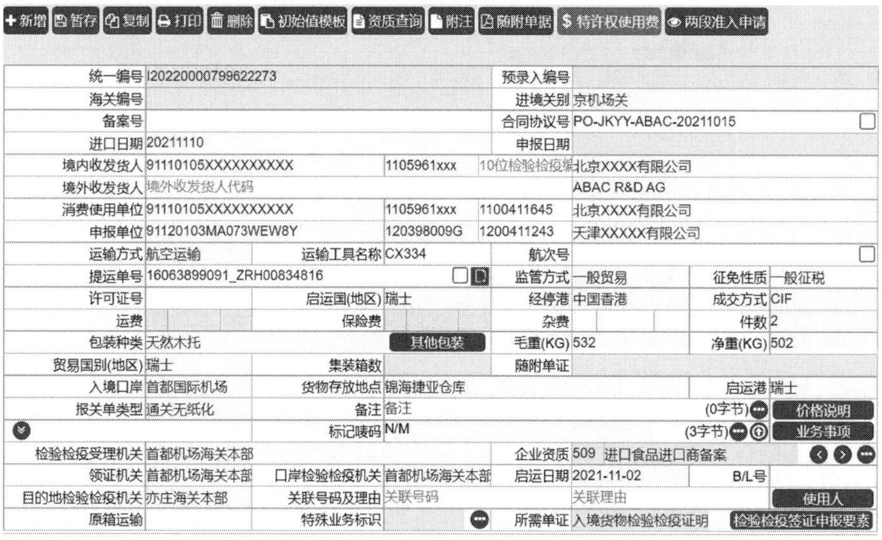
+新增 暂存 复制 打印 删除 初始值模板 资质查询 附注 随附单据 $特许权使用费 两段准入申请

统一编号 I20220000799622273 预录入编号
海关编号 进境关别 京机场关
备案号 合同协议号 PO-JKYY-ABAC-20211015
进口日期 20211110 申报日期
境内收发货人 91110105XXXXXXXXXX 1105961xxx 10位检验检疫编 北京XXXX有限公司
境外收发货人 境外收发货人代码 ABAC R&D AG
消费使用单位 91110105XXXXXXXXXX 1105961xxx 1100411645 北京XXXX有限公司
申报单位 91120103MA073WEW8Y 120398009G 1200411243 天津XXXXX有限公司
运输方式 航空运输 运输工具名称 CX334 航次号
提运单号 16063899091_ZRH00834816 监管方式 一般贸易 征免性质 一般征税
许可证号 启运国(地区) 瑞士 经停港 中国香港 成交方式 CIF
运费 保险费 杂费 件数 2
包装种类 天然木托 其他包装 毛重(KG) 532 净重(KG) 502
贸易国别(地区) 瑞士 集装箱数 随附单证
入境口岸 首都国际机场 货物存放地点 锦海捷亚仓库 启运港 瑞士
报关单类型 通关无纸化 备注 备注 (0字节) 价格说明
标记唛码 N/M (3字节) 业务事项
检验检疫受理机关 首都机场海关本部 企业资质 509 进口食品进口商备案
领证机关 首都机场海关本部 口岸检验检疫机关 首都机场海关本部 启运日期 2021-11-02 B/L号
目的地检验检疫机关 亦庄海关本部 关联号码及理由 关联号码 关联理由 使用人
原箱运输 特殊业务标识 所需单证 入境货物检验检疫证明 检验检疫签证申报要素

图 6-4-20 “单一窗口”报关单表头正确填报

2. “单一窗口”报关单表体正确填报

（1）第一项商品修改后填报

第一项商品修改后填报界面如图 6-4-21 所示。

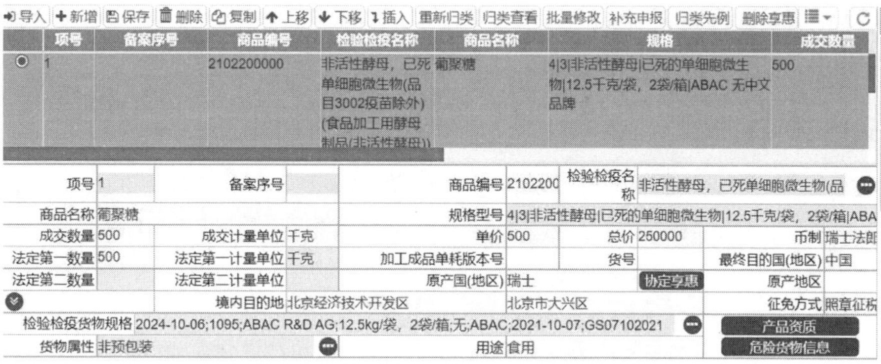

图 6-4-21 第一项商品修改后填报界面

（2）第一项商品“协定享惠”填报

第一项商品“协定享惠”填报界面如图 6-4-22 所示。

图 6-4-22 第一项商品“协定享惠”填报界面

（3）第一项商品“产品资质”修改后填报

第一项商品“产品资质”修改后填报界面如图 6-4-23 所示。

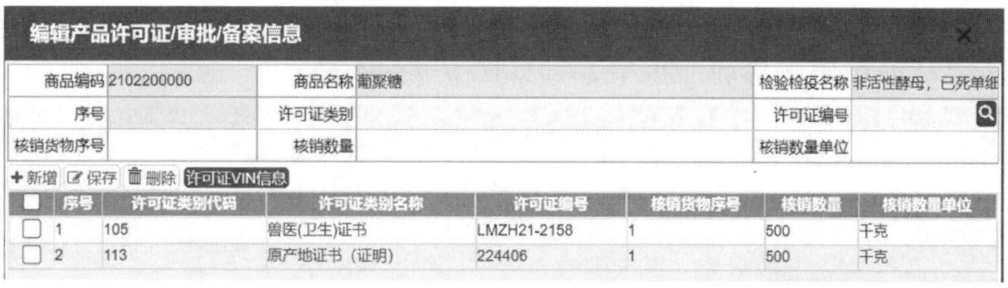

图 6-4-23 第一项商品“产品资质”修改后填报界面

(4) 第二项商品修改后填报

第二项商品修改后填报界面如图 6-4-24 所示。

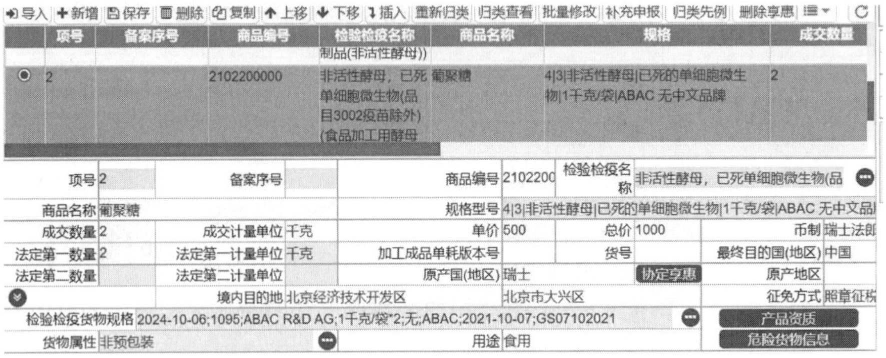

图 6-4-24　第二项商品修改后填报界面

(5) 第二项商品“协定享惠”填报

第二项商品“协定享惠”填报界面如图 6-4-25 所示。

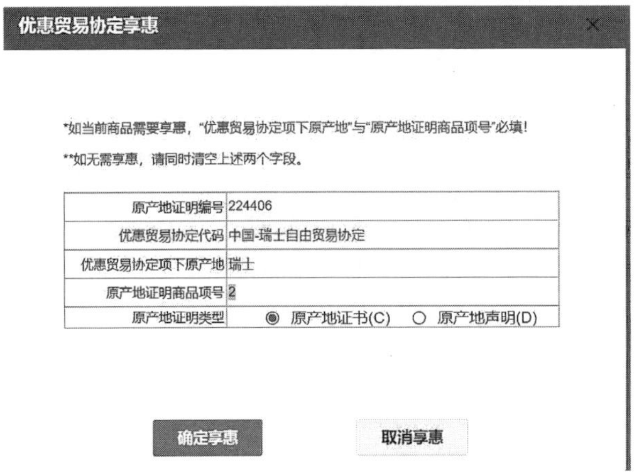

图 6-4-25　第二项商品“协定享惠”填报界面

(6) 第二项商品“产品资质”修改后填报

第二项商品“产品资质”修改后填报界面如图 6-4-26 所示。

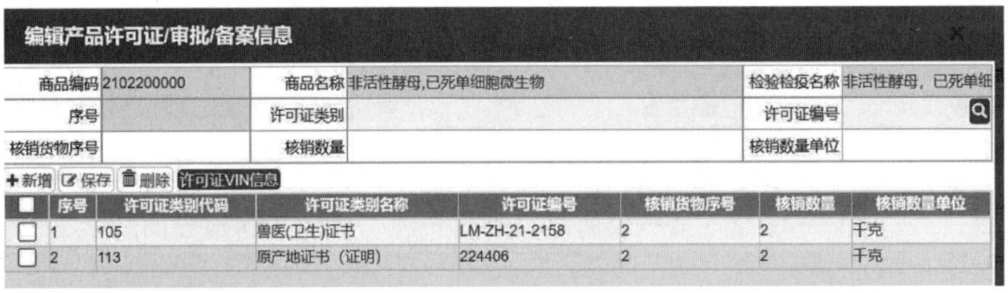

图 6-4-26　第二项商品“产品资质”修改后填报界面

(四) 修改后的进口报关单校对稿

修改后的进口报关单校对稿如图 6-4-27 所示。

中华人民共和国海关进口货物报关单

I20220000799622273

预录入编号：　　海关编号：　　（京机场关）　　仅供核对用　　页码/页数：1/1

境内收货人 (91110105XXXXXXXXXX) 北京XXXX有限公司	进境关别 (0101) 京机场关	进口日期 20211110	申报日期	备案号
境外发货人 ABAC R&D AG	运输方式 (5) 航空运输	运输工具名称及航次号 CX334	提运单号 16063899091_ZRH00834816	货物存放地点 锦海捷亚仓库
消费使用单位 (91110105XXXXXXXXXX) 北京XXXX有限公司	监管方式 (0110) 一般贸易	征免性质 (101) 一般征税	许可证号	启运港 (CHE000) 瑞士
合同协议号 PO-JKYY-ABAC-20211015	贸易国（地区） (CHE) 瑞士	启运国（地区） (CHE) 瑞士	经停港 (HKG000) 中国香港	入境口岸 (110101) 首都国际机场

包装种类 (93/22) 天然木托/纸制或纤维板制盒/箱	件数 2	毛重(千克) 532	净重(千克) 502	成交方式 (1) CIF	运费	保费	杂费

随附单证及编号
随附单证1:原产地证书<17>224406

标记唛码及备注
备注:N/M

项号	商品编号	商品名称及规格型号	数量及单位	单价/总价/币制	原产国(地区)	最终目的国(地区)	境内目的地	征免
1	2102200000	葡聚糖 4|3|非活性酵母|已死的单细胞微生物|12.5千克/袋，2袋/箱|ABAC 无中文品牌	500千克 500千克	500.0000 250000.00 瑞士法郎	瑞士 (CHE)	中国 (CHN)	(11132/110115)北京经济技术开发区/北京市大兴区	照章征税 (1)
2	2102200000	酵母β-葡聚糖 4|3|非活性酵母|已死的单细胞微生物|1千克/袋|ABAC 无中文品牌	2千克 2千克	500.0000 1000.00 瑞士法郎	瑞士 (CHE)	中国 (CHN)	(11132/110115)北京经济技术开发区/北京市大兴区	照章征税 (1)

特殊关系确认:否　　价格影响确认:否　　支付特许权使用费确认:否　　公式定价确认:否　　暂定价格确认:否　　自报自缴:是

报关人员　　报关人员证号　　电话　　兹申明对以上内容承担如实申报、依法纳税之法律责任 申报单位 (91120103MA073WEW8Y)天津XXXXX有限公司　　申报单位（签章）	海关批注及签章

图 6-4-27　修改后的进口报关单校对稿

【知识链接】

海关根据企业信用状况将企业认定为认证企业、一般信用企业和失信企业，认证企业分为高级认证企业和一般认证企业。本单元中所提到报关单填报差错可能引起的企业信用等级调整，其依据是《关于公布〈中华人民共和国海关企业信用管理办法〉的令》（海关总署令2018年第237号）。

【复习思考题】

1. 报关单填报工作中，哪些栏目填报所需信息通常不会在报关单证上显示，需要与委托人进行确认？

2. 本单元案例中，进口货物为《中瑞自贸协定》下享惠货物，报关单表体的填报有哪些注意事项？

第五单元　金关二期保税核注清单的填报

【学习目标】

海关使用金关二期管理保税业务后，保税核注清单成为保税进出口通关业务的重要单证之一。本单元旨在让学习者掌握保税核注清单各栏目的含义、填报规范及与进出口报关单的对应关系。通过本单元的学习，学习者能够掌握以下技能：

1. 使用“单一窗口”系统，填报保税核注清单；
2. 保税核注清单部分栏目与报关单的对应关系；
3. 保税核注清单的修改和撤销作业；
4. 了解保税核注清单常见的填报错误，避免实际工作差错。

【基本概念】

金关二期、金关二期保税底账、保税核注清单

【建议学习时间】

3 课时

【学习内容】

一、金关二期加工贸易管理保税核注清单简介

（一）金关二期加工贸易管理系统

金关工程（二期）（通常简称“金关二期”）加工贸易管理系统，由加工贸易手册管理分系统、加工贸易账册管理分系统、保税流转管理分系统等多个分系统组成。

加工贸易手册管理分系统延续现有加工贸易手册管理基本形式，总体上仍设置建账、扣账、核账 3 大环节，结合料号级管理、风险分析、智能化作业、分层级管理等要求进行整合设计，打造新型加工贸易手册管理模式。加工贸易账册管理分系统的实施更加贴近企业生产实际的料号级管理、料号级备案、料号级清单核注底账、项号级通关、料号级核销等操作。保税流转管理分系统建立了保税货物流转管理统一的信息化平台，实现了对保税货物流转管理的无纸化作业、信息化管理、智能化审核。

（二）保税核注清单申报的规范性文件要求

根据《关于启用保税核注清单的公告》（海关总署公告 2018 年第 23 号）所列，保税核注清单是金关二期保税底账核注的专用单证，属于办理加工贸易及保税监管业务的相关单证。加工贸易及保税监管企业已设立金关二期保税底账的，在办理货物进出境、进出海关特殊监管区域和保税监管场所，以及开展海关特殊监管区域、保税监管场所、加工贸易企业间保税货物流（结）

转业务的，相关企业应按照金关二期保税核注清单系统设定的格式和填制要求向海关报送保税核注清单数据信息，再根据实际业务需要办理报关手续。

为简化保税货物报关手续，在金关二期保税核注清单系统启用后，企业办理加工贸易货物余料结转、加工贸易货物销毁（处置后未获得收入）、加工贸易不作价设备结转手续的，可不再办理报关单申报手续；海关特殊监管区域、保税监管场所间或与区（场所）外企业间进出货物的，区（场所）内企业可不再办理备案清单申报手续。企业报送保税核注清单后需要办理报关单（备案清单）申报手续的，报关单（备案清单）申报数据由保税核注清单数据归并生成。

海关特殊监管区域、保税监管场所、加工贸易企业间加工贸易及保税货物流转，应先由转入企业报送进口保税核注清单，再由转出企业报送出口保税核注清单。

二、金关二期“保税核注清单”栏目填报

（一）预录入统一编号

本栏目填报核注清单预录入编号，预录入编号由系统根据接受申报的海关确定的规则自动生成。

（二）清单编号

本栏目填报海关接受保税核注清单报送时给予保税核注清单的编号，一份保税核注清单对应一个清单编号。

保税核注清单海关编号为18位，其中第1~2位为QD，表示核注清单，第3~6位为接受申报海关的编号（海关总署规定的“关区代码表”中相应的海关代码），第7~8位为海关接受申报的公历年份，第9位为进出口标志（“I”为进口，“E”为出口），后9位为顺序编号。

（三）清单类型

1. 填报规范

本栏目按照相关保税监管业务类型填报，包括普通清单、分送集报清单、先入区后报关清单、简单加工清单、保税展示交易清单、区内流转清单、异常补录清单等。

2. 信息来源

报关人员根据保税核注清单的业务类型填报，例如，加工贸易项下“进料对口”进出口货物，填报“普通清单”；境内企业发往海关特殊监管区域的一般贸易出口货物，填报“区内流转清单”。

报关人员可以在“单一窗口”系统中，用下拉菜单选择适合的清单类型（如图6-5-1所示）。

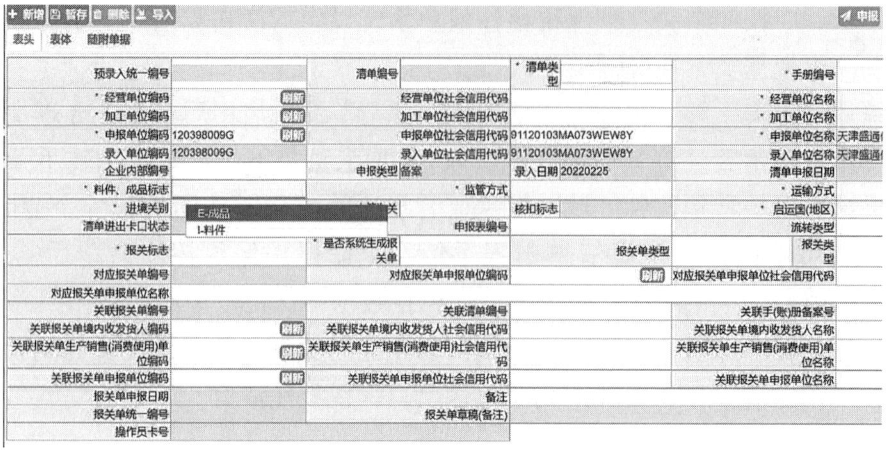

图 6-5-1 “清单类型”下拉菜单界面

3. 新增“选择性征税”

2021 年 8 月，海关特殊监管区域系统在保税核注清单中“清单类型”栏目，新增“选择性征税”功能。有选择性征税业务的企业，“清单类型”录入选择性征税，分别录入表头（如图 6-5-1 所示）；商品表体，录入成品信息（如图 6-5-2 所示）；选择性征税表体，录入料件信息（如图 6-5-3 所示）。

核注清单审批通过后，在报关环节进行征税。

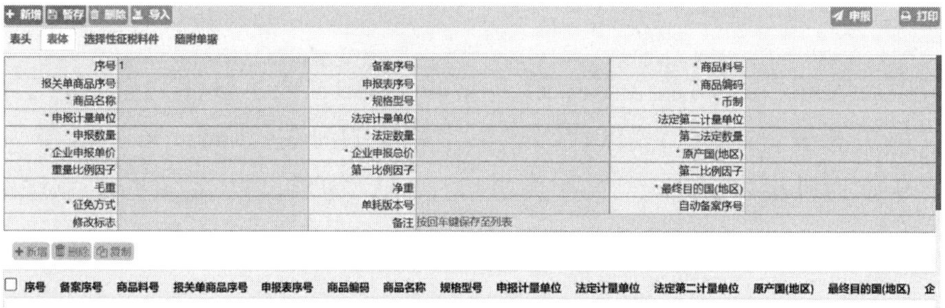

图 6-5-2 核注清单商品表体截图

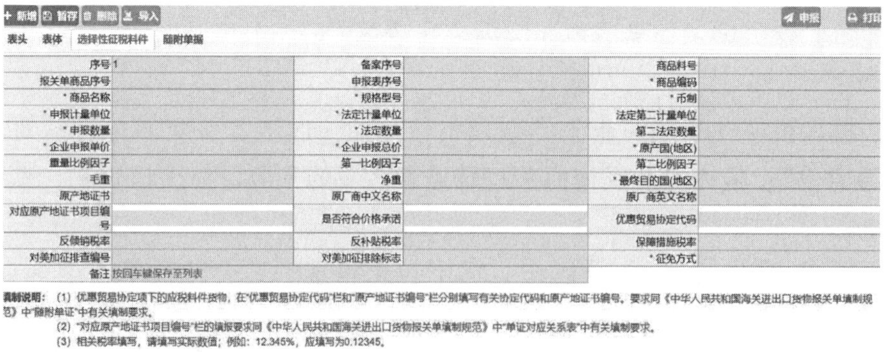

图 6-5-3 核注清单选择性征税表体截图

（四）手（账）册编号

1. 填报规范

本栏目填报经海关核发的金关二期加工贸易及保税监管各类手（账）册的编号。

一份核注清单只能填报一个手（账）册编号。

2. 信息来源

加工贸易企业填报加工贸易账册或电子化手册编号，手（账）册编号以 E、C 开头；海关特殊监管区域、保税监管场所的仓储物流企业填报物流账册编号，手（账）册编号以 L 开头。

（五）经营企业

1. 填报规范

本栏目填报手（账）册中经营企业海关编码、经营企业的社会信用代码、经营企业名称。

2. 信息来源

经营企业海关编码、经营企业的社会信用代码、经营企业名称与加工贸易或保税监管企业的手（账）册备案企业的名称、海关编码、社会信用代码相同。在录入手（账）册编号栏目后，本栏目将由“单一窗口”系统自动按照已备案数据填报（如图 6-5-4 所示）。

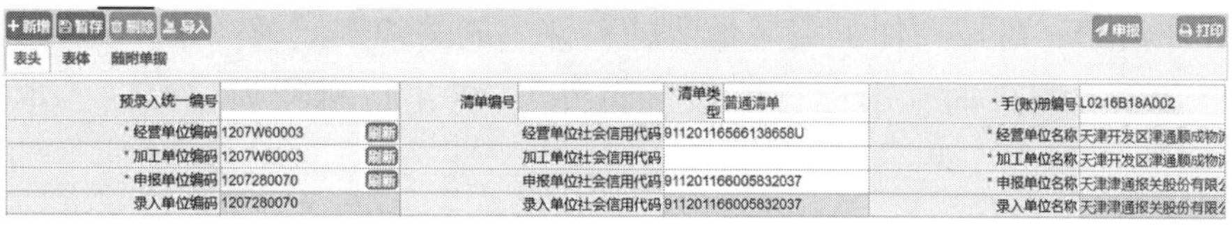

图 6-5-4 “经营企业”相关信息填报界面

（六）加工企业

1. 填报规范

本栏目填报手（账）册中加工企业海关编码、加工企业的社会信用代码、加工企业名称，保税监管场所名称［保税物流中心（B 型）填报中心内企业名称］。

2. 信息来源

加工企业海关编码、加工企业的社会信用代码、加工企业名称与加工贸易账册的备案企业的名称、海关编码、社会信用代码相同。在录入手（账）册编号栏目后，本栏目将由“单一窗口”系统按照已备案数据自动填报。

海关特殊监管区域、保税监管场所的保税核注清单填报保税监管场所名称，保税物流中心（B 型）填报中心备案内企业名称。

（七）申报单位编码

1. 填报规范

本栏目填报保税核注清单申报单位海关编码、申报单位社会信用代码、申报单位名称。

2. 信息来源

经海关备案注册的企业可向海关进行核注清单的申报，在使用“单一窗口”向海关申报时，其所使用的“单一窗口”操作员卡备案信息将自动填入申报单位编码。

（八）企业内部编号

本栏目填写保税核注清单的企业内部编号或由系统生成流水号。本栏目不是必填项目。

（九）录入日期

本栏目填写保税核注清单的录入日期，由系统自动生成。

（十）清单申报日期

申报日期指海关接受保税核注清单申报数据的日期。

（十一）料件、成品标志

1. 填报规范

本栏目根据保税核注清单中的进出口商品为手（账）册中的料件或成品填写。料件、边角料、物流商品、设备商品填写“I”，成品填写“E”。

2. 信息来源

加工贸易核注清单，可按照加工贸易企业的料件、成品备案记录，区分进出口货物为料件还是成品，进出口货物为料件时，本栏目填报“料件”；进出口货物为成品时，本栏目填报“成品”。

加工贸易边角料，“料件、成品标志”栏目应填报为“料件”。

区外境内非金关二期账册管理的进出区业务为物流商品，保税监管核注清单的“料件、成品标志”栏目应填报为“料件”。例如，A公司一般贸易出口货物到海关保税物流中心，A公司应填报保税核注清单（出口），本栏目填报“料件”。

本栏目在“单一窗口”系统中的菜单显示，如图6-5-5所示。

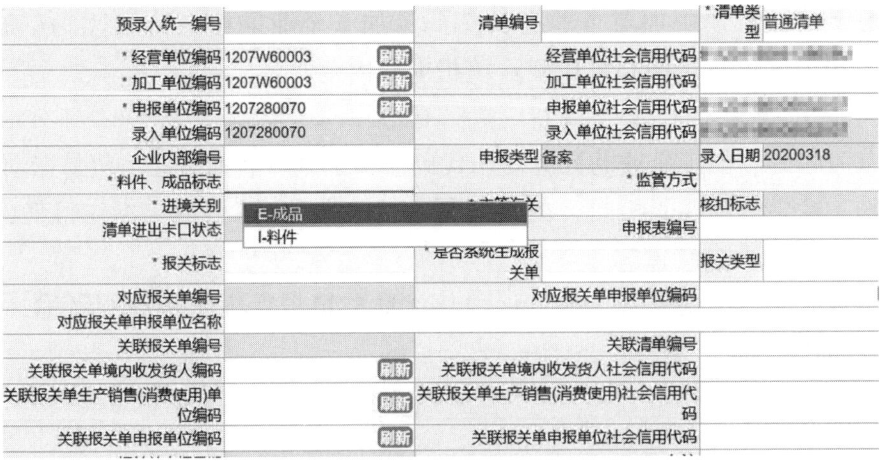

图6-5-5 “料件、成品标志”填报界面

（十二）监管方式

1. 填报规范

本栏目按照报关单填制规范要求填写，特殊情形下填制要求如下：调整库存核注清单，填写“AAAA”；设备解除监管核注清单，填写“BBBB”。

2. 信息来源

保税核注清单的监管方式与其对应或关联的报关单监管方式相同，无报关单申报的，按照实际贸易情况填写。

在确定通关货物所适用的监管方式前，报关人员要充分了解贸易双方交易的背景及货物的最终流向和用途。例如，通关货物的资金流向、生产后成品流向与其他进出口贸易合同是否存在关联关系等。

（1）加工贸易保税核注清单

加工贸易货物符合进料加工、来料加工进出口定义的进出口货物，监管方式填报“进料对口”“来料加工”。

用于深加工结转的保税货物，转入、转出的企业分别填报进出口报关单，监管方式填报“来料深加工”“进料深加工”。

加工贸易过程中有形损耗产生的边角料，以及加工副产品，有商业价值且经批准在境内销售的，应填报进口报关单，监管方式填报“来料边角料内销”“进料边角料内销”。

加工贸易加工过程中产生的剩余料件、制成品、半成品、残次品及受灾保税货物，经批准转为国内销售，不再加工复出口的，以及海关事后发现擅自转内销并准予补办进口补税手续商务加工贸易项下的货物，应填报进口货物报关单，监管方式填报“来料料件内销”“进料料件内销”。

（2）保税监管核注清单

从境外直接存入保税物流中心和从保税物流中心运输境外的仓储、转口货物，监管方式填报“物流中心进出境货物”。

从境内（海关特殊监管区域除外）进入保税物流中心的货物应按实际情况填报监管方式，如区外企业一般贸易出口至保税物流中心，应填报“一般贸易”。

保税物流中心与保税区、出口加工区、保税物流园区、保税仓库、出口监管仓库及保税物流中心之间等海关特殊监管区域或保税监管场所之间往来的货物，监管方式填报“保税间货物”。

保税区进出境仓储及转口货物，指从境外存入保税区、保税物流园区和从保税区、保税物流园区运出境外的仓储、转口货物，监管方式填报“保税区仓储转口”。

保税区、保税物流园区除仓储、转口货物以外的其他进出境货物，应按实际监管方式填报。如区内企业开展加工贸易业务所需进口料件和制成品出口，监管方式应填报“进料对口”“来料加工”。

（3）无报关单申报的核注清单

加工贸易企业办理加工贸易货物余料结转、加工贸易货物销毁（处置后未获得收入）、加工贸易不作价设备结转手续的，在申报核注清单后可不再办理报关单申报手续。

海关特殊监管区域、保税监管场所间或与区（场所）外企业间进出货物的，区（场所）内企业在申报核注清单后，可不再办理备案清单申报手续。

（十三）运输方式

1. 填报规范

本栏目按照报关单填制规范要求填写。

2. 信息来源

（1）实际进出境货物，按照实际进出境货物所使用的运输工具分类填报，可根据进出境货物运单确定。例如，海运提单，运输方式填报水路运输，代码2；空运运单，运输方式填报航空运输，代码5；铁路运单，运输方式填报铁路运输，代码3；等等。

（2）加工贸易项下申报货物无实际进出境的通关货物，例如，进料深加工、进料余料结转、进料料件内销、进料边角料内销等货物，填报“其他运输”，代码9。

（3）非实际进出境货物在境内流转时，报关人员需要确认进出海关特殊监管区域货物的流向，查询运输方式代码表。本篇第二单元也有详细说明。

（十四）进出口口岸

1. 填报规范

本栏目按照报关单填制规范要求填写，与报关单栏目“进出境关别”填报要求一致。

2. 信息来源

（1）实际进出境的货物

报关人员根据提运单信息或舱单信息填报本栏目。根据关区代码表或使用海关总署新舱单信息查询系统，查询运输工具的进出境关区代码。

（2）无实际进出境的货物

不同海关特殊监管区域或保税监管场所之间调拨、转让的货物，填报对方特殊监管区域或保税监管场所所在的海关名称及关区代码；加工贸易深加工结转、补税等报关业务，填报接受申报的海关名称及代码。

（十五）主管海关

1. 填报规范

主管海关指加工贸易手（账）册主管海关。

2. 信息来源

（1）加工贸易核注清单，填报加工贸易手（账）册的主管海关，也就是主管该手（账）册设立、变更、外发审批、核销等工作的海关。

（2）保税监管核注清单，填报保税物流账册的主管海关，也就是主管该账册设立、变更、核销等审批工作的海关。

（十六）启运/运抵国（地区）

1. 填报规范

本栏目按照报关单填制规范要求填写。

保税核注清单（进口）填报启运国（地区），保税核注清单（出口）填报运抵国（地区）。

2. 信息来源

（1）实际进出境的货物

报关人员根据提运单、发票、合同等信息，确认启运国（地区）、运抵国（地区）。

（2）无实际进出境的货物

加工贸易项下无实际进出境的深加工结转、补税等报关业务，来自境内非海关特殊监管区域货物进入保税监管场所的报关业务，其保税核注清单的启运、运抵国（地区）为中国。

（十七）核扣标志

本栏目填写清单核扣状态。海关接受清单报送后，由系统填写。例如，核注清单申报后，显示为“预核扣”，与核注清单对应的报关单申报后，核注清单显示为“已核扣”。

（十八）清单进出卡口状态

清单进出卡口状态是指海关特殊监管区域、保税物流中心等货物进出卡口的状态。海关接受清单报送后，根据关联的核放单过卡情况由系统填写。

（十九）申报表编号

1. 填报规范

本栏目填写经海关备案的深加工结转、不作价设备结转、余料结转、区间流转、分送集报、保税展示交易、简单加工申报表编号。此项为非必填项。

2. 信息来源

手（账）册的主管海关负责该手（账）册深加工结转、不作价设备结转、余料结转的审批、备案工作，审批、备案通过后，海关系统发放相关审批、备案单号。

不涉及海关批次审批的加工贸易料件、成品的进料对口业务，境内区外企业进出海关特殊监管区域的一般贸易业务，不涉及本栏目填报。

（二十）流转类型

1. 填报规范

本栏目填写保税货物流（结）转的实际类型，包括加工贸易深加工结转、加工贸易余料结转、不作价设备结转、区间深加工结转、区间料件结转。此项为非必填项。

2. 信息来源

（1）加工贸易核注清单，可根据监管方式确定货物流转的实际类型。

（2）不涉及以上 5 种流转类型的，可以不填报此项，报关人员可以在“单一窗口”下拉菜单中进行选择（如图 6-5-6 所示）。

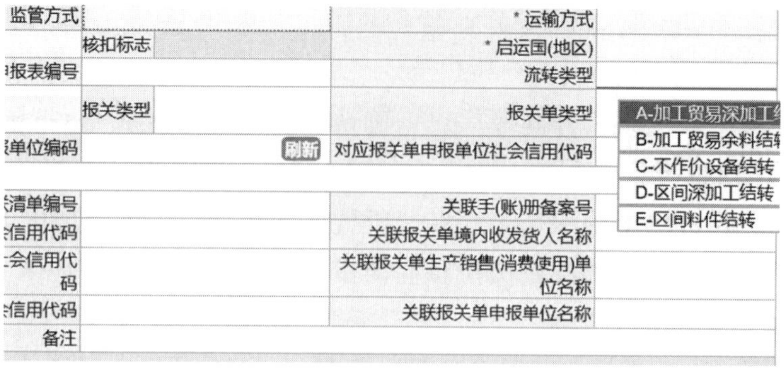

图 6-5-6 “流转类型”下拉菜单界面

（二十一）录入单位

本栏目填写保税核注清单录入单位海关编码、录入单位社会信用代码、录入单位名称。本栏目为必填项。

（二十二）报关标志

1. 填报规范

本栏目由企业根据加工贸易及保税货物是否需要办理报关单（进出境备案清单）申报手续填写。需要报关的填写“报关”，不需要报关的填写“非报关”。本栏目为必填项。

（1）以下货物可填写“非报关”或“报关”。

①金关二期手（账）册间余料结转、加工贸易不作价设备结转；

②加工贸易销毁货物（销毁后无收入）；

③海关特殊监管区域、保税监管场所间或与区（场所）外企业间流（结）转货物（减免税设备结转除外）。

（2）设备解除监管、库存调整类核注清单必须填写“非报关”。

（3）其余货物必须填写“报关”。

2. 信息来源

报关人员根据手（账）册主管地海关要求，确定在核注清单申报后，是否需要进行报关作业。例如，海关特殊监管区域内不同仓储企业仓储货物物权转移，发生移库，在完成核注清单申报后，即完成移库手续，可以不再进行备案清单的申报手续。

（二十三）报关类型

1. 填报规范

加工贸易及保税货物需要办理报关单（备案清单）申报手续时填写，包括关联报关、对应报关。本栏目为非必填项。

（1）“关联报关”适用于海关特殊监管区域、保税监管场所申报与区（场所）外进出货物，区（场所）外企业使用 H2010 手（账）册或无手（账）册。

（2）海关特殊监管区域内企业申报的进出区货物需要由本企业办理报关手续的，填写“对应报关”。

（3）“报关标志”栏可填写“非报关”的货物，如填写“报关”时，本栏目必须填写“对应报关”。

（4）其余货物填写“对应报关”。

2. 信息来源

报关人员在理解“关联报关”“对应报关”的区别后，可使用排除法确定填写内容。在海关特殊监管区域、保税监管场所申报进出区货物，且区外企业使用H2010手（账）册或无手（账）册的进出区核注清单，要填报“关联报关”，如监管方式为一般贸易、外资设备物品等监管方式通关的货物。

（二十四）报关单类型

1. 填报规范

本栏目按照报关单的实际类型填写。

2. 信息来源

根据核注清单申报后报关单的类型进行填报，通常填报进口报关单、出口报关单、进境备案清单、出境备案清单等。报关人员可在“单一窗口”的下拉菜单中选择（如图6-5-7所示）。

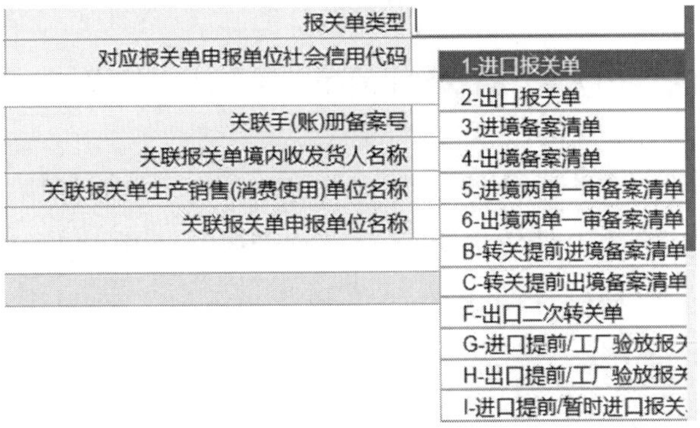

图6-5-7 “报关单类型”下拉菜单界面

（二十五）对应报关单（备案清单）编号

本栏目填写与保税核注清单（报关类型为对应报关）对应报关单（备案清单）的海关编号。海关接受报关单申报后，由系统填写。

（二十六）对应报关单（备案清单）申报单位

本栏目填写与保税核注清单（报关类型为对应报关）对应的报关单或备案清单的申报单位海关编码、单位名称、社会信用代码。

（二十七）关联报关单编号

本栏目填写与保税核注清单（报关类型为关联报关）关联报关单的海关编号。海关接受报关单申报后，由系统填写。

（二十八）关联清单编号

1. 填报规范

本栏目填写要求如下：

（1）填写加工贸易及保税货物流（结）转、不作价设备结转进口保税核注清单编号；

（2）设备解除监管时填写原进口保税核注清单编号；

（3）进口保税核注清单无须填写。

2. 信息来源

报关人员在了解核注清单的业务类型后，对涉及以上业务类型的核注清单进行填报。例如，A公司为金关二期账册的加工贸易企业，其成品出口至保税物流中心，报关人员既需要填报货物进入保税物流中心时申报的保税核注清单，又需要填报出口企业的加工贸易保税核注清单。在此情况下，应先填报入区的保税核注清单，并将该清单编号需要填报在A公司的加工贸易核注清单的“关联清单编号”栏目。

（二十九）关联备案编号

1. 填报规范

加工贸易及保税货物流（结）转保税核注清单，本栏目填写对方手（账）册备案号。

2. 信息来源

海关特殊监管区域、保税监管场所申报与区（场所）外进出货物，区（场所）外境内使用金关二期账册管理的企业，报关人员应先申报保税监管核注清单［物流手（账）册］，再申报加工贸易核注清单，并在加工贸易核注清单的“关联备案编号”栏目中填报保税监管核注清单的手（账）册编号。

（三十）关联报关单收发货人

1. 填报规范

本栏目填写关联报关单收发货人名称、海关编码、社会信用代码。按报关单填制规范要求填写。

2. 信息来源

当报关类型为关联报关时，保税核注清单的经营单位与关联的进出口报关单的境内收发货人名称不同，填写报关单的境内收发货人。

（三十一）关联报关单消费使用单位/生产销售单位

1. 填报规范

本栏目填写关联报关单消费使用单位/生产销售单位名称、海关编码、社会信用代码。按报关单填制规范要求填写。

2. 信息来源

当报关类型为关联报关时，保税核注清单的经营单位与关联的进出口报关单的消费使用单位/生产销售单位名称不同，填写出口报关单的境内收发货人。

（三十二）关联报关单申报单位

1. 填报规范

本栏目填写关联报关单申报单位名称、海关编码、社会信用代码。

2. 信息来源

当报关类型为关联报关时，填报与保税核注清单相关联的进出口报关单申报单位名称。

（三十三）报关单申报日期

本栏目填写与保税核注清单一一对应的报关单的申报日期。海关接受报关单申报后由系统填写。

（三十四）备注（非必填项）

1. 填报规范

本栏目填报要求如下：

（1）涉及加工贸易货物销毁处置的，填写海关加工贸易货物销毁处置申报表编号。

（2）加工贸易副产品内销，在本栏内填报“加工贸易副产品内销”。

（3）申报时，其他必须说明的事项应填报在本栏目。

（4）根据海关总署公告 2021 年第 80 号（关于全面推广企业集团加工贸易监管模式的公告），集团内不同企业间进行保税料件流转可根据企业需要采用余料结转或深加工结转方式办理相关手续，保税核注清单备注栏标注“结转至（自）企业集团内××企业”。

企业进口的尚处于监管期内的不作价设备可以办理设备结转手续，在集团内企业间调配使用。不作价设备使用应符合其规定用途。不作价设备结转申报表及保税核注清单备注栏应标注“结转至（自）企业集团内××企业”。

2. 信息来源

（1）报关人员申报加工贸易货物销毁的核注清单时，会先获得海关批准的销毁处置申报表的编号；加工贸易副产品内销业务，通常在补税通知单上会注明“加工贸易副产品内销”，报关人员在检查到相关字样后，应在保税核注清单备注栏注明“加工贸易副产品内销”字样。

（2）保税集团内企业深加工结转、余料结转、不作价设备结转，确认业务性质后，在备注栏目按填报规范填写。

（三十五）序号

本栏目填写保税核注清单中商品顺序编号，由系统自动生成。

（三十六）备案序号

1. 填报规范

本栏目填写进出口商品在保税底账中的顺序编号。

2. 信息来源

报关人员按照加工贸易手（账）册备案原料、成品项号、保税物流账册备案项号，填报保税核注清单的备案序号。

（三十七）商品料号

本栏目填写进出口商品在保税底账中的商品料号及编号，由系统根据保税底账自动填写。

（三十八）报关单商品序号

1. 填报规范

本栏目填写保税核注清单商品项在报关单中的商品顺序编号。

2. 信息来源

报关人员要先确定需要归并申报的商品，将准备归并申报的商品填写同一报关单商品序号，“单一窗口”系统在转化为进出口报关单的表体数据时，会自动合并同一商品序号的数量、金额。

（三十九）申报表序号

1. 填报规范

本栏目填写进出口商品在保税业务申报表商品中的顺序编号。设备解除监管核注清单时，填写原进口核注清单对应的商品序号。不涉及保税业务申报表、设备解除监管业务的保税核注清单，无须填报。

2. 信息来源

根据海关申请表中所列商品的编号，逐项填报本栏目，要求保税核注清单上申报的商品与审批表中的商品信息相符。

（四十）商品编码

1. 填报规范

本栏目填报的商品编码由10位数字组成。前8位为《税则》确定的进出口货物的税则号列，同时也是《统计商品目录》确定的商品编码，后2位为符合海关监管要求的附加编码。

加工贸易等已备案的货物，填报的内容必须与备案登记中同项号下货物的商品编码一致，由系统根据备案序号自动填写。

2. 信息来源

加工贸易手（账）册、保税物流账册项下的通关货物，保税核注清单录入备案序号，系统自动调取手（账）册备案的商品编码。

（四十一）商品名称、规格型号

1. 填报规范

商品名称是指进出口货物规范的中文名称。规格型号是指反映商品性能、品质和规格的一系列指标，如品牌、等级、成分、含量、纯度、尺寸等，按照《规范申报目录及释义》填报。

保税核注清单以物料号为最小单位申报，同时报关单数据由保税核注清单归并生成，因此归并后商品名称、规格型号要符合报关单填制规范。

2. 信息来源

加工贸易手（账）册、保税物流账册项下的通关货物，保税核注清单录入备案序号，系统自动调取手（账）册备案的商品名称、规格型号。

（四十二）币制

1. 填报规范

按报关单填制规范要求填写。

2. 信息来源

根据发票、合同中实际成交币制填报。币制代码可按照货币代码表选择相应的货币名称及代码，如货币代码表中无实际成交币种，需将实际成交货币按申报日外汇折算率折算成货币代码表列明的货币填报。

（四十三）数量及单位

1. 填报规范

按照报关单填制规范要求填写。其中第一比例因子、第二比例因子、重量比例因子分别填写申报单位与法定计量单位、法定第二计量单位、重量（千克）的换算关系。

2. 信息来源

根据进出口货物发票、箱单中的数量、重量填报。除按照手（账）册的备案单位填报外，还需要按照法定计量单位填报相关数量。同时保税核注清单以料号为单位分别申报数量及单位，每个料号商品重量数据需要更加精确，以保证汇总后数据与货物实际重量相符。

（四十四）单价、总价

1. 填报规范

按照报关单填制规范要求填写。

2. 信息来源

单价、总价为与交易相关的信息，可根据报关单证（发票、合同）中的交易信息填报。

（四十五）产销国（地区）

1. 填报规范

按照报关单填制规范，进口货物填报进口货物原产国（地区），出口货物填报最终目的国（地区）。

2. 信息来源

报关人员可以依照进口报关单证、提运单、唛头等信息提示，填报原产国（地区）、最终目的国（地区）。

（四十六）毛重（千克）

1. 填报规范

本栏目填报进出口货物及其包装材料的重量之和，计量单位为千克，不足 1 千克的填报为“1”。本栏目为必填项。

2. 信息来源

报关人员可依照装箱单，获得进出口货物的毛重数据。

（四十七）净重（千克）

1. 填报规范

本栏目填报进出口货物的毛重减去外包装材料后的重量，即货物本身的实际重量，计量单位为千克，不足 1 千克的填报为“1”。本栏目为必填项。

2. 信息来源

报关人员可依照装箱单，获得进出口货物的净重数据。

（四十八）征免规定

1. 填报规范

本栏目应按照手（账）册中备案的征免规定填报。手（账）册中的征免规定为“保金”或“保函”的，应填报“全免”。

2. 信息来源

报关人员可使用“单一窗口”系统查询手（账）册在海关的备案记录，确定原料、成品的征免方式（如图 6-5-8 所示）。

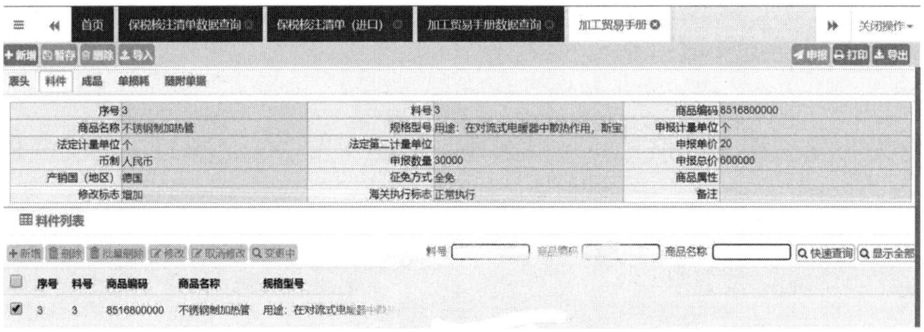

图 6-5-8　加工贸易手（账）册在海关的备案记录查询界面

（四十九）单耗版本号

1. 填报规范

本栏目适用于加工贸易货物出口保税核注清单。本栏目应与手（账）册中备案的成品单耗版本一致。本栏目为非必填项。

2. 信息来源

本栏目仅适用于加工贸易货物出口保税核注清单，报关人员需要与委托单位确认“版本号”

栏目填制的信息，或通过加工贸易手册备案数据提取。

（五十）简单加工保税核注清单成品

该项由简单加工申报表调取，具体字段含义与填制要求与上述字段一致。

三、保税核注清单常见差错分析

（一）保税核注清单与对应或关联报关单的修改、撤销

保税核注清单对应或关联的报关单数据，由保税核注清单数据归并生成。因此，保税核注清单与报关单的撤销与修改相互关联，具体如下。

1. 货物进出口报关单（备案清单）需撤销的，其对应的保税核注清单应一并撤销。

2. 保税核注清单无须办理报关单（备案清单）申报或对应报关单（备案清单）尚未申报的，只能申请撤销。

3. 货物进出口报关单（备案清单）修改项目涉及保税核注清单修改的，应先修改清单，确保清单与报关单（备案清单）的一致性。

4. 报关单、保税核注清单修改项目涉及保税底账已备案数据的，应先变更保税底账数据。

（二）保税核注清单的常见差错

1. 录入错误导致核注清单数据归并错误

核注清单表体录入数据包括备案序号、报关单商品序号、商品料号、商品编码、商品名称、数量及单位、单价、总价等栏目，相同“报关单商品序号”的商品在生成报关单数据时，被归并为同一项报关单商品。如果报关人员混淆“报关单商品序号”与“备案序号”的录入要求，核注清单生成的报关单数据将发生归并混乱，导致商品数量、金额等信息错误。

2. 保税核注清单的部分栏目漏报

保税核注清单的申报栏目，存在大量非必填项，即系统不对非必填项目做强制录入管理。核注清单中，“报关类型”可填报“对应报关”或“关联报关”，但不同填报内容，对应填报的栏目有所不同。因此，报关人员应掌握两种填报内容，以及对应申报栏目的区别，避免发生漏填、漏报情况，可参考表 6-5-1 进行填报。

表 6-5-1　对应报关与关联报关的填报栏目区别

“报关类型”栏目填报	相关填报栏目区别
对应报关	应填报栏目：对应报关单（备案清单）编号、对应报关单（备案清单）申报单位； 不必填报栏目：关联报关单编号、关联报关单收发货人、关联报关单消费使用单位/生产销售单位、关联报关单申报单位。
关联报关	应填报栏目：关联报关单编号、关联报关单收发货人、关联报关单消费使用单位/生产销售单位、关联报关单申报单位； 不必填报栏目：对应报关单（备案清单）编号、对应报关单（备案清单）申报单位。

注：对应报关单（备案清单）编号、对应报关单（备案清单）申报单位，在对应或关联报关单申报后，将由系统自动填写。

3. 核注清单合并后与报关单证出现数值差异

保税核注清单以商品料号为分类方式进行表体信息填报。为保证数据的精确性，当商品的法定计量单位为千克时，数量可保留到小数点后6位数，而报关单数量通常保留到小数点后4位数。因此，保税核注清单重量数据归并后，容易发生因数值精度不同产生的数据差异，导致海关系统退单差错。

【复习思考题】

1. 加工贸易企业出口一批货物，应申报保税核注清单及出口报关单，其正确的申报顺序是什么？

2. 金关二期保税核注清单系统下，哪些业务情形可以不再办理进出口报关单申报或备案清单的申报手续？

第六单元　报关单数据差错管理及修改、撤销手续

【学习目标】

本单元旨在让学习者掌握海关对报关单数据差错的管理，以及进出口货物报关单修改、撤销的作业流程。

完成本单元的学习，学习者能够掌握以下技能：

1. 实现报关单差错的管理、控制，理解报关单差错对企业信用、通关效率的影响；
2. 辨别可向海关复核的报关单差错记录，并完成复核工作；
3. 分析进出口货物报关单修改、撤销的情形，并完成报关单修改、撤销的作业；
4. 理解海关对进出口货物报关单修改、撤销管理要求。

【基本概念】

报关差错记录、进出口货物报关单修改、撤销管理

【建议学习时间】

2 课时

【学习内容】

一、报关差错管理

（一）海关计入报关差错的范围

根据《中华人民共和国海关报关单位注册登记管理规定》（海关总署令第 221 号）的定义，报关差错率是指报关单位被记录报关差错的总次数，除以同期申报总次数的百分比。

被海关计入报关差错的项目包括报关单电子审单退回，人工审单退回，报关单修改、撤销，加工贸易手（账）册设立、变更、核销被退回，未按时办理加工贸易手（账）册延期、核销，具体如表 6-6-1 所示。

表 6-6-1　报关差错项目表

编号	报关差错项目
一、因以下原因被电子审单退回的，记为报关差错	
1001	进出口标志错误
1002	进出口岸错误
1003	经停港或指运港错误

表6-6-1 续1

编号	报关差错项目
1004	运输工具及代码错误
1005	进口舱单核注异常
1006	运输方式错误
1007	企业性质错误
1008	经营单位错误
1009	收发货人地区错误
1010	申报单位错误
1011	启/抵运地错误
1012	监管方式错误
1013	毛重、净重或折合标箱数错误
1014	统计逻辑检查错误
1015	征税逻辑检查错误
1016	征免性质错误
1017	成交方式错误
1018	结汇方式错误
1019	运费错误
1020	杂费错误
1021	保险费错误
1022	件数错误
1023	监管证件错误
1024	加工贸易手（账）册比对错误
1025	征免税证明比对错误
1026	进出口日期错误
1027	申报日期错误
1028	商品项数错误
1029	加工贸易结转申请表比对异常
1030	商品序号错误
1031	商品编码错误
1032	商品名称、规格型号错误
1033	原产地与消费地错误
1034	商品项目序号错误
1035	数量错误

表6-6-1 续2

编号	报关差错项目
1036	计量单位错误
1037	价格错误
1038	币制错误
1039	用途代码错误
1040	征免方式错误
1041	不具备进行征税处理的条件
1042	该项为空，暂无报关差错项目
1043	运抵报告比对异常
1044	不符合集中申报要求
1045	内销征税联系单比对错误
1046	减免税后续管理证明比对异常
二、因以下原因被人工审单退回的，记为报关差错	
2001	不符合商品规范申报要求
2002	价格要素申报错误
2003	具体列名商品归类错误
2004	企业申请退单
2005	以公告形式公布的商品归类决定所述商品归类错误
2006	拒不解释、说明或补充材料，导致退单
三、因以下原因修改报关单的，记为报关差错	
3001	经营单位名称错误
3002	经营单位编码错误
3003	申报单位名称错误
3004	申报单位编码错误
3005	货主单位名称错误
3006	货主单位地区代码错误
3007	贸易国别（地区）（启/抵运地）错误
3008	进出口岸代码错误
3009	指运港（抵运港）错误
3010	监管方式错误
3011	进出口日期错误
3012	征免性质分类错误
3013	许可证编号错误
3014	产销国（地区）错误
3015	用途错误

表6-6-1 续3

编号	报关差错项目
3016	申报数量错误
3017	件数错误
3018	毛重错误
3019	净重错误
3020	第一（法定）数量错误
3021	第二数量错误
3022	申报计量单位错误
3023	第一（法定）计量单位错误
3024	第二计量单位错误
3025	申报单价错误
3026	申报总价错误
3027	运费币制错误
3028	运费标记错误
3029	运费/率错误
3030	保险费币制错误
3031	保险费标记错误
3032	保险费/率错误
3033	杂费币制错误
3034	杂费标记错误
3035	杂费/率错误
3036	成交方式错误
3037	结汇方式错误
3038	包装种类错误
3039	合同号错误
3040	合同商品项序号错误
3041	集装箱标准箱数错误
3042	运输方式代码错误
3043	保税仓库或者监管仓库编号错误
3044	加工成品版本号错误
3045	关联备案号错误
3046	关联编号字段（转出的手册，转入、转出的报关单）错误
3047	随附单证错误
3048	备注错误
3049	提运单号码错误

表6-6-1 续4

编号	报关差错项目
3050	运输工具名称错误
3051	运输工具航次（班）号错误
3052	商品编码错误
3053	商品规格、型号错误
3054	商品名称错误
3055	成交币制错误
四、因以下原因撤销报关单的，记为报关差错	
4001	经查验货物与申报不符
4002	不符合商品规范申报要求
4003	许可证栏目错误
4004	备案号栏目错误
4005	自接到海关“现场交单”或“放行交单”通知之日起超过规定期限，不递交书面单证并办理相关海关手续的
五、因以下原因导致加工贸易手（账）册设立、变更、核销被退回的，未按时办理手（账）册延期、核销的，记为报关差错	
5001	单证无效、不齐全，或与电子数据不符
5002	未按期缴纳风险担保金
5003	剩余料件、残次品、副产品未处理导致手册进出口不平衡
5004	未按期办理手册核销手续
5005	未按期办理手册延期手续
5006	未按期办理账册核销手续
5007	未按期办理账册延期手续
5008	拒不解释、说明或补充材料
六、报关单随附单证有下列情形的，记为报关差错	
6001	通关作业无纸化模式下，向海关上传的报关单随附单证不符合格式标准
6002	通关作业无纸化模式下，放行后10日内不及时补传报关单随附单证
6003	在理单环节，因随附单证不符合完整性和准确性要求被退回补传

（二）报关差错管理

AEO认证标准可以明确报关差错率对企业信用资质的影响，同时差错率较低的企业，说明其报关单质量高，通关效率高。因此，为保证AEO认证企业资质的持续性和高效的通关效率，报关企业、收发货人都有必要降低报关差错率，提高报关质量。

控制报关差错，有助于提高通关效率，降低企业行政处罚的风险，也是企业单证管理程序的重要内容之一。

1. 报关差错统计、查询

（1）海关官方记录查询

报关人员登录“单一窗口”系统“关企合作平台”，使用操作员卡登录系统后，可查询本企业的报关差错记录（如图 6-6-1 所示）。

图 6-6-1　报关单差错记录查询界面

按照时间检索某一周期内的报关差错记录（如图 6-6-2 所示）。

图 6-6-2　企业报关差错查询界面

（2）人工统计、记录报关差错

海关系统所展示的差错记录，在差错原因的说明方面非常简洁，有时不能完全展示差错原因。为更好地总结经验教训，降低重复原因导致的差错率，建议报关人员建立差错管理台账，在发生差错时，详细记录错误原因。

2. 报关差错复核管理

（1）报关差错复核的主要情形

①进出口货物因退关、变更运输工具，需要撤销或修改报关单；

②担保销案变更报关单，需要修改报关单；

③部分明显为“单一窗口”系统问题，产生电子退单。

（2）报关差错申请复核作业

报关人员应定期整理差错记录，分析差错原因，及时将应复核的差错申请复核。报关人员可登录“关企合作平台”，按照日期查询差错记录后，确定可复核的报关差错，点击“申请复核”按钮，向海关申请复核。

报关人员在系统中说明报关单差错的原因，交由海关审批（如图 6-6-3 所示）。

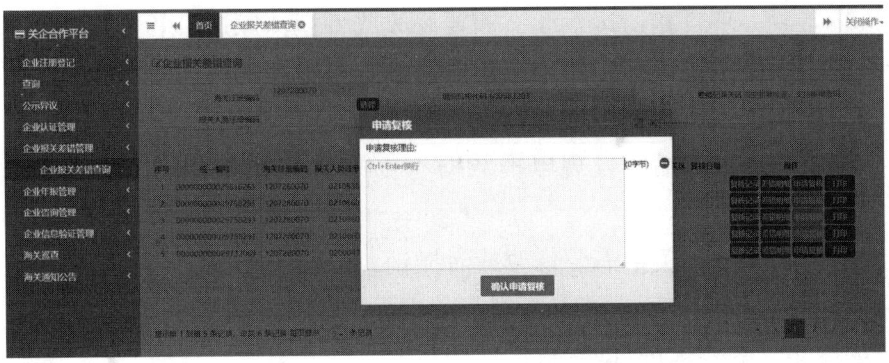

图 6-6-3　报关单差错说明界面

海关将在 3 个工作日内给予回复，报关人员在“关企合作平台”上查询海关审批结果（如图 6-6-4 所示）。

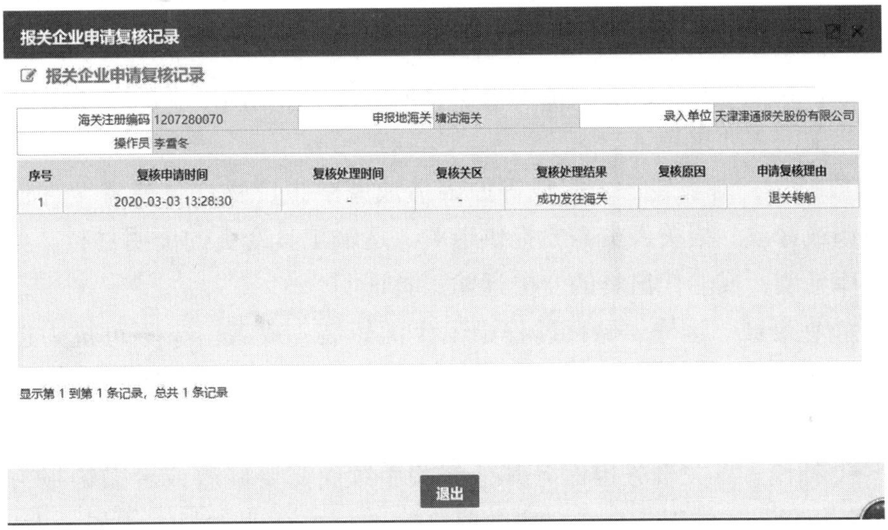

图 6-6-4　报关企业申请复核记录查询界面

3. 控制、降低报关差错率

报关人员需要定期对报关单差错的数据进行统计，分析原因，制定整改措施，以降低差错率。针对报关人员工作失误或专业能力不足造成的差错，应积极组织培训学习或调整相关工作流程；针对客户单证或数据错误造成的差错，应及时与客户了解差错原因，给予相应建议，调整未来工作审核的重点。

二、报关单修改、撤销的主要情形

1. 出口货物放行后，由于装运、配载等原因造成原申报货物部分或者全部退关、变更运输工具的。

2. 进出口货物在装载、运输、储存过程中发生溢短装，或者由于不可抗力造成灭失、短损等，导致原申报数据与实际货物不符的。

3. 由于办理退补税、海关事务担保等其他海关手续而需要修改或者撤销报关单数据的。

4. 根据贸易惯例先行采用暂时价格成交，实际结算时按商检品质认定或者国际市场实际价格付款需要修改申报内容的。

5. 已申报进口货物办理直接退运手续，需要修改或者撤销原进口货物报关单的。

6. 由于计算机、网络系统等技术原因导致电子数据申报错误的。

7. 报关人员工作失误，将报关数据录入错误导致报关单数据修改或撤销。

8. 进出口货物被海关查验后，发现申报数据与货物实际报验状态有误，需要修改或撤销报关单的。

9. 海关发现进出口货物报关单需要修改或者撤销，可以主动要求当事人修改或者撤销。

10. 近年来，因报关单申报要素填报不规范产生报关单修改的数量大幅增加，需要严格按照《规范申报目录及释义》的要求进行填报。

三、报关单修改、撤销申请

（一）修改、撤销单证准备

报关单修改、撤销作业前，报关人员根据修改、撤销的原因准备相应的单据。报关单修改、撤销所需基本单证包括该票报关单相关的发票、合同、提单、箱单。同时，根据不同修改、撤销单证原因，准备相关海关要求单证。

1. 出口货物放行后，由于装运、配载等原因造成原申报货物部分或者全部退关、变更运输工具的报关单撤销或修改，报关人员需要提供退关、运输工具变更的证明材料，如港口码头出具的货物在港、在库证明，或船代出具的变更运输工具证明。

2. 进出口货物在装载、运输、储存过程中发生溢短装，或者由于不可抗力造成灭失、短损等，导致原申报数据与实际货物不符的报关单修改或撤销，报关人员需要提供商检机构或相关部门出具的证明材料，例如，商检机构出具的数量证明、质量证明。

3. 由于办理退补税、海关事务担保等其他海关手续而需要修改或者撤销报关单，报关人员根据退税、补税、担保具体情况，提供对应政府部门的相关证明材料，例如，出口报关单更改、修改数据将对退税产生影响，需要提供税务部门出具的未退税证明。

4. 根据贸易惯例先行采用暂时价格成交，实际结算时按商检品质认定或者国际市场实际价格付款需要修改报关单，报关人员在报关单放行后，当商检机构或海关出具的相关证明与申报数据存在差异，需要凭以上证明修改报关单，例如，矿石类进口货物应依据海关出具的品质证书确定矿石含量，根据品质证书及国际牌价，收货人重新确定单价，更改报关单，办理补税或退税手续。

5. 已申报进口货物办理直接退运手续，需要修改或者撤销原进口货物报关单，海关审批进口货物直接退运后，或因进口货物为我国禁止进口等而被海关责令直接退运的，报关人员应提供进口货物直接退运表或者责令进口货物直接退运通知书。

6. 由于计算机、网络系统等技术原因导致电子数据申报错误，需要修改或者撤销原进口货物报关单，系统升级导致报关单申报数据传输异常，海关无法正常审结或放行，报关人员应提供相关情况说明，申请报关单数据修改或撤销。

7. 报关人员工作失误，将报关数据录入错误导致报关单数据修改或撤销，报关人员在发现申报错误后，应立即向海关申请报关单修改或撤销，降低申报错误产生的影响，同时提供情况说明及其他辅助证明资料。例如，A公司发现进口报关单的总价申报错误，但因申报时所使用发票的价格错误，无法直接向海关证明，需要提供相关付汇资料、交易记录等能够佐证申报错误的资料。

（二）报关单修改、撤销的申请

1. 报关人员登录“单一窗口”系统，进入“货物申报”功能（如图6-6-5所示）。

图6-6-5 货物申报功能界面

2. 在“修撤单”菜单下，根据需要选择“修改申请”或“撤销申请”。报关人员录入报关单号，检索待修改或撤销的报关单后，进入修改或撤销申请（如图6-6-6所示）。

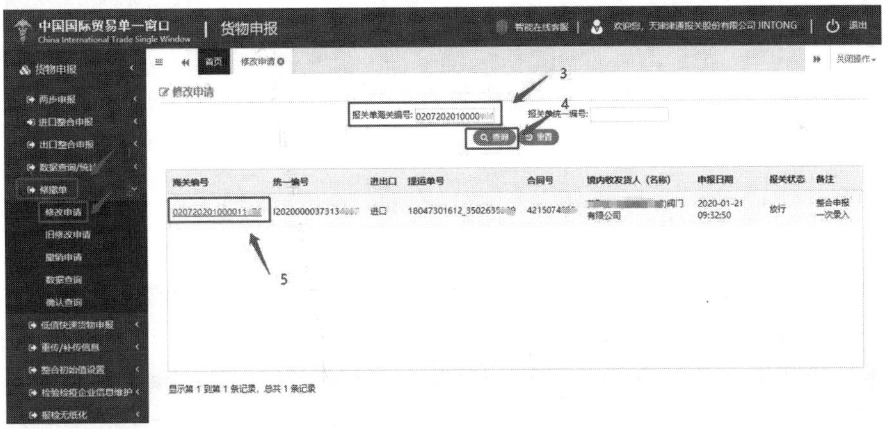

图6-6-6 修改申请查询界面

3. 报关单修改、撤销申请。

（1）报关单修改流程步骤

报关人员申请报关单数据修改，在进入该报关单数据界面后，选择待修改栏目（如图6-6-7所示）。

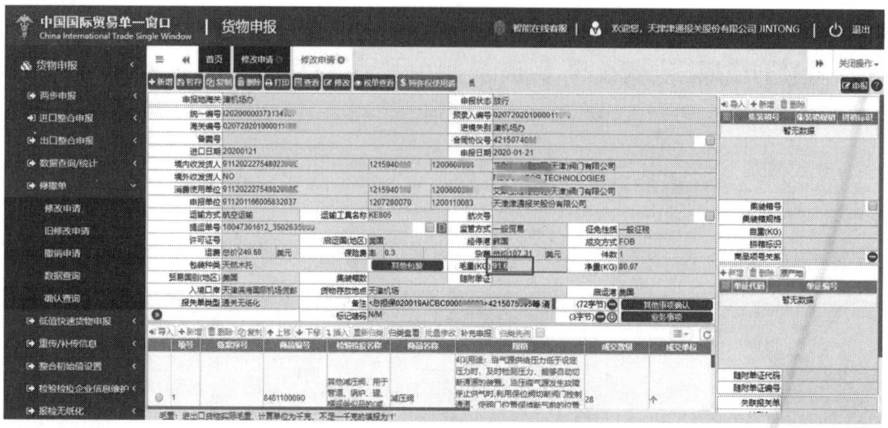

图 6-6-7　选择填报差错栏目界面

点击上方“修改”按钮，填入正确数据（如图 6-6-8 所示）。

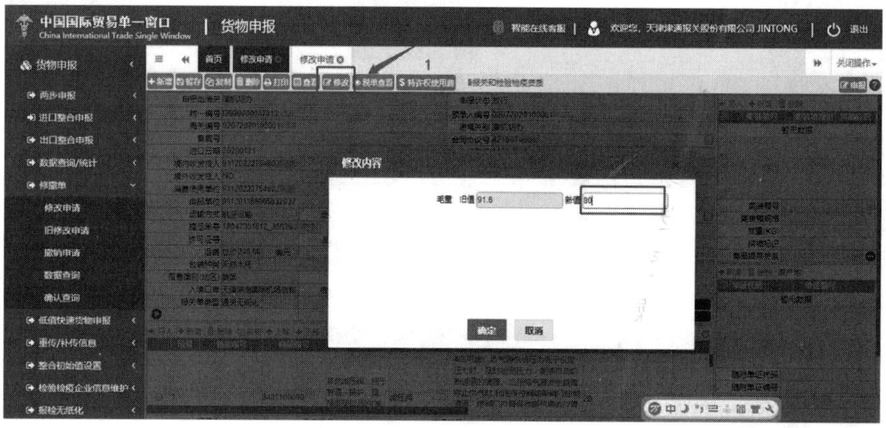

图 6-6-8　填报正确数据界面

待修改栏目填写完成后，点击“暂存”按钮，录入修改原因，以及拟办理海关、科室、岗位、联系人及联系方式后，将修改所需文件上传到海关系统并申报（如图 6-6-9 所示）。

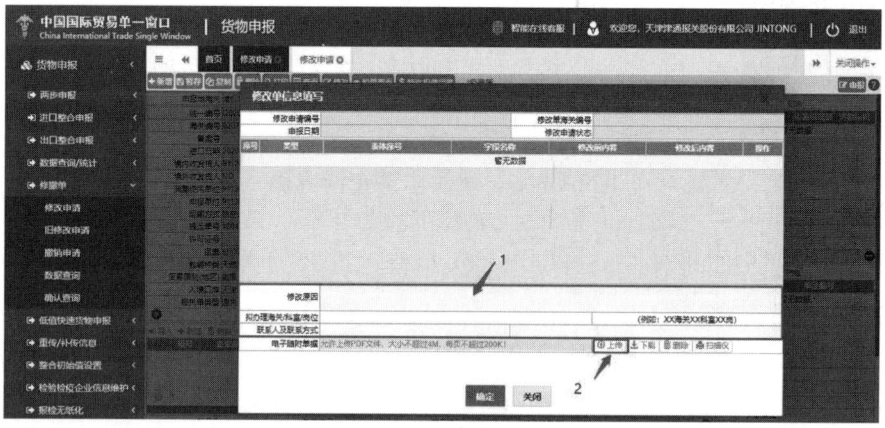

图 6-6-9　修改信息填写界面

（2）报关单撤销流程步骤

报关人员申请报关单数据撤销，在进入该报关单数据界面后，点击“申报”按钮，录入撤销原因，以及拟办理海关、科室、岗位、联系人及联系方式后，将撤销所需文件上传到海关系统并申报（如图 6-6-10 所示）。

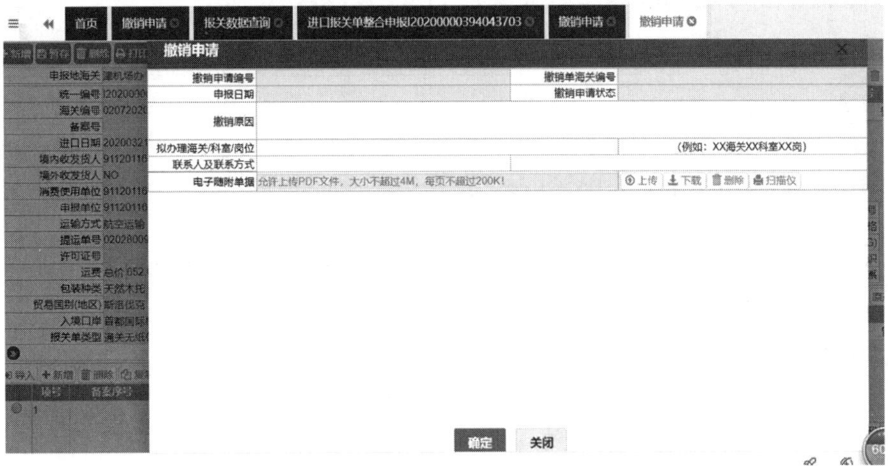

图 6-6-10　撤销申请界面

（三）报关单修改、撤销的审批结果查询

报关人员在向海关申请报关单修改、撤销后，可以继续使用“单一窗口”追踪海关审批进度。报关单修改、撤销申请发送后，系统回执状态有以下几种。

1. “海关接收成功，等待受理”：表示报关单修改、撤销的电子信息已经申请完成。

2. “海关审核不同意/海关操作驳回”：表示报关单修改、撤销申请退回，需要及时与海关沟通，根据情况重新申请。

3. “海关受理”：表示海关已接单受理。

4. “海关操作成功”：海关完成报关单修改、撤销。

四、报关单修改、撤销的其他注意事项

（一）海关要求进出口货物报关单进行修改或者撤销

1. 海关发现报关单申报数据错误，可以要求报关人员进行修改或撤销。

海关可以将电子数据报关单退回，并详细说明修改的原因和要求，当事人应当按照海关要求进行修改后重新提交，不得对报关单其他内容进行变更。

海关可以向当事人制发进出口货物报关单修改/撤销确认书，通知当事人要求修改或者撤销的内容，当事人应当在 5 日内对进出口货物报关单修改或者撤销的内容进行确认，确认后海关完成对报关单的修改或者撤销。

2. 除不可抗力外，当事人有以下情形之一的，海关可以直接撤销相应的电子数据报关单：

（1）海关将电子数据报关单退回修改，当事人未在规定期限内重新发送的；

（2）海关审结电子数据报关单后，当事人未在规定期限内递交纸质报关单的；

（3）出口货物申报后未在规定期限内运抵海关监管场所的；

（4）海关总署规定的其他情形。

（二）布控查验、涉嫌走私或违反海关规定的进出口货物报关单

海关已经决定布控查验，以及涉嫌走私或者违反海关监管规定的进出口货物，在办结相关手续前不得修改或者撤销报关单及其电子数据。

（三）海关已签发证明联的报关单修改或撤销

已签发报关单证明联的进出口货物，当事人办理报关单修改或者撤销手续时应当向海关交回报关单证明联。

（四）因修改涉及许可证件的进出口货物

由于修改或者撤销进出口货物报关单导致需要变更、补办进出口许可证件的，当事人应当向海关提交相应的进出口许可证件。

【复习思考题】

1. 哪些情况下，报关人员可向海关申请报关单修改、撤销？
2. 日常工作中，可向海关申请复核的常见报关差错有哪些？